Bignon, Edouard-Pierre-Louis; Hase, Heinrich

Bignons Geschichte von Frankreich

5. Band

Bignon, Edouard-Pierre-Louis; Hase, Heinrich

Bignons Geschichte von Frankreich

5. Band

Inktank publishing, 2018

www.inktank-publishing.com

ISBN/EAN: 9783747767757

Bignon's
Geschichte von Frankreich,

vom

achtzehnten Brûmaire (November 1799)

bis

zum Frieden von Tilsit (Julius 1807).

Uebersetzt

durch

Heinrich Hase,

Königl. Sächs. Hofrath und Aufseher der Königl. Antiken-Sammlung und des Münz-Cabinets zu Dresden.

Fünfter Band.

Leipzig, 1831.
Hartleben's Verlags-Expedition.

Inhalt.

Zwei und funfzigstes Capitel.

Verhältnisse nach außen.

Drei und funfzigstes Capitel.

Innere Verhältnisse.

Vier und funfzigstes Capitel.

Krieg und Staatskunst.

Fünf und funfzigstes Capitel.

Thaten zur See.

Sechs und funfzigstes Capitel.

Innere Verhältnisse.

Sieben und funfzigstes Capitel.

Aeußere Verhältnisse.

Acht und funfzigstes Capitel.

Auswärtige Verhältnisse.

Neun und funfzigstes Capitel.

Verhältnisse nach außen.

Sechszigstes Capitel.

Aeußere Verhältnisse.

Ein und sechszigstes Capitel.

Auswärtige Verhältnisse.

Zwei und sechszigstes Capitel.

Auswärtige Verhältnisse.

Drei und sechszigstes Capitel.

Aeußere Verhältnisse.

Vier und sechszigstes Capitel.

Kriegsereignisse.

Zwei und funfzigstes Capitel.

Verhältnisse nach Außen.

Unterhandlung mit Preußen. — Ankunft des Kaisers Alexander in Berlin. — Seine Aufnahme daselbst. — Abreise des Generals Düroc von Berlin. — Vertrag von Potsdam. — Der Kaiser Alexander und der König am Grabmale Friedrichs des Großen. — Preußen läugnet das Daseyn des Vertrags von Potsdam. — Verlegenheit des Königs von Preußen. — Nachricht von der Schlacht bei Austerlitz. — Audienz des Grafen von Haugwitz bei Napoleon. — Zweite Audienz zu Brünn. — Napoleons schonendes Benehmen gegen Preußen. — Schwierige Stellung des Grafen von Haugwitz. — Zusammenkunft in Schönbrunn. — Bündniß mit Preußen. — Unterhandlung mit Oestreich. — Friedensversuche vor der Schlacht bei Austerlitz. — Einfluß der Verbindung Napoleons mit Preußen zum Nachtheile Oestreichs. — Friedensabschluß mit Oestreich zu Preßburg. — Oestreichs Verlust. — Bemerkungen über den Preßburger Vertrag. — Geheime Artikel desselben. — Napoleons Aufruf gegen den König von Neapel. — Unkluges und feindseliges Benehmen des Königs von Neapel gegen Napoleon. — Nebenbuhlerschaft der Königinnen von Spanien und Neapel. — Begrüßung der Könige durch eigene Schreiben. — Zusammenkunft Napoleons und des Erzherzogs Carl. — Aufruf an die bewaffnete Macht. — Napoleons Anrede an die Einwohner von Wien. — Bemerkungen über das Benehmen Napoleons und seiner Feinde. — Napoleon in München. — Verbindung Eugens von Beauharnois mit einer Tochter des Königs von Baiern. — Vermählung einer Nichte der Kaiserin Josephine mit dem Prinzen von Baden. — Abstimmung des Tribunats. — Zusendung östreichischer Fahnen an den Erzbischof von Paris. — Feierliche Aufstellung der dem Senate, dem Tribunate und der Stadt Paris übersendeten Fahnen. — Heimkehr nach Paris nach dem Feldzuge der hundert Tage.

1805.

Die Waffen ruhen und auf die Thätigkeit des Schlachtfeldes folgt ein nicht minder reges Leben im Cabinette. Von zwei Seiten bieten sich dem Kaiser Napoleon Unterhandlungen an, die eine mit Preußen, die andere mit Oestreich. Er nimmt an der ersteren unmittelbar persönlichen Antheil, und diese scheint am wenigsten Aufschub zuzulassen, wie denn auch eine Uebereinkunft ohne Verzug erfolgt.

Eine Bekanntmachung im Namen Franz II. hat schon in der Mitte des Novembers gezeigt, daß Preußen, obwohl mit einigem Rückhalte, der Verbindung beigetreten sey. Nicht lange darauf haben wir einen preußischen Bevollmächtigten, den Grafen von Haugwitz, in dem Feldlager des Kaisers der Franzosen erscheinen sehen, um diesem im Namen seines Königs Vorschläge zu thun, bevor die Armee sich an jener der Verbündeten anschlösse. Es dürfte hier nicht am unrechten Orte seyn, die Aufmerksamkeit des Lesers auf die Gründe hinzulenken, welche Preußen, ehemals so bereitwillig, sich mit Frankreich zu vereinigen, auf einmal seinen Lieblingsgrundsatz, Neutralität, aufzugeben und mit den Feinden Frankreichs gemeine Sache zu machen, bewogen haben.

Seitdem der Kaiser Alexander dem russischen Armeecorps, welches schon das preußische Gebiet zu überschreiten Willens war, eine andere Richtung und dadurch dem Könige Genugthuung gegeben hatte, ist der Briefwechsel zwischen den beiden Fürsten mit mehr Wärme als vor diesem Ereignisse gepflogen worden. Von Wilna hat sich der Kaiser nach Pulawy begeben, diesem berühmten Aufenthaltsorte der Fürsten Czartoryski [1]), wo er in den letzten Tagen des Septembers ankam.

1) Der Fürst Adam Czartoryski, ältester Sohn des alten Fürsten und Hauptes der Familie, war damals Minister der auswärtigen Angelegenheiten im Dienste Alexanders I. Während des Aufenthaltes dieses Monarchen zu Pulawy hatte ihn die Fürstin Czartoryska zu wiederholten Malen mit der edlen Freimüthigkeit und der warmen Vaterlandsliebe, welche eine Frau von Geist und eine ächte Polin so sehr zieren, beschworen, er möchte den Titel eines Königs von Polen annehmen, indem sie ihm die Versicherung geben zu können glaubte, daß dieses das beste, ja sogar einzige Mittel sey, sich auf immerdar und im hohen Grade die polnische Nation gewogen zu machen. Dieser Gedanke gefiel den Russen ganz und gar nicht, denn sie hätten die Polen viel lieber für unterjochte Unterthanen, als für eine selbstständige Nation angesehen. Die Adjutanten des Kaisers, der Fürst Dolgoruki und Andere ließen es weder an

Der Abgesandte des Königs, welcher zum Bewillkommen des Kaisers ebenfalls da eingetroffen war, der Generaladjutant von Hacke, wurde sehr bald von einem wichtigern Botschafter in der Person des Feldmarschalls Kalkreuth abgelöset, um die freundschaftlichen Gesinnungen gegen Preußen aufrecht zu erhalten, und Se. Majestät den König zu entschuldigen, daß er die von dem Kaiser ihm wiederholt vorgeschlagene Zusammenkunft nicht persönlich annehmen könne. Die Tage waren kostbar. Alexander fühlte wohl, daß die höhere Staatskunst in manchen Fällen besser ihre Rechnung findet, wenn sie sich über die Gesetze des Gebrauchs und veraltete herkömmliche Formen hinwegsetzt. Er ließ dem Könige durch den Feldmarschall Kalkreuth antworten: „daß er dessen viele Geschäfte wohl einsehe, und daß er in diesem Augenblicke weniger überhäuft sich daher entschlossen habe, Se. Majestät in Ihrer Hauptstadt selbst zu besuchen, da er auf das Vergnügen einer gegenseitigen Zusammenkunft an der Gränze Verzicht leisten müsse." Diese Nachricht kam den 23sten October zu Berlin an, und am 25sten sah man auch schon den Kaiser Alexander. Dies war mehr das Erscheinen eines Couriers als eines Monarchen.

Der König begab sich in Eile nach Potsdam, um den Kaiser zu empfangen. Beide umarmten sich im Angesichte einer auf dem Schloßplatze versammelten großen Volksmenge. Vierzehn Tage früher hätte freudiges Zujauchzen des Volks die beiden Monarchen bei ihrer Vereinigung begrüßt, allein schon kannte man in Berlin das Waffenglück Napoleons und seine schon bei der Eröffnung des Feldzuges erfochtenen Siege. Die Menge war kalt und schweigsam. Der Hof hätte dieses Schwei-

Mühe noch an geheimen Umtrieben fehlen, in dem Geiste des Kaisers den Eindruck zu vertilgen, welchen die Reden der Fürstin Czartoryska in ihm hervorgebracht hatten. Der Kaiser war noch unentschlossen und hatte über diesen Gegenstand keine eigene Meinung. Er glaubte sich auch Versprechungen erlauben zu dürfen, die er am Ende nicht zu halten Willens war. Er gab zur Antwort, daß in dem gegenwärtigen Zeitpuncte eine solche Verbindlichkeit den preußischen Staat in Frankreichs Arme werfen hieße; nichts destoweniger war er verschwenderisch in schönen Redensarten und ließ es an Versprechungen für die Zukunft nicht fehlen.

1*

gen verstehen sollen; allein dies geschah nicht. Der König und die Königin bewirtheten den Kaiser zu Potsdam, und vier Tage darauf sah man den Erzherzog Anton erscheinen, welcher dringende Vorstellungen von Seiten des teutschen Kaisers mit denen des Kaisers von Rußland vereinigte. Die Engländer, die Oestreicher, Russen und vorzüglich die jungen Frauen schrieen von allen Seiten, daß Oestreich sich in die größte Verlegenheit gestürzt habe, um England zu retten, daß nun die Reihe an Rußland und Preußen sey, Oestreich rettend zu Hülfe zu kommen.

Der General Düroc war mittlerweile in Berlin angekommen, um einen Bundesvertrag zu unterzeichnen, welcher, nach dem Laufe der zu allen Zeiten zu Gunsten der Franzosen sich entfaltenden Ereignisse, für die preußische Regierung einen neuen Zeitabschnitt des Ruhmes und der Vergrößerung herbeigeführt haben würde. Doch er reiset in dem Augenblicke wieder ab, als sich der Monarchie ein anderes Bündniß, die Aussicht auf eine Laufbahn voll Ungewißheit, Geringschätzung und Unglück eröffnet. Am 1sten November nimmt er von dem Könige Abschied.

Vielleicht wäre die Staatskunst nicht zu strenge, wenn sie die Gefühle persönlicher Zuneigung und Freundschaft zwischen Fürsten, als für die Völker Gefahr bringend, mißbilligte. Nach den Grundsätzen, welche der König sich für das wahre Heil und die Wohlfahrt seines Reiches gebildet hatte, wollte er um keinen Preis und in keinem Falle ein Bündniß gegen Frankreich eingehen. Obgleich die Verletzung des Gebietes von Ansbach einen tief eingewurzelten Groll zurückgelassen, hat er doch bei dieser Gelegenheit weder seinem Hofe noch der Königin, noch den Einflüsterungen der fremden Gesandtschaften nachgegeben; jetzt aber ist er im Begriffe, sich von den Banden einer Privatneigung hinreißen zu lassen: der Monarch verschwindet, um dem Menschen Platz zu machen, und der Mensch vertraut das Schicksal seiner Staaten der großmüthigen Verschwiegenheit eines Freundes und den Zufälligkeiten eines langen Krieges an, dessen Ergebnisse, wenn sie zu Gunsten Oestreichs und Rußlands ausfallen, schon eben deshalb nichts weniger vortheilhaft für Preußen seyn konnten.

Die Hände, welche ihm am theuersten auf Erden sind, beeilen sich, den unheilbringenden Knoten dieses Bandes nur noch fester zu knüpfen. Der Kriegesmuth der Königin hat sich Allem und Jedem mitgetheilt, was sie umgiebt. Der Freiherr von Hardenberg, kürzlich noch aus Vernunftgründen der französischen Sache zugethan, hat auf einmal mit wahrer Heftigkeit das System der Gegenpartei ergriffen. Durch die neue Verbindung hat er gehofft, als Austausch gegen einige preußische Provinzen, das Churfürstenthum Hannover zu erhalten, welches er früher aus den Händen Frankreichs zu empfangen Willens war; allein Oestreich und Rußland können für nichts Anderes, als für ihre Dienstbereitwilligkeit stehen, und ihre trügerischen Versprechungen, auf denen das ganze Bündniß beruht, werden niemals von dem Londoner Cabinette weder genehmigt noch verwirklicht werden.

Zwar ist es ausgemacht, daß der König von Preußen nicht in Allem den unverschämten Verabredungen gegen Frankreich beitritt, daß er in Manchem seine Unterschrift verweigert und seine Mithülfe nur dann verspricht, wenn der Kaiser Napoleon mäßigere Forderungen verweigern sollte, z. B. eine Militairgränze für Oestreich, ein vielumfassender Ausdruck [1]), welcher mancherlei Deutung zuläßt, Entschädigung für den König von Sardinien, die Räumung von Holland und der Schweiz, und Trennung der Kronen von Frankreich und Italien. Wird aber Napoleon diese neuen Forderungen annehmen?

Man kam einstweilen darin überein, daß ein preußischer Bevollmächtigter sich zu ihm begeben sollte, um ihn von den gefaßten Entschlüssen in Kenntniß zu setzen, ihm die Vermittelung des Königs anzubieten und erst in dem Verweigerungsfalle zu erklären, daß Preußen an dem Kriege Antheil nehmen werde. Dieser Potsdamer Vertrag, das unglückliche Erzeugniß von Groll und Schwäche, ist am 3ten November in einem Augenblicke unterschrieben worden, wo eine Nachricht von dem Mißgeschicke der östreichischen Armee und den Wunderthaten der französischen Truppen die andere verdrängte.

1) Eine für Baiern höchst beunruhigende Bedingung, welche das nachmalige Betragen des Churfürsten rechtfertiget.

Die nächtliche Zusammenkunft mit dem Kaiser Alexander, welche so verschiedenartig ausgelegt und berichtet wurde, fand in der Nacht vom 4ten zum 5ten October statt, in der sich der Kaiser zur Abreise nach Weimar anschickte. Wir können dieselbe hier nicht umgehen, weil sie weiter unten bei andern Gelegenheiten erwähnt wird. Wenn man einem damals allgemein verbreiteten Gerüchte Glauben beimißt, so haben die beiden Monarchen in dem Ergusse inniger Hochachtung und Liebe, welche von der lebendigen Einbildungskraft der Königin noch mehr entflammt wurde, und deren Enthusiasmus das schauerliche Licht der Fackeln rings um die Ueberreste eines großen Mannes noch mehr erhöhete, verbunden mit der vorgefaßten Meinung für einen großen, dadurch zu erreichenden Vortheil, ihren Bund durch einen feierlichen Eidschwur auf dem Grabe Friedrichs des Großen besiegelt.

Um dieses Gerücht zu unterdrücken, welches auf die Gemüther von Berlin keinen günstigen Eindruck machte, ertheilte die Staatszeitung einen ganz andern Bericht von der Begebenheit, wobei jenes Umstandes nicht gedacht wird. Man begnügte sich, zu sagen, „daß der Kaiser Alexander, von dem Strome des Gefühls überwältigt, den Sarg geküßt habe, welcher die Asche des großen Monarchen einschloß, und daß der hohe Reisende unter den innigsten und wärmsten Umarmungen von der königlichen Familie Abschied genommen habe.“ Eines Tages mag der Kaiser Alexander dem Könige von Preußen die Bereitwilligkeit reichlich vergelten; allein wie viel Unheil, Kummer und Verdruß hat seine Freundschaft diesem Fürsten und der ganzen preußischen Nation während zehn verhängnißvoller Jahre gemacht!

Eine Clausel des Vertrags vom 3ten November enthielt die Bedingung, daß der König vor jeder thätlichen Mitwirkung dem Kaiser Napoleon die neuen, von den Verbündeten angenommenen Grundsätze eröffnen werde. Der Graf von Haugwitz wurde mit dieser Sendung beauftragt. Die Wahl fiel um so eher auf ihn, als man voraussetzen konnte, daß grade er dem Kaiser am wenigsten unangenehm seyn werde. Der Freiherr von Hardenberg hat inzwischen in einer Unterredung mit Herrn von Laforest vorläufig das Daseyn eines

Vertrags geläugnet, welcher Preußen zu einer thätlichen Mitwirkung gegen Frankreich verpflichte, und hat hinzugefügt, daß sein Monarch keine andere Rolle als die des Vermittlers übernommen habe. Er beharrte so lange bei diesem Läugnen, bis man zu Berlin die gedruckte und an die östreichische Armee vertheilte Erklärung in Händen hat, welche den Dreibund zwischen Oestreich, Rußland und Preußen verkündet. Auf diese Weise war ein Bündniß zwischen zwei Cabinetten unterzeichnet, welche dasselbe öffentlich eingestehen, und dennoch fährt man fort, es zu läugnen!

Alles vereinigt sich, um die mißliche Lage des Königs zu vergrößern. In demselben Augenblicke giebt ihm ein Schreiben von dem französischen Ministerium Napoleons Wohlwollen und lebhafte Theilnahme für Preußen kund. Mitten in seinem Siegeslaufe ist der Kaiser unablässig darauf bedacht, Mittel zu finden, sich gegen Friedrich Wilhelm gefällig zu zeigen. Auf der andern Seite beschwört ein Brief des Kaisers Alexander, von Prag datirt und von dem Fürsten Dolgoruki überreicht, den König, ihm ohne Verzug 10,000 Preußen zur Unterstützung zu senden, während er seine ganze Streitmacht vorwärts rücken läßt; und gleichsam, um die Verlegenheit noch zu vollenden, erscheint plötzlich ein außerordentlicher Botschafter Großbritanniens, Lord Harrowby, um dem preußischen Staate Unterstützungsgelder anzubieten. Der König neigt sich auf die Seite Alexanders, ist entschlossen, dessen Bitte zu erfüllen und begleitet sie mit dem Rathe, ja eher keine Schlacht zu liefern, bis seine Verstärkung zu ihm gestoßen sey. Dem englischen Gesandten Lord Harrowby läßt er eine verzögernde Antwort auf sein Anerbieten ertheilen, und in diesen Verhältnissen gehört das Verdienst oder das Unrecht seines Widerstandes ihm allein an, denn diesmal wird er nicht im geringsten von seinem Ministerium unterstützt. Der Freiherr von Hardenberg bleibt der Partei, welche er einmal ergriffen, ganz und ungetheilt ergeben. Er fühlt nur zu wohl, daß, wenn diese unterliegt, sein Schicksal ihn im Sturze mit sich fortreißt, um dem Grafen von Haugwitz Platz zu machen; ja vielleicht hat diese Berechnung seines Privatinteresses mehr Gewalt über seinen Geist, als er selbst glaubt oder sich zugestehen mag. Ganz der Königin ergeben, läßt er es weder an Ueberredung noch an überzeugenden Vernunftschlüssen fehlen, um durch sie den König auf seine Seite zu bringen. „Seit Alexanders Besuch ist die Königin nicht mehr zu erkennen [1]). Sie scheint die Vormundschaft dieses Monarchen übernommen zu haben." Der Prinz Ludwig Ferdinand, jung und ehrgeizig, ist die Seele aller Rathschläge dieser Fürstin. Mitten in seiner Familie sieht sich der König von Einflüsterern, Rathgebern und Zweiflern umringt, deren Bemühen dahin gerichtet ist, ihn zu überzeugen, „daß die Armee an seinem Muthe zweifeln würde", wenn er die Wichtigkeit der Gründe nicht einsehen sollte, welche ihn auf das Schlachtfeld rufen. Schon spricht man von den glänzenden Siegen, welche die Russen erfochten haben.

Noch zauderte der König, als ein Eilbote des Grafen von Haugwitz mit der Nachricht von dem ungewöhnlichen Waffenglücke, welches den Kaiser Napoleon am 2ten December begünstigt hatte, in Berlin ankam. In der That sprach selbst der Briefwechsel des Vice-Canzlers Grafen von Cobenzl mit dem östreichischen Gesandten in Berlin, Herrn von Metternich, von der Schlacht bei Austerlitz, als einem unbedeutenden Gefechte, und von dem darauf folgenden Waffenstillstande, als von einer beiderseits nothwendigen Frist, um die Todten zu begraben; allein nicht lange konnte die Täuschung dauern. Schon zwei Tage darauf sah man den General Stutterheim als Abgesandten Kaisers Franz II., und den Fürsten Dolgoruki, vom Kaiser Alexander gesendet, in Potsdam ankommen. Niemand wollte Schuld haben an der erlittenen Niederlage. Die Russen schoben den Fehler auf die Oestreicher, und die Oestreicher beschuldigten die Russen. Franz II. nahm jetzt dringender als je zuvor die Unterstützung Sr. Majestät Friedrich Wilhelms III. in Anspruch. Alexander, in seinem Benehmen gegen den König aufrichtig und wahr, stellte alle in Teutschland anwesenden russischen Truppen unter seinen Befehl; er bot ihm sogar, wenn die Nothwendigkeit es erforderte, noch mächtigere Verstärkung an, und entband ihn noch überdies aller Verpflichtungen. —

1) Am 5ten December.

Die Freunde des französischen Systems behaupteten, um den König zu entschuldigen, der Vertrag von Potsdam sey ihm durch irgend einen unwiderstehlichen Einfluß wie durch Zaubermacht abgedrungen worden; er habe nur mit tiefem Seufzen eingewilligt; und selbst bei der Grabmahlscene habe er noch gehofft, der Unterdrückung der Russen entfliehen zu können. So viel ist gewiß, daß er nach dem Berichte des Herzogs von Braunschweig schon acht Tage zuvor eine Gelegenheit erspäht habe, sich von dem gegebenen Worte und den Versprechungen gegen die Verbündeten frei zu machen, wiewohl der König einige Monate früher dieselbe Ungeduld gezeigt hat, sich der gegen Napoleon übernommenen Verpflichtungen zu entäußern. Unglücklich der Mensch, der beim Knüpfen der Bande das Vorgefühl der nahen Auflösung in sich trägt.

Es ist überflüssig, zu erwähnen, daß die Nachricht von der Schlacht bei Austerlitz den innern und äußern Erscheinungen des Hofes eine ganz andere Gestaltung gab. Das Feldgeschrei „Krieg" war verstummt. Bange Besorgniß herrschte in den Gemüthern Aller über die durch den Grafen von Haugwitz dem Kaiser gemachten Mittheilungen. Dieser Monarch hat Preußen inzwischen einen großen Dienst geleistet. Er enthob es nämlich einer Sprache, welche, einmal den Lippen entschlüpft, der Wiederversöhnung um so größere Schwierigkeiten entgegengestellt hätte.

Als der preußische Abgeordnete bei der Truppenabtheilung des Marschalls Bernadotte ankam, um sich von da in das kaiserliche Hauptquartier zu begeben, ließ ihn Napoleon, von seiner Ankunft unterrichtet, mehrere Tage lang unter verschiedenen Vorwänden zu Iglau aufhalten. Erst am 28sten November wurde ihm zu Brünn Gehör gewährt. Es war augenscheinlich, daß man am Vorabende einer verhängnißvollen und einflußreichen Schlacht stehe. Mit Recht beeilte sich der Graf von Haugwitz wenig, um bei solchen Verhältnissen seinen Auftrag im ganzen Umfange zu vollziehen, aus Furcht, in wenig Tagen eine Uebereilung zu bereuen zu haben. Napoleon selbst schien nicht Alles vernehmen zu wollen. Eine untergeordnete Frage war daher der Gegenstand des Gesprächs,

— die Aufrechthaltung der Ruhe im Norden von Teutschland. Auf sein Glück vertrauend und des Sieges gewiß, brachte Napoleon zwei Puncte zur Sprache, welche, um dem Entwickelungsgange nicht vorzugreifen, einstweilen übergangen werden mögen. Hätte man diese Fragen in Berlin vor der Nachricht der Schlacht von Austerlitz gekannt, so würden sie von dem preußischen Cabinette zurückgewiesen worden seyn. Nach der Kunde derselben ging man darauf ein. Wir werden später Gelegenheit haben, darauf zurückkommen.

Am 7ten December hatte der Graf von Haugwitz eine zweite Audienz bei dem Kaiser. Wenn es diesem Abgesandten schwer wurde, seine staunende Bewunderung über das so eben stattgefundene große Ereigniß zu verbergen, so war es natürlich, daß der Kaiser zur Antwort gab: „Es war dies nichts Anderes, als eine Höflichkeitsbezeugung, wobei das Kriegsglück die Zuschrift verwechselt hat.“ Ohne die genauern Umstände des Vertrags vom 3ten November zu kennen, war der Kaiser sehr wohl von diesem Bündnisse unterrichtet; er kannte den Hauptinhalt der Sendung des Grafen von Haugwitz, er wußte genau, was die preußische Armee für Bewegungen mache, und daß letztere gegen Niemanden anders als gegen ihn gerichtet seyen. In der That marschirte ein Heerhaufen von 60,000 Mann an die Gränzen von Böhmen; eine andere Abtheilung zog in großen Tagemärschen nach Franken; ein dritter Haufen zog sich in Westphalen an der Weser zusammen, um mit den Engländern, Schweden und Russen vereinigt in das Churfürstenthum Hannover einzufallen.

Selbstsüchtige Staatskunst bewog Napoleon, aus Schonung für das preußische Cabinet, welchem er den Weg zur reuevollen Rückkehr erleichtern wollte, sich vor den Augen Europa's so zu verstellen, als könne er es gar nicht glauben, daß es jenem Cabinette möglich gewesen sey, wirkliche Verbindungen gegen ihn einzugehen. Auf diese Weise erklärte er in dem Tagesberichte vom 7ten December, worin er nichts desto weniger, um dem französischen Stolze Genüge zu leisten, die merkwürdigen Worte aussprach: „150,000 Feinde mehr würden den Krieg nur in die Länge gezogen haben; daß alle Ränke und jede Hinterlist von Seiten Englands und Rußlands an der hohen Weisheit und der guten Gesinnung des Königs von Preußen gescheitert wären." Allein dieser öffentlichen Betheuerung unerachtet konnte sich Napoleon über den wahren Zustand der Dinge nicht täuschen. Sein Benehmen hat es bewiesen, daß er nicht der Betrogene war.

Der Graf von Haugwitz befand sich in der schwierigsten Stellung. In der zweiten Audienz mit dem Kaiser der Franzosen hatte sich dieser, ohne mit der Sprache heraus zu gehen, doch nicht große Gewalt angethan. Der preußische Minister sah die Nähe der Gefahr, welche über dem Könige schwebte, wenn er nicht durch ein plötzliches Umkehren von Verpflichtungen, zu denen er nur durch das Außergewöhnliche der Umstände hingerissen worden war, den drohenden Schlag von sich abwendete. Zu gleicher Zeit drängten die östreichischen Bevollmächtigten, entweder um dem Kaiser weniger ungünstige Anträge zu machen, oder durch verstärkte Forderungen ihn zu neuen Versuchen des Waffenglücks zu bewegen, den Grafen von Haugwitz von allen Seiten, Napoleon wenigstens über die Gesinnungen Sr. preußischen Majestät so lange als möglich in Zweifel zu lassen. Es war keine leichte Aufgabe, diese so entgegengesetzten Interessen zu vereinigen. Die Kälte, womit er bei seiner Rückkunft in Wien, dem französischen Hauptquartiere, empfangen wurde, vermehrte noch seine Unruhe, als er am 13ten December die Einladung erhielt, zu dem Kaiser nach Schönbrunn zu kommen.

Nun handelte es sich nicht mehr darum, daß der preußische Abgeordnete Napoleon die Frage aufstellte: ob er die Grundzüge des zwischen den drei Höfen ausgemachten Friedens annehmen wollte oder nicht. Was noch am 3ten November zu Potsdam ganz vernünftig schien, wäre jetzt abgeschmackt gewesen. Preußen konnte überdies nicht mehr selbstständig handeln, denn laut der Uebereinkunft von Potsdam konnten die drei Mächte nur gemeinschaftlich die Waffen niederlegen, — und dennoch hat der Kaiser von Teutschland für sich selbst einen Waffenstillstand geschlossen; ja er hat noch mehr gethan, er hat durch den 3ten Artikel dieses Waffenstillstandes Preußen außer aller Berührung gesetzt, indem er darin feststellte, daß keine fremde Truppenmacht das östreichische Gebiet betreten sollte. Preußen sah sich also von allen früher eingegangenen Verbindlichkeiten befreit. Somit hatte der Graf von Haugwitz auch keine Vorschläge mehr zu machen: die Rollen waren vertauscht, jetzt war die Reihe an ihm, solche anzunehmen.

Napoleon hat gegenwärtig Vieles vor Preußen voraus; er hat es an der Theilnahme einer schon ausbrechenden Revolution gegen ihn überrascht; er sah es den Degen ziehen und hat es gezwungen, diesen wieder in die Scheide zu stecken; er hat das Recht, diese Macht mit lebhaften Vorwürfen zu verfolgen. Alles dies wird er nicht zu thun unterlassen. Der Empfang des Grafen von Haugwitz war, was seine Person betrifft, artig und zuvorkommend, denn dieser Minister war zu Berlin jederzeit die Stütze des französischen Systemes gewesen. Bei seinem Eintritte bemerkte der Kaiser, daß er ihn in dem nämlichen Cabinette empfange, in welchem Maria Theresia im Jahre 1756 vor dem Ausbruche des siebenjährigen Krieges mehrere Unterredungen mit den preußischen Ministern gehalten habe; allein dieses Vorspiel von höfischer Freundlichkeit, welches sich nur auf die Person des Abgeordneten bezogen hatte, machte sehr bald den heftigsten Ausfällen gegen das treulose Benehmen des Berliner Cabinets Platz; er kenne, fügte der gereizte Kaiser hinzu, das ganze falsche Gewebe dieses Cabinets; es liege nur an ihm, augenblickliche Rache zu nehmen; er könne durch die Unterzeichnung eines Friedens mit Oestreich, Schlesien um so eher angreifen, als dessen feste Plätze schlecht besetzt und von allen Vertheidigungsmitteln entblößt wären; ferner liege es nur an ihm, Preußen mit allen Geißeln des Krieges zu züchtigen und für das Böse zu bestrafen, zu dessen Ausübung ihm nichts als die Kraft gefehlt habe. Nach dieser Entladung seines entweder wahren oder verstellten Zornes, sagte Napoleon: das Wohl des Staates verlange nicht selten, daß man den Haß oder die Freundschaft bei Fürsten vergesse, welche von der Staatskunst ihrer Feinde oder ihrer Freunde irre geleitet worden wären. Er wollte aus dieser Rücksicht den König, für den er stets freundschaftlich gesinnt gewesen, mit Großmuth bezahlen; er vergebe ihm deshalb den Fehler, zu dem er sich habe verleiten lassen, und mache nur die einzige Bedingung, daß Preußen jetzt wenigstens sich an Frankreich anschlösse; jede Feindseligkeit wäre dann zwischen ihm und dem Könige aufgehoben, denn er suche in Letzterem nur einen Freund und einen durch nichts abwendig zu machenden Bundesgenossen, — ja er verspreche diesem, um dem gegenseitigen Bunde mehr Festigkeit zu geben, zum Lohne die Einverleibung Hannovers mit den preußischen Staaten.

Zum Gegentausche sollte Friedrich Wilhelm das Fürstenthum Neuenburg und das Herzogthum Cleve an Frankreich abtreten, die Markgrafschaft Ansbach aber der Krone Baiern überlassen. Der Münchener Hof würde zum Ersatze für Ansbach eine Volksmenge von 20,000 Seelen Preußens Willkühr anheimstellen. Der auf solchen Grundlagen beruhende Vertrag verlangte eine rasche und unbedingte Entscheidung. Umsonst schützte der preußische Minister den Mangel an Verhaltungsmaaßregeln von Seiten seines Hofes für einen so außerordentlichen Antrag vor. Es blieben ihm nur ein Paar Stunden übrig, um entweder einen unmittelbaren Krieg oder dieses vortheilhafte Bündniß zu erwählen.

Durch seine eigene Ansicht von der Lage der Dinge, so wie durch sein politisches Glaubensbekenntniß fühlte sich Graf von Haugwitz zu letzterem hingezogen; ja, hätte er selbst bei entgegengesetzter Meinung nicht auch noch diese Partei ergreifen sollen? Ein unter solchen Umständen geschlossener Vertrag gab sowohl der Gunst als der Ungunst seines Monarchen freien Spielraum. Die augenblickliche Unterschrift dieses Bündnisses verband mit dem Vortheile, drei Wochen mehr zu den Kriegsrüstungen, welche noch keinesweges beendigt waren, zu gewinnen, noch denjenigen, daß dem Könige selbst in dem Falle, wenn er Feindschaft mit Frankreich vorzöge, es immer noch freigestellt bliebe, die Handlungen seines Ministers zu verwerfen. Der Vertrag wurde von dem Grafen von Haugwitz und dem General Düroc am 15ten December, als dem Tage, an welchem die preußischen Truppen in Böhmen einrücken sollten, unterzeichnet. Auf diese Weise sah sich endlich das Cabinet von Berlin, welches ein als Zeichen der Freundschaft angebotenes Bündniß so lange Zeit abgelehnt hatte, noch gezwungen, dasselbe wie zur Strafe anzunehmen. Wir werden weiter unten sehen, ob es von diesem ihm allein noch offenstehenden Rettungsmittel Früchte zu ernten verstanden hat.

Die Unterhandlung mit Oestreich, obgleich noch weit verwickelter und schwieriger, ging mit nicht geringerer Schnelligkeit ihrem Abschlusse entgegen, zumal wenn man die große Anzahl der noch zu lösenden Fragen oder wenigstens der Puncte betrachtet, über welche der Wille des Stärkern noch ein Wort zu sprechen sich vorbehalten hatte. Die Bevollmächtigten von Seiten Frankreichs waren Herr von Talleyrand, und von östreichischer Seite der Fürst Johann von Liechtenstein und der Graf von Giulay. Zuerst kamen sie in Nicolsburg zusammen und begaben sich von da wenige Tage darauf nach Preßburg.

Bevor wir uns in eine Erörterung dessen einlassen, was bei dieser Zusammenkunft beschlossen worden ist, glauben wir, um den Geist der französischen Staatskunst genau kennen zu lernen, hier den von Herrn von Talleyrand dem Kaiser noch vor der Schlacht von Austerlitz vorgeschlagenen Friedensplan erwähnen zu müssen. Der Hauptzweck desselben ging darauf hin, die alte Eifersucht zwischen Oestreich und Frankreich durch die Anregung einer Nebenbuhlerschaft zwischen dem russischen und östreichischen Cabinette zu verdrängen. Der Weg zu diesem Ziele sollte die Abtretung der beiden türkischen Provinzen Moldau und Walachei an Oestreich seyn, als Ersatz für die Besitzungen in Schwaben und in dem venezianischen Gebiete. Frankreich hätte zum Beweise seiner Uneigennützigkeit freiwillig auf Venedig Verzicht geleistet. Ein Freistaat hätte sich da erhoben, und Oestreich hätte weder in Italien noch in Teutschland irgend eine Verbindung mehr mit Frankreich gehabt.

„Nach einer gewonnenen Schlacht," schrieb Herr von Talleyrand an den Kaiser, „könnten Ew. Majestät zu dem Hause Oestreich sagen, „„ich habe ungern gesiegt, aber ich habe gesiegt; ich will, daß ein allgemeiner Nutzen daraus entstehe; entsagen Sie und die Fürsten Ihres Herrscherstammes den Besitzungen in Schwaben, geben Sie Lindau auf, womit Sie die Schweiz beunruhigen, und treten Sie die Staaten von Venedig ab. Ich für meinen Theil will die Kronen Frankreichs und Italiens von einander sondern. Das Königreich

Italien soll nicht vergrößert werden. Der Freistaat Venedig wird unter dem Vorsitze eines aus der Mitte der Bürgerschaft frei gewählten Magistrates neu aufblühen. Breiten Sie sich zur Entgeltung längs der Donau aus. Besetzen Sie die Moldau und Walachei, ich werde es zu vermitteln suchen, daß die ottomanische Pforte Ihnen diese Besitzungen abtrete, und sollte Rußland Sie beunruhigen, so können Sie auf mich als Ihren Bundesgenossen rechnen."

Unstreitig ist der Entwurf dieses Planes höchst lobenswerth; allein die Möglichkeit der Anwendung ist eben so unwahrscheinlich als mannigfachen Zweifeln unterworfen. Wie immer der Ausgang des Krieges seyn möge, wie kann man annehmen, daß der Hof von Wien, um sich mit einem Feinde zu versöhnen, sich sogleich entschließen werde, mit seinen Bundesgenossen zu brechen? Und wäre es nicht in der That ein Bruch dieses Hofes mit dem Kaiser Alexander gewesen, wenn er als Entschädigung anderwärts erlittener Verluste nach solchen Ländern seine Hand ausgestreckt hätte, welche, wenn sie auch gleichwohl nicht ein unmittelbarer Bestandtheil des russischen Reiches sind, doch in einer wahren Abhängigkeit von demselben leben, welche das Cabinet von Petersburg in Folge mehrerer Verträge mit den Rechten eines Schirmherrn, die es so mächtig als die Türkei selbst machen, schützt, und welches übrigens von dem Beherrscher aller Reussen längst schon als ein zukünftiges Besitzthum betrachtet worden ist? Es ist also einerseits mehr als zweifelhaft, daß der Wiener Hof in einen solchen Vorschlag einwilligen würde; andererseits ist es eben so wenig wahrscheinlich, daß Napoleon es aufrichtig meine und sich so bald schon zur Entsagung auf die Krone Italiens entschließen könne; allein weder die eine noch die andere Ursache war es, welche Herrn von Talleyrand's Vorschlag vereitelte. Ein unvorhergesehenes Ereigniß hatte dem Zustande der Dinge plötzlich eine andere Wendung gegeben. An diesen Plan dachte man nur noch für den äußersten Nothfall als letztes Hülfsmittel.

Frankreich hatte schon längst einen Lieblingsgedanken im Busen genährt, den man nur ungern den Verhältnissen aufopferte und nun auf's Neue in's Leben rief. „Lange Zeit hat man," sagte Herr von Talleyrand in dem nämlichen Briefe an Napoleon, „eine Verbindung zwischen Frankreich und Preußen als das Mittel angesehen, den Frieden auf dem Festlande aufrecht zu erhalten; allein ein Bündniß mit Preußen ist jetzt gänzlich unmöglich!" Was Herr von Talleyrand noch vor der Schlacht von Austerlitz für unmöglich hielt, wurde nach der Schlacht auf einmal für möglich erachtet. Das Bündniß, welches Napoleon am 15ten December von dem Grafen von Haugwitz unterzeichnen ließ, trug seiner Form und seinem Inhalte nach so sehr das Gepräge der Aufrichtigkeit an sich, daß man um so mehr auf eine längere Dauer rechnen zu können glaubte, indem der Hof von Berlin als Ersatz für die Abtretung seiner alten Staaten solche neue Besitzungen gewann, daß ihm für deren Erhaltung Frankreichs Hülfe von Tag zu Tag unentbehrlicher werden mußte. Man hätte demnach glauben sollen, daß Preußens Schicksal künftighin durch die eisernen Bande der Nothwendigkeit an Frankreich gekettet sey. Nichts war daher natürlicher, als daß man auf den früheren Vorschlag des Herrn von Talleyrand Verzicht leistete, wenn sich auch der Verwirklichung desselben von Seiten des östreichischen Cabinettes kein anderweites unbesiegbares Hinderniß entgegengestemmt hätte.

Dem Grundsatze einer Vereinigung mit Preußen zufolge konnte sich Napoleon nicht mehr an Oestreichs Genehmhaltung oder Mißbilligung kehren. Im Gegentheile mußte sein Hauptgedanke dahin gerichtet seyn, diese Macht so viel als möglich zu schwächen. Durch die aufgestellten Bedingungen faßt er nicht nur den Entschluß, ihm einen Theil seiner Krongüter und seiner Bevölkerung zu entziehen, sondern auch im Herzen von Teutschland den alten Einfluß zu vertilgen, der von dem teutschen Kaisertitel, als dem Oberhaupte des heiligen römischen Reiches, unzertrennlich war. Das Vorhaben der französischen Regierung, aus diesem doppelten Gesichtspuncte aufgefaßt, wurde von den Höfen von München, Stuttgart und Karlsruhe, welche nur durch diese zwiefache Verringerung der östreichischen Macht sowohl an gänzlicher Unabhängigkeit als an Länderbesitz für sich selbst gewinnen konnten, nicht wenig unterstützt. Das Interesse des Münchener Hofes wurde durch einen besonderen Abgeordneten, den Freiherrn von Gravenreuth, dem selbst der Beitritt zu den Unterhandlungen gewährt worden ist, mit der größten Lebendigkeit vertreten.

Frankreich hatte bereits das Versprechen gegeben, das baierische Haus mit der Königswürde zu schmücken. Der lockende Titel eines Königs schmeichelte nicht weniger dem Ehrgeize des Herzogs und Churfürsten von Würtemberg. Durch ein am 12ten December zu Brünn unterzeichnetes Uebereinkommniß wurde auch diesem das Versprechen einer solchen Erhöhung gemacht. Vorläufige Maaßregeln, sowohl von Seiten Frankreichs als der drei Churfürsten, gaben den östreichischen Unterhändlern zum Voraus zu erkennen, daß der Widerstand in Betreff einiger Puncte der Unterhandlung gänzlich unnütz seyn werde. Wer kennt nicht die Streitigkeiten, welche in den Jahren 1803—1804 den Süden von Teutschland erschüttert haben, als der reichsunmittelbare Adel, durch den teutschen Kaiser geschützt, sich gegen die Fürsten auflehnte, in deren Staaten er noch abhängige Güter besaß? Niemals konnte eine Gelegenheit passender seyn, um die Ursache dieser Streitigkeiten auf immer zu zerstören. Die bei der Sache betheiligten Fürsten sind einem solchen Unternehmen, welches der glückliche Ausgang des Krieges in's Werk setzen sollte, durch vorläufige Maaßregeln unterstützend entgegengekommen. Am 3ten December hat der Großherzog von Baden die in seinen Staaten befindlichen, dem reichsunmittelbaren Adel und dem teutschen Orden gehörenden Güter in Beschlag genommen. Der Zweck dieser Vorkehrung war nicht mehr zweifelhaft, als am 19ten December ein Tagesbefehl des Marschalls Berthier den französischen Truppen gebot, die Churfürsten von Baiern, Würtemberg und Baden in der Besitznahme der teutschen Ordensgüter zu unterstützen, weil dieser Orden als Bundesgenosse von Oestreich auf seinem Grund und Boden Werbungen für diese Macht gestattet und sich auf diese Weise mit Frankreich auf Kriegsfuß gestellt hatte. Es war offenbar, daß diese Verfügungen in dem Vertrage, welcher so eben abgeschlossen werden sollte, seine Genehmigung finden würde. Man unterzeichnete ihn am 25sten December.

Zum ersten Male seit der französischen Revolution hat das eigentliche Frankreich in Folge eines glücklich geführten Krieges sich nicht mit dem Raube neuer Länder bereichert. Alle Abtretungen bei dieser Gelegenheit waren zum Vortheile Italiens und der drei Churfürstenthümer Baiern, Würtemberg und Baden berechnet. Was Frankreich betrifft, erkannte Oestreich seine alten Besitzungen, wie sie zu dieser Zeit waren [1]), an, das heißt, Piemont, den ligurischen Freistaat und die Herzogthümer Parma und Piacenza. Es genehmigte zu gleicher Zeit die in Hinsicht des Fürstenthums Piombino und des Freistaates Lucca [2]) gemachten Entwürfe. Die venezianischen Staaten, auf welche der Hof von Wien Verzicht leistete, wurden dem Königreiche Italien einverleibt. Man kam aber zu gleicher Zeit überein, daß die Krone [3]) dieses Königreichs von der Krone des Kaiserthums Frankreich in dem Augenblicke getrennt seyn sollte, als die bei der Stiftung des Königreiches ausgesprochenen Bedingungen würden erfüllt worden seyn.

Die vorzüglichsten Länder, welche man den drei Churfürsten [4]), als Bundesgenossen von Frankreich, abgetreten hatte, waren:

An Baiern Vorarlberg und das Gebiet von Lindau, Tirol mit den Bisthümern Trient und Brixen, das Fürstenthum Eichstädt und ein Theil des Bisthums Passau.

An Würtemberg die fünf sogenannten Donaustädte, die beiden Grafschaften Hohenberg, die Grafschaft Nellenburg und die von den ältern würtembergischen Besitzungen eingeschlossenen Theile vom Breisgau.

An Baden den übrigen Theil des Breisgaues, Ortenau und die Stadt Constanz.

Diese verschiedenen Länder sind von dem Oberhaupte des Hauses Oestreich und aus dem Bestande seiner Staatsgüter abgetreten worden. Außer dem in dem 7ten, 13ten, 14ten, 15ten Artikel ausgesprochenen Vortheile, gewährte ihnen Kaiser Franz aber, als Oberhaupt des teutschen Reiches, nach

1) Zweiter Punct des Vertrages.
2) Dritter Punct des Vertrages.
3) Laut des fünften Punctes der Uebereinkunft.
4) Zufolge des achten Artikels.

andere Begünstigungen. — Der Königstitel wurde den Häusern Würtemberg und Baiern übertragen und anerkannt.

Der teutsche Kaiser genehmigte, daß der König von Baiern die Stadt Augsburg nebst ihrem Gebiete mit seinen Staaten verbinde, und schenkte dem Könige von Würtemberg die Grafschaft Bonndorf [1]). Was diese drei Fürsten für das wichtigste Geschenk ansehen konnten, war die Erklärung, „daß sie sowohl in den neu abgetretenen Besitzungen, als in ihren alten Staaten mit der vollsten Macht der Unabhängigkeit herrschen und sich aller daraus entspringenden Rechte, so wie Oestreich und Preußen in ihren teutschen Staaten, erfreuen sollten."

Diese den Höfen von Baden, München und Stuttgart ertheilte Herrschergewalt lösete die in dem siebenten Puncte der Unterhandlung ausgesprochene Abhängigkeit von dem teutschen Bunde auf, oder stellte sie wenigstens in dasselbe Verhältniß, in welchem sich Oestreich und Preußen zu dem teutschen Reichsverbande befinden. Das Band, welches sie ehedem nicht ohne Abhängigkeit an das Oberhaupt des Reiches gebunden hatte, war mit einem Male aufgelöset. Ein tödtlicher Schlag traf die alte teutsche Reichsverfassung. Der Kaiser von Teutschland ließ, indem er mehrere dieser Verfassung zuwiderlaufende Puncte genehmigte, nach Abschluß [2]) des Vertrags durch seine bevollmächtigten Minister erklären: „er wolle die Clauseln der Kenntniß und einsichtsvollen Theilnahme des Reiches nicht entziehen." Diese Erklärung war zwar nichts als eine leere Form sowohl von Seiten dessen, von dem sie ausging, als dessen, an den sie gerichtet war.

Oestreich erhielt zur Belohnung für alle diese Opfer einzig und allein das Erzbisthum Salzburg [3]).

Der Erzherzog Ferdinand, welchem diese Staaten durch den Frieden von Lüneville zugetheilt worden waren, erhielt zum Ersatze das Fürstenthum Würzburg [4]) nebst Beibehaltung der churfürstlichen Würde.

1) Diese Grafschaft gehörte früher dem Johanniter-Orden.
2) Erster Januar 1806.
3) Zehnter Punct des Vertrages.
4) Eilfter Punct.

Das Hochmeisterthum des teutschen Ordens [1]) wurde erblich in der Person eines der Erzherzöge von Oestreich, welchen der jedesmalige Kaiser von Oestreich und Teutschland erwählen sollte; allein die Summe der Einkünfte von den Staatsgütern des Ordens wurde durch die einstweilige Besitznahme derselben in den verschiedenen Staaten durch die Höfe von Baden und Würtemberg bedeutend geschmälert.

Den so eben erwähnten Bedingungen zufolge sollten die sämmtlichen östreichischen Staaten binnen zwei Monaten von französischen Truppen geräumt werden. Nur Braunau war einstweilen ausgenommen und der Besatzung dieser Stadt ein Monat Frist mehr zugestanden. Dies waren die Hauptpuncte des Vertrags von Preßburg. Die Abtretungen, welche Oestreich in Teutschland machte, verminderten die Volkszahl seiner Unterthanen um 877,000 Seelen, von denen den Höfen von Würtemberg und Baden 300,000, und zwar in ziemlich gleicher Theilung zukamen, die noch übrigen 577,000 Seelen fielen der Krone Baierns anheim. Durch seine Entsagung auf die venezianischen Staaten verlor Oestreich in Italien 2,120,000 Seelen. Zieht man die 212,000 Köpfe, welche Oestreichs Krone durch das Bisthum Salzburg zufielen, von obiger Summe ab, so ergiebt sich ein Verlust von 2,785,000 Seelen, wodurch die Verminderung seiner Staatseinkünfte auf vierzehn Millionen Gulden anzuschlagen war. Doch nicht nur in dieser zwiefachen Beziehung ist seine politische Macht geschwächt worden, beinahe eben so großen Nachtheil brachte ihm die Verlegung seiner Gränzen. Oestreich war nun von Italien, vom Rheine, von der Schweiz und von Schwaben getrennt. Zwar brauchte es, im wahren Lichte betrachtet, dies Insichzusammenziehen auf einen Mittelpunct nicht als einen Nachtheil anzusehen; allein nichts destoweniger hörte es auf, sich in einer so großen Ausdehnung wie ehedem drohend zu bezeigen, ja es verlor sogar die Macht, die verschiedenen Staaten, welche es früher mit seinen Besitzungen eingesäumt hatte, zu beunruhigen. Vorzüglich waren es die baierischen Staaten, welche ihm in ihrer neuen Zusammenstellung für die Zukunft schwer zu übersteigende Schranken entgegensetzten.

1) Zwölfter Punct.

Man kann nicht läugnen, daß Napoleon seine Siege zu benutzen gewußt habe; doch kann man eben so sagen, daß er sie auf grausame Weise mißbraucht habe? Erlaubt das Kriegsrecht denjenigen, welcher angegriffen worden, nicht die Genugthuung, alles dasjenige Böse, welches man ihm zufügen wollte, auf Rechnung des siegreichen Angreifers zu setzen? Hätten nicht auch die Verbündeten, wenn ihnen das Glück der Waffen gelächelt, Frankreich 2 bis 3 Millionen Seelen genommen? „Der Friede von Preßburg kann für nicht geschlossen angesehen werden," hat man eingewendet [1]; „die Bedingungen sind durch die Gewalt erpreßt und durch die Schwäche zugestanden worden." Wo hätte je ein Friedensvertrag, nach einem vielbewegten Kriege geschlossen, stattgefunden, von dem man nicht das Nämliche erwähnen könnte? Ohne Zweifel hätte man den Schluß für gültig und gerecht anerkannt, welcher Frankreich in seine alten Gränzen zurückgewiesen, ihm Belgien und das linke Rheinufer wieder entrissen, mit einem Worte, alle seine durch die Friedensschlüsse von Campo-Formio, Lüneville und Amiens ihm zuerkannte Besitzungen geraubt hätte?

Was die Beschwerden einiger teutschen Publicisten, und besonders der in preußischen Staatsdiensten stehenden Schriftsteller [2]), über die Verletzung der alten Rechtsgrundsätze des teutschen Reiches betrifft, so haben die deshalb stattgefundenen Berathschlagungen, welche zwar mehr dem Jahre 1803 angehören, zur Genüge dargethan, welch' eine hohe Ehrfurcht der Hof von Berlin für diese alterschwache Staatsverfassung hegte, obwohl sie von allen Seiten verletzt und nur von Denen vertheidigt worden war, welche sich derselben als Waffe gegen ihre Feinde bedienen wollten.

Die Staatskunst, welche Napoleon zur Richtschnur nahm, als er die kleinern Staaten Teutschlands von dem östreichischen Joche befreite, war nichts als die Fortsetzung von Frankreichs althergebrachter Politik, und Niemand wird eine Ungerechtigkeit darin finden, daß er, das Vortheilhafte seiner

1) Schöll, Geschichte der wichtigsten Staatsverträge.

2) Darunter der Marquis von Lucchesini und Friedrich Schöll.

Lage erkennend, den Augenblick ergriff, um diese Staaten von dem teutschen Reiche unabhängig zu machen. Die von zwei Fürstenhäusern gewünschte Königswürde hatte sowohl für diese als für ihn noch einen andern Zweck, als eine leichtfertige Eigenliebe; man wollte durch einen neuen, und zwar durch den ersten aller Titel den für alle Zeiten abgeschlossenen Charakter ihrer Unabhängigkeit an den Tag legen, welches nicht nur schwierig, sondern sogar zweideutig gewesen wäre, wenn sie durch Beibehaltung ihrer frühern Benennungen immer noch sowohl einige Erinnerungs- als Berührungspuncte an die vormalige Unterwürfigkeit für das teutsche Reichsoberhaupt gehabt hätten.

Selten ereignet es sich, daß bei öffentlichem Abschlusse von Verträgen außer den bekannten Bedingungen nicht noch einige geheime Puncte stattfänden, welche den Augen des Volkes entgehen und den Besiegten zur Last fallen. Der Kaiser Napoleon war nicht Willens, die außerordentlichen Beiträge, welche die eroberten Provinzen dieser Monarchie leisten mußten, zu schenken. In Folge dessen kam es außer den uns Allen bekannten Puncten des Vertrages an dem nämlichen Tage noch (26sten December) zu einer besondern und geheimen Uebereinkunft zwischen Herrn von Talleyrand und dem Fürsten von Liechtenstein, daß Se. Majestät der Kaiser von Oestreich und Teutschland die Summe von 40 Millionen Franken, als Ersatz für alle den Erbstaaten sowohl als den bis jetzt noch nicht in Besitz genommenen Ländern auferlegten Geldbeiträge, leiste.

Acht Millionen Anzahlung sollten in dem Augenblicke, als die Vertragsurkunden ausgestellt und gewechselt würden, in Speciesthalern eingeliefert werden. Das übrige Geld sollte zu derselben Zeit in Wechseln auf die Städte Hamburg, Amsterdam, Augsburg, Frankfurt, Basel und Paris ausgezahlt werden. Der Betrag sollte in folgenden Zeiträumen seine Erledigung finden: Sechs Millionen den ersten Monat, im zweiten wiederum sechs Millionen, und von nun an zwei Millionen jeden Monat bis zur gänzlichen Tilgung der Schuld. Diese Bedingungen sind auch, wiewohl nicht ohne einigen Aufschub, erfüllt worden.

Außer den in obigem geheimen Puncte ausgemachten 40 Millionen, flossen den französischen Kassen noch ungefähr 32 Millionen durch die in den Provinzen vertheilten Oberaufseher zu. Diese beiden Summen zusammengenommen, verbunden mit dem Ertrage der von der Armee erbeuteten Vorräthe und Magazine, schwollen immer mehr und mehr an, so daß man den aus dem letzten Kriege mit Oestreich geschöpften Gewinn auf ungefähr 85 Millionen Franken anschlagen kann. Diese eigenthümliche Weise, den Krieg mit dem Kriege zu ernähren, war, wie es allgemein bekannt ist, einer der Hauptkunstgriffe, womit der Kaiser Napoleon im Stande war, die Entwickelung seiner kriegerischen Größe und der dazu nöthigen ungeheuern Hülfsmittel bis auf den höchsten Punct zu steigern, ohne Frankreichs Unterthanen Lasten fühlen zu lassen, welche mit der Menge der Ausgaben im Verhältnisse gestanden hätten.

Im Verlaufe der Friedensunterhandlungen haben die östreichischen Bevollmächtigten lebhafte aber vergebliche Versuche gemacht, die Aufnahme eines besondern Artikels zu bewirken, „wodurch das Königreich beider Sicilien in seinem alten Zustande gelassen werden sollte.“ Selbst in dem Augenblicke, als man schon zur Unterzeichnung des Vertrages schritt, übergaben sie noch dem französischen Botschafter eine Note, wodurch sie den hohen Antheil, welchen Se. Majestät der Kaiser von Oestreich und Teutschland an dem Schicksale der Beherrscher von Neapel aus Familienrücksichten nehme, zu erkennen gaben. Doch dieser letztere Schritt war, eben so wie die Berufung auf die Rechte des römisch-teutschen Reiches, nichts als ein vergebliches Bemühen, von dem niemals ein günstiger Erfolg vorausgesehen werden konnte, indem der Bevollmächtigte Napoleons schon mehr als einmal die Verweigerung ähnlicher Zumuthungen ausgesprochen hatte. In der That ließ der Kaiser sogar an dem Tage, an welchem der Friede zu Preßburg abgeschlossen wurde (26sten December 1805), durch den sieben und dreißigsten Tagesbericht bekannt machen, daß der Marschall Saint-Cyr in Eilmärschen auf Neapel losgehe, „um die Verrätherei der Königin zu bestrafen und diese verbrecherische Frau [1]) vom Throne zu stürzen.“ Tags darauf,

1) Wenn man dem teutschen Geschichtsschreiber Saalfeld Glau-

am 27sten December, machte er mit dem Tagesbefehle an die große Armee einen gegen das Königreich Neapel an seine italienischen Truppen gerichteten Aufruf bekannt. Nachdem er erwähnt hatte, daß er den König Ferdinand, der schon drei Mal auf dem Puncte war, sich zu verderben, eben so oft gerettet habe, fügte er hinzu: „Wollen wir zum vierten Male verzeihen? Können wir uns zum vierten Male auf einen Hof ohne Ehre, ohne Vernunft, ohne Treue verlassen? Nein, nein, die Dynastie von Neapel hat aufgehört zu regieren! Ihr Daseyn verträgt sich nicht mit der Ruhe Europa's und noch weniger mit der Ehre meiner Krone.“ Mit diesen Puncten sprach Napoleon zum ersten Male das Vertilgungsurtheil gegen die Herrscher-Familien des Festlandes aus, und das Schicksal schien, wenigstens für einige Zeit, seinem Willen dienen zu wollen.

Sechs Monate zuvor hatte der Kaiser vernommen, daß die Königin Carolina mit den Feinden Frankreichs in geheimer Verbindung stehe. Auf diese Weise konnte er kein unbedingtes Vertrauen bei der Gewährleistung gegenseitiger Parteilosigkeit in die Treue Ihrer sicilianischen Majestät setzen, und diese Maaßregel verschaffte ihm noch obendrein 15 bis 18,000 Mann geregelter Truppen, welche ihm unentbehrlich waren, um die zu schwache Armee Massena's zu verstärken. Er fand es daher für gut, sie unbedingt anzunehmen, wenn er auch Gefahr laufen sollte, daß ganz Italien sich gegen ihn verbände. Wenn er dem neapolitanischen Hofe dadurch, daß er ihn sich selbst und seinem Schicksale überließ, Fallstricke legte, so war es so gut als für gewiß anzunehmen, daß dieser sich darin fangen würde. Dies war als nothwendige Folge anzusehen.

Kaum hatten die französischen Truppen das neapolitanische Gebiet verlassen, so wurde der Bestand der Armee auf Befehl des Königs Ferdinand bis zu 60,000 Mann verringert.

ben beimessen dürfte, so kam Napoleons Haß gegen die Königin von Neapel daher, weil sie ihm eine ihrer Töchter zur Ehe zu geben verweigert hatte. Man kann sich kaum von dem Erstaunen über die Menge falscher, ja sogar einfältiger Nachrichten erholen, welche man da und dort selbst in anderweit achtbaren Werken vorfindet.

Trotz der Uebereinkunft vom 21sten September, welche am 8ten October zu Portici ausgefertigt und vollzogen wurde, und wodurch der König sich verpflichtete, „jeden Angriff auf seine Neutralität mit den Waffen in der Hand abzuwehren," gab man sich nicht nur keine Mühe, der englisch-russischen Flotte, welche sich am 20sten November vor Neapel zeigte, das Einlaufen in den Hafen zu verweigern, sondern man nahm sogar die Flotte und die vereinigte Truppenmacht, aus 12,000 Russen und 8000 Engländern bestehend, mit Zuvorkommenheit auf. Bei etwas mehr Klugheit hätte man sich den Anschein gegeben, nur dem Machtspruche der größern Gewalt gewichen zu seyn und so gegen Frankreich sich den Weg zu einer Rechtfertigung offen gelassen, welche anzuerkennen Napoleon vielleicht für zweckmäßig erachtet haben würde. Allein die Leidenschaft der Königin schloß jede Klugheit aus. Anstatt die Stellung eines neutralen Staates entweder in der That oder auch nur dem Scheine nach anzunehmen und das, was man nicht abwenden kann, geduldig zu ertragen, sprach der Hof von Neapel, mit Haß die lästige Maske von sich schleudernd, öffentlich seinen Beitritt zu den Bundesgenossen aus und übergab den Oberbefehl der sämmtlichen neapolitanischen Truppen durch ein königliches Handschreiben dem General Lacy, welcher die russische Hauptarmee anführte. So verhielten sich die Dinge. Das Benehmen des Königs von Sicilien ließ keine Entschuldigung zu. Wenn jemals der Bruch einer geheiligten Verpflichtung, der schon bei dem Abschlusse der Verbindlichkeit in dem Gemüthe festgesetzt war, einer rechtmäßigen Rache preisgegeben werden kann, so ist dies bei dieser Gelegenheit der Fall. Selbst solche Schriftsteller, welche nur allzu geneigt waren, einen solchen Ausfall gegen Napoleon gerecht zu finden, haben den Hof von Neapel von dem Vorwurfe des Treubruches nicht zu entschuldigen versucht. Man begnügte sich, zu sagen: „man sollte, nach der strengen Sühnung seines Vergehens, das, was früher ein Verbrechen geschienen hat, künftighin als einen Fehltritt [1]) betrachten."

Darf man es sich eingestehen? Schon seit langer Zeit strebte ein vielleicht nicht leicht zu errathender Leumund, das Kö-

1) Siehe Schöll's Geschichte der Verträge, Th. VIII. S. 7.

nigreich beider Sicilien in den Augen des Kaisers anzuschwärzen. Eine Hauptquelle, aus welcher die bittersten Anklagen und giftigsten Verläumdungen gegen den Hof von Neapel flossen, war — der Hof von Madrid. Unerachtet der gleichen Stellung und des ungefähr gleichen Ranges der beiden Königinnen herrschte zwischen ihnen dennoch eine Eifersucht, welche bis zum furchtbarsten Hasse ausartete. Die Vermählung des Prinzen von Asturien mit einer neapolitanischen Prinzessin hat den Feuerbrand der Zwietracht zwischen sie geschleudert, anstatt als Familienband die beiden Höfe liebend zu vereinen. Der neapolitanische Gesandte, Herzog von San-Theodoro, dessen Lage in Madrid höchst mißlich zu werden anfing, hatte bereits Spanien verlassen. Es war nur ein Geschäftsträger in der Person des Herrn Roberstone da zurückgeblieben, und dieser ist auf eine unwürdige Weise fortgejagt [1]) worden, weil man ihn beschuldigte, „die Mittelsperson eines verbrecherischen Briefwechsels gewesen zu seyn." Dies sind die eigenen Worte, deren sich der Friedensfürst bedient hat. Es steht uns nicht zu, eine Meinung über den Inhalt des erwähnten Briefwechsels zu haben, aber doch scheint es uns, die Briefe der Königin von Neapel an die Prinzessin von Asturien können nur als die Briefe einer Mutter an ihre Tochter betrachtet werden.

Nach der Sprache des Günstlings [2]) und den mehrfach gemachten Aeußerungen gegen den Botschafter Beurnonville, war der Hof von Spanien wenig betrübt bei dem Gedanken, die Königin Carolina durch französische Truppen aus Neapel verjagt zu sehen. Wenn schwere Unglücksfälle, welche auf dem ältern Zweige der erlauchten Herrscherfamilie lasteten, eher das Band des innern Zusammenhanges fester knüpfen und das Wohl und Wehe aller noch regierenden Glieder dieses Hauses zur gemeinschaftlichen Sache hätten machen sollen, so gewährt es jetzt einen um so schmerzvollern Anblick, diese, durch feindlichen Zwiespalt getrennt, sich gegenseitig verfolgen und bei dem gemeinschaftlichen Feinde eines an des andern

1) Im December des Jahres 1805.

2) Im Monat October des nämlichen Jahres.

Sturze arbeiten zu sehen. Konnte eine solche Verläugnung alles Gefühls und jedes Familienbandes [1]) dem Kaiser Napoleon schonende Ehrfurcht für Rechte einflößen, welche man so wenig kennen und heilig zu halten schien?

Der Tagesbericht vom 26sten December, das Organ des Zornes wider einen gegen Frankreich feindlich gesinnten Hof, war zugleich das Organ des Dankes für die Verbündeten, welche sich seinem Dienste geweiht haben. Die italienischen und holländischen Völker, so wie die Häuser Baiern, Würtemberg und Baden wurden mit denselben Lobsprüchen überhäuft, wie die Heeresmacht. Zuerst sprach man das innigste Bedauern aus, daß die Ernennung zum Mitgliede in die Ehrenlegion und das Emporrücken in der Armee nicht mehr hinreichten, um alle die wackern Bundesgenossen nach ihrem Verdienste zu belohnen; darauf hieß es weiter noch: „Die beiden Herzöge von Baiern und Würtemberg erhalten so eben den Königstitel, der ihnen als Lohn ihrer Anhänglichkeit und jederzeit treuen Freundschaft für den Kaiser von rechtswegen gebührt."

Kann man sich wundern, daß die Soldaten Napoleons in den Fürsten, die wegen ihrer Anhänglichkeit den Königstitel erhalten haben, Kriegskameraden erblicken, welche, wie sie, früher die Wachen bezogen haben? Daher der in Zukunft so gewöhnliche und in dem Munde des Soldaten so einfach und einfältig klingende Ausdruck: „Er ist König geworden", wenn von der Thronerhebung irgend eines Günstlings des Glückes die Rede war.

Die Anreden des Kaisers an die bewaffnete Macht verwechselten auf diese Weise sowohl den Tadel als das Lob, den Krieg so wie Staatskunst. Bald erblickte man darin eine scheinbare Berathschlagung über das, was zu thun sey; bald die Berichterstattung dessen, was geschehen. Am 26sten December sagte er zu seinen Soldaten, er werde morgenden Ta-

1) In Spanien lebte zu der Zeit ein Geistlicher, Namens Benedict le Duc, ein natürlicher Sohn Ludwigs XV. Der Hof von Madrid kannte seine unglückliche Lage, trug aber nicht das Geringste zu deren Erleichterung bei. Der Kaiser Napoleon legte Fürbitte bei dem Könige Carl IV. für ihn ein und bewirkte ihm einen Gnadengehalt.

ges eine Zusammenkunft mit dem Erzherzoge Carl haben, und am 29sten ließ er ihnen den Friedensschluß bekannt machen.

Die Zusammenkunft Napoleons mit dem Erzherzoge hat in dem Jagdschlosse Stamersdorf stattgefunden. Wenn auch der Prinz Carl, seines seltenen Verdienstes ungeachtet, in der Classe der großen Helden noch nicht den hohen Rang einnimmt, um diese Zusammenkunft mit derjenigen eines Scipio und Hannibal zu vergleichen; wenn gleichwohl zwischen den beiden berühmten Personen der Tagesgeschichte die Bewunderung auf einer und der andern Seite nicht gleich groß seyn konnte, so machte doch die gegenseitige Hochachtung den beiden verhandelnden Männern den Tag der Zusammenkunft zu einem wahren Feste. Zwar konnte es nicht fehlen, daß das Wohl und Wehe der beiden Länder den Hauptinhalt der Unterredung ausmachte. Napoleon suchte, und wer wollte es ihm verdenken, den Erzherzog zu überzeugen, daß es für das Haus Oestreich vortheilhafter seyn würde, sein Schicksal an das von Frankreich zu knüpfen, als sich auf Rußlands Seite zu wenden, ein Vernunftschluß, dessen treffende Wahrheit der Erzherzog keineswegs in Abrede stellte, der schon hier wie späterhin noch mehrmals, bewiesen hat, daß er die Gefahren gar wohl vorauszusehen vermochte, welche in der Vergrößerung der russischen Macht für den östreichischen Kaiserstaat erwachsen würden. Allein bei der unvortheilhaften Einrichtung des Wiener Cabinets war der Mann, welcher der Einflußreichste hätte seyn sollen, grade der Schwächste, und der eifersüchtige Hof sah in dem Kriegsruhme des Prinzen Carl mehr ein Hinderniß als eine Stütze. In dem Augenblicke der Trennung machte der Kaiser der Franzosen dem Erzherzoge ein Geschenk mit einem Ehrendegen. In spätern Zeiten noch wird dieser von Napoleon geschenkte Degen nicht die geringste Zierde in der prinzlichen Rüstkammer des östreichischen Hauses seyn.

Die beiden Anreden [1]), womit Napoleon kurz vor seiner Abreise von Wien von dessen Einwohnern und der Armee Ab-

1) Der eine so wie der andere Aufruf ist vom 29sten December datirt.

schied genommen hatte, sind sich in einem Puncte ziemli gleich: sie athmen beide das Gefühl des Glückes und d Freude und lassen deutlich den Wunsch durchblicken, daß au diejenigen, an welche sie gerichtet sind, das nämliche Gefü theilen möchten. „Der Friede zwischen dem Kaiser von Oe reich und mir ist unterzeichnet", sagte er zu seinen Soldate „Ihr habt in dieser späten Jahreszeit zwei Feldzüge gemach Ihr habt euern Kaiser Beschwerden, Sorgen, Mühen un Gefahren mit euch theilen sehen. Ich will aber auch, da ihr ihn baldigst sehen möget umgeben von dem Glanze jen Fürstengröße, welche dem Beherrscher des ersten Volkes d Welt gebührt. In den ersten Tagen des Maimonates werd ich ein großes Fest mit allen mir und euch gebührenden Si gesfeierlichkeiten veranstalten. Ihr alle sollt ihm beiwohne ihr alle sollt zugegen seyn. Wir werden das Andenken derj nigen feiern, welche in den letzten Schlachten auf dem Fel der Ehre gestorben sind. Die Welt soll und wird uns bere sehen, ihrem heldenmüthigen Beispiele zu folgen und hinfüh noch mehr zu thun als wir schon bis jetzt geleistet habe wenn Jemand es wagen sollte, unsere Ehre anzutasten, od sich von dem verderblichen Golde blenden zu lassen, welch die Feinde des Festlandes so reichlich spenden." Der Schlu dieser Anrede scheint darauf hinzudeuten, daß der Kaiser no immer an die Möglichkeit glaubt, England könnte einen a dern Krieg herbeirufen. Ist dieses vielleicht ein Vorgefühl vo Preußens nahen Fehlern? Oder ist es eine mittelbare Anr gung für diese Macht? Der Erfolg wird diese letztere Ve muthung rechtfertigen.

Napoleon konnte zwar in dem Augenblicke, als er d Aufruf erließ, mit gutem Gewissen und mit aller Wahrheit liebe seinen Truppen die Ankunft in Paris binnen wenig M naten versprechen, allein nichts destoweniger sieht er sich g nöthigt, die auf den Monat Mai verheißenen Feierlichkeit vorläufig noch zu verschieben. Doch kamen die Verhinderu gen, welche die Räumung Teutschlands von den französisch Truppen verspätigte, nicht Frankreich zu Schulden.

Die Einwohner Wiens haben sich gegen die Franzosen edel benommen, wie es nur immer Napoleons ausgedehntest

Vertrauen hoffen und wünschen konnte, und gleiche Ehren gebühren sowohl dem Sieger als dem Besiegten. Zehntausend Mann Nationalgarde der Stadt Wien haben ihre Waffen beibehalten. Sie haben nach wie vor die Stadtthore besetzt, und das bürgerliche Zeughaus blieb in ihrer Gewalt, obschon die französische Armee täglich neuen Kämpfen ausgesetzt war. Obwohl sie durch diese Handlungen nur dem Gesetze einer wohlberechneten Klugheit folgten, so muß man ihnen dennoch, als einem angegriffenen und bedrohten Volke, für die Unbesonnenheiten, die sie nicht begonnen haben, Dank wissen. Napoleon hingegen wollte sich nicht an Billigkeit übertreffen lassen und ließ ihnen in den schmeichelhaftesten Ausdrücken seine Zufriedenheit zu erkennen geben: „Ich habe mich wenig unter euch gezeigt", sagte er zu ihnen; „zwar nicht aus Geringschätzung, noch weniger aus eitlem Stolze, allein ich wollte euch in eurem so schön hervortretenden Vaterlandsgefühle nicht stören, noch euch von der Liebe zu dem Fürsten abziehen, welche dieser in so hohem Grade verdient und mit dem ich schleunigst Frieden zu schließen Willens war. Empfangt von mir, bevor ich euch verlasse, als einen Beweis meiner Achtung euer Zeughaus, welches die Gesetze des Krieges als Eigenthum in meine Hände legten, unversehrt zurück. Gebrauchet die Waffen stets zur Aufrechthaltung der Ordnung."

Napoleon konnte leicht in Beziehung auf das bürgerliche Zeughaus Großmuth üben; — das große Militairzeughaus der östreichischen Monarchie lieferte ihm mehr als 2000 Kanonen, welche zu Frankreichs Nutzen davongeführt wurden.

Wenn wir unsere Blicke auf alle Ereignisse des Jahres 1805 in ihrem ganzen Umfange richten, so werden wir gewiß darin übereinstimmen müssen, daß die Staatskunst, welche den Kaiser Napoleon bestimmt hat, sich in Italien durch die Vereinigung des ligurischen Freistaates mit Frankreich und durch die zu Gunsten seiner Familie vorgenommene Unterjochung als unumschränkter Herrscher festzustellen, durch die Eingriffe in das europäische Staatensystem, da alle Mächte die Aufrechthaltung der Ordnung und durch Verträge bestimmte Eintheilung wollten, eine angreifende war. Doch zieht man dagegen in Betracht, daß schon seit dem ersten Monate des Jahres 1805 in Folge der im vorigen Jahre stattgefundenen Unterhandlungen zwischen den drei gegen Frankreichs Regierung feindlich gesinnten Hauptmächten ein gemeinschaftlicher Plan stattgefunden habe, nicht nur Frankreich wiederum in seine alten Gränzen des Rheins, der Alpen und der Pyrenäen einzuschließen, sondern ihm Alles wieder zu entreißen, was es bei der Vertheidigung gegen äußere Angriffe erobert hat; wenn zwischen den beiden Mächten der Grundsatz aufgestellt worden ist, „daß dieser Zweck ohne Abänderung und Ausnahme erreicht werden müsse", so ändert sich plötzlich die Lage der Verhältnisse, und unter solchen Umständen bleibt es dann keinem Zweifel mehr unterworfen, daß Napoleons Staatskunst von jetzt an sich auf nichts Anderes mehr als auf den Grundsatz der Selbstvertheidigung stützen könne.

Vielleicht wird man einwerfen, er habe zur Zeit, als die Vergrößerungsplane in seiner Seele aufkeimten, noch keine bestimmten Beweise von dem Vorhaben feindlicher Einfälle in Frankreich gehabt, und deshalb sich von einer verwerflichen Ehrsucht dahinreißen lassen. Ein solcher Einwurf kann keine große Kraft besitzen. Würde man solche Schlüsse annehmen, so hörte die Politik auf, eine Staatskunst zu seyn; denn was ist sie anders, als eine muthmaßliche wohlberechnete Voraussehung, als die Kunst, das Vorhaben seiner Feinde und Nebenbuhler zu errathen und zu beurtheilen, als die Kunst, Mittel und Wege zu finden, sowohl deren Plane zu hintertreiben, als deren Unternehmungen scheitern zu machen? Drei Einzelmenschen haben bekanntlich den Tod des vierten beschlossen. Wird man diesen, welcher das verderbenbringende Schwert schon gezückt sieht, tadeln können, wenn er alle ihm zu Gebote stehenden Mittel aufbietet, um den Hieb mit geschickter Wendung und neuen Waffen aufzufangen? Napoleons Sehergabe hat die Entschlüsse seiner Gegner durchschaut und geschickt umgangen.

Wird man sagen können, daß, abgesehen von alle dem, sowohl England als Rußland und Oestreich berechtigt waren, Frankreich in seine alten Gränzen zurückzuweisen, weil dieses Frankreich sonst ohne Zweifel ganz Europa umgestürzt hätte?

Nein, diese Mächte waren keinesweges zu einer solchen Anmaßung berechtigt, wenn sie wenigstens nicht in einer solchen Länderbeschränkung mit sich selbst den Anfang machen wollten. Da aber keinesweges davon die Rede war, daß weder England noch Oestreich auf irgend eine Besitzung, welche sie durch die nämlichen Verträge erhalten haben, deren Ausspruch eben so Frankreichs Uebergewicht vergrößerte, Verzicht leisten sollte, da man Oestreich sogar neue Erwerbungen versprach, so konnte auch von ihrer Seite nicht mehr, wie sie behaupteten, von einem Gerechtigkeitsgefühle und einer Nothwehr die Rede seyn, sondern jetzt sah man unter diesen Vorwänden deutlich die Eroberungssucht zum Nachtheile der Schwächern durchschimmern, welcher nur der mächtige Nebenbuhler Einhalt that.

Denken wir uns an die Stelle Napoleons einen Regenten, der weniger im Stande war, den ganzen Umfang der feindlichen Plane zu erfassen, der weniger Muth und kühne Entschlossenheit besaß, um deren Ausübung zu verhindern: was wäre die Folge gewesen? Frankreich hätte den ersten Angriffen der Verbündeten unterliegen müssen. Giebt es aber einen einzigen Franzosen, selbst die nicht ausgenommen, denen Leidenschaftlichkeit oder die Macht des Zufalls die Waffen gegen Frankreich als Republik oder Kaiserthum in die Hand gegeben, welcher sagen kann, daß Frankreich nach den Ereignissen vom 18ten Brumaire, wodurch die Gräuel der Anarchie gehoben wurden, ruhig zusehen soll, wenn ihm Belgien und das linke Rheinufer entrissen wird, und daß es aus freien Stücken, nach dem Beispiele der andern großen Mächte, mit gelehriger Gefälligkeit sich in seine alten vor der Staatsumwälzung bestandenen Gränzen zurückziehe?

Sollte Frankreich jemals bis auf diesen äußersten Punct getrieben werden, so mag es doch erst dann geschehen, wenn man, um den Schlag abzuwenden, alle Kräfte vergebens aufgeboten hat. Von den Beschlüssen Englands, Oestreichs und Rußlands gegen die französische Regierung wird der langwierige Kampf abhängen, der bis zum Jahre 1814 dauert, in dessen Folge Napoleon, einen gesetzmäßigen Grundsatz vertheidigend, durch den Mißbrauch des Glückes, welches ihm zu reichlich seine Gunstbezeigungen spendete, vernichtet ward.

Der Kaiser Napoleon hat, sich von Wien nach München begeben, wo ihn, nebst seiner Gemahlin Josephine, die ihm entgegengekommen war, der Dank des neuen Königs und die Huldigungen der übrigen durch ihn erhöhten teutschen Fürsten und die Schmeichelei Derjenigen, welche nach ähnlichem Glücke geizten, erwartete. Seine Ankunft in dieser Stadt fiel auf den 31sten December. Am folgenden Tage, den 1sten Januar 1806, erschien, um gleichsam die Erhöhung des Hauses Baiern zur Königswürde noch augenscheinlicher in die Hände des mächtigen Gönners zu legen, die Bekanntmachung, welche allen baierischen Unterthanen anzeigte, „daß die Würde ihres Herrschers den alten Glanz wieder erhalten habe, und daß Maximilian Joseph von nun an König von Baiern heiße." Mitten unter den Festlichkeiten, wodurch man die Anwesenheit des Kaisers zu ehren bemüht war, blieb die Staatskunst nicht müßig. Es wurde eine Uebereinkunft abgeschlossen, in Betreff eines Tausches des Herzogthums Berg, womit der Kaiser einen Prinzen seiner Familie beschenken wollte, gegen die Markgrafschaft Ansbach, welche durch den von dem preußischen Gesandten, Grafen von Haugwitz, am 15ten December zu Wien unterzeichneten Vertrag der Krone Frankreichs anheimgefallen war.

Nichts war natürlicher, als daß der neue König von Baiern, der Frankreichs Großmuth eine so bedeutende Vermehrung seiner Volkszahl und seines Länderbesitzes zu verdanken hatte und welche auch nur Frankreich ihm zu gewährleisten im Stande war,, sich auf das innigste und selbst durch die zarten Bande des Blutes an den Mann anschloß, welcher der unumschränkte Beherrscher des Festlandes zu seyn schien. Er zögerte keinen Augenblick, den alten Fürstenfamilien Teutschlands das erste Beispiel einer Verbindung mit der Dynastie Napoleons zu geben. Abgesehen davon, daß die souverainen Häuser nur unter sich selbst Ehen schließen zu dürfen glauben, verband die beabsichtigte Vermählung, obwohl die Staatskunst nicht wenig Antheil daran haben mochte, alle zu wünschenden Vortheile. Die junge, schöne, mit allen Grazien des Geistes und der reinsten Herzensgüte so reichlich ausgestattete Prinzessin Auguste, Tochter des Königs von Baiern, fand in der

Person Eugens Beauharnois einen Gatten, welcher als schöngestalteter, durch so viele Waffenthaten in Frankreich und Italien berühmter Krieger ihrer völlig würdig war, hätte er auch die väterliche Liebe Napoleons nicht besessen, und wäre er auch nicht längst schon von diesem als rechtmäßiger Sohn anerkannt worden.

Bei Gelegenheit dieser Heirath hat der Kaiser den Prinzen Eugen auf den Thron Italiens gerufen. Durch den merkwürdigen Brief [1]), womit Napoleon dem Senate zu Paris diesen seinen Willen bekannt machte, hat er zum ersten Male seine Ansicht über die Grundsätze blicken lassen, welche ihn in Hinsicht der Verfügung über die von Frankreich abhängigen Staaten leiten würden.

„Wir behalten uns vor", sagte er unter andern, „durch spätere Entschlüsse den Senat von den Verbindungen in Kenntniß zu setzen, welche die Bundesstaaten des französischen Reiches nach uns zusammenhalten sollen. Da die verschiedenen von sich unabhängigen Länder ein gemeinschaftliches Interesse haben, so ist es billig, daß sie auch durch ein gemeinschaftliches Band mit einander verknüpft werden." In diesem Schreiben war nur von Verbindungen die Rede, welche nach ihm geschlossen werden sollten. Es dauerte aber nicht lange, so sahen wir ihn schon für die Gegenwart die Begründung dieses Systemes beginnen.

Schon ist eine andere Ehe im Werke, die zwischen dem Enkel des Markgrafen von Baden und einer Adoptivtochter Napoleons, der jungen Prinzessin Stephanie Beauharnois, deren Schönheit und Liebenswürdigkeit, verbunden mit allen Gaben des Geistes und den Vorzügen einer edlen Seele, sie auserkoren zu haben schien, über die in Teutschland üblichen Vorurtheile zu siegen.

Es scheint, als glaubten die alten teutschen Eichen ihre Wurzeln nicht sicher genug, wenn sie ihre Zweige nicht um die große Ceder Frankreichs schlingen, welche sich so schnell über ihre Häupter erhoben hat und mit ihrem Schatten schon halb Europa überdeckt.

1) Vom 12ten Januar 1806.

Während der Kaiser Verträge unterzeichnete, Vermählungsfeierlichkeiten beiwohnte, den Rückzug seiner Truppen ordnete und aus einer nicht unzeitigen Vorsicht sorgfältig seine ganze Armee in Teutschland vervollständigte, überließ sich Frankreich, als die Nachricht von den unerhörten Siegen und einem daraus so glorreich hervorgegangenen Frieden anlangte, dem natürlichen Gefühle freudigen Stolzes. Das Tribunat hat in der Sitzung vom 30sten December unter vielen Reden, welche alle nur ein Gefühl ausdrückten, einstimmig den Wunsch ausgesprochen:

„Man möchte auf einem der ersten Plätze der Hauptstadt eine Säule mit dem Standbilde des Kaisers aufrichten. Diese Säule sollte die Inschrift tragen: Napoleon dem Großen das dankbare Vaterland! Eben so sollte Napoleons Namenstag alljährlich mit einem Nationalfeste gefeiert werden.“

Was aber diesen allgemeinen Volksenthusiasmus auf den höchsten Punct steigern sollte, war der Anblick der erbeuteten Siegeszeichen, die zahlreichen, den tapfern Armeen der beiden größten Mächte des Festlandes entrissenen Fahnen und Banner.

Der Kaiser hatte unter dem eilften December aus seinem Hauptquartiere zu Brünn dem Cardinal Erzbischof zu Paris angezeigt: er habe beschlossen, an dem Jahrestage seiner Krönung, wo der heilige Vater, die Cardinäle und Frankreichs gesammte Geistlichkeit den Himmel um segensvollen Beistand für seine Regierung angefleht haben, die 45 eroberten Fahnen in der Kirche zu Unserer-lieben-Frauen aufzuhängen und unter die Obhut des Metropolitan-Capitels zu stellen. Eine Gesandtschaft der Stadt Paris, welche der Kaiser zu Schönbrunn empfing und deren Auftrag war, ihm für das Geschenk der bei Wertingen erbeuteten Feldzeichen zu danken, wurde nun auch mit der Ueberreichung der 45 Fahnen von Austerlitz an den Cardinal Erzbischof betraut. Auf eine ähnliche Weise hat er einer andern Gesandtschaft, welche das Tribunat schon bei der Eröffnung des Feldzuges mit einem Schreiben an den Kaiser abschickte, um sie über die gescheiterte Hoffnung, ihn persönlich zu sprechen, — denn sie hatte ihn von Straßburg aus vergebens in München, von wo er schon wieder abgereiset war, aufgesucht, — einigermaßen zu trösten, den schmei-

3*

chelhaften Auftrag ertheilt, die bei Ulm in raschem Siegeslaufe eroberten Fahnen nach Frankreich zu bringen. Zehn derselben wurden dem Stadthause, acht dem Tribunate und vier und funfzig dem Senate zur Aufbewahrung anvertraut. Die Empfangnahme dieser Siegeszeichen gab bei den verschiedenen Körperschaften Veranlassung zu großen weltlichen und geistlichen Feierlichkeiten. Wie konnte auch die Dankbarkeit des Senates, dem solch' eine Ehre zu Theil ward, mit den Lobeserhebungen eines Mannes geizen, der so herrliche Geschenke lieferte? Jenes Lob war allerdings übertrieben, nichts destoweniger aber schien es der Wahrheit der Thatsachen zu entsprechen. Man ermangelte nicht, die Bemerkung hinzuwerfen, daß Friedrich II. aus dem Kampfe gegen Oestreich und Rußland erst nach einem Kriege von sieben Jahren siegreich oder wenigstens nicht besiegt hervorgegangen sey. Napoleon hingegen habe diese Mächte in einem Zeitraume von sieben Wochen in große Verlegenheit gesetzt und das Gebiet der einen davon sogar zersplittert.

Das Ergebniß der Berathungen war der Beschluß, daß dem siegreichen großen Napoleon ein Ehrendenkmal errichtet werden sollte. Man kam außerdem überein, daß der ganze Senat in Person dem Kaiser entgegengehen sollte. Wenn bei einer so erfolgreichen Zeit ein solcher Schritt verzeihlich war, so forderte das Schicklichkeitsgefühl von Napoleon, sich demselben zu entziehen. Er kehrte daher in der Nacht vom 25sten auf den 26sten Januar nach Paris zurück, ohne daß irgend eine Behörde der Hauptstadt von seiner Heimkehr benachrichtigt gewesen wäre. Der wackere Elsaß mit seinen Triumphbogen, seinen Nationalgarden und Volkshaufen hatte ihm zu Straßburg eine so herzliche und rührende Aufnahme bereitet, daß er unmöglich an der Wahrheit dieser Gefühlsäußerung zweifeln konnte.

Hundert Tage waren gerade verflossen, seitdem die französische Armee über den Rhein gegangen war, um sich nach Teutschland zu begeben, bis sie jetzt, mit Kriegs- und Friedenspalmen beladen, über denselben Strom zurückkehrte. — Kaum hundert Tage! Und in diesem kurzen Zeitraume, welche Märsche, Schlachten, Eroberungen, Städteeinnahmen, und unter diesen selbst der große Kaisersitz der Teutschen! Welche denkwürdige Ereignisse für die Mit- und Nachwelt! In Ulm dreißigtausend Gefangene in Demuth vor Napoleon vorüberschreitend, der, als großmüthiger Sieger, die unglückliche Tapferkeit und den überwundenen Muth ehrt! — Bei Austerlitz drei Kaiser zu Rath und That versammelt, wo aber doch das Genie des Emporkömmlings allein den Sieg zu fesseln weiß! — Tags darauf Teutschlands Kaiser im Feldlager Napoleons um Waffenstillstand und Frieden bittend! — Der Kaiser Alexander, von dem Sieger verabschiedet, auf dem Rückwege nach Petersburg! — Und während und nach den Schlachten welche Verhandlungen, welche Beschlüsse, welche erfolgreiche Verträge! — Oestreich um drei Millionen Menschen ärmer, abgeschnitten von Italien, Schwaben und Tyrol! — Preußen für seine kaum begangene Treulosigkeit bestraft! — Der Sturz der Bourbonen von dem neapolitanischen Throne erklärt! — Die alten Dynastien stolz darauf, ihr Blut mit den Adoptivsöhnen der neuen Herrscherfamilie zu vermischen! — Die Geschichte wird dereinst, wenn das Glück treulos geworden, eine andere Epoche mit dem Namen „das Zeitalter der hundert Tage" bezeichnen; haben uns aber nicht auch die drei letzten Monate des Jahres 1805 hundert Tage für alle Zeiten denkwürdig zurückgelassen?

---

ges eine Zusammenkunft mit dem Erzherzoge Carl haben, und am 29sten ließ er ihnen den Friedensschluß bekannt machen.

Die Zusammenkunft Napoleons mit dem Erzherzoge hat in dem Jagdschlosse Stamersdorf stattgefunden. Wenn auch der Prinz Carl, seines seltenen Verdienstes ungeachtet, in der Classe der großen Helden noch nicht den hohen Rang einnimmt, um diese Zusammenkunft mit derjenigen eines Scipio und Hannibal zu vergleichen; wenn gleichwohl zwischen den beiden berühmten Personen der Tagesgeschichte die Bewunderung auf einer und der andern Seite nicht gleich groß seyn konnte, so machte doch die gegenseitige Hochachtung den beiden verhandelnden Männern den Tag der Zusammenkunft zu einem wahren Feste. Zwar konnte es nicht fehlen, daß das Wohl und Wehe der beiden Länder den Hauptinhalt der Unterredung ausmachte. Napoleon suchte, und wer wollte es ihm verdenken, den Erzherzog zu überzeugen, daß es für das Haus Oestreich vortheilhafter seyn würde, sein Schicksal an das von Frankreich zu knüpfen, als sich auf Rußlands Seite zu wenden, ein Vernunftschluß, dessen treffende Wahrheit der Erzherzog keineswegs in Abrede stellte, der schon hier wie späterhin noch mehrmals, bewiesen hat, daß er die Gefahren gar wohl vorauszusehen vermochte, welche in der Vergrößerung der russischen Macht für den östreichischen Kaiserstaat erwachsen würden. Allein bei der unvortheilhaften Einrichtung des Wiener Cabinets war der Mann, welcher der Einflußreichste hätte seyn sollen, grade der Schwächste, und der eifersüchtige Hof sah in dem Kriegsruhme des Prinzen Carl mehr ein Hinderniß als eine Stütze. In dem Augenblicke der Trennung machte der Kaiser der Franzosen dem Erzherzoge ein Geschenk mit einem Ehrendegen. In spätern Zeiten noch wird dieser von Napoleon geschenkte Degen nicht die geringste Zierde in der prinzlichen Rüstkammer des östreichischen Hauses seyn.

Die beiden Anreden [1]), womit Napoleon kurz vor seiner Abreise von Wien von dessen Einwohnern und der Armee Ab-

1) Der eine so wie der andere Aufruf ist vom 29sten December datirt.

schied genommen hatte, sind sich in einem Punkte ziemlich gleich: sie athmen beide das Gefühl des Glückes und der Freude und lassen deutlich den Wunsch durchblicken, daß auch diejenigen, an welche sie gerichtet sind, das nämliche Gefühl theilen möchten. „Der Friede zwischen dem Kaiser von Oestreich und mir ist unterzeichnet", sagte er zu seinen Soldaten. „Ihr habt in dieser späten Jahreszeit zwei Feldzüge gemacht. Ihr habt euern Kaiser Beschwerden, Sorgen, Mühen und Gefahren mit euch theilen sehen. Ich will aber auch, daß ihr ihn baldigst sehen möget umgeben von dem Glanze jener Fürstengröße, welche dem Beherrscher des ersten Volkes der Welt gebührt. In den ersten Tagen des Maimonates werde ich ein großes Fest mit allen mir und euch gebührenden Siegesfeierlichkeiten veranstalten. Ihr alle sollt ihm beiwohnen, ihr alle sollt zugegen seyn. Wir werden das Andenken derjenigen feiern, welche in den letzten Schlachten auf dem Felde der Ehre gestorben sind. Die Welt soll und wird uns bereit sehen, ihrem heldenmüthigen Beispiele zu folgen und hinführo noch mehr zu thun als wir schon bis jetzt geleistet haben, wenn Jemand es wagen sollte, unsere Ehre anzutasten, oder sich von dem verderblichen Golde blenden zu lassen, welches die Feinde des Festlandes so reichlich spenden." Der Schluß dieser Anrede scheint darauf hinzudeuten, daß der Kaiser noch immer an die Möglichkeit glaubt, England könnte einen andern Krieg herbeirufen. Ist dieses vielleicht ein Vorgefühl von Preußens nahen Fehlern? Oder ist es eine mittelbare Anregung für diese Macht? Der Erfolg wird diese letztere Vermuthung rechtfertigen.

Napoleon konnte zwar in dem Augenblicke, als er den Aufruf erließ, mit gutem Gewissen und mit aller Wahrheitsliebe seinen Truppen die Ankunft in Paris binnen wenig Monaten versprechen, allein nichts destoweniger sieht er sich genöthigt, die auf den Monat Mai verheißenen Feierlichkeiten vorläufig noch zu verschieben. Doch kamen die Verhinderungen, welche die Räumung Teutschlands von den französischen Truppen verspätigte, nicht Frankreich zu Schulden.

Die Einwohner Wiens haben sich gegen die Franzosen so edel benommen, wie es nur immer Napoleons ausgedehntestes

Vertrauen hoffen und wünschen konnte, und gleiche Ehren gebühren sowohl dem Sieger als dem Besiegten. Zehntausend Mann Nationalgarde der Stadt Wien haben ihre Waffen beibehalten. Sie haben nach wie vor die Stadtthore besetzt, und das bürgerliche Zeughaus blieb in ihrer Gewalt, obschon die französische Armee täglich neuen Kämpfen ausgesetzt war. Obwohl sie durch diese Handlungen nur dem Gesetze einer wohlberechneten Klugheit folgten, so muß man ihnen dennoch, als einem angegriffenen und bedrohten Volke, für die Unbesonnenheiten, die sie nicht begonnen haben, Dank wissen." Napoleon hingegen wollte sich nicht an Billigkeit übertreffen lassen und ließ ihnen in den schmeichelhaftesten Ausdrücken seine Zufriedenheit zu erkennen geben: „Ich habe mich wenig unter euch gezeigt", sagte er zu ihnen; „zwar nicht aus Geringschätzung, noch weniger aus eitlem Stolze, allein ich wollte euch in eurem so schön hervortretenden Vaterlandsgefühle nicht stören, noch euch von der Liebe zu dem Fürsten abziehen, welche dieser in so hohem Grade verdient und mit dem ich schleunigst Frieden zu schließen Willens war. Empfangt von mir, bevor ich euch verlasse, als einen Beweis meiner Achtung euer Zeughaus, welches die Gesetze des Krieges als Eigenthum in meine Hände legten, unversehrt zurück. Gebrauchet die Waffen stets zur Aufrechthaltung der Ordnung."

Napoleon konnte leicht in Beziehung auf das bürgerliche Zeughaus Großmuth üben; — das große Militairzeughaus der östreichischen Monarchie lieferte ihm mehr als 2000 Kanonen, welche zu Frankreichs Nutzen davongeführt wurden.

Wenn wir unsere Blicke auf alle Ereignisse des Jahres 1805 in ihrem ganzen Umfange richten, so werden wir gewiß darin übereinstimmen müssen, daß die Staatskunst, welche den Kaiser Napoleon bestimmt hat, sich in Italien durch die Vereinigung des ligurischen Freistaates mit Frankreich und durch die zu Gunsten seiner Familie vorgenommene Unterjochung als unumschränkter Herrscher festzustellen, durch die Eingriffe in das europäische Staatensystem, da alle Mächte die Aufrechthaltung der Ordnung und durch Verträge bestimmte Eintheilung wollten, eine angreifende war. Doch zieht man dagegen in Betracht, daß schon seit dem ersten Monate des Jahres 1805 in Folge der im vorigen Jahre stattgefundenen Unterhandlungen zwischen den drei gegen Frankreichs Regierung feindlich gesinnten Hauptmächten ein gemeinschaftlicher Plan stattgefunden habe, nicht nur Frankreich wiederum in seine alten Gränzen des Rheins, der Alpen und der Pyrenäen einzuschließen, sondern ihm Alles wieder zu entreißen, was es bei der Vertheidigung gegen äußere Angriffe erobert hat; wenn zwischen den beiden Mächten der Grundsatz aufgestellt worden ist, „daß dieser Zweck ohne Abänderung und Ausnahme erreicht werden müsse", so ändert sich plötzlich die Lage der Verhältnisse, und unter solchen Umständen bleibt es dann keinem Zweifel mehr unterworfen, daß Napoleons Staatskunst von jetzt an sich auf nichts Anderes mehr als auf den Grundsatz der Selbstvertheidigung stützen könne.

Vielleicht wird man einwerfen, er habe zur Zeit, als die Vergrößerungsplane in seiner Seele aufkeimten, noch keine bestimmten Beweise von dem Vorhaben feindlicher Einfälle in Frankreich gehabt, und deshalb sich von einer verwerflichen Ehrsucht dahinreißen lassen. Ein solcher Einwurf kann keine große Kraft besitzen. Würde man solche Schlüsse annehmen, so hörte die Politik auf, eine Staatskunst zu seyn; denn was ist sie anders, als eine muthmaßliche wohlberechnete Voraussehung, als die Kunst, das Vorhaben seiner Feinde und Nebenbuhler zu errathen und zu beurtheilen, als die Kunst, Mittel und Wege zu finden, sowohl deren Plane zu hintertreiben, als deren Unternehmungen scheitern zu machen? Drei Einzelmenschen haben bekanntlich den Tod des vierten beschlossen. Wird man diesen, welcher das verderbenbringende Schwert schon gezückt sieht, tadeln können, wenn er alle ihm zu Gebote stehenden Mittel aufbietet, um den Hieb mit geschickter Wendung und neuen Waffen aufzufangen? Napoleons Sehergabe hat die Entschlüsse seiner Gegner durchschaut und geschickt umgangen.

Wird man sagen können, daß, abgesehen von alle dem, sowohl England als Rußland und Oestreich berechtigt waren, Frankreich in seine alten Gränzen zurückzuweisen, weil dieses Frankreich sonst ohne Zweifel ganz Europa umgestürzt hätte?

Nein, diese Mächte waren keinesweges zu einer solchen Anmaßung berechtigt, wenn sie wenigstens nicht in einer solchen Länderbeschränkung mit sich selbst den Anfang machen wollten. Da aber keinesweges davon die Rede war, daß weder England noch Oestreich auf irgend eine Besitzung, welche sie durch die nämlichen Verträge erhalten haben, deren Ausspruch eben so Frankreichs Uebergewicht vergrößerte, Verzicht leisten sollte, da man Oestreich sogar neue Erwerbungen versprach, so konnte auch von ihrer Seite nicht mehr, wie sie behaupteten, von einem Gerechtigkeitsgefühle und einer Nothwehr die Rede seyn, sondern jetzt sah man unter diesen Vorwänden deutlich die Eroberungssucht zum Nachtheile der Schwächern durchschimmern, welcher nur der mächtige Nebenbuhler Einhalt that.

Denken wir uns an die Stelle Napoleons einen Regenten, der weniger im Stande war, den ganzen Umfang der feindlichen Plane zu erfassen, der weniger Muth und kühne Entschlossenheit besaß, um deren Ausübung zu verhindern: was wäre die Folge gewesen? Frankreich hätte den ersten Angriffen der Verbündeten unterliegen müssen. Giebt es aber einen einzigen Franzosen, selbst die nicht ausgenommen, denen Leidenschaftlichkeit oder die Macht des Zufalls die Waffen gegen Frankreich als Republik oder Kaiserthum in die Hand gegeben, welcher sagen kann, daß Frankreich nach den Ereignissen vom 18ten Brumaire, wodurch die Gräuel der Anarchie gehoben wurden, ruhig zusehen soll, wenn ihm Belgien und das linke Rheinufer entrissen wird, und daß es aus freien Stücken, nach dem Beispiele der andern großen Mächte, mit gelehriger Gefälligkeit sich in seine alten vor der Staatsumwälzung bestandenen Gränzen zurückziehe?

Sollte Frankreich jemals bis auf diesen äußersten Punct getrieben werden, so mag es doch erst dann geschehen, wenn man, um den Schlag abzuwenden, alle Kräfte vergebens aufgeboten hat. Von den Beschlüssen Englands, Oestreichs und Rußlands gegen die französische Regierung wird der langwierige Kampf abhängen, der bis zum Jahre 1814 dauert, in dessen Folge Napoleon, einen gesetzmäßigen Grundsatz vertheidigend, durch den Mißbrauch des Glückes, welches ihm zu reichlich seine Gunstbezeigungen spendete, vernichtet ward.

Der Kaiser Napoleon hat sich von Wien nach München begeben, wo ihn, nebst seiner Gemahlin Josephine, die ihm entgegengekommen war, der Dank des neuen Königs und die Huldigungen der übrigen durch ihn erhöhten teutschen Fürsten und die Schmeichelei Derjenigen, welche nach ähnlichem Glücke geizten, erwartete. Seine Ankunft in dieser Stadt fiel auf den 31sten December. Am folgenden Tage, den 1sten Januar 1806, erschien, um gleichsam die Erhöhung des Hauses Baiern zur Königswürde noch augenscheinlicher in die Hände des mächtigen Gönners zu legen, die Bekanntmachung, welche allen baierischen Unterthanen anzeigte, „daß die Würde ihres Herrschers den alten Glanz wieder erhalten habe, und daß Maximilian Joseph von nun an König von Baiern heiße." Mitten unter den Festlichkeiten, wodurch man die Anwesenheit des Kaisers zu ehren bemüht war, blieb die Staatskunst nicht müßig. Es wurde eine Uebereinkunft abgeschlossen, in Betreff eines Tausches des Herzogthums Berg, womit der Kaiser einen Prinzen seiner Familie beschenken wollte, gegen die Markgrafschaft Ansbach, welche durch den von dem preußischen Gesandten, Grafen von Haugwitz, am 15ten December zu Wien unterzeichneten Vertrag der Krone Frankreichs anheimgefallen war.

Nichts war natürlicher, als daß der neue König von Baiern, der Frankreichs Großmuth eine so bedeutende Vermehrung seiner Volkszahl und seines Länderbesitzes zu verdanken hatte und welche auch nur Frankreich ihm zu gewährleisten im Stande war, sich auf das innigste und selbst durch die zarten Bande des Blutes an den Mann anschloß, welcher der unumschränkte Beherrscher des Festlandes zu seyn schien. Er zögerte keinen Augenblick, den alten Fürstenfamilien Teutschlands das erste Beispiel einer Verbindung mit der Dynastie Napoleons zu geben. Abgesehen davon, daß die souverainen Häuser nur unter sich selbst Ehen schließen zu dürfen glauben, verband die beabsichtigte Vermählung, obwohl die Staatskunst nicht wenig Antheil daran haben mochte, alle zu wünschenden Vortheile. Die junge, schöne, mit allen Grazien des Geistes und der reinsten Herzensgüte so reichlich ausgestattete Prinzessin Auguste, Tochter des Königs von Baiern, fand in der

Person Eugens Beauharnois einen Gatten, welcher als schöngestalteter, durch so viele Waffenthaten in Frankreich und Italien berühmter Krieger ihrer völlig würdig war, hätte er auch die väterliche Liebe Napoleons nicht besessen, und wäre er auch nicht längst schon von diesem als rechtmäßiger Sohn anerkannt worden.

Bei Gelegenheit dieser Heirath hat der Kaiser den Prinzen Eugen auf den Thron Italiens gerufen. Durch den merkwürdigen Brief [1]), womit Napoleon dem Senate zu Paris diesen seinen Willen bekannt machte, hat er zum ersten Male seine Ansicht über die Grundsätze blicken lassen, welche ihn in Hinsicht der Verfügung über die von Frankreich abhängigen Staaten leiten würden.

„Wir behalten uns vor", sagte er unter andern, „durch spätere Entschlüsse den Senat von den Verbindungen in Kenntniß zu setzen, welche die Bundesstaaten des französischen Reiches nach uns zusammenhalten sollen. Da die verschiedenen von sich unabhängigen Länder ein gemeinschaftliches Interesse haben, so ist es billig, daß sie auch durch ein gemeinschaftliches Band mit einander verknüpft werden." In diesem Schreiben war nur von Verbindungen die Rede, welche nach ihm geschlossen werden sollten. Es dauerte aber nicht lange, so sahen wir ihn schon für die Gegenwart die Begründung dieses Systemes beginnen.

Schon ist eine andere Ehe im Werke, die zwischen dem Enkel des Markgrafen von Baden und einer Adoptivtochter Napoleons, der jungen Prinzessin Stephanie Beauharnois, deren Schönheit und Liebenswürdigkeit, verbunden mit allen Gaben des Geistes und den Vorzügen einer edlen Seele, sie auserkoren zu haben schien, über die in Teutschland üblichen Vorurtheile zu siegen.

Es scheint, als glaubten die alten teutschen Eichen ihre Wurzeln nicht sicher genug, wenn sie ihre Zweige nicht um die große Ceder Frankreichs schlingen, welche sich so schnell über ihre Häupter erhoben hat und mit ihrem Schatten schon halb Europa überdeckt.

1) Vom 12ten Januar 1806.

Während der Kaiser Verträge unterzeichnete, Vermählungsfeierlichkeiten beiwohnte, den Rückzug seiner Truppen ordnete und aus einer nicht unzeitigen Vorsicht sorgfältig seine ganze Armee in Teutschland vervollständigte, überließ sich Frankreich, als die Nachricht von den unerhörten Siegen und einem daraus so glorreich hervorgegangenen Frieden anlangte, dem natürlichen Gefühle freudigen Stolzes. Das Tribunat hat in der Sitzung vom 30sten December unter vielen Reden, welche alle nur ein Gefühl ausdrückten, einstimmig den Wunsch ausgesprochen:

„Man möchte auf einem der ersten Plätze der Hauptstadt eine Säule mit dem Standbilde des Kaisers aufrichten. Diese Säule sollte die Inschrift tragen: Napoleon dem Großen das dankbare Vaterland! Eben so sollte Napoleons Namenstag alljährlich mit einem Nationalfeste gefeiert werden."

Was aber diesen allgemeinen Volksenthusiasmus auf den höchsten Punct steigern sollte, war der Anblick der erbeuteten Siegeszeichen, die zahlreichen, den tapfern Armeen der beiden größten Mächte des Festlandes entrissenen Fahnen und Banner.

Der Kaiser hatte unter dem eilften December aus seinem Hauptquartiere zu Brünn dem Cardinal Erzbischof zu Paris angezeigt: er habe beschlossen, an dem Jahrestage seiner Krönung, wo der heilige Vater, die Cardinäle und Frankreichs gesammte Geistlichkeit den Himmel um segensvollen Beistand für seine Regierung angefleht haben, die 45 eroberten Fahnen in der Kirche zu Unserer=lieben=Frauen aufzuhängen und unter die Obhut des Metropolitan=Capitels zu stellen. Eine Gesandtschaft der Stadt Paris, welche der Kaiser zu Schönbrunn empfing und deren Auftrag war, ihm für das Geschenk der bei Wertingen erbeuteten Feldzeichen zu danken, wurde nun auch mit der Ueberreichung der 45 Fahnen von Austerlitz an den Cardinal Erzbischof betraut. Auf eine ähnliche Weise hat er einer andern Gesandtschaft, welche das Tribunat schon bei der Eröffnung des Feldzuges mit einem Schreiben an den Kaiser abschickte, um sie über die gescheiterte Hoffnung, ihn persönlich zu sprechen, — denn sie hatte ihn von Straßburg aus vergebens in München, von wo er schon wieder abgereiset war, aufgesucht, — einigermaßen zu trösten, den schmei-

3*

chelhaften Auftrag ertheilt, die bei Ulm in raschem Siegeslaufe eroberten Fahnen nach Frankreich zu bringen. Zehn derselben wurden dem Stadthause, acht dem Tribunate und vier und funfzig dem Senate zur Aufbewahrung anvertraut. Die Empfangnahme dieser Siegeszeichen gab bei den verschiedenen Körperschaften Veranlassung zu großen weltlichen und geistlichen Feierlichkeiten. Wie konnte auch die Dankbarkeit des Senates, dem solch' eine Ehre zu Theil ward, mit den Lobeserhebungen eines Mannes geizen, der so herrliche Geschenke lieferte? Jenes Lob war allerdings übertrieben, nichts destoweniger aber schien es der Wahrheit der Thatsachen zu entsprechen. Man ermangelte nicht, die Bemerkung hinzuwerfen, daß Friedrich II. aus dem Kampfe gegen Oestreich und Rußland erst nach einem Kriege von sieben Jahren siegreich oder wenigstens nicht besiegt hervorgegangen sey. Napoleon hingegen habe diese Mächte in einem Zeitraume von sieben Wochen in große Verlegenheit gesetzt und das Gebiet der einen davon sogar zersplittert.

Das Ergebniß der Berathungen war der Beschluß, daß dem siegreichen großen Napoleon ein Ehrendenkmal errichtet werden sollte. Man kam außerdem überein, daß der ganze Senat in Person dem Kaiser entgegengehen sollte. Wenn bei einer so erfolgreichen Zeit ein solcher Schritt verzeihlich war, so forderte das Schicklichkeitsgefühl von Napoleon, sich demselben zu entziehen. Er kehrte daher in der Nacht vom 25sten auf den 26sten Januar nach Paris zurück, ohne daß irgend eine Behörde der Hauptstadt von seiner Heimkehr benachrichtigt gewesen wäre. Der wackere Elsaß mit seinen Triumphbogen, seinen Nationalgarden und Volkshaufen hatte ihm zu Straßburg eine so herzliche und rührende Aufnahme bereitet, daß er unmöglich an der Wahrheit dieser Gefühlsäußerung zweifeln konnte.

Hundert Tage waren gerade verflossen, seitdem die französische Armee über den Rhein gegangen war, um sich nach Teutschland zu begeben, bis sie jetzt, mit Kriegs- und Friedenspalmen beladen, über denselben Strom zurückkehrte. — Kaum hundert Tage! Und in diesem kurzen Zeitraume, welche Märsche, Schlachten, Eroberungen, Städteeinnahmen, und unter diesen selbst der große Kaisersitz der Teutschen! Welche denkwürdige Ereignisse für die Mit- und Nachwelt! In Ulm dreißigtausend Gefangene in Demuth vor Napoleon vorüberschreitend, der, als großmüthiger Sieger, die unglückliche Tapferkeit und den überwundenen Muth ehrt! — Bei Austerlitz drei Kaiser zu Rath und That versammelt, wo aber doch das Genie des Emporkömmlings allein den Sieg zu fesseln weiß! — Tags darauf Teutschlands Kaiser im Feldlager Napoleons um Waffenstillstand und Frieden bittend! — Der Kaiser Alexander, von dem Sieger verabschiedet, auf dem Rückwege nach Petersburg! — Und während und nach den Schlachten welche Verhandlungen, welche Beschlüsse, welche erfolgreiche Verträge! — Oestreich um drei Millionen Menschen ärmer, abgeschnitten von Italien, Schwaben und Tyrol! — Preußen für seine kaum begangene Treulosigkeit bestraft! — Der Sturz der Bourbonen von dem neapolitanischen Throne erklärt! — Die alten Dynastien stolz darauf, ihr Blut mit den Adoptivsöhnen der neuen Herrscherfamilie zu vermischen! — Die Geschichte wird dereinst, wenn das Glück treulos geworden, eine andere Epoche mit dem Namen „das Zeitalter der hundert Tage" bezeichnen; haben uns aber nicht auch die drei letzten Monate des Jahres 1805 hundert Tage für alle Zeiten denkwürdig zurückgelassen?

Drei und funfzigstes Capitel.

Innere Verhältnisse.

Nichtbeachtung des Gesetzes. — Rückkehr zu dem Gregorianischen Kalender. — Maasregel gegen die Einfuhr englischer Kolonialwaaren. — Napoleonsstadt. — Vertheilung der Arbeiten für das Hafen- und Küstengeschäft. — Arbeiten am Louvre. — Bestreben nach Festigkeit. — Arbeiten an dem Hafen von Antwerpen. — Anekdote in Beziehung auf die Arbeiten von Antwerpen. — Napoleons Bemerkung über die Landwirthschaft, von ihm selbst dictirt. — Napoleons Ansicht von dem öffentlichen Unterrichte. — Anekdote in Bezug auf die Jesuiten. — Besuch im Prytaneum zu St. Cyr. — Stiftung zu Gunsten der Mädchen, deren Väter sich Verdienste um den Staat erworben. — Annäherung der neuen Departemente an die ältern. — Der Erzschatzmeister Lebrün in Genua. — Der Kaiser verlangt von den Genuesern nichts Anderes als Matrosen. — Napoleons Achtung für den Krieger. — Vorbereitungen für den Fall einer Niederlage. — Volksaufstand in dem Herzogthume Parma. — Unterdrückung des Schmuggelns im Genuesischen. — Napoleons Gerechtigkeit gegen die öffentlichen Beamten. — Finanzielle Crisis. — Ursache der Verlegenheit in der französischen Bank. — Napoleons Klage über den falschen Weg, welchen die Bank eingeschlagen. — Verlegenheit des öffentlichen Schatzes. — Gefährliche Grundsätze des Finanzministeriums. — Außerordentliche Begünstigungen für die Dienstleistungen. — Unzufriedenheit Napoleons mit dem Minister des kaiserlichen Schatzes. — Zusammenberufung eines Finanzrathes. — Napoleons Zorn gegen die Beamten. — Wiederherstellung des Credits der Bank. — Falschheit verschiedener dem Kaiser gemachten Beschuldigungen. — Geflissentliche Schonung der neutralen Länder. — Die französischen Finanzen werden durch auswärtige Hülfsquellen verbessert. — Budget von Frankreich. — Betrag der Auflagen und der englischen Anleihe. — Schilderung der Lage des Reiches. — Ein neues Bundessystem für Frankreich ist im Werke. — Der Wunsch nach einem allgemeinen Frieden wird ausgesprochen.

Man sollte glauben, daß Napoleon in einem für die Polkik und die Kriegsverhältnisse so hochwichtigen Jahre nur wenige Momente übrig behalten habe, die er den Angelegenheiten im Innern seines Reiches hätte widmen können. Und dennoch bewiesen eine Menge mehr oder weniger wichtiger Handlungen, daß kein wichtiger Gegenstand des Staatslebens, kein auf die öffentliche Wohlfahrt Bezug habendes Interesse weder seinem Scharfblicke noch seinem Nachdenken entgangen war. Auch hier findet man ihn ganz den Nämlichen, im Felde und wie überall, mit der Schnelligkeit seines Urtheils, mit seinem Scharfblicke, die gute und böse Seite der Dinge auszukundschaften, mit seiner Neigung, Alles zu durchdringen, Alles zu wissen, Alles zu besitzen, Alles auf die Feststellung seiner Macht zu beziehen, eine Richtung des Geistes, welche, vielleicht mit seinem Wirkungskreise unzertrennlich verbunden, wenigstens seinem Charakter eigenthümlich war. Was ihn am besten uns kennen lehrt, scheint mir sein erster Gedankenflug, das Spiel seiner Begriffe zu seyn. Aus diesem Grunde werde ich öfters einzelne Züge, ja sogar Bruchstücke aus Briefen über verschiedene Zweige der Verwaltung und Regierung, sowie über den öffentlichen Unterricht, über den Landbau, den Gewerbfleiß, über Arbeiten und Denkmäler mittheilen. Vor Allem scheint ein Gegenstand, den das Jahr 1805 in der größten Zerrüttung gesehen hat, unsere Aufmerksamkeit in Anspruch zu nehmen, — die Verwaltung der Finanzen, oder wenigstens jenes Zweiges der Staatseinkünfte, welche zu dem Bereiche des Großschatzmeisters gehörten.

Wenn man bei den verschiedenen Fragepuncten, welche der Kaiser in der Folge erörtern wird, nicht immer mit der Art und Weise, wie er dieselbe in das Gesicht zu fassen pflegte, einverstanden seyn kann, so wird man doch nichts destoweniger über die Gewandtheit des Geistes staunen, mit der ein und derselbe Mann alle Bedürfnisse der Gesellschaft überblickt, sie beobachtet und verfolgt, die Wachsamkeit seiner Minister darauf hinlenkt, mit einem Worte, wie er bei Allem so viel Scharfsinn, eine solche Tiefe des Urtheils und einen so hohen Grad von Kenntnissen über die verschiedensten Gegenstände in sich vereint habe.

Die Sitzungen des gesetzgebenden Körpers waren im Jahre 1805 gerade nicht mit sehr wichtigen Berathungen beschäftigt. Unter den angenommenen Gesetzen befand sich unter andern auch eines [1]), welches verlangte, daß der Staat

1) Sitzung vom 19ten Januar 1805.

bei einer jeden Familie, in der noch sieben Kinder am Leben seyen, für die Erziehung eines derselben Sorge tragen müsse. Dieses Gesetz war durch den doppelten Grund der Menschlichkeit und Politik unterstützt, und doch war der Vorschlag nicht sattsam überlegt worden. Bevor es die Regierung in Anregung brachte, hatte sie es sich nicht genau überlegt, welche Lasten sie dadurch auf ihre Schultern lud; doch bald erschrak sie über die nicht unbedeutende Ausgabe, welche die Befolgung jenes Gesetzes erheischte. Statt nun aber dieses Gesetz außer Anwendung zu lassen, hätte sie wohl besser gethan, einen förmlichen Bericht darüber von dem gesetzgebenden Körper erstatten zu lassen.

Das wichtigste Gesetz dieses Jahres ist unstreitig das, welches die Wiedereinführung des Gregorianischen Kalenders mit dem 1sten Januar 1806 gebot [1]). Man wollte in dieser Rückkehr zu dem alten Gebrauche eine Gunstbezeigung für das katholische Priesterthum und zugleich einen Todesstreich für die letzte der republikanischen Anordnungen erblicken. Es fällt jedoch nicht schwer, dieser Maaßregel eine vernünftigere und wahrscheinlicherweise auch eine passendere Deutung zu geben. Wäre auch der neue Kalender ohne alle Fehler gewesen, und er war es doch nicht, so hat er doch so manche Unbequemlichkeit mit sich geführt, welche nicht erlaubt, darin eine Wohlthat zu erblicken. Uebrigens bleibt es stets eine Thorheit, — so sehr es auch einer Nation zum Lobe gereicht, in Allem, was sie betrifft, das Beste aufzufinden, — eine nur in der Idee bestehende Vollkommenheit von Dingen, welche für alle Nationen von gleicher Wichtigkeit sind, selbst auf die Gefahr erreichen zu wollen, daß kein anderes Volk weder die Ansicht theilt, noch das Ergebniß anerkennt. Das vermeinte Bessere wird dann ein wahrhaft Schlechtes.

Hierin bestand der Fehler, den die Nationalversammlung bei Einführung eines neuen Kalenders begangen, den sie nicht im Stande war, ganz Europa aufzubringen. Um nun die Abschaffung desselben zu rechtfertigen, hat sich die Wissenschaft Mühe gegeben, die Unvollkommenheiten alle an das Licht zu

1) Gesetz vom 9ten September 1805.

setzen, welche er an sich trug. Man hätte zwar die gelehrten Forschungen darüber ersparen können. Der mit nichts zu entschuldigende Fehler des neuen Kalenders hat darin bestanden, daß er Frankreich von allen andern Nationen absonderte, nichts als Verwirrung in sein Verkehr mit beiden Hemisphären brachte, und Frankreich endlich selbst noch zu dem Gebrauche zweier Kalender verurtheilte. Sieht man zumal ab von dem innern Werthe beider Methoden, so erscheint die in der Ausführung als die beste und brauchbarste, welche für sich allein besteht, jene aber als die schlechteste, welche — wenn auch an und für sich gut — die Hülfe der andern nicht entbehren kann.

Der gesetzgebende Körper beschäftigte sich hierauf mit Verfügungen in Hinsicht der Mauth; die wichtigste von allen aber war die vom 21sten März, die als Vorläufer der bedeutenden Maaßregeln zu betrachten ist, welche der Kaiser in kurzer Zeit gegen den englischen Handel ergreifen wird. Dies Gesetz lautet: „daß keine Kolonialwaaren eingeführt werden sollen, welche nicht mit Erlaubnißscheinen von dem am Orte der Abfahrt befindlichen französischen Consul versehen sind, worin ausdrücklich gesagt seyn müßte, daß die Schiffe und Waaren weder den englischen Pflanzungen, noch deren Handelsagenten angehörten."

Unter allen Arbeiten, welche der Kaiser im Jahre 1805 selbst anordnete, nimmt der Befehl für Erbauung einer zum Hauptorte der Vendée bestimmten Stadt den ersten Platz ein. Ein solcher Gedanke war in Hinsicht auf die Bürgerzwietracht in jener Provinz eine eben so politische als moralisch-zweckmäßige Maaßregel, indem alsdann, was immer für eine Regierung am Ruder stand, jedem Nothleidenden ohne frühere Ausforschung seines Herkommens Hülfe zuströmen mußte. Hier konnte der Ursprung des Uebels den Augen Napoleons nicht einmal mißfallen. Die Vendée hat für das monarchische System gestritten und gelitten; dem monarchischen Systeme kam es nun zu, dies Land zu entschädigen. Schon waren dessen Bewohner durch die Wiedereinführung der katholischen Religion für die Regierung gewonnen worden; schon hatte man sich durch Abgabenfreiheit und andere Vortheile die Landleute gewogen gemacht; doch waren die Gemüther stets noch getheilt und sprachen sich durch zwei verschiedene Organe aus; der alte Gährungsstoff arbeitete, trotz der Wohlthaten des neuen Monarchen, in den Köpfen einiger Parteiführer fort — und die Masse des Volkes verläugnete seine Dankbarkeit nicht.

Der Kaiser begnügte sich nicht damit, zu allen den Bauwerken, welche er auszuführen befahl, in seinem Budget die nöthige Summe anzuweisen. Er zeigte in der Vertheilung dieser Summen einen so richtigen und den Zeitumständen angepaßten Ueberblick, daß er unsere ganze Bewunderung verdient. Bei genauer Prüfung der Küsten- und Hafenarbeiten für das Jahr 1805 hält er in Betracht des an den Küsten herrschenden Elendes dafür, daß die dazu bestimmte Summe von 1,300,000 Franken nicht hinreichte. Er trägt kein Bedenken, die Reservegelder anzugreifen und erhöhet jene Summe auf 4,300,000 Franken, mit dem Befehle, hauptsächlich die Küstenbewohner zu unterstützen, „welche durch die englischen hin- und herkreuzenden Schiffe am meisten von den Drangsalen des Krieges leiden würden."

Was die Verbesserung der Straßen betrifft, hielt er sich genau an die höchste Nothwendigkeit und bestimmte in eigener Person die Verwendungssumme, damit jeder Grund von Parteilichkeit verschwinde.

Das Gute wollen und nützliche Unternehmungen unterstützen, ist kein Verdienst bei Fürsten. Was aber von eben so hohem Werthe als selten ist, die Kunst, über deren Vollziehung zu wachen, erregt Bewunderung. Diese Kunst oder Geschicklichkeit verdankt Napoleon einzig und allein dem Uebelstande, oder vielmehr dem glücklichen Zufalle, nicht auf dem Throne geboren zu seyn. Handelt es sich um den Ourcq-Kanal, der so oft in Vorschlag und immer noch nicht zur Ausführung gekommen ist? „Ich habe die Berichte der Brücken- und Straßenbaubehörde gelesen", schrieb er an den Minister des Innern. „Ich kann mich nicht mit dem Grundsatze befreunden, sich des Ourcq-Kanales nur zur Bereicherung der Quellen und Brunnen von Paris zu bedienen, und es scheint mir auch keineswegs ausgemacht zu seyn, daß man denselben zur kleinen Schifffahrt gebrauchen könne. Wir haben keine festen Grundregeln über das Verhältniß der Gesundheit und

Schnelligkeit des Wassers. Ueber diesen Punct sind die Ingenieurs nicht einig."

Hätte Napoleon diesen Gegenstand nicht verstanden, so wäre der Ourcq-Kanal niemals schiffbar gemacht worden, und man hätte sich begnügt, dadurch die Brunnen von Paris mit dem gehörigen Wasser zu versehen. Doch seine Bemerkungen blieben da noch nicht stehen. Eine Idee von weiterem Umfange schwebte ihm vor der Seele. „Ich wünsche", fügte er in dem nämlichen Briefe hinzu, „durch Personen, welche mit der Oertlichkeit ganz vertraut sind, bald möglichst zu erfahren, ob es nicht möglich wäre, den Ourcq mit der Aisne zu vereinigen und auf diese Weise sich des Ourcq zur Verbindung mit der Oise zu bedienen?"

Im Bejahungsfalle ging seine Absicht dahin, einen für kleinere Schiffe fahrbaren Kanal zu bauen, um Paris aus den weizen- und holzreichen Gegenden des Innern von Frankreich desto leichter mit den wesentlichsten Lebensbedürfnissen versorgen zu können. Um sich über die verschiedenen in diesem Briefe erwähnten Puncte noch mehr Licht zu verschaffen, ließ er den Minister des Innern und den Vorsteher des Brücken- und Straßenbaues sowie den Oberaufseher der Kanäle nebst den Herren Monge, Laplace und Prony zu einer Berathung zu sich kommen. Giebt es viele Monarchen, welche in einer Rathsversammlung von solchen Männern nicht an ihrem unrechten Platze gewesen wären?

Es handelte sich um Werke jeder Art, sowohl um solche, die zunächst dem Kriege zu Lande und dem Seedienste angehörten, als um Verschönerungsanstalten und Werke des Luxus. In Bezug auf den Louvre waren ihm mehrere Plane vorgelegt worden; allein zuvörderst mußte entschieden werden, welcher architectonischen Ordnung man den Vorzug geben wollte.

„Die Baumeister", schrieb er an den Minister, „wünschten nur eine Ordnung zu befolgen, um Alles umzugestalten. Die Oekonomie, der gute Geschmack und der helle Verstand sind ganz verschiedener Meinung. Man muß einem jeden Bestandtheile des Gebäudes den Charakter seines Jahrhunderts lassen, und für die neuen Arbeiten den am wenigsten theuern Styl wählen."

Es scheint in der That, als wenn der gute Geschmack und die Steuerpflichtigen sich mit dem Kaiser gegen die Baumeister verbunden hätten. Statt mehr das Glänzende als das Nützliche zu suchen und anzuordnen, wie man ihm so oft vorgeworfen, führt er selbst die ehrgeizigen Plane, welche man ihm vorlegt, auf die Grundsätze der Nützlichkeit zurück.

Eine glückliche Vorliebe für bestimmte Summen verwahrt ihn oft gegen unberechnete Ausgaben. Eines Tages schlug man ihm vor, das Versorgungshaus von Val-de-Graces aufzuheben und jenem Gebäude eine andere Bestimmung zu geben. „Nein", schrieb er dem Minister des Innern, „man möchte dereinst diese Aufhebung bereuen. Es ist überhaupt die höchste Zeit, einmal den Grundsatz des Zerstörens und Aufbauens fahren zu lassen, in dem man nur zu sehr schon versunken ist."

Der Kaiser hörte niemals auf, die Hafenarbeiten und den Kanal- und Straßenbau mit wachsamem Auge zu verfolgen und durch seinen Briefwechsel nach Kräften zu betreiben. Vor Allem interessirte ihn die Straße über den Mont-Cenis und die von Alessandria nach Turin, sowie die Wasserbecken von Antwerpen, die Schleusen von Havre, der Molo von Nizza und die Arbeiten der sämmtlichen Küsten. Um dem Binnenhandel eine neue Straße zu bahnen, befahl er durch ein eigenes Decret vom 18ten Julius, einen Kanal von Niort bis la Rochelle zu eröffnen.

Was ich oben über des Kaisers Bemerkungen in Hinsicht der Arbeiten am Ourcq-Kanale gesagt habe, veranlaßt mich, jetzt eine Thatsache zu berühren, deren Erwähnung zur rechten Zeit ich vergessen habe, welche aber doch allgemeine Aufmerksamkeit verdienen dürfte. Es war Napoleon ganz allein, welcher, gegen die Meinung einer aus Seemännern und Festungsbaukundigen bestehenden Commission, aus Antwerpen hat einen Hafen machen wollen, in denen die Kriegsschiffe einlaufen könnten. Die zur Berathung gezogenen Männer ließen nur zwischen Vliessingen und Terneuse eine Wahl. Napoleon wollte aber weder die eine noch die andere Stadt. „Vlissingen ist nichts Anderes", drückte er sich aus, „als ein Vorposten; der Feind kann Alles wahrnehmen, was darin vergeht. Zu Terneuse würden die Schiffe in dem Kothe steck bleiben, die Luft ist dort verpestet und die ganze Umgegend en völkert. Antwerpen hingegen hat eine gesunde Lage und hunder tausend Einwohner. Man muß die Schelde schiffbar machen."

Man stellte ihm die Unmöglichkeit dieser Sache vor. E bestand auf seinem Willen und die Unmöglichkeit hatte au gehört zu seyn. Diese kräftige Willensäußerung reihet sich a eine Anekdote, zu der sie den Schlüssel giebt.

Die mit der Untersuchung der Schelde beauftragten In genieurs hatten dem Kaiser ihre Bemerkungen auf einer s großen Charte vorgelegt, daß man sie auf dem Fußboden se nes Zimmers ausbreiten mußte. Während eines der Mitgli der jener Untersuchungscommission den Bericht ablas, folgte der Kaiser und der Kriegsminister, auf der Charte kauern den Worten, mit dem Finger die Höhe des Wasserstandes su chend und die Ortschaften und Puncte bemerkend, wo d Seichtigkeit jeder Schiffahrt hinderlich wurde, oder Sand bänke, von ihrem Grundlager losgerissen und an andere Uf geschwemmt, dieselben gänzlich unmöglich zu machen schiener wobei er die Meinung der Ingenieure bekämpfte und die Un möglichkeit abläugnete. Nach langem Hin- und Herreden übe diese Unmöglichkeit kam man auf die ungeheuern Kosten z sprechen, welche ein solches Unternehmen verursachen müßt Als Napoleon auch diesen Einwurf zurückgewiesen, schloß ihr der Marineminister seine ganze Seele auf: „Aber Ew. Ma jestät", sprach er, „wenn man nach diesen großen Opfer und nach einem mit so vielen Schwierigkeiten ausgeführten Un ternehmen Antwerpen einmal aufhören sollte, Frankreich anz gehören?!" „Da sprang der Kaiser, halb zornig, halb sche zend, plötzlich in die Höhe, faßte den einen Zipfel der Chart auf welcher der Minister noch ausgestreckt lag, und sagt während er ihn in das ungeheure Tuch einwickelte: „Nu gut, mein Herr! Selbst in diesem Falle würde mich mei Geld nicht reuen. Antwerpen wird stets [1]) einem Feinde vo Großbritannien angehören."

1) Dies Wort erinnert an des Herrn von Torcy Ausspruch: „S lange Gibraltar den Engländern gehört, wird Spanien in den Händ der Franzosen seyn."

Mitten unter dieser Sorgfalt für die hochwichtigen Arbeiten, deren Vollendung die Augen von ganz Frankreich und selbst der fernsten Länder auf sich zog, behielt der Kaiser nichts destoweniger Zeit und Sinn für die kleinsten Gegenstände practischen Nutzens, wodurch er sich ein Verdienst zu erwerben weder beabsichtigte noch einbildete. Die Wehrsteine in den Straßen von Paris, zum Schutze der Fußgänger gegen die Wagen angebracht, hatten durch die gesetzwidrige Ausdehnung der Kramladen aufgehört, ihre Bestimmung zu erfüllen. Dem scharfen Auge des Kaisers war dies nicht entgangen; er sieht darin die Veranlassung zu zahlreichen Unglücksfällen. Sogleich giebt er den Befehl [1]), diese Schranke wieder herzustellen und die nöthigen Vorkehrungen zur Sicherheit des Volkes zu treffen. — Der große Staatsmann, der große Heerführer war ein eben so trefflicher Aedilis.

Es würde nicht schwer seyn, zu beweisen, daß Napoleon, statt, wie Viele behaupteten, Alles nur auf eine glänzende Außenseite berechnet zu thun, um auf diese Weise vortheilhaft auf das Urtheil der Menge zu wirken, häufig das Gute nur um seiner selbst willen aufgesucht und in aller Stille ausgeübt habe. So ließ er die Idee einer kaiserlichen Landwirthschaftschule fahren, indem er sagte, daß eine solche Anstalt nur leeres Geräusch und dem Staate eine bedeutende Ausgabe verursache, während die wahre Aufmunterung zum Feldbau darunter leiden müßte. In besondern Schreiben, welche er für den Minister des Innern bestimmte und seinem Geheimschreiber in die Feder dictirte, prüfte er den Zustand der französischen Landwirthschaft in den verschiedenen Departements, und stellte den Grundsatz auf, vor Allem jene Gutsbesitzer aufzumuntern und zu unterstützen, welche für die Verbesserung des Bodens arbeiteten und sich mit einer ergiebigen Zukunft für sich und ihre Nachkommen beschäftigten.

„Mit Geld kann man aber solche Leute nicht ermuntern, ihre Belohnung kann nur in einer Medaille, einem Orden oder dem Lobe des Monarchen bestehen. Jeder Orts- und Districtsvorsteher soll hinführo alle Gutsbesitzer namhaft machen,

1) In einem Briefe an den Minister des Innern vom 9ten März 1805.

welche sich entweder durch einen verbesserten Landbau, oder eine vernünftigere Wiesen- und Feldwirthschaft, oder durch Veredlung der Pferde-, Rinder- und Schaafzucht auszeichnen. Durch Beispiel und Vergleichung allein wird der Landbau, so wie jede andere Wissenschaft oder Kunst, gehoben. Man muß die Grundeigenthümer aus solchen Departements, wo die Landwirthschaft noch darnieder liegt, zu bewegen suchen, daß sie ihre Kinder dahin schicken, wo der Landbau blüht und ausgezeichnete ökonomische Kenntnisse vorherrschen. Man muß die jungen Leute überdieß durch Lob und Auszeichnungen aller Art aufzumuntern suchen."

Hierauf setzte der Kaiser Preise für die schönsten Hengste fest, und verordnete, daß in der Kammer für Landwirthschaft eine besondere Abtheilung für Gestüte gebildet werde. Diese kaiserlichen Verordnungen bewirkten im folgenden Jahre eine gänzliche Umgestaltung der landwirthschaftlichen Verhältnisse; man errichtete sechs Hauptgestüte, dreißig Beschälungsanstalten und zwei Erfahrungsschulen. Ein besonderer Ministerialbeschluß stiftete in der Thierarzneischule von Alfort einen Lehrstuhl für den theoretischen und practischen Landbau.

Kein geringerer Gegenstand der Aufmerksamkeit für den Kaiser war der Gewerbfleiß. Kaum hatte er vernommen, daß in den Manufacturen des Nieder-Seinedepartements eine minder große Thätigkeit, als gewöhnlich, herrsche, so beeilte er sich, von dem Minister des Innern über die Ursachen dieser Stokkung Erkundigung einzuziehen. „Die Stadt Rouen, welche viele Artikel liefert, die auch in England gefertigt werden, hat ihren Wohlstand immer nur während des Krieges mit England wachsen sehen. Warum nimmt jetzt der Gewerbfleiß in dieser Stadt auf einmal ab?" — lauteten des Kaisers eigene Worte. Uebrigens war jener Uebelstand nur vorübergehend und Rouen ist wieder nach wie vor eine von denjenigen Städten Frankreichs, wo kluge Maaßregeln während des Krieges die Entwickelung ihrer Handelskräfte ungemein befördert haben.

Was den Kaiser aber kurz nach seiner Krönung am meisten beschäftiget hat, war der öffentliche Unterricht. In der Lage, in der er sich damals befand, hätte es einem jeden Andern als ihm, selbst einem weniger herrschsüchtigen Gemüthe, schwer fallen müssen, die höchste Aufsicht über den Unterricht der Jugend nicht als ein mit seiner Stellung unzertrennbar verbundenes Vorrecht zu betrachten. Außer dem Betracht einer von der Nation ihrer Würde entsetzten Regentenfamilie hatte der Kaiser, um sein Herrscherrecht zu begründen, das das Beispiel aller Republiken des Alterthums und das Ansehen der Revolutionsgewalt, deren Nachfolger er war, für sich. Man muß auf der politischen Laufbahn schon große Fortschritte gemacht, oder eine gegen jede Erschütterung von außen völlig sichere Stellung erlangt haben, um nach dem Beispiele der nordamerikanischen Freistaaten die Volkserziehung nicht selbst leiten und die Bildung der Jugend nicht beherrschen zu wollen.

Möge man übrigens des Kaisers Ansichten über diesen Gegenstand verdammen oder entschuldigen, so viel ist gewiß, daß er stets nur das allgemeine Beste in dem Auge behielt, und daß sein ganzes Bestreben nur darauf gerichtet war, den Menschen durch geistige Bildung zu veredeln und die nachkommenden Geschlechter für den Ruhm und die Wohlfahrt des vaterländischen Staates empfänglich zu machen. Erst im Jahre 1806 hatte er sein Vorhaben, eine kaiserliche Universität zu begründen, ausgeführt, allein bereits schon seit Anfang des Jahres 1805 konnte man die ersten Keime dieses Entschlusses in seiner Seele wahrnehmen.

„Vielleicht ist die Zeit nicht mehr fern“, schrieb er an den Minister des Innern [1]), „in der wir uns ernstlich mit der Frage beschäftigen müssen, ob ein Erziehungsrath zu begründen sey, und ob dieser Körper aus geistlichen Herren mit dem Gelübde der Keuschheit bestehen soll, oder nicht? Mir scheint es nicht, als ob zwischen der Idee der Volksbildung und einer für die Welt abgestorbenen Geistlichkeit irgend eine Verwandtschaft vorwalte.“

Aus dieser letzten Bemerkung kann man schließen, daß dem Kaiser Plane vorgelegt worden seyn müssen, die Erzie-

1) In einem Briefe vom Monat Pluviose des Jahres XIII (1805), ohne Angabe des Datums.

hung der Jugend in die Hände des Clerus zu legen; allein seine Vernunft verwarf einen solchen Rath. — Indem er in seinem Briefe an den Minister des Innern den gegenwärtigen Zustand der Volksbildung und des Schulwesens im Allgemeinen beleuchtete, schien er den Wunsch auszusprechen, in etwas wenigstens den Jesuiten nachzuahmen, nämlich daß man zu der Würde eines Censors und ersten Vorstehers erst dann gelangen konnte, wenn man früher Professor gewesen war. „Er wollte eine fortlaufende Reihenfolge von Stufe zu Stufe, damit der Ehrgeiz geweckt, die Nacheiferung rege gemacht und die Hoffnung auf einen verbesserten Zustand aufrecht erhalten werde. Ein Mann, der sich dem Lehrsache widmet, sollte erst dann in den Stand gesetzt werden zu heirathen, wenn er mehrere Stufen seiner Laufbahn ehrenvoll zurückgelegt hätte, damit für ihn — wie eigentlich für jeden Menschen — der Ehestand ein aus der Zukunft ihm entgegenleuchtender Zielpunct seines Strebens seyn möge, den er erst dann erreichte, wenn Rechtschaffenheit und Fleiß, Ehre und Glück ihm eine Stellung angewiesen haben, deren Einkünfte hinreichen, seine Pflichten als Familienvater auszuüben, ohne den einmal gewählten Beruf verlassen zu müssen. Der Lehrstand würde auf diese Weise von einem eigenthümlichen Geiste beseelt werden. Der Kaiser könnte und würde alsdann die ausgezeichnetsten Mitglieder desselben befördern und durch seine Meinung in den Augen des Publicums höher stellen, als es den Priestern, in deren Amte man eine Art von Adelscaste wahrnehmen wollte, sich selbst zu erheben gelungen war. Jedermann sah die Wichtigkeit der Jesuiten ein, noch weit schneller aber würde man die Wichtigkeit einer für den Unterricht bestimmten Körperschaft eingesehen haben, wenn man einen auf dem Lyceum erzogenen Jüngling sich durch sein Talent wieder zum Lehrer ausbilden, seine Mitschüler wieder unterrichten, dann von Stufe zu Stufe emporsteigen, und endlich noch vor dem Ende seiner Laufbahn ihn unter den ersten Staatsbeamten des Vaterlandes wirken sähe. Es ist kein Staat mit festen politischen Grundsätzen denkbar, wenn man nicht der Jugend schon in der Schule feste Grundsätze beibringt. Wenn ein Staat die Jugend nicht von ihrer frühesten Kindheit in dem, was man Republik, oder Monarchie, oder Katholicismus, oder Irreligion nennt, unterrichtet, so wird er niemals eine Nation genannt werden können, denn seine Grundpfeiler sind schwankend. Er wird beständigen Unordnungen und Veränderungen ausgesetzt seyn."

Wenn man auch nicht in Allem die Ansichten des Kaisers theilt, so wird man doch kaum die Gewissenhaftigkeit tadeln, mit der er Gegenstände dieser Art prüft und somit das heiligste Interesse der Menschheit unterstützt; — ja man wird sogar das rege und natürliche Gefühl der Dankbarkeit in ihm lieben, daß er die Lehrer, denen ein Jeder von uns seine geistige Bildung verdankt, auch mit der gebührenden Achtung umgeben wissen will.

Man mag nicht wenig befremdet gewesen seyn, aus dem Munde des Kaisers selbst ein solches Lob zu Gunsten der Jesuiten zu vernehmen; allein es dürfte erklärlich gefunden werden, wenn wir hinzufügen, daß er jene alte Gesellschaft auch nur in dieser einzigen Beziehung, in ihrer Eigenschaft als Erzieher der Jugend, seiner Achtung werth hielt. Er fürchtete ihr heimliches Einschleichen in die französischen Staaten nicht wenig. Mit runden Worten hatte er schon früher ihr Dienstanerbieten abgelehnt, und sein Befehl ist bekannt, wodurch er die Brüderschaft der sogenannten Glaubensväter (Pères de la foi), Pacanaristen und Andere, das heißt, „die Jesuiten unter fremdem Namen", förmlich aufgehoben hat. Die Fortschritte, welche dieser Orden bereits schon wieder gemacht hat oder noch machen wird, geben uns die Befugniß an die Hand, die Aufmerksamkeit der Leser auf ihre früheren Unternehmungen zu leiten.

In den ersten Jahren der Kaiserregierung zählten die Jesuiten eine Menge Zweiggesellschaften ihres Ordens in Frankreich; sie hatten ihre Rekruten sogar in den Schulen anzuwerben gewußt, wo man hätte glauben sollen, daß sie nicht einzudringen vermöchten.

Eines Tages ließ der Kaiser Herrn Monge zu sich rufen und sagte, indem er ihm, selbst bei sichtbar übler Laune, auf eine vertrauliche Weise den Kopf zwischen seine beiden Hände nahm: „Nun, Monge, so muß ich mich schon wieder über

4

die politechnische Schule beklagen?" — Monge, der des Kaisers Meinung verkannte, glaubte, er wolle damit den republikanischen Geist tadeln, der sich bis auf die neueste Zeit in dieser Schule ausgesprochen, und gab zur Antwort: „Diese jungen Leute bedürfen einer nachsichtigen Beurtheilung; die Schule ist zur Zeit der Republik gestiftet worden; hierauf sind Ew. Majestät erschienen, allein Höchstdieselben haben Ihre Laufbahn so rasch angetreten, daß man ihr kaum mit den Augen zu folgen im Stande war." „„Wer spricht von Republik? — Es ist wahrlich von ganz andern Dingen die Rede. Ihre jungen Leute neigen sich zu den Jesuiten hin!""

Erst jetzt war es Monge klar geworden, was der Kaiser meinte, und man verständigte sich. Der Kaiser machte einen Ausfall auf den Papst, der sein Versprechen gegeben hatte, die Jesuiten in Frankreich nicht zu beschützen, noch weniger einzusetzen, und ihnen dennoch mit Rath und That beistand. Hierauf zeigte Napoleon Herrn Monge ein Verzeichniß von Personen mit der Frage, ob er dieselben kenne. Dieser kannte mehrere unter ihnen. Nach genauer Prüfung ergab es sich, daß die übrigen theilweise der Rechts- und theilweise der Arzneischule angehörten. Das tiefste Geheimniß sollte diese Entdeckung umhüllen. Die jungen Leute hatten keine Ahnung, entdeckt zu seyn; allein sie wurden unter den verschiedenartigsten Vorwänden von einander abgesondert und so viel als möglich fern gehalten, um die Fortschritte der in den verschiedenen Schulen stattgefundenen Verzweigungen zu hemmen.

Es ist bekannt, daß der Kaiser, um sich von dem, was ihn besonders ansprach, genau zu unterrichten, sich häufig in eigener Person an Ort und Stelle begab, ohne seinen Besuch früher angekündigt zu haben. Als er so einst ganz unverhoffter Weise in dem Prytaneum von St. Cyr erschien, war er mit dem Zustande dieses Hauses, sowohl in Hinsicht des Unterrichts als der Haltung der Zöglinge, sehr unzufrieden. Der vorgeschriebene Studienplan war nicht befolgt worden. „Es geht aus Allem hervor", sagte er, „daß wenig von der Geschichte und noch weniger von der Erdkunde gelehrt wird. Man findet sogar auch Zöglinge von 16 Jahren, welche keine Addition richtig zu machen im Stande sind." Was die Klei-

4*

dung betrifft, hatte er bei Einigen eine Art Verschwendung, bei Andern wieder zerrissene Kleidungsstücke bemerkt. „Es soll kein Unterschied zwischen den Zöglingen obwalten", fuhr er fort; „Gleichheit ist die erste Bedingung, das wahre Element einer guten Erziehung." In Folge dieses Briefes entwarf er die Grundzüge eines Vortrags, der von den Lehrern ausgearbeitet und bei ihm eingereicht werden mußte und der sechszehn Puncte enthielt.

Schon im kommenden Monate gab er den Befehl, daß die Schule von St. Cyr eine militairische Freischule, einzig und allein für Söhne gedienter Militairs, und zwar eine Vorbereitungsanstalt für Fontainebleau seyn sollte.

Weit entfernt von dem bei despotischen Regierungen sonst üblichen Grundsatze, die Bildung nur auf die höheren Stände sich erstrecken zu lassen, wollte er hauptsächlich die Kinder armer Aeltern, wenn sie Talent verriethen, durch alle möglichen Hülfsmittel unterstützt wissen, und zog sie auf diese Weise recht eigentlich aus der Dunkelheit hervor. In jedem Lyceum befanden sich zwanzig Zöglinge, welche ganz auf Kosten des Staates erhalten wurden, achtzig, welche die Regierung zur Hälfte beköstigte, und funfzig, welche ungefähr mit einem Drittheile der gänzlichen Studienkosten unterstützt wurden. Alle Vermögensumstände genossen auf diese Weise eine gleiche, ihren Verhältnissen angemessene Erleichterung.

In fast allen Ländern machen es sich die Regierungen zu einer mehr oder weniger strengen Pflicht, gegen Söhne der Männer, welche sich um den Staat und das Vaterland verdient gemacht haben, dankbar zu seyn. Aber fast überall hat man die Töchter derselben vergessen. In Frankreich hatte unter Ludwig XIV. die Anstalt von St. Cyr, sowie alle ähnliche Institute in den Provinzen, nicht sowohl die Belohnung aller Stände der Nation, sondern vielmehr die eines einzigen, und nicht etwa in unserer Zeit geleisteter, wohl aber eingebildeter Verdienste, denen gewisse Familien ihren Glanz verdanken sollten, zum Zwecke. Nur wer einen alten und möglichst unbefleckten Stammbaum aufzuweisen hatte, war zulassungsfähig.

Doch der fest eingewurzelte Undank gegen ein Geschlecht,

welches an und für sich — als das schwächere — mehr Unterstützung bedarf, hat mit dem Jahre 1805 sein Ende erreicht.

Am 7ten December dieses Jahres hat der Kaiser nämlich das feierliche Gelübde ausgesprochen, für die Kinder aller in der Schlacht von Austerlitz gefallenen Krieger, Generale sowohl als gemeiner Soldaten, zu sorgen, und den Knaben wie den Mädchen eine passende Erziehung zu geben.

Durch einen Beschluß vom 15ten jenes Monats stiftete er die Erziehungshäuser für die Töchter der Mitglieder der Ehrenlegion. Da kein Rang, kein Stand und kein Grad des Vermögens den Menschen, der sich anders dieser Ehre würdig macht, von dem Orden ausschließt, so war jener Gedanke ein um so zarterer, als er die Tochter des dürftigen Mitgliedes der Ehrenlegion, wenn ihr der Staat gleichwohl kein Vermögen geben kann, durch die sorgfältigste Geistesbildung in den Stand setzte, die hohen Gefühle der Ehre mitzuempfinden und immer mehr und mehr in sich selbst zu entwickeln, wodurch sich der Vater die Auszeichnung des Kreuzes verdient hatte.

Oft bestehen zwischen den Provinzen, welche große Monarchien bilden, auffallende Mißverhältnisse — und Europa liefert davon mehrere Beispiele. Kaum hatte aber ein neu erobertes Reich das Gebiet des Kaiserstaates vergrößert, so ließ ihm Napoleon ohne Verzug alle die Vortheile zukommen, welche Frankreich längst schon genossen hatte. Zu Saint-Maximin, in der Nähe von Ypern, begründete er neue Kunst- und Gewerkschulen [1]), in welche vierhundert Zöglinge aufgenommen werden sollten; zu Mainz [2]) eine Normalschule zur Ausbildung der französischen Sprache, für Thierarzneikunde, Naturwissenschaft, Chemie und Naturgeschichte, Geometrie, Erdkunde und Situationszeichnung; zu Casale und zu Parma und Piacenza ein auf den nämlichen Grundsätzen, wie alle französischen, beruhendes Lyceum. Die Universitäten von Genua und Turin wurden nicht nur aufrecht erhalten, sondern sogar durch Vermehrung neugestifteter Lehrstühle bedeutend erweitert. Turin allein zählte neun verschiedene Schulen und

1) Durch Beschluß vom 28sten Floreal des Jahres XIII (18ten Mai 1805).

2) Decret vom 15ten Messidor des J. XIII (4ten Julius 1805).

sechs und dreißig Professoren. Genua hatte besondere Classen und eine verhältnißmäßige Anzahl Lehrer.

Die Vereinigung der ligurischen Republik mit Frankreich war ein Gegenstand, dem der Kaiser eine besondere Aufmerksamkeit schenkte. Um diesem Freistaate den Uebergang von einem unabhängigen Reiche zu der untergeordneten Stellung einer französischen Provinz zu erleichtern und zu versüßen, hatte er den Genuesern einen General-Statthalter vom höchsten Range, den Großschatzmeister Lebrün, einen Mann, dessen ganzes Wesen dazu geeignet war, Hochachtung und Ehrfurcht einzuflößen, und sowohl durch eigenes persönliches Verdienst als auch durch das liebenswürdigste Benehmen sich das Zutrauen Aller zu verdienen, an die Spitze der Regierung gestellt. Dieser Statthalter sollte die drei neuen Departements, Genua, Montenotte und das der Apenninen, organisiren. Bis zu Beendigung dieses Geschäftes war ihm eine fast unumschränkte Vollmacht anvertraut worden. Frankreich wollte von dem Freistaate Genua, dessen Gebiet es nun in sich aufnahm, auch den althergebrachten Ruhm erben. Deßhalb ließ Napoleon dem bekannten Seehelden Andreas Doria ein Standbild errichten. Eine Commission wurde niedergesetzt, die Namen, Bildnisse und andere noch vorhandene Monumente solcher Männer zu sammeln, welche sich ehedem oder jetzt um die Republik verdient gemacht haben. Nützliche Anstalten wurden begründet, und vor Allem eine Schule für den practischen Unterricht im Seewesen gestiftet.

Alle die zarten Aufmerksamkeiten, die Schonungen jeder Art, welche der Großschatzmeister den Genuesern bewies, entsprachen den Ansichten Napoleons vollkommen; nur in einer Sache war ihm der General-Statthalter zu weit gegangen. Napoleon hatte nämlich bei der Vereinigung Genua's mit dem französischen Staate die Hülfsmittel in's Auge gefaßt, womit Frankreichs Marine unterstützt und verstärkt werden könnte. Die Mannschaft der französischen Schiffe, welche vor Genua lagen, war weder vollzählig noch gehörig ausgerüstet; demzufolge wurden die Fahrzeuge des Landes ohne Vorsicht, Grundsatz und weitern Befehl mannigfach bedrückt. Eine regelmäßige Aushebung von Matrosen wäre leicht zu bewerkstelligen gewesen; allein eine mit Gewalt erzwungene Aushebung mußte nothwendiger Weise Unzufriedenheit und sogar eine Art von Verzweiflung bei dem einheimischen Schiffsvolke bewirken. Sobald zwar der Erzschatzmeister davon unterrichtet war, gab er Befehl zur Einstellung dieser strengen Maaßregel. Bei dieser Gelegenheit schrieb ihm der Kaiser einen Brief [1]), aus welchem einige Stellen hier einen Platz finden mögen. Er fing damit an, daß er mit Unwillen seine Maaßregeln und Anordnungen vernommen habe. „Es war ohne Zweifel der rechte Weg, sich bei dem Volke beliebt zu machen, indessen konnte dieses ergriffene Mittel den Dienstverhältnissen nicht anders als nachtheilig seyn. Ich habe Genua aus keinem andern Grunde mit Frankreich vereinigt, als um Matrosen zu bekommen, und dennoch sind nicht einmal die drei Fregatten, welche ich in diesem Seehafen liegen habe, vollständig bewaffnet. Genua wird nur dann ein Theil von Frankreich genannt werden, wenn es sechstausend Matrosen für meine Escadren liefert.“ Nachdem er nochmals wiederholt hatte, daß er aus jenem Lande weder Geld noch Landtruppen zu beziehen gedenke, sondern nichts weiter als geübte Seesoldaten verlange, setzte er hinzu, „daß man die Völker nicht mit Schwäche regiere.“

„Haben Sie geglaubt“, lauten seine eigenen Worte, „ein Volk ohne alle Unzufriedenheit von seiner Seite gehörig im Zaume halten zu können? Sie wissen, daß in der Herrscherpolitik „Gerechtigkeit sowohl Macht als Tugend“ bedeutet. Bin ich denn so schwach, daß ein Volk, wie die Genueser, mir Furcht einjagen können?“

„Die einzige Antwort, die ich auf diese Zuschrift verlange, sind Matrosen und nichts als Matrosen. Uebrigens ist Ihnen die Schnelligkeit meiner Entschließungen zu bekannt, als daß Sie nicht wissen sollten, daß dieselben der Achtung und Freundschaft, welche ich für Sie fühle, nicht den mindesten Eintrag thun. Sehen Sie in Ihrer Verwaltung nichts als Matrosen, ja träumen Sie sogar von nichts als von Matrosen. Reden Sie von mir, was Sie wollen, ich stelle es

1) Datirt aus dem Lager vor Boulogne vom 11ten August 1805.

Ihnen frei, aber sagen Sie Jedermann, daß ich Matrosen verlange."

Einige andere Briefe des Kaisers an den Erzschatzmeister während dessen Sendung in Genua enthalten ebenfalls manche Züge, welche nicht unwürdig sind, von dem Griffel der Geschichte festgehalten zu werden. Wenn die Armee der Person Napoleons bis zur Abgötterei ergeben war, so ist der Grund davon in dem Umstande zu suchen, daß sie sehr wohl wußte, daß Niemand, so wie er, der Armee Rechenschaft ablege. Er befand sich zum Beispiele gerade in Genua, als die dortige Stadtbehörde von ihm die Entfernung einer gewissen Anzahl Officiere verlangte. Der Kaiser giebt zwar zu, daß die Klagen gegen einige derselben gerecht seyn möchten, allein er sagte: „Man muß solche Maaßregeln, welche den Soldaten in der öffentlichen Meinung heruntersetzen, vermeiden. Wenn sich schlechte Menschen unter ihnen befinden, so muß man sie festnehmen und bestrafen. Der bestrafte Officier kann immer noch mit Ehre bestehen und behält ein gewisses Ansehen .... Glauben Sie, es gebe keinen einzigen unter diesen Officieren, — und wär' er auch ein leidenschaftlicher Mensch — der sein Leben nicht gern in die Schanze schlüge, um Ihnen eine wichtige Nachricht zu überbringen, um einen ihm anvertrauten Posten zu vertheidigen, oder sonst irgend einen gefährlichen Auftrag auszuführen?"

So sehr auch der Kaiser in seinen öffentlichen Bekanntmachungen sich das Ansehn gab, des glücklichsten Erfolges schon zum Voraus gewiß zu seyn, so suchte er in seinem Privatbriefwechsel nichts destoweniger seine Gehülfen durch eine gewisse Aengstlichkeit zur vorsichtigsten Behutsamkeit und strengsten Erfüllung ihrer Pflichten anzuspornen. Vor dem Feldzuge hat er noch dem Erzschatzmeister geschrieben [1]): „Um durch einen Sieg nicht zu sehr überrascht zu werden, muß man sich mit dem Gedanken an Niederlagen vertraut machen. Verlieren Sie die Möglichkeit nie außer Gesicht, daß meine italienische Armee könnte geschlagen und bis Alessandria oder sogar bis Genua zurückgeworfen werden. Halten Sie daher

1) In einem aus Saint-Cloud vom 16ten September datirten Briefe.

die Artillerie, das Zeughaus und die Vorrathskammern in gutem Stande, denn Sie können eingeschlossen und belagert werden."

Dieser Widerspruch einer fast ängstlichen Vorsorge, verbunden mit einer unbedingten Sicherheit und einer an Prahlerei gränzenden Ruhmsucht, zeigt sich in einem andern vom 1sten October aus Straßburg datirten Briefe in seinem vollsten Lichte: „Sprechen Sie es kühn aus das Wort, daß Genua nun für alle Zeiten zu Frankreich gehöre. Lassen Sie die Zeitungen Oestreichs und Rußlands Drohungen lächerlich machen, sorgen Sie dafür, daß alle öffentlichen Blätter darüber spotten und sagen, daß der nämliche Mann, welcher mit dreißigtausend Soldaten ganz Sardinien, Oestreich und die sämmtlichen Verbündeten zittern machte, sich in diesem Augenblicke mit dreimalhunderttausend Mann in Teutschland befinde."

Doch neben diesen Uebertreibungen, bei denen Napoleons Selbstvertrauen keine Gränzen kannte, steht der strenge Befehl, die größtmöglichen Vorsichtsmaaßregeln im Falle eines unglücklichen Ausganges des Feldzuges anzuwenden: „Verlieren Sie Genua's Vertheidigung keinen Augenblick aus dem Gesichte, versorgen Sie die Stadt mit Lebensmitteln und Schießbedarf, und legen Sie dreimalhunderttausend Zentner Korn in die Vorrathskammern nieder; denn meine kriegerischen Plane sind weitumfassend. Ich werde Alles aufbieten und überall die Offensive ergreifen. Sie verlassen Genua in keinem Falle, selbst dann nicht, wenn die Stadt belagert würde. Treffen Sie Vorkehrungen, daß niemals Mangel an Getreide entstehen kann."

Während Napoleon seine siegreichen Waffen in die entferntesten Länder trug, so schwebte ihm doch stets der Gedanke vor, der Krieg möchte selbst einmal auch auf Frankreich zurückwirken und das Herz seines Reiches bedrohen. Auf allen französischen Gränzposten erhielten sowohl die Befehlshaber der Truppen als die Civilbeamten die gemessensten Befehle, ganz in demselben Sinne zu handeln.

Bevor noch in Teutschland der Ausgang des Krieges entschieden war, hatten die Feinde Frankreichs in den Herzogthümern Parma und Piacenza Unruhen angestiftet. Ohne indaß die Befehle des Kaisers abzuwarten, schickte der Erzschatzmeister die wenigen Truppen, über welche er verfügen konnte, dahin ab, und war so glücklich, durch sein Ansehen und theils durch Milde, theils durch Strenge die Ruhe zum großen Theile wieder herzustellen; allein ein Bülletin, welches Lebrün bei dieser Gelegenheit bekannt machen ließ, hatte den Kaiser verletzt, welches er auch zu erkennen gab [1]). Doch, als wenn er es bereute, schickte er sogleich einen zweiten Brief an ihn ab, worin er ihm sagte: „Ich will Ihnen hierdurch meine Zufriedenheit mit den Maaßregeln zu erkennen geben, welche Sie so zweckmäßig und mit so schneller Entschlossenheit bei dem letzten Aufstande ergriffen hatten; ich habe zwar Ihre Worte getadelt, finde aber nichts destoweniger Ihren Eifer sehr lobenswerth."

Ein Gedanke, welcher den Kaiser bei Tag und bei Nacht beschäftigte, war, Alles aufzubieten, um die Einfuhr der englischen Waaren in das französische Gebiet zu verhindern. In Genua war dies nicht so ganz leicht zu bewerkstelligen. Daher empfahl er den da angestellten Beamten auch die größtmögliche Sorgfalt und Festigkeit.

„Man verfolge die Schmuggler mit aller Strenge [2]). Es sollen, wie man mir versichert, Einige bei voller Rathsversammlung die Bemerkung zu machen sich erlaubt haben, daß, wenn man diese Strenge in dem Freihafen einführe, das Stilet sich Recht zu verschaffen suchen würde. Bei Gott! Sagen Sie diesen Leuten, daß sie mich besser kennen sollten, — so wie ich sie kenne, und daß ein himmelweiter Unterschied zwischen mir und den Oestreichern vom Jahre 1745 stattfinde. Seyn Sie unbeugsam!"

Die Grundsätze und Maaßregeln des Kaisers sind ohne Zweifel nicht durchgehends zu billigen und mögen immerdar getadelt werden. Bei alle dem wird es Wenige geben, welche die Kraft und Beharrlichkeit, mit welcher er seinen Zielpunct auf der einmal betretenen Laufbahn verfolgte, geradezu mißbilligen werden.

1) In einem Handschreiben vom 27sten Januar 1806.

2) Brief vom 26sten Februar.

Die öffentlichen Beamten mußten in der That, um die Entschlüsse eines so unermüdet thätigen Regenten, wie Napoleon war, in Ausführung zu bringen, ohne Zweifel von einer eben so großen Ergebenheit als regem Amtseifer beseelt seyn; dann konnten sie aber auch, mit ihm zugleich das Verdienst theilend, auf Belohnung und Beförderung rechnen. Hatte der Kaiser den Eifer eines seiner Untergebenen einmal erprobt, so that er Alles, um diesen gefundenen Schatz nicht wieder zu verlieren. Derselbe Mann, der den Stolz fremder mächtiger Herrscher gedemüthigt zu seinen Füßen erblickte, war im Stande, einem seiner Untergebnen, dem er vielleicht Unrecht gethan, oder von dem er sogar eine abschlägige Antwort erhalten, zuerst die Hand der Versöhnung zu bieten, wenn nämlich dieser Agent oder Diener in frühern Feldzügen, oder in den ersten Jahren seiner Regierung sich Verdienste um das Vaterland erworben hatte.

Nur gegen die Verderbtheit war er streng. Wenn irgendwo Schlechtigkeiten von verderbten Menschen begangen wurden, wußte er es öfters weit früher noch als seine Minister. Fiel dergleichen in einer Präfectur vor, so eilte er, um durch die Wahl eines neuen strengen Befehlshabers die Ordnung und eine strenge Handhabung der Gesetze in jenem Bezirke wieder herzustellen [1]). Uebrigens war Gerechtigkeit die Lenkerin aller seiner Handlungen, sowie seines Benehmens gegen die ihm zunächst stehenden Menschen. Nie hat er Jemanden seiner Stelle entsetzt, ohne zuvor eine gewissenhafte Untersuchung angestellt und höchst selten auch ohne den Beschuldigten selbst angehört zu haben.

In der zweiten Hälfte des Jahres 1805 hat eine große Geldverlegenheit den Kaiser sowohl in den Friedensunterhandlungen als in der Führung des Krieges bedeutende Hindernisse in den Weg gelegt. Diese Verlegenheit der Finanzen war durch zwei gegenseitig auf einander einwirkende Ursachen herbeigeführt worden, — durch die schlechte Verwaltung der französischen Bank und das fehlerhafte System des Finanz-

1) Ein Beleg hiezu ist ein Brief vom 10ten August d. n. J., wodurch er obige Maaßregel auf das strengste anbefohlen hat. —

ministeriums, welches auch die Regierung befolgte, nämlich sich die Gelder, deren es bedurfte, zum Voraus bezahlen zu lassen. Da diese Krisis während der ganzen vierzehn Jahre der Napoleonischen Regierung die einzige ist, und da überhaupt seit jener Epoche die regelmäßige Ordnung bei der Verwaltung unseres Schatzes eingeführt worden, deren Früchte wir heute noch genießen, so scheint es uns hier nicht außerhalb des festgesetzten Gesichtspunctes zu liegen, wenn wir einige Einzelheiten des Uebels bekannt machen, damit man die weise Anwendung des Heilmittels um so mehr schätzen lerne.

Die französische Bank hat, indem sie ihrem Disconto eine unverhältnißmäßig große Ausdehnung gab und das geschlagene Silbergeld, hauptsächlich die Thaler, im Hinterhalte behielt, eine ungeheure Menge Banknoten in Umlauf gesetzt, welche bei der dereinstigen Auslösung aus Mangel an baarem Gelde niemals nach ihrem vollen Werthe hätten eingelöset werden können. Daher wurden die Zahlungen verspätigt und nicht selten ganz ausgesetzt, welches einen gänzlichen Mißcredit und das Sinken der Einlösungsscheine am Orte selbst zur Folge hatte.

Schriftsteller, welche Alles, was ihnen der Zufall in die Hände spielt, begierig aufgreifen, um Napoleon in ein gehässiges Licht zu stellen, haben ausgesagt, ihm sey allein der daraus entstandene Schade zuzuschreiben, indem er zu seinem Feldzuge gegen Oestreich die sämmtliche Baarschaft der Bank erschöpft habe. Die Unrichtigkeit solcher Behauptungen liegt am Tage. Die Zerrüttung der Bank war ganz allein das Werk der unklugen Verwaltung der unteren Verwaltungsbehörde. Die Regierung selbst hatte keinen Theil daran. Sie war in nichts strafbar, als daß sie aus Mangel an Wachsamkeit die Beamten nicht genau auf den Buchstaben der Statuten verwiesen, und diese auch nicht ganz vorwurfsfreien Gesetze nicht verbessert hat.

Im Monat August beschwerte sich der Kaiser darüber in einem Briefe an den Minister des Schatzes. „Der Fehler", schrieb er ihm [1]), „besteht darin, daß man das Gesetz hat

1) In einem aus dem Lager bei Boulogne unterm 24sten August datirten Briefe.

überschreiten lassen. Wie lautet das Gesetz? Daß irgend eine Verbindung das ausschließende Recht haben soll, Geld zu machen. Was verlangt das Gesetz? Daß eine solche Münze, aus Metall oder andern Stoffen, als Ersatz für einen wirklichen Credit gegeben werde." [1]) Hierauf machte der Kaiser die Bemerkung, daß man dadurch einen falschen Weg eingeschlagen habe, daß man den Disconto nicht nach dem wirklichen Credite, sondern nach den Actien, welche man besessen, berechnet habe. „Ist es nicht möglich", fuhr er fort, „daß ein Besitzer von funfzig, von hundert Actien viele Schulden habe, und daß die Bank seine Papiere discontire, während vielleicht Niemand gefunden werden kann, der ihm nur eine Kleinigkeit borgte? Indem die Bank daher die auf wahren Credit ausgestellten Scheine nicht mehr discontirt und die Papiere in Umlauf kommen, so kann man am Ende mit Recht sagen: die Bank mache falsche Münze." — „Ich will dem Uebel steuern", setzte er hinzu; „unerachtet mich viele der Directoren verkennen und von einem schlechten Geiste beseelt sind, so will ich der Bank doch unter die Arme greifen und zu diesem Behufe sogar, wenn es nöthig ist, den Sold meiner Truppen aussetzen, nur um ihren Credit zu erhalten. Ich bin über das Schicksal betrübt, welches mich in das Lager und von Feldzug zu Feldzug fortreißt und meine Blicke durch das unstete Leben von dem ersten Gegenstande meiner Sorgen abzieht, von dem innigsten Bedürfniß und Sorge meines Herzens, — einer guten und kräftigen Gestaltung dessen, was die Banken, Manufacturen und den Handel betrifft. Sie müssen mich daher nach Kräften in diesem Vorhaben unterstützen."

Die Verlegenheit, in welcher sich die Bank schon im Monate August befand, hat in den drei letzten Monaten des Jahres ihren höchsten Gipfel erreicht, und vielleicht war die Nachricht von dieser Verlegenheit, schnell von Cabinet zu Cabinet verbreitet, nicht ohne Einfluß auf die nachmals angenommene Stellung der verschiedenen Höfe. Jener große

1) Unter den Worten „wirklicher Credit" versteht der Kaiser Handels-Wechselbriefe, welche mit allen Erfordernissen einer allgemeinen Gewährleistung versehen sind.

Mangel ist dadurch entstanden, daß die französische Bank die festgesetzte Summe ihrer Scheine von dreißig Millionen auf sechszig erhöhete. Doch, genau genommen, war die Erhöhung dieser Summen nicht die wahre Ursache der Geldverlegenheit, sondern das blinde Discontiren der Papiere sogenannter Agenten der Regierung und einiger vor kurzer Zeit erst reich gewordener Familien, in deren Sturz dann die Bank mit einer bedeutenden Summe verwickelt war.

Die Krisis der Bank war daher ein Ereigniß, welches — wenn es gleichwohl nach außen hin einen großen Eindruck machte — an und für sich nicht von so hoher Bedeutsamkeit war, und welches nur auf indirectem Wege die Finanzen des Reiches berührte. In der Einrichtung des Ministeriums, welches stets von Lieferanten und Agenten betrogen wird, und dann glaubt, durch geringe Besoldung sich entschädigen zu können, liegt ein Uebelstand von weit größerem Gewichte und Umfang begründet, dessen unglückliche Folgen sich selbst mitten in dem östreichischen Feldzuge zur Zeit der Schlacht von Austerlitz fühlbar machten. Wir haben den Grund des Uebels bereits angegeben. Mit jedem Jahre nämlich veranstaltete die Regierung eine General-Uebersicht ihrer Einnahmen und Ausgaben; dies war das von dem gesetzgebenden Körper bewilligte Budget. Doch einerseits blieb die Einnahme stets weit hinter dem Bedarf zurück, andererseits befand sich die Regierung, selbst wenn Einnahme und Ausgabe gleich stark gewesen, immer im Nachtheile; denn sie mußte den größten Theil ihrer Ausgaben im Laufe eines Jahres bezahlen, während sie der Art und der gesetzlichen Zeit des Einsammelns wegen kaum in achtzehn Monaten ihre Einnahmen erhielt. So sah sie sich nun in die Nothwendigkeit versetzt, die späteren Einnahmen gewissen Darleihern zu übergeben, um die Gelder vor Ablauf der Frist in die Schatzkammer liefern zu können.

In dem Zwischenraume von 1803 bis 1804 hatte man diese Darleiher in den General-Einnehmern der Departements gesucht. Doch sey es nun, daß das Ministerium die Bearbeitung jener Geldquellen nicht hinlänglich verstand; sey es, daß die General-Einnehmer nicht mehr ihre alte Bereitwilligkeit oder die frühere Gewährleistung darboten, — es bildete sich auf einmal eine Gesellschaft, welche vortheilhaftere Bedingungen machte, und diese wurden angenommen. Allein die nämliche Gesellschaft hatte auch alle Lieferungen für die Land- und Seetruppen zu besorgen, und während sie daher auf der einen Seite dem Staate Gelder in die Schatzkammer liefern mußte, hatte sie auch wieder von ihm zu fordern. Hierin aber lag eine tiefe Gefahr. Der Minister der Schatzkammer, Herr von Marbois, verhehlte es dem Kaiser nicht. Er stellte ihm vor, „es sey ein falsches System, zu Staatsbanquiers Menschen zu haben, gegen welche die Minister als Schuldner Verpflichtungen hätten." Die Bemerkung war eben so treffend als wahr. Der Kaiser fühlte dies; allein sein in gewisser Hinsicht lobenswerther Hang, Personen, denen er einmal Vertrauen geschenkt und die er früher selbst angestellt hatte, immer beizubehalten, hinderte ihn vor der Hand an einer ernsten Maaßregel.

Als man ihm daher den Vorschlag machte, mit einer andern Gesellschaft zu unterhandeln, gab er zur Antwort: „Ich sehe es ungern, daß man Menschen, denen man einmal ein Amt übertragen — wenn sie auch nicht gerade im besten Rufe stehen, — dasselbe wieder nehme. Haben sie nur erst acht oder zehn Jahre gedient, dann werden sie auch von Jedermann geachtet werden, und ich kann dann um so mehr auf ihre Ergebenheit rechnen, als sie mir Ehre und Ansehen schuldig sind." Diese Sprache Napoleons wird jeden Verdacht oder Vorwurf von Partheilichkeit gegen Personen, mit denen er jetzt und später unterhandelt hat, verscheuchen. Es war sogar sein Wunsch, daß die dem Staatsdienste sich widmenden Unternehmer bestehen und gute Geschäfte machen sollten. Allein diese hatten sich während der Staatsumwälzung, und hauptsächlich unter dem Directorio, an eine solche Gewinnsucht und an solche Winkelzüge gewöhnt, daß es ihnen nur mit der größten Anstrengung gelang, in eine redlichere Handlungsweise, wie man sie jetzt von ihnen verlangte, überzugehen. Wenn der Kaiser gleichwohl seine Meinung kurz und bestimmt aussprach, so griff er doch keinesweges in den Wirkungskreis des Herrn von Marbois ein und überließ ihm Beschluß, Mittel und Ausführung. Allein dieser Minister hatte nicht den Muth, und dies war sein eigentlicher Fehler, die Verantwortlichkeit seiner augenscheinlichen Vorliebe für eine neue Gesellschaft zu übernehmen, wenn Napoleon mehr zu der alten sich hinzuneigen schien. Ein einziges Wort ist im Stande, uns die mißliche Lage, in der sich der Minister des Schatzes befand, mit hellen Farben zu schildern, und dieses Wort steht in einem Briefe, den ihm der Kaiser eigenhändig schrieb:

„Sie sind ein ehrlicher Mann, — ich kann aber nicht umhin zu glauben, daß Sie von Betrügern und Schurken umgeben sind." In der That lebte ein Mann in der Nähe des Herrn von Marbois, der ihn vielfach betrogen hat, und dies war einer der ersten Beamten der Schatzkammer, welchem der Minister ein unbegränztes Vertrauen schenkte [1]).

Die Lieferungen für den Landkrieg sowohl als für den Seekrieg wurden erst nach voraus geschehener Anzahlung einer gewissen Summe gemacht. Diese konnte nun entweder in baarem Gelde oder in Gültbriefen der General-Einnehmer bestehen. Da aber diese Vorschüsse in der Regel nicht ausreichten, so bewilligte das Ministerium größere, und ließ sich dieselben von der Gesellschaft durch Scheine verpfänden. Letzterer Werth sollte an die General-Lieferanten statt der Zahlung des durch höchsten Befehl ihnen zugestandenen Gewinnstes zurückgegeben werden; allein diese fanden Mittel, auch ohne diese Gewährleistung zu ihrer Zahlung zu gelangen, und somit blieben ihre Scheine stets fort in der Schatzkammer. Der Minister, durch die scheinbare Gediegenheit einer Gesellschaft getäuscht, mit der er längst schon andere Geschäfte gemacht hatte, deren sich die Regierung nur freuen konnte, fand sich derselben nach und nach durch stufenweise aufeinander folgende Unternehmungen zu mancherlei Gefälligkeiten verpflichtet.

Eines der geschicktesten und kühnsten Mitglieder dieser Gesellschaft war in Spanien, wo er sich an die umfassendsten Unternehmungen wagte. In Spanien herrschte damals ein großer Mangel; er läßt zwei Millionen Centner Getreide aus Frankreich einführen. Alle Vorrathskammern und andere

1) Dieser Beamte ist in der Folgezeit überwiesen worden, eine Million und dreimalhunderttausend Franken erhalten zu haben. — Er hat sie aber der Schatzkammer wieder zurückerstattet.

Einrichtungen sind in der größten Unordnung; er richtet alle ein, bringt Ordnung in das Geschäft und handelt für alle dabei angestellten Beamten. Die königlichen Cassen sind so erschöpft, daß nicht einmal die nöthigsten Ausgaben und Bedürfnisse des Hofes bestritten werden können. Er versieht dieselben mit Geldern. Der Kolonialhandel war zur Unbedeutendheit herabgesunken; er schließt eine Uebereinkunft ab, welche ihm das Monopol des Handels zusichert, und ihn, nach seinen eigenen Worten, nicht nur zum Theilhaber an dem Gewinne, sondern ihn gleichsam auch zum Handels- und Bundesgenossen des Königs von Spanien macht. Er würde überhaupt gar zu gern die ganze Monarchie in Pacht genommen haben. Mit einem Worte, Spanien ist dem französischen Staate in Folge des Subsidienvertrags bedeutende Summen schuldig; es wird sie aber aus eigenen Mitteln zurückbezahlen, ohne auf Mexico's Piaster Rücksicht zu nehmen.

Alle diese Wunder sind ohne Zweifel Staunen erregend; allein bevor die Piaster von Vera-Crux ankommen, — woher nimmt der wunderthätige Tausendkünstler den Talisman, womit er alles dieses bewirkt? — Aus dem französischen Schatze, aus den Geldkästen von Frankreichs Bank. Letztere, welche unter ihren Directoren einen der Hauptlieferanten zählte, verschwendete mit übertriebener Freigebigkeit die Disconto's an diese Gesellschaft. Die Schatzkammer gab den Lieferanten zu gleicher Zeit, selbst gegen ihre Verpflichtung, Scheine von den General-Einnehmern, welches sehr bald eine gänzliche Entfernung des baaren Geldes der Staatscasse, dagegen aber eine Ueberfüllung von Papieren zur Folge hatte. Täglich wurde die Bank von Tausenden, die mit Scheinen versehen waren, belagert, und die vergeblich deren Einlösung verlangten. Die Bank konnte nur einen Theil der Scheine versilbern; denn da diese Scheine aufgehört hatten, mit dem baaren Gelde in gleichem Werthe zu stehen, so wollte sie Niemand mehr an Zahlungsstatt annehmen und ihr Werth sank sehr bald auf zehn für hundert herab.

Der Kaiser Napoleon hatte bei seiner Abreise zur Armee seinen Bruder Joseph mit dem Vorsitze in dem Ministerrathe beauftragt. Unerachtet Herr von Marbois voll des unbeding-

widrigenfalls — wie sie zu drohen wagten — eine gänzliche Zahlungsunfähigkeit eintreten würde. Die Forderung wurde dem Gutachten des Ministerrathes anheimgestellt und dieser bewilligte sie. Herr von Marbois nahm die Verantwortlichkeit ganz allein auf sich. Diese Maaßregel wurde jedoch von dem Kaiser nicht gut geheißen. „Sie führen", schrieb er ihm aus seinem Hauptquartiere [1]), „die Worte eines Ministers an, welcher geäußert hat, er halte es für besser, Herrn Vanderbergh [2]) hundert Millionen zu geben, als ihn sinken zu lassen. — Erlauben Sie mir, zu sagen, daß dies die Sprache eines Tollhäuslers ist. Dieser Minister kannte wahrscheinlich die Zahlen nicht ..... Ich hoffe übrigens, im Laufe künftigen Monats in Paris einzutreffen, und ich versichere Sie, ich werde meine Reise schon wegen der großen Unordnung in dem Finanzsysteme beschleunigen."

Ein anderer Brief des Kaisers an Herrn von Marbois war vielleicht noch strenger.

„Alle die Verlegenheiten, von denen Sie mit mir sprechen und in denen Sie stecken geblieben sind, habe ich vorausgesehen, selbst die große Verlegenheit der Bank." — Wir haben Beweise, daß er wahr gesprochen. Er rief dem Minister in das Gedächtniß zurück, daß er ohne Befehl keinen Heller verabfolgen und daß der Befehl nur auf einen bewilligten Credit erfolgen solle. — „Ich begreife nicht, wie Sie diesen Grundsatz so sehr haben außer Acht lassen oder verkennen können. Sie haben nicht das Recht, aus Ihrem Geleise zu schreiten, und wenn selbst die Welt unterginge."

Diese Sprache mußte einen Minister, der nur von dem reinsten Willen und der lautersten Absicht beseelt war, tief kränken; allein man sieht in den Briefen des Kaisers nichts destoweniger mehr Verdruß als Zorn durchschimmern, und daß er den Mann, den er hochachtet und liebt, ungern tadelt.

1) In einem eigenhändigen, unterm 22sten November datirten Briefe.

2) Einer der Hauptlieferanten.

den kommenden Morgen um 8 Uhr eine außerordentliche Rathsversammlung anbefohlen, um sich über die Finanzen zu besprechen. Die Ergebnisse derselben sind bekannt. Herr von Marbois erstattete mit ehrenvollem Freimuthe Bericht über seine Amtsführung, woraus hervorging, daß der einzige Vorwurf, der ihn treffen konnte, der war, von den Täuschungen der Schatzwechsler sich haben verleiten zu lassen. Nach dem Berichte dieses Ministers waren die Bedürfnisse des Schatzes blos in Paris so sehr angewachsen und boten daher der Gesellschaft nicht hinlängliche Quellen dar. Dies sey die Veranlassung gewesen, warum sie hernach dem Gedanken Raum gegeben, mit dem spanischen Hofe über alles Gold und Silber, welches der Krieg in Amerika zurückbehielt, zu unterhandeln. Jener Hof habe ihr denn auch mehr als hundert Millionen Franken, in Amerika zahlbar, zugesichert. Um aber diese Bewilligung zu erlangen, habe die Gesellschaft dem spanischen Hofe natürlicherweise entgegenkommen müssen; sie habe aber nichts destoweniger stets zu Gunsten des französischen Schatzes und zwar in dem Verhältnisse discontirt, nach welchem dieser die Summe früher oder später erhoben habe.

Es bleibt unbestritten, daß die Gesellschaft für die dem Schatze geleisteten Vorschüsse von den General-Einnehmern Schuldscheine auf eine weit größere Summe ausgestellt erhielt; allein sie hatte diesen Werth gegen noch viel höhere Pfänder umgetauscht, nämlich gegen Wechsel, welche auf Paris ausgestellt waren, und gegen Anweisungen der spanischen Schatzkammer auf Havannah und Vera-Cruz. Die Vorschüsse des Schatzes konnten in keinem Falle gefährdet seyn. Hätte er sie verweigert, so wäre der Credit der Gesellschaft auf das Spiel gesetzt worden; hätte man sie mitten in ihren Unternehmungen zahlungsunfähig gemacht, so wären die Verpflichtungen, welche auf die Stadt Paris im Umlaufe sich befanden, mit Protest belegt worden, und so hätte der gänzliche Sturz derselben auch für die Bank, welche selbst ein Mitglied der Gesellschaft unter ihren Directoren zählte, nothwendig die

5*

Bei diesen Worten des ministeriellen Berichtes vermochte der Kaiser seine Ungeduld nicht mehr länger zurückzuhalten. „Sie sind betrogen worden", rief er aus, „jene Menschen haben Ihre biedere Denkungsart, der ich alle Gerechtigkeit widerfahren lasse, gemißbraucht. Sind jene Leute, welche Ihnen die Schätze von Mexiko versprochen haben, geschickter, einflußreicher und mächtiger als der spanische Finanzminister, und verstehen sie es etwa besser, das Geld über das von den Engländern beherrschte Meer herüberzubringen? Spaniens Vertrauen haben sie nicht anders, als durch die aus der französischen Staatscasse geschöpften Gelder erworben. Wir haben den Spaniern Subsidien bezahlt, anstatt von ihnen die zu beziehen, welche sie uns schuldig waren. Jetzt sehe ich klar durch das ganze Gewebe hindurch. Ich will jeden Einzelnen, der es spinnen half, vornehmen und auf das strengste zur Rechenschaft ziehen."

Der Zorn des Kaisers war gerecht, allein seine Einwürfe waren es nicht. Auf seine Frage, ob die Gesellschaft mehr Mittel habe als Spanien, um ganze Schiffsladungen von Piastern aus Mexiko kommen zu lassen? hätte man mit „Ja" antworten können, denn er wird sehr bald selbst die Beweise dieser Möglichkeit vor Augen haben, wenn der französische Schatz dieses Unternehmen auf seine Rechnung in das Werk setzt. Die Regierung bedurfte noch weit größerer Summen, als Mexiko Piaster zu liefern im Stande war. Ueberdies verlangte die Einfuhr des in der amerikanischen Provinz vorhandenen Geldes einen großen Zeitaufwand, während welcher Zeit aber der Schatz von der Gesellschaft abhing, deren schwierige Verhältnisse ihm mit jedem Augenblicke den größten Schaden zufügen konnten [1]).

Der erste Beamte des Schatzes, der mit diesem Zweige der Geschäftsführung besonders beauftragt war, und zwei Mitglieder der Gesellschaft, die Herren Despres und Ouvrard,

1) Herr Ouvrard gesteht dies selbst ein, indem er einem seiner Mittheilnehmer den Vorwurf macht, funfzig Millionen auf eine unkluge Weise verwendet zu haben.

Der erste Beamte, dessen Schuld damals nicht bekannt war, stotterte einige Entschuldigungsgründe her; Herr Despres befand sich in der größten Verlegenheit. Herr Duvrard hingegen, fest wie ein Fels, sprach kein Wort, allein alle seine Mienen schienen zu sagen: „nichts ist vorübergehender als ein Gewitter, man muß nur das Ende davon abzuwarten wissen." Die Sitzung hatte bis um neun Uhr gedauert. Bei Aufhebung derselben war Herr von Mollien zum Minister des Schatzes ernannt. Herr von Marbois zog sich in die Provinz zurück, bis nach Verlauf von zwei Jahren der Kaiser seinen in Ungnade gefallenen Minister selbst wieder aus der Verborgenheit hervorsuchte, um ihm die glänzendste Genugthuung und den höchsten Beweis des Vertrauens als Zeugniß seiner Rechtlichkeit zu geben. Er wird zum Vorsteher der Rechnungskammer ernannt.

Die Summe, welche die dienstfertigen Geldmänner dem Staate schuldeten, belief sich nach der Berechnung des Herrn von Marbois auf drei und siebenzig Millionen. Eine neue und genauere Untersuchung fand den Betrag von sechs und achtzig Millionen. Zuletzt aber wird man wahrnehmen, daß wir die Summe auf hundert und ein und vierzig Millionen anwachsen, aber nichts destoweniger durch die Talente eines gewandten Ministers wieder in die Cassen der Regierung zurückgezahlt sehen.

Was die Krisis der Bank betrifft, war diese nichts anderes als ein schnell vorübergehendes Ereigniß, für welches die sonderbare Verwaltung jenes Institutes allein verantwortlich war. In dieser Beziehung sprach ein Mitglied bei einem über den fraglichen Gegenstand gehaltenen Ministerrathe die Meinung aus, die Bank müsse den Scheininhabern für den Verlust, welchen sie ihnen veranlaßt habe, eine Entschädigung schuldig bleiben. Wenn die Bank von der Regierung außerhalb des Gesetzes gestellt würde, so könnte sie ihre Zuflucht zu Niemand besser nehmen, als zur Regierung selbst; allein die Verlegenheit, welche sie jetzt leidet, ist einzig und allein

nen also unmöglich die unschuldigen Opfer davon seyn; die Bank ist ihnen eine Entschädigung schuldig, und diese kann sie aus dem Gewinne erheben, oder, wenn es Noth thut, sogar von dem Capitale selbst entnehmen.

Dieser Vorschlag ging nicht durch; er war aber nichts destoweniger auf Vernunft und Gerechtigkeit begründet. Uebrigens hatte nach Verlauf weniger Monate Alles seinen alten Gang wieder begonnen; die Bank war in ihren vollen Credit wieder eingesetzt.

Unter den zahlreichen Briefen des Kaisers, welche alle seine Thätigkeit und die wachsame Obsorge über die verschiedenen Zweige des Schatzministeriums beurkunden, will ich nur einige herausheben, deren Erwähnung allein schon das Lächerliche und Unstatthafte gewisser Vorwürfe darthut, die man ihm gemacht hat. Als Antwort auf die Beschuldigung [1]), für den östreichischen Feldzug funfzig Millionen aus der Bank erhoben zu haben, führen wir einen Brief an, in welchem der Kaiser, nachdem er über die von seinem gewöhnlichen Budget für die Armee ihm zukommenden Summen verfügt hatte, noch hinzusetzt: „Somit werde ich den Krieg auf dem Festlande beendigen, ohne von dem öffentlichen Schatze irgend eine außergewöhnliche Hülfe zu verlangen, und ohne etwas an dem regelmäßigen Laufe meines Budgets zu verändern." [2]) Er verlangt für die Casse des General-Zahlmeisters der Armee eine Summe von zwei Millionen, „und dies zwar", sagte er, blos der Würde und des Ansehens wegen in Bezug auf die Völker von Teutschland."

1) „Der General Savary", sagt Herr Salgues, „vertraute diesem Adjutanten die Leitung des Maulthieres von Philipp, welches mit funfzig Millionen beladen war, die Napoleon aus der Bank enthoben hatte, um seine militairischen Unternehmungen gegen Oestreich einem glücklichen Erfolge entgegenzuführen." — Man vergleiche auch Montgaillard und mehrere Andere. Das Maximum der Banknoten belief sich, wie wir schon zu versichern Gelegenheit hatten, im Jahre 1805 nicht einmal auf sechszig Millionen.

2) Brief vom 31sten August.

beschuldigen, diese Zuversicht giebt uns den Beweis an die Hand, daß er nicht nöthig hatte, funfzig Millionen von der Bank oder anderswoher zu entnehmen. Alles, was er von seinem Schatzmeister verlangt, ist, der Armee den Sold auf zwei Monate zu sichern, indem er fest überzeugt war, daß während dieser Zeit der Sieg für den Sold der übrigen Monate werde gesorgt haben.

Denjenigen, welche behauptet haben, daß der Kaiser, wenn er einmal über den Rhein gesetzt habe, das teutsche Gebiet seinen Truppen preisgeben werde, können wir mit den Briefen widersprechen, worin er ausdrücklich verspricht, jedes Freundes Land oder neutrale Gebiet mit den Waffen in der Hand zu schützen. „Der Sold muß", schrieb er, „bis zum 1sten Brümaire (23sten October) mit der größten Pünctlichkeit ausgezahlt werden, denn die Nichtbefolgung dieser Maaßregel würde Raub und Verwüstung neutraler Länder zur Folge haben."

In einem andern aus Ludwigsburg [1]) datirten Briefe hat der Kaiser dem nämlichen Minister gemeldet: „Man beobachtet hier die strengste Mannszucht.... Niemand bemerkt hier einen Truppendurchmarsch. Ich lebe in diesem Lande nur von Gutscheinen (Bons) [2]). — Ich brauche daher kein Geld. Sichern Sie mir nur den Sold für den Brümaire ..... — In Straßburg wird der Dienst nicht mit Genauigkeit vollzogen. — Ich wollte Anfangs nicht schreiben, um Ihnen dieses nicht sagen zu müssen."

Man könnte übrigens im Vorbeigehen fragen, was man von der so oft besprochenen Härte eines Mannes glauben soll, der seine Unzufriedenheit — wenn es anders kein wichtiges Vergehen betrifft — auf diese Weise äußert.

Die andern Armeen des Kaisers waren nicht viel längere

1) Bekanntes Lustschloß des Herzogs von Würtemberg. — Der Brief war am 4ten October geschrieben.

2) Diese Gutscheine wurden in der Folge gesammelt und darnach die Rechnungen der von der französischen Armee veranlaßten Ausgaben berichtigt. Gemeiniglich wurde der Betrag durch die Ueberlassung irgend einer Provinz oder einer Commenthurei bezahlt.

künftig kein Geld mehr zu schicken. Massena mußte seine Ausgaben von den auf venetianischem Gebiete erhobenen Kriegssteuern bestreiten. Einen Monat später (18ten December) [2]) verbot er ebenfalls, die sogenannte Nord-Armee mit Geld aus dem Schatze zu unterstützen. „Sie ist zur Vertheidigung Hollands auf den Beinen. Schreiben Sie dem Großpensionair, daß es an ihm sey, für den Unterhalt derselben zu sorgen.“

So lächerliche Beschuldigungen hätten zwar kaum an und für sich eine so ernste Prüfung der Umstände verdient; allein die Briefe Napoleons enthalten, wenn es auch nicht nöthig erscheint, irgend eine Stelle daraus besonders hervorzuheben, so viel Belehrendes, daß wir durch nichts dem Kaiser mehr in seiner Eigenthümlichkeit als Mensch für sich und in seinen Verhältnissen zu andern Regierungen und Individuen kennen lernen. Nach den Briefen zum Beispiele, welche wir dem Leser theilweise vorgelegt haben, können wir sehr gut entnehmen, wie er in Bezug auf Herrn Barbé von Marbois persönlich gesinnt war, und in welchen Verhältnissen er mit dem Großpensionair von Holland gestanden hat.

Weit entfernt, den Sturz der französischen Finanzen herbeigeführt zu haben, war der Krieg vielmehr ein Mittel gewesen, die vorhandene Zerrüttung derselben wieder herzustellen. Der Kaiser fühlte, als er zur Armee abging, sehr wohl, in welchem bedenklichen und einflußreichen Zustande er die Finanzen zurückließ; er sagte daher in Bezug darauf zu einem seiner Vertrauten: „Mit den Finanzen steht es schlecht; die Bank befindet sich in der Klemme; von hier aus aber kann ich leider nichts thun.“ Auf der Ebene von Austerlitz hat er für die Verbesserung derselben gesorgt. Abgesehen davon, daß drei Armeen aufhörten, dem französischen Schatze zur Last zu fallen, hat der Friede von Presburg Frankreich eine Summe

1) In einem aus Znaim datirten Briefe.

2) Der Brief war von Schönbrunn aus geschrieben.

zogen hatten, nicht mitgerechnet. So kamen fremde Quellen den französischen Finanzen zu Hülfe, während Englands Schätze durch die Unterstützung fremder Mächte sich zu erschöpfen begannen. Daher der gewaltige Unterschied, den man in den Budgets beider Länder wahrnimmt. Frankreichs Budget belief sich im Jahre 1805 auf die Summe von 588,998,704 Franken, welche aus folgenden Einnahmen bestand:

Directe Kriegssteuern	311,649,196	Frank.
Sporteleinkünfte und Domainenverwaltung	172,763,591	—
Mauth und Zölle	52,725,918	—
Lotterie	13,860,000	—
Posten	10,000,000	—
Rechtsgebühren	25,000,000	—
Salinenverwaltung	3,000,000	—
	588,998,705	Frank.

Wenn man zu dieser Summe von fünfmalhundert acht und achtzig Millionen dreissig Millionen hinzurechnet, welche aus dem Königreiche Italien jährlich eingeliefert wurden, und dann die Einnahme oder den Verbrauch in den fremden Ländern in Hinsicht des Jahres 1805 auf hundert Millionen anschlägt, so wird man finden, daß die französische Regierung allen Anforderungen eines an außerordentlichen Ausgaben so reichen Jahres mit einer Summe von siebenhundert und einigen Millionen Franken Genüge geleistet habe.

In dem nämlichen Jahre betrug die Gesammtsumme der Auslagen von England nicht mehr als:

	49,652,471 Pfd. Sterl.	=	1,241,311,775 Frank.
Die Anleihe	22,500,000 Pfd. Sterl.	=	562,500,000 Frank.
	72,152,471 Pfd. Sterl.	=	1,803,811,775 Frank.

Mag man immerhin die Hülfsquellen eines Staates rühmen, der eine so bedeutende Summe an Abgaben bezahlt und eine solche Anleihe gestattet, — die Zeit wird dereinst ihr Urtheil über die Art dieses anscheinenden Reichthums und

eines jeden Jahres unternahm oder anordnete, dem gesetzgebenden Körper bei der Eröffnung seiner Versammlungen Rechenschaft ab. Obwohl der Bericht, welcher das Jahr 1805 angeht, der Zeitrechnung nach erst im Monat Mai des Jahres 1806 überreicht werden soll, so glauben wir dennoch seiner jetzt schon gedenken zu müssen, weil er eine Menge Einzelheiten in sich schließt, welche mit den so eben berührten Thatsachen in Verbindung stehen. Vielleicht wäre es keine der unpassendsten Aufgaben der Geschichte, diese jährlichen Berichte des Monarchen in ihren Zeitbüchern aufzubewahren; allein abgesehen davon, daß sie, ihrem Inhalte nach, allzuweitläufig, auch zu unnützen Wiederholungen über schon bekannte Gegenstände Veranlassung gäben, halten wir es für lehrreicher, Napoleon dem Leser vor die Augen zu führen, wie er sowohl im Cabinette als in seinem Zelte handelt und unausgesetzt über das allgemeine Beste nachsinnt, seine Ideen seinen Ministern mittheilt und sorgfältig über die Vollziehung seiner Befehle wacht; statt jede einzelne Handlung mit prunkenden Farben in ein Prachtgemälde zusammenzuhäufen, bei welchem das Ministerium es sich zur Pflicht erachtet, die Nationaldankbarkeit als schuldigen Tribut auf die hohen Vorzüge des hohen Monarchen hinzulenken.

Kann es befremden, wenn wir bei'm Anblick des von edlen Gesinnungen erfüllten Napoleon, der mit Leidenschaft das Gute will, und mit dem Wollen auch das Können in sich vereinigt, den Minister stolz darauf erblicken, an dem schönen Werke auch einen Theil zu haben? Werden wir uns wundern, wenn er alsdann die Farben etwas voll und lebhaft aufträgt und das Gemälde, unbeschadet seiner Treue, so viel als möglich glänzend zu machen sich bestrebt? — Dies ist ungefähr der Charakter des Berichtes [1]) vom Jahre 1805, welchen der Minister des Innern, Herr von Champagny, eingereicht hat. Ein ausgezeichneter Schriftsteller hat diesen Be-

1) Er wurde am 5ten März eingereicht.

Der Kaiser hat bis jetzt schon viel Stoff zu neuen Lobreden geliefert, und wird dessen von Jahr zu Jahr mehr und zwar in einem stets steigenden Verhältnisse darbieten. Uebrigens mögen hier Napoleons eigene Worte, womit er den Minister zur Berichterstattung auffordert, ihre Stelle finden:

„Es scheint mir Zeit zu seyn", schrieb er ihm [1]), „über den Stand der Dinge in unserem Reiche seit dem Jahre XII Rechenschaft abzulegen. Sie können hiebei die nämlichen Grundsätze befolgen, welche Sie schon bei den Berichten der früheren Jahre zum Grunde gelegt haben; man könnte diese aber um so nützlicher machen, wenn man das Geschehene in ein passendes Gemälde zusammenfaßte und mit erläuternden Anmerkungen versähe, und so alle Thatsachen, sowie auch alle noch zu vollendenden Ideen und Plane, welche auf die Verwaltung des Innern Bezug haben, in das gehörige Licht stellte."

Der Kaiser scheint mit diesen Worten keine andere Absicht haben andeuten zu wollen, als den Nutzen des neuen Jahresberichtes zu erhöhen und ihn durch größeren Umfang und größere Mannigfaltigkeit einflußreicher auf das Staatsleben zu machen. Es versteht sich von selbst, daß der Minister nur in dem, was den Ruhm und das Ansehen des Monarchen vergrößern kann, den wahren Nutzen erblicke, allein der Pomp einer großsprecherischen Erzählung vermag den Thatbestand nicht zu mildern. Wenn Napoleon ein solches Lob niemals ausgeschlagen hat, so beweist im Gegensatze die treffliche Anwendung seiner Zeit und aller seiner Fähigkeiten zur Genüge, daß er wenigstens seinen Ruhm nicht unverdienter Weise sich aneignen wollte, sondern daß er dessen würdig zu seyn nach allen Kräften sich bestrebte. Es sey hier vergönnt, nur einen unvollkommenen Ueberblick des von dem Minister erstatteten Berichtes mitzutheilen. Der erste Theil betrifft die Anordnungen, welche der Kaiser vor seiner Krönungsreise nach Italien auf einer Durchreise durch die Provinzen dies- und jenseits

1) In einem Briefe vom 11ten Februar 1806.

manche dabei getroffene wohlthätige Einrichtung, als die verbesserten Uferbaue bei Châlons, Maçon und Tournus; die Schiffbarmachung der Seille, wodurch für die Departements der Saone und Loire mancher Vortheil entsproß; verschiedene Maaßregeln zum Nutzen der Stadt Lyon, als da sind Preisvertheilungen an geschickte Handwerker, die Begründung einer Zeichnenschule und vorzüglich die Stiftung eines baldigst zu errichtenden Stapelplatzes für den Handel des ganzen Landes; das arme Savoyen zu einer wohlhabenden Provinz umgestaltet; Turin, zwar von seinem alten Könige verlassen, aber jetzt um nichts minder glücklich durch die Anwesenheit eines französischen Hofes; Casale mit einem Bischofssitze, mit einer neuen Hochschule und einem Gerichtshofe bereichert; Alessandria, als der Hauptsitz aller militairischen Vorbereitungen und zugleich der Zufluchtsort alter Helden, ein unbezwingbares Bollwerk des Krieges, wohin der Kaiser für die Zeiten des Friedens die Blüthe des Handels und Gewerbfleißes zu verpflanzen sich bemüht; ganz Piemont, mit der Gewalt der Waffen unterjocht, jetzt durch Wohlthaten naturalisirt; Genua durch Gesetzesausspruch zur französischen Provinz gemacht; Parma und Piacenza von veralteten Einrichtungen erlöst und mit einer neuen wohlthuenden Gesetzgebung versehen; ganz Italien endlich voll Stolz, seine Gesetze aus der Hand eines zweiten Carls des Großen zu empfangen.

„Unsere Feinde", sagte der Minister, „sind von Italiens Küsten zurückgeschlagen und nicht mehr im Stande, Handelsverbindungen anzuknüpfen. — Italien ist eine den Engländern abgetrotzte Eroberung."

Nach einer kurzen Abweichung über die Kriegsereignisse, während welcher Zeit kein Zweig der inneren Verwaltung, selbst nicht in den Wachthütten von Ulm und Austerlitz, dem wachsamen Auge des Staatsoberhauptes entgangen war, keine Unternehmung aufgeschoben, keine neue Abgabe vorgeschrieben und keine Summe ihrer früheren Bestimmung entnommen wurde, zählte der Minister die zahlreichen Wohlthaten der kaiserlichen Macht im Laufe des Jahres her, und erwähnte der Vorbereitung einer neuen Gerechtigkeitspflege, der Verbesserung des Brücken- und Straßenbaues, der Erbauung zwei neuer Städte in den vom Bürgerkriege verwüsteten Ländern, und im Allgemeinen aller Arbeiten, welche zum Besten des Staates und des Gemeinwesens angefangen und ununterbrochen fortgeführt worden sind.

Endlich machte er auf die Alpen und Apenninen aufmerksam, welche bis zu diesem Tage nur der Uebermacht der Kriegsgewalt ihre Gebirgswege geöffnet hatten, aber jetzt der Kunst und Anstrengung weichend auf bequemen Handelsstraßen Italien und Frankreich, Piemont und Genua verbinden und den lebhaftesten Verkehr zwischen diesen Ländern begünstigen.

Der Simplon und der Cenisberg sehen auf ihren steilen Abhängen ungeheuere Frachtwagen die Erzeugnisse beider Hemisphären dahin und dorthin verführen. Ueberall erblickt man jetzt, sowohl in dem savoyischen Thale Maurienne, als auf dem Berge Genèvre, an den Küsten des Mittelmeeres, sowie im Innern des Landes selbst, zu Genua und Toulon Abgründe ausgefüllt, Höhen abgetragen, eine unzählige Menge Brücken über den Rhein, die Meuse, den Cher, die Loire, Saone und Rhone; Brücken, zum ersten Male über die Durance geschlagen und zum zweiten Male über die Isère, welche das ihr auferlegte Joch abgeschüttelt hatte; die Ufer aller dieser Flüsse, sowie die der Seine, der Aube, der Mosel, des Tarn und des Po mit Arbeitsleuten aller Art angefüllt, welche damit beschäftigt waren, ihnen einen regelmäßigeren Lauf anzuweisen; Wasserbecken, Dämme, Schiffswerfte und Vorrathshäuser, voll Menschen in der thätigsten Arbeit begriffen, in fünf und dreißig Seestädten; sechs große Kanäle im Werke, einige schon gebaut und andere mitten in der Arbeit von der Regierung unterbrochen; hier ganze Gegenden entsumpft, dort Moräste ausgetrocknet; im Süden, Osten und Westen des Reiches Schäfereien von spanischen Heerden errichtet, mit einem Worte, eine Menge nützlicher Schöpfungen, welche die unermüdete Thätigkeit des Staatsoberhauptes in allen Zweigen der Verwaltung beurkunden.

gränzen und die Eroberung der Länder, welche jetzt das Königreich Italien bilden, sowie die Vereinigung mit Holland als einem französischen Bundesstaate.

„Die zweite Verbindung hat Frankreich die piemontesischen Staaten geschenkt, und die dritte Venedigs und Neapels Aufnahme in das Bundessystem bewirkt."

„England könnte somit endlich einmal die Ueberzeugung gewinnen, daß seine Allmacht zerstoben ist. Möge es ja keine vierte Verbindung wünschen und alsdann durchzusetzen versuchen, wenn ihm sogar der Ordnung der Dinge zufolge die Hoffnung entgegen lächelte, dieselbe erneuern zu können!

„Dies Alles hat Frankreichs Regierung für den Ruhm und die Wohlfahrt des ihr anvertrauten Landes gewirkt. Der Kaiser faßt jetzt nur das in's Auge, was ihm noch zu thun übrig bleibt, und er findet noch weit mehr, als er bereits schon vollbracht hat; doch sind dies nicht Eroberungen oder andere ehrgeizige Entwürfe. Er hat dem kriegerischen Ruhme bereits alle seine Lorbeeren geraubt. Die Verwaltung des Staates zu verbessern, darin das Gebäude eines dauerhaften Volksglückes zu begründen und durch seine eigenen Handlungen den Keim einer erhabenen Sittlichkeit in die Herzen der Unterthanen zu legen, war jetzt die Aufgabe seines Ehrgeizes geworden. Er verlangt keine andere Belohnung für ein ganzes Leben voll der edelsten, aber auch zugleich mühevollsten Aufopferung, als die Wohlfahrt seines Volkes."

So sprach der Minister des Innern in seinem Berichte vom 5ten März, worin er von dem Zustande des französischen Reichs Rechenschaft ablegte. Drei Tage früher hat Napoleon selbst bei Eröffnung der Sitzung des gesetzgebenden Körpers

Anspruch nehmen:

„Meine Waffen haben nicht eher aufgehört zu siegen, als bis ich ihnen zu streiten verbot. Meine Verbündeten haben an Anzahl und Macht zugenommen; meine Feinde sind gedemüthigt und ihre Kraft gelähmt. Das Königshaus Neapel hat auf immerdar seine Krone verloren. Die Halbinsel Italien bildet jetzt einen Theil des großen Reiches. Ich habe als oberster Herrscher für die Fürsten und Verfassungen, welche die verschiedenen Provinzen derselben regieren, Gewähr geleistet."

Dieser letzte Ausdruck kann als die erste Entwickelung des durch sein Schreiben vom 8ten Januar, das er von München aus an den Senat erließ, angekündigten Bundessystems betrachtet werden. Bald werden wir dieses System, und zwar in einer noch besseren Ordnung, ganz Teutschland umfassen sehen.

Nachdem Napoleon sein unbedingtes Vertrauen in die Rechtlichkeit des Kaisers Franz II., dessen Thron er in dem Augenblicke befestigte, als ihm, denselben zu stürzen, alle Mittel zu Gebote standen, mit kräftigen Worten zu erkennen gegeben hatte, fuhr er fort:

„Uebrigens hängt das erhabene Schicksal meiner Krone nicht von der Zuneigung oder der Mißbilligung fremder Höfe ab." Hierauf dankte er der französischen Nation für die Bereitwilligkeit, womit sie seine Plane und Wünsche auszuführen sich beeiferte:

„Franzosen! meine Hoffnung hat mich nicht getäuscht. Eure Liebe allein macht mein Glück, mehr als der Umfang und der Reichthum unseres gemeinschaftlichen Vaterlandes."

Mitten unter den Wundern der Tapferkeit, von deren Glanze sowohl Frankreich als ganz Europa geblendet waren, hatte der Kaiser die Schwäche, das große Unglück von Trafalgar nicht eingestehen zu wollen. Er zeigte dieses Ereigniß nur mit folgenden, der Wichtigkeit des Gegenstandes wenig entsprechenden Worten an:

Uebel so groß, daß es auch von der stärksten Uebertreibung schwerlich übertroffen werden konnte. Uebrigens hatte das Mißgeschick der vereinigten Flotten nicht wenig dazu beigetragen, dem innigen Wunsche des Kaisers, einen beständigen Frieden zur See aufrecht zu erhalten, volle Gewährleistung zu geben.

„Ich wünsche", fuhr er fort, „den Frieden mit England. Von meiner Seite soll er nicht um einen Augenblick verschoben werden, mit jedem Momente bin ich bereit, ihn abzuschließen, wenn man die Bedingungen des Friedens von Amiens zum Grunde legen will."

Diese Aeußerung, obwohl sie an und für sich nichts Anderes als eine Wiederholung der schon im vorigen Jahre gemachten Erklärung war, schien jetzt im Jahre 1806 ein größeres Gewicht erlangt zu haben, indem ein erneuter Antrag dem brittischen Ministerium mehr Mittel an die Hand gab, die Aussöhnung möglich zu machen.

In den verschiedenen Antworten, welche der Kaiser den großen Staatskörpern auf die Glückwünsche zu seiner Thronbesteigung gab, sowie in seiner Rede bei Eröffnung der gesetzgebenden Behörde, und in den von dem Minister des Innern jährlich eingereichten Berichten finden wir Napoleons Wunsch zu wiederholten Malen ausgesprochen, „sich vor Allem der öffentlichen Verwaltung widmen und an dem Glücke Frankreichs arbeiten zu können, dessen Liebe seinen ganzen Stolz ausmache", ohne in die traurige Nothwendigkeit versetzt zu seyn, nochmals hinauszugehen und auf dem Felde des Krieges blutige Lorbeeren zu ernten. Der Kaiser hat seiner Armee versprochen, sie baldigst in der Gegend von Paris zu ver-

lichkeiten, schreibt dem Minister des Innern [1]) Noten und ertheilt ihm den Auftrag, die zur Ausführung solcher Ideen tauglichsten Männer um sich zu versammlen. Allein die Truppen, welche schon vor drei Monaten in die Heimath zurückgekehrt seyn sollten, verlängern fortwährend ihren Aufenthalt in Teutschland; die auf den Monat Mai bestimmten Festlichkeiten werden vertagt; die Dauer des Festland-Friedens scheint mit jedem Tage ungewisser zu werden. Wären also die friedlichen Gefühle, welche Napoleon so oft zu äußern pflegte, nichts Anderes als leerer Schein und eitles Trugwerk ohne eine Spur von Aufrichtigkeit gewesen? Sollte er unter dem Feuereifer, sich mit allen Kräften der Verbesserung der innern Verwaltung seines Reiches hinzugeben, den Willen verborgen haben, neuen Kämpfen nach außen entgegen zu gehen? Sind endlich alle jene Betheuerungen nichts als ein Spiel der Lüge und heimtückischen Betruges gewesen? England und seine Parteigänger behaupten dies. Menschen, welche seit dem Jahre 1805 gewohnt waren, Alles, was gegen den Kaiser gesagt und geschrieben worden, zu glauben, wiederholen es ohne vorhergegangene Prüfung. Unsere Pflicht ist; Thatsachen aufzustellen. Die That allein kann jene Frage auflösen; doch früher müssen wir einen Blick auf den neapolitanischen Feldzug werfen, den wir bis jetzt nur flüchtig erwähnt haben, und der Lage des Cabinettes von Großbritannien unsere Aufmerksamkeit schenken, welches alle Verbindungen gegen Frankreich angestiftet und mit seinem Gelde unterstützt hat.

1) Am 17ten Februar.

Krieg und Staatskunst.

Das Königreich Neapel wird von den Russen und Engländern verlassen. — Abreise des Königs von Neapel nach Palermo. — Die Königin versucht Widerstand zu leisten. — Einzug der Franzosen in Neapel. — Die französische Armee theilt sich. — Drei Hauptcorps. — Die Franzosen besetzen Calabrien. — Reise des Prinzen Joseph in Calabrien. — Rückkehr des Prinzen Joseph nach Neapel. — Capri wird von den Engländern genommen. — Die Engländer landen in Calabrien. — Schlacht bei Maida. — Räubereien in Calabrien. — Belagerung und Einnahme von Gaëta. — Massena's Einfall in Calabrien. — Bemerkungen über die Art und Weise der Thronbesteigung des Prinzen Joseph. — Frage über die Vermehrung der Throne in einer Familie. — Verbesserte Einrichtungen in dem Königreiche Neapel. — Napoleon vertheilt verschiedene Fürstenthümer. — Große Lehen werden in dem Königreiche Neapel vorbehalten. — Holland wünscht den Prinzen Ludwig zum Könige. — Beweggründe Hollands und Napoleons. — Politischer Zweck der Begründung neuer Throne. — Napoleon gewährt dem türkischen Botschafter eine Audienz.

1806.

Der Erfolg des neapolitanischen Feldzuges konnte nicht lange zweifelhaft bleiben. Hätten die Franzosen die russisch-englische Armee in dem Lande noch vorgefunden, so wäre ihr Sieg nur um desto glänzender ausgefallen; allein die Verbündeten des Königs Ferdinand, welche sich kein Gewissen daraus gemacht hatten, ihn aus freien Stücken in alle Wechselfälle eines ungewissen Krieges zu verwickeln, trugen jetzt noch weniger Bedenken, ihn zu verlassen, als es galt, seinen Thron zu behaupten. Die Macht, welche ihm zuerst die Hülfe und kriegerische Theilnahme versagte, war die nämliche, welche vier Jahre hindurch in allen diplomatischen Verhandlungen die größte Ergebenheit und Zuneigung für das neapolitanische Königshaus an den Tag zu legen sich bemüht hatte. Kaum waren aber die stolzen Hoffnungen des Kaisers Alexander in dem Geschützesdonner von Austerlitz verhallt, so hatte er auch

Truppen, General Lacy, die strengste Weisung zukommen lassen, die Truppen sofort einzuschiffen und sie einstweilen nach den ionischen Inseln zu führen. Dies Beispiel fand bald seine Nachahmung. Die Engländer glaubten nicht, in treuer Ergebenheit die Russen übertreffen zu müssen. Ihre Staatsklugheit hatte vor Allem die Rettung Siciliens in's Auge gefaßt, um auf dieser Insel einen neuen Stützpunct ihrer Seemacht im mittelländischen Meere und einen immerwährenden Angriffsplatz gegen die Besitzer des Sr. sicilianischen Majestät gehörenden Festlandes zu bilden. Die Russen verbanden, obwohl ohne Zweifel nicht mit Willen, die Unbill mit der Untreue. Der Botschafter dieser Macht hat in dem Augenblicke seiner Abreise aus Mangel an Verstellungskunst, ohne die feige Ichsucht seines Hofes zu bemänteln, dem neapolitanischen Minister ein Schreiben voll der bittersten Ironie überreicht, worin er bezeugte, daß sein Gebieter der Kaiser eine gänzliche Parteilosigkeit gegen Se. Majestät den König von Sicilien beobachten werde.

Vergebens hatte der Hof von Neapel auf die Nachricht einer bedeutenden, den Verbündeten beigebrachten Niederlage, eben so eifrig um Gnade bittend, als das Wort brechend, den Cardinal Ruffo, seinen damaligen Botschafter zu Rom, an den Kaiser Napoleon abgesendet; allein die französische Regierung verweigerte ihm die Audienz. Umsonst wurde der Fürst San-Theodoro an den Prinzen Joseph, der den Oberbefehl über die französische Armee führte, geschickt, um ihn zu beschwören, das Vorwärtsrücken seiner Truppen einzustellen. Doch der Beschluß war einmal gefaßt und dessen Ausführung unwiderruflich. Der Rückzug der Russen und Engländer hatte eine gänzliche Auflösung der neu geworbenen neapolitanischen Truppen herbeigeführt. Ferdinand hatte sich, wie im Jahre 1797, nach Palermo unter Segel begeben [1]).

Die Königin Carolina allein, obwohl von den Verbündeten verrathen, von ihren Unterthanen wenig unterstützt, ohne

2) Am 29sten Januar 1806.

6*

welche sie nie geliebt, sondern vielmehr gehaßt hatte, zögerte sie keinen Augenblick, ein schimpfliches Bündniß mit dem niedrigsten Haufen ihrer Unterthanen einzugehen, — und flehte die Lazzaroni's um Hülfe an. Ihr ältester Sohn, der Herzog von Calabrien, machte den Versuch, aus diesen wilden Banden Regimenter zu bilden und sie einer gewissen Kriegszucht zu unterwerfen, welches jedoch nur in soweit gelang, als dies bei Menschen möglich ist, die mit demselben Gleichmuthe ihre eigenen Landsleute, als den auswärtigen Feind hinmorden. Den zweiten Sohn, Herzog Leopold, schickte sie nach Calabrien, um in diesen Provinzen den Aufstand des Volkes zu unterstützen, welchen der Graf Roger von Damas mit einer Armee von ungefähr achtzehntausend Mann da organisirt hatte.

Auf den ersten Wink der Königin war der furchtbare Geist der Zerstörung bereit, seine verwüstenden Feuerbrände über Neapels Mauern zu schwingen. Die Galeeren und Gefängnisse boten den Lazzaroni's würdige Genossen der Mordlust dar. Schon war man im Begriff, das verhängnißvolle Zeichen zu geben, als der bessere, reichere und aufgeklärtere Theil der Bevölkerung, die Nähe der Gefahr erblickend, selbst unter die Waffen eilt und eine bewaffnete Bürgerwehr bildet, um die Schreckensarmee im Zaume zu halten, welche Niemand, außer die Königin, ohne Schaudern anzusehen vermag. In dem nämlichen Augenblicke, als diese Fürstin, voll Verzweiflung, ihren Palast, den nun bald der Feind in Besitz nehmen wird, nicht vorerst zertrümmern zu können, sich an Bord des Schiffes stürzt, welches sie für immer weit von ihrer Residenzstadt entfernen soll, hat eine Anzahl abgeordneter Bürger mit dem Prinzen Joseph unterhandelt und über Neapel sowohl, als über Capua, Pescara und Gaëta einen Uebergabsvertrag abgeschlossen.

Neapel nahm im Gefühle seines Glückes, dem Raub und Mord entgangen zu seyn, die Franzosen wie seine Befreier auf. Der Prinz Joseph hielt am 15ten Januar seinen Ein-

Nachdruck zu geben, hätte der Befehlshaber der Festung, von dem die Uebergabe allein abhing, gleichgestimmt seyn müssen. Dies war der Prinz von Hessen-Philippsthal, der an der Spitze von achttausend Mann, welche von der Meeresseite leicht mit Lebensmitteln versehen werden konnten, die Wichtigkeit seiner Pflichten gegen den frühern König, der ihm die Vertheidigung der Festung anvertraut, erkannte und mit Ehre und Würde sein Amt zu erfüllen wußte. Somit waren die Einnahme von Gaëta und die Eroberung von Calabrien die einzigen schwierigen Aufgaben dieses Feldzuges. Ohne in die Genauerzählung weder des einen noch des andern Kriegszuges einzugehen, können wir nicht umhin, einige Thatsachen zu erwähnen, welche die Zeit, die Umstände und die Personen in ein helleres Licht stellen.

Die erste Besetzung Calabriens war das Werk von vierzehn Tagen, während welchen die französischen Truppen fast unaufhörlich vorwärts marschirten und mehrere glorreiche Siege erfochten, als z. B. bei Lago Negro und bei Campotenese. In diesem letzten Gefechte, in welchem der General Roger von Damas an der Spitze von eilftausend Mann stritt, erlitten die Neapolitaner eine vollständige Niederlage, verloren all ihr Geschütz nebst fünf Fahnen, und betrauerten eine große Anzahl der angesehensten Officiere als Gefangene, unter welchen sich die Generale Ricci und Tschudy befanden. Das zweite vom Feldmarschall Rosenhaim befehligte Armee-Corps zog sich hinter den Coscile zurück, dessen über das Ufer getretenes Gewässer die Franzosen um einen ganzen Tag aufhielt. Bei dieser Truppenabtheilung befanden sich die Söhne des Königs, der Herzog von Calabrien und der Prinz Leopold. Diese beiden jungen Fürsten zogen sich in Eilmärschen nach Reggio zurück und schifften sich ein. Kaum vermochten die von den Franzosen von allen Seiten bedrängten zwei neapolitanischen Corps die Frachtschiffe zu erreichen, welche sie an diesem Landungsplatze erwarteten. Diese Fahrzeuge lichteten die Anker in demselben Augenblicke, als die Franzosen anka-

In dem Augenblicke des Bruches wurde auf alle in dem Hafen von Genua und einigen andern Landungsplätzen befindliche neapolitanische Schiffe Beschlag gelegt. Der Kaiser gab sie jedoch wieder frei, sobald er davon Kenntniß erhalten hatte. Unter der Menge von Hofleuten, welche sich um Joseph herum drängten, bemerkte man eine große Anzahl Neapolitaner, welche durch Napoleons mächtigen Einfluß dem wilden Scepter der Barbaresken-Staaten entrissen worden wären.

Ein einziges Ereigniß verdunkelte den Glanz der allgemeinen Freudenfeste — die Einnahme von Capri. An dem nämlichen Tage erschien der englische Admiral Sidney Smith, gleichsam als wenn sein Geschick ihn zum beständigen Widersacher von Bonapartes Glück und dem Wohlstande seiner Familie gemacht hätte, mit vier Kriegsschiffen, zwei Fregatten und mehreren Bomben- und Kanonenböten vor Neapel, nicht sowohl um irgend etwas gegen diese Stadt zu unternehmen, was nie ohne Gefahr für ihn selbst hätte geschehen können, sondern um einen noch weit vortheilhaftern Anschlag in's Werk zu setzen. Der Felsen von Capri, den man durch seine natürliche Lage hinlänglich gesichert glaubte, hatte nicht mehr als hundert Mann unter den Befehlen eines Hauptmanns zur Beschützung. Als Letzterer zur Uebergabe aufgefordert wurde, gab dieser wackere Officier zur Antwort, daß er sich bis auf den Tod vertheidigen werde. In der That auch lieferte sein Tod erst nach langem bewunderungswürdigen Widerstande die Felseninsel in die Hände der Engländer. Das kleine Häufchen Mannschaft zog mit allen kriegerischen Ehren ab und wurde nach Neapel geschickt.

Mittlerweile war der Hof von Palermo nicht unthätig geblieben. Er unterhielt in Calabrien immerfort Verbindungen, welche, wenn gleichwohl nicht mit dem Begriffe der Ehre vereinbar, dennoch ganz geeignet waren, seine verborgenen Absichten in dieser Provinz zu erreichen. Die vorzüg-

dern, welche mit dem Namen des heiligen königlichen Ansehens zu schmücken man sich nicht scheute. War es nun Folge der angeborenen Unbeständigkeit der Einwohner, oder der durch die Kriegslasten einer fremden Besatzung herbeigeführten Ungeduld — man bemerkte eine sichtbare Veränderung in den Gemüthern aller Parteien, selbst diejenigen nicht ausgenommen, welche kurz zuvor die Franzosen mit Entzücken empfangen hatten.

Der Augenblick war günstig, ein großes Unternehmen auszuführen; doch dieses konnte nur durch die Mithülfe der Engländer bewerkstelligt werden. Der General Stuart, welcher Sir John Greigh in dem Oberbefehle über die englischen Truppen in Sicilien abgelöst hatte, schien zu einem solchen Beginnen wenig aufgelegt zu seyn. Endlich ließ er sich durch die dringenden Vorstellungen des Admirals Sidney Smith hinreißen. Letzterer, begierig nach Ruhm und bereit, Alles auf das Spiel zu setzen, um den Franzosen zu schaden, hatte von dem Könige Ferdinand die ausgedehnteste Vollmacht und selbst den Titel eines Vicekönigs von Calabrien erhalten. Die britische Flotte ging am 1sten Juli mit fünftausend Mann englischer Truppen und dreitausend sicilianischer Milizen von Messina aus unter Segel. Sie steuerte Anfangs in der Richtung nach Stromboli und landete endlich in dem Golf von Sant'Euphemia. Kein Hinderniß stellte sich in den Weg.

Der General Regnier, welcher in Calabrien den Oberbefehl hatte, zog in größter Eile die ihm zunächst gelegenen Truppen, ungefähr 4600 Mann, zusammen und besetzte das Dorf Maida, nachdem er die Fronte durch den Fluß Amato gesichert hatte. Man hat behauptet, daß dieser General auf den naheliegenden Bergen seine Stellung nehmen und den Angriff der Engländer hätte abwarten sollen. Allein glaubte er vielleicht in blinder Zuversicht, wie die Engländer behaupteten, ohne große Mühe zu siegen, oder trieb ihn die ringsertönende Lärmglocke, auf deren Ruf die Bauern zu ihren Waffen eilten, zur Schlacht; er wollte die Verbindung des

Grenadiere, welche an der Spitze standen, verlangten schon das Zeichen zum Angriff, als Parlamentairs [1]) eine Uebereinkunft in Vorschlag brachten. Die Vertheidigung war ehrenvoll gewesen, daher machte Massena nur ehrenvolle Bedingungen. Die Besatzung, noch etwa 7000 Mann stark, erhielt die Erlaubniß, ihre Waffen zu behalten und sich mit acht Feldkanonen nach Sicilien einzuschiffen; nur wurde zur Bedingung gemacht, daß sie sich binnen Jahr und Tag derselben weder gegen Frankreich noch gegen den König Joseph bedienen sollten. Das sämmtliche Geschütz der Festung fiel den Siegern anheim. Man fand Mörser, welche mit dem englischen Wappen versehen waren. Die Besatzung hatte in den letzten zehn Tagen einen eben so großen Verlust erlitten, als die Franzosen während der ganzen Zeit der Belagerung. Jede der beiden Parteien hatte ungefähr tausend Mann eingebüßt.

Die Einnahme von Gaëta durch Massena hatte den nordwestlichen Theil des Königreichs von allen Unruhen befreit; Apulien und die Abruzzen wurden von dem General Gouvion Saint-Cyr in Ruhe und Ehrfurcht erhalten, und in Calabrien allein, wo der General Regnier, dem erhaltenen Befehle zufolge, in einem verschanzten Lager und in kluger Unthätigkeit den Ausgang der Dinge abwarten mußte, war Herstellung der Zucht und Ordnung nöthig. Ein königlicher Beschluß erklärte diese Provinzen in den Kriegszustand und übergab dem Marschall Massena unbedingte Vollmacht in Civil- und Militairangelegenheiten. Der Ausgang des neuen so eben begonnenen Feldzuges konnte nicht ungewiß bleiben, nichts destoweniger sind die Verluste, die ein Krieg dieser Art nach sich zieht, sehr bedeutend. Posten mußten mit dem Bayonette in der Hand erstürmt werden. Feuerbrände mußten Städte und Dörfer verheeren, ja sogar fruchtbare Länder mußten, wenn die Ruhe hergestellt werden sollte, in Wüsteneien verwandelt werden. Bei der Annäherung der Franzosen

1) Am 18ten Julius 1806.

zurotten übrig.

Ein gut angebrachter moralischer Gedanke hatte eine überaus nützliche Wirkung. Die Furcht, erschossen zu werden, entmuthigte den Bauer nicht mehr als den geübten Banditen. Statt den Aufwieglern einen ehrenvollen Tod in der Feldschlacht zu gönnen, ließ Massena Galgen aufrichten und bestrafte die Ersten, Besten, welche ihm in die Hände fielen, mit dem Strange. Diese Art des Verfahrens brachte eine große Spaltung zwischen den aufrührerischen Einwohnern und den Räubern von Gewerbe hervor. Die Bauern kehrten in ihre Dörfer zurück und lieferten sogar, um sich selbst frei zu machen, ihre Anführer aus. Auf diese Weise wurde Fra Diavolo eingezogen. Dieser berüchtigte Häuptling besaß nur den Muth der Verwilderung, im Tode bewies er sich als ein Feigling. Demnach wurde das Land zum zweiten Male unterjocht, allein diese Unterjochung blieb dennoch eine unvollständige. Ein dritter Kraftaufwand wurde sehr bald nöthig, um in dieser Gegend nicht nur den Geist des Aufruhrs, was nicht die schwerste Aufgabe war, sondern den Geist des Meuchelmordes und der Raubsucht in der Wurzel zu zerstören. Nur ein Wunder wird dies zu vollbringen im Stande seyn; dies Wunder aber ereignet sich in der Folge.

Um den Faden der Erzählung von den Ereignissen des Krieges nicht zu unterbrechen, habe ich mich jeder Bemerkung über die Thronerhebung des Prinzen Joseph enthalten, und doch ist dieses Ereigniß in mehr als einer Beziehung der Erinnerung werth. Vor Allem ist die Art und Weise seiner Erhöhung gänzlich neu. Wenn gleichwohl die Form, nach welcher die königliche Würde dem Hause Baiern und Würtemberg ertheilt wurde, ebenfalls eine außergewöhnliche genannt werden kann, so hat doch wenigstens ein feierlicher Vertrag zwischen zwei großen Staaten den neuen Titel dieser Häuser geheiligt. Es bedurfte der Einwilligung zweier Mächte. Jetzt

1) Am 5ten September 1806.

siehe da, sein Bruder wurde König und als solcher auch von allen Mächten des Festlandes anerkannt.

Die Worte der kaiserlichen Urkunde, wodurch eine Krone verschenkt wurde, verdienen hier angeführt zu werden: „Das Gemeinwohl unseres Volkes", sagte der Kaiser, „die Ehre unserer Krone und die Ruhe von Europa erheischen von uns die Feststellung und Gewährleistung der neapolitanischen und sicilianischen Völker, welche durch das Recht der Eroberung uns zugefallen sind. Da sie überdies einen Theil des großen Reichs ausmachen, haben wir beschlossen und beschließen hiermit, daß wir unsern vielgeliebten Bruder Joseph Napoleon feierlichst als König beider Sicilien anerkennen."

Der Kaiser hat also zuerst die gänzlich neue Behauptung aufgestellt, daß Italien zu dem großen Reiche gehöre, und jetzt entwickelt er aus dieser selbst gemachten Wahrheit, welche keine andere Gewährleistung als die seines eisernen Willens hat, einen förmlichen Rechtsgrund, über den Thron von Neapel zu Gunsten seines Bruders verfügen zu können.

Eine andere, weit ernstere Frage drängt sich dem Geschichtsforscher auf, und diese bezieht sich auf die Annahme eines Grundsatzes, der, wie man glaubt, nicht ohne Einfluß auf das Schicksal Napoleons war, — dies ist der Durst nach Kronen für seine Familie. Ich bekenne frei, daß, nach meiner Ansicht, diese Menge Brüder und Schwestern ein wahres Unglück für ihn wurden. Seine vier Brüder, Joseph, Lucian, Ludwig und Hieronymus, mangelten nicht gänzlich des Verdienstes; von seinen vier Schwestern erregten zwei durch ihre Schönheit Aufsehen, zwei durch die Festigkeit ihres Charakters und die Gewandtheit ihres Geistes. Als Privatmann hätte er sich zu diesen Banden der Verwandtschaft, womit ihn die Natur begünstigt hatte, nur Glück wünschen können. Als Oberhaupt eines großen Reiches fand er in diesen Banden nur um so größere Schwierigkeiten und Hindernisse. Hätte er allein dagestanden in der Welt, so hätte er nur seinen eignen Ehrgeiz zu befriedigen gehabt.

Plane nicht gelungen sind. Glaubt man aber einen Menschen nach seinen Handlungen und der Entwickelung seines Lebens im Allgemeinen beurtheilen zu können, so wäre dies ganz bestimmt eine Selbsttäuschung und ein unrichtiges Verfahren, denn von zwanzig Ursachen, die man als Verderben bringend betrachten könnte, findet sich vielleicht kaum eine einzige, deren Wirkung entsprechend und entscheidend genannt werden darf. Napoleon begründete eine neue Herrscherfamilie. Er mußte daher nothwendiger Weise dynastischen Ideen in seinem Geiste Raum gönnen; allein er gab sich ihnen nur bedingter Weise und nach seinen Erfahrungen umgestaltet hin. Obgleich er bei seiner Thronbesteigung die republikanischen Grundsätze des Convents und des Directoriums verlassen hatte, brachte er in die Monarchie nichts destoweniger einige der wichtigsten Maximen der französischen Staatsumwälzung mit hinein, und konnte in Folge derselben, ohne thörichtes Selbstvertrauen, sich mit dem Bewußtseyn schmeicheln, von den nämlichen Völkern, bei denen er jene Grundsätze in Anwendung brachte, als Wohlthäter und Schöpfer einer neuen Zeit betrachtet zu werden. So hatten zum Beispiel in Neapel alle aufgeklärten Personen schon im Jahre 1799 die französischen Grundsätze und Lehren angenommen. Ohne jedoch den Neapolitanern die Regierungsform des parthenopäischen Freistaates zuzugestehen, erfüllte er dennoch in so weit ihre Wünsche, daß er ihnen eine Regierung verschaffte, welche, wenn sie gleichwohl nichts weniger absolut war als jene des Königs Ferdinand, dennoch mehr auf die allgemeinen Bedürfnisse and den Wohlstand dieses Königreichs Rücksicht nahm. Der Kaiser konnte mit Recht

das Bedürfniß nach einem Minister Acton und einer Regierung, wie sie unter der Königin Caroline war, fühlen lassen werde.

In der That, wie groß auch immer die Fehler der von Napoleon eingesetzten Könige seyn mochten, sie haben nichts destoweniger in den ihnen anvertrauten Ländern wichtige Verbesserungen vorgenommen, die ihnen freilich manchmal der Privatvortheil eingegeben haben mochte, die aber nichts destoweniger mit den in Frankreich herrschenden Ideen im Einklange standen und eben so den Grundsätzen des Kaiserreiches als der Republik entsprachen.

Kein anderer Staat in Europa hat vielleicht je einen größern Mißbrauch der Verwaltung offenbart, als das Königreich Neapel. Gerechtigkeitspflege, Polizei, Finanzen, Alles war in der verworrensten Unordnung. Es war also der Umgestaltung ein weites Feld geöffnet, und was das Sonderbarste ist, diese Unordnung wurde selbst von den Personen, welche am meisten Nutzen daraus gezogen hatten, gewünscht. Zwischen den verschiedenen Behörden war jede Gränzlinie aufgehoben. Ein gut eingerichtetes Ministerium wies jeder derselben ihren festbestimmten Wirkungskreis an.

Früher waren die Provinzen nicht nur von der Hauptstadt abhängig, in der alle Gerichts- und Verwaltungsbehörden sich befanden, sondern wurden ihr gewissermaßen aufgeopfert. Jetzt sahen sie eine billigere Theilung der Länder eintreten; jede derselben bekam ihre Localverwaltung, ihren eignen Gerichtshof. Der Boden gewann durch Unterdrückung des Lehnswesens [1]) an Werth, und der Länderbesitz wurde um so höher gesteigert, als das Feudalsystem bisher mit allen Gebrechen und Lasten seines frühesten Ursprungs ausgeübt worden war. Die Güter, welche früher Lehnherrlichkeit besessen hatten, wurden dem gewöhnlichen Abgaben-Tarif unterworfen. Selbst die Städte, Schlösser und Ländereien, welche Kroneigenthum gewesen waren, wurden jetzt den allgemeinen

1) Durch einen Beschluß vom 4ten August 1806.

man sogar die Güter mehrerer Orden ein und lösete ihren Verband auf. Doch geschah diese Aufhebung nicht im Grundsatze des blinden Ungefährs. Mehrere berühmte Abteien, die sich hauptsächlich durch den Besitz kostbarer Handschriften auszeichneten, wurden beibehalten. Ein Theil der eingezogenen Klostergüter wurde zur Tilgung der allgemeinen Schuldenlast verwendet, der andere Theil zur Stiftung von höhern und niedern Schulen. Die Vernachlässigung des Unterrichts für beiderlei Geschlechter war bis jetzt auf den höchsten Punct gestiegen. In jeder Provinz wurde daher ein Gymnasium für die Jünglinge und ein größeres Erziehungshaus für Mädchen errichtet. In Neapel sah man Militair-, Marine- und Zeichnenschulen, nebst einer Menge anderer nützlicher Anstalten sich erheben. Vor Allen aber zog ein aus drei Academien bestehendes National-Institut die Aufmerksamkeit auf sich. Man muß nur bedauern, daß die von Napoleon außerhalb seines Reiches eingesetzten Regierungen den Völkern nicht die Wohlthat einer wohlgeordneten politischen Freiheit gewährten; jedoch darf man auch nicht vergessen, daß ein Hauptbedürfniß einer jeden neuen Regierung Kraftäußerung ist, und daß es nicht wenig Schwierigkeiten unterworfen seyn mag, da politische Freiheit einzuführen, wo sie nicht ist.

Wie dem auch immer seyn möge, schwerlich wird man in Abrede stellen können, daß die Einführung einer neuen Fürstenfamilie mit all den bei Staatsumwälzungen unvermeidlichen Uebeln auf dem Boden, den der alte Monarch verlassen mußte, fruchtbringende Keime eines kostbaren Wachsthums eingepflanzt habe. Es ist eine zwar betrübende, aber unumstößliche Wahrheit, daß der gothische Bau veralteter Mißbräuche, wenn er nicht von einem Sturme umgestürzt wird, unter einer und derselben Regierung sich Jahrhunderte lang erhält, während der Herrscherwechsel, und wäre er auch nur von kurzer Dauer, den Sturz befördert und somit einer bessern Umgestaltung der Dinge Platz macht. Vergebens bemühen sich dann die in die Heimath zurückgekehrten und auf den

zurückbleiben, welche später entweder durch sie selbst, wenn ihr Zorn sich gelegt hat, oder ohne ihr Zuthun die schönsten Früchte tragen werden.

Die Frage, die ich aufgestellt habe, bietet verschiedene Gesichtspuncte dar, von welchen sie aufgefaßt und bestritten werden kann. Ohne mich jedoch auf die Entscheidung einzulassen, ob Napoleons System vor dem Richterstuhle der Moral mehr oder weniger Entschuldigung verdiene, oder ob es nach den Grundsätzen der Staatskunst mehr oder weniger klug genannt werden könne, scheint mir doch, daß dies wie durch einen Zauberschlag hervorgebrachte neue Königthum die Begriffe des alten gewaltig verjüngt und im Ganzen dem Menschengeschlechte mehr Nutzen als Schaden zugefügt habe. Die Erhebung des Prinzen Joseph auf den Thron von Neapel, und die Vermählung des Prinzen Eugen mit einer Tochter des Königs von Baiern, so wie endlich die Adoption Beauharnois, welche ihn auf den Thron von Italien berief, waren erst der Anfang jenes guten oder bösen Staatsgrundsatzes des Kaisers, wodurch er seinem Reiche Kraft, Hoheit und Glanz zu verschaffen beabsichtigte. Mehrere andere Mitglieder seiner Familie und die vornehmsten Civil- und Militairpersonen, welche sich seines Zutrauens zu erfreuen hatten, erhielten ebenfalls die Einen unabhängige Fürstenthümer, die Andern hingegen bloße Ehrentitel mit Einkünften.

Durch die Beschlüsse vom 15ten bis 30sten März 1806 gab er seinen Schwägern unabhängige Fürstenthümer:

dem Prinzen Mürat das Herzogthum Cleve und Berg, welches Baiern an Frankreich abgetreten hatte;

dem Fürsten Borghese den unantastbaren Besitz und volle Regentschaft über das Fürstenthum Guastalla;

dem Prinzen von Lucca die Oberhoheit der Fürstenthümer Massa und Carrara.

Eben so verlieh er dem Marschall Berthier das von dem Könige von Preußen abgetretene Fürstenthum Neufchatel und Vallengin als unmittelbares Besitzthum;

7*

gelegenheiten, beschenkte er mit dem Fürstenthum Benevent [2]);

dem Erz-Reichskanzler Cambaceres gab er den Titel eines Herzogs von Parma, und

dem Erz-Schatzmeister le Brün den Titel eines Herzogs von Piacenza.

Bei der Uebergabe des Königreichs Neapel an seinen Bruder Joseph hat er in diesem Reiche sechs große Lehen gestiftet, über welche er für sich und seine Nachfolger die Oberhoheit sicherte. Ueberdies hatte er sich noch eine Million jährlicher Einkünfte vorbehalten, um damit die Generale, Officiere und Soldaten, welche dem Throne und dem Vaterlande Dienste geleistet, belohnen zu können.

Durch denselben Beschluß, welcher dem Königreiche Italien auch die venezianischen, von dem Kaiser von Teutschland durch den Preßburger Frieden abgetretenen Staaten einverleibte, hatte Napoleon ebenfalls zwölf Provinzen oder große Lehensbezirke in seinem Reiche begründet, und einem jeden derselben den fünften Theil der Einkünfte, welche das ganze Königreich Italien einzunehmen berechtigt war, zugeschrieben. Auf gleiche Weise gründete er auf dem Berge Napoleon zu Mailand eine jährliche Rente von 1,200,000 Franken, die ebenfalls dazu bestimmt waren, die um den Staat besonders verdienten Männer zu belohnen.

Bald darauf sehen wir den Kaiser auf's Neue beschäftigt, den Marschällen, Ministern, Generalen und andern Personen, die er dieser Auszeichnung werth hielt, den Herzogstitel zu verleihen. Die zu Mailand und Neapel für sich zurückbehaltenen Einkünfte wurden nun in zahllose Brüche zertheilt, und diese Vertheilung erstreckte sich sogar bis auf die untersten Reihen der Armee.

Bei all den Handlungen, die wir so eben erzählt haben, hatte der Kaiser nur über die Besitzungen und Einkünfte verfügt, welche ihm das Recht des Stärkern in die Hand gelegt

1) Durch einen Beschluß vom 9ten Junius.

2) Beschluß von dem nämlichen Tage.

er wollte, daß die Völker Könige von ihm erflehen sollten. Er war es, welcher seinen Bruder Joseph auf den Thron gesetzt hatte; Holland aber kam ihm entgegen und bot ihm den Thron für seinen Bruder Ludwig an.

Seit dem glorwürdigen Tage, als der Sieg unsere Armeen auf den batavischen Boden geführt hatte, litt dieses Land an allen den Uebeln, welche in Frankreich durch die oft wiederholten Gegenrevolutionen heimisch geworden waren. Die durch die Natur bedingte Verschiedenheit der Interessen beider Länder hatte zwischen deren Regierungen einen immerwährenden Kampf unterhalten, in welchem der Schwächere stets unterliegen mußte, ohne daß er sich jedoch gutwillig zu jeder Duldung hingab, welche die geheimen Absichten einer Politik zu erheischen schienen, die keineswegs seine Wohlfahrt zum Gegenstande hatte, sondern sich selbst nur im Auge behielt. Dies ist das gewöhnliche Schicksal eines untergeordneten Staates, der von einem mächtigen Nachbar abhängt.

Frankreich mochte, als es seine Regierungsform änderte, immerhin auch diese neuen Formen in Holland einführen; es stieß nichts destoweniger bald nachher auf die nämlichen Schwierigkeiten, weil das Interesse des Landes sich nicht verändert hatte. Der Gedanke, die batavische Republik in ein Königreich für einen Bruder Napoleons umzugestalten, war für beide Parteien gleich reizend: für den Kaiser, weil er in einem seiner Brüder einen in jedem Stücke vollkommen ergebenen Unterthan zu finden oder heranzubilden hoffte; für Holland, weil es in dem Bruder Napoleons, als seinem neuen Könige, einen Schild gegen die übertriebenen Anforderungen der französischen Regierung, oder eine Ursache der Schonung und des Ansehens mehr zu erhalten glaubte.

Sowohl die von den Holländern an den Kaiser und den Prinzen Ludwig gehaltenen Anreden, als die Antworten Beider, und der zu Paris zwischen Frankreich und der batavischen Republik geschlossene Vertrag [1]) boten umsonst eine

1) Vom 24sten Mai 1806.

daß ihre erste Pflicht die sey, Frankreichs Wohl im Auge zu behalten.

„Möge Dir Holland", sagte er zu seinem Bruder Ludwig, „die Aufrechthaltung seiner Freiheiten, Gesetze und Religion zu verdanken haben; allein vergiß niemals, daß Du Franzose bist."

Napoleons Oberhoheit über die Staaten seiner Brüder und Schwäger war durch die großen erblichen Würden geheiligt, welche diese Fürsten und ihre Nachfolger unaufhörlich an das Kaiserreich knüpften. Der König von Neapel sollte auf Lebenszeit Groß-Wahlherr, der König von Holland Kron-Feldherr und der Herzog von Berg Groß-Admiral bleiben. Die übrigen Fürsten- und Herzogthümer waren zu großen Lehen der Krone bestimmt.

Was übrigens Holland betrifft, so war die monarchische Verfassung, wenn man die Hoftitel abrechnet, an welche sich zwar die holländischen Ohren weit schneller, als man hätte glauben sollen, gewöhnten, so wenig von seiner republikanischen Regierungsform verschieden, daß man unter dem Könige Ludwig eine nicht minder große Freiheit genoß, als unter den Statthaltern und zur Zeit der letzten Regierung.

Unter allen Beweggründen jedoch, welche Napoleon zu der Besitzergreifung dieser beiden Königreiche und so manches zu Gunsten seiner Familie vertheilten Fürstenthums angespornt haben mögen, waren Stolz und Eitelkeit ohne Zweifel die mächtigsten, obwohl nicht in Abrede zu stellen ist, daß ein richtiger politischer Blick, welcher ihm durch die Anhäufung verschiedener von ihm abhängiger Throne, deren jeder zu seiner Vertheidigung angewendet werden konnte, seinen Haupt-

Somit hat Frankreich kein Recht, sich zu beklagen.

Mittlerweile haben diplomatische Flugschriften, die dem britischen Parlamente vorgelegt worden waren, mit der Enthüllung manches Geheimnisses Europa so ziemlich davon in Gewißheit gesetzt, daß der Plan der dritten Verbindung zwischen den Höfen von London, Petersburg und Wien schon sechs Wochen vor den Ereignissen, welche man als Vorwand zu einem Kriege anführte, nichts Anderes bezweckt habe, als Frankreich in seine alten Gränzen zurückzudrängen. Was blieb da Napoleon für ein anderer Ausweg übrig, als sich durch die seinem Einflusse unterworfenen Staaten, durch die blos dem Namen nach bestehende Königswürde seiner Brüder, die eigne Herrschaft zu begründen, an welcher endlich alle Kräfte des Festlandes, die Englands Staatsklugheit gegen ihn in Bewegung gesetzt hatte, wie an einem ungeheuern Felsenkoloß gescheitert sind?

An demselben Tage, an welchem eine außerordentliche Gesandtschaft der holländischen Stände von Frankreich einen König verlangte, hatte Napoleon, bevor er diese empfing, den Botschafter der ottomanischen Pforte bei sich gesehen, welcher ihm im Namen des Groß-Sultans zu der Kaiserwürde Glück wünschte. Das Cabinet von Constantinopel, sich eben so wie die gebildetsten Mächte den höfischen Formen anschmiegend, betrachtete nun seit der Schlacht von Austerlitz die Bande, welche es an Rußland fesselten, wenn nicht zerrissen, doch wenigstens minder dauerhaft und der Auflösung nahe.

Auf diese Weise befestigte Napoleon in dem gleichen Augenblicke seine Herrschaft über einen Nachbarstaat, und erwarb sich in der Ferne auf's Neue einen der ältesten Bundesgenossen Frankreichs.

„Alles, was dem Volke der Osmanen", sagte er, „Glückliches oder Unglückliches widerfahren kann, wird in demselben Maaße Glück oder Unglück über Frankreich bringen. Berichten Sie, Herr Botschafter, diese Worte dem Sultan Selim. Möge er sich so oft daran erinnern, als meine Feinde, welche

gefährlich noch furchtbar erscheinen."

Diese Worte können leicht hochmüthig erscheinen; sie waren aber nur wahr. Wenn die Verbindung, welche wir sehr bald sich bilden sehen, von der einen und der andern Seite treu und gewissenhaft gehalten worden wäre, hätten beide Länder großen Vortheil daraus gezogen. Napoleon scheint zu Tilsit, um sich mit dem Petersburger Cabinet zu versöhnen, das Interesse der ottomanischen Pforte für einen Augenblick zu vergessen, allein die Reue folgte auf dem Fuße nach; er eilt, sich Rußland entgegenzustellen und so durch die That die den kronräuberischen Planen jenes Cabinettes gegebene Zustimmung zurückzunehmen. Nicht lange darauf wird er für diesen Wankelmuth durch die Untreue der Türkei und besonders durch den zu dieser Untreue gewählten unglücklichen Zeitpunct auf das Härteste gezüchtigt.

Fünf und funfzigstes Capitel.

Thaten zur See.

Der Admiral Linois kreuzt auf dem indischen Meere. — Außerordentliche Klugheit des Admirals Linois. — Linois wählt sich einen neuen Platz zum Kreuzen. — Dritte Fahrt, wobei Linois nach hartnäckigem Kampfe gefangen wird. — Seeweg des Admirals Lallemand. — Zerstörung des von dem Admiral Leissègues befehligten Geschwaders. — Das Geschwader des Admiral Villaumez wird durch einen Sturm auseinander gesprengt. — Verwüstung einiger englischen Niederlassungen auf der Küste von Afrika. — Einige für die französische Seemannschaft ehrenvoll ausgefallene Kämpfe. — Einnahme des Vorgebirges der guten Hoffnung durch die Engländer. — Sie fallen auch in Buenos-Ayres ein. — Dieses Land wird von den Spaniern wieder genommen. — Die Engländer versuchen einen Angriff gegen Monte-Video.

Stapelplätze und alle Ansiedelungen in fremden Erdtheilen ohne Hülfe und Verstärkung zu verlassen, um bis auf günstigere Zeiten die Kriegsschiffe und kleinen Fahrzeuge, welche während der vorhergehenden Schlachten der Zerstörung entgangen waren, als Reliquien in unsern Häfen aufzubewahren? Nur schwer konnte man sich dazu entschließen. Die Regierung schien zu glauben, der Zorn des Himmels müßte bereits erschöpft seyn. Ihr schien es nicht außer dem Bereiche der Möglichkeit zu liegen, daß man der einen oder andern Pflanzstätte beispringen, die englischen Geschwader durch Vorsicht täuschen, und wenn auch nicht durch neue Treffen den alten Ruhm erkämpfen, doch wenigstens dem feindlichen Handel einen fühlbaren Schaden zufügen könnte. Allein diese Hoffnungen scheiterten. Das Vorhaben mißglückte und Frankreich war bloßgestellt.

Bevor wir auf dem Meere der Antillen und dem atlantischen Ocean die Admirale Lallemand, Leissègues und Villaumez weiter verfolgen, müssen wir das unglückliche Ende der lange Zeit glücklichen Seefahrt des Admirals Linois in dem indischen Weltmeere erzählen.

Dieser wußte sich im Jahre 1803 im Angesichte Pondichéry's, welches er den Engländern zu entreißen gekommen war, als diese Macht so eben den Vertrag von Amiens gebrochen hatte, einer noch zur rechten Zeit bemerkten Gefahr so geschickt zu entziehen, daß er ungehindert die Insel Frankreich [1]) erreichte, an welchem Landungsplatze er um die Mitte des Monats August die Anker auswarf.

Am 8ten October des nämlichen Jahres stach er wieder in die See, um der Insel Réunion und Batavia Zufuhr zu bringen, und diese Fahrt bezeichnete er durch manchen reichen Fang, streifte die Rhede von Benkulen [2]) oder das Fort Marlborough und den kleinen Hafen von Sellabar, wo

1) L'Isle de France.

2) Auf der Insel Sumatra.

monatliche Aufenthalt in dem Hafen von Java's Hauptstadt wurde der Gesundheit seiner Schiffsmannschaft höchst gefährlich. Er erreichte dessenungeachtet durch Hülfe der holländischen Brigg „der Abentheurer" das chinesische Meer, in der Hoffnung, die alljährlich nach England bestimmten Kauffahrteischiffe bei ihrem Auslaufen aus dem Hafen von Canton zu überraschen. Dies Verfahren war weitumfassend und vielversprechend, — die Ausführung leicht; und dennoch scheiterte sie aus übergroßem Selbstvertrauen und der damit verbundenen Kühnheit. Durch falsche Gerüchte getäuscht, welche ausgestreut hatten, daß sich die Schiffe der ostindischen Compagnie unter dem Schutze mehrerer Fregatten vereinigt hätten, wurde die Kühnheit des Admirals Linois bei dem bloßen Anblicke von 27 Segeln, auf die er nur loszustürzen gebraucht hätte, um sie sämmtlich gefangen zu nehmen, bis zur ängstlichen Furchtsamkeit gesteigert. Er ließ sich in kein Gefecht ein, und erst dann, als es schon zu spät war, bot er den Fahrzeugen, weil er an dem glücklichen Erfolge nicht zweifelte, die Spitze [1]), empfand aber nur zu bald das Schmerzgefühl, sich von einer Kaufmannsflotte besiegt haben zu lassen.

England brach vor Freude darüber in lauten Jubel aus und der König hing dem Capitaine, dessen Geschicklichkeit es gelungen war, diese so wichtige Zufuhr zu retten, mit eigner Hand den Bath-Orden um. Der Werth der ganzen Schiffsladung war auf 1½ Million Pfd. Sterl. angeschlagen worden. Bei einer solchen Gelegenheit nicht gesiegt zu haben, war in der That mehr als ein Unglück. Linois nahm zu Batavia

1) Am 15ten Februar 1804.

in den Meerbusen von Bengalen ein. Drei große Fahrzeuge lagen bei Visagapatnam vor Anker: das Linienschiff „Centurio", das Compagnieschiff „Prinzessin Charlotte", und ferner der „Barnabas", ein Schiff von 400 Tonnen. Linois griff sie den 18ten September an, nahm die Prinzessin Charlotte gefangen und zwang den Barnabas, sich an die Küste zu schlagen, mußte aber wieder abziehen, ohne den Centurio bezwungen zu haben.

Die Engländer rühmen die Vertheidigung dieses Schiffes als eine der schönsten Thaten, deren ihre Jahrbücher Erwähnung thun, und erklären den Admiral Linois für besiegt. Der Titel „Held der Seeräuber" [1]), welchen sie diesem Admirale beilegen, beweist zur Genüge, mit welch' innerem Verdruß und Rachegefühl der ungeheuere Verlust, den ihr Handel dadurch erlitten hatte, die Gemüther Aller erfüllt habe.

Das Kriegsschiff „Marengo" hatte während der sechs Monate, als es in dem Hafen liegen mußte, großen Seeschaden erlitten; allein Linois ließ dessenungeachtet seine Fregatten nicht müßig liegen, sondern brachte dem Feinde mit denselben unaufhörlich gewaltige Schläge bei. Endlich lief er am 22sten Mai 1805 mit dem „Marengo" und der „schönen Henne" zu seiner dritten Unternehmungsfahrt aus. Zuerst steuerte er den Küsten von Ceylon entlang, dann nach der Mündung des rothen Meeres, wo er nicht geringe Beute machte und nach einem kurzen Gefechte mit dem Admiral Trombridge, welcher zehn Fahrzeuge der ostindischen Gesellschaft zum Schutz vor jeder Unbill begleitete, am Vorgebirge der guten Hoffnung die Anker auswarf. Schon am 10ten November ging er wieder unter Segel, um auf der Westküste von Afrika dieselben

1) This praedatory french naval hero. Annual Register.

rückzukehren. Zum zwölften Male hatte er seit seiner Abreise von Brest am 17ten Februar desselben Jahres die Aequinoctial-Linie durchschnitten. Schon kürzte jeder Tag die Entfernung, welche ihn noch vom heimathlichen Boden trennte, ungewöhnlich schnell ab, als er sich in der Nacht vom 13ten bis 14ten März plötzlich von dem Geschwader des Admirals Warren, aus sieben Linienschiffen, zwei Fregatten und einer Corvette bestehend, umzingelt sah. Widerstand hätte den Sieg des Feindes nur vergrößert und an Werth erhöht; doch eben so wurde die Niederlage durch den Widerstand veredelt. Der französische Admiral ergab sich erst, nachdem er seine Wimpel mit aller Anstrengung eines Seehelden vertheidigt hatte. Er wurde nebst seinem Sohne schwer verwundet.

Dieser letzte Kampf hat, so wie viele andere, zur Genüge dargethan, daß man der Zögerung, welche diesen Admiral bestimmt haben mag, die von China auf der Rückfahrt begriffenen Kauffahrteischiffe nicht gefangen zu nehmen, falsche Beweggründe untergelegt habe. Ungeachtet dieses Unglücks, oder wenn man so will, dieses Fehlers, eine so ungeheuere Beute haben entwischen zu lassen, hat der französische Admiral, dem Zeugnisse der Engländer selbst zufolge, nichts destoweniger während drei Jahren durch unausgesetzte Feindseligkeiten dem britischen Handel bedeutenden Schaden zugefügt.

Zu dieser für unser Seewesen so verhängnißvollen Zeit konnte daher das Ausweichen der englischen Geschwader für einen Sieg unserer Schiffe angesehen werden. Einen solchen errang der Divisions-Chef Lallemand. Wer hätte es aus dem Gedächtnisse verloren, daß bei dem im Jahre 1805 seiner Ausführung so nahen Vorhaben einer Landung in England,

Rochefort bei Brest erwarten sollte? Dies Vorhaben schlug fehl. Da entschloß sich der Divisions-Chef Lallemand, welcher das letzte Geschwader befehligte, erst nach gänzlichem Verbrauch seiner Lebensmittel in den Hafen zurückzukehren. Er beherrschte während sechs Monaten das Meer, machte eben so häufige als reiche Beute, bohrte viele Fahrzeuge in den Grund, nahm deren Mannschaft an Bord und bemächtigte sich endlich des Kriegsschiffes „Calcutta" mit 56 Kanonen, kehrte dann mit seinem gänzlich unversehrten Geschwader nach Rochefort zurück und setzte neunhundert Gefangene [1]) an's Land. Die Engländer nannten dieses Geschwader die unsichtbare Flotte. Dies war damals ein Ehrentitel. Jede Zeit hat ihren eignen Ruhm. Napoleon wußte dies zu schätzen; er übersendete dem Divisions-Chef Lallemand nebst vielen Lobeserhebungen die Ernennung zum Contre-Admiral.

Das nämliche Kriegsglück, welches dem Geschwader von Rochefort so huldvoll lächelte, hat den von Brest ausgelaufenen Kriegsschiffen den Rücken gewendet. Seit zwei Jahren waren in diesem Hafen zwei und zwanzig Kriegsschiffe aufbewahrt worden, welche früherhin bestimmt waren, sich mit Villeneuve zu dem großen Unternehmen gegen England zu vereinigen. Um die Mitte Decembers 1805 wurden aus eilf dieser Fahrzeuge, nämlich aus vier Fregatten und einer Corvette, zwei Geschwader gebildet, das eine unter die Befehle des Contre-Admirals Leissègues und das andere unter das Commando des Contre-Admirals Villaumez gestellt. Sie liefen zusammen aus, als hätten sie nur ein einziges Geschwader ausgemacht; allein schon nach zwei Tagen schlugen sie verschiedene Wege ein: Leissègues steuerte nach St. Domingo, Villaumez nahm die Richtung nach dem Cap der guten Hoffnung.

So weit ging die Vorsicht des französischen Ministeriums, daß es, durch die letzten traurigen Erfahrungen seiner Marine

1) Das Annual Register nennt deren achthundert, der französische Bericht aber tausend.

Die Streitkräfte beider Parteien waren in diesem Kampfe nicht gleichmäßig vertheilt. Selbst mit gleichen Talenten der Anführer, mußten die Franzosen nothwendig unterliegen. Wodurch ist aber die unüberwindliche Schicksalsmacht bedingt, welche den französischen Admiralen, gewöhnlich von Person tapfere und unerschrockene Männer, jene Wunder von Kriegsgewandtheit und geistiger Ueberlegenheit gleichsam versagt, da solche zum Gegensatze unsere Generale auf dem Festlande so oft über einen zehnmal größern Feind die herrlichsten Siege davontragen läßt?

Obwohl des Admiral Villaumez Geschick nicht gerade so beklagenswerth gewesen, so ging doch sein Geschwader, wenn auch nicht durch den Feind, doch durch die Winde geschlagen, zum großen Theile für Frankreich verloren. Durch eine Corvette, welche in der Nähe des Vorgebirges der guten Hoffnung in seine Hände fiel, benachrichtiget, daß dieses Cap sich in der Herrschaft der Engländer befinde, kreuzte er einige Zeit zwischen Afrika und Amerika, bis er zu Anfang des Monats April 1806 an der Küste von Brasilien landete, wo er sich siebenzehn Tage aufhielt. Von Bahia segelte er nach Cayenne, nahm auf Martinique Wasser und Lebensmittel ein, und ließ sich für die englische Niederlassung von Montserrat Lösegeld bezahlen.

Am 6ten Juli, als er von der Annäherung des Admirals Cochrane, welcher es nicht für gut fand, ein Treffen anzunehmen, Kenntniß erhalten, segelte er in die offene See hinaus, um dort die von Jamaica kommenden englischen Frachtschiffe zu erwarten; allein dieses Vorhaben scheiterte plötzlich durch das unvorhergesehene Verschwinden des Schiffes „Le Vétéran", welches Hieronymus Buonaparte befehligte. Dieser war in der Nacht vom 30sten auf den 31sten Juli, des

Gelegenheit, durchzuschlüpfen, und als sich der französische Admiral mit seiner Flotte auf dem Puncte, wo er sie verlassen, wieder vereinigt hatte, ward er von einem so heftigen Sturme überfallen, daß beinahe alle seine Schiffe die Mastbäume und einige sogar das Steuerruder verloren. Nur mit großer Mühe gelang es dem „Foudroyant", nach diesem doppelten Unglücke die Havanna zu erreichen. Der Admiral Villaumez befand sich auf demselben. Das Schiff der „Ungestüme" wurde an die Küste Cap Henri verschlagen. Der „Vaterlandsfreund", der „Aeolus" und die „Beherzte" liefen in den Meerbusen von Chesapeak ein. Dem „Cassard" gelang es, den Hafen von Brest zu erreichen. Der „Veteran", unter den Befehlen des Hieronymus Buonaparte, war so glücklich, bei seiner Annäherung an die Küsten Frankreichs mehrere von Canada kommende Frachtschiffe mit einem Werthe von mehr als fünf Millionen wegzukapern; allein eine englische Flottenabtheilung schnitt ihm sowohl die Fahrt nach Brest als die nach Lorient ab.

Entschlossen, sich eher in den Wellen zu begraben, als sich gefangen nehmen zu lassen, wagte er es, in die Bay von Concarneau einzudringen, welches ihm auch zur großen Ueberraschung der dortigen Seeleute gelang, die nie geglaubt hätten, daß eine Fregatte ohne Gefahr dieses Wagestück vollenden könnte.

Im Jahre 1807 kamen der „Foudroyant" und der „Vaterlandsfreund" wieder in Frankreich an. Der „Aeolus" und die „Beherzte" mußten ihrer großen Beschädigung wegen in der Bay von Chesapeak abgetakelt werden. Dies war der unglückliche Ausgang eines Feldzuges zur See, bei dem man, trotz allen Mißgeschicks, dem Anführer keinen Vorwurf machen kann. Man muß ihm im Gegentheil die Gerechtigkeit widerfahren lassen, mehr als einmal durch die kluge Richtung seines Laufes und den kurzen Aufenthalt bei der Vorrathssammlung der augenscheinlichen Gefahr entgangen zu seyn.

schon, aus freier Wahl seine Schiffe zerstreut, um wenigstens im Einzelnen zu retten, was er im Ganzen nicht mehr zu behaupten im Stande war. Dies ist eine irrige Meinung. Die Zerstreuung wurde einzig und allein durch einen furchtbaren Sturm herbeigeführt.

Der große Verlust dieses Geschwaders war nur das Werk des gewaltsam aufgeregten Elementes. In Betracht dieser großen und mannigfachen Verluste bot der den englischen Kaufleuten und Privatpersonen zugefügte Schaden nur einen höchst geringen Ersatz dar. Umsonst verfolgte Linois die britischen Ostindienfahrer in dem großen Ocean; umsonst beunruhigte sie Lallemand und Villaumez im atlantischen Weltmeere. Ihre Niederlassungen so wie die ganze Schifffahrt auf der Westküste Afrika's konnten der Verwüstung ebenfalls nicht entgehen.

Der Capitain l'Hermitte, welcher zu Ende des Jahres 1805 mit dem Schiffe Regulus und der Fregatte Cybele das Morgenland verlassen hatte, verwüstete mehrere Pflanzstätte und nahm eine große Anzahl von Negerschiffen und andern Fahrzeugen, deren einige mit 20 bis 30 Kanonen bemannt waren, gefangen. Die Gesammtzahl der weggekaperten Feuerschlünde mochte die Zahl von 229 übersteigen; diejenige der Staatsgefangenen belief sich auf 1600 und gegen 500 Farbige und Negersclaven.

Erst nach dem Verlaufe von eilf Monaten ist der Capitain l'Hermitte, nachdem er zuvor in Brasilien gelandet war und neue Beute errungen hatte, an Frankreichs Küste angelangt. Die Ernennung zum Vice-Admiral, welche ihm Napoleon sogleich nach seiner Landung zustellen ließ, war die Belohnung für diesen thatenreichen und nützlichen Seezug.

Bedarf es aber, um Frankreich für die in der offenen Seeschlacht erlittenen Verluste zu trösten, noch der besondern Erwähnung, daß, so oft ein Schiff gegen das andere, so oft Fregatte gegen Fregatte focht, unsere Seesoldaten ihren Nebenbuhlern im heißen Strauße stets den Ehrenkranz streitig

nem feindlichen Geschwader auf Kundschaft abgesendet, auf der Rhede von Aix, wo der Admiral Lallemand vor Anker lag. Dieser schickte sogleich die Fregatte „Minerva" gegen das britische Fahrzeug ab. Die Mittel des Kampfes waren gleich. Beide Befehlshaber, Lord Cochrane und der Capitain Collet, entfalteten eine gleich bewunderungswürdige Fertigkeit. Die französische Fregatte versuchte zu entern, allein beide Schiffe fuhren in einem so gewaltigen Stoße zusammen, daß die Beschädigung von der einen so wie von der andern Seite einen augenblicklichen Stillestand verursachte. Schon machte sich der Capitain Collet zu einem zweiten Angriffe zurecht und schon war die englische Fregatte der größten Gefahr preisgegeben, als plötzlich ein feindliches Schiff auf der Höhe erschien, die Pallas in das Schlepptau nahm und sie so ihrem unvermeidlichen Untergange entzog.

Eine andere Großthat zeichnete das ruhmwürdige Benehmen der Fregatte der „Constabler" gegen den „Furchtbaren", ein mit 74 Kanonen versehenes englisches Kriegsschiff, aus. Diese Fregatte, welche zur Aufsuchung des Admirals Linois nach dem indischen Weltmeere geschickt worden war, nahm auf der Höhe des Vorgebirges der guten Hoffnung am 21sten April 1806 eine von zwei Linienschiffen begleitete Frachtladung wahr. Eines dieser Schiffe, der „Furchtbare", machte sogleich Miene zur Herausforderung. Der Befehlshaber der Fregatte, Capitain Bourayne, war kühn genug, die Ehre des Zweikampfes nicht auszuschlagen. Eine solche Kühnheit gränzte an Unklugheit, doch ward dies löbliche Selbstvertrauen durch den schönsten Erfolg gekrönt. Dieser Officier erntete an dem nämlichen Tage durch die Raschheit seiner Bewegungen, die Stärke und Genauigkeit seiner Angriffe, so wie durch die Geschicklichkeit, dem feindlichen Geschützesfeuer zu entgehen, und durch seine immer treffenden Kugeln nicht nur die schönsten Lorbeeren, sondern nöthigte sogar das schwer beschädigte englische Schiff, den Kampfplatz zu verlassen, während der Kriegsmuth der französischen Soldaten ihren ta-

8 *

dem Ehrgeize bis auf einen bestimmten Punct zu schmeicheln im Stande sind, ja sogar die Ehre der französischen Seemacht wieder einlösen, so bleiben dennoch diese Triumphe nichts als ein schwacher Ersatz für die ungeheuern Verluste, welche unsere Gesammtmacht erlitten.

Man braucht nur die Unglücksfälle der französischen Geschwader aufzuzählen — und man hat alle Vortheile genannt, welche Großbritannien davon getragen; doch hiermit ist die Kette von Siegen, welche diese Macht zur See errungen, noch nicht beendigt. Im Monate November des Jahres 1805 ließ das Londoner Cabinet, von Oestreich zu Hülfe gerufen, ein wohlbewaffnetes Geschwader auslaufen, nicht um seinem Bundesgenossen eine bessere Stellung unter den europäischen Staaten zu verschaffen, sondern um den Holländern das Vorgebirge der guten Hoffnung zu entreißen. Der Befehlshaber dieser Unternehmung war der Admiral Home Popham. Sein Geschwader hatte ein Truppencorps von sechstausend Mann, welche unter dem Befehle des Sir David Bayrd standen, an Bord. Am 4ten Januar 1806 landete man in der Bay von Lesgard und richtete den Marsch gegen die Stadt. Der Gouverneur Jansens, welcher ungefähr eine gleiche Streitmacht, wie die des Feindes war, befehligte, hatte eine Stellung eingenommen, die leicht gehalten werden zu können schien; allein sie wurde schlecht vertheidigt. Die Holländer leisteten nur einen kurzen Widerstand und flohen in der größten Unordnung. Die Engländer gingen über den Salzfluß, an dessen Ufern sie ein Lager aufzuschlagen beschlossen hatten; allein ein Herold langte mit Aufträgen zu einer Unterhandlung an. Die Bedingungen wurden auf der Stelle unterzeichnet und die Festung Knocke noch an demselben Abende von den Engländern besetzt.

Nach dem Treffen vom 8ten Januar 1806 hatte der General Jansens sich eines Uebergangspunctes, welcher in die Landschaft Zwellendam führt, bemächtigt und Miene gemacht, sich in dem Innern halten zu wollen; nicht lange darauf

zusicherte. Es war ausgemacht worden, daß die von dem holländischen Statthalter Jansens befehligten Truppen nach Europa zurückgeschickt werden sollten, ohne als Kriegsgefangene betrachtet zu seyn.

Die Leichtigkeit, mit welcher man die Kolonie eroberte, steigerte die Einbildungskraft Sir Home Popham's zu einem größeren Uebermuthe. Ohne weitere Befehle erhalten zu haben, ja sogar seinen ihm mitgegebenen Verhaltungsmaaßregeln zuwider, faßte er den Entschluß, einen Einfall in Südamerika zu machen, und brachte ihn auch, voll Zuversicht, daß, wenn das Vorhaben glückte, die Genehmigung nicht ausbleiben werde, in kurzer Zeit zur Ausführung. Gegen die Mitte Aprils verließ er das Vorgebirge der guten Hoffnung und nahm eine Truppenabtheilung unter den Befehlen des Generals Beresford mit sich, welche ihm David Bayrd gegeben hatte; er verstärkte sich unterweges auf St. Helena noch mit einigen hundert Mann und steuerte so mit einer Macht von 1600 Mann nach der Richtung des Rio de la Plata hin, wo er zu Anfang Juni anlangte.

Am 24sten desselben Monats ließ er seine Truppen zwölf Meilen von Buenos-Ayres an's Land treten. Der General Beresford jagte ein kleines Corps Spanier, welche sich bei'm Anblicke der Engländer der zügellosesten Flucht hingegeben hatten, vor sich her und stieß alsdann auf kein anderes Hinderniß mehr, als den Fluß, über welchen er in Böten zu setzen genöthigt war, weil die Spanier die Brücke hinter sich abgebrannt hatten. Am 27sten hielt er seinen Einzug in Buenos-Ayres, welche Stadt der Vicekönig bereits verlassen und sich mit der geringen Mannschaft, welche er befehligte, nach Cordova zurückgezogen hatte.

Stolz auf seinen Triumph, eilte Sir Home Popham, das Waffenglück, welches ihn begünstigt, in den glorreichsten Ausdrücken allen handeltreibenden Städten und Gewerbarten kund zu thun. Die Freude, welche diese Nachricht allenthalben verbreitete, wurde bis zur lächerlichen Uebertreibung gesteigert. Es war, als hätte ein zweiter Columbus einen neuen Welt-

hatten, zu welchen man ungeheuere Summen verschwendete.

Die zauberische Täuschung war nicht von langer Dauer. Das Unglück folgte dem Glücke auf dem Fuße nach. Es lebte damals in spanischen Diensten ein Franzose, der Obrist Liniéres, welcher, durch die schändliche Flucht des Vicekönigs empört, Kraft genug in sich fühlte, Spanien die so feiger Weise verlassene Kolonie wieder zurückzugeben. Er setzte am 10ten August an der Spitze von einigen Tausend Mann, welche er in Monte-Video zusammengerafft hatte, unter dem Schutze eines dicken Nebels bei Conchas, unterhalb Buenos-Ayres, über den Fluß, marschirte mit einigen Ueberresten des Corps, welches die Engländer geschlagen hatten, auf die Stadt los und forderte sie zur Uebergabe auf. Sogleich eilten die Einwohner zu den Waffen, und am 12ten August sah man in den Straßen einen so verzweifelten Kampf entbrennen, daß sich die Engländer, von allen Seiten vom Feinde gedrängt und von dem kleinen Gewehrfeuer sowohl aus den Fenstern als von den Dächern und Söllern herab auseinandergetrieben, genöthigt sahen, die Waffen zu strecken. Gegen 1300 Mann wurden zu Kriegsgefangenen gemacht.

In dieser Zwischenzeit hatte Sir Home Popham einen fruchtlosen Angriff auf Monte-Video gemacht. Als er am la Plata-Strome wieder angelangt war, setzte er den Fluß gewissermaßen in Belagerungszustand und erwartete da die Hülfstruppen aus England und vom Vorgebirge der guten Hoffnung. So war sein früheres Glück mit einem Male verschwunden. Bald wird ihn seine Regierung, großmüthig verzeihend oder streng ahndend, je nach dem Erfolge der gewagten Unternehmungen, kurz nachdem sie ihm freudig entgegengejauchzt,

Unternehmen versprochen hatte.

Was für eine Ursache konnte Sir Home Popham zu der Kühnheit bewegen, aus eigenem Antriebe ein solches Unternehmen zu beginnen? Die von den englischen Schriftstellern hierauf gegebene Antwort scheint eben so wahr als natürlich zu seyn. Schon im Jahre 1804 waren mehrere Seemänner, und auch er befand sich unter der Anzahl, von dem Minister Pitt und Lord Melville zu Besprechungen eingeladen worden, welche zum Zwecke hatten, alle nur möglichen Mittel zu erwägen, um das Aufstandsvorhaben von Miranda in Südamerika zu Gunsten Englands anzuwenden. Obwohl nun das britische Ministerium aus Rücksicht für Rußland dieses Vorhaben einstweilen noch hinausschob, so glaubte Popham doch mit Recht, daß, wenn er selbst ohne Befehl oder vorläufige Genehmigung seiner Regierung einen entschiedenen Vortheil zusichern könne, die glücklich vollbrachte That allein ihn von jedem Vorwurfe den Ungehorsams lossprechen würde. In der That erließ das Kriegsgericht den Ausspruch: „daß sein Benehmen zwar Tadel verdiene, allein daß jetzt, hätte er früher keine Niederlage erlitten, er nur Lob einernten würde.“

Oeffentlicher Unterricht. — Rechnungspflichtigkeit der Gemeinden. — Fragepuncte an gewisse von dem Kaiser eingesetzte Rathsbehörden. — Sendung abgeordneter Männer zu Aufsuchung und Abstellung der Mißbräuche. — Des Kaisers Ansicht über die Machtvollkommenheit der Präfecte. — Achtung für die Diener der Religion. — Einführung eines gleichförmigen Katechismus für alle Diöcesen. — Napoleons Geburtstag wird auf den 15ten August festgesetzt. — Nützliche Anstalten in Italien. — Napoleons richtiger Geschmack in Bezug auf öffentliche Bauten. — Abhülfe des Elendes durch Vertheilung von Arbeit. — Napoleons Ehrfurcht für geistliche Denkmäler. — Errichtung von Bußcapellen zu St. Denis. — Brief Napoleons in Hinsicht auf die Asche Voltaire's und Rousseau's. — Denkmal zu Ehren des Generals Desaix. — Unheilbare Mißbräuche. — Der Kaiser richtet alle seine geistigen Kräfte auf die Begebenheiten des Augenblickes. — Wohlgetroffene Maaßregeln des Schatzministeriums. — Begründung einer Service-Casse. — Erfolgreiche Wirkung dieser Casse. — Verdoppelung des in der französischen Bank befindlichen baaren Geldes. — Regelmäßigkeit der Auszahlungen aus dem Schatze. — Verschiedene Meinungen zwischen Napoleon und seinen Ministern in Rechnungsangelegenheiten. — Monatliche Vertheilung der Fonds zwischen den Ministern. — Uebertriebene Vorsicht in Geldsachen. — Gewaltthat als Wiedervergeltung. — Budget vom Jahre 1806. — Zustand der Einkünfte. — Zustand der Ausgaben. — Englands Finanzen. — Verschiedenheit zwischen dem französischen und englischen Benehmen. — Lord Melville wird von der Kammer der Gemeinen angeklagt. — Der französische Schatz verlangt hundert und ein und vierzig Millionen wieder. — Paris und London.

Damit mein Vortrag über die Kriegsangelegenheiten und die Friedensunterhandlungen durch lange Zwischenberichte über die inneren Verhältnisse des französischen Staates keine zu große Unterbrechung erleide, glaube ich hier eine kurze Skizze der häuslichen Anordnungen vorausschicken zu müssen, wovon einige besonders aufgefaßt und betrachtet zu werden verdienen, andere aber kaum werth seyn dürften, in der Reihe großer Ereignisse unserer Zeit zu glänzen; doch die Geschichte fordert

den Monarchen und dessen ganzen Staatsrath trüge. Auf Napoleon läßt sich dieses Wort nur im Kriege anwenden. In allen übrigen Angelegenheiten faßte er niemals, oder wenigstens nur höchst selten, einen Beschluß, ohne früher die Erfahrungen erprobter Staatsmänner über den fraglichen Punct zu Rathe gezogen zu haben. Schon im Jahre 1805 haben wir ihn die Grundlage eines neuen Erziehungssystemes legen sehen. Der Gegenstand war an und für sich wichtig, mußte aber einer neuen Regierung doppelt wichtig erscheinen. Deshalb wurde er auch einer langen und genauen Prüfung eines besondern Rathes, in dem es oft zu lebhaftem Wortwechsel kam, unterworfen. Damit aber der Entschluß um so schneller gefaßt werden könne, wurden zwölf bis fumfzehn Sitzungen dazu bestimmt, um in des Kaisers Gegenwart die wichtigsten Bedürfnisse Frankreichs, so wie den Zustand der schon in Wirksamkeit getretenen Einrichtungen zu prüfen: als der Primairschulen, Gymnasien, Lyceen, Prytaneen und Specialschulen jeder Art. Auf diese Weise war es möglich, mit Sachkenntniß hinzuzufügen und hinwegzunehmen, wie es der schon vorhandene Zustand der Dinge erforderte.

Als Ergebniß dieser Berathungen ging das Gesetz vom 10ten Mai hervor, welches bestimmte, daß ein ausschließlich mit dem öffentlichen Unterrichte und mit der öffentlichen Erziehung im ganzen Lande beauftragter Körper unter dem Namen „Kaiserliche Universität" in's Leben treten sollte. Die Organisation derselben sollte im Jahre 1810 dem gesetzgebenden Körper vorgelegt werden. Wenn aus dem Innern einer solchen kaiserlichen Rathsversammlung sowohl das Böse als das Gute hervorgehen konnte, so kann Ersteres doch nicht als die Wirkung einer augenblicklichen Laune, sondern vielmehr als Ergebniß mehr oder minder richtiger Berechnungen angesehen werden, welche sich auf den Wohlstand des Landes beziehen, nur zu oft den Privatvortheil des Regierungsoberhauptes in's Auge fassen. In diese Classe gehört der Entschluß, welcher die Universität begründete. Ueber dem Gedan-

Man begeht aber nur zu leicht den Fehler, Napoleon gleichsam systematisch anzuklagen, wenn man alles das, was unter seiner Regierung geschehen, als die Folge eines Planes ansiehet, der nur darauf ausging, in ihm allein alle Macht und alle Gewalt von der höchsten Staatswürde bis zu dem Schulzenamte in dem letzten seiner Dörfer zu vereinigen. In mancher Hinsicht ist die Regierung zu dieser Vereinigung in einem Mittelpuncte durch Umstände hingeleitet worden, welche außer dem Bereiche ihres Willens lagen. Nicht wenig haben darauf vorhergegangene Ereignisse eingewirkt. So ließen sich z. B. von allen Seiten Stimmen über die Unordnung, welche in der Rechnungspflichtigkeit der Gemeinden herrschte, vernehmen. Der Kaiser wollte, nach seinem schönen Gebrauche, auch diese Frage vor seinen Ohren verhandelt wissen [1]). In mehreren Rathsversammlungen wurde ihm über diese Rechnungspflichtigkeit Bericht erstattet; man hob die Mißbräuche heraus, welche sich am häufigsten und am grellsten bisher gezeigt hatten, und besprach alsdann die Mittel, wodurch dieser Zweig der Verwaltung am schnellsten verbessert werden könnte. Die in Folge dieser Besprechungen festgestellten Grundsätze waren so bestimmt ausgesprochen, daß sie den Rechten der Gemeinden allerdings zu nahe traten, allein die Wichtigkeit des Uebels konnte die Gefahr des Mittels mildern. Uebrigens darf man nicht glauben, daß während der Regierung eines Mannes, dessen scharfsehendes Auge überall hinblickte und dem irgend ein Gegenstand nicht lange sich zu entziehen vermochte, die getroffenen Maaßregeln jenen Nachtheil mit sich führten, welchen sie seitdem gehabt haben.

Doch verlangte der Kaiser nicht nur von einem Staatsrathe, oder einem andern aus den Männern seiner nächsten Umgebungen gewählten Rathskörper, Auskunft über schwierige Fälle; er nahm je nach der Natur dieser Schwierigkeiten zu

1) Laut eines an den Minister des Innern gerichteten Briefes vom 26sten Februar.

wissen zu lassen, „welchen Nutzen oder Nachtheil gegossene Pfeiler bei diesem Gebäude haben könnten? in welchem Verhältnisse die Zähigkeit des Gusses zu der Steinart stehe, die man bei dem Baue des Pantheons angewendet habe? was gegossene Pfeiler im Verhältnisse zu steinernen kosteten? ob die äußere Pracht des Gebäudes durch die Verstärkung mit Pfeilern nicht verliere? und ob das ganze Gebäude durch gegossene Pfeiler an Festigkeit und Dauer gewinne?"

Um die Gesetzgebung in Hinsicht der Bankerotte zu verbessern, wirft er selbst zehn Fragen auf, deren Berathung und Entscheidung er durch den Minister des Innern den Rechnungskammern anheimstellt [2]). Kaum hört er Klagen über die mangelhafte Einrichtung der Manufactur von Sèvres sich erheben, so giebt er demselben Minister auch schon Befehl, sechs der vornehmsten Manufacturisten aus Paris zu wählen und mit ihnen Vorschläge zur Verbesserung auszuarbeiten, welche er sich darauf vorlegen läßt. Wenn daraus nicht immer das Gute entsprießt, so ist doch jederzeit der Wille dazu vorhanden, wenn anders nicht einer jener großen Vortheile, in welchen er seine Erhaltung und all sein Glück zu erkennen glaubt, seine von Natur richtig prüfende Vernunft irre leitet und sein Urtheil gefangen nimmt.

Nie hat das Haupt einer Regierung seine Blicke weiter ausgedehnt und zu einer und derselben Zeit auf mehr Gegenstände zu heften gewußt, als Napoleon. Obwohl ein jeder seiner Minister die strengste Wachsamkeit auf die untergebenen Beamten in den Departements ausübte, schickte doch der Kaiser nichts desto weniger Bevollmächtigte dahin ab, um über entschiedene Gegenstände genaue Erkundigungen einzuziehen. Aus der Vollmacht, die er diesen Agenten mitgab, erblickt man den Eifer, welchen der Kaiser stets für Abschaffung aller Mißbräuche der Gewalt, sowohl von Seiten der Behörden

1) Mittelst eines Briefes vom 19ten Februar 1806.

2) Mittelst eines Briefes vom 24sten Juni 1806.

gemacht und Korn und andere Lebensmittel eingesammelt worden, lauteten die von dem Kaiser selbst dictirten [1]) Verhaltungsbefehle, daß jeder Quartiermeister und jeder Mundvorrath-Aufseher alle an sie gerichteten Klagen annehmen und sich von allen Nebenumständen in Kenntniß setzen sollten, um mit Bestimmtheit zu erfahren, ob gegen die Bürger keine Ungerechtigkeit und gegen die Regierung kein Betrug vorgefallen sey.

Im Monat Juni des Jahres 1806 glaubte der Kaiser die Vorräthe von Paris auf 600,000 Centner erhöhen zu müssen. Ueberdies befahl er dem Invalidenhause und allen Hospitälern, sich für ein Jahr mit Mundvorrath zu versehen. „Diese Vorsicht scheint um so nothwendiger zu seyn", drückte er sich aus, „weil es wahrscheinlich ist, daß man nach mehreren fruchtbaren Jahren im künftigen Jahre eine mittelmäßige Ernte haben werde, welcher alsdann nach derselben Theorie der Wahrscheinlichkeit eine ganz schlechte folgen wird." Bei diesen Maaßregeln, die ihm nur eine weise, stets auf das Wohl der untern Volksclassen, die so oft von den Beamten mit Härte behandelt werden, gewendete Vorsicht eingab, fügte er hinzu: „Wenn der Minister die Einkäufe Herrn Vanderbegh [2]) überträgt, so muß er mit doppelter Wachsamkeit dafür sorgen, daß die Landleute auch ihre Zahlung richtig erhalten."

Solch' eine wohlwollende Fürsorge, von deren Folgen derjenige, auf den sie gerichtet ist, keine Ahnung hat, ist nicht die am wenigsten beachtenswerthe Eigenschaft bei dem Oberhaupte eines großen Staates.

Mit demselben Eifer aber, womit er die Bürger vor den Verirrungen seiner Agenten zu bewahren bemüht war, schützte er auch den untersten Staatsdiener gegen die Bedrückungen höherer Behörden. Ein Brief vom 26sten April 1806 legt seine Ansichten und Lehren über diesen Gegenstand hinlänglich

1) Brief vom 24sten Mai.

2) Einer der ersten Lieferanten der Regierung.

soll weder eine blinde noch unbedingte seyn. Sie schließt weder Vernunftgründe noch Einwürfe aus, wie sehr auch schon der hierarchische Geist der Behörden überhand genommen haben möge. Was mag ein solcher Mann für eine Ansicht von der Achtung haben, die er der Hauptstadt eines Landes schuldig ist, deren er vorsteht, wenn er sich zu vornehm dünkt, sich persönlich in das Rathhaus zu begeben, um deren Schultheißen in das neue Amt einzuführen? Hätte ich mich bei dieser Gelegenheit in Dijon befunden, so würde ich mir ein Vergnügen daraus gemacht haben, den Mann zu installiren. Der Statthalter ist eine Magistratsperson für das Volk, der Schultheiß aber hauptsächlich für die Stadt. Die Ehrenbezeugungen, welche man einem Schultheißen bei seiner feierlichen Einführung erweiset, sind eben so viele Beweise der Achtung für die Stadt selbst, und die Handlung ist ein Fest für die ganze Bürgerschaft. Blinden Gehorsam verlange ich nur von dem Soldaten. Die Statthalter sind nur zu geneigt, ein strenges Scepter zu führen — ganz gegen meine Grundsätze und gegen den Geist meiner Umgestaltung der verwaltenden Behörden."

Nach mehrern andern Ausdrücken, worin er seine Unzufriedenheit mit dem Benehmen des Statthalters zu erkennen gab, der seine schönste und belohnendste Wirksamkeit verschmähet hatte, fügte er hinzu: „Man hat den Statthaltern zu viel Macht ertheilt, und jetzt hat man eher Mißbrauch als Erschlaffung zu fürchten."

Wie kam es aber, daß Napoleon, welcher in einem Statthalter nichts Anderes, als eine Magistratsperson für das Volk erblicken wollte, nicht die Nothwendigkeit fühlte, daß der

wäre", wie er sich selbst ausdrückte, „die Installation des Schultheißen ein allgemeines Bürgerfest gewesen." Doch wenn man auch das von ihm selbst aufgestellte System in's Auge faßt, muß man doch zugestehen, daß sein Wille rein und gerecht war, daß er sich stets einen nützlichen Zweck, ja sogar großartige und ächt patriotische Plane zum Ziele setzte, und sein persönlicher Wille, wenn er gleichwohl nicht immer wußte, was die politische Freiheit einer Nation für einen hohen Werth habe, noch wie diese begründet werden müsse, selbst mitten unter den Widerwärtigkeiten der Zeitereignisse all sein Denken darauf gerichtet habe, Frankreich eine Verfassung zu geben, welche zuerst geeignet wäre, sein Volk über den Verlust dieser Freiheit zu trösten.

Man sieht, daß er die Mängel sehr richtig beurtheilte, welche aus der zu großen Macht der Statthalter hervorgingen; allein die Bedürfnisse des Krieges ließen ihn in dem Innern des Landes die Nothwendigkeit einer großen Gewalt und einer eben so großen Schnelligkeit in der Ausübung der Verwaltungsgesetze fühlen. Dies war auch das Hinderniß, welches stets den Verbesserungen, die sein durchdringendes Auge sehr bald für nöthig erachtet hatte, hemmend in den Weg trat.

Obgleich der Kaiser seit dem Jahre 1805 einigen Groll gegen die römische Curie im Herzen trug, so konnte er sich damals im Allgemeinen über die Aufführung der französischen Priesterschaft nur Glück wünschen; allein er gab letzterer auch von seiner Seite so viele Beweise einer Huld, deren Aufrichtigkeit nicht einen Augenblick in Zweifel gezogen werden konnte, denn sie war durch seinen eigenen Vortheil gewährleistet. Nur war zu bedauern, daß die vornehmsten Vollstrecker der Gewalt nicht dieselben milden Gesinnungen wie der Kaiser hegten, ja sogar mehrere unter ihnen fürchteten sich nicht einmal, diesen von dem höchsten Oberhaupte des Staates so oft bewiesenen Ansichten geradezu entgegenzuhandeln. Einer unter ihnen besaß Schamlosigkeit genug, durch öffent-

eine nicht weniger vortheilhafte Stelle, welche aber nicht die nämlichen Pflichten in sich schloß. Gegen den Zweiten aber drückte sich seine Unzufriedenheit auf eine lebhaftere Weise aus: „Es herrscht", sagte er, „in dem Benehmen dieses Statthalters vielleicht sogar eine Art von Nichtachtung, wo nicht gar Verachtung gegen die bischöfliche Würde vor, welche bei einem öffentlichen Beamten um so mehr befremden muß, je mehr es seinem Urtheile eingeprägt seyn sollte, was für wesentliche Dienste der geistliche Stand, besonders bei Aushebung der Truppen, dem Staate geleistet hat." Die Folge dieses Vorfalles war, daß ein kaiserlicher Beschluß alle Ordensgeistlichen von dem Kriegsdienste befreite.

Eine Maaßregel würde zu den weisesten Beschlüssen gerechnet werden können, wenn sie nicht vielmehr dem Privatinteresse, als der Rücksicht für das öffentliche Wohl ihre Entstehung verdankt hätte, — die Einführung eines durch alle Bischofssprengel gleichförmigen Katechismus. Der römische Hof war auf das innigste erfreut, den Kaiser in dieser Maaßregel unterstützen zu können. Dieser Katechismus, welcher Napoleons Dynastie unter den Schutz der religiösen Denk- und Gefühlsweise stellte, ja welcher diese Herrscherfamilie fast bis zum Glaubensartikel erhob, erhielt die feierliche Zustimmung des Cardinal-Legaten. Der Kaiser glaubte darin nur eine Dienstleistung zu erblicken, oder wollte wenigstens nichts Anderes darin sehen. Er ahnete nicht, daß, indem er die Vollgewalt des römischen Stuhles zu seinem eigenen Vortheile in Frankreich ausdehnte, er zu gleicher Zeit dem päpstlichen Ansehen einen Einfluß einräumte, der ihm dereinst nachtheilig seyn könnte. Der augenblickliche Nutzen verbarg seinem Scharf-

die Umgestaltung der Erde selbst die Heiligen in den Bund zu ziehen. Der heilige Napoleon, der bis auf unsere Tage in die unbekannten Kalender einiger weniger italienischen Staaten verbannt war, erhielt nun in dem französischen Kalender einen Ehrenplatz. Ein kaiserlicher Beschluß [1]) befahl, daß das Fest dieses Heiligen und das Fest der Wiederherstellung des katholischen Gottesdienstes an einem und demselben Tage, am 15ten August, als Mariä Himmelfahrtstage, gefeiert werden sollte. Nie hat ein anderer Heiliger größere Ehrenbezeugungen empfangen, nie sind einem glänzendere Huldigungen dargebracht worden, als es für diesen zehn Jahre hindurch der Fall war. Allein er stürzt mit demselben Manne von dem Throne, der ihn erhöhet hatte. Obgleich er nun wie Jener aus den Kalendern verschwunden, wo Beide eines so glänzenden Empfanges sich erfreuet hatten, so wird er doch niemals aus den Tafeln der Geschichte gelöscht werden.

Demselben Befehle zufolge vereinigte ein einziges, auf den ersten Sonntag des Monats December festgesetztes Fest die Jahresfeier der Krönung und die der Schlacht von Austerlitz.

Alles, was in Frankreich an nützlichen Einrichtungen und trefflichen Anstalten emporstieg, wurde mit Blitzesschnelle in die von Frankreich abhängigen Länder verpflanzt. Was in dem Königreiche Italien nur provisorisch in das Leben getreten war, wie z. B. die neue Gerichtsordnung, wurde jetzt als bleibend förmlich bestätigt. Klöster wurden in Hospitäler umgewandelt. In den meisten Städten des Königreiches erhoben sich Arbeitshäuser, um dem Müßiggange und der Bettelei zu steuern. Vielfache Befehle setzten den Wiederaufbau der alten Straßen und die Ausbesserung der neuen in's Werk. Mailand erhielt, so wie Paris, an den meisten Puncten bedeutende Verschönerungen.

Der Geschmack am Bauen ist selbst bei weniger ausgezeichneten Fürsten eine vorherrschende Leidenschaft. Dem Volke

1) Vom [illegible]ten Februar 1806.

seinen Bauunternehmungen mehr den Glanz als den Nutzen in's Auge gefaßt. Dies ist ein Irrthum und eine Ungerechtigkeit zugleich. Im Gegentheil ging sein eifrigstes Bestreben jederzeit dahin, alle Bauten in die Gränzen der Schicklichkeit und auf die festgesetzten Zwecke zurückzuführen. Kaum hatte er den Willen geäußert, der Militairschule gegenüber eine Brücke bauen zu lassen, so wurden ihm auch schon eine Menge der abentheuerlichsten Plane vorgelegt. „Aus einer Brücke ein prächtiges Baudenkmal zu machen", sagte er [1]), „wäre ein lächerliches Unternehmen. Der erste Gedanke, der sich mir bei dem Worte „Denkmal" aufdringt, ist der eines unzerstörbaren Gegenstandes. Die Pyramiden von Aegypten, aus ungeheuern grob zugehauenen Steinmassen bestehend, sind Denkmäler; allein ganz anders ist es mit einer Brücke, deren Dauer wegen so häufiger zerstörend wirkender Ursachen natürlicherweise begränzt ist. Eine Brücke ist ein Kunstwerk, welches vielfaches Nachdenken und schwere Berechnungen erheischt. Sie kann ein Gegenstand der Zierde, aber nie ein Denkmal seyn. Von diesen beiden Begriffen schließt einer den andern aus." Die Reinheit des Geschmackes, die der Kaiser offenbarte, war bei dieser Gelegenheit eine nützliche Eigenschaft, denn er hatte beschlossen, demjenigen Vorschlage seine Zustimmung zu geben, welcher am wenigsten Geldaufwand erforderte.

Zwei verschiedene Ideen haben ihn stets zu gleicher Zeit beschäftigt: dem Lande durch neue Bauten zu nützen und durch dieselben einer während des Krieges arbeitslosen Menschenclasse Brod zu verschaffen. Fast in allen Handlungen Napoleons sieht man den Grundgedanken vorherrschen, durch die Arbeit Gutes zu wirken und, indem das Gute bezweckt wurde, zugleich den Gewerbfleiß zu begünstigen. Unruhen auf Malta, welche unter der Herrschaft der Engländer ausgebrochen waren, wurden Veranlassung, daß eine zahlreiche Menge von Bewoh-

1) In einem Briefe vom 2ten Julius.

Gelegenheit, sich bei dem Finanzminister[1] darüber zu beklagen, daß die zu jener Ausgabe bestimmten Summen nicht mit Genauigkeit bezahlt worden wären; er trug ihm daher auf, das Versäumte nachzuholen und diese Gelegenheit zu benutzen, um auch in Corsica die Anpflanzung der Baumwolle zu verbreiten, sowie man anderswo schon glückliche Erfolge in dieser Beziehung erhalten habe. „Die Malteser", drückte er sich aus, „verstehen sich sehr gut auf diese Pflanzungen; sie könnten auf diese Weise ehrenvoll unterstützt werden und sich nützlich machen."

Bald darauf, am 23sten September, schrieb Napoleon an den Minister des Innern: „Es befinden sich in der kaiserlichen Bibliothek viele Edelsteine. Man muß sie unter geschickte Steinschneider in Paris vertheilen und verschiedene Bildnisse darin ausarbeiten lassen. Dies wird dem Gewerbsfleiße zur Aufmunterung dienen und den Künstlern Arbeit verschaffen."

Weit entfernt von dem Gedanken, seine eigenen Bauwerke denen, welche die Könige von Frankreich unternommen hatten, vorzuziehen, setzte der Kaiser vielmehr seine Ehre darein, die von ihnen begonnenen Werke zur Ausführung zu bringen. Mit der Vollendung des Pantheons beschäftigt, faßte er auf einmal die Idee, dieses Gebäude seiner ersten Bestimmung zu unterwerfen. In einem besondern Schreiben vom 12ten Februar 1806 machte er diesen Entschluß dem Minister des Innern in folgenden Worten bekannt: „Der Hauptaltar soll der heiligen Genoveva gewidmet seyn. Man soll die Grabmäler, welche bis jetzt in dem Museum der französischen Denkmäler aufbewahrt worden, in diese Kirche bringen und dieselben, nach dem Beispiele der Augustiner, den Jahrhunderten nach ordnen. Sie sind früher in Tempeln gewesen, es ist Pflicht, sie wieder in solche zurückzubringen. Sie befanden sich bis jetzt in einer Art von Entheiligung, welche das Zartgefühl religiöser Seelen beleidigt. Sie werden über-

1) In einem Briefe vom 21sten September 1806.

In dem nämlichen Schreiben vom 13ten Februar bestimmte er die Kirche zu Saint-Denis zur Begräbnißstätte der kaiserlichen Familie. „Man muß Anstalt treffen", sagte Napoleon, „daß drei Versöhnungsaltäre zum Andenken der drei Fürstenhäuser, deren Manen durch die Entsetzung vom Throne gekränkt worden, errichtet werden." Diese Gedanken des Kaisers gaben zu einem Berichte, den man ihm wenige Tage darauf (am 19ten Februar) vorlegte und zur plötzlichen Vollziehung desselben Veranlassung. Die Kirche der heiligen Genoveva wurde wiederum, wie früher nach dem Willen ihres Begründers, zum Gottesdienste bestimmt; doch behielt sie zu gleicher Zeit die Bestimmung bei, welche ihr von der Nationalversammlung gegeben worden war. Was die Kirche von Saint-Denis betrifft, — „dieser ungeheuere Sarg voll vom Staube verblichener Könige (eigene Worte des Ministers), welcher in seinem Innern gleichsam die Geschichte der ganzen Monarchie einschließt", — so verordnete der kaiserliche Befehl, daß darin vier Capellen erbaut werden sollen, davon drei in dem Raume der Königsgräber vom ersten, zweiten und dritten Stamme, und die vierte in den zur Kaisergruft bestimmten Hallen.

Die Kirche der heiligen Genoveva gab dem Kaiser außerdem noch zu einigen andern Briefen Veranlassung. Einer darunter, vom 26sten Februar datirt, bezieht sich hauptsächlich auf Gegenstände der Kunst. Napoleon ladet nämlich den Minister ein: „zur Vervollständigung der alten Denkmäler der französischen Bildhauerkunst, welche man der Sorgfalt und dem Sammlergeiste des Herrn Lenoir verdankt, neue Forschungen anzustellen."

Andere Beschlüsse und Anordnungen beziehen sich auf die Ueberreste Rousseau's und Voltaire's. Napoleon wünscht, daß zu Ehren Voltaire's ein schönes Mausoleum errichtet werden möchte. „Es scheint jetzt an der Zeit zu seyn", sagte er, auf die alte Sitte zurückzukommen und auf die Denkmäler berühmter Männer Standbilder zu setzen, wobei man jedoch so viel als möglich jede Art von Allegorie vermeiden muß."

9*

ternehmen dem Andenken Jean Jacques alle mögliche Ehrenbezeigungen angedeihen lassen.

Es ist schwer zu entscheiden, was für ein Gefühl Napoleon zu dieser Maaßregel bewogen habe. Man weiß nicht genau, ob er es nicht gewünscht habe, daß die Asche Rousseau's im Pantheon aufbewahrt werde, oder ob er nur der innern Stimme der Ehrfurcht gegen den letzten Willen dieses großen Schriftstellers habe folgen wollen.

Wir enthalten uns hier der Aufzählung der andern zahlreichen Arbeiten, welche in Paris ausgeführt worden und von denen er sich häufig durch den Minister des Innern Rechenschaft ablegen ließ. Nur Folgendes mag hier eine Stelle finden. Er trachtet vor Allem dahin, Paris durch Verschönerungen reinlich und gesund zu machen, und dennoch wollte er nicht zu der Abtragung der zweckwidrigen Häuser schreiten, bevor nicht allen Ansprüchen und dem Eigenthumsrechte jedes Einzelnen Genüge geleistet worden.

Das Andenken an Desaix war Napoleon außerordentlich theuer. Als das zu Ehren dieses Generals für die Kirche des großen St. Bernhardberges bestimmte Denkmal beendigt war, trug er dem Minister des Innern auf [1]), mit der größten Sorgfalt für die Hinschaffung desselben zu wachen. Er hatte die Gegenstände der Basreliefs, welche darauf angebracht werden sollten, selbst angegeben. Zu gleicher Zeit gab er Herrn Denon den Auftrag, für die meisterhafte Vollendung des Denkmals Sorge zu tragen, welches Desaix zu Ehren auf dem Siegesplatze errichtet werden sollte. Die Ausführung entsprach den Wünschen des Kaisers nicht, allein der Fehler des Künstlers schwächte die edle Gesinnung nicht, welche das Werk bestellt hatte.

Man geräth fast in die Versuchung, zu glauben, daß ge-

1) In einem besondern Schreiben vom 28sten Februar.

tigen, worin es heißt: „Der Minister des Innern wird das unter der Polizeibehörde stehende Verwahrungshaus untersuchen und darüber Sr. kaiserlichen Majestät Bericht erstatten, welche wünscht, daß dieser Ort, der in gewissen Fällen den unschuldigsten Personen zum Aufenthalte dienen kann, so eingerichtet sey, daß Niemand darin Mangel leide.“ Seit 1815 haben wir unzählige Male die bittersten Klagen gegen die schlechte Einrichtung sich erheben hören, welche der Kaiser schon im Jahre 1806 hat verschwinden machen wollen. Hat sich das Uebel auf's Neue wieder erzeugt, oder ist es selbst einem Napoleon nicht gelungen, es von der Wurzel auszurotten?

Vielleicht mögen diese Einzelnheiten, die wir so eben erzählt haben, dem Leser als unter der Würde der Geschichte stehend erscheinen. Plutarch würde sie jedoch, wie wir glauben, schwerlich unbeachtet gelassen haben. Napoleon erscheint uns nur zu oft als Krieger, oder als unterhandelnde Macht. Was aber unsere Bewunderung am meisten in Anspruch nimmt, ist die Schnelligkeit, womit er von dem höchsten Schwunge kriegerischer Begeisterung, von den wichtigsten Schlachtplanen zu den untersten Zweigen der Verwaltung oder politischen Angelegenheiten herabstieg. Die so eben erwähnten Thatsachen und viele andere, welche wir mit Stillschweigen übergehen, beweisen zur Genüge, wie viele ganz verschiedene Gegenstände täglich in seinem Haupte sich hin und her bewegten, ohne daß je die der einen Sache geschenkte Aufmerksamkeit einer andern die Gedankenfülle entzogen hätte. Es ist in der That bedauernswerth, daß Napoleon während seiner Regierung nicht an die stellvertretende Verfassungsform gedacht habe, welche in unsern Tagen ein allgemeines Volksbedürfniß geworden ist. Wenn er Unrecht hatte, zu glauben, daß Frankreich, wenn es ganz glücklich seyn sollte, sich ganz und gar seinem Willen überlassen müsse, so kann man doch nicht in Abrede stellen, daß er wenigstens zum Ersatze für das Mangelnde alle seine Kräfte Frankreich allein gewidmet habe.

welcher Ausdauer die Fassungskraft eines einzigen Menschen fähig ist. Sein großes Geheimniß in dieser Beziehung (und dieses Geheimniß hing nicht blos von seinem Willen ab, sondern war gleichsam mit seinem Charakter und seinem Geiste verschmolzen, ein unzertrennlicher Bestandtheil seines Organismus,) bestand darin, daß er sich dem Geschäfte des Augenblickes ohne die mindeste Zerstreuung mit ganzer Seele hingab. Es ist keinem Zweifel unterworfen, daß diese seltene Fähigkeit einen außerordentlichen Einfluß auf sein Schicksal gehabt habe. Bei Marengo, bei Austerlitz und Jena hatte er nur einen Gedanken — an den Sieg! Kaum war dieser errungen, so faßte sein Verstand sogleich alle übrigen Gedanken, alle Wünsche und Entschlüsse wieder auf, welche er um den einen auf kurze Zeit verlassen hatte.

So lange er nur mit einem einzigen Gegenstande beschäftigt gewesen, drückte Alles an ihm Ruhe und Zuversicht aus. Hatte er aber einmal Alles auf das Spiel gesetzt, um zu siegen, und war ihm das Kriegsglück günstig gewesen, dann wurde er ernst und schweigsam, als brüte er auf einmal über manche neue Plane und sinne auf Mittel, wie er alle die Vortheile sich bewahren könne, welche ihm ein günstiges Geschick so überschwenglich gewährt hatte. Dann griff er mit der gewohnten Thätigkeit wieder zu den Zügeln der Regierung und widmete, wie zuvor, den Verwaltungsgeschäften die weitumfassendste Sorgfalt.

Wenn Napoleon eine an's Unglaubliche gränzende Thätigkeit besaß, so konnte die Rolle seines Ministers kein leichtes Spiel seyn. Hatte Letzterer aber einmal die erste Probe überstanden, so brachte ihm seine Stellung, wenn er anders an Arbeit gewöhnt war, auch wiederum manche Entschädigung dar. Die Achtung des Kaisers und mancherlei ehrenvolle Aufmunterungen waren unausgesetzt sein Lohn. Eine schwere Aufgabe aber hatte im Jahre 1806 der neue Minister, Herr Mollien, zu lösen. Dieser Geschäftsmann machte seiner frisch

Da jedoch die spanischen Anweisungen kaum den dritten Theil der Schulden sämmtlicher vereinigten Wechsler betrugen, mußte man, um das Fehlende zu ersetzen, zu andern Maaßregeln seine Zuflucht nehmen. Der Rest wurde einige Jahre später bezahlt und zwar ohne daß die Servicegelder in ihrer Ordnung unterbrochen worden wären, wobei die Unternehmer stets noch ein bedeutendes Vermögen behielten. Die Regierung benahm sich dabei mit eben so viel Umsicht als Milde.

Für die Vergangenheit war gesorgt, nun mußte man an die Zukunft denken. Die Hauptschwierigkeit für die Schatzkammer lag darin, daß man während des Verlaufes von einem Jahre ungefähr hundert und zwanzig Millionen mehr zu bezahlen hatte, als während dieser Zeit eingenommen wurde. Während die General-Einnehmer die Vollmacht hatten, für die von ihnen eingenommenen Auflagen Obligationen auszustellen, die in funfzehn, sechszehn und siebzehn Monaten zahlbar waren, hat der Schatz theils durch Ankauf dieser Obligationen, oder durch Auszahlung an seine Gläubiger neue Anleihen gemacht. Bis zum Ablaufe der Verbindlichkeitsfrist waren die Zahlungsfähigen, welche die Tilgung in kürzerer Zeit bewerkstelligt hatten, Herrscher über die Fonds geblieben. Es fällt leicht in die Augen, daß, wenn es auf der einen Seite gerecht und klug war, den Einnehmern einen hinlänglichen Vortheil zu gewähren und sie sogar durch Sportelerhöhung zur Beschleunigung des Abgabeneintreibens zu nöthigen, es nicht weniger vorsichtig war, durch diese frühere Einnahme dem Schatze einen Vortheil zu gewähren, da er sonst genöthigt gewesen wäre, sich um andere Darleiher zu bewerben.

Als man darüber nachdachte, auf welche Weise man das noch Fehlende erlangen könnte, war natürlich die französische Bank der erste Gedanke. Im Ganzen war die Ausführung dieses Planes nicht unmöglich. Man konnte sogar solche Mittel ergreifen, daß jedem Schaden vorgebeugt war. Lange wurde über diesen Gegenstand hin und her gesprochen. Der Kaiser verwarf den Vorschlag. Seine abschlägige Antwort gründet sich auf eine Ursache, gegen die sich nichts einwenden läßt. „Es paßt nicht", sagte er, „daß zwischen der Bank und der Schatzkammer eine Verbindung stattfinde. Oft kann ein unbedeutendes Sinken oder Steigen der Fonds das Geheimniß des Staates in sich schließen."

Eine näher liegende, einfachere Quelle eröffnet sich auf einmal dem französischen Schatze. Mollien zögerte keinen Augenblick, sie zu benutzen. Zwar waren die Aussichten im Ganzen nicht so freundlich, als daß sein hellsehender Geist unbedingt Zuversicht für ein glückliches Gelingen hätte fassen können. Es galt überdies noch, auch in der Seele Napoleons die Hoffnung zu beleben. Vor Allem mußte ihm der Minister die Wirksamkeit der neuen Einrichtung erklären, welche er unter der Benennung „Service-Casse" in Vorschlag brachte [1]). Die Erklärung wurde sogleich verstanden. Als man dem Kaiser die Ausfertigung des Beschlusses, daß so eine Casse errichtet werden sollte, zur Unterschrift vorlegte, sagte er: „Ich kann die Emancipation des Reichsschatzes nicht früh genug unterzeichnen!"

Es dauerte nicht lange, so fühlte man schon den hohen Werth dieser Einrichtung. Die General-Einnehmer beeilten sich, die Gelder, über welche sie uns in einer größern oder

1) Mit dem Vorschlage dieser neuen Anstalt verband der Minister einen andern über bessere Schreibe-Einrichtungen und eine neue Zahlungsmethode, welcher zufolge die Zahlungsfähigen eines jeden Departements über die Uebrigen zum Vortheile des Schatzes eine Art von Controle bildeten, so daß letzterer nicht das Geringste entgehen konnte. Diese Veränderung ist im Jahre 1807 vorgenommen worden.

zahlen. Die Rechnungsablegung über diese Zinsen fand alle drei Monate statt.

Die Service-Taxe genoß bald eines sehr ausgebreiteten Credits. Ihre Scheine wurden mit Gleichwerthe gekauft. So sah sie sich in kurzer Zeit in den Stand gesetzt, der Schatzkammer auf jeden beliebigen Ort ihre benöthigten Gelder anzuweisen. Diese Leichtigkeit, die Schulden des Staates an jedem Orte mit Pünctlichkeit bezahlen zu können, hat für den Schatz sowohl, als für das Land großen Nutzen gehabt. Es war eigentlich nichts Anderes, als eine neue Auflage für Dinge, welche keine Auflage zulassen.

Eine andere Maaßregel, welche man im Jahre 1806 anwendete und welche einen nicht geringen Einfluß auf die Finanzen des Staates äußerte, war eine Umgestaltung der französischen Bank und die Verdoppelung ihres Capitals. In der Zeit, in der wir jetzt leben, kann die allgemeine Frage der Banken aus einem ganz andern Gesichtspuncte aufgefaßt werden, als es damals der Fall war; denn im Jahre 1806 hatte man so eben ein Probestück bestanden, welches der Regierung das Recht einräumte, sich vor einem ähnlichen Rückfalle möglichst zu hüten. Die Crisis vom Jahre 1805 war, wie dies die Thatsachen selbst dargethan haben, das Werk der Bankverwaltung gewesen. Nur die Verwirrung der Begriffe, die theilweise damals herrschte, konnte die Schuld an jener Crisis der Regierung aufbürden, indem man als Hauptursache die von der Bank den Wechselhäusern des Schatzes geleisteten Vorschüsse ansah.

Doch hat niemals eine Identität zwischen der Regierung und ihren Wechslern stattgefunden. Letztere vertraten gerade in jener Epoche so wenig die Regierung, daß sie im Gegentheile die Mittel, welche ihnen die Bank an die Hand gab, zum Schaden der Regierung verwendeten, und daß sie sowohl die eine als die andere in nicht geringe Verlegenheit setzten.

Krieges und der Marine, mit dem General-Aufseher der Armeen und mit dem Verwalter der Civilliste. Sein Zweck und Grundsatz war, die Vorsteher der verschiedenen Regierungs- und Verwaltungszweige in einem beständigen Mißtrauen unter sich selbst und gegen ihre Untergebenen zu erhalten.

„Er brauchte keinen von uns", sagte einer seiner Minister, „mehr das Uebergewicht des Ansehens und der Macht streitig zu machen, er übertraf uns Alle an Kenntniß und Einsicht."

Oft machte er geflissentlich wenig gründliche Einwendungen, widersprach ohne gehörigen Zusammenhang und forderte nicht selten das Unmögliche. Grundsätze und aufgestellte Regeln wurden dann der Eingebung des Moments aufgeopfert, und er nöthigte sogar die allerentgegengesetztesten Elemente, sich seinem Systeme zu unterwerfen. An demselben Tage schrieb er Briefe, welche ihrem Inhalte nach widersprechend waren oder einen doppelten Zweck hatten, und dennoch war dieses von seiner Seite weder Widerspruchsgeist noch Vergessenheit. Wenn es ihm oft für das, was er sich vorgesetzt hatte, an Mitteln fehlte, so glaubte er diese durch die größte Thätigkeit, die er dann von jedem seiner Beamten verlangte, ersetzen zu können. Er behandelte Rechnungen wie Bataillons. Er hätte gewünscht, daß eine und dieselbe Summe zwei Zahlungen leistete, wie ihm oft ein Regiment in einer und derselben Schlacht und fast zu einer und derselben Stunde an zwei verschiedenen Puncten gedient hat. Nach seinem Rechnungsgrundsatze mußte man sowohl von Personen als von Sachen den höchsten Werth entnehmen können.

Weder Krieg, noch Unterhandlungen, noch sonst ein Ereigniß vermochten ihn abzuhalten, den Finanzen, so wie allen übrigen Zweigen der Verwaltung eine eben so vollständige Aufmerksamkeit zu schenken, als wenn er in dem tiefsten Frieden lebte. Jedermann weiß, daß er am 15ten eines jeden Monats dem Finanzrathe beiwohnte und da die Summen angab, über welche die verschiedenen Ministerien in dem künf-

nale. Alles Uebrige wurde ihm aber in das Hauptquartier nachgeschickt; dort prüfte er ganz allein die Rechnungen und billigte oder veränderte deren Verhältnisse; ja sehr oft bestimmte er im Lager das Budget des Jahres, schrieb lange Briefe an seine Minister und ließ sich mit ihnen in unendliche Auseinandersetzungen ein, wie es denn oft geschah, daß seine Briefe über solche Gegenstände am Vorabende einer Schlacht datirt waren.

Obschon der Kaiser in den letzten Monaten des Jahres 1806 durch die Eroberung von Preußen jeder Sorge für die Auszahlung seiner Armee enthoben war, obwohl damals in Mainz eine Casse von vier und zwanzig Millionen, welche den Sold von acht Monaten übertrugen, bereit lag, wollte er dennoch sieben bis acht Millionen in Straßburg zu seiner Verfügung gestellt wissen. „In Augenblicken, wie die gegenwärtigen", schrieb er unter dem 25sten October, „hat das Geld nur durch die Schnelligkeit, womit man es nach Gefallen anwenden kann, einigen Werth." In Mainz verlangte er baares Geld und keine Scheine. „Es könnte sich leicht etwas ereignen", drückte er sich aus, „wie die Geschichte mit Ouvrard im verflossenen Jahre, oder sonst ein Unglück, welches die Versilberung der Papiere hinderte, und dann könnte meinen Truppen der Sold nicht pünctlich ausgezahlt werden." So sehen wir seine Klugheit und Vorsicht in dem Grade zunehmen, als seine Waffen siegreiche Fortschritte machten.

Wenn Napoleon gleichwohl auch die Gewaltthaten der Engländer mit Gewaltthaten erwiederte, so hat er doch damit niemals den Anfang gemacht. Im Monate December erhielt er, als er sich gerade in Polen befand, die Nachricht, daß die englische Regierung gesonnen sey, die Frankreich zugehörigen Gelder aus dem großen Schuldenbuche zu streichen. „Müssen wir nicht auch sorgfältigst", schrieb er unter dem 15ten December an seinen Finanzminister, „darauf bedacht seyn, daß dasjenige nicht übergetragen werden kann, was auf Rechnung Englands in unserm großen Buche steht? Dieser Punct ist

geltungsrecht eintreten lassen.“ Sein Minister antwortete sogleich auf diesen Brief und Napoleon hat ihn vollkommen verstanden, daß nämlich die Engländer diesen Fehler nicht begehen werden, daß es ihnen aber, wenn sie ihn begingen, ohne allen Zweifel sehr schlechte Früchte bringen würde, wenn man ihrem Beispiele auch nicht folgen sollte.

Da die Regierung schon zu Anfang des Jahres den Gebrauch des Gregorianischen Kalenders wieder eingeführt hatte, bot das Budget die Einnahmen und Ausgaben von funfzehn Monaten dar. Zufolge der Zusammenstellungen, welche der Herzog von Gaeta, dessen Angaben ich bis jetzt benutzt habe, uns in einem Finanzgemälde darstellt, belief sich dies Budget von funfzehn Monaten auf achthundert und eilf Millionen vier und siebenzigtausend neunhundert und ein und neunzig Franken. Es gab aber Einkünfte, welche in die Staatscasse flossen, ohne zu denen zu gehören, die unter der Aufsicht des Finanzministers standen. Ich habe diese Bemerkung schon weiter oben ausgesprochen, als ich von dem Gesammtbudget des Finanzministeriums redete, daß gewisse Gelder eine fremde Quelle gehabt haben. Von nun an will ich alle diese Summen in ein einziges Gemälde zusammenfassen. Hier folgt der volle Bestand, der während der zwölf Monate des Jahres 1806 und der hundert Tage des Jahres 1805 gehabten Einnahmen:

Ursprung der Renten:

Directe Steuern	402,970,000	Frank.
Sämmtliche Kammergüter	254,055,000	—
Mauth	65,675,000	—
Lotterie	12,105,000	—
Posten	7,515,000	—
Sporteleinnahme der sämtlichen Gerichtshöfe	60,434,000	—
Salz und Tabak jenseits der Alpen . . .	1,260,000	—
Salzwerke im Osten	3,667,000	—
	807,681,000	Frank.

Verkauf überflüssiger Militairgegenstände	4,800,000	—
Bürgschaften, Einnahmen auf frühere Jahre	20,230,000	—
Abzüge von den Domainen-Unternehmen	10,000,000	—
Salinenverkauf	6,800,000	—
Guthaben der Tilgungscasse	13,531,000	—
Besonderes Vermögen zu örtlichen Ausgaben	63,505,000	—
Gesammtzahl	970,800,000	Frank.

Zu dieser Uebersicht der Einnahmen glauben wir ein Gemälde der Ausgaben hinzufügen zu müssen. Letzteres wird dann für alle Zeiten einen Vergleichungspunct darbieten. Man wird daraus beurtheilen lernen, worin die Lasten des Staates und die Ausgaben bestanden haben, deren Betrag in stets zunehmender Progression fortgeschritten ist.

Verhältniß der Ausgaben:

Oeffentliche Schuld und Gnadengehalte	128,597,000	Frank.
Civilliste	34,769,000	—
Ministerium der Justiz	25,640,000	—
Minister. der auswärtigen Angelegenheiten	10,6[illegible]8,000	—
Ministerium des Innern	35,801,000	—
Ministerium der Finanzen	32,257,000	—
Ministerium des öffentlichen Schatzes .	10,325,000	—
Kriegsministerium	434,072,000	—
Ministerium der Marine	149,119,000	—
Ministerium des Cultus	16,600,000	—
Allgemeine Polizeiangelegenheiten . . .	1,006,000	—
Abzugskosten vom 22sten September 1805 bis zum 27sten Januar 1806 . .	15,700,000	—
Abzugskosten vom 28sten Januar bis zum 31sten December 1806	12,051,000	—
Reservefonds	680,000	—
Fonds zur Bestreitung der Verwaltungskosten, Straßen	63,515,000	—
Gesammtzahl	970,800,000	Frank.

gensteuer (Income-Taxe) ist von sechs und ein halb bis auf zehn vom Hundert gesteigert worden, wobei bekannt gemacht wurde, daß man damit fortfahren werde, so lange der Krieg dauerte. Diese Taxe gab allen Eigenthümern, deren Vermögen die Summe von funfzig Pfund Sterling reines Einkommens überstieg, einen gewaltigen Stoß. Es giebt wenige Beispiele von einer so großen Abgabenlast, nach welchem Lande man auch die Augen hinwenden möge.

Der Ertrag der Auflagen bildete die Summe

von	53,698,124 Pfd. Sterl.	=	1,342,453,100 Frank.
Die Anleihe	20,000,000 Pfd. Sterl.	=	500,000,000 Frank.
	73,698,124 Pfd. Sterl.	=	1,842,453,100 Frank.

Das Jahr 1806 bietet sowohl in Frankreich als in England bei einer gewissen Annäherung mancherlei Gegensätze dar. In beiden Ländern hat die Regierung über finanzielle Zerrüttungen sich zu beklagen. In Frankreich war diese Unordnung die Frucht abentheuerlicher Unternehmungen einer Gesellschaft, welche ihrem Durste, in kürzester Zeit große Reichthümer zu erwerben, Alles aufopferte; allein der Verdacht wagte niemals zu dem ehrwürdigen Minister emporzudringen, der zwar oft genug durch geheime Machinationen betrogen ward und doch nie Verdacht schöpfte. In England hatte der Grundsatz der Verdorbenheit selbst in dem Ministerium Wurzel gefaßt. Ein untreuer Cassenverwalter war der Gelderpressung angeklagt worden, und der Minister, wenn auch nicht der besondern Theilnahme, doch wenigstens des durch die Finger Sehens. Es wurde in dem Unterhause erklärt, „dieser Minister sey schuldig und habe als solcher das Gesetz unter seine Füße getreten." [1]) Es dürfte nicht ohne Interesse seyn, hier den Unterschied des Benehmens, welches beide Regierungen sich zum Grundsatze machten, etwas näher zu beleuchten.

1) Has been guilty of a gross violation of the Law and a high breach of duty.

geres Auskunftmittel treffen können. Dem Staate hundert und ein und vierzig Millionen zu retten, wird zu jeder Zeit als eine außergewöhnliche Wohlthat betrachtet werden; doch war das Ergebniß für jene Epoche noch ungleich wichtiger, als es in unsern Tagen seyn würde, wo wir nach einer mit allzugroßer Leichtigkeit angenommenen Gewohnheit Anleihen erheben und verfehlte Ausgaben bestimmen, und wo uns Millionen nur ein Spiel sind. Wie groß aber auch die Geschicklichkeit seyn mag, mit welcher der Kaiser und sein Minister die dem Staate schuldigen Summen wieder in die Schatzkammer zurückzubringen wußten, so wäre es doch vielleicht für die dauernde Wohlfahrt der Völker in manchen Fällen besser, hundert Millionen zu verlieren und den Grundsatz der ministeriellen Verantwortlichkeit zu handhaben, wenn auch nicht in Bezug auf den Minister selbst, im Falle dieser, wie hier Herr von Marbois, über jenen Verdacht erhaben ist, wenigstens bei den Agenten und Unterbeamten der Verwaltung. Leider ist bei dieser Art von Geschäften noch ein dritter Ausweg möglich, wenn nämlich die Verantwortlichkeit des Ministers, umsonst in Anspruch genommen, nicht in Anwendung gebracht wird, wenn dadurch die Verschleuderung ungestraft bleibt, der Credit des Staates aber verloren geht.

Frankreich und England müssen sowohl in Hinsicht auf Staatskunst als Finanzverwaltung stets einander entgegengesetzt werden. Diese beiden Länder, diese beiden Regierungen bilden die beiden Endpuncte aller meiner Betrachtungen, denn sie sind die beiden Hauptplaneten, welche alle übrigen Staatskörper in ihrem Laufe mit sich fortreißen. Europa ist einem großen Körper mit zwei Köpfen zu vergleichen, wovon der eine sich in Paris, der andere in London befindet. Die Höfe von Wien, Petersburg und Berlin, selbst wenn sie von ihrem eigenen Vortheile getrieben zu seyn scheinen, sind nur die Werkzeuge von Vorhaben und Unternehmungen, deren Hebel und bewegende Kraft — der Alles leitende Gedanke — sich anderswo befindet. In dem Jahre 1806 tritt

Besitzungen in Europa ausdehnte, bereicherte es seine fremden Niederlassungen mit dem Besitze des Vorgebirges der guten Hoffnung. Zwar schien das Verhältniß nicht gleich zu seyn. Englands Loos schien schwächer als das von Frankreich, allein es war auf der andern Seite auch sicherer. Napoleons Eroberungen werden nur von kurzer Dauer seyn, Holland selbst wird aufhören, fernerhin von Frankreich abzuhängen; das Cap der guten Hoffnung aber wird stets einen wichtigen Theil des britischen Reiches ausmachen.

Nichts desto weniger war das Cabinet von London eifersüchtig auf die Oberherrschaft, welche die französische Regierung auf dem Festlande erhalten hatte. Es erzürnte bei dem Gedanken, seine ungeheuern Aufopferungen, welche es zur Bildung einer schwer zu erringenden Coalition dargebracht hatte, nun zur Vergrößerung seines furchtbaren Feindes beitragen zu sehen. Je größer und außerordentlicher dieser Län-Zuwachs war, desto mehr mußte er den Neid und Haß auf sich ziehen. Dieser Haß und Neid war aber ein stets sich belebender Hoffnungsschimmer für das englische Ministerium. Um diesen zu nähren und wachsen zu machen, setzt letzteres an allen Höfen, wo ihm Frankreichs Einfluß den Zutritt noch nicht versperrt hat, seine Triebfedern in Bewegung. Es muntert diejenigen Mächte auf, welche sich durch kein, auch noch so großes Unglück abhalten lassen, die begonnene Laufbahn wieder zu betreten, z. B. Rußland; es reizt den Hochmuth jener, welche das Kriegsglück noch nicht versucht haben, wie Preußen, indem es ihm verspricht, da, wo Oestreich nur Niederlagen erlitten, den Sieg an seine Schritte zu fesseln und das Glück umzuwandeln.

Dies sind die Täuschungen, welche Pitt auf seinem Sterbelager, ohne sie selbst zu theilen, in Berlin verstärkt und in St. Petersburg neu geschaffen in's Leben setzen wollte. Bei diesem Gedanken hat ihn seine letzte Stunde überrascht [1]).

1) Am 23sten Januar 1806.

Diesem so viel besprochenen Systeme Pitt's lag die einfachste Idee von der Welt zu Grunde. Frankreich erniedrigen, dessen Kräfte untergraben, um Englands Größe auf Frankreichs Demüthigung und Elend aufzubauen, dies war Pitt's politischer Gedanke. Seine Begriffe gehen nicht weiter. Ihm erscheint Alles, was zu diesem Zwecke führt, gut, gerecht und gesetzlich. Man denke sich einen Mann, in Frankreich alle Verbrechen begünstigend; alle Gräuelthaten mit schwerem Gelde belohnend; zu seinem Zwecke die Bourbons und alle Ausgewanderte aufreizend; Alles begünstigend, was Ludwig XVI. auf das Blutgerüst bringen konnte und nicht ein Wort zu dessen Befreiung verwendend; in Quiberon Franzosen vor das Geschütz der Franzosen stellend und sich über den mißlichen Ausgang dieses Feldzuges mit dem Worte tröstend: „England hat nicht geblutet"; zu allen Räubereien und allen Verschwörungen Geld und Waffen spendend; Schulden auf Schulden, Anleihen auf Anleihen häufend, um allen Preislisten der Festlandskäuflichkeit Trotz zu bieten; die Ströme des bei zwanzig unglücklichen Unternehmungen vergossenen Blutes verachtend und zuletzt England selbst, vor Allem aber dessen Bundesgenossen, einer einzigen Idee aufopfernd, die all sein Genie ausmacht, — das ist Pitt, wie er lebt, denkt und handelt.

Wenn ein mit nichts zu erschütternder Wille Heroismus ausmacht, so ist Pitt ein Held, doch auch nur in dieser Beziehung. Wer wollte übrigens, der mit gesundem Menschenverstande begabt ist, die seltenen Talente streitig machen, welche jenen Minister auszeichneten? Eine glänzende Beredtsamkeit, verbunden mit einer strengen Logik, vollkommene Kenntniß der Mittel, den öffentlichen Credit aufrecht zu erhalten, vor Allem eine unbezwingliche Thatkraft in Anwendung der einmal

den vermachte, eine leidenschaftliche Vergrösserungssucht für England und ein eben so warmer Eifer für die Befestigung seiner Herrschaft zur See: diese Talente und Eigenschaften Pitt's wurden unglücklicherweise nur dadurch vermindert, daß sie einem eben so falschen als unheilbringenden Systeme gewidmet waren.

Das wichtigste Urtheil, welches über diesen Staatsmann gefällt worden ist, hat sein berühmter College Fox ausgesprochen, ein Urtheil, welches die Nachwelt bestätigen wird, denn es ist auf Wahrheit und Gerechtigkeit gegründet. „Obwohl ein geschickter, fruchtbarer, oft sogar selbst hinreißender Redner, geschickter Finanzmann, immer thätiger Kriegentzünder auf dem Festlande, Banquier aller gegen Frankreich bewaffneten Leidenschaften, hartnäckig in seinen Vorhaben, brennend vor Begierde, stets neue Unternehmungen hervorzubringen und zwanzigmal vereitelte wieder zu wagen, erhaben im Unglücke, mit einem Worte, in mancherlei Beziehungen ein großer Minister — „ist Pitt dennoch kein großer Staatsmann gewesen.“

Und doch begründeten sich alle Ehrenbezeigungen, welche seinem Andenken zu Theil wurden, auf die einzige Eigenschaft. So mußte es zu jener Epoche seyn; wir werden den Irrthum jener Meinung, welche das kurze Ministerium eines Fox zu widerlegen nicht Zeit genug hatte, gerade so lange sich fortpflanzen sehen, bis man unter Pitt's Systeme triumphirt.

Dieser Triumph, dessen Ergebniß seyn wird, die Herrschaft über das ganze Festland nach St. Petersburg zu verpflanzen, nachdem diese durch Englands feindliche Bemühungen Frankreich längst entrissen war; dieser Triumph, dessen nichtig Wesen sich nur zu bald offenbaren wird, ist vielleicht allein im Stande, die Engländer zu überzeugen, daß sie während dreißig Jahren um nichts Anderes gestritten haben, als um ein Vorurtheil, welches zu dem Jahrhunderte, in dem wir leben, nicht mehr paßt, — „daß nämlich zwei Staaten neben einander niemals gleich mächtig und groß seyn können“,

ben, bleibt ihnen nichts als die Last einer unerhörten Staatsschuld von zwanzig Milliarden. Trauriges Ergebniß falscher Grundsätze voll schwindelnder Hirngespinnste!

Wahr ist es, so lange Pitt die Zügel der Regierung führte, hat die englische Marine bei allen Unglücksfällen, die sie während ihrer Feldzüge und Verbündungskriege auf dem Festlande erlitten, sich die Oberherrschaft auf dem Meere erworben und für lange Zeit sichergestellt. Allein diese widerrechtliche Oberherrschaft dürfte schwerlich als eine für alle Zukunft unangefochtene Eroberung zu betrachten seyn, indem ihr, wenn auch nicht in den Gefahren eines Streites durch Waffengewalt, doch durch die Vereinigung der Nationen, das mit so vielen Opfern erkaufte Recht des Besitzes nicht anzuerkennen zu wollen, manche harte Prüfungen bevorstehen. Zu Gunsten dieses Ergebnisses hat England Pitt's Umsichtigkeit Alles erlaubt. Die allmählige Aufreibung seiner Bundesgenossen während so vieler unglücklich geführter Kriege, und zuletzt noch das große Völkergrab bei Austerlitz und die Zerstückelung der östreichischen Monarchie, — alle diese Trauerscenen sind in seinen Augen nur Kinderspiel, wenn nur die englische National-Ichsucht befriedigt ist. Hatte diese aber auch in der That Ursache, befriedigt zu seyn? Hat Pitt seinem Lande wirklich mehr Nutzen als Schaden gebracht? Dies ist ein Punct, der noch sehr in Zweifel gezogen werden könnte. Was aber nicht bestritten werden kann, ist, daß dieser Minister für das ganze übrige Europa eine wahre Geißel war.

In dem Augenblicke, als das Parlament sich versammelt hatte [1]), nahete Pitt's letzte Stunde heran. Lobpreisungen der Marine, welche bei Trafalgar einen so herrlichen Triumph erfochten; die Aufforderung des Unterhauses, auf welche Weise der Familie des gefallenen Lord Nelson am besten ein Erinnerungszeichen des englischen Nationaldankes dargebracht werden könnte; der Ausdruck des Bedauerns über den unglückli-

1) Am 21sten Januar 1806.

Außer der Demüthigung der östreichischen Monarchie, macht das britische Cabinet noch die traurige Erfahrung, sich durch den Sturz des Neapolitanischen Hauses von Italien gänzlich abgeschieden zu sehen. Schon nahm es auch am Berliner Hofe gewaltige Veränderungen wahr; schon sah es die ottomanische Pforte in Bereitschaft, sich an Frankreich anzuschließen; besonders aber hatten seine Verhältnisse mit den Vereinigten Staaten von Nordamerika den augenscheinlichsten Charakter von Aufregung und Mißverständnissen aller Art angenommen.

Seitdem Rußland durch die Uebereinkunft vom Juni 1801 diejenige Sache, für welche es damals durch Lockmittel wie durch Drohung alle Mächte des Nordens unter die Waffen zu bringen gewußt, hingeopfert hatte; seitdem unerhörte Leidenschaftlichkeit den König von Schweden von dem Interesse sämmtlicher handeltreibenden Nationen und folglich auch von dem des schwedischen Volkes selbst losgetrennt hatte, war Dänemark das einzige Land, welches, den wahren Grundsätzen der Neutralität zugethan, nur der Gewalt der Waffen gewichen ist. Oestreich, gleichsam als Mitschuldiger und Vasall von England, war Veranlassung, daß Venedig nur noch wenig Nutzen von dem Handel zog, dessen sich einst diese Seestadt unter dem weitgefürchteten Schutze des Löwens des heiligen Marcus erfreut hatte. Ganz Europa hatte sich unter den Despotismus der Engländer zur See gebeugt. Nur in der neuen Welt sollte seine Tyrannei einen kräftigen Widerstand finden. Zwar ist der Handel der nordamerikanischen Freistaaten im Jahre 1805 von den englischen Schiffen nicht verschont geblieben. Harte Bestrafungen folgten willkürlichen Einziehungen auf dem Fuße nach. Der geringste Vorwand reichte hin, um die Wegnahme der Schiffe oder ihrer Ladung

sungen gestattet hatte, eine Erlaubniß, welche die Vorsteher der englischen Kolonien in gewissen Fällen auch zu gewähren von dem Könige die Vollmacht haben, wurde diese Nachahmung des englischen Verfahrens von Seiten der Franzosen eine Gelegenheit, daß die britischen Schiffe dem amerikanischen Handel mancherlei Unbill und Nachtheil zufügten.

Was Frankreich gutwillig von der englischen Regierung erduldete, glaubte letztere nicht auch von Seiten Frankreichs dulden zu dürfen und setzte seine begonnenen Mißbräuche nach den schlechtesten Grundsätzen fort. Sie sagte: es ist um Englands Handel geschehen, wenn man die verderbenbringende Neutralität des amerikanischen Handels nicht verdrängt. Hierauf faßte man in einer von dem Richter Rogers herausgegebenen Schrift alle die einzelnen Anforderungen, die England gemacht hatte, zusammen, je nachdem nämlich neue Zeitereignisse seinem Ehrgeize mehr oder weniger Nahrung gegeben hatten. „Wir dürfen nicht dulden", schrieb dieser vom Staate beauftragte Publicist, „daß eine einzige Tonne Zucker aus den feindlichen Kolonien nach Westindien komme, wenn sie nicht zuvor auf irgend einem Marktplatze von Großbritannien gewesen und dort ein Recht erlangt hat, welches den Vortheil unserer Feinde in ihrem Zusammentreffen mit unsern Pflanzern zu stören vermag."

Diese Maaßregel, welche das britische Cabinet vom Jahre 1805 an als ein Recht geltend machte, wird auch dann wieder in Anwendung gebracht werden, wenn Napoleon der britischen Sperre durch die Decrete von Berlin und Mailand antworten wird. Die strenge Feindseligkeit des englischen Seegesetzbuches war daher nicht, wie die Britten behauptet haben, das Ergebniß der in Frankreich angenommenen Grundsätze gewesen. Das englische System war schon früher festgestellt und die von der französischen Regierung genommenen Maaßregeln, um die Verletzung des Kriegsrechts abzuwenden, haben nur zu neuen Vorwänden Veranlassung gegeben, diesen oder jenen

nehmung jedes amerikanischen, mit Kaufmannswaaren oder Lebensmitteln beladenen Schiffes, welches nicht aus den Vereinigten Staaten komme, den englischen Fahrzeugen zu Pflicht gemacht.

Mehr als fünfzig Schiffe wurden, ein Opfer dieses Befehls, nach den britischen Häfen gebracht. Die Zahl der von den englischen Kriegsschiffen in Beschlag genommenen Seeleute wird auf nicht weniger als dreitausend angegeben. Wer hätte solche Beleidigungen länger dulden wollen? Die Regierung der Vereinigten Staaten konnte sich dafür an den Engländern, welche auf ihrem Gebiete sich aufhielten, rächen. Man brachte sie alle an einem Orte zusammen und stellte sie unter die Aufsicht eines amerikanischen Bevollmächtigten. Als der Präsident Jefferson die Sitzung des Congresses eröffnete [2]), erhob er laut seine Stimme „gegen die unerträglichen Plackereien, die ihre Quelle in einem neuen Systeme hätten, aber nicht mehr länger geduldet werden könnten.“ In einem besondern Schreiben vom 27sten Januar 1806 beschwerte er sich noch einmal „über die von Seiten Englands in Anwendung gebrachten befremdenden Grundsätze des Völkerrechts.“ Allein was einen noch günstigern Einfluß hatte, als diese Appellation an die Gerechtigkeit, welche von dem britischen Cabinette, so oft es ohne Gefahr geschehen konnte, verschmäht wurde, war eine kühne Maaßregel in Bezug auf die Mißhandlung der amerikanischen Matrosen und die den Engländern zeigte, daß selbst Staaten ohne eine Seemacht, wenn auch nicht stark genug, sich mit ihnen in einen Kampf einzulassen, dennoch nicht der Mittel entbehren, sich gegen Unterdrückung zu vertheidigen. Die Worte der Bill lauten wie folgt:

„Jedermann, der einen amerikanischen Matrosen gefangen nimmt oder verunglimpft, soll als Seeräuber betrachtet und mit dem Tode bestraft werden. Alle amerikanischen

1) Vom September d. J. 1805.

2) Diese fand am 3ten December 1805 statt.

nat erhalten, welchen er im Zustande der Sclaverei verlebt hat.“

Diese Acte der amerikanischen Regierung gefällt der Vernunft und thut der Seele wohl, weil sie ein Volk bezeichnet, das, ungeachtet seiner weit geringern Kräfte, das gerechte Gefühl seiner Würde, selbst einem mächtigern Staate gegenüber, zu bewahren weiß. Es ist doppelt schön für ein Volk, dessen Seemacht noch so wenig ausgebildet ist, wenn es Muth genug besitzt, die von einer so furchtbaren Macht wie England gebilligten Gewaltthaten für Seeräuberei zu erklären und als solche zu bestrafen; es ist schön, für einen großmüthigen und selbstaufopfernden Widerstand Preise festzusetzen; es ist eines freien Volkes würdig, einen jeden Seemann aus seiner Mitte, der ein Opfer der Gewalt geworden, für einen jeden Tag zu entschädigen, den er in unfreiem Zustande verlebt. Es fällt deutlich in die Augen, daß sich das Benehmen der amerikanischen Regierung auf denselben Grundsatz stützt, welcher Frankreich zu dem Schritte bewogen hat, sowohl englische Reisende, als englische Waaren in Haft zu nehmen und gegen sie das Vergeltungsrecht zu üben für die Gefangennehmung so mancher französischer Schiffe, Reisender und Seeleute. Die Herrschaft der Meere war freilich in den Händen Englands, allein die Natur dieser Herrschaft, die Art und Weise, wie sie erworben worden und durch welche Mittel man sie aufrecht zu erhalten sich bemühte, liegt am Tage. Diesem zufolge war die Aufgabe, welche Pitt seinem Nachfolger überlassen, nicht leicht zu lösen.

als in den Schreib= und Wechselstuben der Hauptstadt, daß die Bedürfnisse des Staates als Häupter der Verwaltung einige Männer erheischten, die nicht sowohl, oder wenigstens nicht ausschließend, die Gunst des Fürsten, sondern erprobte Talente und das allgemeine Vertrauen besäßen. Lord Hawkesbury (seitdem Lord Liverpool) war klug genug, einzusehen, daß seine Kräfte nicht ausreichten, einen solchen Staat zu lenken und die Lasten dieses Amtes zu tragen, doch besaß er nicht Uneigennützigkeit genug, um die persönlichen Vortheile auszuschlagen, welche diese Lage mit sich führt. Er ließ sich die Oberaufsicht über die fünf Häfen ertheilen, eine der einträglichsten Versorgungsstellen, über welche nur immer des Königs Macht verfügen kann und die in der Regel zur Aufrechthaltung großer Namen oder zur Belohnung von ausgezeichneten Diensten gegeben wird. Der Lord konnte weder in Bezug auf seine Person, noch auf seine Familie Ansprüche auf einen oder den andern dieser Vorzüge machen.

Lord Grenville wurde bei der Bildung eines neuen Ministeriums von dem Könige zu Rathe gezogen; dieser Staatsmann hatte Offenheit genug, seinem Fürsten zu sagen, daß die erste Person, mit der er über diesen Gegenstand Rücksprache nehmen wolle, Fox sey. „Ich bin hierin ganz Ihrer Meinung", sagte ihm der König und ehrte sich selbst durch diese Worte, sey es, weil sie seine längst gehegte Achtung für Fox beurkunden, oder weil sie von dem richtigen Gefühle zeugen, daß das allgemeine Vertrauen des ganzen Volkes Berücksichtigung verdiene.

Als Pitt im Jahre 1804 gegen Lord Grenville's Meinung die Wahl des letzten Ministeriums auf einen Ausschließungsgrundsatz begründete und gegen Fox hauptsächlich die unüberwindliche Vorliebe des Königs für ihn als Hinderniß anführte, war es da schwer, zu entscheiden, ob das Angeführte wahr, oder die vorgebliche Opposition nicht vielmehr die Herrn Pitt's selbst gewesen sey? Diese letztere Meinung ist heute zu Tage am wahrscheinlichsten.

ihm noch mehr Kraft. Nach Lord Grenville, welcher zum ersten Lord der Schatzkammer ernannt war, und nach Fox, der die Leitung der auswärtigen Geschäfte übernahm, waren die einflußreichsten Personen: Heinrich Petty, Canzler, Lord Ellenborough, Minister der Justiz, und Graf Sidmouth, Großsiegelbewahrer. Die übrigen Mitglieder der Verwaltung waren Menschen, welche in jedem Ministerium ihren Platz einnehmen und nützlich seyn können, ohne ihren Namen jedoch so bekannt zu machen, daß er von der Geschichte aufbewahrt zu werden verdiente. Obgleich Fox hätte erster Lord der Schatzkammer werden können, eine Stelle, mit welcher gewissermaßen die höchste Leitung der Geschäfte verknüpft ist, so zog er doch aus einem Gefühle von Großmuth jener höhern Stelle den Wirkungskreis vor, in welchem er mit aller Thätigkeit an dem großen Werke des Friedens arbeiten konnte, dessen Anhänger er von jeher gewesen war. Er ergriff begierig jede hierzu passende Gelegenheit; man sah ihn in der That auch solche Schritte thun, die seinem Andenken, obwohl sie vielleicht gerade die entgegengesetzte Wirkung hervorbrachten, dennoch zur größten Ehre gereichen.

Unter den ihm von Pitt gleichsam als eine politische Erbschaft hinterlassenen Schwierigkeiten haben wir schon früher die Mißverständnisse zwischen Großbritannien und dem Berliner Hofe erwähnt. Wenn zwischen diesen beiden Mächten der Uebergang von der innigsten Freundschaft zu einem öffentlichen Bruche gar zu auffallend und barsch war, so ist das Unrecht — man muß der Wahrheit ein Zeugniß geben — weniger auf Englands Seite, als in Preußen selbst zu suchen, dessen ungeschickte Politik, feig und ängstlich, wenn Kühnheit noch einen glücklichen Erfolg hätte haben können, erst dann mit Entschlossenheit aufzutreten für gut fand, wenn der wichtige Moment verschwunden und nichts mehr zu fürchten war. Es scheint fast, als hätte Preußen nur darum mit so wenig Klugheit und so ganz zur Unzeit diesen Augenblick gewählt,

Als Napoleon am 15ten December mit dem Grafen von Haugwitz einen Vertrag abschloß, dessen Zweck war, Preußen, so zu sagen, mit Frankreich zu verschmelzen, indem es dasselbe von England und Rußland trennte, war die Vollziehung dieses Vertrags der letzte Dienst, den Graf von Haugwitz dem preußischen Cabinette geleistet hat. Es liegt noch in der Macht dieses Cabinettes, Vergebung für seinen Abfall zu erlangen, das Vergangene mit dem Schleier der Vergessenheit zu decken und schönere Aussichten für die Zukunft zu eröffnen; allein weg dann mit jeder halben Maaßregel, mit jedem zweideutigen Benehmen! Es muß alsdann ganz für Napoleon oder gegen Napoleon seyn; es muß mit ihm zu Felde ziehen oder gegen ihn die Waffen ergreifen. Jeder Mittelweg führt zu einem unausweichlichen Abgrunde. Das preußische Cabinet ist auf dem Puncte, den letzteren zu wählen.

Während Graf von Haugwitz noch auf der Gesandtschaftsreise begriffen war, bereitete sich der preußische Hof durch alle seine Schritte neue Verlegenheiten vor, denn zwischen den Entschlüssen, welche zu Berlin gefaßt wurden und den in Wien durch den Abgeordneten genommenen Maaßregeln, fand häufig Widerspruch statt. Der Kaiser hat diesem Gesandten bei der Audienz, welche er ihm am 28sten November in dem Hauptquartiere zu Brünn gegeben hatte, zwei Forderungen vorgelegt: Erstens, daß, im Falle um einen allgemeinen Frieden unterhandelt würde, keine britischen noch russischen oder schwedischen Truppen das holländische Gebiet betreten sollten; zweitens, daß man der französischen Garnison, welche die Stadt Hameln besetzte, ein größeres Gebiet zur Benutzung überlassen sollte, woher sie die nöthigen Lebensmittel erhalten könnte. Diese Forderungen, die vor der Schlacht von Austerlitz von dem preußischen Hofe verworfen wurden, sind sogleich nach dem eingelaufenen Berichte dieser Schlacht angenommen worden, jedoch unter der Bedingung, daß auch der Kaiser nichts von seiner Seite gegen das Churfürstenthum Hannover unternehmen wollte.

verhehlen konnte und daher in einer nicht wenig drückenden Furcht wegen eines baldigen Angriffes schwebte, so mußte er das Anerbieten des Kaisers Alexander, welches ihm durch die ganz kürzlich von dem Schlachtfelde von Austerlitz in Berlin angekommenen Fürsten Constantin und Dolgorucki gemacht wurde, annehmen, wodurch die russischen, im Norden von Teutschland gelandeten Truppen, unter den Befehlen des Grafen von Tolstoy und des Generals Bennigsen, zu freiem Gebrauche gestellt wurden. Am 22sten December hat der Freiherr von Hardenberg den außerordentlichen Botschafter Sr. britischen Majestät, Lord Harrowby, von diesem Ereignisse in Kenntniß gesetzt und ihn eingeladen, auch den englischen Truppen, im Falle die preußische Armee angegriffen würde, solche Befehle zu ertheilen, wie dies bis jetzt bereits von Seiten des russischen Kaisers geschehen sey. In diesem Briefe gab der preußische Minister als Beweggrund der Einwilligung des Königs in alle Forderungen Napoleons den „Vortheil" an, dadurch Zeit zu bestimmteren Maaßregeln zu finden und sich überhaupt auf jedes mögliche Ereigniß vorbereiten zu können [1]). Dieser Brief ist von dem Lord dem Parlamente mitgetheilt worden und dadurch zur Oeffentlichkeit gelangt. Er gab auch dem französischen Moniteur Gelegenheit, einen heftigen Ausfall gegen den Freiherrn von Hardenberg bekannt zu machen. Der Schein war ganz gegen diesen Minister, und in der That würde er unredlich und treulos gehandelt haben, wenn er, wie der Moniteur ihn beschuldigt, in dem Augenblicke,

1) But even favourable as time will thus be gained to take some deliberate measures, and to prepare for every contingency.

Brief an Lord Harrowby.

in Frankreich glaubte; allein es war nicht so.

Da der Graf von Haugwitz es sich vorbehalten hatte, den Vertrag in eigener Person nach Berlin zu bringen, um dem Könige zu gleicher Zeit die Beweggründe seines Entschlusses vorlegen zu können, haben es Letzterer sowohl als der Freiherr von Hardenberg erst am 25sten December vernommen. Wir werden später auf diesen Brief des Herrn von Hardenberg zurückkommen, welcher die Entfernung dieses Ministers und seinen Ersatz durch den Grafen von Haugwitz bewirkte.

Alle Leidenschaften, welche den König gewaltsam in den Bund gezogen hatten, lebten und wirkten in voller Thätigkeit rings um ihn herum; sie sind jetzt nur noch mehr erbittert, da sie den Triumph eines Mannes erblicken, dessen Sturz oder wenigstens dessen Demüthigung sie geschworen hatten. Die Mehrheit des Staatsrathes bleibt stets russisch und englisch gesinnt. Diesem Rathe mußte die Nachricht ertheilt werden, daß Preußen, als Bundesgenosse Frankreichs, der Bundesgenosse Napoleons sey. Bei dieser Nachricht bricht die Verwunderung sowohl wie der Unwille aus, der Sturm erhebt sich, der Ingrimm sucht Gelegenheit, sich zu entladen, man verflucht Napoleon und den verrätherischen Minister, welcher seinen Willen unterzeichnet und vollzogen hat. Doch dieser Staatsmann, der Verrätherei beschuldigt, bietet seine eigene Person zum Opfer an. Er glaubte eine heilige Pflicht zu erfüllen, seinem Lande einen großen Dienst zu erweisen; wenn er sich nun geirrt und Mißgriffe gethan hat, so hat er wenigstens aus eigenem Antriebe gehandelt, ohne Anweisung, ohne vorläufige Vollmacht. Nichts ist leichter, als ihn zu verläugnen; man hat in Berlin wie in Wien die freie Wahl; man hat es in Berlin wie in Wien in seiner Macht, zwischen Krieg und Bündniß zu wählen. Man ereifert sich, man schreit und empört sich gegen die Verbindung, und Niemand getraut sich, den Krieg vorzuschlagen! Man möchte gar zu gern der Feind Napoleons heißen, ohne die Verpflichtung auf sich zu

Dieser Anfangs so wilde Haß zog sich einigermaßen hinter den Schleier der Ehrsucht zurück und suchte gleichsam, um sich die Lage zu versüßen, einen Vorwand in der Berechnung der Vortheile, welche der Besitz von Hannover mit sich führe [1]. Man entschließt sich daher, die wahren Gesinnungen zu verhüllen. Man nimmt zwar die Kriegserklärung nicht an, allein man giebt sich auch dem Bündnisse nicht mit Offenheit hin. Es scheint, als wolle man sogar noch Miene machen, der französischen Regierung Bedingungen vorzuschreiben. Endlich schlägt man ein Uebereinkömmniß vor. Hannover allein genügt nicht. Der Besitz dieses Landes macht auch noch denjenigen von Bremen, Hamburg, und sogar vielleicht noch von Lübeck nöthig. Da über den Churfürsten-Titel verfügt werden kann, so würde der König zu Gunsten des Hauses Braunschweig-Wolfenbüttel auf dieses Vorrecht verzichten. Ja man geht noch weiter, man wünscht aus dem Vertrage die Worte: „Offensive" und „Defensive" entfernt zu wissen, unter dem Vorwande, daß das alleinige Wort „Allianz" einen ausgedehntern Begriff in sich schlösse. Nachdem man endlich so hin und her geredet, und Dieses und Jenes abgeändert hatte, kömmt man dahin überein, daß der König den Vertrag vollziehen, allein noch eine erläuternde Bemerkung hinzufügen werde, worin alle die Nachträge und die von Sr. Majestät dem Könige von Preußen gewünschten Abänderungen besonders aufgeführt seyn sollten. Der französische Minister, Herr von Laforêt, besteht

1) Preußen trat Anspach ab . . . . 245,000 Seelen
Den Theil des Herzogthums Cleve, welcher ihm noch auf dem rechten Rheinufer gehörte . . . . 57,000 —
Das Fürstenthum Neufchatel und Valengin . . . . . 47,000 —

Gesammtzahl 349,000 Seelen.

Wenn man Alles auf die Wagschale legt, so hatte Preußen einen Gewinn von beinahe 500,000 Seelen, außer dem Vortheile, daß seine Staaten mehr abgerundet waren und durch einige neue Städte, wie z. B. Nienburg und Hameln, vergrößert wurde.

In Berlin benimmt man sich in Bezug auf diese Entschlüsse mit großer Festigkeit. Man schickt Truppen nach Hannover, allein nur um dieses Reich einstweilen zu besetzen. Erst dann sollte mit Bestimmtheit verfahren werden, wenn man bei dem Friedensschlusse zwischen Großbritannien und Frankreich, Hannover als ein abgetretenes Land betrachten könne. Mit Frankreich will man neue Unterhandlungen anknüpfen. Einstweilen muß man sich aber gegen England verstellen. Am 26sten Januar überreicht der Freiherr von Hardenberg dem britischen Gesandten, Jackson, eine Note, worin er ihm von der Besetzung Hannovers unterrichtet und hinzufügt, daß dies keinen andern Zweck habe, als das Churfürstenthum bis zum Friedensabschlusse der Verwaltung des Königs von Preußen anzuvertrauen. Die an den Grafen von Münster, Oberhaupt der hannöverschen Regierung, gerichtete Erklärung, so wie die Bekanntmachung des Grafen von der Schulenburg-Kehnert, Befehlshabers des Besatzungscorps, sind in demselben Geiste und beinahe mit den nämlichen Worten abgefaßt. Letzterer Aufruf enthält die Worte: „Der König nehme bis zum Abschlusse des Friedens Hannover unter seinen Schutz und unter seine Verwaltung."

Nichts desto weniger ist der den Vertrag vom 15ten December unterzeichnende Staatsbeamte nach Paris gesendet worden, um sich für die Annahme der von dem Staatsrathe geforderten Abänderungen, in Bezug auf die bestimmt ausgesprochenen und schneidenden Clauseln zu verwenden. Dies Benehmen liefert uns einen neuen Beweis, wie wenig das preußische Cabinet damals noch seine eigene Stellung kannte und wie wenig es den Maaßregeln seines neuern Bundesgenossen vertraute. „Der Graf von Haugwitz," schrieb der König an Napoleon [1]), „wird die Ehre haben, gegen Ew. Ma-

1) In einem besondern Handschreiben vom 16ten Januar 1806.

destoweniger wünscht Se. Majestät der Kaiser auf das lebhafteste, daß die zwischen Frankreich und Preußen eingeschlichenen Mißverständnisse sich auf das freundschaftlichste lösen, und daß zwischen beiden Staaten die lang bestandenen Freundschaftsverhältnisse auch für die Zukunft fortdauern mögen. Sein Wunsch erstreckt sich sogar so weit, daß noch festere Bande eine noch dauerndere Verbindung zwischen den beiden Staaten herbeiführen mögen, insofern dies nämlich die anderweiten Verbindungen, welche Preußen mit andern Mächten bereits schon eingegangen ist oder noch eingehen wird, gestatten würden."

Von Preußen ist der Bruch des Wiener Vertrags ausgegangen. Somit ist er nun auch unwiderruflich erfolgt; allein Preußen wird dennoch in der Verkettung mit Napoleon bleiben, nur daß jetzt die Fesseln viel schwerer und drückender sind. Ein neuer Vertrag wird eingeleitet; er enthält alle die lästigen Bedingungen des ersten, fügt sogar neue hinzu, und läßt außerdem eine für jene Macht vortheilhafte Clausel wegfallen.

Laut des Vertrages vom 15ten December sollte Baiern eine Bevölkerung von zwanzigtausend Seelen zur Abrundung der Markgrafschaft Baireuth abtreten. Der neue Vertrag enthebt Baiern dieser Verbindlichkeit. Was aber Preußen zugestanden hatte, muß ohne Verzug geleistet werden. Die Abtretung der Ländereien soll ungesäumt erfolgen. Allein eine andere weit strengere Bedingung für Preußen ist die Verbindlichkeit, alle Flüsse im nördlichen Teutschland vor den englischen Flaggen zu verschließen.

In Wien hat Napoleon von einer solchen Forderung noch nichts erwähnt. Damals unterhandelte er mit Seinesgleichen, jetzt aber unterhandelt er als beleidigter Gebieter. Nach seinen früheren Gedanken wäre ein Bündniß mit Preußen eben so klug, als wichtig und allgemein vortheilhaft gewesen, allein nur in der Voraussetzung, wenn diese Macht dem französischen Systeme sich frei und offen und ohne allen Rückhalt hingegeben hätte. Napoleon hatte damals darauf gerechnet und voll Vertrauen in diese Voraussetzung sogar seine vorläufigen Maaßregeln genommen. Er betrachtete die Uebereinkunft vom 15ten December, an dem sie geschlossen worden, als auch an dem nämlichen Tage genehmigt und glaubte nicht an die Möglichkeit, daß die zugestandenen Artikel zurückgenommen werden könnten. Er selbst hatte die Markgrafschaft Baireuth gegen das Herzogthum Berg an Baiern abgetreten.

So weit waren die Unterhandlungen mit Frankreich gediehen, als Preußen den Vertrag geändert, und zwar nach blos zufälligen, rein hypothetischen Grundsätzen umgearbeitet wissen will. Jetzt ist es Napoleon klar geworden, daß der Hof von Berlin, welcher den Abend zuvor noch ein treuer Bundesgenosse Rußlands und Englands war, keinen andern Zweck dabei hat, als diese beiden Staaten zu schonen.

Von dem Augenblicke an, da Preußen sich weigert, der französischen Regierung einen augenscheinlichen Beweis seiner Treue und redlichen Absicht zu geben, giebt es offen zu erkennen, daß es nur der Nothwendigkeit nachgegeben, noch stets aber die böse Absicht früherer Zeit beibehalten habe, daß es sich vorbehalten, wenn es gleichwohl jetzt sich freut, für den Augenblick ruhig bleiben zu können, bei günstiger Gelegenheit ein Band zu zerreißen, welches es nur gezwungener Weise geknüpft hat. Napoleons Scharfblick war dieser Plan nicht entgangen. Ueber eine solche Heuchelei, welche den Einfluß des beschlossenen Verraths zum Voraus berechnete, aufs heftigste erzürnt, wird er unerbittlich in seinen Maaßregeln, obgleich er seine äußeren Handlungen stets noch mit dem Schleier des Anstandes zu decken weiß. Indem er einem Verbündeten, den er auf dem Puncte sieht, einen Verrath zu begehen, Bedingungen vorschreibt, welche er damals nicht gemacht haben würde, als er ihn noch der Redlichkeit fähig hielt, glaubt er sich aller Verpflichtungen gegen Preußen enthoben, und vertraut ihm nur in so weit, als er es bemeistern kann, in der Ueberzeugung, daß es, sobald nur immer eine Möglichkeit von Gewinn vorhanden, von ihm abfallen werde.

Diese zu Paris so lange ersehnte Verbindung mit Preußen, von der man erwartet hatte, daß sie jede Zusammenwirkung von Rußland und Oestreich verhindern könne, ist durch die Art und Weise, wie sie zu Berlin aufgenommen und zu Paris erwiedert worden, jetzt nichts Anderes mehr als ein Vertrag aus Haß und Lüge zusammengesetzt. Der gedemüthigte Stolz in Berlin kocht vor Wuth. Napoleon fühlt mehr als Haß gegen Preußen; sein Inneres durchtobt die tiefste Verachtung für die Politik dieser Macht. Von jetzt an werden seine kühnen Gedanken sich an keinen Vertrag mehr binden; neue Plane erfüllen seine Seele. Vorläufig dringt er auf die Verwirklichung aller Frankreichs Nutzen fördernder Bedingungen. Nicht ein einziger Tag darf ungenutzt vorübergehen.

Der preußische Gesandte am französischen Hofe, Marquis von Lucchesini, bringt dem Könige in eigener Person den neuen, unheilbringenden Vertrag, welchen der Graf von Haugwitz am 16ten Februar zu unterschreiben genöthigt worden war 1). Man hat den ersten verweigert, der nichts als einen Ländertausch wollte, wobei Preußen den dreifachen Werth für seine Abtretungen erhalten sollte, allein man geht den zweiten ein 2), welcher nicht nur alle die Vortheile wieder auflöset, sondern auch Preußen noch überdies zu einem unausweichlichen Kriege verdammt, der nicht nur einen gänzlichen Sturz seines Handels herbeiführt, sondern auch nahe an 400 preußische Schiffe, die sich gerade zur See befinden, in die Hände der Engländer liefert. Erst am 9ten März erhält dieser neue Vertrag seine förmliche Bestätigung vom Könige, allein der Entschluß dazu war schon am 26sten Februar ge-

1) Lucchesini ist am 24sten Februar in Berlin angekommen.

2) Das am 9ten October zu Erfurt bekannt gemachte Manifest verhehlt nicht, in welchem Geiste diese Genehmigung abgefaßt worden sey. „Der König hat den neuen Vertrag genehmigt," hieß es darin, „weil er seine Streitkräfte, deren Europa jetzt mehr als sonst bedürfe, für eine leicht vorauszusehende Katastrophe aufbewahren wolle." War Napoleon nach einem so offenen Geständnisse ungerecht, wenn er dem Könige von Preußen für eine zu solchem Zwecke führende Vertragsgenehmigung keinen Dank wußte?

vom 1sten April ihren bestimmten Zweck ausgesprochen hatte, legte auch ein englisches Manifest, von dem Könige selbst unterschrieben, alle Beschwerden Großbritanniens gegen jene Macht vor. Der König von England warf ihr vor, „sie habe von dem Vortheile, die russischen Truppen zu ihrem Befehle gehabt zu haben, und dem von England erhaltenen Versprechen von Unterstützungsgeldern nur Gebrauch gemacht, um von Frankreich Zugeständnisse zu erhalten, welche dem Zwecke gänzlich zuwider liefen, den man durch eben jene gewährten Vortheile hätte erreichen wollen." Indem man die am 3ten November zu Potsdam unterzeichnete Uebereinkunft in das Gedächtniß zurückrief, machte der König von England die Bemerkung, Se. Majestät der König Friedrich Wilhelm würde sich höchst wahrscheinlich weit mehr zur Erfüllung jener übernommenen Pflichten hingezogen gefühlt haben, „wenn er zu dem Austausche Hannovers gegen einige preußische Provinzen seine Zustimmung gegeben hätte."

Somit wären die Dienste des preußischen Staates bei der Coalition mit eben so wenig Uneigennützigkeit, als der Höfe von Wien und Petersburg geleistet worden. Es kann wenig daran liegen, zu wissen, ob Preußen nach dem Potsdamer Vertrage um Subsidiengelder gebeten, oder ob England — wie es britische Schriftsteller behaupten — dieselben angeboten habe. Preußens Aufopferung für die Unabhängigkeit Europa's war in jedem Falle auf britisches Gold begründet. Uebrigens enthielten sowohl das englische Manifest, als die Reden eines Fox in mehreren dem Berliner Cabinette gemachten Vorwürfen manchen Irrthum und sogar eine Ungerechtigkeit.

Preußens Benehmen, sagte dieser Minister, vereinigte Alles in sich, was die Habsucht Gehässiges und die Kriecherei Verächtliches in sich schließt [1]). Für den Augenblick verdiente

1) It was an union of every thing that was contemptible in Servility, with every thing that was odious in rapacity.

Kammer der Gemeinen, am 23sten April.

den gegen die preußische Regierung an die Hand zu geben. Wir werden gerüstet seyn.

Ohne Zweifel hatte der Herzog von Braunschweig den geheimen Befehl, Alles in St. Petersburg zu beobachten, doch hatte seine Sendung gewiß nicht einen nahe bevorstehenden Krieg zum Zweck. Der Lieblingswunsch des Königs war in jener Zeit dahin gerichtet, von dem Kaiser Alexander die Beistimmung zur Annahme Hannovers zu erhalten. Es kann jedoch nicht geläugnet werden, daß des Herzogs Aufenthalt in Rußland sehr viel Einfluß auf Alexanders persönliche Stimmung gehabt habe. Der Luftkreis um St. Petersburg war nichts weniger als rein von Gewitterstoff. Die Partei der jungen Leute erhob von neuem, wie damals vor dem Feldzuge von Austerlitz, ihr Haupt. Der österreichische Gesandte, Graf von Merveldt, stellte den Frieden von Presburg als eine nur durch den Druck der Umstände dem Kaiser Franz II. abgedrungene Uebereinkunft dar, und Alexander glaubte selbst nicht an eine langdauernde Ruhe des Festlandes. In einer Unterredung mit dem Herzoge von Braunschweig gestand er, bei aller anderweiten Anerkennung der Tapferkeit der russischen Armee, frei und offen, daß sie, um ihre Kräfte gehörig entwickeln zu können, der Anführung kriegserfahrener Feldherren bedürfe, und sagte, der Eigenliebe des alten Kriegers schmeichelnd, mit verbindlicher Miene: „Ich gebe die Hoffnung noch immer nicht auf, dereinst unter Ihren Befehlen stehen zu können."

Uebrigens darf man sich nicht wundern, wenn das Publicum über den wahren Zweck dieser Sendung des Herzogs von Braunschweig getäuscht wurde. Obwohl der König von Preußen, wie ich fest überzeugt bin, in dem Augenblicke, als er eine Verbindlichkeit einging, gewiß den besten Willen hatte, dieselbe zu erfüllen, so schien man selbst in Berlin an seiner Aufrichtigkeit zu zweifeln, ja man ging in der Geringschätzung so weit, zu glauben, dieser Fürst habe nur der Uebermacht der Verhältnisse nachgegeben, ohne die Kunst verstanden zu haben, sich durch ein dauerhaftes Band mit Frankreich zu verbinden.

Einige häusliche Anordnungen gaben deutlich zu versteken, daß man sich auf das Aeußerste gefaßt mache. Auf der einen Seite hat man die Geldquellen der Regierung dadurch zu vermehren gesucht, daß man neue Banknoten in Umlauf setzen ließ; auf der andern Seite wurden fünf und siebenzig neue Bataillons Landtruppen errichtet, um die Festungen und andere Kriegsplätze zu besetzen; dadurch wurde ein Drittheil der Armee, der bisher zu diesem Dienste verwendet worden war, marschfertig gemacht. Wenn die Teutschen selbst nicht an die Redlichkeit des Berliner Hofes glauben, konnte man ihm in Frankreich unbedingtes Vertrauen schenken? Der Graf von Haugwitz schrieb selbst von Paris [1]) aus: „Man zürne über die Vergangenheit und zweifle an der Gegenwart."

Die letzten Briefe des Königs an den Kaiser waren ohne Antwort geblieben. Schon jetzt stieg die Unruhe des preußischen Monarchen in hohem Grade, um wie viel mehr mußte dies aber noch der Fall seyn, als der unter dem 22sten December von dem Freiherrn von Hardenberg an den außerordentlichen Gesandten Englands, Lord Harrowby, geschriebene Brief in dem Moniteur vom 21sten März abgedruckt und mit beleidigenden Anmerkungen gegen das preußische Ministerium versehen worden war. „Dies ist," lauteten die Worte jenes Artikels, „Herrn von Hardenbergs Lohn dafür, daß er sich den Erzfeinden des Festlandes Preis gegeben hat." Der Angriff war sowohl grausam als ungerecht, wenn er anders glauben machen wollte, dieser Minister habe sein Gewissen und seine Ehre verkauft. Obwohl leidenschaftlich von Temperament und eben so eifrig der einmal ergriffenen Partei zugethan, war Herr von Hardenberg ein Mann von unbescholtenem Rufe. Der Kaiser Napoleon hatte das Recht, ihn für das Haupt deß gegen Frankreich gerichteten Systems zu halten und ihn somit als seinen persönlichen Feind zu verfolgen; allein es stand ihm das Recht nicht zu, einen Mann der Käuflichkeit anzuklagen, der über einen solchen Vorwurf erhaben war.

Seit dem Ende des Monats December hat die franzö-

1) Im Monat Februar.

süchtig entgegensehe. Es fehlte auch nicht an wichtigen Beweggründen, diesen Wunsch gerade jetzt auszusprechen. Nach dem Durchmarsche des Marschalls Bernadotte durch Anspach war die französische Gesandtschaft in Preußen in einer beleidigenden Abgeschiedenheit zurückgelassen worden. Vergeblich bat sie um Gehör, allein alle ihre Bitten wurden abgeschlagen. Sie war nicht im Stande, irgend ein Schreiben an das königliche Cabinet gelangen zu lassen, als durch Mittelspersonen. Die beleidigende Absicht lag am Tage, allein Napoleon beklagte sich nicht, sondern setzte seine gewohnte Handelsweise fort, und erst zu Ende des Feldzuges führte ihm der Zufall diese Erinnerung ins Gedächtniß zurück. „Ob Preußen," sagte der französische Minister [1]), „den Krieg gewollt oder nicht gewollt habe, gleichviel! Herr von Hardenberg hat Frankreich beleidigt. Das Recht Krieg zu führen kömmt einer jeden Krone zu. Die Macht, gegen welche man Krieg führt, wird dadurch nicht beleidigt; allein es verräth Feigheit, wenn man den Minister eines bedeutenden Monarchen die Audienz verweigert."

Der französische Abgeordnete mußte, in Folge dieser Vernunftschlüsse seiner Regierung, jede Berührung mit dem Freiherrn von Hardenberg abbrechen, ja sogar ein zufälliges Zusammentreffen vermeiden, und vor Allem jede von dem preußischen Minister angebotene Unterredung standhaft abweisen. In dieser Handlungsweise lag nur die Ausübung des Vergeltungsrechtes, und der Kaiser Napoleon würde keinen Vorwurf verdienen, wenn er es dabei hätte bewenden lassen. Er hat darin gefehlt, daß er in einer besondern Staatsanzeige [2]) die eben so harte als ungegründete Anklage gegen Herrn von Hardenberg hatte einrücken lassen.

1) In einem Briefe vom 31sten December.

2) Das vier und dreißigste Bülletin spricht von einem Minister des Königs, der, in Hannover geboren, für den goldenen Regen nicht unempfänglich war.

Der König war es sich selbst und seinem verläumdeten Minister schuldig, durch die Verabschiedung des Letzteren eine so gehässige Andichtung nicht zu bestätigen. Der Freiherr von Hardenberg ist daher bis zu dem Augenblicke an der Spitze der höchsten Staatsleitung geblieben, wo sein Brief an Lord Harrowby durch den Moniteur allgemein bekannt geworden.

Ich habe bereits einen Standpunct angegeben, von wo aus die Rechtfertigung dieses Ministers leicht würde. Obgleich dieses Schreiben keine günstige Gesinnung für Frankreich äußerte, konnte Herr von Hardenberg doch nicht, wie es Frankreich ihm vorgeworfen hat, schon am 22sten December den Entschluß gefaßt haben, einen wenn auch am 15ten zu Wien unterzeichneten, doch erst wegen mancherlei Zufälligkeiten am 25sten desselben Monats in Berlin bekannt gewordenen Vertrag zu brechen.

Herr von Hardenberg machte dem Könige deshalb die Vorstellung, daß diese einzige Bemerkung, der Prüfung des Kaisers Napoleon vorgelegt, hinreichen würde, ihm seinen Fehler einsehen zu machen, und der König gewährte sogleich seinem Minister die Erlaubniß, diese Erklärung in die Hof- und Staatszeitung einrücken zu lassen.

Diese Erklärung war in einem edeln und festen Tone abgefaßt, wie man dies kaum von der Temperatur Berlins hätte erwarten sollen. Der König wurde heftig davon ergriffen, sogar erschreckt. Kaum konnte er sich erinnern, den Brief vom 22sten December gelesen zu haben, welcher jetzt den Gegenstand des Streites ausmachte. Wenn er ihn auch je vor Augen gehabt, so fand er jetzt doch, man habe sowohl den Ausdruck, als den Inhalt seiner Willensmeinung verstärkt. So wollte es ihm auch scheinen, der Freiherr von Hardenberg habe sich in seiner Antwort auf den französischen Moniteur zu sehr von seiner Heftigkeit hinreißen lassen, und darin mehr als Mensch denn als Minister gehandelt. Er wußte es ihm daher auch wenig Dank, daß er nicht einmal so zart und edeldenkend gewesen, dem Wohle des Landes und dem Vortheile der Regierung seine Persönlichkeit zum Opfer zu bringen.

Die Staatszeitung enthielt in der Nummer des folgenden Tages die Nachricht: „Der Freiherr von Hardenberg habe um seine Entlassung gebeten [1]), und diese auch auf unbestimmte Zeit erhalten; an seine Stelle sey Graf von Haugwitz als alleiniger Cabinets-Minister getreten, und alle auswärtigen Angelegenheiten würden von nun an von ihm allein geführt werden." Durch diesen Artikel der Staatszeitung hat Herr von Hardenberg erst seine Entlassung vernommen. Die Strafe war streng, ob er sie verdient habe oder nicht. Er beklagte sich bitter, nach so langen Jahren treuer Dienstzeit auf eine solche Weise aus dem Cabinet entfernt zu werden [2]), und beschwor den König, ihm diese Beleidigung zu ersparen. Er legte zu gleicher Zeit dem Könige einen neuen Aufsatz vor und bat um die Erlaubniß, ihn drucken lassen zu dürfen. Vergebens hatte sich die Königin mit ihrer gewohnten Wärme für eine Sache verwendet, die in gewisser Hinsicht auch die ihrige war. Allein der König war unerbittlich.

Während dieser Zeit ist der Graf von Haugwitz von einer Sendung, welche nur wenig erfreuliche Ergebnisse darbot, aus Frankreich heimgekehrt. Er hatte sich keinen Vorwurf zu machen. Dessen ungeachtet wurde es ihm als ein Verbrechen angerechnet, den Vertrag vom 15ten Februar unterzeichnet zu haben, da man doch die Uebereinkunft vom 15ten December, welche eben so dem Ehrgeize der Nation schmeichelte, als ihre Macht vergrößerte, verworfen hatte. Dieser Minister sah auf diese Weise sich der mißlichsten Stellung entzogen. Der König von Preußen hatte jedoch, als er dem Grafen die Leitung seines Cabinettes anvertraute, den festen Willen, dem französischen Hofe dadurch Beweise seiner aufrichtigen Gesinnung zu geben; allein von einem Cabinette, welches in so kurzer Zeit die schnellsten Veränderungen gemacht und so oft seinen Minister gewechselt

1) Im Monat April.

2) Früher schon hatte Herr von Hardenberg mit dem Grafen von Haugwitz in der Leitung der Ministerien abgewechselt; allein ein Jeder von ihnen hatte auch, ohne Beibehaltung des Directoriums, den Titel Cabinets-Minister fortgeführt. Jetzt ist dem Freiherrn von Hardenberg sogar der Titel selbst entnommen worden.

hatte, konnte eine solche Gewährleistung nur wenig Zuversicht einflößen.

Welche ganz andere Folgen würde es gehabt haben, wenn man in dem Augenblicke, als dieser Minister von Wien zurückgekommen war, einen leichten Fehler durch die Genehmigung des Bündnisses, welches er so eben abgeschlossen, wieder gut gemacht hätte! Jetzt wird ihn selbst das hohe Vertrauen seines Monarchen nur wenig gegen den Haß der antifranzösischen Partei schützen, und es wird ihm eben so wenig gelingen, den König über die geheimen Absichten Napoleons zu beruhigen, als Napoleon über das zukünftige Benehmen des Königs in Gewißheit zu setzen.

Die Leidenschaften des Hoflebens hatten sich des Cabinets zu sehr bemächtigt, um ganz daraus vertrieben werden zu können. Der Graf von Haugwitz wird am Ende sich genöthigt sehen, die Miene anzunehmen, als wenn er jene Hofumtriebe billige und deren Lehren sogar Folge leiste, während er doch im Herzen dieselben verabscheut, und so wird er, ohne es zu wollen, seine Zustimmung zum Kriege geben. Jetzt schon erwarten diesen Minister alle Arten von Unannehmlichkeiten. Man läßt es öffentlich an den gewöhnlichsten Ehrenbezeugungen gegen ihn fehlen und wirft ihm des Nachts die Fenster ein. Auch die unumschränkte Macht hat, wie man sieht, ihren gesetzlosen Zustand.

Unter den vielen fremden diplomatischen Körpern, welche sich damals im Norden Teutschlands gezeigt hatten, blieben die Schweden allein noch zurück. Seit dem Monat Januar hatten die Russen und Engländer Hannover geräumt. Lord Cathcart war es, welcher den britischen und hannöverschen Truppen den Befehl ertheilt hatte, sich einzuschiffen und nach England zurückzukehren. Das russische Corps des Grafen Tolstoy hat seinen Rückzug durch preußisch Pommern angetreten. Für Englands Sache eifriger entbrannt, als es diese Macht selbst wünschte, hatte Gustav Adolph eine Abtheilung schwedischer Truppen in dem Herzogthume Lauenburg zurückgelassen und erklärt, daß er jeden Angriff gegen dieses Heer für eine Kriegserklärung ansehen werde. Mit dieser Herausforderung noch nicht befriedigt, hat er zugleich mehrere preusische Fahrzeuge auf der Peene weggenommen und die zufällig in den schwedischen Häfen liegenden Schiffe dieser Nation mit Beschlag belegt. Er hatte sogar an den König von Preußen geschrieben [1]), daß er diese Maaßregeln so lange in Wirksamkeit erhalten werde, bis die Elbe der englischen Flagge wieder geöffnet sey. Es wäre ein Leichtes gewesen, diese Verwegenheit mit Gewalt zurückzudrängen; der Berliner Hof aber glaubte nachsichtig seyn zu müssen und begnügte sich damit, eine Truppenabtheilung an der schwedischen Gränze aufzustellen, und somit mehr zu drohen, als zu handeln. Graf von Haugwitz sagte, „dies sey ohnehin ein gutes Mittel, der auf keinen bestimmten Zweck hingerichteten Ungeduld des preußischen Militairs eine Beschäftigung zu geben."

In dieser Epoche hätte die französische Regierung nichts lieber gesehen, als wenn die Spannung zwischen Preußen und Schweden sich zur förmlichen Feindseligkeit umgestaltet hätte, weil der Berliner Hof nur um so mehr in Unannehmlichkeiten mit den Cabinetten von Petersburg und London verwickelt worden wäre. „Die Eroberung von schwedisch Pommern," sagte der französische Minister, „muß Sr. Majestät dem Könige von Preußen so wünschenswerth seyn, daß Letzterer unmöglich die Gelegenheit, das Land auf dem Wege Rechtens in Besitz zu nehmen, unbenutzt vorübergehen lassen kann." Herr von Laforêt hatte zu gleicher Zeit die Vollmacht erhalten, in dem Gespräche mit dem preußischen Ministerium einfließen zu lassen, daß der Kaiser, im Falle der König zur Besetzung Pommerns und Stralsunds Frankreichs Hülfe bedürfte, keinen Augenblick anstehen würde, die nöthige Truppenmacht zu seiner Unterstützung abmarschiren zu lassen.

Eine andere Ursache mochte aber einen großen Einfluß auf diese Aufforderung der französischen Regierung äußern. Napoleon konnte sich nicht verhehlen, daß, sobald eine Unterhandlung zwischen England und Frankreich sich eröffnete, eine der ersten Forderungen des Londoner Cabinets die Heraus-

1) In einem besondern Handschreiben vom 12ten Mai.

Wenn jedoch Se. Majestät der König von Preußen schonen wollte, so konnte es ihm doch nicht gleichgültig seyn, ob das Herzogthum Lauenburg in den Händen Gustavs IV. bleibe oder nicht. Um die Schweden aus dieser Stellung zu vertreiben, enthob ein klug gewählter Ausweg den Berliner Hof der Nothwendigkeit, zu den Waffen seine Zuflucht zu nehmen. Die preußischen Truppen hatten die Schweden umzingelt, als letztere schon, mit den Waffen in der Hand, sich einen blutigen Weg bahnen zu wollen schienen. Man öffnete ihnen aber die Reihen und ließ sie frei abziehen und nach Pommern zurückkehren. So wenig Gustav auch für Preußen zu Lande gefährlich war, so lag es doch in seiner Macht, ihm zur See einen großen Schaden zuzufügen. Hierin ging dieser Fürst weiter, als es England gewünscht hatte. Aus Grundsatz zurückhaltend gegen die preußische Regierung, hatte Großbritannien nur diejenigen Häfen Teutschlands gesperrt, welche sich dem englischen Handel verschlossen hatten. Gustav aber that mehr. Er blockirte auch die preußischen Häfen des baltischen Meeres. Dieser Blockadezustand dauerte fort, bis der König von Preußen, entschlossen mit Frankreich gänzlich zu brechen, diesen Entschluß nicht mehr weiter verbarg und genehmigte, daß das Herzogthum Lauenburg auf's Neue von den Schweden im Namen Englands besetzt werde.

Acht und funfzigstes Capitel.

Auswärtige Verhältnisse.

Napoleons Ungewißheit über Oestreichs Absichten. — Der Graf Ludwig Cobenzl wird von dem Grafen Stadion ersetzt. — Klagen Napoleons. — Cabalen von Seiten Oestreichs. — Es findet eine Zusammenkunft statt, um die Räumung der östreichischen Staaten zu beschleunigen. — Uebergabe von Cattaro an die Russen und der dadurch herbeigeführte Bruch des Presburger Vertrags. — Vertheidigung des östreichischen Abgeordneten. — Bemerkungen über diese Abtretung. — Napoleons Befehl, die Rückkehr der Truppen nach Frankreich aufzuschieben. — Oestreichs Forderungen an Rußland. — Die Franzosen besetzen Ragusa. —

Preußens Zögerung bei dem Abschlusse des Vertrages vom 15ten December, die Abänderungen, welche es dabei angebracht wissen wollte, und die geringe Sicherheit, die der gezwungene Beitritt dieser Macht für die neue Uebereinkunft vom 15ten Februar gewährte, hatten hinreichen können, den Kaiser Napoleon von der beschleunigten Rückkehr seiner Armee nach Frankreich abzuhalten. Man ward überdies durch verschiedene Briefe des Marschalls Berthier bestärkt, daß die Ungewißheit über das Vorhaben des preußischen Hofes eine von den Betrachtungen war, welche die Beibehaltung der französischen Armee in Teutschland verlangte, um dem ersten Aufrufe des Kaisers folgen zu können. „Unsere Geschäfte mit Preußen", schrieb Berthier [1]), „sind noch nicht beendigt. Es kann jeden Augenblick der Krieg mit dieser Macht ausbrechen." In manch' anderem Briefwechsel wurde dieser Beweggrund zu wiederholten Malen angeführt. Allein abgesehen von der verdächtigen Lage Preußens, war auch in Hinsicht auf Oestreich, obwohl dieses jüngsthin noch den Frieden unterschrieben hatte, mehr als eine Veranlassung zu beunruhigendem Mißtrauen vorhanden.

1) In einem Schreiben an den General Songis, Oberbefehlshaber der Artillerie, welches aus München vom 27sten Februar 1806 datirt war.

Der Graf Ludwig von Cobenzl, der von den französischen Blättern vielleicht mit Unrecht ein Söldling Englands genannt wird, aber wohl mit Recht den Namen eines russischen Parteigängers verdient, war zwar aus dem östreichischen Cabinette entfernt worden, allein sein Nachfolger, der Graf von Stadion, bot keine größere Sicherheit für die Aufrechthaltung freundschaftlicher Verhältnisse zwischen den beiden Mächten dar. Wenn auch Napoleon nicht dazu berufen war, die Wahl Kaiser Franz II. zu lenken, so bewies es doch wenigstens von Seiten des Letzteren auch keine kluge Berechnung für sich selbst, noch weniger aber bot es eine glückliche Aussicht für Frankreich, daß ein dem Cabinette der Tuilerien verhaßter Minister durch einen Mann ersetzt wurde, der in allen Dingen in die Fußtapfen seines Vorgängers trat und von dem man nur die Beibehaltung der Ansichten und Grundsätze erwarten konnte, welche man durch die Schlacht von Austerlitz vertrieben glaubte. Würdiger wäre es ohne Zweifel gewesen und hätte vielleicht beiden Mächten mehr Nutzen gebracht, wenn man den Grafen von Cobenzl beibehalten hätte. In der Standhaftigkeit des östreichischen Monarchen, den Minister zu behalten oder wieder aufzunehmen, welcher für den Krieg gestimmt, hätte Frankreich nur um so mehr den gerechten Stolz einer selbstvertrauenden Unabhängigkeit erblicken müssen.

In dem Scheine einer Willfahrung aber, welche, indem sie die Menschen wechselt, nicht auch den Grundsatz verändert, trat neben der Schwäche eine noch größere Falschheit an den Tag. Napoleon verheimlichte die Gefühle nicht, welche die Ernennung des Grafen von Stadion in ihm erweckt hatte. Der General Andréossy, der damals zum Vollstrecker des Vertrages von Presburg ernannt war, hatte den Auftrag erhalten, dem östreichischen Bevollmächtigten, Fürsten von Liechtenstein, kund zu thun, wie sehr der Kaiser der Franzosen „in Bezug auf die künftigen Verhältnisse mißtrauisch seyn müßte [1]), da er einen Mann an der Spitze der Geschäfte erblicke, wel-

1) Laut eines Schreibens des Marschalls Berthier vom 19ten Februar.

cher bei dem Abschlusse der Verträge, deren Geheimniß Englands Bekanntmachungen in neuester Zeit verrathen haben, eine so schlechte Rolle gespielt habe."

Weil der Erzherzog Ferdinand, früher Churfürst von Salzburg, keine Truppen hatte, um von dem ihm als souveränen Reich zugetheilten Bisthume Würzburg Besitz zu nehmen, hatte das Wiener Cabinet, auf mündliche Zustimmung des Herrn von Talleyrand hin, ein östreichisches Truppencorps zu seinem Befehle geschickt; allein diese Abtheilung beeilte sich nun keinesweges, selbst als man längst schon von dem Lande Besitz genommen hatte, sich zurückzuziehen. „Der Kaiser wird keine östreichischen Truppen außerhalb der Gränzen seiner Erblande dulden", schrieb damals der Marschall Berthier [1]); „sonst würde Würzburg das Nämliche werden, was Schwaben war, und wir hätten nichts gewonnen.... Es ist die höchste Zeit, daß Oestreich den Kaiser Napoleon einmal in Ruhe lasse und innerhalb seiner Gränzen bleibe."

Man muß jedoch eingestehen, es war für Oestreich kein Leichtes, seine ehemalige Stellung so ganz zu vergessen. Obwohl es auf alle Oberhoheitsrechte über die verschiedenen kleinen Staaten des teutschen Reiches feierlich Verzicht geleistet, hat es doch wieder angefangen, in Franken Truppen auszuheben. Der Hauptsammelplatz derselben war zu Nürnberg. Dieses, um mich des gelindesten Ausdrucks zu bedienen, übereilte und ungeschickte Benehmen gab dem französischen Cabinette zu verschiedenen Klagen Veranlassung.

Weit entfernt, Napoleons Wünschen entgegenzukommen, oder sich überhaupt nur im geringsten fügsam zu beweisen, schlug der Wiener Hof sogar jede vernünftige und auf Billigkeit begründete Forderung aus. Dem Presburger Friedensvertrage zufolge wurden Istrien und Dalmatien von dem Königreiche Italien abhängig, sowie sie früherhin unter der Hoheit des Freistaates Venedig gestanden hatten. Damit der gegenseitige Verkehr zwischen diesen Ländern nicht gehemmt würde, hatte Oestreich der Republik Venedig den Durchgang

1) In einem Briefe an den General Andréossy unter dem 27sten Februar.

durch das Gebiet von Monfalcone gestattet. Indem nun diese beiden Provinzen vor nicht langer Zeit an das Königreich Italien abgetreten worden, so war auch der freie Durchgang durch obige Landschaft natürlicherweise darunter verstanden und in dem Vertrage mit einbegriffen. Wenn es der französische Bevollmächtigte für nöthig erachtet hätte, diesen Punct sich besonders auszubedingen, so hätte ihm diese Forderung unmöglich abgeschlagen werden können. Dieses Unterlassen aber, wie es Oestreich machte, zum Vorwand nehmen, um den Durchgang durch jene Landschaft zu verweigern, ist, nach den eigenen Worten des französischen Kronfeldherrn [1]), nichts Anderes, als „eine übelangebrachte Schwierigkeitmacherei, die weit davon entfernt war, das gute Vernehmen, welches zwischen den beiden Höfen hätte stattfinden sollen, zu begründen."

In der That muß es uns lächerlich erscheinen, dem neuen Besitzer der venetianischen Staaten, weil dies Napoleon ist, etwas streitig machen zu wollen, was man dem Freistaate Venedig unbedingt zugestanden hatte. Wenn man aber noch überdies behauptet, daß man bei der Abtretung Istriens und Dalmatiens nicht auch das Recht des freien Verkehrs zwischen jenen Provinzen mit abgetreten habe, so gränzte dies an's Lächerliche und Abgeschmackte zugleich. Indem der Marschall Berthier dem General Andréossy die Verhaltungsregeln mittheilte [2]), wie er mit dem östreichischen Cabinette wegen der Stappelplätze und der Truppenzahl unterhandeln sollte, die auf einmal durchmarschiren könne, sprach er die wichtigen Worte aus: „Diese kleine Uebereinkunft muß nothwendigerweise noch beschlossen werden, während wir Braunau besitzen und Oestreich gleichsam in der Gewalt haben." Jedermann wird sich erinnern, daß der zwei und zwanzigste Artikel des Presburger Vertrags, welcher die Räumung der östreichischen Staaten binnen zwei Monaten zur unerläßlichen Bedingung machte, ausdrücklich Braunau ausgenommen hat, welche Stadt die Franzosen noch einen Monat länger besetzt halten durften.

1) Laut eines eigenhändigen Schreibens des Marschalls Berthier an den Herrn von La Rochefoucauld, damaligen Botschafter zu Wien, datirt vom 20sten März.

2) In einem Briefe vom 28sten Februar.

Diese Ausnahme scheint beim ersten Anblicke kaum der Erinnerung werth zu seyn, und dennoch werden wir bald die wichtigsten Folgen darauf sich begründen sehen.

Der Kaiser Napoleon war um so mehr über Oestreichs Neckereien aufgebracht, als er es sich ganz besonders hatte angelegen seyn lassen, die Erbstaaten in der vorgeschriebenen Frist zu räumen. Ja, er hatte sogar selbst den Vorschlag gemacht, diese Frist abzukürzen. Im Falle daß Oestreich Istrien und Dalmatien früher, als es im Vertrage ausgemacht war, abzutreten wünschen sollte, war der Marschall Berthier beauftragt, noch an dem Tage des ausgesprochenen Wunsches Triest und die ganze Linie der Ens übergeben zu lassen. Diesen Punct der Uebereinkunft unterzeichneten der General Andréossy und der Fürst von Liechtenstein am 30sten Januar. Dieser Vertrag nahm immer mehr an Umfang zu und schloß zuletzt noch mehrere andere Ländereien ein, deren Uebergabe von beiden Seiten beschleunigt wurde.

Die festgesetzten Bedingungen sind in Teutschland mit Treue und Redlichkeit vollzogen worden. Dasselbe kann aber nicht von den an das Königreich Italien abgetretenen Ländern gesagt werden. Seitdem die Schlacht bei Austerlitz den Kaiser Alexander und seine teutsche Armee in die Gränzen seines Reichs zurückgeschickt hatte, blieb zur Begegnung der Russen und Franzosen ein einziger Weg offen, — das venetianische Dalmatien. Die Russen besaßen damals, wie man weiß, Truppenabtheilungen auf den jonischen Inseln, und dahin hatte sich das Armee-Corps zurückgezogen, welches nach einer kurzen Besetzung Neapel wieder zu räumen sich genöthiget sah. Dalmatien bot daher in jenem Zeitpuncte eine Wahlstatt dar, deren passende Lage zu erproben der Krieg nicht mehr allzu lange zögerte. Oestreich sah sich bald, obgleich in Frieden mit den Cabinetten von Paris und Petersburg lebend, als unglückliches Opfer entweder der Schwäche seines Ministeriums oder des falschen übertriebenen Eifers seiner Unterbeamten, bei dem Zusammenrennen der zwei Mächte in die Mitte geklemmt.

Bei den Buchten von Cattaro fiel das Ereigniß vor, welches die Redlichkeit seiner Gesinnungen verdächtig machte und der französischen Regierung einen neuen Vortheil über sich gewährte.

Die große Entfernung der französischen Truppen und die Unmöglichkeit, dieselben einzuschiffen, weil alle Häfen mit englischen und russischen Schiffen bewacht waren, hatte die Besitzergreifung dieses Districtes um etwas verspätigt. Doch schon am 18ten Februar ist General Molitor, der Befehlshaber des Besatzungsheeres, mit seinen Truppen nach Dalmatien aufgebrochen; allein die Oestreicher hatten bei der Räumung der festen Plätze dieser Provinz allen zur Vertheidigung derselben nöthigen Schiffbedarf und Mundvorrath mit sich genommen, „und schienen sie vielmehr den Anglo-Russen, als den Franzosen ausgeliefert zu haben.“ [1])

Die Festungen Sebenico, San Nicolo, Trau und Spalatro waren alles Pulvers entblößt und enthielten selbst nicht einmal mehr die venetianischen Kriegsvorräthe, welche, laut des Vertrages, dem Königreiche Italien gehörten. Die Entfremdung oder der Verkauf dieser Vertheidigungsmittel ist von dem östreichischen Bevollmächtigten, Marchese de Ghisilieri, anbefohlen worden, welcher, entweder nach erhaltener Vollmacht des Wiener Cabinets, oder im Bewußtseyn, letzterem nicht zu mißfallen, wenn er nach eigener Einsicht so handelte, durch diese unfreundlichen Maaßregeln das Vorspiel einer Tragödie lieferte, welche noch traurige Ereignisse zur Folge haben wird.

Dieser Bevollmächtigte war überall, wo die Franzosen hinkamen, vorausgereiset und hatte vorher alle die festen Plätze besucht, welche Napoleons Truppen besetzen sollten; doch hatten, wie man aus Obigem leicht entnehmen kann, Letztere nicht eben Ursache, sich zu einem solchen Vorläufer Glück zu wünschen. Auf die Nachricht, daß die Montenegriner gegen die Buchten von Cattaro im Anzuge seyen und ein russisches Geschwader sich auf der nämlichen Höhe zeige, wollte der Marchese von Ghisilieri auch dieses Mal den Franzosen den Rang ablaufen, und gestattete nicht einmal, daß der Bevollmächtigte der französischen Armee, Mathieu Dumas, ihn

1) Worte aus dem Briefe des Generals Molitor vom 24sten Februar.

dahin begleite. Damals fand ein Ereigniß statt, welches wegen seiner Folgen hier mit einigen Einzelnheiten erzählt zu werden verdient. Wir können bei unserer Erzählung keine größern Beweise von Unparteilichkeit geben, als wenn wir die Hauptperson dieses unerwarteten Auftrittes selbst sprechen lassen und uns sogar der Worte bedienen, welche sie bei ihrem Berichte an den französischen General Molitor selbst gebraucht hat [1]).

Der Berichterstattung des östreichischen Abgeordneten zufolge, hatten sich die Montenegriner am 1sten und 2ten März in großen Haufen zusammengerottet und waren unter Anführung ihres Bischofs in die Länder eingefallen, welche den Franzosen übergeben werden sollten. Ihren Wünschen und Absichten kam der Enthusiasmus der Einwohner, welche, als der griechischen Kirche zugethan, die Russen begünstigten, sehr zu statten. Eine mit vieler Bestimmtheit abgefaßte Aufforderung, welche der Befehlshaber des russischen Geschwaders dem östreichischen Statthalter, Freiherrn von Bradi, zustellen ließ, enthielt die Alternative: „Entweder die festen Plätze, welche er inne habe, sogleich zu übergeben, oder sich als Feind des Kaisers aller Reussen zu erklären." Am 4ten erging an den östreichischen Bevollmächtigten die nämliche Mahnung, weil, wie er sagte, die Buchten von Cattaro von dem Tage an, an welchem die zur Besetzung durch Frankreichs Truppen bestimmte Frist abgelaufen war, das Gebiet derselben den Franzosen gehörte. „In einem so entscheidenden Momente", fügte der Marchese von Ghisiligri hinzu, „glaubte ich in der Ueberzeugung, daß die Macht und Tapferkeit unserer Garnison nichts gegen die übergroße Anzahl der Montenegriner, noch gegen das Feuer des russischen Geschwaders vermocht haben würde, und daß meine Weigerung nur die Verwüstung der ganzen Provinz würde zur Folge gehabt haben, dem Drange der Umstände weichen und nur dann zu der Gewalt der Waffen meine Zuflucht nehmen zu müssen, wenn meine Bemühungen umsonst gewesen, die Russen von der Besetzung der festen

1) Brief des Marchese von Ghisilieri, unter dem 9ten März von Zaosterg aus datirt.

Plätze abzuhalten. Durch dieses anscheinend unthätige Benehmen habe ich meinem Herrn wackere Truppen und Ihrem Gebieter, Herr General, die Umgegend von Cattaro in einem blühenden Zustande erhalten."

Solche Ausführungen mußten dem französischen Feldherrn nur wenig befriedigend erscheinen. Es lag nun am Tage, daß die Plane der Russen, wenn nicht im Einverständnisse mit den Oestreichern entworfen, doch wenigstens von diesen gekannt waren. Das gemeinschaftliche Einverständniß mit ihnen war offenkundig. Der französische abgeordnete General ersah bald aus der Entwaffnung der festen Puncte Dalmatiens und aus der Schwierigkeit, welche man der durch Croatien kommenden Zufuhr in den Weg legte, daß dies nur auf jenem gemeinschaftlichen Einverständnisse beruhen könne. Ihm schien die Zusammenrottung der Montenegriner kein ernstliches Hinderniß zu seyn. Er wußte wohl, daß, wenn auch die der griechischen Religion zugethanen Albaneser in der Grafschaft Tupa die Ankunft der Russen wünschten, die Einwohner der Hauptstadt, und vor allen die Gutsbesitzer, die Franzosen mit Ungeduld erwarteten.

Durch die vortheilhafte Lage begünstigt, konnten alle drei Festungen, ganz besonders aber Cattaro selbst, noch mit weniger Truppen, als zu ihrer Besatzung vorhanden waren, eine Belagerung aushalten. Uebrigens waren die Franzosen nicht mehr weit entfernt, und der General Molitor, welcher sich am 3ten März mit 2800 Mann zu Spalatro eingeschifft hatte, befand sich in vier und zwanzig Stunden an der Gränze des ragusanischen Gebiets, ungefähr zwei Tagereisen von Cattaro. Hier vernahm er schon am 7ten desselben Monats, daß zwei östreichische Bataillone von dem Regimente Thurn, unter denen ein Grenadier-Bataillon sich befand, ohne eine Flinte loszuschießen und ohne den geringsten Mangel an Lebensmitteln zu leiden, die drei festen Plätze Cattaro, Budua und Castelnuovo einem russischen Bataillone übergeben hätten. Die östreichischen Officiere und Soldaten, welche in das Einverständniß ihrer Obern nicht eingeweiht waren, konnten ihren Unwillen über die große Schwäche ihrer Anführer nicht unterdrücken, welche sogleich einer Aufforderung nachgaben, die durch keine wirkliche Kraft unterstützt war. Indessen war man an Ort und Stelle sehr bald darüber einverstanden, daß der Gouverneur, Freiherr von Bradi, den Befehl erhalten habe, sich nicht gegen die Russen zu vertheidigen, und daß sogar letztere von dieser höhern Anordnung in Kenntniß gesetzt worden seyen. Die östreichische Regierung mochte geglaubt haben, daß durch wiederholte, dem Truppenmarsche der Franzosen in den Weg gelegte Hindernisse und durch die Uebergabe der aller Vertheidigungsmittel entblößten Festungen, mit einem Worte, daß durch ihre verspätete Ankunft zu Cattaro die feige Uebergabe der festen Plätze an eine fremde Macht sich entschuldigen lasse. Doch sie hatte sich in dieser Hoffnung getäuscht. Die außerordentliche Schnelligkeit des Generals Molitor, welcher kaum noch zwei Tagereisen von dem Schauplatze entfernt, gleichsam Zeuge der Ereignisse gewesen war, hat die Berechnungen jener unerklärbaren Treulosigkeit zu Schanden gemacht, deren wahren Ursprung man bis heute noch nicht zu entdecken vermochte. Soll man die Ursache [1]) in Wien selbst aufsuchen, oder nur in dem Privatvortheile einer vermittelnden Behörde? Die Art und Weise, auf welche der Marchese von Ghisilieri dafür bestraft wurde, läßt an seiner persönlichen Schuld zweifeln. Er wurde gefangen gesetzt, um Frankreich Genugthuung zu geben. Wenn auch diese Strafe nicht etwa blos nur zum Scheine ihm auferlegt wurde, so dürfte er doch schwerlich eines andern Vergehens, als der Voreiligkeit und ungeschickten Diensteifers für schuldig erachtet worden seyn.

Wenn es übrigens Napoleon wünschenswerth seyn mußte, einen gerechten Grund und Vorwand zu haben, um sich gegen Oestreich und Preußen stets im Ansehen zu erhalten, so ist er bei dieser wie bei so manch' anderer Gelegenheit durch den Haß seiner Feinde auf eine bewunderungswürdige Weise unterstützt worden. In wenig Tagen war der Augenblick herangekommen, wo die östreichischen Erblande durch die bevorstehende Uebergabe von Braunau endlich ganz sollten geräumt

1) Friedrich Schöll, welcher die Folgen dieses Ereignisses bitter beklagt, geht mit den Worten darüber hinweg: „Vielleicht hat die östreichische Regierung nichts davon gewußt.“

werden. In Frankreich erwartete man die Rückkehr der Armee und traf Anstalten zu festlichem Empfange. Eine besondere Commission war zu Paris niedergesetzt, um die Feierlichkeit vorzubereiten. Als aber die Nachricht von dem Vorfalle bei Cattaro erschallte, war die Scene auf einmal umgewandelt; die Festlichkeiten traten in den Hintergrund und wurden auf einen passenderen Moment verschoben. Der Kaiser Napoleon läßt durch den Grafen von La Rochefoucauld, seinen Botschafter in Wien, das östreichische Cabinet von den Nachrichten, die ihm so eben zugekommen waren, in Kenntniß setzen. Er eröffnet zugleich, daß er nicht hoffe, Gewalt ergreifen zu müssen, um sich der Buchten von Cattaro zu bemächtigen. „Die Franzosen sind angewiesen, die abgetretenen Festungen auf friedliche Weise in Besitz zu nehmen, nicht aber sie zu erobern.“ —

Zu gleicher Zeit erhielt der Marschall Berthier den Befehl, Braunau nicht nur zu behalten, sondern diesen Platz sogar auf's Neue mit Waffen und Kriegsvorrath zu versehen und den Rückzug der Armee nach Frankreich einzustellen, wo man sie auf Friedensfuß zu setzen Willens gewesen war. — Diese Maaßregeln sind erlaubt und auf das Wiedervergeltungsrecht begründet, denn der Preßburger Vertrag war verletzt. Napoleon ist der Verbindlichkeit, seine Truppen aus dem teutschen Gebiete zurückzuziehen, so lange enthoben, bis dieser Treubruch wieder gut gemacht ist. Uebrigens giebt er der Gegenpartei die Versicherung, daß er, so bald er Genugthuung erhalten habe, augenblicklich Braunau zurückgeben und Teutschland räumen werde. Die nächste Zukunft soll daher von Rußland allein abhängen.

Die ersten Schritte des Wiener Hofes zu St. Petersburg hatten wenig Erfolg. Das russische Cabinet zeigte nur eine geringe Theilnahme an dem Schicksale Oestreichs und Teutschlands. Vielleicht sah es nicht ohne Freude in der Verlängerung der durch die Anwesenheit einer fremden Armee herbeigeführten Drangsale ein Mittel, den Haß der Oestreicher gegen die Franzosen immer mehr zu beleben und sogar alle teutschen Völker, als deren Bundesgenossen, gegen Napoleon aufzureizen. Es beantwortete die lebhaften Fragen und Bitten des östreichischen Gesandten, Grafen von Meerveldt, nur mit den leeren Ausflüchten, womit sich auch schon der Befehlshaber des Geschwaders entschuldigt hatte, nämlich man habe nach Ablauf der zur Uebergabe jener wichtigen Meerbuchten von Cattaro festgesetzten Frist, die Besetzung dieser Orte durch die Franzosen voraussetzen müssen, und so habe man nur eine französische Besitzung überfallen. Dieser Sophismus verlor, wenn er auch von Rußland aus nicht wenig auf Oestreich wirkte, im umgekehrten Verhältnisse, da ihn Oestreich gegen Frankreich geltend machte, allen Werth. Mit der Verwaltung eines Stapelplatzes beauftragt, durfte sich Ersteres dieses Amtes nur zu Gunsten der Franzosen entschlagen, und der Wiener Hof war Letzteren daher nach Ablauf der Frist eben so gut Rechenschaft schuldig als vor demselben, indem die Bestimmung einer solchen Zeit stets den Gesetzen der physischen Möglichkeit untergeordnet ist, und die Möglichkeit in vorliegendem Falle hauptsächlich von östreichischer Seite mit mehr als einer Schwierigkeit zu kämpfen hatte.

Der Kaiser Napoleon that, wie er auch bekannt machen ließ, keinen einzigen Schritt, um sich durch seine Macht Cattaro's zu bemächtigen; allein er richtete seine Blicke auf ein anderes Unterpfand, dessen sich zu bemächtigen sowohl in seiner Macht als in seiner Bequemlichkeit lag, auf die Stadt Ragusa. Der General Lauriston besetzte diese Stadt am 24sten Mai. Bald aber sieht sich dieser General von der Landseite durch die Russen und Montenegriner, und von dem Meere her durch das Geschwader des Admirals Siniavin belagert. Schon ist seine Lage beinahe verzweiflungsvoll, als der General Molitor mit 3500 Mann den Verbündeten in den Rücken fällt, die Montenegriner in ihre Gebirge zurückwirft, das russische Geschwader vertreibt, den General Lauriston auf diese Weise in Freiheit setzt und zum Lohne für seine That zwanzig Kanonen, sechs Mörser nebst mehreren Haubitzen erbeutet und eine große Anzahl Kriegsgefangene mit sich fortführt.

Wir werden bald Gelegenheit haben, alles das zu berichten, was sowohl auf dem Wege des Krieges als der Unterhandlung geschehen ist, um die festen Plätze von Cattaro wieder zu erhalten; allein Frankreich genoß, entweder durch die Schwäche der östreichischen Regierung oder durch ihre Mitwirkung im Geiste Rußlands, wodurch sie in die Hände der Letztern fielen, immerhin einen bedeutenden Vortheil davon, nämlich dadurch zur Besetzung der Inn-Linie berechtigt zu seyn und eine Armee von 150,000 Mann auf teutschem Gebiete unterhalten zu dürfen.

Neun und funfzigstes Capitel.

Verhältnisse nach außen.

Unmittelbarer Briefwechsel zwischen Fox und Herrn von Talleyrand. — Gegenseitige Grundlagen der Unterhandlung. — Auseinandersetzung dieser Grundlagen. — Mittheilung zur Erleichterung des Geschäfts. — Lord Yarmouth erhält die Erlaubniß, nach England zurückzukehren. — Lord Yarmouth überbringt Herrn Fox eine mündliche Mittheilung des Herrn von Talleyrand. — Die französische Regierung ändert eine der Grundlagen der Unterhandlung. — Vollmacht Lord Yarmouths. — Sicilien als hauptsächliches Hinderniß des Friedens. — Rußlands Neigung, mit Frankreich zu unterhandeln. — Sendung eines russischen Bevollmächtigten nach Paris. — Der Kaiser Alexander giebt Befehl zur Räumung Cattaro's. — Dieser Befehl bleibt unvollzogen. — Man macht den Vorschlag, dem Könige Ferdinand von Sicilien die Hansestädte zu geben. — Fox verwirft diesen Vorschlag. — Frankreichs Anerbieten, Sr. sicilianischen Majestät Dalmatien, Albanien und Ragusa zu geben. — Man erbietet sich, den gegenwärtigen Zustand von Teutschland aufrecht zu erhalten, wenn England Frieden schließt. — Englands Verwenden für den König von Sicilien. — Lord Yarmouths Vorzeigung seiner Vollmachten. — Der General Clarke wird ernannt, mit Lord Yarmouth zu unterhandeln. — Frankreichs vorgeschlagene Bedingungen. — Fox's Unzufriedenheit mit Lord Yarmouth. — Letzterem wird Lord Lauderdale als Gehülfe zugegeben. — Bemerkungen über den Zustand der Unterhandlungen.

Wir haben bei unserer Schilderung die Thatsachen einzeln aufgeführt, welche von der Haupthandlung und dem Hauptschauplatze getrennt werden konnten. Es liegt uns nun ob, große Ereignisse in ihrem ganzen Einflusse und in ihrer gegenseitigen Wechselwirkung darzustellen, deren letzte Folge alsdann der Krieg der vierten Coalition ist. Diese Ereignisse sind nichts Anderes als die Begründung des Rheinbundes, die Abschließung eines Friedensvertrages zwischen Frankreich und Rußland, den der Kaiser Alexander nicht genehmigen will, und vor Allem, als Vordergrund des Gemäldes, eine fruchtlose Unterhandlung zwischen Frankreich und England.

Mit dem Tage, an welchem Fox in das britische Ministerium trat, durften sich alle edeldenkenden Seelen der schönen Hoffnungen des Friedens vertrauungsvoll überlassen. Der Krieg auf Lebensdauer, den Pitt dem General Bonaparte, als erstem Consul und als Kaiser geschworen hatte, war kein bindendes Vermächtniß für die Minister, welche ihm nachgefolgt sind. Zwischen Pitt und Fox hat keine Allverbindlichkeit stattgefunden.

Kaum hatte Letzterer zehn Tage lang seine Stelle als Staatssecretair angetreten, als ihm ein Abentheurer, der zu Gravesand ohne Reisepaß angekommen war, einen Brief zusendete, worin er ihm schrieb: „daß er ihm Dinge [1]) zu berichten habe, welche ihm große Freude machen würden." — Fox läßt den Menschen vor sich kommen und ein furchtbares Geständniß enthüllte ihm die Gewißheit, daß er einen Mörder vor sich habe. Für den längst beabsichtigten Mord will man seine Hülfe jetzt in Anspruch nehmen. Der Missethäter aber hat sich in dem Datum und in der Adresse geirrt. Er wurde verhaftet; da er aber nach den englischen Gesetzen nicht lange verhaftet bleiben konnte, so beeilte sich Fox, seine Pflicht als redlicher Mann — dies sind seine eigenen Worte — dadurch zu erfüllen, daß er die französische Regierung von diesem Vorfalle und dieser Thatsache in Kenntniß setzte.

Eine solche Nachricht konnte nur mit Dankbarkeit aufgenommen werden. — „Ich erkenne hierin", sagte Napoleon

1) Laut eines Briefes von Fox an Herrn von Talleyrand, vom 10ten Februar.

sogleich, „den Edelsinn und die Tugend wieder, welche von jeher alle Handlungen Fox's gelenkt haben." Jedermann weiß, daß Buonaparte, als Fox während des kurzen Zwischenraumes der Dauer des Friedens von Amiens in Paris lebte, den englischen Staatsmann mit der höchsten Auszeichnung empfangen und sichtlich sogar einen hohen Werth auf die Hochachtung dieses ächten Bürgers gelegt hat. So fanden auf beiden Seiten gegenseitige Zuneigung, Vertrauen und Achtung statt. Der Kaiser trug seinem Minister [1]) auf, Herrn Fox für diese Aufmerksamkeit zu danken und ihm seine volle Zufriedenheit über den neuen Charakter auszudrücken, den der Krieg durch diesen Schritt angenommen habe, — „als Vorbedeutung von **dem**, was man von einem Cabinette erwarten könne, dessen Grundsätze er in denen des Herrn Fox, als eines Mannes verehre, welcher vor Allen geschaffen sey, nur das Schöne und wahrhaft Große zu befördern."

Diesem feierlichen Schreiben war ein kurzes Billet von der Hand des Herrn von Talleyrand beigefügt, worin er ihm eine Stelle aus dem Gesammtberichte über den Zustand des Kaiserreichs mittheilt, in welcher der Kaiser unter andern ankündigt, daß er stets bereit sey, nach den schon bei'm Friedensschlusse von Amiens ausgesprochenen Grundsätzen und zwar auf die Grundlagen desselben mit England zu unterhandeln.

Diese gewandte Mittheilung, anscheinend blos vom Zufalle herbeigeführt, verfehlte ihre Wirkung bei Fox nicht. Er wiederholte oft die Schilderung [2]) der friedliebenden Gesinnungen Sr. Majestät des Königs von Großbritannien.

Da aber die französische Phrase, welche von der Grundlage des Friedens von Amiens sprach, einer vielfachen Deutung fähig war, schlug Fox ein einfacheres Princip vor, nämlich: „daß beide Parteien in dem Grundsatze übereinkommen, der Friede sey sowohl für die eine als für die andere ehrenvoll und nicht minder für ihre gegenseitigen Verbündeten ersprießlich."

Er that hierauf noch weiter kund, — „daß England, durch enge Bande mit Rußland verknüpft, keine Unterhandlung

1) Schreiben des Herrn von Talleyrand vom 6ten März.

2) Unter andern in einem Briefe vom 26sten März.

einzugehen, noch weniger aber abzuschließen Willens sey, als nach vorher gepflogener Rücksprache und mit Genehmigung des Kaisers Alexander. Somit begann die Unterhandlung; — und kaum ist je eine mit edleren Gesinnungen und mit redlicherer That und unter günstigeren Auspicien gepflogen worden. In beiden Cabinetten wurde die Sache vielfach berathen.

Einer der beiden Hauptgrundsätze, welche Fox aufgestellt hatte, — der eines ehrenvollen Friedens zwischen den beiden Parteien — ist in Frankreich ohne Gegenbemerkung angenommen worden. Allein man verwarf mit großer Lebhaftigkeit den zweiten — den einer gemeinschaftlichen Unterhandlung mit England und Rußland. Frankreich wollte durchaus keine Dazwischenkunft, von was immer für einer fremden Macht, dulden. „Nur dadurch, daß unser Staatsinteresse unzertheilbar ist, wird es versöhnlich und wir zum Frieden geneigt," schrieb Herr von Talleyrand an Fox [1]). Sie sind die uneingeschränkten Beherrscher der Meere; Ihre Kräfte zur See übersteigen diejenigen von allen Monarchen in der Welt zusammengenommen. Wir hingegen sind eine große Macht auf dem festen Lande, doch giebt es noch andere Mächte, welche eben so viel Streitkräfte zu Lande aufbieten können, als wir. Wenn Sie, durch Ihre eigenen Kräfte ohnehin schon die Gebieter des Weltmeers, durch Beihülfe einer andern Macht auch noch die Beherrscher des festen Landes seyn wollen, dann ist der Friede nicht möglich."

Vor Allem aber verlangte der französische Minister, daß England über einen wesentlichen Punct — über die gänzliche Unabhängigkeit beider Länder in der Gesetzgebung ihrer Mauthen — sich deutlich und bestimmt erklären möchte. Um die Forderung dieser vorläufigen Erklärung zu motiviren, fügte er hinzu: „Der Kaiser glaubt keineswegs, daß der oder jener Artikel des Vertrags von Amiens Veranlassung zum Kriege geworden sey; es ist vielmehr der festen Ueberzeugung, daß die wahre Ursache in der Verweigerung gelegen habe, einen Handelsvertrag abzuschließen, welcher natürlicherweise dem

1) In einem Briefe vom 1sten April.

Gewerbsfleiße und dem Manufacturwesen seiner Unterthanen hätte ganz entgegenstreben müssen.

Hinsichtlich dieses letzten Punctes war die Antwort des Ministers For vollkommen befriedigend; nicht so aber in Hinsicht des ersteren. Die Dazwischenkunft Rußlands konnte, nach seiner Meinung, nicht als die einer fremden Macht betrachtet werden, weil diese Macht „mit England, das mit Frankreich Krieg führte, ein Bündniß [1]) geschlossen hatte." Der Kaiser Alexander wollte sich als Partei, nicht aber als Vermittler angesehen wissen. Der britische Staatsmann machte das Anerbieten, einstweilen — bis es Rußland möglich seyn werde, eine Vermittlerrolle zu übernehmen, — sich in Unterhandlungen einzulassen, aber dann werde er „nur mit diesem Staate vereint" unterhandeln.

Dieser Punct wurde noch eine Zeitlang hart bekämpft. Von Seiten Frankreichs behauptete man, daß die Dazwischenkunft Rußlands das Gleichgewicht [2]) aufhebe. Uebrigens befand sich Rußland mit Frankreich gerade auf friedlichem Fuße, als der Krieg zwischen Frankreich und England ausgebrochen war. Die Verbindung des englischen Cabinets mit der russischen Regierung halte mit diesem Kriege durchaus nichts gemein.

Der Hauptzweck dieses Bündnisses war ein Kampf auf dem Festlande, in welchem Oestreich die Hauptrolle spielte und in dem Rußland nur als Hülfsmacht erschien. Wollte man daher jetzt noch mit England und seinen Bundesgenossen unterhandeln, so hieße dies auch das Vorhandenseyn der dritten Coalition stillschweigend anerkennen; es hieße zugeben, daß der deutsche Krieg noch nicht beendigt, und daß der Krieg zwischen Frankreich und England eines und dasselbe mit diesem letztern sey. Wenn der Kaiser daher, als Besieger der Coalition, auf diese Weise unterhandelte, so würde er die Stellung des Besiegten annehmen. Um diese Vernunftschlüsse noch gehörig zu unterstützen, führte die französische Regierung noch allerlei Vermuthungen und Beispiele an.

1) Brief des Ministers For, vom 8ten April.

2) Schreiben des Herrn von Talleyrand, vom 16ten April.

Wenn Rußland und Schweden mit England gewisse Grundsätze eines Congresses berathen und gemeinschaftlich zu bekämpfen das Recht hätten, so müßte es ebenfalls den Staaten Dänemark, Preußen, Persien, der ottomanischen Pforte und den Vereinigten Staaten von Nordamerika gestattet seyn, diese Grundsätze wieder in Anspruch zu nehmen, und dies könnte dann nur zu einem Streite ohne Ende führen. Dann müßte man von dem gewohnten Wege abweichen, und — wie man ehemals zu Utrecht that — die Verbündeten in unaufhörlichem Wortwechsel sich verbeißen lassen, und einzeln mit dem Einzelnen unterhandeln, und somit einen Krieg zu Stande zu bringen suchen, der ziemlich die Interessen aller dabei betheiligten Mächte ausgliche. Obwohl diese Beweisführung eben so richtig als schlagend war, beharrte Fox nichts desto weniger auf seiner Meinung und wies jede Unterhandlung, bei der Rußland nicht mit betheiligt [1]) seyn würde, standhaft zurück. „Will man mit uns and mit Rußland vereint unterhandeln — Ja! Will man aber, daß wir allein ohne jene Macht unterhandeln sollen — Nein! Nein!"

Um England von dieser Forderung abzubringen, hatte Herr von Talleyrand nicht verhehlt, daß zwischen Frankreich und Rußland schon „Vorschläge zu einer unmittelbaren Verhandlung eingeleitet seyen." Fox antwortete darauf, daß er, obwohl von diesen Annäherungsschritten gegen Rußland keineswegs unterrichtet, ein unbedingtes Vertrauen in die Rechtlichkeit des Kaisers Alexander setze. Die dem Wesen nach große Lebhaftigkeit der Streitsache wurde, was die Form betrifft, durch eine bewunderungswürdige Feinheit gemildert. Jede von den beiden Parteien hätte gewünscht, ihren Gegner auf andere Gesinnungen zu bringen, ohne jedoch die ihrige selbst zu ändern. Der Friede wurde von der einen so wie von der andern aufrichtig gewünscht.

Da die Schwierigkeit, welche sich sogar dem ersten Schritte der Unterhandlung entgegenstemmte, nicht überwunden werden zu können schien, so mußte man ihr auszuweichen suchen. Herr von Talleyrand führte die bei dem Schlusse

1) Brief von Charles Fox, vom 21sten April.

des Friedens von Amiens befolgten Grundsätze in's Gedächtniß zurück, und erklärte sich bereitwillig, zwei Grundprincipien obwalten zu lassen. Das erste war von Fox selbst angegeben worden — „ein ehrenvoller Friede für beide Parteien, nebst ihren gegenseitigen Bundesgenossen;" das zweite, welches er selbst vorschlug [1]), war, daß sowohl der einen als der andern Macht das Recht zu interveniren zugestanden, und eben so auch denselben die Gewährleistung sowohl für alle Angelegenheiten des festen Landes, als zur See vorbehalten seyn solle. Dieses Auskunftmittel schmeichelte jeder Art von Eigenliebe. Fox gab seine Zustimmung dazu.

In derselben Zeit nahm die französische Regierung, um der Unterhandlung eine größere Lebendigkeit einzuflößen, noch zu andern Mitteln und Wegen ihre Zuflucht. Man faßte Fox auf eine sehr feine Weise bei dem Ehrgefühle an, indem man ihn mit Lobeserhebungen und allen möglichen Beweisen persönlicher Hochachtung überhäufte. Man erlaubte sogar den Familien, an denen er großen Antheil nahm, die Rückkehr nach England. Unter den Personen, welche auf diese Weise vorgezogen und begünstigt worden, wurde der Graf von Yarmouth auserwählt, um ihm mündliche Mittheilungen zu machen, welche wohl berechnet waren, seinem besonnenen Geiste jeden Zweifel an der Aufrichtigkeit von Frankreichs friedlichen Gesinnungen zu heben. Da die spätern Streitigkeiten sich auf die verschiedenen Auslegungen beziehen, welche man sich in Bezug auf die von Lord Yarmouth gemachten Versicherungen erlaubte, so ist es nothwendig, daß das Actenstück hier in seiner ursprünglichen Gestalt näher beleuchtet werde.

„Die französische Regierung," sagte Herr von Talleyrand [2]), „wünscht Mittel zu finden, um dem britischen Cabinette die Gesinnungen und Plane Frankreichs recht anschaulich zu machen und mit ihm in eine Verbindung zu treten,

1) Laut eines Schreibens von Talleyrand, datirt vom 2ten Junius.

2) Dies ist seine wörtliche Mittheilung an Lord Yarmouth, wie sie späterhin in England in öffentlichen Blättern bekannt gemacht wurde.

welche, wenn sie den vorgesetzten Zweck vielleicht auch nicht erreichen sollte, doch wenigstens keine Gefahr liefe, eines Tages öffentlich bekannt werden." Hierauf erging sich dieser Minister in langen und klug berechneten Vernunftschlüssen, um die Unmöglichkeit eines gemeinschaftlichen Friedens mit Rußland darzuthun, und rief in's Gedächtniß zurück, daß er schon vor einigen Wochen Herrn Fox um die Ernennung eines Bevollmächtigten gebeten habe, mit welchem man, um alle früheren Auseinandersetzungen zu vermeiden, über einen Endvertrag übereinkommen und somit der englischen Regierung den Besitz der Insel Malta sichern könnte.

Hier unterbrach Lord Yarmouth Herrn von Talleyrand, um ihm zu sagen, daß er — stets auf die Ehre seines Landes bedacht — sich nicht mit den nöthigen Mittheilungen in Betreff des Friedens befassen könne, wenn anders dieselben nicht so viel friedliche Elemente in sich schlößen, daß er nicht gegen seine Ueberzeugung in dem Parlamente zu stimmen genöthigt werde. Indem er unter allen Dingen, welche die Ehre seines Vaterlandes betreffen, die Rückgabe Hannovers obenan stelle, müsse er vor Allem auf eine genaue Erklärung über das Schicksal der teutschen Staatsgüter Sr. großbritannischen Majestät dringen.

Die Unterhaltung wurde bei diesem Gegenstande abgebrochen und erst drei Tage später wieder aufgenommen. Bei einer neuen Zusammenkunft sagte Herr von Talleyrand dem Grafen von Yarmouth, daß, da man einmal diesem Puncte eine so hohe Wichtigkeit beilege, Hannover niemals ein Hinderniß seyn werde.

Durch dieses Zugeständniß ermuthigt, fragte Lord Yarmouth, ob man Sicilien in Anspruch nehmen werde. „Ihr besetzet dasselbe, wir verlangen es also nicht von Euch," antwortete Herr von Talleyrand. „Wenn wir dies Land besäßen, so könnte dies die Schwierigkeiten um ein Bedeutendes vermehren." Eine mit solcher Bestimmtheit ausgesprochene Meinung bewog den Grafen Yarmouth, nicht weiter zu fragen. Die Worte: „Wir verlangen nichts von Euch," scheinen gleichbedeutend mit der Zulassung des uti possidetis, als besonders auf die Eroberungen Sr. Majestät des Königs von Großbritannien anwendbar.

Herr von Talleyrand stützte sich auf das Einverständniß des Kaisers und der verschiedenen Zweige seiner Familie. Lord Yarmouth nahm Gelegenheit, um die feste Stellung herauszuheben, welche die Anerkennung Großbritanniens diesen Niederlassungen gewähren würde, und fragte daher, ob die französische Regierung die Unabhängigkeit der ottomanischen Pforte anerkennen werde. „Ja," lautete die Antwort des französischen Ministers, „allein dies muß in kurzer Zeit geschehen. Vieles wird vorbereitet, allein nichts wird ausgeführt."

Lord Yarmouth wollte wissen, indem er auf den Gegenstand der frühern Unterhaltung zurückkam, ob es nicht einen Mittelweg gäbe, sowohl die Wünsche Frankreichs als Großbritanniens, in Bezug auf Rußland, zu erfüllen, ohne dessen Beistand man nicht unterhandeln wollte. Hierauf antwortete Herr von Talleyrand, daß man in Frankreich bereitwillig sey, das Uebereinkommniß der gegenseitigen Staatsinteressen beider Mächte zu erleichtern, oder daß der britische Minister, wenn ihm der Kaiser Alexander die Vollmacht ertheilte, für beide zugleich unterhandeln und unterzeichnen könne. Talleyrands letzte Worte waren: „Die Gesinnungen Frankreichs haben sich gänzlich geändert; die Bitterkeit, welche noch den Anfang dieses Kriegs bezeichnete, hat aufgehört, und wir wünschen nichts sehnlicher, als mit einer so bedeutenden Macht, wie Großbritannien ist, in gutem Einverständnisse leben zu können."

Dies ist beinahe Wort für Wort der Bericht, welchen Lord Yarmouth am 13ten Juni dem Minister Fox über die zweimalige zwischen ihm und Herrn von Talleyrand stattgefundene Unterredung mitgetheilt hat. Die Genauigkeit oder vielmehr die Deutung dieses Textes bildet einen Hauptgegenstand der spätern Berathungen. Wir sehen eine und die andere Macht sich von der Grundlage ihres Systems entfernen, oder mit der willkürlichen Deutung ihrer gegenseitigen Interessen sich beschäftigen. Die französische Regierung weicht in

Hinsicht Siciliens davon ab, macht jedoch keinen Umweg und bietet eine gewisse Entschädigung an. Letzterer Punct wird hauptsächlich in's Auge gefaßt, und mit erneuter Lebhaftigkeit wird die vorgeschlagene Entschädigung besprochen.

England aber beleuchtet den Sinn der Worte von zwei Seiten. Es behauptet, Frankreich habe das Princip des uti possidetis anerkannt. Man wird sich hiebei noch erinnern, daß diese Anerkennung höchstens stillschweigend stattfinden konnte, denn Lord Yarmouth hat blos gesagt, daß er eine gleiche Bedeutung in den Worten zu finden glaube: „Wir verlangen nichts von Euch," die Herr von Talleyrand nicht ohne Absicht ausgesprochen haben dürfte. Ferner beharrt es auf einer gemeinschaftlichen Unterhandlung mit Rußland. Es ist hier jedoch Folgendes zu unterscheiden. Während der Amtsführung des Herrn Fox sehen wir England von dieser Forderung abstehen, oder wenigstens nicht in der Ausübung darauf beharren. Später kommt man nicht mit aufrichtiger Meinung darauf zurück, oder sucht wenigstens nicht diesen Grundsatz mit Hartnäckigkeit durchzuführen.

Sicilien, uti possidetis und eine einfache oder getheilte Unterhandlung sind die drei Fragepuncte, oder vielmehr die drei Worte, um welche sich mehrere Monate hindurch alle folgende Unterhandlungen drehen. Dies Alles kann jedoch dem Frieden nur in so fern ein unüberwindliches Hinderniß in den Weg legen, als die Krankheit und der bald darauf erfolgte Tod des Ministers Fox die Leitung der englischen Politik in andere Hände legte. Bis zu diesem Zeitpuncte hat man wenigstens von beiden Seiten den Wunsch gehabt, sich zu verständigen, und schon waren sogar einige Schritte gethan worden, welche einen glücklichen Ausgang hoffen ließen.

Unter den Gegenständen, welche von den Mittheilungen, deren Organ Lord Yarmouth war, berührt wurden, fällt vor allen einer in's Auge, auf den wir, als den Keim des preußischen Krieges, später zurückkommen werden, — das Versprechen, den Engländern Hannover wieder auszuliefern.

Bei des Grafen Yarmouth Rückkehr nach Paris empfing ihn ein Schreiben des Herrn von Talleyrand vom 16ten Junius, welches ihm eröffnete, daß während seiner Abwesenheit einige Veränderungen vorgefallen seyen, — eine nicht schwer zu begreifende Anspielung auf den raschen Entschluß, den Rußland so eben gezeigt habe, mit der französischen Regierung einen Separat-Frieden abschließen zu wollen. Dieser veränderte Standpunct hat Frankreich ermuthigt, seine Meinung über einen der besprochenen Puncte, nämlich Sicilien, von freien Stücken zu ändern. Jetzt behauptete der Kaiser, daß, den Briefen seiner Generale und seines Bruders Joseph zufolge, der Besitz dieser Insel zur Erhaltung des Königreichs Neapel unumgänglich erforderlich sey. Man stellte in Paris dem Grafen Yarmouth [1]) öfters und auf alle mögliche Weise vor, daß Hannover zur Ehre der britischen Krone, Malta zur Ehre der englischen Seemacht und das Vorgebirge der guten Hoffnung zur Ehre des großbritannischen Handels, als besondere Anziehungspuncte betrachtet werden müßten, um das Ministerium für den Frieden zu stimmen. Die Forderungen der französischen Regierung hatten Gewicht, allein ihre Zugeständnisse waren nicht weniger groß und mit Bestimmtheit versichert.

Faßt man das Wachsthum der französischen Macht seit dem Frieden von Amiens in's Auge, so wird es weniger auffallend erscheinen, wenn auch Großbritannien auf eine verhältnißmäßige Vergrößerung drang. Dies fühlte man in Frankreich, allein eben in dem Verhältnisse bestand die Schwierigkeit. Uebrigens forderte das französische Ministerium den Grafen Yarmouth auf, sich über seine Vollmacht zu erklären. „In der Politik," sagte der Kaiser, „kann man nicht eine Sprache führen, zu der man nicht beauftragt ist." Fox hatte dem Lord Yarmouth in der That unbedingte Vollmacht [2]) zugesendet, vermöge welcher er sowohl einzeln für sich, als in Verbindung mit Andern, sowohl mit den

1) Zufolge einer vom 19ten Junius datirten Depesche des Grafen Yarmouth an Fox.

2) Das Schreiben, worin er ihm diese ertheilte, ist vom 26sten Junius datirt.

Ministern der vereinigten oder der feindlichen Mächte unterhandeln konnte. Während er ihm aber einen so großen Umfang des freien Willens gestattete, legte er ihm zugleich die ernste Vorschrift an's Herz, von demselben nur unter bestimmter Voraussetzung Gebrauch zu machen.

Es kann der französischen Regierung nicht zum Fehler angerechnet werden, wenn der britische Bevollmächtigte das Joch dieser Beschränkung von sich warf. Es ist daher eine Thatsache, daß das Londoner Cabinet von seinem weiter oben ausgesprochenen Entschlusse, daß es nur mit Rußland vereinigt unterhandeln würde, nicht abweicht. Fox allein unterscheidet diese Trennung der Begriffe, indem er sagt: „Wenn Rußland das Anerbieten macht, getrennt und einzeln für sich zu unterhandeln, so geschieht dies nur in dem Sinne, der sich eigentlich von selbst versteht, nämlich: Der Form nach getrennt, allein dem Wesen nach mit gegenseitiger Uebereinstimmung." Der Punct, auf welchem Fox am meisten bestanden hatte, war die Aufrechthaltung König Ferdinands von Sicilien. Wenn Frankreich in dieser Hinsicht nachgab, durfte Graf Yarmouth, obschon er den Auftrag hatte, von Neapel und Istrien zu sprechen, aus diesen Gegenständen keine bestimmten Bedingungen machen.

Napoleon verdient in dieser Epoche hauptsächlich darum getadelt zu werden, daß er so weit der Eitelkeit sich hingegeben und der Vortheilsucht der alten Herrscherfamilien nachgestrebt habe, indem er die Wohlfahrt Frankreichs von der größern oder mindern Befestigung eines von einem Mitgliede seiner Familie besetzten Thrones für unzertrennlich hielt. Ohne dieses System, welches übrigens in gewisser Beziehung auch vertheidigt werden kann, gerade bei der gegenwärtigen Lage der Dinge aber höchst nachtheilige Folgen hatte, wäre das einzige Hinderniß, welches den Frieden mit England abgehalten, leicht verschwunden. Wenn man auch annehmen wollte, daß Furcht vor Gefahr, oder selbst ein Gefühl der Rache die Verweisung König Ferdinands und vor Allem der Königin Caroline nach Sicilien von Napoleon erheischt hätte, hätte er doch einen Sohn dieses Fürsten in Neapel lassen können; dann hätte aber auch Sicilien nicht als die erste Friedensbedingung von Frankreich gefordert werden sollen. Man kann zwar nicht sagen, daß der Kaiser bei dieser Gelegenheit von dem gewohnten Wege seiner Politik abgewichen sey. Seine Lage hatte sich verbessert; er suchte davon Gebrauch zu machen. Man wird aus Folgendem ersehen, durch welche Umstände begünstigt seine Laufbahn einen immer höheren Schwung erhielt.

Die Besitznahme der Festungswerke und Gebuchten von Cattaro haben ihm zuerst in Wien, und durch Wien später in St. Petersburg ein großes Ansehen verschafft und seinen Handlungen Nachdruck gegeben. Als Napoleon vernommen, daß die russischen und englischen Geschwader auf dem adriatischen Meere in den östreichischen Häfen Unterstützung erhalten haben, forderte er, daß diese Seestädte den Russen und Engländern geschlossen werden sollten. Ebenso drohete er, daß, im Falle die Russen sich weigern sollten, die Vesten von Cattaro zu übergeben, und Oestreich sie zu diesem Schritte nicht nöthigen würde, er Triest und Fiume so lange in Beschlag nehmen wollte, bis letztere Macht in ihren rechtmäßigen Besitz wieder eingesetzt wäre.

Was auch immer die erste Veranlassung zu dem Bruche des Petersburger Friedens seyn mochte, das östreichische Cabinet, endlich müde, diesen Fehler durch die verlängerte Besetzung von Braunau und die Gegenwart der Franzosen an der Gränze abzubüßen, und überdies durch die nur schwer ausweichbaren Forderungen erschreckt, hatte sich alles Ernstes zu St. Petersburg dafür verwendet, einmal einen Zustand der Dinge aufhören zu machen, dessen Folgen höchst nachtheilig auf das ganze innere Leben des Staates einwirkten. Diese wiederholten Bitten sind endlich erhört worden.

In den ersten Tagen des Maimonats hatte der Kaiser Alexander dem östreichischen Botschafter Grafen von Meerveldt eröffnet, „daß er im Begriff stehe, seinen Truppen in Albanien und Dalmatien den Befehl zu ertheilen, daß sie die von ihnen besetzten Plätze augenblicklich räumen sollten.“ Sein Minister der auswärtigen Angelegenheiten, Fürst Czartoriski, hatte ebenfalls die Hoffnung ausgesprochen, daß durch diese Entschließung endlich eine Annäherung bewerkstelligt werden könnte, was Frankreich so sehnlich zu wünschen scheine. Er habe daher auch, fügte er hinzu, dem Grafen Rasoumowski, russischem Botschafter zu Wien, die nöthige Vollmacht für einen solchen Zweck zugesendet.

Es scheint, der russische Hof, welcher in diesem Augenblicke England und Frankreich auf dem Puncte sah, ernstlich um den Frieden zu unterhandeln, und sich immer noch lebhaft an Fox's bekannte Gesinnungen erinnerte, habe endlich gefürchtet, sein Bundesgenosse, jetzt Lenker der Unterhandlungen, möchte diese zu sehr im britischen Interesse führen und alsdann die Ehre und den Vortheil eines Friedens allein einärndten, während Rußland kaum die Erlaubniß hätte, dem Friedensbündnisse beizutreten. Indem vorauszusehen war, daß der Rückmarsch der französischen Truppen von dem linken Rheinufer eine nothwendige Folge des allgemeinen Friedens seyn müßte, wünschte das russische Cabinet, den Vortheil und den Ruhm zugleich sich zu erwerben, daß sowohl Oestreich als ganz Teutschland nur ihm den Frieden verdanken sollten. Demzufolge kam Herr von Dubril, als russischer Gesandter, am 27sten Mai mit der Vollmacht in Wien an, sich unter dem Vorwande nach Paris zu begeben, um da Anstalten zur Auslösung der Kriegsgefangenen zu treffen, eigentlich aber, um Vorschläge zu gegenseitigem Uebereinkommen zu machen.

In diesem Augenblicke trägt Alles den Stempel der Offenheit. Herr von Dubril hatte dem Grafen Rasoumowski die Vollmacht überbracht, die Räumung der festen Plätze von Cattaro ohne Verzug anzuordnen. Sogleich reiset ein russischer Gesandtschaftssecretair, von einem östreichischen Officier begleitet, dahin ab, um dem Befehlshaber der Besetzungsarmee diesen Befehl zu überbringen. Der östreichische General, Graf Bellegarde, erhält den Auftrag, sie zu empfangen, und schifft sich zu diesem Zwecke mit zweitausend Mann Ungarn zu Triest ein. Schon schien diese Sache beendigt zu seyn; doch entsprachen die Handlungen den Worten nicht. Entweder haben die geheimen Aufträge die Befolgung der zeigbaren Befehle verhindert, oder der russische Befehlshaber hat sich eines kaum glaublichen Ungehorsams schuldig gemacht. In der That, dieser Befehlshaber, nachdem er seine

Antwort eine Zeit lang verschoben hatte, giebt als Ursache seines Benehmens den seit der Besetzung von Ragusa durch die Franzosen veränderten Zustand der Dinge an, allein es ist augenscheinlich, daß dies nur ein leerer Vorwand ist.

Vergebens läßt man sich in Unterhandlungen ein, um die wahren Beweggründe von Ragusa's und Cattaro's Räumung an's Licht zu stellen. Um diesem Vorhaben mit einemmale zu steuern, sendet der Befehlshaber der russischen Streitkräfte den Bischof der Montenegriner an die Franzosen ab, um diesen anzubefehlen, sie sollten zuvor Ragusa räumen und das Land bis auf den letzten Mann verlassen, erst dann könnten die Russen aus Albanien weichen.

In Paris war man weit davon entfernt, dieses Spiel der russischen Diplomatie zu ahnen. Schon am 1sten Julius beeilte sich Herr von Talleyrand, dem Minister Fox wissen zu lassen, daß die französischen Truppen am 29sten Junius ihren Einzug zu Cattaro gehalten haben sollten. Als die Wahrheit späterhin bekannt wurde, legte man in der festen Voraussetzung, daß, wenn auch Rußland in diesem Puncte nicht ganz aufrichtig zu Werke gegangen, es doch bei der seinem Agenten, Herrn von Dubril, anvertrauten Unterhandlung redliche Absichten hege, obiger Frage deshalb nur eine geringe Wichtigkeit bei, weil man dachte, daß der endliche Friedensschluß sie von selbst lösen werde. Dieses Vertrauen in die aufrichtigen Gesinnungen Rußlands für den Frieden hat die neue Forderung bestimmt, welche sich das Cabinet der Tuilerien in der Unterhandlung mit England erlaubte. Diese Forderung hatte auch die Unterredungen mit Herrn von Talleyrand und Lord Yarmouth in die Länge gezogen. Sie dauerten zwar noch fort, doch schienen sie unaufhörlich auf dem Puncte zu seyn, abgebrochen zu werden.

Der englische Bevollmächtigte hatte erklärt, daß er Befehl erhalten habe, auf die Unterhandlung „nur dann einzugehen, wenn die französische Regierung auf die neue Forderung, Sicilien betreffend, Verzicht [1]) leistete, weil sie den

1) Laut eines Schreibens des Bevollmächtigten an Fox vom 1sten Julius.

Vorschlägen der Unterhandlung eine andere Grundlage gab." Frankreich war keineswegs geneigt, dieser Forderung zu entsagen, allein sie leistete auf andere Verzicht, welche von nicht weniger Wichtigkeit waren. So hatte es z. B. darauf bestanden, daß England alle von Napoleon neu geschaffenen Staaten anerkennen soll. Diese Bedingung und die stillschweigende Genehmigung Englands waren nicht ohne bedeutenden Einfluß. Endlich entband es jedoch die englische Regierung von dieser Genehmigung, allein Hannover mußte demzufolge für Sicilien das Gegengewicht bilden.

Der französische Minister gab sich Mühe, begreiflich zu machen, daß, so lange der Krieg dauerte, der Geschäftsgang eben so ununterbrochen seine Fortschritte machen müßte. Wenn England die Unterhandlung drei Monate früher begonnen hätte, so würde sich die Frage über Neapels Schicksal auf die befriedigendste Weise für dasselbe gelöset haben; einen Monat früher würde dasselbe Verhältniß in Hinsicht Hollands eingetreten seyn. Uebrigens verlange die französische Regierung Sicilien nicht ohne Entschädigung, und biete daher zum Aufenthalte und Besitzthume für Se. Majestät den König von Sicilien [1]) die Hanse-Städte an, wovon die englischen Truppen zu gleicher Zeit mit Hannover Besitz nehmen könnten. Dieser Vorschlag war so klug gestellt, daß sich Graf Yarmouth überzeugt hielt, daß es für England höchst wünschenswerth seyn müsse, zumal, da der König von Sicilien eine Entschädigung erhalten solle, die Hanse-Städte mit den übrigen teutschen Besitzungen Sr. großbritannischen Majestät zu verbinden.

Dies Anerbieten wurde in London verworfen, indem Fox [2]) fand, daß die Hanse-Städte nicht ganz den Gleichwerth für Sicilien bildeten, wenn man gegen diese Ausgleichung auch keine andern Einwendungen machen wollte. Allein schon durch die Ablehnung des Anerbietens in Hinsicht der Hanse-Städte, welche er auf die Unausreichbarkeit die-

1) Depesche des Grafen Yarmouth vom 1sten Julius.

2) Er sprach sich hierüber in einem besondern Schreiben vom 5ten Julius an den Grafen Yarmouth aus.

ser Entschädigung stützte, hat er stillschweigend dem Grundsatze des Tausches gehuldigt, oder wenigstens den Tausch für zulässig gehalten. Somit blieb nur noch ein Punct — das „wie viel?“ — zu verhandeln übrig.

Obwohl Lord Yarmouth dem französischen Ministerium einmal über das andere erklärte, daß er — wenn nicht von der Forderung auf Sicilien abgestanden werde — keinem andern Vorschlage Gehör geben könne, beeilte er sich nichts desto weniger, seine Regierung zu benachrichtigen, daß Frankreich als Entschädigung für diese Insel Dalmatien, Albanien und Ragusa vorschlage. Zu der nämlichen Zeit hatten sich mehrere Umstände vereinigt, die Forderungen des britischen Cabinets etwas niedriger zu spannen. Die Hauptursache bestand ohne Zweifel in der damals erfolgten Ankunft des russischen Bevollmächtigten, Herrn von Oubril, in Paris, und in dem fast allgemein verbreiteten Gerüchte, daß in Teutschland gewaltige Veränderungen vorgenommen werden sollten.

Zu wiederholten Malen hatte Herr von Talleyrand den Grafen Yarmouth benachrichtigt, daß, je länger England mit seiner Entschließung zögere, desto mehr sich die Gefahr vergrößere, sich von neu entstandenen Ereignissen mit neuen Schwierigkeiten umgeben zu sehen. In Bezug auf die bevorstehenden Veränderungen in Teutschland hat jener Staatsmann hinzugefügt, daß diese ihrer Entscheidung nahe seyen, allein daß, wenn der Friede ungesäumt zu Stande käme, sie nicht in's Leben treten sollten. Den Aeußerungen des englischen Bevollmächtigten zufolge, hatte man auch dem Herrn von Oubril die Versicherung gegeben, daß ein ohne Verzug abgeschlossener Friede Teutschland in seinem bisherigen Zustande erhalten würde. Diese Thatsache findet sich nur in Lord Yarmouths Depesche vom 9ten Julius erwähnt, und am 12ten desselben Monats sehen wir die Rheinbund-Acte unterzeichnet.

Diese schleunige Vollziehung, welche schon drei Tage nach der dem britischen Cabinette gemachten Eröffnung in's Leben trat, scheint zwar nicht das günstigste Licht auf die Redlichkeit der französischen Regierung zu werfen, indem man jenem Cabinette nicht die gehörige Frist gelassen, bei dieser neuen Wendung der Dinge einen Entschluß zu fassen; allein obgleich die Bundes-Acte schon am 12ten unterzeichnet war, so wurde sie doch viel später erst bekannt gemacht, ja sie hätte eben so gut wieder aufgehoben werden können, wenn der britische Minister, wie es Herr von Talleyrand dringend gewünscht, sich rasch und offenherzig entschlossen hätte, ohne irgend einen Aufschub Frieden zu machen.

Erst in der Nacht vom 17ten auf den 18ten Julius [1]) gab Herr von Talleyrand — und dieser Staatsmann war der alleinige Aufbewahrer derselben — die schon am 12ten von allen Mitgliedern des Rheinbundes unterzeichnete Acte aus seinen Händen, um sie an die verschiedenen mitbetheiligten Behörden auszuliefern. Frankreich war an jenem Tage (den 17ten) zu der Gewißheit gelangt, daß der Aufschub der Veränderungen in Teutschland den Frieden mit England weder beschleunigen, noch den Frieden mit Rußland verhindern würde.

In Bezug auf die Abtretung Siciliens hat die britische Regierung die nähere Auseinandersetzung nicht mehr verweigert. Ihre einzige Forderung ging dahin, für den König von Sicilien eine größere Entschädigung zu bewirken. Sie verlangte, Frankreich möchte zu dem Anerbieten von Dalmatien, Albanien und Ragusa noch Istrien und einen Theil des venetianischen Gebietes hinzufügen. „In diesem Falle wäre dann der Vorschlag für Se. sicilianische Majestät nicht ganz unannehmbar“ [2]).

Diese Willfährigkeit des englischen Cabinets war offenbar die Folge der am russischen Hofe vorgefallenen Sinnesänderung, obwohl es seinem Scharfblick noch nicht zu durchblicken möglich war, wie weit dieser Hof gehen würde. Ein Beweis davon ist, daß es noch unter dem 18ten Julius den Grafen Yarmouth beauftragte, dem russischen Gesandten, Herrn von Oubril, recht dringend an das Herz zu legen, „wie wichtig es sey, daß beide Höfe die zu ergreifenden Maaß-

1) Sie wurde sogar erst am 19ten durch den Kaiser Napoleon genehmigt und vollzogen.

2) Schreiben des Ministers Fox vom 18ten Julius.

regeln des Krieges und des Friedens gemeinschaftlich überlegten, damit dem Feinde auch nicht die leiseste Hoffnung übrig bliebe, einen Separat=Frieden mit der einzn oder der andern verbündeten Macht abschließen zu können." Schon hatte Graf Yarmouth in Bezug auf diese Befehle mehrere Unterredungen mit Herrn von Dubril gehabt, — allein alle seine Bemühungen waren fruchtlos geblieben.

Mittlerweile ist von Seiten der französischen Regierung keine Stunde verloren worden. Der General Clarke hat am 10ten Julius die Weisung erhalten, mit Herrn von Dubril zu unterhandeln. Kein Tag verging seither, ohne daß die beiden Bevollmächtigten nicht lange Unterredungen mit einander gehabt hätten. Der russische Gesandte hatte dem Grafen Yarmouth auch offenherzig eingestanden, „daß er in Betracht der über Oestreich schwebenden Gefahr es für seine Pflicht halte, wenn er diesen Staat dadurch retten könne, einen Separat=Frieden zu schließen." Umsonst gab sich der englische Geschäftsführer die größte Mühe, Herrn von Dubril von diesem Schritte so lange als möglich abzuhalten. Es schien fast keinem Zweifel mehr unterworfen, daß Letzterer schon mit dem festen Entschlusse nach Paris gekommen sey, Frieden zu schließen, — gleichviel ob mit vortheilhaften oder unvortheilhaften Bedingungen, ob in Gemeinschaft, oder ohne Zuthun von Großbritannien.

Am 20sten Julius kam Lord Yarmouth zu Herrn von Dubril und suchte ihm, nach vielen vergeblichen Worten, begreiflich zu machen: „er sey bereit, die Vorschläge in Hinsicht der Entschädigung für Sicilien anzuhören, wenn ihm diese von seiner Person gemacht würden." Herr von Dubril erklärte sich nicht. Von dem russischen Minister, welcher verschlossen blieb, eilt Lord Yarmouth zu Herrn von Talleyrand; allein er wird nicht vorgelassen. Einige Stunden später kehrt er zu dem russischen Bevollmächtigten zurück, dringt gleichsam durch die Gemächer hindurch und hört ein Geständniß von ihm, welches ihn darniederbeugt. Der Friede ist unterzeichnet. Am kommenden Morgen erscheint er auf's neue bei Herrn von Talleyrand. Er findet den Ton dieses Ministers fester und kälter, als die vorhergegangenen Tage, doch im Ganzen weniger befremdend, als Rußlands gänzlicher Abfall [1]) befürchten zu lassen schien. Hannover, Malta, das Vorgebirge der guten Hoffnung und Indien [2]) bleiben in den Augen des Grafen Yarmouth noch immer unberührte Puncte [3]). Er beharrt darauf, niemals einzuwilligen, daß man darüber abspreche. Herr von Talleyrand dringt auf die Vorzeigung seiner Vollmacht. Jetzt war der Zeitpunct gekommen, wo der britische Geschäftsführer seine Verweigerung kühn aussprechen und überhaupt nichts unternehmen mußte, ohne vorerst Befehle von seiner Regierung dazu erhalten zu haben. Sein Scharfblick reichte aber nicht so weit. Er giebt gerade wegen gewisser Umstände nach, die ihn unbeugsam hätten machen sollen. Er legt seine Vollmacht vor. Der Kaiser Napoleon macht sich den günstigen Augenblick zu Nutze.

Am 22sten Julius ernennt er den General Clarke zu seinem Bevollmächtigten. Die Unterhandlung wird am 23sten in der besten rein officiellen Form eröffnet.

Der General Clarke beginnt mit der Erklärung, daß die Unterzeichnung des Friedens mit Rußland für Frankreichs Wohlfahrt mit einer gewonnenen Schlacht zu vergleichen sey, und diese könnte ihn ermächtigen, einiger Gegenstände zu erwähnen, über die man sich verständigt hat; allein der Kaiser will von diesem Vortheile keinen Nutzen ziehen. Alle von Herrn von Talleyrand abgelehnten oder wenigstens ausgewichenen Fragepuncte werden wieder aufgenommen und mit mehr Genauigkeit besprochen.

Indem man die Rückgabe Hannovers als Bedingung aufstellte, wünschte die französische Regierung das Versprechen in irgend einem öffentlichen Blatte ausgesprochen zu sehen, daß Se. Majestät der König von Großbritannien durchaus nicht hindern möge, daß Preußen als Gegentausch irgend

1) Worte in der Depesche vom 21sten Julius.

2) Ueber Indien wurde nur hie und da im Vorübergehen ein Wort gesprochen.

3) Pure and unsullied.

ein neues Gebiet erhalte. Jetzt erklärte der Graf Yarmouth, befremdet von dem Gedanken, daß man über die Hanse-Städte verfügen wolle, Großbritannien werde eine solche Erwerbung niemals dulden. Man beeilte sich, ihn hierüber zu beruhigen und sagte ihm, es handle sich nur um Fulda und einige andere Fürstenthümer, welche dem Könige von Preußen zuerkannt werden sollten.

Die Insel Malta sollte den englischen Staaten als unumschränktes Eigenthum anheimfallen. Beide verhandelnden Parteien würden, in Bezug auf den Johanniterorden, die Erklärung erlassen, daß er fernerhin nicht mehr anerkannt werden würde.

Das Vorgebirge der guten Hoffnung sollte ebenfalls dem Könige von Großbritannien als souveraines Besitzthum, jedoch mit der Bedingung anheim fallen, daß die Capstadt zum Freihafen erhoben werde.

Die Integrität des türkischen Reiches und der Krone Schweden sollte anerkannt und bestätigt werden.

Frankreich verlange für sich und für seine Bundesgenossen die Rückgabe von Pondichéri und Saint Lucie, Tabago, Surinam, Goree, Demerari, Berbice und Essequebo, so wie die Anerkennung der verschiedenen Zweige der regierenden Familie, der neuen Könige von Baiern und Würtemberg, nebst den neuen Großherzogen von Berg, Darmstadt und Baden.

Der britische Bevollmächtigte hütete sich wohl, die Hoffnung auszusprechen, daß die verlangten Auslieferungen von seiner Regierung genehmigt werden könnten; allein er beeilte sich, letztere sofort von den Vorschlägen Frankreichs in Kenntniß zu setzen.

Es konnte nicht fehlen, daß jener Geschäftsträger durch die Unvorsichtigkeit, seine Vollmacht einen Tag nach der Unterzeichnung des Friedens mit Rußland noch vorgezeigt zu haben, bei seinem Hofe in Mißverhältnisse gerathen mußte. Er wurde deshalb zur Verantwortung gezogen und hart getadelt, wie er es verdient hatte, denn dieses unzeitige Vorzeigen „hat auf den weitern Fortgang der Unterhandlung einen sehr hemmenden und ungünstigen Eindruck gemacht." Doch waren die Beweggründe, welche er zu seiner Rechtfertigung anführte, nicht ohne Bedeutsamkeit.

Die Maaßregeln, welche schon vor dem Antritt seines diplomatischen Amtes das Schicksal Neapels und Hollands bestimmt, sind ihm nur als Vorspiel weit größerer Momente erschienen. Das französische Ministerium habe sorgfältig zu vermeiden gesucht, sich in irgend eine Unterhandlung einzulassen, bevor Napoleon die Plane durchgesetzt hatte, deren Erreichung jede Unterhandlung unmöglich machte.

Herr von Talleyrand hatte ihm gesagt: „Wenn England früher und mit mehr Ernst zu unterhandeln geneigt gewesen wäre, hätten wir die teutschen Angelegenheiten nicht weiter betrieben. Allein jetzt ist es geschehen, — die Anstalten sind getroffen — wir können nimmermehr zurücktreten." Diese und noch andere Betrachtungen haben mächtig auf Lord Yarmouths Geist eingewirkt. Eine Armee wurde zu Bayonne gegen Portugal zusammengezogen. Die Schweiz war, wie man sagte, von neuen Ereignissen bedroht. Preußen forderte von Frankreich eine endliche Erklärung in Bezug auf Hannover: „Haben wir einmal die Erklärung gegeben, dann ist sie nicht wieder rückgängig zu machen. Wollen Sie, daß wir mit Preußen brechen sollen, wenn wir nicht einmal sagen können, daß England mit uns in Unterhandlung steht?" Dies war die Antwort Herrn von Talleyrand. Diese Worte und Gerüchte aller Art hatten in ihm die Besorgniß erregt, daß die Beharrung auf seiner abschlägigen Antwort einen gänzlichen Umsturz der politischen Verhältnisse in der Schweiz und in Portugal herbeiführen und Preußen in dem Besitze von Hannover bestätigen möchte.

Diese Erklärungen ermangelten der Wahrheit nicht, allein die britische Regierung fand es nicht für rathsam, dieselben als vollgültig anzunehmen. Die außerordentliche Willfährigkeit war es gerade, die ihr mißfiel. Sie entschloß sich daher, diesen bevollmächtigten Minister in seinem Wirkungskreise zu beschränken und nur ihre früheren Bestimmungen geltend zu machen.

Ein neuer Abgeordneter, der Graf Lauderdale, wurde

Lord Yarmouth an die Seite gesetzt, und Letzterer erhielt sogar kurze Zeit darauf die Weisung, nach England zurückzukehren.

Der Zweck der Sendung des Lord Lauderdale war in einem Briefe des Ministers Fox [1]) an den Grafen Yarmouth, als Antwort auf ein Schreiben, worin dieser ihm die demüthigende [2]) Nachricht von der Unterzeichnung des Friedens zwischen Frankreich und Rußland bekannt gemacht hatte, unumwunden ausgesprochen. Der Zweck war, die Unterhandlung wieder auf den Punct zu stellen, von dem sie ausgegangen war. „Die Zulassung der Möglichkeit, einen Gleichwerth für Sicilien auszumitten, war nur in so fern zugegeben worden," sagte dieser Minister, „als es Herr von Dubril dringend wünschte, und man die Absicht hatte, so viel als möglich die gegenseitigen Ansichten und Maaßregeln zwischen England und Rußland aufrecht zu erhalten; allein durch die Vorzeigung Ihrer Vollmachten haben Sie Se. Majestät gleichsam genöthigt, die Unterhandlung fortzusetzen. In dieser Beziehung hat der König daher für gut befunden, Ihnen einen mit allem Vorhergegangenen nicht vertrauten [3]) Bevollmächtigten an die Seite zu stellen."

Es sey vergönnt, bei diesem Gegenstande etwas länger zu verweilen und darzuthun, von was für einem Puncte man ausgegangen und auf welchen man zurückgekommen sey. Zu Anfang der Unterhandlung waren von englischer Seite zwei Hauptgrundsätze fast dictatorisch aufgestellt worden: Gemeinschaftliche Unterhandlung mit Rußland und das uti possidetis in Bezug auf Sicilien. Was den erstern betrifft, so beharrte England auf der Erklärung, daß durchaus kein Friedensvorschlag zulässig sey, der nicht von Rußland zugleich genehmigt und anerkannt worden, und diese Erklärung dauerte noch immer fort, nachdem man in St. Petersburg schon längst entschlossen war, besonders für sich zu unterhandeln. In der That hatten die dem Herrn von Dubril unter dem

1) Vom 8ten August.

2) Eigener Ausdruck, den Fox gewählt hatte.

3) An fresh negociator.

30sten April, alten Styles, gegebenen Vollmachten diesem Gesandten die Freiheit zuerkannt, den Frieden mit Frankreich zu unterzeichnen und ähnliche Verhältnisse mit den andern kriegführenden Mächten von Europa vorzubereiten. Die Beharrlichkeit Großbritanniens auf diesem einen Puncte ist daher durch seinen Bundesgenossen vereitelt worden, und der englische Minister sah sich sogar genöthigt, auf die gewünschte Einigkeit der Handlungsweise Verzicht zu leisten. Was den Grundsatz des uti possidetis betrifft, von dem man betheuerte, sich niemals entfernen zu wollen, und den Frankreich auch niemals anerkannt hat (wir haben gesehen, unter welcher Form er in der ersten Mittheilung des Lords Yarmouth hätte vorkommen sollen), so ist die englische Regierung selbst in dem Augenblicke von ihm abgegangen, als sie zu einer officiellen Unterredung über die dem Könige von Sicilien zu gewährende Entschädigung ihre Zustimmung gegeben. Um nun diese beiden Grundsätze, welche Lord Yarmouth vernachlässigt oder sogar verlassen hatte, wieder aufzunehmen, hat sich der neue englische Botschafter, Lord Lauderdale, mit Letzterem vereinigen müssen. Bis zu dem Augenblick, wo die beiden Cabinette von Paris und London die Nachricht von der Entschließung des Kaisers Alexander in Bezug auf den durch Herrn von Oubril unterzeichneten Vertrag erhalten, bietet die ununterbrochen fortgesetzte Unterhandlung kein anderes Ergebniß dar, als eine heftige Bewegung ohne Fortschritte; denn England suchte wieder auf den Punct zurückzukommen, von welchem es ausgegangen war, Frankreich aber verfolgte den geraden Weg, und schritt auf der Bahn fort, auf welcher die beiden Cabinette sich gegenseitig begegnet hatten. Indem wir für wenige Augenblicke diese verschiedenen Behauptungen, mit denen wir uns späterhin beschäftigen werden, unbeachtet lassen, wollen wir einen Blick auf die während Lord Yarmouths Unterhandlung vorgefallenen Ereignisse werfen, und vor Allem die Unterzeichnung der Rheinbund-Acte und des Friedens zwischen Frankreich und England näher beleuchten.

Sechszigstes Capitel.

Aeußere Verhältnisse.

Frankreich kommt zu der Idee eines teutschen Bundes zurück. — Abneigung des preußischen Hofes gegen ein Bündniß mit Frankreich. — Der rheinische Bund unter dem Schutze Napoleons. — Bemerkungen des Marquis von Lucchesini über die Art der Abschließung dieses Vertrages. — Hauptinhalt des Rheinbund-Vertrages. — Erwerbungen der zum teutschen Bunde gehörenden Fürsten. — Vortheile, die Frankreich daraus zieht. — Achtung des Schutzherrn für die Unabhängigkeit der inneren Regierungs-Verhältnisse jener Bundesstaaten. — Nutzen dieser Unabhängigkeit für die verbündeten Staaten. — Weitverbreitete Politik der Bundesfürsten. — Nutzen, den Letztere aus der französischen Schutzherrschaft ziehen. — Bekanntmachung des Bundesvertrages bei dem teutschen Reichstage. — Kaiser Franz II. Entsagung auf den Titel eines teutschen Kaisers. — Inhalt dieser Entsagungsurkunde. — Napoleons Bestimmung der Rheingränzen. — Friedensschluß zwischen Frankreich und Rußland. — Hauptbedingungen dieses Vertrags. — Geheime Artikel. — Veränderung des Systems zu St. Petersburg. — Der Fürst Czartoriski wird durch den Baron von Budberg ersetzt. — Alexanders Weigerung, den von Herrn von Oubril unterzeichneten Vertrag anzuerkennen. — Diese Weigerung fällt mit der Rüstung der preußischen Armee in eine und dieselbe Epoche. — Gesetzliche Bekanntmachung des Aufenthalts der Franzosen in Teutschland. — Flugschriften gegen Napoleon in englischem Solde. — Todesurtheil des Buchhändlers Palm. — Stimmung, welche dies Todesurtheil hervorbrachte. —

Wir haben schon bei Erwähnung des Jahres 1804 gesagt, daß der erste Vorschlag eines teutschen Bundes, aus dem einst der Rheinbund hervorgehen sollte, in jene Epoche falle. Der erste Gedanke zu diesem Vorschlage rührt von dem Freiherrn von Waitz, erstem Minister des Churfürsten von Hessen, her, welcher die Absicht hatte, seinen Fürsten von der Oberlehnsherrlichkeit der preußischen Krone unabhängig zu machen. Von dem französischen Gesandten in Cassel nach Paris gesendet, ist dort die Idee mit großem Beifalle aufgenommen worden und hat schon damals, während des Aufenthaltes des Kaisers Napoleon zu Mainz, die Aufmerksamkeit aller Staatsmänner auf sich gezogen; allein die Ausführung ist für kommende Tage aufgeschoben worden. Der Hauptgrund, warum man deren Ausführung aufschieben zu müssen glaubte, lag in der Hoffnung, welche die französische Regierung nie verließ, in kurzer Zeit mit Preußen ein Bündniß zu schließen, wobei, wäre letzteres zu Stande gekommen, der Vorschlag zu einem Staatenbunde wahrscheinlich unbeachtet geblieben wäre.

Sonderbarer Weise glaubte man zu Paris — ob mit Recht oder Unrecht, sey dahingestellt — seit mehreren Jahren, und zwar mit einer Art von abergläubischer Zuversicht, an ein Bündniß mit Preußen. Oestreich und Rußland bildeten zwei furchtbare, und zwar fast immer mit einander gegen Frankreich verbündete Massen. Das Cabinet der Tuilerien wünschte daher nichts sehnlicher, als zum Wachsthume der preußischen Monarchie beitragen zu können, wenn anders der Degen Friedrichs II. mit dem des Kaisers Napoleon in eine Wagschale gelegt würde. Diese Hoffnung war es hauptsächlich, welche bis zum Jahre 1806 das Vorhaben, einen teutschen Bund unter Frankreichs Schutze zu bilden, verzögert hat. Wir haben weiter oben gesehen, wie diese so oft vergebens nachgesuchte, durch die Schlacht von Austerlitz herbeigeführte, zu Berlin aber aufgelöste und erst später zu Paris in viel schlimmern Ausdrücken geschlossene Verbindung am Ende in eine disharmonische Union sich auflösete, welche die Kraft, ohne an eine längere Dauer derselben zu glauben, dictirte und die Schwäche mit dem Vorsatze annahm, sobald es die Umstände erlaubten, das Joch abzuschütteln und zu zerbrechen. Dies war ein so aller Gemüthlichkeit, Treue und redlicher Absicht entbehrender Vertrag, daß man sich von beiden Seiten fast keine Mühe mehr gab, den Schein zu retten und sich mit dem Schleier der Heuchelei zu bedecken.

Von preußischer Seite ist der Herzog von Braunschweig, dessen hoher Ruhm als Krieger, trotz einiger in der Champagne erhaltener Flecken, von der preußischen Armee noch immer als eine zweite Vorsehung betrachtet wurde, nach

St. Petersburg geschickt worden [1]), um dort — vielleicht in redlicher Absicht — wegen eines allgemeinen Friedens zu unterhandeln. Vielleicht hatte er aber auch den Auftrag, im Falle man Schwierigkeiten machte, nach dem Befinden der Umstände und der Menschen, so wie sich die günstigste Wendung für Preußen zeigte, zu unterhandeln.

In Berlin verhehlte man die Abneigung gegen jedes Bündniß mit Frankreich weder bei Hofe noch in den meisten Ministerien. Die Politik der Regierung hing von einem doppelten Einflusse ab, wovon der eine das Werk des andern zerstörte. Während man, der Uebereinkunft mit Frankreich zufolge, die Häfen des nördlichen Teutschlands dem englischen Handel verschloß, erhielt das britische Ministerium auf heimlichem Wege die Zusicherung, daß die Ausführung dieses Systems einzig und allein von Ministern abhänge, welche keineswegs damit einverstanden seyen und daher auch keine zu große Strenge handhaben würden. In der That, sobald das Cabinet von Saint-James sich erklärt hatte, zeigte auch der Berliner Hof eine sichtbare Hinneigung zu mildern Maaßregeln, die sich zuletzt mehr auf bloße Drohungen, statt auf Thaten erstreckten. Sowohl zu Stettin als zu Colberg und den Hafenstädten des baltischen Meeres, ist der geheime Befehl [2]) ertheilt worden, wenn auch die vorgeschriebenen Maaßregeln nicht ganz zurückzunehmen, doch wenigstens ihre Wirksamkeit zu mildern, oder sogar ganz zu vermeiden. Da Preußen sich so benahm, so hätte Napoleon, selbst nach dem Geständnisse der englischen Schriftsteller, von Sinnen seyn müssen, auch nur das geringste Vertrauen in dasselbe zu setzen. Diesen Fehler hat er nicht begangen; daher auch in der Unterhandlung mit England sich häufig die Worte wiederfinden: „Hannover werde keine Schwierigkeit mehr in den Weg legen."

Da die Verbindung mit Preußen daher der französischen Regierung keine Art von Gewährleistung gab, so war nichts

1) Dies geschah zu Ende des Januars.

2) Siehe hierüber das Annual Register v. J. 1806.

natürlicher, als daß letztere das Bedürfniß fühlte, in Teutschland andere Stützpuncte aufzusuchen. Zu Anfang des Monats Julius faßte der Kaiser Napoleon den Entschluß, sich ohne Verzug, unter dem Titel eines obersten Schutzherrn, die Herrschaft über jene teutschen Staaten zu sichern, welche aus Furcht, den von Frankreich dereinst zu erwartenden Nutzen zu verlieren, schon jetzt vor Ungeduld brannten [1]), sich mit ihm durch ein Bündniß näher zu vereinigen. Das Vorhaben wurde sogleich in's Werk gesetzt; denn Schnelligkeit war um so nöthiger, als nur durch sie den mannichfachen Interessen Genüge geleistet und zu gleicher Zeit dem Neide und der Reue vorgebeugt werden konnte. In den Tagen vom sechsten auf den zwölften wurde Alles gemacht.

Herr von Talleyrand unterhandelte einzeln mit einem jeden Staate, welcher zum Beitritt in den allgemeinen Bund bestimmt war. Er zeigte einem jeden als Lockspeise die Aussicht auf einen Antheil des Gewinnstes, und bot ihnen schon jetzt bedeutende Vortheile an, ohne daß einer von den erhaltenen Zugeständnissen des andern etwas wußte. Nachdem die einzelnen Unterhandlungen beendigt waren, wurden alle Abgeordneten auf den 12ten Julius zu einer Zusammenkunft bei dem französischen Minister eingeladen. Hier wurde ihnen die Bundes-Acte im Zusammenhange vorgelesen und jeder Einzelne daher nur mit dem Ganzen der Zugeständnisse und der den verschiedenen Staaten gewährten Vortheile bekannt gemacht.

Die am 12ten Julius unterzeichnete Acte blieb, als ein Geheimniß, bis zum 18ten in den Händen des Herrn von Talleyrand verwahrt, welcher — wie wir gesehen haben — in Bezug auf diese ausschließliche Bewahrung dem britischen Bevollmächtigten die Antwort gegeben, daß ein schnell abgeschlossener Friede die Bekanntmachung der in Teutschland vorbereiteten Umgestaltungen hätte abwenden können.

In diesem Verfahren der französischen Regierung glaubt der Geschichtsschreiber des Rheinbundes, Marchese von Luc-

1) Che di confederarsi con la Francia si mostravano tanto impazienti.

Marchese von Lucchesini.

chesini, ein auffallendes Zeichen der Verachtung gegen seinen neuen Bundesgenossen zu erblicken [1]). Diese Empfindlichkeit scheint mir jedoch in etwas die Gränzen zu überschreiten. Für alle Völker des Festlandes wäre der Friede mit England von großem Werthe gewesen, nicht nur für Frankreich. An und für sich ein erfolgreiches Verwahrungsmittel gegen die Wiederkehr der noch nicht sehr entfernten Kriege des Continents, hätte er die Verbündeten in den Besitzungen erhalten und bekräftigt, womit sie durch die früheren Kriege bereichert worden. Sie hätten also gewiß gern, im Besitze des errungenen Vortheiles, auf den erst noch zu hoffenden Verzicht geleistet. Man stößt übrigens bei genauer Prüfung der Bemerkungen dieses Schriftstellers auf eine Menge befremdender Widersprüche. Will man ihm Glauben beimessen, so sind die teutschen Abgeordneten, als sie am 12ten Juli die Bundes-Acte unterzeichnet hatten, über ihr Werk erröthet [2]) und haben es sogleich bereut: aber plötzlich scheint er zu vergessen, was er so eben gesagt hatte, daß sie durch den Aufschub einiger Tage, während welcher mit der Bekanntmachung gezögert wurde, in nicht geringe Verlegenheit [3]) gerathen seyen.

Die Fürsten, welche die Acte des rheinischen Bundes mit unterzeichnet haben, waren: Die Könige von Baiern und Würtemberg, der Churfürst von Baden, der Herzog von Berg und Cleve, der Landgraf von Hessen-Darmstadt, die Fürsten von Nassau-Usingen und Nassau-Weilburg, die Fürsten von Hohenzollern-Hechingen und Hohenzollern-Sigmaringen, die Fürsten von Salm-Salm und Salm-Kirburg, der Fürst von Isenburg-Birstein, der Herzog von Ahremberg, der Fürst von Liechtenstein und der Graf von Leyen.

Unter den 39 Artikeln, aus denen die Bundes-Acte be-

1) Lord Yarmouth, nell suo dispaccio de' 9 Juglio, ha conservato questo monumento del dispregio in cui si tenevano i nuovi Alleati.

Marchese von Lucchesini.

2) Arrossirono è si dolsero insieme, ma troppo tardi.

Derselbe.

3) Li conturbò poi è vie piu sbigottì la josta in aspettamento data alla publicazione del trattato.

Derselbe.

steht, sind ohne Zweifel diejenigen die wichtigsten, welche die politische Stellung der Mitglieder des Bundes veränderten, als:

Der erste Artikel, wodurch sie auf immer von dem Gebiete des teutschen Reiches getrennt und durch einen besondern Bund unter sich vereinigt wurden.

Der siebente Artikel, welche ihre Unabhängigkeit von jeder dem Bunde nicht beigetretenen Macht ausspricht.

Der zwölfte Artikel, welcher den Kaiser der Franzosen als Schutzherrn anerkannte; und vor allen

der fünf und dreißigste Artikel, welcher die Bedingung enthielt, daß zwischen dem französischen Reiche und den verbündeten Staaten, sowohl im Ganzen als im Einzelnen, ein Bundesvertrag stattfinden solle, mittelst welchem bei Kriegsereignissen Einer für Alle und Alle für Einen stehen sollten. Die übrigen Artikel, welche wenigstens die Erklärung der schon angeführten Puncte zum Zwecke hatten, enthielten zum Theile die Grundlinien der dem Rheinbunde zu gebenden Gestaltung, bestimmten die neuen Titel, welche verschiedene der Fürsten erhielten, und setzten die Zahl der von einem jeden Staate zu stellenden Truppenmannschaft fest, oder verbreiteten sich über die Abtretung und Vereinigung der Ländereien.

Der Churfürst Erzkanzler hat den Titel: Fürst Primas mit dem Prädicate Eminenz erhalten; der Churfürst von Baden, der Herzog von Berg und der Landgraf von Hessen-Darmstadt wurden zu Großherzogen ernannt; der älteste Fürst aus dem Hause Nassau erhielt den Titel Herzog, und der Graf von der Leyen den Fürstentitel.

Der Beitritt zur Rheinbund-Acte verschaffte einem jeden der verbündeten Staaten, außer einer gänzlichen Unabhängigkeit vom teutschen Kaiser, noch bedeutende materielle Vortheile, indem sie mancherlei Abtretungen als Bedingung aufstellte.

Die Abtretungen [1]) bestanden in einem Länder-Tausche zwischen den verschiedenen Bundesfürsten selbst, wobei die Gränzen genau bestimmt wurden. Diese Einrichtung ent-

1) Vergleiche die Artikel 13, 14, 15, 16.

sprach ihren gegenseitigen Interessen. Die Einverleibungen [1]) trugen nicht so ganz den Charakter der Unschuld an der Stirn, denn sie bestanden aus neuen Erwerbungen, sowohl unabhängiger Städte als solcher Güter und Comthureien, welche früher dem teutschen Orden gehört hatten, oder endlich auch solcher Gebiete, die auf unbegreifliche Weise in den früheren Verträgen vergessen worden waren. Die kaiserliche Reichsstadt Frankfurt fiel dem Fürsten Primas anheim, und Nürnberg wurde Baiern zugetheilt. Frankfurt war zum Sitz des Reichstages und zur Hauptstadt des rheinischen Bundes bestimmt. Der Fürst Primas sollte in der Reichstagsversammlung den Vorsitz führen.

Der vier- und fünf und zwanzigste Artikel hatten langwierige Streitsachen, wodurch die Ruhe Teutschlands öfters gestört worden war, zum Gegenstande. Durch sie wurden ebenfalls allen Mitgliedern des Rheinbundes die Souverainetätsrechte zugesichert: Erstens über den Schwarm von Fürsten und Grafen, wovon das teutsche Gebiet wimmelt und welche in ihrer Eigenschaft als unmittelbare Reichsstaaten nur von dem Kaiser und dem Reiche abhingen; zweitens über die auf ihrem Gebiete sich befindenden Güter der beiden Ritterorden.

Es ist nicht zu läugnen, daß die scharf abtheilende Gerechtigkeit durch diese Neuerungen manchen bittern Stoß erlitt, doch ist sie mehr in Hinsicht auf die politische Gewalt, als auf das Eigenthums-Recht verwundet worden. Wenn die souverainen Fürsten, Grafen, nebst dem souverainen Reichsadel ihre landeshoheitlichen Rechte gleichwohl verloren haben, so wurde ihnen doch ihr Privateigenthum nicht im geringsten geschmälert, und sie behielten ihre Güter und ihre Einkünfte unversehrt bei. Durch die Rheinbund-Acte ist für Teutschland nur das bewirkt worden, was durch die Könige von Frankreich seit langer Zeit in Hinsicht der Kron-Vasallen und der Lehngüter geschehen ist.

„Diese Acte," sagt Schöll, „kann als eine nothwendige Folge des Presburger Vertrages betrachtet wer-

1) Siehe den 18ten bis mit den 23sten Artikel.

den" [1]). Nach einem so aufrichtigen Geständnisse muß man sich nicht wenig wundern, wenn derselbe Schriftsteller in so bittere Vorwürfe über die Auflösung der alten teutschen Reichsverfassung ausbricht, als wenn von Seiten der verbündeten Staaten ein neues, mit nichts wieder gut zu machendes Verbrechen begangen worden wäre, und doch hält er alles dies für die nothwendige Folge eines Vertrags, welchen das Oberhaupt des teutschen Reiches selbst unterschrieben hat. Die Bitterkeit des Schmerzes und der mitleidsvollen Theilnahme, welcher sich dieser Schriftsteller ganz überläßt, wird vielleicht durch nichts als durch das ansteckende Klagegetön des Marchese Lucchesini übertroffen. Dieses sonderbare Benehmen muß um so mehr befremden, wenn man bedenkt, daß der eine dieser Schriftsteller im preußischen Staatsdienste war, und der andere es noch ist, d. h. im Dienste einer Monarchie, welche unter allen Mächten Europa's seit langer Zeit am eifrigsten bemüht gewesen war, die Vernichtung jenes Körpers durch Auflösung seiner Glieder zu beschleunigen, in der Hoffnung, für seinen Theil eine reiche Beute davon zu tragen. Um in Berlin die Verehrung der alten Heiligthümer wieder aufzuwecken, und in der Sprache seines Hofes die Anrufung der teutschen Ehre und althergestammten Rechtlichkeit, mußte das Schicksal die Trümmern der umgestürzten Tempel in andere als seine Hände fallen lassen, und mit diesen Trümmern Verschanzungen oder Waffenplätze gegen seine Macht aufbauen.

Die natürliche Wirkung des Rheinbundes war die Schwächung, sowohl des preußischen als des östreichischen Staates, zum Vortheile der französischen Herrschaft. Letzterer Staat gewann dadurch ein festes und regelmäßiges Uebergewicht über einen großen Theil von Teutschland, auf welches hinführo wenig andere Mächte einzuwirken im Stande waren. Napoleons Reich wurde auf dem rechten Rheinufer durch einen Staatengürtel befestigt, wovon jeder einzelne seinen Vortheil dem Vortheile Frankreichs aufopferte, weil er

1) Theil VIII. Seite 142.

nur durch dieses Land Alles geworden war, aber auch Alles wieder verlieren konnte.

Auf diese Weise ist beinahe das ganze südliche Teutschland ein wesentlicher Bestandtheil des Napoleonischen Föderativ-Systems geworden. Die vereinigten Truppenaushebungen dieser Staaten bildeten ein Heer von drei und funfzigtausend Mann, welche, im Fall eines Krieges, durch neue Recrutirung unaufhörlich ergänzt und unter den Waffen erhalten werden sollten. Abgesehen davon, daß dieses Truppencorps als eine wahre Vorhut für die französische Armee angesehen werden konnte, bildeten die Städte Lindau und Augsburg, welche der König von Baiern zu befestigen und mit Mundvorrath und Kriegsbedarf zu versehen beauftragt war, sichere Angriffspuncte, deren sich Frankreich gegen Oestreich jederzeit bedienen konnte.

Diese Ergebnisse — man kann es nicht läugnen — waren in jeder, aber hauptsächlich in kriegerischer Beziehung für Frankreich von der größten Wichtigkeit. Der Kaiser Napoleon hatte auch stets nur letzteren Gesichtspunct im Auge. Der einzige Vorzug, welchen er für sich behielt, war das Recht, den Nachfolger eines jedesmaligen Fürsten Primas zu wählen, und die Contingente, welche ein jeder Staat stellen mußte, nach freier Wahl zusammenrufen zu dürfen. Obwohl es bei der Verfassung der Grundstatuten, bei deren Redaction er so leicht hätte den Vorsitz führen können, in seiner Macht lag, sich noch weit größere Vorrechte auszubedingen, so bestimmte er selbst die Gränzen, wo sein Wirkungskreis als Beschützer aufhören sollte, und welche die Mitglieder des Bundes selbst nicht enger hätten zusammenziehen können.

„Wir haben," sagte er [1]), „die doppelte Verpflichtung auf uns genommen: die Länder des Rheinbundes gegen fremden Eingriff zu bewahren und das Gebiet eines jeden einzelnen Bundesfürsten gegen die Unternehmungen der andern zu schützen; allein hierin liegen auch die Gränzen unse-

1) In einem vom 11ten September 1806 datirten Briefe.

rer Verpflichtungen gegen ihn. Es kann uns nicht beifallen, auch nur einen Theil der Herrscherhoheit uns anzumaßen, welche der teutsche Kaiser als Oberhaupt des Reiches ausgeübt hat. Wir werden uns nie in die innern Angelegenheiten der einzelnen Staaten mengen. Die Fürsten des Rheinbundes sind Herrscher, welche keinen Oberlehnsherrn haben. Keine oberlehnsherrlichen Bande knüpfen uns daher an diesen Bund, sondern nur die der einfachen Schutzherrschaft. Mächtiger als die verbündeten Staaten, wollen wir von dem Uebergewichte unserer Gewalt nicht etwa zu Beeinträchtigung ihrer Hoheitsrechte Gebrauch machen, sondern uns derselben nur bedienen, um ihnen letztere in der vollen Bedeutung des Wortes zu gewährleisten."

Diese Erklärungen waren aber nicht blos leere Versprechungen, welche die Ereignisse der Folgezeit Lügen strafen. Bonaparte, wie Schöll [1]) sich ausdrückt, hielt Wort, indem er die Bundesfürsten in dem ruhigen Genusse ihrer so beglückenden Machtausübung unangefochten ließ.

Diese den Bundesfürsten ertheilte Vollmacht, über deren Zugeständniß man Napoleon so oft Vorwürfe machte, war in der That nichts Anderes, als die Gewalt, den mannichfachen Bedrückungen der Aristokraten, welche den größten Theil der Bevölkerung in der Sclaverei und in drückendem Elend erhielten, steuern zu können. Wenn die Regierungen von Baiern, von Würtemberg, von Baden, Hessen-Darmstadt u. s. w. ihr Ansehen gegen die früher vom Gesetze befreiten Körperschaften geltend machten, welche in ihren alten und neuen Besitzungen unter verschiedenen Namen bald die Städte, bald die Landschaft bedrückten, wenn sie überhaupt vorgebliche Staatskörper, die sich für die Vertreter des Landes hielten, auflösten, so haben sie nur die Mißbräuche und die lügenhaften Vertretungen zerstört, welche keine andere Zwecke hatten, als den Uebermuth des Stärkern aufrecht zu erhalten und die Schwäche mit Gewalt zu unterdrücken. So wie die Verwandlung von unzähligen kleinen souverainen Staaten in eine Anzahl von 30 — 40 in kriegerischer und politischer

1) Th. VIII. S. 181.

Beziehung als eine große Wohlthat für Teutschland angesehen werden kann, so war die Vereinfachung für die ganze Menschheit von nicht weniger großem Nutzen, indem die Bevölkerung eines jeden Staates, früher durch Sitten, Rechte und Gewohnheiten getrennt, sich immer mehr und mehr vereinigte und nun einem gemeinschaftlichen Systeme, was die Auflagen und Gesetzgebung betrifft, unterwarfen.

Wie sehr man auch in bändereichen Streitschriften die teutschen Fürsten anklagen mag, daß sie durch den Rheinbund ihre vaterländische Ehre an Frankreich verpfändet, so hat doch die Geschichte der jüngsten Vergangenheit, so wie der Jetztwelt das Benehmen der Prinzen sattsam gerechtfertigt. Seit langer Zeit gab es nämlich keinen teutschen Reichsverband mehr, wenn anders je einer vorhanden war, welcher allen seinen Mitgliedern die gehörige Sicherheit gewährleistete. Es gab in Teutschland nur mächtige und schwache Staaten, nur Unterdrücker und Unterdrückte. Der Reichstag zu Regensburg war nichts Anderes, als eine Feudal-Sorbonne, wo eine Masse von Pedanten mit dem Wuste scholastischer Spitzfindigkeiten ungeheure, höchst langweilige Protocolle anfüllten, und durch diese ganz vergebliche Arbeit große Verdienste sich zu erwerben wähnten, während alle wichtigeren Angelegenheiten zu Wien oder in Berlin entschieden wurden. Für die Mitglieder dieses Körpers war häufig das eigene Reichs-Oberhaupt der gefährlichste Feind. Welche Dankbarkeit, was für Gefühle kindlicher Anhänglichkeit war Baiern nicht jenem Kaiser von Teutschland schuldig, welcher dieses Land mehr als einmal in eine östreichische Provinz hat verwandeln und somit seinen eigenen Staaten einverleiben wollen?

Wie mußten nicht die Fürsten des südlichen Teutschlands dem preußischen Hofe erkenntlich seyn, welcher seit dem Jahre 1795 durch seine Neutralität sich bereicherte, während dem sie, durch Oestreich und Rußland beherrscht, genöthigt wurden, im sclavischen Dienste der Coalition, ohne Aussicht auf Gewinn, ihre Ehre, Blut und Leben zu opfern und sogar einer unfehlbaren Vernichtung entgegen zu gehn, wenn die Politik des Siegers ihre Erhaltung und selbst ihre Vergrößerung nicht gewollt hätte?

Heut zu Tage aber, wird man einwenden, übergeben sie sich freiwillig einem fremden Gebieter! Sie sind von jetzt an nichts mehr als die Werkzeuge in der Hand des französischen Ehrgeizes! Allein, wenn sie in der That nun die Wahl zwischen zwei Oberherren haben, sollen sie da nicht von diesen den entferntesten wählen, der sich am wenigsten in ihre häuslichen Angelegenheiten mischt; der ihnen überdies eine Menge kleiner Fürsten und reichsunmittelbarer Grafen, freier Städte, Abteien, unmittelbarer Edelleute, die in ihrem landesherrlichen Gebiete ihre Besitzungen haben, statt sie gegen ihr Ansehen zu unterstützen, gleichsam unterwirft und sie somit all' das Gute ausüben läßt, woran die vielen kleinen Herren sie gehindert haben würden? Wäre es daher vortheilhafter für sie gewesen, wenn sie Oestreichs, Englands oder Rußlands ehrgeizigen Absichten gefröhnt hätten? Ja es ist sogar zweifelhaft, ob eine Verbindung mit jenen Staaten gegen Frankreich einen glücklichen Erfolg gehabt hätte. — Die Vergrößerung der östreichischen Macht hätte das Joch ihrer Abhängigkeit, wenn auch ihr politisches Daseyn nicht gefährdet gewesen wäre, nur noch drückender gemacht. — Schon seit zehn Jahren mit Oestreich und Rußland, diesen beiden in englischem Solde stehenden Staaten, enge verbunden, haben sie nichts als Unglücksfälle und Niederlagen aller Art kennen gelernt.

An Frankreichs Schicksal gekettet, können sie hingegen, wenn der Beschützer zu den Waffen ruft, nur Gewinn aus den neuen Kriegen ziehen; ihre Fahnen werden durch die Vereinigung mit den stets siegreichen Adlern veredelt; die Verbindung beruhet nicht auf ungleichen Rechten; sie werden an allen Siegen, an allen Ehrenbezeigungen, an allem Gewinn Antheil nehmen; sie werden ihre Namen in der Geschichte verewigen.

Baiern, Würtemberg, Baden und Hessen-Darmstadt werden tapfere Armeen auf die Beine bringen, und tapfere Feldherren werden diese Truppen anführen. Selbst dann, wenn sie dereinst demjenigen untreu werden, welcher sie erzogen und zum Kriegshandwerke herangebildet hat und durch verrätherischen Treubruch, indem sie die Waffen gegen ihn kehren, seinen Sturz bewirken helfen, selbst dann bleibt die Größe, die sie errungen und fort und fort zu erhalten streben, noch sein Werk. Er fährt fort, sie zu erhöhen, wenn sie schon längst ihn verlassen und Alles dazu beigetragen haben, ihn zu stürzen.

Die Unabhängigkeit, die Familiengüter und die Titel, welche sie von ihm erhielten, werden gegen jede Anfeindung gesichert; und diese für die Fürsten so vortheilhafte Wirkung wird auch für deren Unterthanen nicht weniger schöne Früchte tragen. Die Zeit ist nicht mehr fern, wo die Regierungen von Würtemberg, Baden, Baiern u. s. w., mehr und mehr mit dem Innern ihrer Länder beschäftigt, alles Ernstes an einem neuen Verfassungssysteme arbeiten werden. Das Wohlthätige dieser Veränderung verdankt man ebenso der Weisheit Napoleons, welcher aus einer unzähligen Menge selbstständiger Fürstenthümer einige homogene Staatenkörper bildete, die Einführung einer neuen Ordnung der Dinge bewirkte, welche die sonderbare Vertheilung der Fürstenhoheit niemals würde gestattet haben.

Freilich war letzterer Gedanke nicht der Hebel des Benehmens, womit Napoleon sich in dieser Hinsicht allein schon verewigt haben würde; — dies wäre auch in der That zu viel verlangt gewesen; allein die Erschütterungen, welche ein außerordentliches Genie auf der Welt hervorbringt, bleiben nie ohne vortheilhafte Wirkung für die Menschheit. Bei Napoleons Entschlüssen, Thun und Treiben war Alles auf den Vortheil Frankreichs abgesehen. Durch seine Stellung gleichsam dazu verurtheilt, bei'm Ausgange des Kampfes schon wieder die Möglichkeit erneuerter Kämpfe vor Augen zu haben, hat er, trotz der Hindernisse, die seiner Verbindung mit Preußen in dem Wege standen, durch den Rheinbund gegen Oestreichs und Preußens Willen in Teutschland festen Fuß gefaßt. Der östreichische Hof war klug genug, sich in das Verhältniß willig und zu rechter Zeit zu ergeben; allein Preußen konnte es nicht verschmerzen.

Am 1sten August ist den versammelten Reichstagsmitgliedern in Regensburg eine doppelte Bekanntmachung des Rheinbundvertrags von dem französischen Geschäftsträger und von den Mitgliedern des Bundes selbst mitgetheilt worden. Sowohl die eine, als die andere Partei führte als Grund dieses Schrittes die dem früheren Zustande von Teutschland beigebrachten Schläge an, wodurch die alte Verfassung ungemein gelitten; ferner den Widerspruch zwischen den alten Gesetzen und der gegenwärtigen Lage, in welche mehrere Fürsten durch den Presburger Vertrag gestürzt worden sind, so wie die Hinfälligkeit und das Ungenügende einer ehemals zwar höchst ehrwürdigen Einrichtung, die sich aber jetzt überlebt hat und für unsere Zeiten nicht mehr paßt. So wie der Kaiser der Franzosen aussprach, daß er das Daseyn der teutschen Reichsverfassung nicht mehr anerkenne, dagegen aber die sämmtlichen Hoheitsrechte der teutschen Fürsten in ihrer vollsten Ausdehnung unangetastet lasse, erklärten die Mitglieder des Bundes, daß sie sich ihrerseits von den Banden, welche sie bisher an das Reich gefesselt hielten, feierlich lossagten.

Wenn der Aufruhr die vorzüglichsten Reiche und Glieder einer Armee ergriffen hat, und dieser noch überdies durch eine unwiderstehliche Macht von außen unterstützt ist, so kann der verlassene General nichts Besseres thun, als sogleich und zwar öffentlich den Oberbefehl niederzulegen. Diesen Ausweg hat der Kaiser von Teutschland Franz II. ergriffen. Diese Entsagung würde zwar durch einen freiwilligen Entschluß einen weit höhern Werth erlangt haben, allein dies war nicht der Fall. Am 1sten August kommt unerwartet ein französischer Courier in Wien an; in derselben Stunde werden von dem Botschafter Frankreichs zwei Noten in dem östreichischen Cabinette niedergelegt, — und noch am nämlichen Tage kommt man dahin überein, daß Se. Majestät der Kaiser von Oestreich dem teutschen Kaisertitel entsagt. Dieser Fürst verspricht zugleich, auch Napoleons Bruder als König von Neapel und beider Sicilien anzuerkennen. Nur aus Rücksicht für seinen Schwiegersohn, den König Ferdinand, wünscht der Kaiser Franz II. diese Anerkennung erst dann aussprechen zu dürfen, wenn schon ein anderer bedeutender Hof ihm mit dem Beispiele vorangegangen wäre. Dies geschah nicht aus Geschäftsschwierigkeit, sondern blos wegen zarter Familienrücksicht.

Wer erkennt in der über zwei so wichtige Puncte so schnell erfolgten Nachgiebigkeit nicht den Einfluß des in Paris von dem russischen Bevollmächtigten unterzeichneten Friedens? Na-

15 *

poleons Klugheit hat daher aus einem blos scheinbaren Erfolge — denn der Vertrag ist nicht genehmigt worden — einen gewissen Vortheil zu ziehen gewußt. Der östreichische Minister verhehlte weder sein Erstaunen über den raschen Abschluß jenes Vertrags, noch die ungewöhnliche Macht, welche er auf den Wiener Hof ausgeübt hat. „Man war zwar auf ein solches Ergebniß gefaßt", sagte der Graf von Stadion, „allein man glaubte voraussetzen zu müssen, daß Rußland den Schritt noch etwa um acht Tage aussetzen würde."

Am 6ten August erfolgte die Erklärung des Kaisers Franz. „Von der Unmöglichkeit überzeugt, die Obliegenheiten, welche die Pflichten als Kaiser von Teutschland uns auferlegen, ferner noch erfüllen zu können, sind wir es unsern Grundsätzen schuldig, auf eine Krone Verzicht zu leisten, welche in unsern Augen nur in so weit einigen Werth hatte, als wir im Stande waren, dem Zutrauen der Churfürsten, Fürsten und andern Stände des Reiches zu entsprechen und den übernommenen Pflichten Genüge zu leisten. Wir erklären daher feierlich, daß wir die Bande, welche uns mit dem Körper des teutschen Reiches verbunden hatten, als aufgelöst betrachten." Man muß eingestehen, daß dieser Entschluß geschickt und diese Entsagungsurkunde, obwohl abgenöthigt, doch nichts desto weniger in passenden Worten abgefaßt ist. Eine vergebliche Hartnäckigkeit hätte im Gefühle der Ohnmacht die Unzufriedenheit nur vermehrt. Die Bereitwilligkeit des Opfers ersparte einen unnützen Kampf und rettete den Anstand und die Würde.

In jedem andern Zeitalter, als dem unsrigen, hätte man die Auflösung der teutschen Reichsverfassung und die Entsagung des Oberhauptes desselben für das größte Wunder des Jahrhunderts gehalten. Im Jahre 1806 erblickte man darin nichts Anderes, als eine ganz einfache und natürliche Handlung. In Napoleons Note vom 12ten April liest man über ein Vorhaben, welches ihn eine Zeit lang beschäftigt hatte, die merkwürdigen Worte über bevorstehende Gefahr: „Man stelle sich vor, das teutsche Reich sey aufgehoben." Die Vermuthung vom April war im Julius Gewißheit.

Die Nachricht von der Errichtung und dem Abschlusse

des teutschen Bundes machte jedoch in Berlin einen ganz andern Eindruck als in Wien. Wir werden uns späterhin mit den Verhandlungen beschäftigen, welche dies Ereigniß zwischen dem Berliner Hofe und dem französischen Cabinette herbeigeführt haben. Für den Augenblick heben wir nur eine Thatsache hervor, welche allen übrigen als Vorläuferin diente. Am 9ten August wurde Befehl zu der Rüstung der preußischen Armee gegeben.

In der am 1sten August bei dem Reichstage zu Regensburg eingereichten Erklärung hat der französische Gesandte die Worte gebraucht: „Se. Majestät haben erklärt, daß Sie die Gränzen Frankreichs niemals über den Rhein versetzen wollen. Sie sind diesem Versprechen treu geblieben.“ Diese Treue, deren sich der Kaiser Napoleon rühmte, ist ihm gerade zu jener Zeit oft abgestritten worden. Der Vorwurf seiner Feinde mag gegründet seyn, wenn man die Festungswerke von Mainz bis in die Gemeine von Cassel [1]) und Costheim ausdehnen, ein Ueberschreiten der Gränze nennen kann. Wenn es ferner so genannt zu werden verdient, daß er in militairischer Beziehung die Garnison der Stadt Wesel [2]), obwohl dieser Platz zu dem Großherzogthume Berg [3]) gehörte, unter die 25ste Armeeabtheilung verlegte. Als durch die Rheinbunds-Acte ein großer Theil der teutschen Staaten in das Föderativsystem Frankreichs eintrat, so ist es leicht begreiflich, daß Napoleon, der auch nicht den geringsten Theil des rechten Rheinufers [4])

1) Vertrag mit dem Fürsten von Nassau, vom 12ten März 1806.

2) Durch einen Beschluß vom 26sten Julius.

3) Unter den vorzüglichsten Ursachen, welche den König von Preußen im Jahre 1806 gegen Frankreich aufreizten, nennt Friedrich Schöll die Einverleibung von Wesel in das französische Reich, welche jedoch erst im Jahre 1808 stattgefunden hat. Die Zerstreuung ist etwas stark, und doch hat er von einer officiellen Einverleibung sprechen wollen, denn er erwähnt bei dieser Gelegenheit des Senats, welcher, wie er sagte, jeden Kronraub Buonaparte's heiligte.

4) Es war gewiß des Kaisers aufrichtiger Wille, sich die Rheingränze ganz zum Ziele seiner Eroberung zu setzen. Als ihm um dieselbe Zeit einer seiner Minister die Bemerkung machte, daß die drei Departements, welche das Herzogthum Berg bildeten, nicht so gut verwaltet

sich zueignete, was doch in seiner Macht gelegen hätte, unmöglich glauben konnte, durch die erwähnten Anordnungen, wodurch er nur eine immerwährende Verbindungsstraße zwischen seinen Bundesgenossen offen erhalten wollte, die Gränzen dieses Flusses überschritten zu haben.

Die Unterhandlung in Betreff des Rheinbundes hat mit den den Frieden mit England und Rußland betreffenden Unterhandlungen gleichen Schritt gehalten. Diesem für Napoleons Festlandsmacht so hochwichtigen Vorhaben lag jedoch nur ein untergeordneter Zweck zum Grunde, nämlich das Mittel ungestörter Verbindung und Rückhaltspuncte verschiedener Art. Der Hauptzweck, der ihn vor Allem beschäftigte, war der Friede mit England. Nur um England zu dem Frieden zu nöthigen, drohte er, im Falle einer abschlägigen Antwort, sich zum Herrn des Continents zu erheben. Der britische Bevollmächtigte war hinlänglich von Allem unterrichtet. Als dieser den Herrn von Talleyrand über die Veränderungen, welche in Teutschland vorgingen, befragte, hatte der französische Minister die Antwort ertheilt, es sey zwar Alles zu einem Bunde vorbereitet, allein ein schneller Friedensschluß zwischen Frankreich und England würde jedes andere Vorhaben auflösen. Das Londoner Cabinet schien diesen Erklärungen wenig Gewicht beizulegen. Es schien entweder nicht daran zu glauben, oder deren Wirkungen nicht zu befürchten. Hat nun die französische Regierung Unrecht gehabt, sich diese Vortheile zu Nutzen zu machen?

Wenn man den Worten des Lord Yarmouth [1]) Glauben beimißt, so hat Herr von Talleyrand ebenfalls auch dem russischen Bevollmächtigten gesagt, daß ein unmittelbar abge-

würden, wie die französischen Provinzen, glaubte Napoleon in dieser Bemerkung den Rath zu erblicken, er sollte jenes Herzogthum mit seinem Reiche vereinigen. In heftigem Tone antwortete er darauf: „Wenn wir uns über den Rhein erstrecken, dann giebt es kein Frankreich mehr.“ Die Ereignisse lehrten ihn, diesen Grundsatz bald zu vergessen; da man ihm den gegenwärtigen Zustand seines Reiches immerwährend streitig machte, hat man ihn selbst auf die Bahn einer unbegränzten Vergrößerung geschleudert.

1) Depesche vom 9ten Julius.

schlossener Friede Teutschland in seinem alten Zustande erhalten würde. Man wunderte sich daher nach dieser Voraussetzung nicht wenig, daß Herr von Dubril am 20sten Julius den Frieden mit Frankreich unterzeichnet habe, nachdem er schon von der vorgenommenen Veränderung unterrichtet gewesen war und folglich die Aufrechthaltung Teutschlands in seinem gegenwärtigen Zustande nicht verlangt hatte.

Dieses verstellte Erstaunen giebt deutlich zu erkennen, daß man mit Absicht und heimlicher Freude den wahren Sinn der Worte des französischen Ministers verkennt. Nur für den allgemeinen Frieden, oder wenigstens für den Frieden mit England, welchen man als das alleinige Unterpfand für den allgemeinen Frirden ansah, war Frankreich zu jedem Opfer bereit, keineswegs aber für einen Separatfrieden mit Rußland, welcher Europa, so lange Großbritannien nicht die Waffen niedergelegt haben wird, doch immer in mißlicher, jedem Unfalle ausgesetzter Lage zurückläßt. Der russische Bevollmächtigte konnte die Natur von Frankreichs Gesinnungen nicht verkennen, und gerade weil ihm nichts entgangen war, leistete er gleich bei seiner Ankunft in Paris auf einen Kunstgriff Verzicht, welcher der von seinem Hofe aufrichtig gewünschten Versöhnung hätte hinderlich seyn können.

Wir haben weiter oben gesehen, was die Sendung des Herrn von Dubril veranlaßt hat. Schon während der einerseits zwischen Frankreich, andererseits zwischen Oestreich und Rußland in Folge des Einmarsches der Russen in Cattaro gepflogenen Unterhandlungen, hat die französische Regierung keinen Anstand mehr genommen, den Wunsch, sich immer mehr und mehr dem Petersburger Cabinette anzuschließen, an den Tag zu legen. Auch der in Rußland zurückgebliebene Handelsagent wurde zur Vermittelung dieser Angelegenheit gebraucht, und obwohl er keinen bestimmten Auftrag hatte, den Wunsch auszusprechen, so gab er denselben doch auf indirecte Weise zu erkennen. Vielleicht hätte das russische Cabinet, welches sich an dem Berliner Hofe eben sowohl für den Krieg als für den Frieden bewarb, noch länger gezaudert, wenn es nicht plötzlich die Nachricht der unmittelbaren Unterhandlung erhalten hätte, die zwischen Paris und London in's Leben getreten war.

So lange Fox am Ruder war, schien der Friede zwischen beiden Ländern nicht unmöglich zu seyn. Aus Furcht, bei diesem Vertrage nur als Anhängsel der britischen Regierung zu glänzen, beschloß das Petersburger Cabinet, jenem durch einen Separatfrieden zuvorzukommen. Der russische Abgeordnete war erst im Julius zu Paris angekommen, aber dann wurde kein Tag, keine Stunde und kein Augenblick verabsäumt. Die am 10ten Julius begonnene Unterhandlung zwischen diesem Bevollmächtigten und dem General Clarke wurde schon am 20sten durch die gegenseitige Unterschrift eines Definitiv-Vertrages geschlossen. Die Diplomatie war damals nicht weniger rasch als der Krieg. Mit derselben Schnelligkeit wurden Verträge geschlossen, wie man Schlachten gewann; allein wie die Schlachten, so ließen auch die Verträge keine Abänderungen zu. War aber der mit Rußland abgeschlossene von der Art, daß der Kaiser Alexander seinen Bevollmächtigten für unbefugt erklären mußte? Man urtheile nach den Bedingungen, welche dieser Vertrag in sich schließt:

Die russischen Truppen sollen den Franzosen die Werke von Cattaro übergeben.

Die Franzosen werden veranlaßt, Ragusa wieder für unabhängig zu erklären.

Die beiden abschließenden Parteien erkennen die Unabhängigkeit des Sieben-Inseln-Freistaates an, wo Rußland nicht mehr als 4000 Mann zurückzulassen verspricht.

Eben so erkennen sie die Unabhängkeit der ottomanischen Pforte, und verpflichten sich, den Gränzbestand ihres Gebietes aufrecht zu erhalten.

Die französischen Truppen sollen Teutschland räumen, wobei der Kaiser Napoleon verspricht, daß spätestens binnen drei Monaten, von dem Tage der Unterschrift des gegenwärtigen Vertrages an gerechnet, alle seine Truppen sich nach Frankreich zurückgezogen haben würden.

Man verpflichtet sich beiderseits, durch alle Mittel der Freundschaft den Krieg zwischen Preußen und Schweden beendigen zu wollen.

Der Kaiser der Franzosen endlich nimmt mit Vergnügen Rußlands Hülfe zur Wiederherstellung des Seefriedens an.

Dies sind die in Frankreich und England bekannt gewordenen Artikel; allein es gab noch drei geheime Puncte, von denen hauptsächlich der erste von großem Gewichte war, weil er für Rußland jede Schwierigkeit in Hinsicht Siciliens hob, da hingegen der letzte noch mannichfachen Zündstoff zum Streite zwischen Frankreich und England enthielt.

Die Worte dieses Artikels lauteten: „Wenn der König Ferdinand der Gewalt der Umstände weichen und über Sicilien zu regieren aufhören sollte, so wollten sich Ihre Majestäten der Kaiser der Franzosen und der Kaiser aller Reussen die Hand bieten, um gemeinschaftlich die nöthigen Maaßregeln zu ergreifen, den Madrider Hof zur Abtretung der balearischen Inseln an den Kronprinzen von Sicilien, Sohn König Ferdinand IV., zu vermögen, damit er und seine Nachfolger mit dem Titel eines Königs darüber herrschen könnten." Die übrigen Paragraphe dieses Artikels bestimmten, daß die erwähnten Inseln, so lange der Krieg dauerte, allen gegen Frankreich und Spanien feindlichgesinnten Mächten geschlossen, dagegen aber die Handelsverhältnisse zwischen dem Königreiche Neapel und Rußland wieder eröffnet werden sollten.

Der zweite Artikel schloß den König Ferdinand IV. und seine Gemahlin von dem Besitze der balearischen Inseln aus. Man behielt sich vor, für seinen Unterhalt Sorge zu tragen.

Beide Mächte gaben sich durch den dritten Artikel das Versprechen, mit vereinigten Kräften an der Wiederherstellung des Friedens zwischen dem Könige von Preußen und Gustav IV. zu arbeiten, ohne daß Letzterem jedoch Schwedisch-Pommern entrissen werden sollte.

Für den Kaiser Napoleon hatte die Bewilligung des russischen Bevollmächtigten in Hinsicht Siciliens großes Gewicht. Hätte der Kaiser Alexander diesen Vertrag genehmigt, so wäre England genöthigt worden, in diesem Puncte ebenfalls nachzugeben. Das Zugeständniß geschah jedoch nicht auf eine ganz uneigennützige Weise. Napoleon hatte, unerachtet Gustavs großer Vergehungen gegen ihn, nicht den Willen, Schweden zu schaden, noch sich an diesem Fürsten zu rächen; allein es lag ihm noch mehr am Herzen, Preußen zu schonen, und er hatte keinen Augenblick angestanden, den Berliner Hof mit

Schwedisch-Pommern für die Beraubung Hannovers zu entschädigen, denn lieferte er dieses Herzogthum nicht wieder an England aus, so war keine Hoffnung zum Frieden mit Großbritannien vorhanden. Er brachte daher Rußland ein Opfer, indem er die Aufrechthaltung des schwedischen Gebietes zu gewährleisten übernahm.

Man setzte eine alte Herrscherfamilie ab und entzog ihr das angestammte Königreich; zwar giebt man der beraubten Familie eine neue Besitzung, allein diese ist weit geringer, als die man ihr entzog. Sollte diese neue Besitzung aber nicht zum allerwenigsten das Erbtheil des regierenden Königs ausmachen? Nein! man greift der Erblichkeit vor. Noch bei Lebzeiten des Königs folgt ihm sein Sohn. Ferdinand IV. und seine Gattin, die Königin, haben nicht einmal die Erlaubniß, in dem neuen Königreiche sich aufhalten zu dürfen. Die Bestimmung ihres Schicksals wird einstweilen verschoben und spätern Anordnungen unterworfen. Aber ohne Zweifel ist die Entschädigung, welche man dem Sohne dieses Fürsten erlaubt, doch ein erledigtes Besitzthum, über welches zu verfügen den beiden Mächten das Recht zukömmt? Im Gegentheile; es gehört einer dritten Macht, welche man nicht einmal darum zu befragen für gut findet und deren beifällige Zustimmung man erst später noch einholen will. Wenn sie es aber ausschlägt? Da kann man freilich annehmen, daß Frankreich den Vorsatz hat, Spanien auf Unkosten des Lissaboner Hofes zu entschädigen. Wenn aber der Friede mit England abgeschlossen wird, so umfaßt dieser nothwendig auch Portugal, und Spanien wird alsdann auf seine Entschädigungen noch lange warten müssen.

Wie viele Keime von Mißverständnissen, Verwirrungen und Zwistigkeiten für die Zukunft umfassen nicht diese wenigen Artikel! Was ist natürlicher, als daß die beraubte Herrscherfamilie auf's Höchste betrübt ist; daß England, welches Sicilien seinem alten Besitzer erhalten will, stets unzufriedener wird, daß Spanien, von dem man wahrscheinlich eine Abtretung ohne Entschädigung verlangt, seinen Unwillen laut äußert, und daß endlich Preußen, unerachtet seines Rückhalts in Hinsicht auf Schwedisch-Pommern, sein Erstaunen nicht verbergen kann, wenn Napoleon nun auf einmal Schonung eines Landes verlangt, welches zu erobern er kurz zuvor die nöthige Anleitung gegeben hat.

Wie groß auch die Wichtigkeit dieser Bedingungen seyn mag, so verschwindet die anscheinende Schwierigkeit zum großen Theile, wenn Rußland und Frankreich in völliger Uebereinstimmung handeln. Ohne Zweifel hat Herr von Oubril, als er diese Bedingungen unterschrieb, die feste Ueberzeugung gehabt, daß sie von seinem Monarchen würden anerkannt werden. Warum sollten sie es auch nicht seyn? Weil in der Zwischenzeit eine Veränderung in der Politik des Cabinets vorgefallen ist. Wir gestehen gern ein, daß die Errichtung des Rheinbundes, welche Herrn von Oubrils Handlungsweise keinen Abbruch that, zu Petersburg der Gegenstand sehr ernster Ueberlegungen werden konnte; hätte aber diese Betrachtung allein schon die Genehmigung des Vertrages bewirkt, wenn nicht ein neuer, von dem, der Herrn von Oubril nach Frankreich sendete, ganz verschiedener Geist in dem Staatsrathe Alexanders vorwaltete? Das ist eine andere Frage.

Es war wohl natürlich, daß Fox, welcher in der Verbindung mit Rußland eine unerschütterliche Treue bewiesen und bei der französischen Regierung sich beharrlich für eine gemeinschaftliche Unterhandlung verwendet hatte, sich nun über den unerklärlichen Abfall beklagte. Dieser Minister hatte alle Mittel, welche ihm zu Gebote standen, in's Werk setzen müssen, um die Genehmigung eines Vertrages zu hindern, der einmal unglücklicherweise schon unterschrieben war.

Als Herr von Oubril am 6ten August zu St. Petersburg ankam, fand er die englische Partei mit derjenigen, welche einen Separatfrieden mit Frankreich gewünscht hatte, in heftigem Streite begriffen. Die letztere unterlag, und ihr Organ, der Fürst Adam Czartoriski, Minister der auswärtigen Angelegenheiten, war genöthigt, seine Stelle niederzulegen und das Portefeuille dem Freiherrn von Budberg, als dem Haupte der Gegenpartei, zu übergeben.

Die russische Selbstherrschaft verfuhr bei dieser Gelegenheit ganz nach der Art und Weise constitutioneller Regierungen. Bei der Erneuerung des Ministeriums enthob sie den neuen Minister der Verantwortlichkeit für die Handlungen seines Vorgängers. Von nun an trat ein neues System an die Stelle des überwundenen. Sogleich wurden alle fremden Botschafter in Kenntniß gesetzt [1], daß der Kaiser den zu Paris am 20sten Julius unterzeichneten Vertrag nicht genehmigt habe, und eine in dem „Journal de Francfort" eingerückte Bekanntmachung [2]) lehrte ganz Europa, „daß der russische Bevollmächtigte nicht nur von dem Wege seiner erhaltenen Anweisung sich entfernt, sondern dem wörtlichen Sinne und dem Geiste der Befehle geradezu entgegengehandelt habe." Uebrigens erklärte sich der Kaiser von Rußland für bereitwillig, die Friedensunterhandlung wieder anzuknüpfen, jedoch nur nach Grundsätzen, welche sich mit seiner Würde [3]) vereinigen ließen.

Es liegt jedoch nicht klar am Tage, warum die Würde dieses Fürsten durch den Vertrag vom 20sten Julius hätte verletzt werden sollen. Da die Rückgabe der Werke von Cattaro, die ehedem betrügerischerweise von den Russen besetzt worden, Ragusa's Herstellung in seiner alten Unabhängigkeit, und vor allem die Räumung Teutschlands zur Folge hatte, so sieht man um so weniger ab, was der Kaiser Alexander noch hätte verlangen können, wenn er anders nicht nach dem Beispiele Englands die Vernichtung aller Vortheile, die Frankreich durch den Presburger Vertrag sich zugezogen, den es übrigens erst nach der Niederlage und dem Rückzuge der Russen dem östreichischen Staate abgenöthigt hatte, zu fordern geneigt war. Freilich ist es eine der ersten Pflichten der Fürsten, keinen Makel an ihrer Würde zu dulden; allein dieses Gefühl würde zur Abgeschmacktheit gesteigert, wenn es ihnen die Verpflichtung auferlegte, Alles, was sie auf dem Schlachtfelde verloren, durch Unterhandlungen wieder zu gewinnen, zumal wenn feierliche Verträge ihrer Bundesgenossen ihren Gegnern den

1) Am 3ten — 15ten August.

2) Vom 23sten — 25sten August.

3) Man könnte glauben, daß die so eben erwähnten geheimen Artikel die Würde Rußlands verletzt hätten. Allein die Forderungen des Petersburger Cabinets haben, wie wir bald sehen werden, andere Zwecke, eine ganz andere Richtung und Ausdehnung.

Krieg und dessen Folgen zugeschrieben haben. Der Augenblick, in welchem der Abschluß eines besondern Friedens mit Rußland auch den baldigen Frieden mit England zu versprechen schien, war, man wird es uns eingestehen, eine schöne Täuschung für Frankreich.

Daß der Kaiser Napoleon sich so ohne Rückhalt einer Zuversicht hingegeben, die getäuscht werden mußte, war ehrenvoll für ihn. Der Mann, welcher nach der Schlacht von Austerlitz den Russen und selbst dem Kaiser Alexander die Straßen zum Rückzuge offen ließ, welche zu sperren in seiner Macht lag, hatte wohl einiges Recht, zu erwarten, daß ein Versöhnungsvertrag, von einem mit unbegränzter Vollmacht ausgerüsteten Gesandten unterzeichnet und der am Ende für beide Länder gleich vortheilhaft war, von dem russischen Selbstherrscher nicht würde verworfen werden. Diese Ablehnung war auch nicht etwa nur eine einfache Vertagung, um irgend eine Abänderung zu bezwecken, welche ein augenblickliches Mißverständniß hätte lösen können; es war eine neue Kriegserklärung, die Rückkehr zu einer neuen Coalition und fast zu den nämlichen Forderungen, welche die Grundlage zu der letzteren ausgemacht hatten.

Man sollte glauben, der Genius des Krieges, ungeduldig, seine kaum ausgelöschte Fackel noch einmal auf dem Festlande anzuzünden, hätte durch die Zurückweisung jener Acte, welche Teutschlands Räumung bestimmte, dem Kaiser Napoleon das Recht vorbehalten wollen, seine furchtbaren Schlachtreihen auf teutschem Grund und Boden zurückzulassen, damit sie zu den baldigst an ihn ergehenden Herausforderungen bereit und gerüstet wären. Man vergesse nicht, daß die preußische Armee schon fünf oder sechs Tage vor dem Ministersturze in Rußland beweglich gemacht, d. h. auf Kriegsfuß gesetzt worden sey.

Um die Verweigerung, womit der Kaiser Alexander den Vertrag zurückwies, einigermaßen zu rechtfertigen, haben einige Schriftsteller eine Bemerkung des Grafen von Yarmouth angeführt. „Nach Herrn von Dubrils Gesinnung", schrieb [1])

1) Unter dem 19ten Julius.

dieser Bevollmächtigte, „wird der Friede unterzeichnet werden, ohne daß ein einziges französisches Bataillon in Folge dieser Unterschrift auch nur zwölf Meilen weit zurückmarschiren sollte." Dieser Zug von englischer Ironie ist in der That nur eine mittelmäßige Autorität, um ein ähnliches Urtheil zu begründen. Es ist übrigens gewissermaßen eine Unbill gegen Rußland selbst, von dem man glauben konnte, daß es sich ungestraft von Frankreich würde hintergehen lassen.

Da die Grundbedingung des Friedens zwischen Paris und Petersburg die Räumung Teutschlands war, so ist es lächerlich, zu glauben, der Kaiser Napoleon habe je den Gedanken hegen können, sich einer solchen Verbindlichkeit zu entziehen, welche übrigens schon durch die Zurückgabe der Festungswerke von Cattaro mit der Vollziehung des Presburger Vertrages so enge verknüpft war.

Der nothgedrungen verlängerte Aufenthalt der französischen Truppen auf teutschem Gebiete war einer von jenen Umständen, welche am allermeisten zu ungerechten Vorurtheilen gegen den Kaiser Napoleon Veranlassung gegeben haben. Eine Menge oberflächlicher Köpfe und selbst Schriftsteller [1]), welche nur die Außenseite der Thatsachen kennen, haben sich von diesem Scheine blenden lassen und die nähere Untersuchung der Dinge verschmäht. Nach dem Frieden von Presburg sollte die französische Armee das östreichische Gebiet binnen zwei Monaten verlassen haben; nur Braunau war ausgenommen, welche Stadt einen Monat länger besetzt bleiben durfte. Die Räumung erfolgte mit Ausnahme Braunau's zu der festgesetzten Zeit. Auch Braunau sollte in der zugestandenen Frist, jedoch in der Voraussetzung geräumt werden, daß alle Puncte des Presburger Vertrages eben sowohl von Frankreich als von Oestreich vollzogen würden. Ist es Frankreichs Fehler, wenn dieser Vertrag durch einen Treubruch, entweder von der Regierung selbst oder einer ihrer Unterbehörden veranlaßt, drei Festungen verrätherischer Weise den Russen in die Hände lieferte, welche den Franzosen hätten überantwortet werden sollen? Wenn endlich der Vertrag vom 20sten Julius mit Ruß-

1) Montgaillard u. A.

land, zum Gegentausche für die Räumung Cattaro's, die Räumung Teutschlands von französischen Truppen zur Folge haben soll, kann es da Napoleon zum Verbrechen angerechnet werden, wenn der Kaiser Alexander den diese Räumung bestimmenden Vertrag umgeht und durch neue Forderungen, welche die Ansprüche der Verbündeten vom Jahre 1805 in's Gedächtniß zurückrufen, Frankreich zum Kampfe sich rüsten heißt, und diesem Lande gleichsam die Pflicht auferlegt, die festen Stellungen zu behaupten, die es noch besitzt? Der Wink, welcher von Berlin und Petersburg zugleich ausgegangen war, ist in Paris gar wohl verstanden worden. Teutschland wird daher noch nicht geräumt werden, denn Rußland will es nicht haben.

Die Verlängerung des Aufenthaltes in Teutschland war jedoch auch für Frankreich nicht ganz ohne Unbequemlichkeit und Schaden, wenn dies auch nur in den Mißbräuchen der Gewalt bestanden hätte, an welche sich das Heer in fremden Ländern so leicht gewöhnt. Bei der sehr gemischten Besetzung des englischen Ministeriums wird es nicht auffallen, daß, wenn Fox den Frieden wünscht, Lord Grenville und Herr Windham auf ihren feindlichen Gesinnungen gegen Napoleon beharren und so Englands Feindschaft die Schwungfedern seiner Spannkraft auf dem festen Lande nicht verliert. Alle Abentheurer, alle Soldschriftsteller und alle Menschen, die ihre physische und moralische Kraft zu verkaufen im Stande sind, waren mit englischem Golde gedungen. Die Pressen von Leipzig und Nürnberg vervielfältigten mit jedem Tage die bittersten Schmähschriften gegen Frankreich, gegen das Oberhaupt seiner Regierung, und erhitzten die Köpfe der teutschen Völker gegen die französischen Truppen. Diese Flugschriften, welche auf Englands Kosten [1]) erschienen, wurden mit größter Freigebigkeit überall unentgeldlich ausgetheilt; und wann geschah dies? Als der Friede noch nicht völlig hergestellt war; als die französische Armee, durch die Verletzung des Presburger Vertrages in Teutschland zurückbehalten, einen festen Platz in Oestreich

1) Ich erhielt selbst, als damaliger französischer Gesandter in Teutschland, häufig Exemplare dieser Flugschriften zugeschickt. Man vergleiche, was Herr von Bourienne darüber sagt.

besetzte und an den Gränzen der Monarchie im Winterquartiere lag. Selbst in einige der Länder, welche durch unsere Truppen besetzt waren, drang die kühne Unklugheit, verbreitete schriftliche Schmähungen und manch' einen Aufruf zur Bewaffnung gegen den Mann, welcher die Häupter dieser Staaten zu seinen Füßen sah. War es ein Vergehen, dessen Strafe die Civilbehörde des Landes, wo es stattfand, treffen sollte? Oder war es ein Verbrechen gegen die französische Armee, und hat ihre Lage es gestattet, sich selbst Recht zu verschaffen? Diese letztere Meinung war vorherrschend.

Ein Befehl des französischen Groß-Kronfeldherrn, Marschalls Berthier, vom 12ten August ordnete die Bildung einer außerordentlichen Militaircommission an, welche sich zu Braunau versammeln sollte. Diese Commission sollte aus sieben Obersten und einem commandirenden Adjutanten bestehen und von den Marschällen Bernadotte, Massena, Soult, Mortier und Davoust ernannt werden. Sechs Verdächtige waren ihr angegeben, aber nur zwei sind vor ihr Gericht gestellt worden: Joseph Schoderer von Donauwörth und Johann Philipp Palm, Theilnehmer einer Buchhandlung zu Nürnberg [1]). Das Urtheil, welches am 25sten August eingereicht wurde, war in folgenden Worten abgefaßt: „In Betracht, daß bei einer jeden Armee die erste und dringendste Pflicht des Oberbefehlshabers die ist, für seine und der Mannschaft Sicherheit zu sorgen; daß aber die Verbreitung von Flugschriften, die zum Aufruhr und zum Meuchelmorde aufrufen, nicht nur die Sicherheit der Armee, sondern selbst die ganzer Nationen gefährden; daß nichts dringender ist, als die Fortschritte einer solchen dem Völkerrechte und der Achtung vor gekrönten Häuptern zuwiderlaufenden Lehre, die in jener Nichtachtung der Monarchen auch die Unterthanen beschimpft, ja jeder Zucht und guten Ordnung zuwiderläuft, nach Kräften zu hemmen, hat die Commission einstimmig beschlossen und erklärt hiermit, daß alle Schriftsteller, Buchdrucker, Träger und Vertheiler von Schriften, welche oben erwähnten Charakter an sich tragen, als des Hochverraths schuldig erachtet werden sollen."

1) Es war die Buchhandlung Stein.

Indem man diese Grundsätze auf die beiden Angeklagten anwendete, wurden Schoderer und Palm zum Tode verurtheilt. Palm wurde jedoch allein erschossen. Die andern vier Angeklagten, deren Vergehen mehr in bestimmten, gegen den Kaiser Napoleon gerichteten Schmähungen, als in Ermahnungen zum Aufruhr bestand, wurden ihren Landesfürsten ausgeliefert, um von diesen bestraft zu werden. Hier ist von zwei Fragen, dem Verbrechen und der Strafe, die Rede. Das Verbrechen war unläugbar. War aber auch die Strafe gesetzlich? Griff sie nicht in die Rechte der Fürsten ein, deren Unterthanen die Ueberführten waren, zumal da jene Fürsten, obwohl ihr Land von französischen Truppen besetzt war, in Frieden mit Frankreich lebten?

Wenn selbst die große Maxime, die Sicherheit einer Armee betreffend, zur Rechtfertigung dieser Maaßregel ganz specielle und genau bewiesene Thatsachen darböte, so würde dieser Zug übertriebener Strenge nichts desto weniger unter denjenigen hervorragen, die man nur mit Wehmuth in den Tafeln der Geschichte erblickt. Die Politik, welche Alles zu entschuldigen und zu rechtfertigen sucht, wird vielleicht einwenden: Wer hätte während der Crisis von Eilau und der folgenden Monate ohne die Strenge, als deren Opfer Palm gefallen ist, die Ruhe Frankreichs und seiner Heere vor dem Hasse der teutschen Völker gesichert? Wie dem Allen auch seyn mag, die Hinrichtung des Buchhändlers Palm hat großes Aufsehen gemacht. England, Rußland und Preußen gründeten darauf neue Anklagen gegen den Kaiser der Franzosen, und zahllose Unterschriften wurden zu Gunsten der Familie dieses Unglücklichen gesammelt, welcher in jenen Ländern als Märtyrer der teutschen Unabhängigkeit verehrt wurde. Die Wichtigkeit, welche die Politik diesem denkwürdigen Processe beilegte, bewies zur Genüge, daß ein neuer Krieg auf Leben und Tod zwischen Napoleon und seinen Feinden im Anzuge sey.

Ein und sechszigstes Capitel.

Auswärtige Verhältnisse.

Aufträge des englischen Cabinets an Lord Lauderdale. — Zurücknahme der van Lord Yarmouth gewährten Bewilligungen. — Prophetische Erklärung in Bezug auf Holland. — Lord Lauderdale beharrt auf dem Grundsatze des „uti possidetis" und verlangt seine Reisepässe. — Bestimmte Antwort des Herrn von Talleyrand und Zusendung der Pässe. — Abänderungen der Wünsche Frankreichs. — Tod des Ministers Fox. — Von Frankreich genehmigte Abtretungen. — Zufriedenheit Englands mit dem, was sein Gebiet selbst angeht. — Schwierigkeiten in Hinsicht Dalmatiens, auf dessen Räumung Rußland dringt. — Napoleons Hinneigung, von der Forderung in Hinsicht Siciliens abzustehen. — Corfu wird Rußland angeboten. — Talleyrands Antwort auf Lord Lauderdale's erste Bitte um Reisepässe. — Auszug der Unterhandlungen. — Erste Epoche der Unterhandlung. — Zweite Epoche. — Dritte Epoche. — Napoleons Beweggründe, warum er den Krieg mit Preußen vermeiden wollte. — Bemerkungen über die wahren Ursachen, weshalb die Unterhandlung abgebrochen worden. — Napoleons Staatskunst, für ihn selbst gefährlich, für Ludwig XIV. aber weise und vortheilhaft.

Die Kriegsdrohung, welche Napoleon von Seiten Preußens und Rußlands erfahren, war nicht weniger in dem Benehmen und in dem schneidenden Tone des neuen englischen Bevollmächtigten, Grafen Lauderdale, bemerkbar. Wenn gleichwohl Rußlands Abfall durch Unterzeichnung eines Separatfriedens den Stolz der britischen Regierung verletzte, so erhielt letzterer dennoch einen ungleich härteren Schlag durch die tactlose Willfährigkeit des Grafen Yarmouth, welcher nach langer Weigerung, seine Vollmacht vorzulegen, diese am Tage nach dem russischen Abfalle mitgetheilt hat. Es war daher nichts natürlicher, als daß jeder britische Minister, er mochte für den Frieden oder für den Krieg stimmen, Fox oder Grenville, Frankreich zu überzeugen suchte, daß jene schwache Handlung das Werk eines Einzelmenschen, nicht aber der ganzen Regierung sey. Es war natürlich, daß man eine falsch angebrachte Selbstdemüthigung durch eine feste und stolze Sprache wieder gut zu machen suchte; allein die Gränzlinie, welche edlen Stolz von unzeitigem Hochmuthe trennt, ist nicht immer leicht zu finden. Besonders scheint eine so feine Unterscheidungsgabe nicht in den Fähigkeiten Lord Lauderdale's gelegen zu haben.

Englands Zweck war, abzuwarten, zu was sich der Kaiser Alexander nach dem von Herrn von Dubril unterzeichneten Vertrage entschließen werde. Der neue Bevollmächtigte erhielt daher den Auftrag, als Einleitung in die Unterhandlung, vorzüglich den Grundsatz des uti possidetis wieder aufzunehmen, welchen das Ministerium selbst, nach dem Beispiele seines früheren Agenten, des Grafen Yarmouth, verlassen hatte. Lord Lauderdale machte diesen Auftrag zum Gegenstande einer am 7ten August überreichten Note, worin man freilich die feinen und gemäßigten Formen der früheren Mittheilungen vermißt. Die Antwort [1]) der französischen Regierung war jedoch nicht weniger lebhaft. „Der Grundsatz des uti possidetis", sagte der französische Bevollmächtigte, General Clarke, „gehört vielmehr einem Waffenstillstande, als einem Friedenstractate an. Wenn ihn der Kaiser bei seinen Verträgen in Anwendung gebracht hätte, so wären jetzt drei Viertheile des Festlandes in seiner Gewalt. Uebrigens verletzt man denselben Grundsatz, welchen man zum Nachtheile Frankreichs aufrecht zu erhalten wünscht, ausnahmsweise" (durch die Wiederherstellung Hannovers zu Gunsten Englands).

Diese Antwort schloß hauptsächlich eine Stelle in sich, deren prophetischer Geist damals nicht verstanden worden war: „Wenn man auch annehmen wollte", fuhr der General Clarke fort, „daß das Cap, Surinam und andere holländische Besitzungen ganz von dem Königreiche Holland hätten getrennt werden können, wäre nicht die Einverleibung dieses Königreichs in das französische Kaiserreich die nothwendige Folge der abschlägigen Antwort gewesen, womit England die Auslieferung seiner Kolonien ihm verweigert hätte? Was gäbe es in der That für ein Mittel, eine Nation, welche nichts

1) Vom 8ten August.

16*

als Schulden hat und der ein gänzlicher Mangel an Handelsverbindungen auch das letzte Mittel sie zu zahlen raubte, aufrecht zu erhalten? Es ist natürlich ein großer Unterschied für England, den Texel und die Mündung des Rheins und der Maas den französischen Mauthbeamten oder jenen der Holländer untergeben zu sehen. Holland würde daher ohne Rückgabe der Kolonien nothgedrungen eine französische Provinz werden, denn Prinz Ludwig hat bei der Annahme der holländischen Krone feierlich erklärt [1]), daß er, wenn die Kolonien bei dem allgemeinen Frieden nicht zurückgegeben würden, auf die Ehre des Königthums Verzicht leiste." Diese drohende Bemerkung beweiset, daß, wenn Napoleon auch damals noch nicht den Vorsatz gefaßt hat, Holland mit Frankreich zu vereinigen, er unter gewissen Umständen einen solchen Schritt doch nicht für unmöglich hielt und daraus Schlüsse zog, von denen er voraussetzen zu dürfen glaubte, daß sie der britischen Regierung nicht gleichgültig seyn würden. Die Beweisführung war nicht ohne Grund und richtige Folgerung. Was wäre Holland in der That ohne seine Kolonien?

Diese Antwort Frankreichs erwiederte [2]) man mit einer unerschütterlichen Beharrlichkeit auf dem einmal ausgesprochenen Grundsatze des „uti possidetis" und durch die Bitte um die Reisepässe. Der kommende, so wie der darauf folgende Tag brachte die nämliche Antwort. Vergebens suchten die französischen Bevollmächtigten (Herr von Champagny war nämlich dem General Clarke an die Seite gestellt worden) zu erfahren, „was England für eroberte Länder [3]) beibehalten und welche es an Frankreich zurückstellen wollte, und eben so, von welchen Eroberungen es die Wiedererstattung durch Frankreich verlange?" Die britischen Abgeordneten bestanden aber auf der einfachen und unveränderten Annahme [4]) ihres Grundsatzes

1) Man hat sich ein Vergnügen daraus gemacht, diese Behauptung ganz besonders hervorzuheben, indem König Ludwig niemals etwas gesagt, noch weniger feierlich erklärt habe. Gleichviel! Wenn er es nicht gethan hat, hätte er es thun sollen.

2) Unter dem 9ten August.

3) Note vom 11ten August.

4) Zufolge einer Note von demselben Tage.

und wollten auf keine andere Erklärung eingehen. Es wurden noch einige Noten hinüber und herüber gewechselt, welche deutlich zeigten, daß Frankreich die Unterhandlung fortzusetzen wünschte, ohne jedoch einen Schritt vorwärts zu thun.

In diesem Zwischenraume ist Lord Yarmouth nach England zurückgereist. Der Graf Lauderdale blieb in Paris zurück, schien sich aber hier nur darum aufzuhalten, um jeden Augenblick die Beendigung seiner Sendung anzuzeigen und seine Päsße zu verlangen [1]). Die mündliche Unterhandlung erreichte bei ihm nichts mehr als die schriftliche Beweisführung. Man mochte noch so sehr ihn zu überzeugen suchen, daß das Vorgebirge der guten Hoffnung, Malta und Hannover einen für England gewiß ehrenvollen Frieden ausmachen dürften, daß, wenn diese Bestimmungen aber ausgeschlagen würden, Hannovers Schicksal [2]) in acht und vierzig Stunden sich auf eine ganz andere und dann unwiderrufliche Weise gestalten könnte; der Graf Lauderdale blieb, weder durch Schmeichelworte noch durch Drohungen außer Fassung gebracht, auf seinem Satze stehen und wiederholte unaufhörlich seine Ansprüche auf das „uti possidetis".

Endlich durch ein so sonderbares Benehmen ermüdet und verletzt, ließ die französische Regierung dem englischen Botschafter ihre Unzufriedenheit in einer Note fühlen, deren Freimüthigkeit alle Formen der feinen Sitte mit der strengen Sprache der Wahrheit zu vereinigen wußte. Herr von Talleyrand beschwerte sich, daß der Graf Lauderdale einer Verhandlung, welche bis dahin ruhig und in aller Mäßigung geführt worden war, eine unerwartete Richtung gegeben habe, und daß er um die französische Regierung herum den Kreis des Popilius zu ziehen beabsichtige, und fuhr in seiner weitern Erklärung fort: „Wenn der Zweck der Sendung des britischen Bevollmächtigten der war, die schon so weit vorgerückte Unterhandlung abzubrechen; wenn er durch den befehlenden Ton des Vorwurfs und der Drohung, statt durch eine sanfte und verbindliche Sprache beide Regierungen einander

1) Wie dies seine Noten vom 22sten, 25sten und 29sten August beweisen.

2) Man vergleiche die Depesche Lord Lauderdale's vom 29sten August.

über zu bringen, das unheilbringende Verhältniß; welches zu verscheuchen in seiner Macht stand, nur in die Länge ziehen wollte, dann hat Lord Lauderdale den traurigen Ruhm erworben, seinen Zweck erreicht zu haben.

Da man die Unmöglichkeit einsah, Frieden mit einem Bevollmächtigten zu schließen, dessen Forderungen nichts als Beleidigungen enthielten und dessen Schritte nichts als Züge der Feindseligkeit waren, gestand man ihm endlich die mit so viel Hartnäckigkeit geforderten Reisepässe zu.

Seit Anfang des Monates August lag Fox an der Krankheit darnieder, welche ihn seinem Vaterlande und der Menschheit viel zu früh entrissen hat. Wenn dieser Minister durch die Festigkeit eines zweiten Unterhändlers die Versäumnisse und Fehler des erstern wieder gut machen wollte, so ist er ohne Zweifel von demselben besser, als er es selbst gewünscht hat, bedient worden. Die Kriegspartei ist unter den Regierungsmitgliedern von Großbritannien zu einer solchen Größe angewachsen, daß dieser Erfolg nicht wenig zu dem Tode des sterbenden Ministers mag beigetragen haben. Die Unterhandlung wurde hinführo als ein bloßes Spiel betrachtet, dem man nicht die mindeste Wichtigkeit mehr zuschrieb.

Auf der andern Seite hätte man glauben sollen, daß nach der Note, welche Herr von Talleyrand dem Lord Lauderdale zugestellt hat, dieser Bevollmächtigte nicht einen Augenblick länger in Paris hätte verweilen sollen; allein die Scene wurde wie durch einen Zauberschlag verwandelt. Die französische Regierung erhält die Nachricht, daß der Kaiser Alexander die Genehmigung des Vertrages vom 22sten Julius verweigert habe. Durch diese Weigerung wurde die beiderseitige Stellung verändert. Napoleon, welcher sonst so gern Menschen und Dinge und Alles beherrschte, unterwirft sich diesmal dem Gesetze der Nothwendigkeit. Er läßt dem Lord Lauderdale anzeigen, daß er der neuen Umstände wegen sehr gut einsähe, wie sehr es Pflicht sey, England günstigere Bedingungen, als die bisher besprochenen, zu gewähren; daß die französischen Bevollmächtigten sofort neue Verhaltungsmaaßregeln erhalten hätten, und daß er ihn daher auffordere, sich von seinem Hofe ebenfalls neue Befehle auszubitten.

Von diesem Augenblicke an nimmt die Unterhandlung eine andere Richtung, welche zwar nicht viel glücklicher ist, aber wenigstens mit mehr Wahrheitsliebe und Bestimmtheit verfolgt wird. Die Befehle, welche man dem Grafen Lauderdale zu London ausstellt, sind sowohl von dem Lord Spencer, als von Herrn Windham und Lord Howick unterschrieben. Am 13ten September, dem Sterbetage Fox's, benachrichtigte Graf Lauderdale den Herrn von Talleyrand, daß die Bedingungen, welche in Vorschlag zu bringen er beauftragt sey, von Wort zu Wort dieselben seyen, die der neue Minister der auswärtigen Angelegenheiten von Rußland, Freiherr von Budberg [1]), der französischen Regierung bereits eröffnet habe.

Dies hieß also in der That nichts Anderes, wie wir bald sehen werden, als Frankreich erklären, daß durch das Hinscheiden des Ministers Fox jede Hoffnung auf Frieden mit ihm in das Grab gesunken sey. Die Hauptbedingung Rußlands war, daß Frankreich Dalmatien abtreten sollte. Das Petersburger Cabinet verlangte aber noch nebenbei die Räumung Albaniens von den französischen Truppen, die Aufrechthaltung des Königs von Sicilien und volle Entschädigung dieses Fürsten für den Verlust von Neapel, so wie eine Schadloshaltung für den König von Sardinien.

Ohne sich in eine Auseinandersetzung über die Natur der Mittheilungen des Herrn von Budberg einzulassen, eröffnete ihm Herr von Talleyrand, daß man bereit sey, in dem Vertrage sowohl als öffentlichen Artikel, wie auch als geheimen Punct alles das aufzunehmen, was zur Beseitigung der zwischen Frankreich und Rußland obwaltenden Mißverhältnisse für nöthig erachtet würde, vorausgesetzt, daß man keine so befremdenden Vorschläge wieder in Antrag bringen werde, welche, „die Entstehung [2]) einer besiegten und in der Geburt erstickten Coalition befördernd, mit dieser zugleich in Vergessenheit hinabsinken müßten. Frankreich will weder England noch Rußland Gesetze vorschreiben, allein es kann eben so nie-

1) Der Freiherr von Budberg hatte keine andern Ansprüche, um plötzlich zu dieser Höhe emporzusteigen, als früherhin zum Erzieher des Kaisers von Rußland ernannt gewesen zu seyn.

2) Note vom 18ten September.

mals zugeben, daß ihm von jenen Ländern dergleichen vorgeschrieben werden. Wenn die Bedingungen auf Mäßigung und Billigkeit gegründet sind, so ist der Friede so gut wie geschlossen; allein wenn man einen hochfahrenden, befehlenden Ton annimmt, wenn man sich eine Oberhoheit anmaßt und den Frieden vorschreiben will, so wird weder der Kaiser Napoleon noch das französische Volk auf irgend einen Vorschlag eingehen. Im Bewußtseyn ihrer Kraft werden sie erwiedern, was ein altes Volk dereinst seinen Feinden zur Antwort gab: „Ihr verlanget unsere Waffen — kommt her und holt sie!"

Eine solche Sprache beweiset zur Genüge, daß von nun an wenig Hoffnung zum Frieden mehr vorhanden ist. Uebrigens erschöpft sich sowohl der eine als der andere Hof in der Betheurung, daß man nichts sehnlicher verlange, als gerechte und mit Mäßigung angebrachte Forderungen. Die Handlungen allein würden es lehren, auf welcher Seite mehr Mäßigung und Billigkeit geherrscht habe.

Nachdem der Kaiser Napoleon bei seiner Abreise nach Mainz den General Clarke mit sich genommen hatte, bewegte sich die Unterhandlung einzig und allein zwischen Herrn von Champagny, welcher dem General Clarke als Gehülfe beigegeben war, und Lord Lauderdale. Man war dem Ende nahe. In zwei Conferenzen ist Alles beendigt. In der ersten [1]) giebt der französische Bevollmächtigte eine Schilderung der Opfer, zu welchen sich der Kaiser aus Liebe zum Frieden bewogen findet. Außer Hannover, Malta und dem Vorgebirge der guten Hoffnung, welche als schon abgemachte Puncte zu betrachten sind, willigt der Kaiser ein, daß England im Besitze von Pondichéry, Chandernagor, Mahé und anderer Niederlassungen, welche von diesen abhingen, zu bestätigen sey. Da Tabago ursprünglich eine englische Niederlassung war, so entschloß er sich auch zur Abtretung dieser Kolonie an Großbritannien. Die Zustimmung des Kaisers zu diesen verschiedenen Bedingungen stützte sich stets auf die Hypothese von der Abtretung Siciliens. Der König Ferdinand sollte durch die balearischen Inseln entschädigt werden und überdies noch

1) Gehalten am 25sten September.

seinem Stande gemäße Unterstützungsgelder von Spanien erhalten.

Graf Lauderdale schien mit den von Frankreich gemachten Zugeständnissen zufrieden zu seyn. Er sagte, er werde nicht auf die Ueberlassung der gegenwärtig von englischen Truppen besetzten französischen Kolonien dringen; nur gab er unumwunden zu verstehen, daß seine Regierung außerdem noch die Abtretung der holländischen Besitzungen in Amerika verlange. Es liegt klar am Tage, daß darüber zum wenigsten noch ein Vergleich hätte stattfinden müssen; doch hierin lag die Schwierigkeit nicht.

Von nun an machte es sich der englische Bevollmächtigte zu seiner ersten Pflicht, die Vorschläge des Freiherrn von Budberg für das Petersburger Cabinet durchzusetzen, deren Verwirklichung ihm mehr am Herzen lag, als was Großbritanniens Vortheil selbst betraf. Herr von Champagny verwarf aber die russischen Forderungen mit Bestimmtheit. Er erklärte, der Kaiser Napoleon würde niemals zu einer Räumung Dalmatiens sich verstehen, weil diese Besitzung der einzige Lohn eines mühevollen und glorreichen Feldzuges sey. Er zeigte, wie, vom politischen Gesichtspuncte aus betrachtet, die Sicherheit des ottomanischen Staates gefährdet wäre, wenn Dalmatien in Rußlands Händen bliebe; wie dann wieder in Hinsicht des Handels Venedig dem Untergange seines Wohlstandes entgegenginge, wenn Dalmatien eine englische Provinz würde. Ebenso wenig gab er der Hypothese Raum, daß der König von Neapel in diesem Lande bleiben könne, weil dieser Fürst nur durch die Russen oder durch die Engländer sich da zu halten im Stande wäre. Er widersetzte sich endlich der Idee, Dalmatien wieder an Oestreich zurückzugeben.

In der Berichterstattung über diese Unterredung fährt Herr von Champagny weiter fort: „Ich habe mich sorgfältig gehütet, durch irgend etwas glauben zu machen, als wäre man nur im geringsten geneigt, dem Besitze Siciliens zu entsagen." Aus dieser aufrichtigen Erklärung des französischen Ministers kann man entnehmen, daß er hierzu besondere Befehle erhalten habe, die er nach Befinden der Umstände in Anwendung zu bringen befugt war, und daß die betreffende

Entsagung kein unüberwindliches Hinderniß gewesen wäre, wenn die britische Regierung die Unterhandlung mit mehr Aufrichtigkeit begonnen hätte.

Der französische Bevollmächtigte theilte Lord Lauderdale überdies die Versicherung mit, daß ein ohne Umschweife unterschriebener und gegenseitig genehmigter Friede — bevor nämlich die militairischen Bewegungen noch eine gewisse Wichtigkeit erlangt hätten [1]) — sogleich den Gang aller Feindseligkeit hemmen und dem englischen Cabinet die schöne Rolle, ein Friedensengel für das ganze Festland zu seyn, zutheilen könnte. Diese letztere Erklärung machte auf den englischen Abgeordneten einigen Eindruck; doch es scheint, er habe in der Zwischenzeit von der ersten auf die zweite Unterredung von London neue Befehle erhalten, welche jede Annäherung unmöglich machten.

Lord Lauderdale eröffnete die zweite Unterredung mit der Erklärung, daß seine Regierung entschlossen sey, unter keiner Bedingung Frieden zu schließen, wenn Rußland nicht alle Forderungen zugestanden würden. Als Herr von Champagny hierauf erwiederte, der Kaiser Napoleon werde um keinen Preis auf Dalmatien Verzicht leisten, so erklärte der britische Bevollmächtigte, daß hiermit seine Sendung erledigt sey und daß ihm daher nichts übrig bleibe, als nach England zurückzukehren. Alle Vorstellungen, die man ihm machte, alle Zureden und Vernunftgründe prallten an der Beharrlichkeit seines Rußland betreffenden Grundsatzes ab; er wollte von keinem Vergleiche, von keiner Annäherung etwas hören, obwohl die französische Regierung in diesem Puncte noch eine neue Willfährigkeit zeigte, und dem Vertrage vom 20sten Julius noch das gänzliche unabhängige Besitzthum der Insel Corfu zu Gunsten dieser Macht beizufügen in Vorschlag brachte.

Herr von Champagny war überdies noch ermächtigt, auch die Möglichkeit einer Abtretung Surinams an England durchschimmern zu lassen; doch sollte er diese Gesinnung nicht offenbaren, wenn es ihm nicht gelänge, die andern Bedingungen zu mildern, welche der britische Bevollmächtigte in seinem

1) In dem preußischen Kriege, welcher seinem Ausbruche nahe war.

Ultimatum sowohl in Englands als in Rußlands Namen ausgesprochen. Diese Unterredung war der letzte Auftritt des langwierigen Schauspieles einer Unterhandlung, welche unter glücklichern Vorbedeutungen angefangen, als geendet hat.

Am Tage dieser zweiten Zusammenkunft schrieb Lord Lauderdale an Herrn von Talleyrand, daß das Ergebniß derselben ihn nicht hoffen lasse, „die Unterhandlungen von Seiten Großbritanniens und Rußlands einem günstigern Ausgange entgegenführen zu können" [1]), und er sich daher genöthiget sehe, ihn um die nöthigen Reisepässe zur Rückreise zu seinem Monarchen zu bitten. Herr von Talleyrand befand sich damals zu Mainz. Einige Puncte seiner Antwort [2]), die er dem englischen Bevollmächtigten ertheilte, verdienen hier erwähnt zu werden. „Wenn es im Buche des Schicksals geschrieben stünde, daß der Kaiser und das französische Volk immer nur mitten in Kriegen und Stürmen, die Englands Einfluß geweckt, sich bewegen sollten, so rechnet Se. Majestät, nachdem sie Alles versucht hat, den Uebeln des Krieges ein Ziel zu setzen und eine Hoffnung nach der andern schwinden sah, auf den Muth, die Liebe und Kraft seines Volkes, vor Allem aber auf den Schutz der gerechten Sache. Die Zukunft wird lehren, ob eine neue Verbindung Frankreich mehr Nachtheil bringe, als die drei frühern. Spätere Zeiten werden enthüllen, ob diejenigen, welche über den Hochmuth und den Ehrgeiz Frankreichs sich beklagen, nicht ihrem Hasse und ihrer Ungerechtigkeit die stolzen und ehrgeizigen Maaßregeln verdanken, deren sie es zeihen. Frankreich hat sich erst da vergrößert, als wiederholte Versuche gemacht worden sind, es zu unterdrücken."

Herr von Talleyrand erklärte hierauf, daß der Kaiser noch immer bereitwilligt sey, die Unterhandlungen nach den, mit dem erlauchten Minister, dessen Verlust England beweint, besprochenen Grundsätzen wieder einzuleiten, indem er hinzufügte, Fox habe am Ende seiner Laufbahn nichts mehr zu dem erworbenen Ruhme hinzufügen können, als die Vereinigung beider Völker, deren Hoffnung seine stete Begleiterin war.

1) Die Note war vom 26sten September datirt.

2) Vom 30sten September datirt.

Der Kaiser Napoleon hat sowohl in öffentlichen Bekanntmachungen als in Privatgesprächen die Ansicht wiederholt, daß der Friede zwischen Frankreich und England, hätte Fox länger gelebt, unfehlbar geschlossen worden wäre. Ist diese Behauptung gegründet, oder war sie in des Herrschers Augen nur ein Mittel, sich selbst zu rechtfertigen, indem sie zugleich den Einfluß eines Mannes anklagt, der Fox in dem Londoner Cabinet ersetzt hat? Die Thatsachen allein sind im Stande, eine solche Frage zu lösen, und wie uns scheint, hat die Schilderung des Erfolges, die wir so eben entwarfen, dieselbe schon gelöset. Eine kurze Wiederholung wird die Wahrheit in ein noch helleres Licht stellen.

Die Unterhandlung hat drei Epochen gehabt. In der ersten, welche fast ausschließend Herrn Fox angehört, hat ein langer Briefwechsel zwischen den beiden Ministern der auswärtigen Angelegenheiten stattgefunden, — ein Briefwechsel, welcher als ein wahres Muster der guten Sitte und des feinen Geschmackes zu betrachten ist, — um zu erfahren, ob die englische Regierung mit Rußland vereint unterhandeln, oder einzeln, entweder in offenen oder geheimen Artikeln, das Interesse dieser Macht vertreten werde. Diese Frage ist durch Rußlands Benehmen erledigt worden, welches einen bevollmächtigten Minister nach Paris gesendet hat, um einzeln für sich zu unterhandeln. England hat plötzlich auf seine früheren Forderungen Verzicht geleistet, und ebenfalls dem Grafen Yarmouth zur Abschließung eines Separatvertrags Vollmachten ertheilt. Selbst Lord Lauderdale erhielt ähnliche Befehle.

Diesem ersten Streite folgte bald ein zweiter, und hier kömmt Frankreich auf ein von dem Fürsten von Talleyrand gegebenes Zugeständniß zurück. Frankreich nimmt Sicilien in Anspruch, nachdem es oft zuvor gesagt hatte, daß es dies Land nicht fordere, — allein es verlangt dasselbe als Entschädigung. Dieser Forderung stellte Fox entgegen, daß Frankreich schon dem Grundsatze „uti possidetis" beigepflichtet habe, und zwar mit besonderem Hinblicke auf diese Insel.

Nach kurzem Zögern giebt England nach, oder versteht sich wenigstens zu dem Grundsatze der Entschädigung. Man ist mit der, welche angeboten wird, nicht zufrieden. Die einzige Schwierigkeit besteht jetzt nur noch in dem Mehr oder Weniger. Folglich hat das englische Cabinet in Bezug auf zwei wichtige Puncte nachgegeben. Zuvörderst giebt es zu einem Separatfrieden seine Zustimmung; denn es verwirft nicht mehr die Abtretung Siciliens, allein es wünscht bei der zu bedingenden Entschädigung den Grundsatz des „uti possidetis" neu in's Leben treten zu sehen. Während dieser Vorfälle unterzeichnet Herr von Oubril einen Separatfrieden im Namen Rußlands. Tags darauf übergiebt der Graf Yarmouth sein Vollmachtschreiben und eröffnet die officiellen Unterhandlungen mit dem französischen Bevollmächtigten, dem General Clarke. Man ging natürlicherweise von dem Puncte aus, wo man stehen geblieben war; Sicilien hatte aufgehört, ein Hinderniß zu seyn, zumal da Rußland, dem Vertrage vom 20sten Julius zufolge, in die Entschädigung Königs Ferdinand von Sicilien durch die balearischen Inseln eingewilligt hat.

Der neu erworbenen günstigen Lage ungeachtet willigt Frankreich doch in die Herausgabe von Hannover und bestätigt Großbritannien in dem Besitze von Malta und dem Vorgebirge der guten Hoffnung.

Hier beginnt die zweite Epoche der Unterhandlung.

Man wird leicht einsehen, daß Graf Yarmouth bei der Eröffnung der Unterredung zu rasch eingeschritten und nach der Ansicht seines Hofes darin Fehler begangen habe, daß er, nachdem der Friede mit Rußland abgeschlossen war, nicht neue Verhaltungsbefehle von London abgewartet habe.

Es lag in der Natur der Sache, daß der britische Minister sein verlorenes Ansehen durch einen Schritt wieder gut zu machen suchte, der augenscheinlich den Stempel der Schwäche an sich trug. Das wollte Fox und er mußte es wollen, allein damals fing seine Krankheit an, an der er starb. Mit jedem Tage wurden die Symptome gefährlicher und die Hoffnung zum Frieden erlosch mit ihm. Mit jedem Tage aber wurde auch in demselben Verhältnisse die Sprache des Lord Lauderdale trockner und gebietender. Auf der Basis des „uti possidetis" wie auf einem unerschütterlichen Felsen sitzend, blieb er unbeweglich bis zu dem Augenblicke, wo man zu Paris die Nachricht von der abschlägigen Antwort des Kaisers

Alexander, der den Vertrag vom 20sten Julius nicht genehmigen wollte, erhielt. Die Unterhandlung erhält von nun an eine andere Gestalt.

Der Kaiser Napoleon sieht es ein, daß seine Stellung verändert ist; er fühlt wohl, daß er unter den bisher gemachten Bedingungen den Frieden nicht erlangen kann, allein England und Rußland haben auch ihrerseits die Forderungen höher gestimmt, oder vielmehr Rußland allein, denn von nun an führt England nur die Sache Rußlands und unterstützt seine Ansprüche. Rußland verlangt die Räumung von Dalmatien und Albanien; es will den König Ferdinand in Sicilien erhalten, diesen Prinzen für Neapel entschädigt wissen und bringt eine längst vergessene Forderung, auch den König von Sardinien schadlos zu halten, zur Sprache. Somit befand man sich auf demselben Puncte, auf welchem man im Jahre 1805 vor der Schlacht von Austerlitz gestanden hatte.

Napoleon hat große Opfer zu bringen versprochen; er hat sie nicht umsonst verheißen. Zu der Herausgabe Hannovers und der Abtretung Malta's und des Vorgebirges der guten Hoffnung fügte er noch in Indien die von Pondichéry, Mahé und Chandernago, und eben so in Amerika die von Tabago hinzu. Durch diese unmittelbaren Opfer eben so erstaunt als befriedigt, verlangt der englische Bevollmächtigte nichts weiter von Frankreich. Der Kaiser geht noch weiter, er ist bereit, Surinam abzutreten. Es ist sogar möglich, daß er selbst auf Sicilien, die erste Veranlassung so vieler Zwiste, Verzicht leiste, aber hiervon ist jetzt nicht mehr die Rede. England, welches übrigens nichts mehr für seine eigene Rechnung zu verlangen hat, beschäftigt sich nicht mehr mit dieser Insel; Rußlands Wille liegt ihm jetzt allein am Herzen; es will jetzt unbedingt Alles, was Rußland will.

Diese Thatsache ist um so mehr unbestritten, als England selbst in der Folge kein Bedenken mehr trägt, es öffentlich einzugestehen. Wir lesen in einer Erklärung, welche das Inselreich unter dem 19ten December 1807 gegen Rußland erläßt, folgende Worte: „Die letzte Unterhandlung zwischen Frankreich und England ist wegen Puncte abgebrochen worden, welche unmittelbar nicht die Staaten Gr. britischen Majestät, sondern die seines kaiserlichen Bundesgenossen betrafen." Somit sehen wir, daß der Hof von St. James den Willen Rußlands zum alleinigen Vorwande gewählt hat, um sich der Unterschrift eines Friedens zu entziehen, gegen welchen er selbst nichts einwenden konnte, da Frankreich mit Allem, was er zu seinem eigenen und unmittelbaren Vortheil verlangte, einverstanden war. Wenn der Kaiser Napoleon heut zu Tage auch nicht in alle Forderungen Rußlands einwilligt, so verweigert er dem Petersburger Cabinette doch keineswegs eine vernünftige Genugthuung. Der französische Bevollmächtigte bietet Corfu an. Kaum würdigt Lord Lauderdale diesen Vorschlag seines Gehörs; er bricht die Unterhandlung ab und reiset nach England zurück.

Hat unter diesen Umständen England oder Napoleon den Frieden gewollt oder nicht gewollt?

Durch die Abtretung von Ländereien, zu denen sich Frankreich verstanden hat, ist dem britischen Reiche nicht der mindeste Abbruch geschehen. Alles, was England für sich selbst verlangt hat, ist ihm gewährt worden, oder es hätte es wenigstens erhalten können. Im Jahre 1814 wird es nichts mehr bekommen, als was ihm im Jahre 1806 angetragen worden ist. Der Abschluß des Vertrages hätte also unmittelbar erfolgen können. Um sich demselben zu entziehen, bleibt ihm nur ein Mittel übrig, und dieses ergreift es auch; dies ist, sich hinter Rußlands neueste Forderungen zu flüchten, ohne auf seine eigenen Forderungen einzugehen. Es ist vielleicht noch zweifelhaft, ob der Friede selbst dann geschlossen worden wäre, wenn Napoleon in Alles, ja selbst in die geringste Forderung eingewilligt hätte. Die englische Regierung, von Neuem Meister in St. Petersburg, sieht das russische Volk sich rüsten. Preußen, wenn auch dem Namen nach sein Feind, nichts desto weniger sein heimlicher Bundesgenosse, hat schon das Schlachtfeld bezogen. Es zweifelt jetzt nicht mehr, wenn Frankreich nur den geringsten Nachtheil erleidet, auch Oestreich dahin zu führen. Das Festland wird in kurzer Zeit zum viertenmale den Gräueln des Krieges ausgesetzt seyn. Frankreichs Größe, welche so stark befestigt zu seyn scheint, geht einem ungewissen Kampfe entgegen. Vor solchen Betrachtungen verschwindet jede andere Rücksicht. Die preußische Monarchie kann in diesem Streite zu Grunde gehen; aber was liegt daran? England bleibt nichts desto weniger Herr und Gebieter des Weltmeers. Das Festland mag sich immer selbst zerreißen, mag in seinem Blute schwimmen, mag seine Throne zusammenstürzen sehen, seine Könige in die Verbannung begleiten und seine Länder und Städte als Schutthaufen beweinen, — der neue Krieg bringt wenigstens Gefahr für Napoleon. England hat den Frieden nicht gewollt.

War Napoleon aufrichtiger? Seine Rechtlichkeit und treue Meinung wird schon durch den Umfang der Opfer, welche er zu bringen sich angeboten hat, bestätigt. Zu diesem kann man jedoch noch hinzufügen: Aus mehreren Gründen wollte er keinen Krieg mit Preußen beginnen, und es war seine ernste Absicht, als er dem Londoner Cabinette den Vorschlag machte, mittelst des Friedens zwischen England und Frankreich einen allgemeinen Krieg des Festlandes zu verhüten. Er liebte und achtete die preußische Regierung mit ihrer gegenwärtigen Politik nicht, allein der Geist dieser Regierung konnte nicht immer der nämliche bleiben. So sehr er auch sich auf sein Glück verließ, so glaubte er doch, daß, wenn er Preußen schlüge, ihm dadurch eine Stütze für die Zukunft genommen sey. In seinen Augen war der Sturz dieser durch die Zeit geheiligten und befestigten Monarchie, an deren Stelle nur neue und deswegen auch schwache Staaten hätten treten können, weder ein Vortheil noch hinlänglicher Gewinn eines langen, wenn auch glücklichen Krieges. Wenn er gleichwohl nicht wünschte, daß dieses Land sich vergrößerte, wenn er schon wegen des Friedens zur See sich vorgenommen hatte, dessen Macht durch Entziehung Hannovers zu hemmen, wünschte er sie doch zu erhalten.

Hierzu kam noch ein persönlicher Beweggrund. Napoleon marschirte keineswegs mit jener Gemüthsruhe und Sieges-Gewißheit, die ihm so eigenthümlich war, gegen Preußen. Er fürchtete zwar nicht, besiegt zu werden, allein er fürchtete, den Vortheil nur mit großem Verluste zu erkaufen, und schon dadurch, daß seine Siege nicht unerhört wären, glaubte er in ihnen im Vergleiche mit dem außerordentlichen Feldzuge vom Jahre 1805 eine Schmälerung des blendenden Ruhms zu erfahren. Napoleon wollte Frieden, und der Friede wäre, hätte Fox gelebt, wahrscheinlich noch vor dem preußischen Feldzuge oder wenigstens gleich nach dem Frieden von Tilsit geschlossen worden.

Aus diesen Bemerkungen, welche in Bezug auf Englands und des Kaisers Napoleon Gesinnungen mit der strengsten Wahrheit übereinstimmen, läßt sich ein heut zu Tage für uns sehr betrübender Schluß ziehen, daß das Schicksal des großen französischen, so schönen, reichen und wohlvertheidigten Kaiserstaates, dessen Grundmauern, die Alpen und Pyrenäen, durch einen Staatenbund befestigt waren, von der Abtretung oder Erhaltung solcher Länder abgehangen habe, welche uns jetzt so gleichgültig erscheinen, — von Sicilien und Dalmatien. Allein aller Orten und zu jeder Zeit wird das Benehmen der Regierungen durch den gegenwärtigen Zustand der Verhältnisse bedingt. Was sie prüfen, ist allein die Stärke ihrer Nebenbuhler, und was sie überlegen, die Gefahr des Nachtheils, oder die Hoffnung des Gewinns. Man wird bei Betrachtung dessen zugeben, daß die zwei Puncte, auf welche Napoleon so fest hielt, für das französische Reich von der höchsten Wichtigkeit waren, nämlich Dalmatien und Sicilien.

Man würde sich nicht wenig täuschen, wenn man annehmen wollte, Napoleon habe bei Sicilien blos den Gedanken gehabt, seinem Bruder Joseph die sämmtlichen Staaten des Königs Ferdinand zu verschaffen. Der wahrhafte und der Politik des Kaisers würdige Zweck war, im Falle er sich genöthigt sähe, Malta den Engländern zu überlassen, dadurch ein Gegengewicht gegen den Einfluß und die Schifffahrt dieser Macht im Mittelmeere zu bilden, indem er das trefflich gelegene Sicilien zum Stützpuncte der französischen Seemacht erheben wollte; gleichviel, ob er diese Insel dereinst von Neapel abhängig werden lassen wollte, oder ob er schon damals den Entschluß gefaßt habe, sie als neues Besitzthum Frankreich einzuverleiben. Diesen Gedanken hat Napoleon ganz bestimmt gehegt, und aus der nämlichen Ursache hat das hellsehende England in diesem Puncte einen so langen Widerstand geleistet.

Uebrigens war Dalmatien eine durch den Presburger Vertrag erworbene Provinz; und wenn es auch schon demüthigend für Frankreich seyn mußte, daß der Besiegte jetzt von dem Sieger die Früchte der Schlacht von Austerlitz, — die Räumung dieser Provinz und die Entsagung Frankreichs auf die Festungswerke von Cattaro — verlangen konnte, so wurde die Schmach noch dadurch vergrößert, daß **Rußland**, welches sich betrügerischer Weise dieses Districts bemächtigt hatte, diese Forderung machte, und alle diese Länder einer nur durch die Usurpation der jonischen Inseln kräftigen Macht übergeben werden sollten. Im Grunde hätte England eben so wenig als Frankreich diese Länder gern in den Händen der Russen gesehen, und dieser Umstand beweiset, daß die britische Regierung nur darum mit solcher Wärme die Forderungen Rußlands unterstützt habe, um sie zum Vorwande des Bruches zu gebrauchen, vorausgesetzt, daß es ihr selbst nicht angenehm gewesen wäre, wenn Frankreich in die Forderungen eingewilligt hätte.

Daher weigert England sich, den Frieden mit Napoleon zu unterzeichnen, weil Letzterer, auf die Aufrechthaltung des ottomanischen Reiches bedacht, das thut, was es selbst thun würde, wenn er es nicht thäte. Es will nur Krieg und die Schwierigkeit in Bezug auf Dalmatien ist nichts als ein Vorwand, dessen es sich bedient, um dem Friedensschlusse auszuweichen.

Wenn wir in unsern Tagen, in die Gränzen des alten Frankreichs zurückgetreten, uns verleitet fühlen, Napoleon des Starrsinns in Bezug auf Dinge, die unser gegenwärtiges Interesse betreffen, schonungslos anzuklagen, so werden wir vielleicht, wenn wir uns in die Epoche zurückversetzen, wo die Interessen Frankreichs einen weit größern Umfang hatten, einsehen lernen, daß er bei seinem Beharren auf die Abtretung Siciliens und die Erhaltung Dalmatiens im Jahre 1806, nur der Stimme einer gerechten und vernünftigen Politik gefolgt sey. Vereinigte aber diese Politik, welche wohl an und für sich gerecht und vernünftig genannt werden konnte, und es auch unter einem Ludwig XIV. bestimmt gewesen wäre, bei Napoleon, dem Stifter einer neuen Herrscherfamilie, auch noch diese Eigenschaften in sich? Der Fragepunct ist verändert und man schwankt in Ungewißheit, ob man in dem Benehmen des Kaisers nicht vielmehr einen Gegenstand des Lobes als des Tadels finden solle. Man gebe ihm eine kleinliche, befangene, nur mit persönlicher Berechnung für sich und seine Familie beschäftigte Selbstsucht Schuld; es bedarf eines einzigen Ereignisses und diese Berechnung wäre als Weisheit erschienen, denn sie hätte seinen Thron durch Rußlands und Englands Gewährleistung befestigt, und Alles, was Frankreich, Dalmatien ausgenommen, besaß, verherrlicht. Napoleon aber im Gegentheile denkt nur an das Wohl seines Landes, wie er es in den letzten Kriegen und bei den jüngst geschlossenen Verträgen bewiesen hat. Er will, er kann dies nie außer Augen lassen. Alles, was ein Monarch aus altem Stamme, was der Erbe von sechzig Königen zum Besten seines Volks verlangen kann, verlangt auch er, ein Mann von gestern, der Sohn seines Genie's und seines Schwertes; er verlangt es, weil dies nach seiner Meinung die uralten Rechte Frankreichs erheischen. Er geht vielleicht zu weit, er weicht von dieser Straße ab, er geht zu Grunde und setzt dadurch Frankreich selbst in Verlegenheit. Allein zu alle dem hat ihn kein des französischen Namens unwürdiges Gefühl verleitet.

Die englische Regierung hat Lord Lauderdale's Rückkehr nicht erwartet, um dem Kriege den gehässigen Charakter zu geben, den das kurze Ministerium eines Fox ihm genommen hatte. Seit dem Beginn der Unterhandlungen hat in Bezug auf den Hafen von Boulogne eine Art von stillschweigender Neutralität stattgefunden, wo immerwährend Parlementair-Schiffe ein- und ausliefen, um den englischen Botschafter mit der Willensmeinung seines Hofes zu versehen. Frankreich hat dabei, ich gebe es zu, eine unkluge Sicherheit bewiesen, aber eine Sorglosigkeit, die aus dem richtigen Ehrgefühle entspringt, verdient gewiß Entschuldigung. England, welches keine Gewissensbisse kennt, stand keinen Augenblick

17*

an, von diesem übergroßen Vertrauen Gebrauch zu machen. Es fand darin eine nur um so größere Leichtigkeit, die Stadt und die davor liegende Flotte zu verbrennen.

Ein aus dreißig Segeln bestehendes Geschwader näherte sich, da Niemand sich zur Wehr setzte, plötzlich dem Hafen, und warf den 9ten, 10ten und 11ten October eine große Menge congrev'scher Raketen in die Stadt. Lord Lauderdale kam, von Paris heimkehrend, in dem Augenblicke zu Boulogne an, als die letzte Beschießung aufgehört hatte. Es schien, als habe man durch den so zeitgerechten Versuch dieser neuen Erfindung die Rückkunft des streitbaren Botschafters auf eine würdige Weise feiern wollen. Eine englische Rakete hätte den Abgeordneten Georgs III. auf französischem Grund und Boden erschlagen können. Vielleicht hätte die Menschlichkeit sein Schicksal beweint. Hätte aber auch die Gerechtigkeit sich darüber zu beklagen Ursache gehabt?

Zwei und sechszigstes Capitel.

Auswärtige Verhältnisse.

Hauptursachen des Krieges mit Preußen. — Erklärung über Napoleons Benehmen in Bezug auf Hannover. — Erklärung seiner Schritte in Hinsicht des rheinischen Bundes. — Mittheilungen an Preußen über den Rheinbund. — Günstige Aufnahme von Napoleons Vorschlägen zu Berlin. — Preußens Schritte zu Bildung eines nordischen Bundes. — Antwort der Mächte, welche zum Beitritt in diesen Bund eingeladen worden. — Lügenhafte Berichte als Ursache von Mißverhältnissen zwischen Paris und Berlin. — Preußen wird zum Kriege aufgemuntert. — Der König befiehlt, die Armee auf Kriegsfuß zu setzen. — Lucchesini's Briefwechsel von der französischen Regierung gekannt. — Preußens Neigung, sich an Schweden anzuschließen. — Napoleons veränderte Gesinnungen in Hinsicht des nordischen Bundes. — Gleiche Ansichten Englands und Frankreichs über die Hanse-Städte. — Der König von Preußen kommt auf die Beschleunigung seiner Maaßregeln zurück. — Hindernisse, welche sich dem nordischen Bunde entgegenthürmen. — Schwierigkeiten von Seiten Hessens. — Schwierigkeiten von Seiten Sachsens. — Der Marchese Lucchesini wird durch den General Knobelsdorf ersetzt. — Der Berliner Hof bis zum Jahre 1804. — Eifersucht, welche der Ruhm der französischen Waffen in Berlin erregt. — Frauen-Congreß zu Pyrmont im Jahre 1805. — Die Königin von Preußen. — Prinz Ludwig Ferdinand von Preußen. — Der Herzog von Braunschweig. — Kriegspartei. —

In dem Augenblicke, als die Friedensunterhandlungen mit England unterbrochen worden waren, drohte ein neuer Krieg zwischen Frankreich und Preußen auszubrechen. Diese feindlichen Gesinnungen des Berliner Hofes, verbunden mit der Weigerung des Kaisers Alexander, den von Herrn von Oubril unterzeichneten Vertrag anzuerkennen, boten der englischen Regierung Gelegenheit zu einer neuen, jeden Augenblick gegen Frankreich in's Werk zu setzenden Coalition dar. Derselbe Umstand war die Veranlassung, daß man mit der von Fox mit Treuherzigkeit eingeleiteten Unterhandlung bald spielte, bald sie als ein Heiligthum betrachtete, ohne je den Willen gehabt zu haben, dieselbe einem glücklichen Ergebnisse zuzuführen. Wenn eine mehrere Monate hindurch fortgesetzte Unterhandlung sich nicht mit einem Kriege endigt, so gehen in der Regel mehrere Kriege daraus hervor und Länder, die früher im Frieden lebten, ergreifen die Waffen gegen einander. Um den britischen Minister zu schrecken und ihn zu einer endlichen Uebereinkunft zu bewegen, hat Napoleon mit einer unbegränzten Ausdehnung seiner Macht auf dem Festlande gedroht und deutlich zu verstehen gegeben, daß er einem großen Theile der europäischen Staaten eine neue Gestaltung zu geben entschlossen sey. Die Drohung wurde nicht verstanden. Napoleon hat den Rheinbund errichtet, und dieser giebt zu mannichfachen Mißverständnissen mit Preußen Anlaß..

In den vertraulichen Mittheilungen, welche Herr von Talleyrand dem Minister Fox gemacht hat, und in der später officiellen Unterhandlung hat sich Frankreich dahin erklärt, „daß die Rückerstattung Hannovers an Se. britische Majestät durchaus keiner Schwierigkeit unterliege." Die französische Regierung war zwar nicht einfältig genug, der Verschwiegenheit des Londoner Cabinets auf längere Zeit Glauben beizumessen, als es das Interesse dieses Cabinets sich selbst zur Pflicht machte. Diese Zustimmung Frankreichs wurde natürlicherweise noch an dem Tage dem preußischen Hofe geoffenbart, an welchem das englische Ministerium, von dem durch Fox eingeschlagenen Wege abweichend, die Hoffnung eines neuen Krieges, wenn auch von ferne nur, sich entgegenschimmern sah. Neue Beschwerde gegen Frankreich und besonders von Seiten preußischer Regierung.

Zwei Thatsachen haben demzufolge in Berlin die durch die Verträge von Wien und Paris darniedergedrückte, aber nicht ganz ausgelöschte Aufregung auf's Neue geweckt. Die Stellung der beiden Cabinette war eine solche, daß keine völlige Aufrichtigkeit zwischen ihnen stattfinden konnte, doch war es leicht möglich, daß weder von Seiten Napoleons, noch von der Friedrich Wilhelms III. irgend eine unedle Absicht zum Grunde lag. Diese Behauptung, besonders in so fern sie den Kaiser der Franzosen angeht, bedarf einer Erläuterung. Wie kann man ihn aber von übler Gesinnung gegen Preußen lossprechen, da er auf der einen Seite ohne dessen

Hinzuthun den Rheinbund errichtet und auf der andern Seite England die Herausgabe Hannovers versprochen, deren Besitz er doch früher Sr. Majestät dem Könige von Preußen gewährleistet hatte? Die letzte dieser Thatsachen ist ohne Zweifel die wichtigste. Wenn man aber das Entstehen derselben näher prüft, so wird man sich überzeugen, daß der Kaiser nicht leicht anders handeln konnte.

Ein besonderes Zusammentreffen der Umstände führt den Frieden zwischen Frankreich und England herbei. Als Vorläufer zu jener Unterhandlung macht England die Rückgabe Hannovers an Se. großbritannische Majestät zur Bedingung. Sollte Frankreich diese Forderung verwerfen, ehe die Unterhandlung noch begonnen hätte? Zwischen beiden Mächten herrscht mehr als eine Schwierigkeit. Doch muß über kurz oder lang der Krieg sein Ende finden. Um den Frieden aber vorzubereiten, um seinem Daseyn gleichsam zuvorzukommen, muß man wissen, welches die vorzüglichsten Ursachen sind, die sich einer Annäherung entgegenstemmten, welche von den Hindernissen gehoben und welche nicht gehoben werden können. Um zu dieser Kenntniß zu gelangen, ist es nöthig, daß man die Ansichten der einen und der andern Partei darstelle und deren Forderungen schildere. Frankreich geht auf den von England festgesetzten Grundsatz ein, und unterhandelt.

Das Vergehen Frankreichs gegen Preußen, wird man hier sagen, ist vollbracht. Frankreich hat den Bundesvertrag, welcher von dem Berliner Hofe auf die Erwerbung von Hannover gestützt war, gebrochen. Dieser Hof hat das Recht, es über eine solche Treulosigkeit zur Rede zu setzen; mit einem Worte, Napoleons Handlungsweise hat den Krieg zwischen beiden Mächten bestimmt. Alle diese Folgerungen scheinen uns mit den Haaren herbeigezogen, falsch oder gewiß doch voreilig.

Man unterhandelt, das ist gewiß; aber ist es eben so gewiß, daß der Friede geschlossen werden muß? Dies ist in der That so wenig bestimmt, daß die Unterhandlung darüber aufhört; allein wäre man auch über alles Uebrige übereingekommen, wer kann dafür stehen, daß die Bewilligung in

Hinsicht Hannovers bestimmt erfolgt wäre? Mag man sie anders, als in dem Kopfe Napoleons vorhanden annehmen. Sein Verbrechen gegen Preußen ist daher nur ein vorausgesetztes, ein blos auf Vermuthung gegründetes und von Umständen abhängendes. Das Verbrechen ist aber mit Vorbedacht begangen worden. Immerhin! allein es verwirklicht sich doch nicht. Ist dies ein hinlänglicher Beweggrund zum Kriege? Wenn Frankreich hat voraussehen können, daß die Verletzung des Bundes ihm keinen Vortheil bringen konnte, vielleicht wird es in Zukunft nur um so fester daran halten.

Schon entgegnet man aber mancherlei, und vor Allem erhebt sich der Vorwurf: wenn die französische Regierung eingesehen hat, daß ohne die Rückgabe Hannovers wenigstens für den Moment jeder Friedensschluß mit England unmöglich sey, hätte sie, wie es einem rechtlichen Bundesgenossen geziemt, das preußische Cabinet davon in Kenntniß setzen sollen. Zwischen ihr und ihrem Bundesgenossen mußte vorzugsweise die Frage besprochen werden, ob es vortheilhafter wäre, einen nachdrücklichen Krieg gegen England fortzusetzen, oder auf Mittel zu denken, um Preußen für die ihm zugemuthete Länderabtretung zu entschädigen.

Streng genommen und nach den Regeln der Privat-Rechtlichkeit mußte die französische Regierung, wie es scheint, zu diesem Schritte verpflichtet seyn. Doch ist es auch bei einem eben so zarten als seltenen Systeme in der Politik wohl begründet, daß eine solche vielleicht sehr schwierige Frage ohne irgend eine Nothwendigkeit aufgestellt werden sollte, da es nur zu leicht möglich war, was auch wirklich stattgefunden hat, daß die Unterhandlungen mit England durch ganz andere Ursachen abgebrochen wurden? Die französische Regierung dachte nicht so. Sie glaubte sich so lange wie möglich von allen Mißverhältnissen mit Berlin enthalten und jeder freiwilligen Verlegenheit ausweichen zu müssen, bevor sie nicht die völlige Gewißheit hätte, sich mit dem Londoner Hofe über die andern in Frage stehenden Gegenstände vereinigen zu können.

Sie fand, eine Streitsache sey auf einmal genug; sie unterließ, das preußische Cabinet von dem Zugeständnisse, welches sie gegen England gemacht, in Kenntniß zu setzen. Sie suchte es sogar dadurch in Sicherheit zu erhalten, daß sie auf die hannöversche Frage gar nicht einging, und zuletzt, wenn jede Verstellung unmöglich geworden, sich durch Anführung der Wahrheit zu rechtfertigen suchte, daß Hannover nicht der einzige Punct gewesen, welcher die Versöhnung zwischen England und Frankreich verhindert habe. War Napoleon unter solchen Umständen aus freier Entschließung als Feind gegen den preußischen Staat aufgetreten? Nein. Er hat keine böse Absicht; er ist blos in seiner Lage beengt und befindet sich in einem wahrhaft peinlichen Zwischenverhältnisse. Sollte er Preußens Interesse dem Frieden Englands unterordnen, oder dasselbe dem Frieden mit Großbritannien vorziehen? — Hierin besteht die ganze Frage, und doch läßt sich auch hierin noch unterscheiden. Es handelt sich in Hinsicht Preußens nicht um ein absolutes, sondern um ein relatives Interesse. Ohne Zweifel ist für diese Macht der Verlust von Hannover ein Unglück, doch kann auch dieser Verlust weniger schmerzhaft gemacht werden, und es liegt gewiß in der Absicht der französischen Regierung, dem Berliner Hofe in dieser Hinsicht jede Genugthuung zu gewähren, die von ihr abhängt.

Wenn man die Sache weiter verfolgt, so findet man, daß der Ursprung des Uebels in der Halsstarrigkeit der französischen Regierung liegt, welche den König von Preußen zu zwingen bemüht war, von Hannover Besitz zu nehmen, welches Land er nur einstweilen bewachen wollte. Als ihm Napoleon aber diese Eroberung gleichsam aufdrang, hatte er schon die Absicht, aus Preußen einen feurigen, ergebenen und in allen Verhältnissen treuen Bundesgenossen gegen England zu machen, allein er hat in ihm nur einen kalten und sogar verdächtigen Freund gefunden. Hätte sich die Sache anders verhalten, so hätte er vielleicht auch anders handeln müssen; konnte er aber noch zögern, wenn er sich einbildet, es sey nichts weniger fest als die Verbindung mit Preußen; wenn er glaubt, man betrachte letztere als eine Fessel, deren Last dereinst von sich zu werfen man vor Ungeduld brenne; wenn ihm von allen Seiten kund gethan wird, daß er an diesem Hofe nur sehr wenige Freunde habe, und unter diesen eigentlich blos einen Minister und den König, und zwar letztern sogar nur zu gewissen Tagen und zu gewissen Stunden; daß das übrige Personale entweder russisch oder englisch gesinnt sey; daß der Geist, welcher im Jahre 1805 den Potsdamer Vertrag herbeigeführt hat, ausschließend die nächste Umgebung des Thrones beherrsche; daß die Königin mehr als Alle von diesem Geiste beseelt sey; daß der Haß des französischen Ruhmes sich in einen Haß gegen Frankreich umgestaltet habe, und sowohl bei Hofe als bei der Armee in eine Art von Raserei ausgeartet sey?

Alle diese Bemerkungen hat sich der Kaiser selbst gemacht, und sie wären im Stande, ihn von jedem Gewissensvorwurfe zu befreien; allein sein Scharfblick sieht auch mitten unter dem durch thörichte und vorüberrauschende Leidenschaften hervorgebrachten Gewölke die bleibende Wohlfahrt der Staaten, und dieses Interesse warnt ihn, Preußens Macht nicht zu schmälern, — oder im Falle er hierzu verurtheilt seyn sollte, ihm wenigstens einen Gleichwerth für den erlittenen Verlust zu verschaffen.

Doch kann in seinen Augen nichts mit dem Vortheile verglichen werden, den ein Friede mit England hervorbrächte. Europe's Zukunft hängt davon ab. Wenn auch dieser Friede dem preußischen Staate ein großes Opfer kostet, so wird er doch nichts verabsäumen, um diese Entschädigung zu bewirken. Dies ist Napoleons ganzes System. Konnte er vernünftiger Weise ein anderes haben?

Die zweite Thatsache, welche zu Mißverständnissen zwischen Frankreich und Preußen Veranlassung gab, ist die Errichtung des Rheinbundes. War Napoleons Benehmen in dieser Hinsicht ein feindseliges gegen den preußischen Staat? Anfänglich war es dies nicht, allein es dürfte in der Zukunft ein solches werden; doch werden neue Zufälle erst die Veränderung bewirken.

Während des Grafen von Haugwitz Aufenthalt zu Paris, in den Monaten Februar und März, hat der Kaiser, ohne jedoch etwas Bestimmtes über sein Vorhaben, welches damals noch nicht beschlossen war, zu äußern, die Möglichkeit der einst zu nehmenden Maaßregeln angekündigt, wodurch das südliche Teutschland unter Frankreichs Schutz gestellt werden könnte, hat ihm aber zugleich auch zu verstehen gegeben, daß er keineswegs ähnlichen Maaßregeln entgegen zu handeln gesonnen sey, wenn der König von Preußen den Norden von Teutschland seiner Schutzherrschaft unterwerfen wolle. Nachdem der Graf von Haugwitz zu Berlin angekommen war und noch immer keine näheren Eröffnungen über diesen Gegenstand erhalten hatte, gab er mehr als einmal gegen den französischen Bevollmächtigten seine Unruhe zu erkennen. Das Stillschweigen der französischen Regierung war sehr natürlich. Nach dem raschen Schritte, womit dieses Geschäft geleitet und vollendet wurde (vom 6ten auf den 12ten Julius), war es dem Cabinette der Tuilerien nicht möglich gewesen, vorerst mit dem Berliner Hofe Rücksprache zu nehmen. Nachdem der Vertrag geschlossen war, verlor man keinen Augenblick, diesen Hof davon in Kenntniß zu setzen. Schon am 15ten Julius wurde die nähere Weisung hiezu an Herrn von Laforêst ausgefertigt. Dies war zwar nur eine vorläufige Bekanntmachung, allein man wollte nicht, „daß Preußen auf dem nämlichen Wege, wie alle Welt, das Daseyn eines Plans erfahre, dessen Früchte zu genießen es vorzugsweise berufen war."

Man wird nicht vergessen haben, daß zwischen der Unterzeichnung der Rheinbund-Acte und der Genehmigung des Kaisers ein Zeitraum von sechs Tagen verflossen war, eine Frist, die man absichtlich gegeben hatte, um den englischen Bevollmächtigten Zeit zur Prüfung zu lassen, ob sie nicht irgend ein Opfer zu bringen für gut fänden, und um jede Neuerung in der teutschen Reichsverfassung zu verhüten. Frankreich konnte daher erst nach Ablauf dieser Frist eine förmliche Mittheilung nach Außen erlassen.

In Ermangelung unmittelbarer Nachrichten von Seiten der französischen Regierung hatte das preußische Cabinet von Regensburg her Mittheilungen über die Rheinbund-Acte erhalten, deren Inhalt weder erfreulich noch befriedigend war. Auch wurde deshalb die später erfolgte Mittheilung des französischen Ministers mit einiger Kälte aufgenommen; doch der officiellen Anzeige kam man mit Freuden entgegen. Letztere war in der That ganz dazu gemacht, um Preußens ehrgeizigen Wünschen zu schmeicheln. Herr von Laforêst eröffnete dem Grafen von Haugwitz, daß der Augenblick gekommen sey, wo der preußische Hof sich vergrößern und seinem Systeme Ansehen verschaffen könne.

„Se. Majestät der König von Preußen," sagte dieser Abgeordnete, „kann die noch zum teutschen Bunde gehörenden Staaten unter einem neuen Bundesgesetze vereinigen und das Haus Brandenburg zur Kaiserwürde erheben. Er kann, wenn es ihm vortheilhafter dünkt, einen nordteutschen Staatenbund errichten, welcher ganz in der Sphäre seiner Thatkraft liegt. Der Kaiser genehmigt schon von heute an jede Maaßregel dieser Art, welche Preußen in dieser Angelegenheit zu unternehmen für gut finden sollte." Dies war ein großes Versprechen. Es dauert nicht lange, so sehen wir dies Versprechen durch Frankreichs Handlungsweise verläugnet; allein in der Zwischenzeit haben auch die Umstände sich geändert.

Als Napoleon dem preußischen Hofe so angenehme und wohlthuende Versicherungen machte, war keine Ursache zur Falschheit vorhanden. Sein eigener Gewinn mußte ihn im Gegentheile antreiben, diese Macht auf eine aufrichtige Weise zu befriedigen zu suchen, und wäre es auch nur gewesen, um dieselbe späterhin, wenn es sich darum handelte, sich über Hannover zu verständigen und dieses Land gegen irgend einen Gleichwerth abzutreten, zum Vertrage leichter gestimmt zu finden. Es war zu fürchten, schrieb das französische Ministerium [1]) an seinen Abgeordneten, daß Rußland sich in die teutschen Angelegenheiten mischen würde, allein es verhält sich nicht so, der Friede mit dieser Macht ist unterzeichnet und die Angelegenheit von Teutschland beseitigt. Der Minister sagte noch in einem andern Briefe [2]): „Wenn der Kaiser den Frieden mit Rußland gewünscht hat, so geschah dies hauptsächlich, um Preußen von dieser Seite zu beruhigen." Ganz gewiß ist bei den gegenseitigen Verhältnissen der Regie-

1) In einem Briefe vom 22sten Julius.

2) Unter dem 30sten Julius.

ungen unter einander nichts gewöhnlicher als Doppelzüngigkeit, allein dies ist um so verzeihlicher, wenn man bedenkt, daß, während dem man sich über einen Gegenstand auf eine ganz bestimmte Weise erklärt, ein plötzliches Ereigniß den Unterhandlungen oft eine ganz entgegengesetzte Richtung giebt.

Die Anträge der französischen Regierung zur Bildung eines nordischen Staatenbundes sind von dem preußischen Cabinette in ernste Betrachtungen gezogen worden. Sogleich wurden Eilboten an alle die Höfe geschickt, welche Preußen seinem Schutze zu unterwerfen gedachte, nach Sachsen, Hessen, Dänemark wegen Holstein. Auch die Hanse-Städte wurden nicht vergessen. Späterhin wollte man auch Schweden wegen Pommern einladen, dem Bunde beizutreten. Der Gedanke, das Haus Brandenburg zur Würdt des Kaiserthums emporzuheben, lächelte das Ministerium mit schönen Hoffnungen an. Man hatte sogar schon beschlossen, die Eitelkeit der Königin zur Geneigtmachung des Königs als Hebel zu gebrauchen. Allein es blieb einstweilen noch bei der Hypothese, denn die Frage war kitzlich und die Lösung der Aufgabe schwierig. Vorläufig schienen sowohl der König als der Graf von Haugwitz über diesen Antrag Napoleons sehr erfreut zu seyn.

Man hatte in der That mit Schmerzen gesehen, daß die Besitzungen des Prinzen von Oranien, Schwagers des Königs von Preußen, mediatisirt, und somit dieser Fürst eines Theils der souverainen Besitzthümer seiner Ahnen enterbt worden war. Da aber der Prinz von Oranien innerhalb der nordischen Gränzlinien sich befinden sollte, so lag es ja in der Macht Seiner Majestät des Königs von Preußen, ihm die Landesherrlichkeit seiner Besitzungen wieder zurückzugeben.

„Der König fühlt sehr wohl," sagte der preußische Minister, „daß große Ergebnisse nicht ohne einige Reibungen erlangt werden können. — Er ist dem Rheinbunde zugethan. Er nimmt mit Freuden das Versprechen des Kaisers Napoleon an, alle Maaßregeln ähnlicher Art, welche er im Norden unternehmen werde, zu genehmigen." Dies waren die Gesinnungen des Königs in den ersten Tagen des Monats August.

Schon war das preußische Ministerium mit dem Entwurfe eines Planes zu einem solchen Bunde beschäftigt. Schon waren von Cassel und Dresden Antworten eingelaufen. Sachsen bezeigte eine günstige Stimmung; nur wünschte es vor Allem die Puncte des Vertrags zu kennen, den man abzuschließen Willens sey. Der Churfürst von Hessen gab mit vielen Worten seine Ergebenheit für Preußen zu erkennen, doch legte er offen den Wunsch an den Tag, bei dieser Gelegenheit sein Land zu vergrößern. Der dänische Hof, an den man sich wegen Holstein ebenfalls gewendet, hatte noch nicht geantwortet. Dieser Hof schien zu fürchten, die Hanse-Städte würden sich am Ende in einer gänzlichen Abhängigkeit von Preußen befinden. Man sah also Hindernisse voraus, verlor jedoch die Hoffnung nicht, dieselben noch überwinden zu können. Am 8ten August fand das beste Einverständniß zwischen Frankreich und dem preußischen Ministerium statt. Schon zwei Tage darauf aber ist die Scene plötzlich geändert und Alles gewinnt einen andern Anblick.

Obwohl eine wichtige Thatsache, wie die Enthüllung des von Frankreich an England gemachten Zugeständnisses in Bezug auf Hannover, nicht wenig zu dieser Veränderung beigetragen haben mag, so hat doch die Lüge mehr Antheil daran als die Wahrheit.

Die hannöversche Sache war in der That von einer Art, welche in Berlin die größte Unzufriedenheit erregen mußte; allein hätten keine andern Umstände den Gesichtspunct verändert, so wäre doch noch eine Möglichkeit des Einverständnisses zwischen beiden Regierungen vorhanden gewesen, sie wäre sogar selbst verschwunden, denn England sollte sich nicht zum Frieden hinneigen. Allein bald wecken falsche Gerüchte, hauptsächlich von Paris und Cassel kommend, die Leidenschaften zu Berlin und geben plötzlich zu einer Maaßregel Veranlassung, die einer Kriegserklärung gegen Frankreich verglichen werden kann.

So sehr auch der Churfürst von Hessen seiner Gesinnung nach auf Preußens Seite steht, so konnte er doch nicht ohne heimlichen Groll an die Vertheilung der Schadloshaltungen des teutschen Reiches im Jahre 1803 denken, wo sich das preußische Cabinet Besitzungen zueignete, die es früher Hessen versprochen hatte. Als man ihm den Antrag machte, dem nordischen Bunde beizutreten, glaubte er nur um so mehr einige Forderungen zum Lohne seiner Zustimmung machen zu dürfen, und um dieses Begehren noch mit besondern Gründen zu unterstützen, ließ er sich einfallen, dem preußischen Hofe glauben zu machen, daß Frankreich Churhessen zum Rheinbund zu ziehen wünsche. Nach seiner Behauptung hätte ihm der französische Minister zu Cassel, wenn er Letzteres vorzöge, das Anerbieten gemacht, „seinem Hause Fulda als souveraine Herrschaft, und die übrigen Güter des Prinzen von Oranien als Eigenthum abzutreten. Dieser Minister würde ihm sogar, wenn Oestreich in den Krieg verwickelt werden sollte, Würzburg versprochen haben.“ Man legte diesem Agenten noch andere, nicht weniger lächerliche Worte unter.

Der Graf von Haugwitz theilte dem Herrn von Laforêst diese Einzelheiten mit, und schloß daraus, daß die französische Regierung nicht aufrichtig gegen Preußen gesinnt sey, indem er voraussetzen zu dürfen glaube, „daß der erwähnte französische Minister, Herr Bignon — denn er muß wohl hier genannt werden — zu viel Umsicht habe, um so etwas ohne Auftrag sprechen und einleiten zu können.“ Uebrigens waren diese jenem Minister angedichteten Handlungen gänzlich ohne allen Grund. Niemals hatte er von seiner Regierung Befehle erhalten, welche ihn zu solchen Schritten ermächtigt hätten; niemals hatte er dem Churfürsten weder ein Anerbieten noch Versprechungen dieser Art gemacht. Preußen glaubt an die Wahrheit dieser Berichte, oder stellt sich wenigstens so, unter dem Vorgeben, dieselben entweder vom Churfürsten selbst, oder von dem preußischen Gesandten an dessen Hofe erhalten zu haben; ja, was noch mehr ist, es benutzt im Augenblicke seines Bruches mit Frankreich alle diese als unwiderruflich wahr dargestellten Thatsachen in seinem Manifeste als Stoff zu einer drei Seiten langen Auseinandersetzung.

Der Churfürst von Hessen erkennt in der Folge selbst die Falschheit dieser Berichte [1]).

„Die Mittheilungen, welche wir aus Cassel erhalten ha-

1) Unmittelbar nach der Schlacht von Jena wurde ich von dem Kaiser Napoleon von meinem Posten abgerufen, um in seiner nächsten Umgebung zu bleiben. Ich ließ Herrn Courbon de Saint-Genet (heut zu Tage Präfect), welcher sich damals als Gesandtschaftssecretair bei mir befand, als Geschäftsträger zurück. Nicht wenig über die befremdende Anführung von Thatsachen in dem preußischen Manifeste, wovon, wären sie wahr gewesen, er doch seiner Stellung nach hätte Kenntniß haben müssen, in Erstaunen gesetzt, bat sich Herr von Saint-Genet kurz nach meiner Abreise von dem Freiherrn von Waitz, erstem Minister des Churfürsten, Erklärung über diesen Gegenstand aus. Auf die Antwort dieses Staatsmannes, daß er von all dem Erwähnten nichts begreife und daß ich ihm niemals auch nur den geringsten Vorschlag dieser Art gemacht hätte, wendete er sich unmittelbar an den Churfürsten selbst. Ich will hier nur den Bericht, welchen dieser Geschäftsträger unter dem 24sten und 25sten October an die französische Regierung eingesendet hat, wörtlich anführen: „Der Churfürst," sagt Herr von Saint-Genet, „gab mir auf meine Frage zur Antwort: „Was geht es mich an, was man in ein Manifest setzt? Kann ich es dem Herrn Lombard (Geheimschreiber des Königs) wehren, daß er niederschreibt, was ihm gut dünkt?" — „Aber es ist doch ein starkes Stück," erwiederte Herr von Saint-Genet, „daß Preußen sich nicht gefürchtet hat, Ew. churfürstliche Durchlaucht so in Verlegenheit zu bringen, und sich der Gefahr auszusetzen, öffentlich Lügen gestraft zu werden. Muß man nicht in ganz Teutschland glauben, Ew. churfürstliche Durchlaucht sey wirklich angegangen worden, sich mit dem Rheinbunde zu vereinigen, und daß Ihnen Fulda zur Belohnung angetragen sey?" — „Ich verstehe nichts von alle dem, was Sie sagen," antwortete nochmals der Churfürst, „mir ist weder etwas gesagt noch angetragen worden. Hätte ich etwas davon gewußt, als man das Manifest aufsetzte, so würde ich gegen den mich betreffenden Artikel mich ausgesprochen haben."

Also war einer der Puncte, welcher in der preußischen Bekanntmachung als eine der Hauptbeschwerden dieser Macht gegen den Kaiser Napoleon dargestellt ist, eine bloße Erfindung des Eigennutzes oder des Hasses, und ist unendlichemale von teutschen, englischen und französischen Schriftstellern als eine unumstößliche Wahrheit geschildert worden. Ohne die förmliche Widerrufung, welche ich hier ausspreche, wäre vielleicht eine historische Wahrheit daraus gemacht worden. Dies beweiset, daß niemals aus Manifesten, sondern nur aus den Actenstücken der Unterhandlung selbst die Wahrheit und der historische Werth einer Sache ermittelt werden kann.

den," sagte Graf Haugwitz zum Herrn Laforêt, „stimmen dergestalt mit vielen andern dem Könige zugekommenen Berichten überein, daß wir sie nicht unbeachtet lassen zu dürfen glauben." In der That scheint eine Art von Uebereinkömmniß stattgefunden zu haben, um dem Könige von zehn verschiedenen Puncten erschreckende Nachrichten auf einmal zukommen zu lassen. Er erhielt von ganz entgegengesetzten Ländern Briefe, wovon die einen aussagten, Baiern hoffe in kurzer Zeit das Fürstenthum Baireuth zu erhalten, die andern, daß gewisse preußische Provinzen in Westphalen dem Großherzogthume Berg, und Ostfriesland Holland einverleibt werden sollten. Es schien, als sey die preußische Monarchie ein Staat ohne Thron und ohne Oberhaupt, von dem man jetzt die Stücken zu theilen gedenke. Dieses merkwürdige Zusammentreffen von falschen Gerüchten, die alle auf Einen Zweck hinausliefen, war ohne Zweifel das Ergebniß geheimer Anschläge der Feinde Frankreichs, welche, indem sie den Kaiser Napoleon der blutigsten Absichten gegen Preußen beschuldigten, den König aufzuregen, seine Eigenliebe zu demüthigen und ihn zu falschen Maaßregeln zu bewegen suchten.

Dieser König mußte zu gleicher Zeit seinem Hofe, seinen Geschäftsführern und seiner Familie widerstehen. Die beiden preußischen Gesandten zu London und Petersburg, der Freiherr von Jacobi und der Graf von Goltz, haben ihm mit jedem Tage neue Aufregungen dieser beiden Mächte zugesendet, welche sie um so mehr unterstützten, als sie selbst deren leidenschaftliche Ansichten theilten. Hier darf man nicht unbeachtet lassen, daß, seit der Verbindung des Königs mit Napoleon, der Freiherr von Jacobi von London hätte abreisen sollen; daß die französische Regierung mehr als einmal zu Berlin auf dessen Rückberufung gedrungen, daß dieser Agent aber, aller Vorstellungen ungeachtet, seinen Aufenthalt in England zu verlängern fortgefahren habe. Wenn man nun aber recht wohl begreift, daß preußische Abgeordnete, auf Rußlands und großbritannischem Boden gleichsam heimisch geworden, sich als erklärte Feinde der Verbindung mit Frankreich benahmen, so scheint es doch nicht minder glaubwürdig, daß dieses Bündniß, wenigstens unter Preußens am französischen Hofe sich aufhaltenden Ministern, Anhänger und Vertheidiger finden werde. Doch dem war nicht so.

Von Madrid aus suchte der preußische Minister Henri seinen Hof zum Kriege zu bestimmen, indem er ihm eine neue Truppenaushebung in Spanien anzeigte und die treueste Beihülfe dieses Monarchen versprach, weil er selbst von dem Friedensfürsten in aller Form die heiligsten Betheuerungen hierzu erhalten habe. Der Marchese von Lucchesini, weit entfernt, das Bündniß zu befestigen, gab sich selbst von Paris aus alle Mühe, es zu zerreißen. Es würde uns nicht beifallen, ihn zu tadeln, wenn er mit der gehörigen Sachkenntniß handelte, wenn es wahr wäre, daß die französische Regierung dem Könige von Preußen gerechten Grund zur Klage gäbe. In diesem Falle würde er nur seine Pflicht im strengsten Sinne des Wortes erfüllen. Allein es liegt dem Allen keine Spur von Wahrheit zum Grunde, und er setzt daher seinen Monarchen durch selbst verbreitete Irrthümer in Verlegenheit.

Dieser Geschäftsführer, welcher dem Hang zur Verstellung und zur List bis zur lächerlichen Leidenschaft folgte, welcher durch Erfindung von Hirngespinnsten aller Art seine Klugheit beweisen wollte, ermangelte seit fast zwei Monaten des allergewöhnlichsten Scharfblicks. Es kam ihm gar nicht in den Sinn, daß eine der Hauptgrundlagen der Unterhandlung mit Frankreich und England die Rückgabe Hannovers seyn mußte. Erst in den letzten Tagen des Monats Julius hatte er eine Ahnung davon, ein paar Worte des Grafen Yarmouth, entweder seinem Munde unbedachtsamer Weise entschlüpft oder absichtlich hingeworfen, mußten ihm die Augen öffnen. In seinem Zweifel an der Wahrheit der Thatsache sagte er in einem spätern Briefe: „Da die Wahrheit nicht immer im Weine liegt, so ist es leicht möglich, daß der englische Bevollmächtigte nur den Saamen des Mißtrauens zwischen den beiden Cabinetten von Berlin und Paris habe ausstreuen wollen.“

Demzufolge war nicht sowohl die untrügliche Nachricht von Napoleons Einwilligung in die Rückgabe des Churfürstenthums Hannover (bei der Hypothese des Friedens mit

England), als vielmehr der Andrang falscher Gerüchte, womit dieser Fürst von allen Seiten bestürmt wurde, und hauptsächlich des Marchese von Lucchesini lügenhafte Einflüsterungen, der Hebel zu allen Entschlüssen und folgenden Handlungen des Königs. Bis zu dem 8ten August glaubte Friedrich Wilhelm mitten unter allen Versuchen, ihn gegen Frankreich aufzuhetzen, daß nichts als Mißverständnisse die beiden Cabinette von einander trennten, und daß eine zweckmäßige Erörterung den Einklang derselben wieder herstellen könnte.

Doch jetzt kommen Lucchesini's Berichte in Berlin an. Die Unruhe steigt auf den höchsten Punct. Ein außerordentlicher Staatsrath wird zusammenberufen, man berathschlagt sich und ein Befehl des Königs vom 10ten August setzt die preußische Armee auf vollständigen Kriegsfuß. Alles deutet darauf hin, daß diese Rüstungen gegen Frankreich bestimmt sind.

Welches ist also die wahrhafte und bestimmte Ursache dieser Kriegsrüstung? Ist es die hannöversche Angelegenheit? Die vorherrschende Ursache ist ohne Zweifel ein gegründetes Gerücht, die Nachricht eines vorgeblichen zwischen dem französischen Ministerium und Herrn von Oubril abgeschlossenen Vertrages, demzufolge Rußland und Frankreich übereingekommen seyn sollten, Se. Majestät den König von Preußen zu berauben und das Königreich Polen zu Gunsten des Großfürsten Constantin wiederherzustellen. Der Marchese von Lucchesini giebt dem Könige durch die nämliche Depesche, welche diese Nachricht einschließt, den Rath, augenblicklich nach Petersburg zu reisen, um das Gewitter von sich abzuwenden und den Kaiser Alexander auf andere Gesinnungen zu bringen. Sonderbare Wirkung eines Gemisches von Hinterlist und falschem Urtheil! Man erblickt das nicht, was nahe liegt, was ganz einfach, ganz natürlich, ja sogar wahrscheinlich ist, und hängt mit vollem Glauben an dem Abgeschmackten.

Dieser Marchese von Lucchesini, der so geschickt falsche Gerüchte zu erfinden, oder wenigstens aufzuraffen weiß, ist nicht einmal im Stande, seine Berichte der Neugierde der französischen Regierung zu entziehen. Napoleon kennt nicht nur diesen Brief, sondern auch einen großen Theil seines

18 *

übrigen Briefwechsels. Er ist über ein solches Benehmen empört. Er läßt seinem bevollmächtigten Minister zu Berlin den Befehl zukommen [1]), Alles aufzubieten, um die preußische Regierung über die gehässige Rolle, welche ihr Gesandter in Paris spielte, aufzuklären. Abgesehen davon, daß diese Erklärungen zu spät kommen, würden sie auch früher schwerlich Vertrauen und eine beifällige Aufnahme gefunden haben. Die Sprache des Herrn von Laforêt wird nie bestimmt und schlagend seyn können, denn es liegen ihr Unterrichtungen zum Grunde, deren Quellen man nicht einzugestehen wagt. Die gegen den Marchese von Lucchesini erhobene Klagen werden allzu leicht das Gepräge eines neidischen und ungerechten Grolles gegen einen zu hell sehenden Minister annehmen, an dem man sich zu rächen sucht, während man seinen Eifer und seine Treue verläugnet.

In der geheimen Rathsversammlung, wo der König Friedrich Wilhelm den Befehl zur schleunigen Waffenrüstung der preußischen Armee erließ, haben sogar Männer ihre Zustimmung gegeben, welche den Krieg mit Frankreich nicht wünschten, in der Hoffnung, die Bewegung der Truppen zu lenken und sich zum Meister derselben zu machen. Sie haben sich selbst zu viel zugetraut; sie werden plötzlich, unerachtet ihres Widerstandes, schneller und weiter in den Strudel fortgerissen werden, als sie gedacht haben. Der Hof hat durch seinen besondern Einfluß diese große und gewaltige Maaßregel dem Cabinetsminister gleichsam entrissen und der Sache allein den Ausschlag gegeben. Man kann leicht ermessen, mit welcher Hastigkeit er diesen Schritt zu befestigen sucht, nachdem wenige Tage darauf die Nachricht nach Berlin gekommen war, daß der von Herrn von Dubril in Paris unterzeichnete Friede von dem Kaiser Alexander nicht genehmigt worden sey.

Seit der ersten Nachricht von der Unterzeichnung dieses Vertrags hat die russische Gesandtschaft am preußischen Hofe, höchst wahrscheinlich von dem innern Zwiste, welcher das Pe-

1) Laut eines Schreibens des französischen Ministers vom 1sten August.

tersburger Cabinet hin und her bewegte, unterrichtet und den Ausgang des Kampfes voraussehend, nicht nur über die Wiederherstellung des Friedens mit Frankreich sich nicht gefreut, sondern über diese Willensänderung ein ungünstiges Urtheil gefällt. Man hat Veranlassung, zu glauben, daß dem Könige selbst Mittheilungen der Art zugekommen seyen, bevor er die kaiserliche Sanctions-Verweigerung auf dem gewöhnlichen Geschäftswege erhalten hatte, denn erst vom 3ten bis 15ten August wurden die Beschlüsse von Seiten Rußlands bekannt gemacht, welche diese abschlägige Antwort enthielten, und schon am 22sten desselben Monats schrieb Friedrich Wilhelm an Gustav IV.: „Ich habe Ursache, zu glauben, daß Se. Majestät der Kaiser von Rußland sehr bald in den Stand gesetzt seyn werde, uns Vorschläge zu machen, die unserer gegenseitigen Stellung angemessen sind." Streng genommen war es nicht unmöglich, daß ein Eilbote in 6 Tagen von Petersburg in Berlin ankam; allein es ist nicht unwahrscheinlich, daß der König von Preußen diese Sprache nach früheren Angaben geführt habe, deren damalige Vermuthung der Erfolg übrigens gerechtfertigt hat.

Nichts desto weniger wünschte das preußische Ministerium, des unklugen Aufsehens, wozu es sich hatte hinreißen lassen, unerachtet, auf dem durch den nordischen Bund einmal betretenen Wege fortzuschreiten. Hatte aber der Berliner Hof, seitdem er gegen Frankreich eine drohende Stellung angenommen, noch immer das Recht, zu verlangen, daß der Kaiser Napoleon gegen das jetzt beinahe ein erklärter Feind gewordene Preußen dieselben Bedingungen eingehen sollte, welche er dem befreundeten und verbündeten Preußen, dem er in jedem Falle einen Ersatz für Hannover verschaffen wollte, zugestanden hatte? Sollte er heute noch eine Regierung mit neuen Kräften versehen, welche morgen die vergrößerte Macht, die sie allein seiner gütigen Freundschaft zu verdanken hat, gegen ihn selbst wendet? Eine solche Forderung wäre nicht vernünftig.

Von diesem Augenblicke an macht sich Napoleon keinen Gewissensvorwurf mehr daraus, Preußens Absichten entgegen zu handeln, und zieht den Kreis des nordischen Bundes im-

[illegible], sich ganz leidend zu verhalten, um zu sehen, wo Preußen hinaus wolle. Die französische Regierung begreift nicht, durch welche Phantome letzteres so erschreckt sey; es begreift ebenfalls die Unruhe nicht, in die es Baireuth und Westphalen entweder wirklich oder nur verstellter Weise gestürzt haben. Sie widersetzt sich dem Bunde, der so eben errichtet werden soll, nicht im geringsten. Sie hindert weder, daß Sachsen noch Hessen in denselben aufgenommen werden; doch „was die Hanse-Städte betrifft, kann der Kaiser Napoleon nicht zugeben, daß nur das Geringste an ihrem gegenwärtigen Zustande verändert werde.“

Wäre Preußens Benehmen seit einem Monate fester gewesen, so wäre es Frankreich vielleicht niemals eingefallen, diese Bedingung in Hinsicht der Hanse-Städte zu machen. Doch kann auch diese Sinnesänderung durch irgend einen neuen Umstand herbeigeführt worden seyn. Wir haben noch in einer spätern Epoche, als die Briefe vom Monat Julius datirt sind, durch welche die französische Regierung dem preußischen Cabinette so reiche Anerbietungen machte, zu bemerken Gelegenheit gehabt, daß der General Clarke während der Friedensunterhandlungen mit England von einem Artikel gesprochen habe, den man offen in den Vertrag aufnehmen könnte, — die Entschädigung Preußens für die Rückgabe Hannovers betreffend; daß aber der englische Bevollmächtigte, aus Furcht, man habe dabei die Hanse-Städte im Auge, mit großer Eile die Weigerung seines Hofes bekannt gemacht habe, daß die Hanse-Städte unter keiner Bedingung jemals zu Preußen gehören könnten. In dem Augenblicke, in welchem wir uns befinden, ist die Unterhandlung mit England in ihrem schönsten Gange. Die französische Regierung kann, indem sie eine Preußen früher zugestandene, aber nicht bekannt gemachte Entschädigung zurücknimmt, doch unmöglich einer feindlichen Gesinnung gegen diese Macht geziehen wer-

1) Vom 28sten August desselben Jahres.

den. Sie kömmt nur einem neuen Streite zuvor, denn England macht die Unabhängigkeit der Städte Bremen, Lübeck und Hamburg zu einer Hauptbedingung des Friedens.

Bevor noch die letzten Verhaltungsbefehle der französischen Regierung in Berlin angekommen waren, hat der König seinen Entschluß vom 10ten August nochmals in Ueberlegung genommen, und endlich zu glauben angefangen, daß seine Rüstungen eine falsche Maaßregel gewesen. Es war in der That auch von allen Unternehmungen die unglücklichste, denn sie hat ein Uebel geschaffen, welches noch nicht vorhanden war. Durch die falschen Berichte seiner Geschäftsführer betrogen, verfiel der König von Preußen in den Wahn, daß sein Eigenthum in Westphalen durch Frankreich bedroht sey; er glaubte, „daß diese Provinzen in kurzer Zeit durch Frankreichs Hand ihm entrissen werden würden.“

Graf von Haugwitz hatte selbst zu Herrn von Laforêst gesagt: „Man versichert uns von allen Seiten, daß Ihr den König mit Kampf und Krieg bedrohet, und nicht zufrieden, Süddeutschland nach Eurem Willen zu formen, auch zur Umgestaltung von Norddeutschland zu Eurem Vortheile die Hand anleget.“

Gleichsam diesem Ton zum Trotze floß Tag für Tag ohne neues Ereigniß dahin; denn alle die für Westphalen so sehr gefürchteten Angriffe beschränkten sich auf die schon oben erwähnten Forderungen der Abteien Elten, Essen und Werden für das Großherzogthum Berg. Der König und sein Ministerium waren schon auf dem Puncte, die Beweglichmachung der Armee zu bereuen, als die bei der Bildung des nordischen Bundes hinzugekommenen Hindernisse die gereizte Stimmung wieder hervorriefen und die ihrem Erlöschen nahe Bitterkeit auf's Neue belebten. So haben eingebildete Ursachen Wirkungen hervorgebracht, die in umgekehrtem Verhältnisse nun wieder zu Ursachen wurden.

Einstweilen fuhr man in dem britischen Cabinette fort, die Verhältnisse auseinander zu setzen, welche zwischen dem Oberhaupte und den Gliedern des Bundes stattfinden sollten, und schon hatte man diesen Grundsatz bei fast allen Staaten, die hinzutreten wollten, befolgt. Dänemark wollte sich diesem

Systeme nicht anschließen. Preußen getraut sich nicht, die Herzoge von Mecklenburg und Oldenburg dazu einzuladen, aus Furcht, Rußland zu beleidigen. Es stößt zwischen sich und den Hanse-Städten auf Frankreich. Unter allen Staaten, welche sich zur Annahme seines Planes eigneten, sind blos die Churfürstenthümer Sachsen und Hessen-Cassel von einigem Gewichte. Aber auch hier harren seiner neue Schwierigkeiten.

Es ist natürlich, daß Staaten zweiter Ordnung nicht geneigt sind, einem Bunde beizutreten, wenn sie diesen nicht für mächtig genug halten, sie in jedem vorkommenden Falle eher zu schützen, als in Verlegenheit zu bringen. Ein durch Preußen gelenkter Bund schien ihnen diese Aussicht nicht zu eröffnen. Die Veränderlichkeit dieser Macht, ihre Leichtigkeit im Schließen der Verträge, und endlich die Gewißheit ihrer Vergrößerungssucht gewährten diesen Staaten nicht die gehörige Sicherheit. Schon war es allgemein bekannt geworden, daß es Preußens Plan gewesen, aus dem nördlichen Teutschlande eine Art von teutschem Reiche zu bilden, zu dessen Schutzherrn sich der König aufwerfen wollte. Diese Richtung des Planes war daher nicht geeignet, die beiden churfürstlichen Höfe für sich zu gewinnen.

Zwar hatte Hessen schon in dem ersten Augenblicke, da der Bund keine andere Absicht zu haben schien, als den Frieden aufrecht zu erhalten, seine Zustimmung gegeben, und dessen erster Minister, Freiherr von Waitz, schon zu Anfang des Monats August zu Berlin die Grundlagen einer Uebereinkunft unterzeichnet, die nur noch der Bestätigung des Churfürsten selbst bedurfte. Sobald aber Preußens Maaßregeln einen kriegerischen Anstrich gewonnen hatten, sah der Churfürst die Gefahr voraus und verweigerte die Genehmigung. Schon ein Jahr zuvor war er durch Preußens veränderte Politik in eine kitzliche Lage versetzt worden. Im October des Jahres 1805 war er nämlich, dem Antriebe des Berliner Hofes folgend, dem Plane einer bewaffneten Neutralität beigetreten [1]), die Anfangs nur vertheidigend wirken

1) Ich erhielt die officielle Mittheilung davon am 26sten October.

sollte, späterhin aber, nach dem Potsdamer Vertrag vom 3ten November, auch Hessen als thätiges Mitglied in dem gegen Frankreich beschlossenen Kriege mit sich würde fortgerissen haben, wenn Preußen nicht am 15ten December durch den in Wien geschlossenen Vertrag sowohl seine Freunde als Feinde gewechselt hätte. Diese in dem Jahre 1805 empfangene Lehre hat den Churfürsten im Jahre 1806 zu dem rückhaltenden Benehmen aufgefordert, sobald er wahrgenommen, daß diese Verbindung in kurzer Zeit den Krieg herbeiführen werde.

Der sächsische Hof, vorsichtig von Natur und jeder Neuerung feind, beeilte sich noch weniger, eine Verbindung einzugehen, bei welcher er auf seine Unabhängigkeit hätte Verzicht leisten müssen, ohne durch irgend einen Antheil, ja selbst nicht einmal durch gehörige Sicherheit dafür entschädigt zu werden. Die französische Regierung war weit davon entfernt, der Entschließung dieses Hofes, in Bezug auf Preußens Vorschlag, nur im geringsten einen Zwang auflegen zu wollen. Im Gegentheil wünschte sie, daß diese Entscheidung eine freie und nicht etwa durch die Gegenwart preußischer Truppen auf sächsischem Gebiete erzwungene sey. In diesem Benehmen der französischen Regierung ist weder List noch Gewalt zu erkennen. Sachsen war, in Betracht seines wohlberechneten Vortheils, so wenig geneigt, dem preußischen Bunde beizutreten, daß blos der Einfall fremder Truppen, der freien Wahl Zügel anlegend, das Churfürstenthum dazu bewegen könnte.

Mitten unter diesen Hindernissen, welche Preußen von allen Seiten findet, der Verlegenheiten, die es täglich empfindet, der Unbehaglichkeit von heute und der Furcht vor morgen, haben der König und der Graf von Haugwitz gar wohl gefühlt, daß sie nicht ganz frei von Vorwürfen seyen, wenn es auch nur deshalb gewesen, daß sie den Gerüchten zu schnell Glauben beigemessen haben, deren Unrichtigkeit für sie sowohl als für Andere am Tage lagen. Jetzt fühlt man wohl, daß der Marchese von Lucchesini in Frankreich nichts mehr nützen kann, und schon beschäftigt man sich mit der Wahl seines Nachfolgers. Man hätte es gerne gesehen, wenn man von Paris aus sich näher erklärt hätte, allein die französische Regierung, welche nicht weiß, was für Erklärungen man von ihr verlange, hat für gut befunden, den Vermittler abzuwarten, der die beiden Cabinette nicht mehr in einander zu verwickeln trachte. In der Zwischenzeit hat Graf von Haugwitz zu Herrn Laforêst gesagt: „Das Stillschweigen von Paris aus richtet Alles zu Grunde.“ In der That machte man auch zu Berlin jeden Tag einen Schritt vorwärts, denn man glaubt nicht mehr mit Ehre zurücktreten zu können. Ist deshalb aber von Seiten des Königs und seines Ministeriums der Krieg auch schon ganz bestimmt beschlossen? Nein! Der Entschluß wäre nichts weniger als bestimmt, nichts weniger als unwiderruflich, wenn der preußischen Regierung nicht eine stärkere Macht als sie selbst zur Seite stände, welche ihr schon mehr als einmal kühne Gedanken eingeflößt hat, von denen sie zwar wieder abgewichen ist, welche diesesmal aber die Oberhand behält und nicht eher ruht, als bis sie den König auf das Schlachtfeld geführt.

Hier wollen wir die Cabinetsstreitigkeiten für einen kurzen Augenblick verlassen. Das System des Cabinettes wird gar bald von dem Einflusse des Hofes besiegt. Wir wollen unsere Blicke auf den Hof und die wechselnden Fortschritte seines Geistes seit einigen Jahren, und endlich auf seine frühere Ruhe, so wie auf sein jetziges Hin- und Herfluthen der Meinung richten, um das große Räthsel des furchtbar verwüstenden Krieges zwischen Frankreich und Preußen zu lösen, in welchen sowohl der König Friedrich Wilhelm als der Kaiser Napoleon, Beide ohne es zu wollen, hineingezogen worden sind.

Dieser junge Hof von Berlin, welcher das Daseyn der ganzen Monarchie auf das Spiel setzt, ist zwar von den edelsten Gefühlen beseelt, die aber der gehörigen Richtung entbehren und noch weniger mit der durch die französische Revolution in Europa eingeführten neuen Ordnung der Staatskunst übereinstimmen.

Preußen war seit dem Jahre 1798 bis zum Jahre 1804 aus Begünstigung seiner Neutralität reich, glücklich, und von all den Leiden des übrigen Teutschlands unangegriffen, wie eine

trug die Reise des Kaisers Alexander nicht wenig dazu bei, die Köpfe noch mehr zu erhitzen, und der Vertrag vom 3ten November wurde zu Potsdam geschlossen. Das Uebrige habe ich schon erzählt. Man hat Frankreich den Krieg angekündigt, ohne ihn auszuführen; man hat ein Bündniß mit ihm geschlossen, ohne es zu genehmigen; man ist einen zweiten Vertrag eingegangen, ohne ihn aufrichtig halten zu wollen; allein ohne Rücksicht auf das Benehmen des Cabinets, hat der Hof nie aufgehört, sich öffentlich gegen Frankreich zu erklären, und diese über alle Begriffe gesteigerte Unklugheit hat Napoleon mehr als einmal die Gewißheit gegeben, daß er von Preußen nie etwas zu hoffen habe, und ihm zuletzt die wenige Schonung gegen dieses Land eingeflößt.

Während des Aufenthaltes der Königin in den Bädern zu Pyrmont [1]) hat eine Art von Frauencongreß Frankreich den Krieg angekündigt, ohne auf das langsame, ängstliche Abwägen der Cabinette Rücksicht zu nehmen. Bei der Königin befanden sich damals die Erbherzogin von Weimar, Schwester des Kaisers Alexander, die Prinzessin von Coburg, Gattin des Großfürsten Constantin und die Churprinzessin von Hessen.

In diesem Cirkel wurde von nichts gesprochen, als wie man den Hochmuth Napoleons demüthigen und diesen Emporkömmling, welcher sich anmaßte, sowohl den alten als gegenwärtigen Ruhm einer Nation zu verdunkeln, in sein Nichts zurückschleudern könne. Man glaubte, ein einziger Feldzug würde dies Werk vollbringen. Es erschien den Damen nicht anders als eine Vergnügungspartie, als ein Turnier, wo sie den Siegern die Ehrenkränze ertheilten. Wer vermag zu läugnen, daß dieser politische Frauenkreis nicht einen entscheidenden Einfluß auf die im Monate August von Preußens und Rußlands Cabinetten gefaßten Entschlüsse ausgeübt habe?

Die zu Pyrmont gegen Frankreich gerichteten Aeußerungen der Königin sind so wenig verhehlt worden, daß sie in kurzer Zeit das alleinige Gespräch in ganz Teutschland waren und folglich am allerwenigsten in Berlin selbst unbekannt seyn

1) In den Monaten Junius und Julius.

einem Tyrannen und Preußen von einem Nebenbuhler zu befreien!

Ein junger Fürst, der Ruhm des preußischen Hauses, schon durch die glänzendsten Waffenthaten in dem Feldzuge vom Jahre 1793 ausgezeichnet, wo er, unter den Tapfern der Tapferste, eine ehrenvolle Wunde erhielt, des Friedens überdrüßig und neidisch auf die Lorbeeren [1]) der französischen Heerhaufen, Prinz Ludwig Ferdinand, Vetter des Königs, verband seinen Einfluß mit dem der Königin und hauchte selbst den untersten Reihen der Truppen, welche ihn verehrten, den Durst nach Ruhm ein, von dem er selbst verzehrt wurde. In der Blüthe seines Alters, in jener Lebensepoche, wo sich die Kraft des Mannes mit dem feurigen Muthe der Jugend vereint, mit Körperschönheit und allen Gaben einer edlen Seele ausgestattet, zwar nicht frei von Fehlern und sogar von Lastern, aber von Fehlern, welches nur die Abweichung der Tugend sind, und von Lastern, die man wegen der Kürze ihrer Dauer verzeiht; geschickt in allen Uebungen eines Helden, ein tüchtiger Reiter, trefflicher Schwimmer und geschickter Fechter, der mit gleicher Gewandtheit Pistole, Säbel und Degen zu führen verstand, wißbegierig, ein Freund der Künste, mit einem Worte, von der Natur recht eigentlich mit Allem, was schön und groß ist, geboren, brannte Prinz Louis vor Sehnsucht, den Franzosen zu beweisen, daß er würdig sey, sie zu bekämpfen.

Dieser ungezügelte Ausbruch einer muthbeseelten Jugend fand sogar bei dem eitlen Alter einiger der bejahrtesten Heerführer mehr als bloße Unterstützung. Der Herzog von Braunschweig, welcher noch zu Anfang dieses Jahres eine außerordentliche Botschaft bei dem Kaiser Alexander vollendet hatte, ist mit einer ganz kriegerischen Gesinnung heimgekehrt, gleichviel, ob er diese schon mit sich genommen oder erst in Petersburg eingesogen habe. Er hatte nach seiner Rückkunft durch einen plötzlichen Bruch mit Frankreich die Gegenpartei verstärkt und sich mit der Hoffnung geschmeichelt, durch ei-

1) Im Jahre 1802 hat er zu mir gesagt: „Ich wünschte, in Frankreich Divisionsgeneral zu seyn."

nen glücklicheren Feldzug die Schande vom Jahre 1793 auszutilgen.

Bald haben die Leidenschaften des Hofes die ganze Hauptstadt in ihren Strudel mit fortgerissen. Bei allen öffentlichen Versammlungen im Schauspielhause u. s. w. machte man Anspielungen aller Art, um den König zu überzeugen, daß Krieg der allgemeine Wunsch sey. Die Zeitschriften erfreuten sich damals in Berlin einer gewissen Freiheit und hauptsächlich jener Art von Freiheit, welche dem vorherrschenden Geiste huldigte. Eine beständige Kriegstrompete hat sich Kotzebue ein zweiter heiliger Bernhard in diesem zweiten Kreuzzuge gedünkt. Er war es, welcher Preußen aufforderte, mit Frankreich die Schicksalsrolle zu spielen und gegen Napoleon sein furchtbares „Veto" auszurufen. Die Gesänge der brandenburgischen Tyrtäen sagten nichts als leichte Triumphe voraus, und wünschten schon zu Siegen, ohne Schwertschlag, Glück. Jeder Kriegsschauplatz war ihnen ein neues Roßbach in Hinsicht der Franzosen.

Die Uebertreibung ging so weit, daß Jedermann, der noch bei gesunden Sinnen war, zugleich Ekel und Mitleid fühlte. Der Prinz Louis, obwohl er vor Kampfbegierde brannte, hatte dennoch zu viel Einsicht, um nicht zuzugestehen, welchem Glückszufalle ein Krieg mit den Franzosen unter Napoleon Bonaparte unterworfen sey. Er war selbst über diese übertriebene Großthuerei aufgebracht. Er wendete auf diese wortreichen Banden eine Strophe aus Gleims Gedichten an [1]), indem er hinzufügte, er würde sich wenig Lorbeern versprechen, wenn er keine andern als solche Soldaten dem Feinde entgegen zu führen hätte. Preußen war damals in zwei Hauptabtheilungen getrennt. Die eine bestand aus dem guten, teutschen, arbeitsamen, friedliebenden und jeder ehrgeizigen Absicht fremden Volke, das sich wenig um den Tumult der Theater, der Schriftsteller und um die Reiter-

1) Sie singen laut im hohen Chor
Vom Tod für's Vaterland uns vor,
Doch kommt ein einziger Husar,
So läuft die ganze Bardenschaar.

künste der Berliner Amazonen bekümmerte; die andere war aus dem Adel, den Hofleuten und den Bürgern zusammengesetzt, welche sich an diese anschlossen. Letztere, statt gewissermaßen eine Nation zu bilden, war nur dem Scheine nach eine solche. Das Auge der Könige aber ist selten geschickt genug, den Unterschied zu merken. Der König von Preußen glaubte in ihren Wünschen den einstimmigen Willen seines Volkes zu erblicken und willfahrte dem Begehren. Doch geschah dies gegen seine Ansicht und erst nach langem Widerstreben, weil er wohl einsah, daß von dem Schicksale seiner Heere das Glück oder Unglück seiner Monarchie abhänge. —

Drei und sechszigstes Capitel.

Aeußere Verhältnisse.

Unfolgsamkeit der preußischen Armee. — Widersprechende Stellung und Politik in Preußen. — Langsame Annäherung zwischen Preußen und England. — Versöhnung Preußens mit Schweden. — Preußens Zuflucht zu Rußland. — Preußens Schritte zu Wien. — Verhaltungsbefehle, die Fox Herrn Adair, englischem Bevollmächtigten zu Wien, ertheilt. — Natur der östreichischen Neutralität. — Preußen hofft auf einen Aufstand in Spanien. — Worte, die Napoleon an den Marchese von Lucchesini und den General von Knobelsdorf richtet. — Ungerechtigkeit eines dem Kaiser der Franzosen gemachten Vorwurfs. — Napoleons letztes Anerbieten gegen den König von Preußen. — Notenwechsel zwischen Preußen und Frankreich. — Der König reiset zur Armee ab. — Umgestaltung des Geistes des preußischen Heeres. — Napoleons Brief an die Fürsten des Rheinbundes. — Zutritt des Großherzogs von Würzburg zum Rheinbunde. — Sachsen wird von den preußischen Truppen besetzt. — Preußens Verwendung bei dem Churfürsten von Hessen. — Frankreichs Forderungen an Hessen. — Verletzung des hessischen Gebiets durch preußische Truppen. — Weigerung des Churfürsten von Hessen, seine Armee auf den Friedensfuß zu setzen. — Getäuschtes Urtheil über Hessens Lage. — Napoleons Abreise zur Armee. — Ultimatum Preußens. — Prüfung der Forderungen des Königs von Preußen. —

Mittheilungen des Kaisers an den Senat. — Preußens, aus Ehrfurcht erlassene Bekanntmachung. — Preußens falsche Stellung, welche allen seinen Handlungen den Stempel der Falschheit aufdrückt. — Napoleons Aufruf an die französische Armee. — Aufruf des Königs von Preußen an sein Heer. — Bemerkungen über beide Bekanntmachungen. — Napoleons Antwort auf den Brief des Königs. — Bemerkungen über dieses Schreiben. —

Diese einst durch ihre Mannszucht und Ordnung berühmte Armee hatte alle Bande der Unterwerfung zerrissen. Der König ist nicht mehr Herr seines Volkes, ist nicht mehr im Stande, die Stunde des Kampfes zu wählen. Eine vorsichtige Politik hätte die Zurüstungen eine Zeitlang verheimlicht oder verstellt, und die Truppen bis zu dem Tage auf ihren Waffenplätzen zurückgehalten, bis die russische Armee an der preußischen Gränze war. Aller Vorsicht ungeachtet, wäre Napoleon zu einer langwierigen Unthätigkeit verurtheilt gewesen, weil er keine Armee vor sich gehabt hätte; allein eine solche Umsicht war der preußischen Regierung nicht mehr möglich. Seitdem die jungen Officiere der königlichen Garde vor dem Hause des französischen Ministers ihre Säbel wetzten, waren die Zügel der Regierung nicht mehr in der Hand des Königs, sie wurden von den Garde-Lieutenants, von den Fähnrichen und einigen jungen Frauen geleitet. Da die Truppen nicht mehr länger in der Hauptstadt zurück zu halten sind, so muß man sie wohl in den Kampf ziehen lassen. Am 30sten August verließ die Garnison von Berlin voll Streitlust und mit einem Tumulte, der aufrührerischen Bewegungen ähnlich sah, unter dem Befehle des Herzogs von Braunschweig [1]) die Hauptstadt. — Diese stürmische, unerfahrene Jugend meinte, „marschiren" sey schon „siegen". — Man zog den Franzosen entgegen, als gälte es, irgendwo ein Fest zu feiern.

Doch der König und sein Minister gaben, sobald sie

1) Moss' egli infatti da Berlino con un esercito tumultuante e già vicino di levarsi a sedizione per l'impatienza d'andare ad incontrar l'inimico.

Marchese von Lucchesini.

vor die Seele traten, der Klugheit Gehör und suchten überall, wo Frankreich entweder erklärte Feinde oder wenig zuverlässige Freunde hatte, Bundesgenossen. Preußen wendet sich daher an Rußland, Oestreich, England und Spanien, und verdoppelt seine Mühe zur Gewinnung der beiden ihm so nahe gelegenen Höfe von Sachsen und Hessen-Cassel. Wie sollte man nicht zu sonderbaren Vermuthungen über die Lage Preußens veranlaßt seyn, wenn man bedenkt, daß es ganz Europa gegen Frankreich zu Hülfe rief? Welches sind die Veranlassungen seiner Mißverständnisse mit dieser Regierung? Zwei Gegenstände sind die Ursache, welcher aber das übrige Europa noch weniger günstig ist, als Frankreich selbst. Was den einen derselben, Hannover, betrifft, konnte es Napoleon allein aufrichtig meinen. Wenn er es genehmigte, daß Hannover an England zurückgegeben werde, so that er es blos, um der Nothwendigkeit ein Opfer zu bringen. Weder der Kaiser Alexander noch Franz II. hatten es im Gegentheile je gebilligt, daß jenes Land eine preußische Provinz werden sollte. Was die andere Beschwerde gegen Frankreich — die Schwierigkeiten in Bezug auf die Bildung des nordischen Bundes — betrifft, sind England, Rußland und Oestreich eben so dagegen. Weit mehr als Frankreich selbst widersetzt sich Großbritannien jedem Uebereinkömmniß, welches die Hanse-Städte unter Preußens Oberhoheit bringen könnte. Oestreich und Rußland haben bis jetzt noch keine Veranlassung gehabt, sich zu erklären; allein nach dem Geständnisse selbst solcher Personen, welche das preußische Cabinet vergöttern, haben weder Oestreich noch Rußland die Errichtung eines nordischen Bundes gern gesehen, dessen Ergebniß seyn sollte, den Süden von Teutschland jenem Cabinette zu unterwerfen. Preußen befindet sich in der mißlichsten Lage. Die Ereignisse und sein Benehmen stehen mit einander im Widerspruche. Der König bekriegt Frankreich, weil dieses für die Rückgabe Hannovers an England gestimmt hat [1]), und die

1) She went to war because France would not let her retain

Lord Morpeth Se. Majestät den König, und in welchem Augenblicke? Am 12ten October, dem wichtigen Tage, wo das preußische Cabinet selbst nicht wußte, wie in wenig Tagen sein Schicksal sich entscheiden würde.

Obwohl es Englands Schutz gegen Frankreich anfleht, wollte Preußen doch nicht freiwillig auf den Besitz von Hannover Verzicht leisten. Der Graf von Haugwitz vermied sogar, um jeder Auseinandersetzung auszuweichen, die Gegenwart des britischen Botschafters auf das sorgfältigste. Die englischen Schriftsteller behaupteten sogar, man habe dem Abgeordneten ihres Gebieters nicht einmal die schuldigen Ehrenbezeigungen bewiesen. Dieser Gesandte wendete sich endlich, als es ihm nicht möglich war, mit dem ersten Minister des Königs von Preußen zu sprechen, an den Marchese von Lucchesini, der sich damals in dem Hauptquartiere befand, und dieser gestand offen, daß von dem Erfolge der ersten Schlacht das Ergebniß seiner Unterhandlung abhänge. Dies hieß doch mit klaren Worten sagen, daß, würde der König die Schlacht gewinnen, England Unrecht hätte, auf die Wiederherstellung des Churfürstenthums Hannover zu rechnen. Von Frankreich wollte sich Preußen Hannover durch Sieg erobern. Uebrigens kann es ohne Furcht und unbeschadet auf diese Weise mit England unterhandeln. Dieses ist großmüthig genug und hegt nicht den geringsten Groll. Großbritannien schenkt gern einem Jeden Verzeihung, der Frankreich bekämpft.

Die erste und einzige Zusammenkunft Lord Morpeths mit dem Grafen von Haugwitz findet am 15ten October, dem Tage nach der Schlacht von Jena, zu Frankenhausen statt.

Es ist leicht begreiflich, daß damals die Rückgabe Hannovers durch Preußen nicht die geringste Schwierigkeit mehr fand. Die Aussöhnung des Königs von Preußen mit Schweden hat weniger Aufschub gefunden, sie stützte sich eigentlich auf den Grundsatz, die hannöversche Angelegenheit unbeachtet zu lassen. Schon am 17ten August hat Gustav IV. angekündigt, daß er die Sperrung der preußischen Häfen aufheben wolle, wenn man sich dem Einmarsche seiner Truppen in das Herzogthum Lauenburg nicht widersetzen werde. Dieser Vorschlag wurde angenommen und schwedische Truppen besetzten im Namen Großbritanniens das Herzogthum. Die übrigen Besitzungen auf dem festen Lande, die unter Englands Botmäßigkeit standen, wurden von preußischen Truppen besetzt.

In Petersburg ist die Nachricht von kriegerischen Rüstungen des Berliner Hofes mit der größten Freude aufgenommen worden. Da man aber schon einmal durch den Wankelmuth dieses Hofes betrogen worden war, so zweifelte man anfänglich an der Festigkeit der ministeriellen Erklärungen. Es bedurfte einiger vertraulicher Handschreiben des Königs, mit deren Ueberbringung Herr von Krusemark beauftragt war, um den Kaiser Alexander von der Wahrheit zu überzeugen und Rußland volles Vertrauen einzuflößen. Dieser General ist in den ersten Tagen des Septembers von Berlin abgereist. Der Kaiser Alexander versprach auf der Stelle, 70,000 Mann Hülfstruppen marschiren zu lassen, und schrieb dem Könige, daß er nicht nur als Bundesgenosse dem Bundesgenossen zu Hülfe eilen, sondern als Freund dem Freunde mit einer zahlreichen und gewählten Heerschaar entgegenziehen werde.

Preußens Schritte bei dem Wiener Cabinette hatten zwar nicht den nämlichen Erfolg, gaben jedoch der Hoffnung auf die Zukunft und hauptsächlich für besondere Fälle Raum. Graf von Stadion, der damals an der Spitze des Cabinets stand, war als ein eben so erklärter Feind der Franzosen, als ergebener Freund der Russen bekannt. Ein beträchtlicher Heerhaufen versammelte sich in Oberöstreich und in dem Königreiche Böhmen. Als die französischen Truppen in Folge der drohenden Stellung der preußischen Armee einige Bewegungen machten, hat sich ein Theil dieses Corps in der Nähe der Festung Eger zusammengezogen. Es war daher nichts natürlicher, als daß der Berliner Hof, unerachtet der Weigerung des Kaisers Franz II., sich offen zu erklären, auf einen baldigen Beitritt Oestreichs zu der neuen Coalition rechnen zu dürfen glaubte und deshalb seine Bitten und Vorstellungen verdoppelte, um diesen glücklichen Augenblick desto schneller herbeizuführen.

Er brachte dabei die Gewißheit von Rußlands und Großbritanniens Hülfe in Anschlag. „Jetzt wäre für den Kaiser", sagte der preußische Bevollmächtigte, Graf von Finkenstein, „ein günstiger Augenblick vorhanden, sich mit Friedrich Wilhelm zu vereinigen; die Wunden zu heilen, welche die östreichische Monarchie durch den Presburger Frieden erhalten hat; das zu jeder Zeit treu befundene Tyrol, welches nichts sehnlicher wünsche, als Baierns Joch abzuschütteln, wieder zu erlangen, und endlich alle von Frankreich erlittenen Beleidigungen zu rächen, ja sogar neuer Unbill vorzubeugen. Der Haß und die Eifersucht zwischen Preußen und Oestreich gehören der gegenwärtigen Zeit nicht mehr an; sie seyen unter den Ruinen des teutschen Reichs begraben. Für beide Mächte gäbe es nur noch ein Mittel, den von Beiden gleich gehaßten Feind zu entfernen, nämlich sich gemeinschaftlich zu berathen und Hand in Hand die Waffen zu ergreifen." Diese Vorstellungen des preußischen Cabinettes haben in Wien an dem englischen Gesandten natürlicherweise eine Stütze gefunden, allein diese Stütze war doch nicht von der Art, um Preußens Hoffnungen ganz zu befriedigen.

Der britische Minister am Hofe Kaiser Franz II. war damals Herr Adair, ein Busenfreund von Fox. Die Verhaltungsbefehle, welche ihm mitgegeben wurden, waren von der Art, daß sie die Politik offen eingestehen kann. Er sollte Oestreich auf keine Weise zu Ergreifung der Waffen zu bewegen suchen, noch Versprechungen von Unterstützungsgeldern machen; wenn er aber wahrnehmen sollte, daß diese Macht entweder aus freiem Antriebe, oder durch die Nothwendigkeit ihrer Stellung den Krieg zu beginnen und seinen Verbündeten beizustehen wünschte, so sollte Herr Adair in diesem Falle Oestreichs Beherrscher versichern, daß England bereit sey, ihn mit dem nöthigen Gelde zu unterstützen. Diesen Herrn Adair ertheilten Verhaltungsmaaßregeln zufolge, schloß der Marchese von Lucchesini: Napoleon habe Unrecht gehabt, Fox als die letzte Stütze [1]) friedlicher Gesinnungen im Cabinette von Sanct-

1) „Così adoperava il Fox, ingiustamente intitolato da Napoleone, l'ultimo sostegno delle pacifiche disposizioni nel gabinetto di San-James."
Marchese von Lucchesini.

James zu betrachten. Diese Folgerung scheint nicht richt seyn. Wenn Fox gleichwohl voll Biedersinn mit Fran unterhandelte, durfte er es doch nicht unterlassen, Verbi gen [1]) mit dem Festlande zu unterhalten, welche ihm gewissen Voraussetzungen von der höchsten Wichtigkeit fü Land erscheinen mußten. Dies war ein deutlicher Bewe ner Liebe für den Frieden, indem er sich jeder Heraus rung gegen das östreichische Cabinet enthielt, obwohl e diesem Cabinette, wenn es die Wohlfahrt Englands erhe später noch einmal Gebrauch zu machen, sich vorg men hatte.

Zu gleicher Zeit, als es von Preußens Bitten ge wurde, war Oestreich nicht gegen die Vorstellungen der zösischen Regierung gesichert, welche in jeder Bewegun ner Truppen einen Grund innerer Unruhe zu bemerken g und unverzüglich darüber Erklärungen verlangte. Die men Wünsche des Wiener Hofes waren den Feinden reichs gewidmet; doch galt es noch, genau zu ermitteln, sein Vortheil verlangte und was seine Mittel gesta Seine Finanzen waren noch von dem letzten Kriege be rüttet. Die Verkleinerung seines Gebiets und die Erschö der noch vorhandenen Provinzen hatte die Staatsein um ein Bedeutendes vermindert. Der Infanterie fehlte ständigkeit. Die Cavallerie wimmelte von frisch angewo Mannschaft; die Artillerie befand sich noch am besten, we Schießbedarf betrifft, allein es fehlte an geschickten Kanoni

1) In dieser Absicht setzte Fox Oestreichs Cabinet unabläs dem Gange der Unterhandlung, die in Paris stattfand, in K Herr Adair hat dem Grafen von Stadion gesagt, Lord Yarmout seine Vollmachten nicht eher auswechseln, bis die Grundlagen ein dens genehmigt worden wären. Wir haben gesehen, auf welch Lord Yarmouth sich zur Auswechselung der Vollmachten hat lassen, indem er so selbst dem Willen eines Fox vorgegriffen. Auswechselung hat Graf von Stadion geglaubt, die englische M hintergehe ihn. Es kostete große Mühe, ihn zu überzeugen, d Yarmouth seine Instructionen überschritten habe. Diese That mir durch Herrn Adair's eigenen Mund bekannt geworden, al einer Unterhaltung mit ihm über die Epoche Kaiser Napoleons chen habe, wie man ungefähr über die alte Geschichte spricht.

einem Tyrannen und Preußen von einem Nebenbuhler zu befreien!

Ein junger Fürst, der Ruhm des preußischen Hauses, schon durch die glänzendsten Waffenthaten in dem Feldzuge vom Jahre 1793 ausgezeichnet, wo er, unter den Tapfern der Tapferste, eine ehrenvolle Wunde erhielt, des Friedens überdrüßig und neidisch auf die Lorbeeren [1]) der französischen Heerhaufen, Prinz Ludwig Ferdinand, Vetter des Königs, verband seinen Einfluß mit dem der Königin und hauchte selbst den untersten Reihen der Truppen, welche ihn verehrten, den Durst nach Ruhm ein, von dem er selbst verzehrt wurde. In der Blüthe seines Alters, in jener Lebensepoche, wo sich die Kraft des Mannes mit dem feurigen Muthe der Jugend vereint, mit Körperschönheit und allen Gaben einer edlen Seele ausgestattet, zwar nicht frei von Fehlern und sogar von Lastern, aber von Fehlern, welches nur die Abweichung der Tugend sind, und von Lastern, die man wegen der Kürze ihrer Dauer verzeiht; geschickt in allen Uebungen eines Helden, ein tüchtiger Reiter, trefflicher Schwimmer und geschickter Fechter, der mit gleicher Gewandtheit Pistole, Säbel und Degen zu führen verstand, wißbegierig, ein Freund der Künste, mit einem Worte, von der Natur recht eigentlich mit Allem, was schön und groß ist, geboren, brannte Prinz Louis vor Sehnsucht, den Franzosen zu beweisen, daß er würdig sey, sie zu bekämpfen.

Dieser ungezügelte Ausbruch einer muthbeseelten Jugend fand sogar bei dem eitlen Alter einiger der bejahrtesten Heerführer mehr als bloße Unterstützung. Der Herzog von Braunschweig, welcher noch zu Anfang dieses Jahres eine außerordentliche Botschaft bei dem Kaiser Alexander vollendet hatte, ist mit einer ganz kriegerischen Gesinnung heimgekehrt, gleichviel, ob er diese schon mit sich genommen oder erst in Petersburg eingesogen habe. Er hatte nach seiner Rückkunft durch einen plötzlichen Bruch mit Frankreich die Gegenpartei verstärkt und sich mit der Hoffnung geschmeichelt, durch ei-

1) Im Jahre 1802 hat er zu mir gesagt: „Ich wünschte, in Frankreich Divisionsgeneral zu seyn.“

nen glücklicheren Feldzug die Schande vom Jahre 1793 auszutilgen.

Bald haben die Leidenschaften des Hofes die ganze Hauptstadt in ihren Strudel mit fortgerissen. Bei allen öffentlichen Versammlungen im Schauspielhause u. s. w. machte man Anspielungen aller Art, um den König zu überzeugen, daß Krieg der allgemeine Wunsch sey. Die Zeitschriften erfreuten sich damals in Berlin einer gewissen Freiheit und hauptsächlich jener Art von Freiheit, welche dem vorherrschenden Geiste huldigte. Eine beständige Kriegstrompete hat sich Kotzebue ein zweiter heiliger Bernhard in diesem zweiten Kreuzzuge gedünkt. Er war es, welcher Preußen aufforderte, mit Frankreich die Schicksalsrolle zu spielen und gegen Napoleon sein furchtbares „Veto" auszurufen. Die Gesänge der brandenburgischen Tyrtäen sagten nichts als leichte Triumphe voraus, und wünschten schon zu Siegen, ohne Schwertschlag, Glück. Jeder Kriegsschauplatz war ihnen ein neues Roßbach in Hinsicht der Franzosen.

Die Uebertreibung ging so weit, daß Jedermann, der noch bei gesunden Sinnen war, zugleich Ekel und Mitleid fühlte. Der Prinz Louis, obwohl er vor Kampfbegierde brannte, hatte dennoch zu viel Einsicht, um nicht zuzugestehen, welchem Glückszufalle ein Krieg mit den Franzosen unter Napoleon Bonaparte unterworfen sey. Er war selbst über diese übertriebene Großthuerei aufgebracht. Er wendete auf diese wortreichen Banden eine Strophe aus Gleims Gedichten an [1]), indem er hinzufügte, er würde sich wenig Lorbeern versprechen, wenn er keine andern als solche Soldaten dem Feinde entgegen zu führen hätte. Preußen war damals in zwei Hauptabtheilungen getrennt. Die eine bestand aus dem guten, teutschen, arbeitsamen, friedliebenden und jeder ehrgeizigen Absicht fremden Volke, das sich wenig um den Tumult der Theater, der Schriftsteller und um die Reiter-

1) Sie singen laut im hohen Chor
Vom Tod für's Vaterland uns vor,
Doch kommt ein einziger Husar,
So läuft die ganze Bardenschaar.

künste der Berliner Amazonen bekümmerte; die andere war aus dem Adel, den Hofleuten und den Bürgern zusammengesetzt, welche sich an diese anschlossen. Letztere, statt gewissermaßen eine Nation zu bilden, war nur dem Scheine nach eine solche. Das Auge der Könige aber ist selten geschickt genug, den Unterschied zu merken. Der König von Preußen glaubte in ihren Wünschen den einstimmigen Willen seines Volkes zu erblicken und willfahrte dem Begehren. Doch geschah dies gegen seine Ansicht und erst nach langem Widerstreben, weil er wohl einsah, daß von dem Schicksale seiner Heere das Glück oder Unglück seiner Monarchie abhänge. —

Drei und sechszigstes Capitel.

Aeußere Verhältnisse.

Unfolgsamkeit der preußischen Armee. — Widersprechende Stellung und Politik in Preußen. — Langsame Annäherung zwischen Preußen und England. — Versöhnung Preußens mit Schweden. — Preußens Zuflucht zu Rußland. — Preußens Schritte zu Wien. — Verhaltungsbefehle, die For Herrn Adair, englischem Bevollmächtigten zu Wien, ertheilt. — Natur der östreichischen Neutralität. — Preußen hofft auf einen Aufstand in Spanien. — Worte, die Napoleon an den Marchese von Lucchesini und den General von Knobelsdorf richtet. — Ungerechtigkeit eines dem Kaiser der Franzosen gemachten Vorwurfs. — Napoleons letztes Anerbieten gegen den König von Preußen. — Notenwechsel zwischen Preußen und Frankreich. — Der König reiset zur Armee ab. — Umgestimmtung des Geistes des preußischen Heeres. — Napoleons Brief an die Fürsten des Rheinbundes. — Zutritt des Großherzogs von Würzburg zum Rheinbunde. — Sachsen wird von den preußischen Truppen besetzt. — Preußens Verwendung bei dem Churfürsten von Hessen. — Frankreichs Forderungen an Hessen. — Verletzung des hessischen Gebiets durch preußische Truppen. — Weigerung des Churfürsten von Hessen, seine Armee auf den Friedensfuß zu setzen. — Getäuschtes Urtheil über Hessens Lage. — Napoleons Abreise zur Armee. — Ultimatum Preußens. — Prüfung der Forderungen des Königs von Preußen. —

Mittheilungen des Kaisers an den Senat. — Preußens, aus Ehrfurcht erlassene Bekanntmachung. — Preußens falsche Stellung, welche allen seinen Handlungen den Stempel der Falschheit aufdrückt. — Napoleons Aufruf an die französische Armee. — Aufruf des Königs von Preußen an sein Heer. — Bemerkungen über beide Bekanntmachungen. — Napoleons Antwort auf den Brief des Königs. — Bemerkungen über dieses Schreiben. —

Diese einst durch ihre Mannszucht und Ordnung berühmte Armee hatte alle Bande der Unterwerfung zerrissen. Der König ist nicht mehr Herr seines Volkes, ist nicht mehr im Stande, die Stunde des Kampfes zu wählen. Eine vorsichtige Politik hätte die Zurüstungen eine Zeitlang verheimlicht oder verstellt, und die Truppen bis zu dem Tage auf ihren Waffenplätzen zurückgehalten, bis die russische Armee an der preußischen Gränze war. Aller Vorsicht ungeachtet, wäre Napoleon zu einer langwierigen Unthätigkeit verurtheilt gewesen, weil er keine Armee vor sich gehabt hätte; allein eine solche Umsicht war der preußischen Regierung nicht mehr möglich. Seitdem die jungen Officiere der königlichen Garde vor dem Hause des französischen Ministers ihre Säbel wetzten, waren die Zügel der Regierung nicht mehr in der Hand des Königs, sie wurden von den Garde-Lieutenants, von den Fähnrichen und einigen jungen Frauen geleitet. Da die Truppen nicht mehr länger in der Hauptstadt zurück zu halten sind, so muß man sie wohl in den Kampf ziehen lassen. Am 30sten August verließ die Garnison von Berlin voll Streitlust und mit einem Tumulte, der aufrührerischen Bewegungen ähnlich sah, unter dem Befehle des Herzogs von Braunschweig [1]) die Hauptstadt. — Diese stürmische, unerfahrene Jugend meinte, „marschiren" sey schon „siegen". — Man zog den Franzosen entgegen, als gälte es, irgendwo ein Fest zu feiern.

Doch der König und sein Minister gaben, sobald sie

1) Moss' egli infatti da Berlino con un esercito tumultuante e gia vicino di levarsi a sedizione per l'impazienza d'andare ad incontrar l'inimico.

Marchese von Lucchesini.

ihrem ruhigeren Gemüthe alle Gefahren desselben ihnen klar vor die Seele traten, der Klugheit Gehör und suchten überall, wo Frankreich entweder erklärte Feinde oder wenig zuverlässige Freunde hatte, Bundesgenossen. Preußen wendet sich daher an Rußland, Oestreich, England und Spanien, und verdoppelt seine Mühe zur Gewinnung der beiden ihm so nahe gelegenen Höfe von Sachsen und Hessen-Cassel. Wie sollte man nicht zu sonderbaren Vermuthungen über die Lage Preußens veranlaßt seyn, wenn man bedenkt, daß es ganz Europa gegen Frankreich zu Hülfe rief? Welches sind die Veranlassungen seiner Mißverständnisse mit dieser Regierung? Zwei Gegenstände sind die Ursache, welcher aber das übrige Europa noch weniger günstig ist, als Frankreich selbst. Was den einen derselben, Hannover, betrifft, konnte es Napoleon allein aufrichtig meinen. Wenn er es genehmigte, daß Hannover an England zurückgegeben werde, so that er es blos, um der Nothwendigkeit ein Opfer zu bringen. Weder der Kaiser Alexander noch Franz II. hatten es im Gegentheile je gebilligt, daß jenes Land eine preußische Provinz werden sollte. Was die andere Beschwerde gegen Frankreich — die Schwierigkeiten in Bezug auf die Bildung des nordischen Bundes — betrifft, sind England, Rußland und Oestreich eben so dagegen. Weit mehr als Frankreich selbst widersetzt sich Großbritannien jedem Uebereinkömmniß, welches die Hanse-Städte unter Preußens Oberhoheit bringen könnte. Oestreich und Rußland haben bis jetzt noch keine Veranlassung gehabt, sich zu erklären; allein nach dem Geständnisse selbst solcher Personen, welche das preußische Cabinet vergöttern, haben weder Oestreich noch Rußland die Errichtung eines nordischen Bundes gern gesehen, dessen Ergebniß seyn sollte, den Süden von Teutschland jenem Cabinette zu unterwerfen. Preußen befindet sich in der mißlichsten Lage. Die Ereignisse und sein Benehmen stehen mit einander im Widerspruche. Der König bekriegt Frankreich, weil dieses für die Rückgabe Hannovers an England gestimmt hat [1]), und die

1) She went to war because France would not let her retain

Hülfsmacht, welche er in diesem Kriege anruft, ist jenes England, das die Rückgabe dieses Churfürstenthums zur unerläßlichen Bedingung des Friedens macht. Nebenbei sucht er auch Rußland und Oestreich zu gewinnen. Diese haben aber stets für Hannovers Wiederherstellung gestimmt.

So auffallend sich auch die Verschiedenheit der Gesinnungen zwischen Preußen und den drei Mächten aussprach, so giebt es doch einen gemeinschaftlichen Punct der Vereinigung, vor dem die Abgeschmacktheit der preußischen Staatskunst verschwindet. Dieser Vereinigungspunct ist die unauslöschliche Feindschaft der verschiedenen Höfe gegen die französische Macht. In dem Augenblicke, als der Berliner Hof es dem französischen Cabinette zum Verbrechen macht, daß es ihm das nicht zugesteht, was ihm alle andern abschlagen; in dem Augenblicke, als er von Frankreich allein Rechenschaft verlangt, fallen alle Scheidewände, jede Feindseligkeit verschwindet und England und Rußland sind sogleich seine Verbündeten. Sogar Oestreich trüge kein Bedenken, sich anzuschließen, wenn es gewiß wäre, daß Preußen die erste Schlacht gewänne. Dies ist ungefähr die Gesinnung der Mächte, unter deren Schutz die preußische Regierung sich flüchtet.

Um eine Annäherung mit England zu Stande zu bringen, werden vorläufig mit Herrn Thornton, brittischem Geschäftsträger zu Hamburg, Unterhandlungen angeknüpft. Der Freiherr von Jacobi, Preußens Gesandter in London, von wo er erst im Monate August heimgekehrt ist, hatte kaum das Festland betreten, als er in Folge des von Herrn Thornton eingereichten Berichtes Reisepässe erhielt, um auf seinen Posten zurückzureisen.

Die Sperrung der nordteutschen Flüsse ist am 25sten September aufgehoben worden und Lord Morpeth erhielt den Auftrag, nach Berlin zu reisen, um alle Schwierigkeiten, welche die beiden Mächte noch trennten, aus dem Wege zu räumen. Am Orte seiner Bestimmung angekommen, hatte der König

the territory which she had violently, and without a shadow of justice, seized from the King of England.

Edinburgh Review of 1813.

seine Residenz schon verlassen, um sich an die Spitze des Heeres zu stellen. Erst im Hauptquartiere bei Weimar traf Lord Morpeth Se. Majestät den König, und in welchem Augenblicke? Am 12ten October, dem wichtigen Tage, wo das preußische Cabinet selbst nicht wußte, wie in wenig Tagen sein Schicksal sich entscheiden würde.

Obwohl es Englands Schutz gegen Frankreich anfleht, wollte Preußen doch nicht freiwillig auf den Besitz von Hannover Verzicht leisten. Der Graf von Haugwitz vermied sogar, um jeder Auseinandersetzung auszuweichen, die Gegenwart des britischen Botschafters auf das sorgfältigste. Die englischen Schriftsteller behaupteten sogar, man habe dem Abgeordneten ihres Gebieters nicht einmal die schuldigen Ehrenbezeigungen bewiesen. Dieser Gesandte wendete sich endlich, als es ihm nicht möglich war, mit dem ersten Minister des Königs von Preußen zu sprechen, an den Marchese von Lucchesini, der sich damals in dem Hauptquartiere befand, und dieser gestand offen, daß von dem Erfolge der ersten Schlacht das Ergebniß seiner Unterhandlung abhänge. Dies hieß doch mit klaren Worten sagen, daß, würde der König die Schlacht gewinnen, England Unrecht hätte, auf die Wiederherstellung des Churfürstenthums Hannover zu rechnen. Von Frankreich wollte sich Preußen Hannover durch Sieg erobern. Uebrigens kann es ohne Furcht und unbeschadet auf diese Weise mit England unterhandeln. Dieses ist großmüthig genug und hegt nicht den geringsten Groll. Großbritannien schenkt gern einem Jeden Verzeihung, der Frankreich bekämpft.

Die erste und einzige Zusammenkunft Lord Morpeths mit dem Grafen von Haugwitz findet am 15ten October, dem Tage nach der Schlacht von Jena, zu Frankenhausen statt.

Es ist leicht begreiflich, daß damals die Rückgabe Hannovers durch Preußen nicht die geringste Schwierigkeit mehr fand. Die Aussöhnung des Königs von Preußen mit Schweden hat weniger Aufschub gefunden, sie stützte sich eigentlich auf den Grundsatz, die hannöversche Angelegenheit unbeachtet zu lassen. Schon am 17ten August hat Gustav IV. angekündigt, daß er die Sperrung der preußischen Häfen aufheben wolle, wenn man sich dem Einmarsche seiner Truppen

Er brachte dabei die Gewißheit von Rußlands und Großbritanniens Hülfe in Anschlag. „Jetzt wäre für den Kaiser", sagte der preußische Bevollmächtigte, Graf von Finkenstein, „ein günstiger Augenblick vorhanden, sich mit Friedrich Wilhelm zu vereinigen; die Wunden zu heilen, welche die östreichische Monarchie durch den Presburger Frieden erhalten hat; das zu jeder Zeit treu befundene Tyrol, welches nichts sehnlicher wünsche, als Baierns Joch abzuschütteln, wieder zu erlangen, und endlich alle von Frankreich erlittenen Beleidigungen zu rächen, ja sogar neuer Unbill vorzubeugen. Der Haß und die Eifersucht zwischen Preußen und Oestreich gehören der gegenwärtigen Zeit nicht mehr an; sie seyen unter den Ruinen des teutschen Reichs begraben. Für beide Mächte gäbe es nur noch ein Mittel, den von Beiden gleich gehaßten Feind zu entfernen, nämlich sich gemeinschaftlich zu berathen und Hand in Hand die Waffen zu ergreifen." Diese Vorstellungen des preußischen Cabinettes haben in Wien an dem englischen Gesandten natürlicherweise eine Stütze gefunden, allein diese Stütze war doch nicht von der Art, um Preußens Hoffnungen ganz zu befriedigen.

Der britische Minister am Hofe Kaiser Franz II. war damals Herr Adair, ein Busenfreund von Fox. Die Verhaltungsbefehle, welche ihm mitgegeben wurden, waren von der Art, daß sie die Politik offen eingestehen kann. Er sollte Oestreich auf keine Weise zu Ergreifung der Waffen zu bewegen suchen, noch Versprechungen von Unterstützungsgeldern machen; wenn er aber wahrnehmen sollte, daß diese Macht entweder aus freiem Antriebe, oder durch die Nothwendigkeit ihrer Stellung den Krieg zu beginnen und seinen Verbündeten beizustehen wünschte, so sollte Herr Adair in diesem Falle Oestreichs Beherrscher versichern, daß England bereit sey, ihn mit dem nöthigen Gelde zu unterstützen. Diesen Herrn Adair ertheilten Verhaltungsmaaßregeln zufolge, schloß der Marchese von Lucchesini: Napoleon habe Unrecht gehabt, Fox als die letzte Stütze [1]) friedlicher Gesinnungen im Cabinette von Saint-

1) „Così adoperava il Fox, ingiustamente intitolato da Napoleone, l'ultimo sostegno delle pacifiche disposizioni nel gabinetto di San-James." Marchese von Lucchesini.

tralität zu entfernen und den Erfolg als Lehrmeister gelten zu lassen. Diese Meinung wurde allgemein angenommen und das östreichische Cabinet machte dem französischen Botschafter die beruhigendsten Versicherungen. Um zu beweisen, wie wenig es geneigt sey, in die Vorschläge des Berliner Hofes einzugehen, theilt ihm der Graf von Stadion die Correspondenz mit dem preußischen Minister Grafen von Haugwitz mit. Wir lassen es dem Urtheile des Lesers anheimgestellt, ob diese gleichsam als ein Unterpfand aufrichtiger Gesinnung gemachte Mittheilung unter der Maske nicht eben so gut den wahren Zweck verbergen konnte, das Feuer des gegenseitigen Hasses zwischen beiden Mächten noch mehr anzuflammen. Napoleon bewies zwar den Friedensbetheurungen des Wiener Hofes nur ein mäßiges Vertrauen. Er empfahl seinen Marschällen, mit allen von diesem Hofe abhängenden Behörden das beste Einverständniß zu unterhalten, hatte aber zu gleicher Zeit die Vorsicht, die Gränze des Inns stets in seiner Gewalt zu behalten und zu verhüten, „daß Baiern nicht in Verlegenheit gerathe, wenn anders von östreichischer Seite Gewalt und Feindseligkeit angewendet würde." [1])

Was der Wiener Hof auch immer für geheime Absichten für die Zukunft haben mochte, schon in dem Augenblicke, als die beiden großen Armeen Frankreichs und Preußens am 6ten October einander gegenüberstanden, erließ der Graf von Stadion ein Umlaufsschreiben an alle fremden Minister, worin er ihnen den festen Entschluß des Kaisers Franz bekannt machte, während des so eben Teutschland bedrohenden Krieges die strengste Neutralität zu beobachten.

Unter den vielen Hoffnungen, denen sich Preußen im Siegesgefühle hingegeben hatte, war die auf einen gemeinschaftlichen Aufstand in Spanien und Portugal nicht eine der geringsten. Wir werden in der Folge sehen, auf was Preußen seine Hoffnungen in Hinsicht des spanischen Cabinettes hätte begründen können.

1) Worte eines Briefes des Fürsten von Neufchatel an den König von Baiern, vom 25sten September.

stärkern Streitkräften anzugreifen; daß er überhaupt Alles aufbieten werde, um des Sieges noch früher gewiß zu seyn, bevor die Vereinigung der Heeresmacht Alexanders und der Hülfstruppen von Frankreichs erbittertsten Feinden denselben unsicherer oder wenigstens blutiger gemacht hätte.

Mit Ausnahme einiger ähnlicher Charakterzüge Napoleons giebt es in der Geschichte wohl schwerlich ein Beispiel von einer offenern, ja sogar unbehutsamern Politik, die den Gegnern alle Gesinnungen enthüllt. Diese Staatskunst wäre, man muß es gestehen, abgeschmackt, wenn ihr nicht die Macht und die Kraft zur Seite stände. Schon im Jahre 1805 wurden in Bezug auf Oestreich dieselben Schritte gethan. Napoleon hatte damals unumwunden erklärt, daß er die Ankunft der Russen nicht erwarten werde. Er hat sie auch nicht früher gesehen als vor Austerlitz. Dieses Mal wird er mit ihnen nur auf den polnischen Feldern zusammentreffen. Wie Oestreich damals that, mag jetzt auch Preußen immerhin seine Maaßregeln beschleunigen, um seinen Feind zu überraschen. Dieser wird, trotz seiner anscheinenden Unthätigkeit, eben so schnell zur Schlacht gerüstet seyn.

Die Worte, die ich so eben Napoleon in den Mund legte, sind von dem Marchese von Lucchesini berichtet worden. Daraus gehet hervor, daß Napoleon am 7ten September in Bezug auf Preußen noch in großer Ungewißheit schwebte, die blos in allgemeinen Vermuthungen begründet war. Obwohl diese Macht sich zum Kriege gerüstet hatte, war ihr Benehmen doch ein ganz anderes, als in solchen Fällen gewöhnlich statt zu finden pflegt. Statt durch irgend ein gerechtes oder ungerechtes Begehren sich zum Voraus ein Recht auf den Krieg zu erwerben, läßt sie bei allen Rüstungen das französische Cabinet unausgesetzt ihrer Freundschaft versichern. In Bezug auf die Abteien Essen, Elten und Werden ist seither weder eine Vorstellung gemacht, noch eine Erwähnung gethan worden. Die Klagen haben über diesen, so wie über manch' andern Punct plötzlich aufgehört. Niemals hätte man zu Paris den Frieden tiefer und dauerhafter begründet geglaubt.

Einen ungerechten Vorwurf, den man der französischen Regierung bei Gelegenheit eines im „Moniteur" vom 13ten

August enthaltenen Artikels macht, dürfen wir hier nicht mit Stillschweigen übergehen. Dieser Artikel machte bekannt, „daß in Folge des mit Rußland abgeschlossenen Versöhnungsvertrages, der zugleich alle Schwierigkeiten zwischen Frankreich und Oestreich aufhob, demnächst der Befehl an den Generalstab der großen Armee ergehen werde, um die Truppen den Rückmarsch antreten und an den Friedensfesten des Monats September Antheil nehmen zu lassen.“ Ist es wahr, daß der Kaiser durch diese Ankündigungen habe betrügen wollen? Nein, bestimmt nicht. Das bloße Datum dieses Artikels beugt jedem Verdachte vor. Am 10ten August wurde der Befehl zu einer allgemeinen Bewaffnung der preußischen Armee gegeben, und am 3ten — 15ten August erließ der Kaiser Alexander das Schreiben an seinen Bevollmächtigten zu Paris, wodurch er den in derselben Stadt unterzeichneten Frieden zu genehmigen verweigerte. Kann man es daher dem Kaiser Napoleon als Verbrechen anrechnen, daß er am 13ten August dasjenige nicht gewußt habe, was der König von Preußen am 10ten und der Kaiser Alexander am 15ten erst beschlossen hatte?

In Bezug auf das, was der Marchese von Lucchesini von dem Gespräche Napoleons zwischen ihm und dem General v. Knobelsdorf berichtet, muß man gestehen, daß der Geschichtsschreiber des Rheinbundes der Wahrheit treu geblieben ist; allein er hat nicht Alles erzählt, was Napoleon gesprochen hat. In dem Gespräche über Hannover hat Napoleon, nachdem er zuvor erklärt, daß die Frage des Friedens oder Krieges nicht von diesem Churfürstenthume abgehangen habe, mit Vorbedacht hinzugefügt, „daß er, wenn man sich über die andern, die Rückgabe Hannovers an England betreffenden Puncte verständigt hätte, kaum vierzehn Tage gebraucht haben würde, um mit dem Könige einig zu werden und eine anderweitige Entschädigung für Preußen zu bestimmen.“

Uebrigens hat Napoleon die Versicherung gegeben, daß er bereit sey, die Bewegungen seiner Armee nach denen der preußischen Heere einzurichten. Er bot sich an, „seine Truppen aus Westphalen und von der holländischen Gränze wegzuführen, wenn der König die seinigen in die Winterquartiere einrücken lasse.“ Er ließ Preußen die volle Freiheit, seine Stellung gegen Frankreich, wenn dies ihm dienlich scheinen sollte, zu verändern. Das Bündniß bestand immer fort, denn nichts hat es aufgelöset; „wollte es der König brechen, so wär der Kaiser geneigt, darein zu willigen." Der König von Preußen hätte nach dieser Unterredung, wie der Marchese von Lucchesini selbst eingesteht, besonders seit Alexanders Weigerung, den Vertrag vom 20sten Julius anzuerkennen, seinen Fehler einsehen und die Waffen niederlegen sollen. Der General von Knobelsdorf war überzeugt, daß diese Erläuterungen des Kaisers die Ruhe in Berlin wieder herstellen würden. Selbst der Kaiser hat im Stillen diese Hoffnung gehegt.

In dieser Zwischenzeit, als der Marchese von Lucchesini sich schon auf den Weg gemacht hatte, zu seinem Gebieter zurückzukehren, erhielt die französische Regierung die sichersten Nachrichten von dem Marsche der preußischen Truppen gegen Frankreich. Dies gab zu einer Note Veranlassung, welche der Fürst von Benevent am 11ten September dem General von Knobelsdorf übergeben hat. „Voll Bedauern über den bösartigen Einfluß, der sich zwischen beide Staaten eingeschlichen habe", sagte der französische Minister, „werde der Kaiser seine Gesinnungen gegen Se. Maj. den König von Preußen nicht verändern, ja dieselben so lange treu bewahren, als er sich nicht genöthigt sähe, zu glauben, daß Preußens Rüstungen das Ergebniß eines mit Rußland gemeinschaftlich eingegangenen Angriffssystems seyen." Unerachtet aller Anzeigen, welche wohl dem Glauben Raum geben konnten, es seyen diese Zurüstungen nichts Anderes, als eine Folge eines solchen Systems, fügte er hinzu, „daß Se. kaiserliche Majestät selbst nach der Bekanntwerdung der Maaßregeln, zu denen sie ihre Zuflucht habe nehmen müssen, nichts desto weniger zu glauben geneigt sey, daß die Waffenrüstung des Berliner Hofes nur in Folge eines durch lügenhafte Gerüchte herbeigeführten Mißverständnisses stattgefunden habe."

Herr von Knobelsdorf beeilte sich hierauf, zu erwiedern: „Die Beweggründe [1]), welche den König, seinen Gebieter, zu der allgemeinen Bewaffnung bewogen haben, seyen die Wir-

1) Note des Herrn von Knobelsdorf.

tung mannichfacher Cabalen zwischen Frankreichs und P
Feinden. Er habe aber die feste Ueberzeugung, daß
dem Marchese von Lucchesini dem Könige abgestattete
jede feindselige Stellung aufheben werde, und sähe sic
zu der Bitte veranlaßt, man möchte auch von fran
Seite jedes Unternehmen bis zur Rückkehr deß nach
gesendeten Couriers aufschieben."

Es würde nicht an seinem Platze seyn, wollte ma
Handlung Wichtigkeit beimessen, bei welcher ein von
Hofe selbst betrogener und über Alles, was sie Heimliche
in Unwissenheit gelassener Gesandter mehrmals Betheu
wiederholt, welche die Handlungen dieses Hofes Lüge
fen. Es muß Einem leid thun, wenn man einen Ehre
wie Herrn von Knobelsdorf, einmal über das andere
wißheit aussprechen hört, daß die zwischen seinem H
Frankreich aufgethürmten Gewitterwolken „in Folge d
gefundenen Erklärungen [1]) alsobald zerstreut seyn wür

Am 1sten October erhielt dieser Abgeordnete den 2
der französischen Regierung eines jener Ultimata's zu
die zwar an und für sich sehr selten sind, die aber
nur das Ergebniß sehr lebendiger Verhandlung seyn
nen den Anschein haben. Einige Tage hindurch sch
französische Ministerium [2]) — den Krieg zwischen Fr
und Preußen als eine politische Mißgeburt betrachtend
den Versicherungen, welche den Stempel des Geschäft
an der Stirne trugen, sich einstweilen begnügen zu
allein — ob der Fürst von Benevent gleichwohl erkl
„der Kaiser habe einstweilen einen groben militairisch
ler begangen, daß er seine Kriegsrüstungen um einen
verspätigt und der Einberufung der Reservetruppen u
tionalgarden noch vierzehn Tage Frist zugestanden h
es ist in der That nicht ein einziger Tag verloren
und man kann der Klugheit des Kaisers nicht einm
kleinen Vergessens zeihen. Schon marschirten Heer

1) Schreiben dieses Gesandten vom 20sten September.

2) Zufolge einer vom 18ten September datirten Note.

3) In seiner Note vom 19ten September.

lungen aus dem Innern nach dem Rhein. Am 18ten und 19ten hatten verschiedene Haufen der Leibwache [1]) denselben Weg eingeschlagen. Der König von Holland hatte den Befehl erhalten, mit seiner Vorhut nach Wesel zu rücken, und alle Bewegungen der verschiedenen Heeresabtheilungen, sowohl außerhalb als innerhalb Frankreichs, waren so berechnet, daß sie im Falle der Noth an einem Tage zusammenstoßen und auf den ersten Wink gemeinschaftlich wirken konnten.

Die Vorsicht des Kaisers hatte aber ihren guten Grund. Seitdem die feindliche Stellung der preußischen Truppen gegen Frankreich ein großes Aufsehen erregt hatte, sah sich der König auch mit jedem Tage um einen Schritt dem Kriege näher gerückt, obwohl er vielleicht noch keinen unwiderruflichen Entschluß gefaßt hatte. Die Eilboten des Herrn von Knobelsdorf hielten die Bewegung, der man sich einmal hingegeben, nicht auf. Am 21sten September verließ der König, ohne eine Antwort nach Paris gesendet, noch bei dem Herrn von Laforêst zu Berlin irgend einen Schritt der Annäherung gethan zu haben, die Hauptstadt.

Eine wichtige Bemerkung darf hier nicht mit Stillschweigen übergangen werden. Während der König nach und nach mit dem Gedanken eines unmittelbaren Krieges sich befreundete und er ihm weniger schreckensvoll erschien, stellte sich in der Armee, welche mit so viel Ungestüm Krieg verlangt hatte, nach und nach Ruhe ein. Kaum hatte sie das Gebiet erreicht, wo die Kämpfe stattfinden sollten, so waren die Gemüther plötzlich wie umgewandelt, obwohl in dieser Veränderung nichts Entehrendes lag, da der Muth derselbe geblieben; allein je weiter man sich von Berlin, von seinen Salons, von seinen Zeitschriften und von seinen Schauspielhäusern entfernte, verschwand allmählig der Enthusiasmus und die Zuversicht selbst schien geschwächt zu seyn.

Die Armee fing an, über die Geschicklichkeit ihres großen Gegners Betrachtungen anzustellen und an den Talenten ihrer Führer zu zweifeln. Diejenigen unter ihnen, welche die Tage

1) Die Garde erhielt ihre Stellung zu Mainz. Innerhalb sieben Tagen hatte sie ihren Bestimmungsort erreicht.

des preußischen Ruhmes gesehen hatten, boten jetzt nichts mehr dar, als eine glorreiche Erinnerung. Welch' ein Abstand zwischen dem siebenzigjährigen Herzoge von Braunschweig und der männlichen Reife jenes Buonaparte, welcher, von dem ersten Tage seines Erscheinens an, nicht aufgehört hat, durch die Größe und Schnelligkeit seiner Triumphe ganz Europa in Staunen zu setzen! Vierzig Jahre waren verflossen, ohne daß das Heer, wenigstens zum größten Theile, an einem bedeutenden Kriege Theil genommen hätte, während die feindliche Armee seit funfzehn Jahren fast einen jeden Tag mit einem Treffen bezeichnet hat.

„Diese Betrachtungen kommen zwar sehr spät, lassen aber einen nur um so tiefern Eindruck zurück. Die Gespräche hatten im Allgemeinen einen gemäßigtern Charakter angenommen. Man erröthete jetzt über die Prahlerei, in der man sich früher vergessen hatte, und statt die Gewißheit des Sieges mit jedem Worte auszurufen, begnügt man sich jetzt bescheiden, auf einen ruhmwürdigen Ausgang des Kampfes zu hoffen. — Auffallender Widerspruch! Je mehr die Feuergluth in der Armee erlosch, desto mehr erhob sich dieselbe bei Hofe und in dem Cabinette. Damals wurde jener lange Brief des Königs, voll von Vorwürfen gegen Napoleon, und jene berüchtigte Bekanntmachung, von denen beiden wir baldigst sprechen werden, vorbereitet.

Allein schon am kommenden Morgen des Tages, an welchem der Kaiser die beruhigende Note des Herrn von Knobelsdorf erhalten hatte, jenes wichtigen Tages, als der König von Preußen, von der Königin begleitet, Berlin verlassen hatte, um sich an die Spitze der Armee zu stellen, — des 21sten Septembers — rief Napoleon, besser von dem, was sich in Preußen ereignete, besser als dessen Gesandter selbst unterrichtet, die Fürsten des Rheinbundes zu den Waffen. Der Brief, den er ihnen zuschickte, ist von der Art, daß wir einige Worte daraus hier anführen zu müssen glauben: „Mein Herr Bruder, seit mehr als einem Monate rüstet sich Preußen, und alle Welt weiß, daß seine Waffen gegen Frankreich und den Rheinbund gerichtet sind. Wir suchen vergebens nach dem Beweggrunde zu diesem Schritte. Die Briefe, welche Se. Majestät der König von Preußen an uns schreibt, sind voll Freundschaftsbezeigungen. Sein Minister der auswärtigen Angelegenheiten hat unserm außerordentlichen Gesandten bekannt gemacht, daß Friedrich Wilhelm den Rheinbund anerkenne und daß er in Bezug auf die neuen Einrichtungen im Süden von Deutschland nichts einzuwenden habe.

„Sind die Waffenrüstungen Preußens das Ergebniß einer Verbindung mit Rußland, oder nur die Wirkung der zwischen den verschiedenen Parteien zu Berlin bestehenden Kabalen und der Trugschlüsse des Cabinets? Ist ihr Zweck dahin gerichtet, Hessen, Sachsen und die Hanse-Städte zu einer Verbindung zu zwingen, zu der die beiden letzten Mächte [1]) keine Lust zu haben scheinen?" Nach der Frage, ob man etwa Frankreich nöthigen wolle, die in Hinsicht der Hanse-Städte gethane Erklärung zurückzunehmen, vorausgesetzt, daß England ja selbst jede Veränderung in der Lage dieser Städte für ein Hinderniß des allgemeinen Friedens ansehe, — fügte der Kaiser hinzu:

„Welcher mag unter den vielen Motiven der Hauptgrund gewesen seyn? Wir sind nicht im Stande, diese Frage zu beantworten; — die Zukunft allein wird den Schleier lüften, der ein eben so befremdendes als unerwartetes Benehmen deckt." — Hierauf erklärte er, daß Preußens Bewaffnung den in einem der Artikel des Vertrags vom 20sten Julius ausgesprochenen Fall herbeigeführt habe, daß Frankreich, statt zweimalhunderttausend Mann in's Feld zu stellen, wie es damals versprochen, nun dreimalhunderttausend auf die Beine brächte, und schloß dann mit der Bitte, daß die Bundesfürsten ihren Truppen sofort Befehl ertheilen sollten, sich marschfertig zu halten, um die gemeinschaftliche Sache zu vertheidigen, „deren Erfolg, — dies sind seine eigenen Worte — wie wir hoffen zu dürfen glauben, der Gerechtigkeit des Zwecks entsprechen wird, wenn uns Preußen, zu unserm größten Leidwesen, in die traurige Nothwendigkeit versetzen sollte, Gewalt mit Gewalt zurückdrängen zu müssen."

1) Man sieht, daß Napoleon von Hessen nicht die nämliche Meinung hatte.

Unbestritten hat Napoleon recht gut gewußt, welches die Beschwerden der preußischen Regierung gegen ihn waren. Hauptsächlich war es ihm nicht entgangen, daß diejenige Beschwerde, von der sie zu sprechen vermied, gerade die entscheidendste und und folgenreichste für sie gewesen; — hatte er aber die Verpflichtung auf sich, die Rheinbundsfürsten von dem Verdachte zu unterhalten, welchen Preußen nicht einmal aussprach? Sollte er ihnen einen andern Zustand der Dinge enthüllen, als in der That vorhanden war, — als den Widerspruch der Rüstungen des preußischen Hofes mit den von dem Könige selbst und von seinem Gesandten ertheilten Freundschaftsversicherungen?

Drei Tage nach Absendung dieses Briefes reiste Napoleon mit der Kaiserin Josephine nach Mainz ab. Wir haben schon weiter oben gesehen, daß er in dieser Stadt den Bruch der zwischen Herrn von Champagny und Lord Lauderdale gepflogenen Unterhandlungen vernommen habe, — einen Bruch, der mit Preußens Kriegsrüstung im nächsten Zusammenhange stand, denn England sollte, nach dem letzten Zugeständnisse von Seiten Frankreichs, Alles erhalten, was es nur immer verlangt hatte. So hat das, was Napoleon that, um den Frieden von England zu erkaufen, Preußen zur Ergreifung der Waffen bewogen, und England verweigerte einen Frieden, der ihm nichts zu wünschen übrig ließ, denn es fand in Preußen und Rußland Bundesgenossen, welche mit ihm gegen Frankreich zu Felde zogen.

In dem nämlichen Augenblicke unterzeichnete das französische Ministerium [1]) mit einem Abgeordneten des Erzherzogs Ferdinand, Fürsten von Würzburg, einen Vertrag, dem zufolge der Erzherzog zu dem Rheinbunde trat, und somit das erste und um so wichtigere Beispiel des Hinzutrittes gab, als es von dem Bruder des teutschen Kaisers ausging. Der Vertrag ertheilte diesem Prinzen den Titel eines Großherzogs und sicherte ihm das Eigenthum der Johanniter-Ordensgüter zu, so wie das Oberhoheitsrecht über verschiedene dem Orden oder andern Rittern zugehörige Besitzungen, welche sich innerhalb

1) Am 25sten September.

seines Gebietes befanden. Der neue Großherzog mußte 2000 Mann zu dem Bundescontingente stellen. Auf diese Weise gab der Rheinbund seinen Mitgliedern neue Titel und neue Besitzungen. Der Bund aber, welchen Preußen im Norden von Teutschland hat stiften wollen, rief die benachbarten Staaten nur zu einer undankbaren Abhängigkeit ohne irgend einen Ersatz. Ist es daher zu verwundern, daß Preußen in seiner Absicht so vielen Widerstand selbst bei den Höfen fand, welche sonst so nahe mit ihm verbunden waren, als dem von Sachsen und Hessen-Cassel?

In Dresden hatte man umsonst alle Mittel der Beredsamkeit erschöpft. Die gehässigen Leidenschaften, welche Preußen bewegten, kannte man an Friedrich Augusts friedlichem Hofe nicht, der, nur für das Glück seines Volkes beschäftigt, selbst den gerechtesten Krieg mit dem äußersten Widerwillen würde geführt haben. Die Drohungen der preußischen Truppen, welche sich von Schlesien her bewegten, waren nicht mächtig genug, des Churfürsten edle Beständigkeit zu erschüttern. Es mußte der Fürst von Hohenlohe, welcher diese Truppen anführte, wollte er eine Zustimmung erlangen, sich dieselbe mit den Waffen in der Hand auf sächsischem Gebiete ertrotzen [1]). Durch die Nothwendigkeit besiegt, stellte der Churfürst 18,000 Mann zu dem Befehle des Königs. Doch wurde dabei ausgemacht, daß Dresden niemals der Schauplatz des Krieges werden sollte.

Der Churfürst von Hessen, so sehr er auch dem preußischen Hofe ergeben und von der alten preußischen Armee [2]), die er als die erste von Europa und für unüberwindlich hielt, eingenommen war, fühlte sich doch nicht zu einer gemeinschaft-

1) Den 12ten September.

2) Der Churfürst, welcher diese Armee gar zu gern rühmte, sagte eines Tages zum französischen Minister: „Mein Herr, dies ist das schönste Officiercorps, welches ich kenne, und zwar aus lauter Edelleuten bestehend!“ Als Napoleon einige Zeit darauf nach Potsdam kam, fragte er denselben Minister, den er zu sich berufen hatte: „Nun! was meint jetzt der Churfürst von seinen adelichen Officieren? Er weiß wohl nicht, daß viele meiner Marschälle die Söhne von Handwerkern sind?“

lichen Laufbahn mit ihr hingezogen, wenn nicht irgend ein glücklicher Erfolg als gutes Vorzeichen für eine vortheilhafte Beendigung des Krieges bürgte. Vergebens suchte man ihn zu bewegen, seine Truppen mit den preußischen Heeren zu vereinigen; vergebens hat der General Rüchel [1]) Alles aufgeboten, um diesen Entschluß in ihm hervorzurufen; umsonst hat ihm der König den Oberbefehl über die hannöverischen und westphälischen Truppen angeboten; umsonst erbot man sich, verschiedene Puncte seines Gebietes längs der Fulda mit preußischer Mannschaft zu besetzen, — der Churfürst blieb seinem Entschlusse treu und verweigerte den Beitritt. Nichts desto weniger berief er, obgleich er voll Behutsamkeit Alles zu vermeiden suchte, was ihn mit Frankreich hätte entzweien können, die Beurlaubten zu ihren Regimentern zurück. Er setzte seine kleine Armee auf den Kriegsfuß, um — wie er sich ausdrückte — seine Neutralität aufrecht zu erhalten.

Damit aber zu Paris durch die Beantwortung der Fragen der französischen Regierung über diese Rüstung keine Mißhelligkeiten entstehen könnten, hat der bevollmächtigte hessische Minister unter dem Vorwande von Privatgeschäften jene Stadt verlassen. Die letzten Mittheilungen fanden daher zu Cassel statt. Frankreichs Fragen beschränkten sich auf einige wenige Puncte. Will und kann der Churfürst neutral bleiben? Will er sich mit Preußen vereinigen, oder will er dem französischen Bunde beitreten? — Nur diese Fragen wollte der französische Minister beantwortet wissen. Der Churfürst betheuerte, daß sein innigster Wunsch dahin gehe, neutral bleiben zu können. Wenn man ihn aber fragte, ob er selbst gegen den Willen Preußens neutral bleiben würde, gab er jedesmal nur ausweichende Antworten.

In den letzten Tagen des Monats September erhielt der französische Gesandte in Cassel den Befehl, zu dem Kaiser nach Mainz zu kommen. Fast zu gleicher Zeit reisete der Churfürst nach Weimar zu dem Könige von Preußen. Vor der Abreise des Einen und des Andern hatten sich Beide gegenseitig das Wort gegeben, daß sie Alles aufbieten wollten, um

1) Am 26sten August.

20*

diese Fürsten zu der Genehmigung von Hessens Neutralität zu bewegen. Der französische Gesandte traf den Kaiser nicht mehr in Mainz. Der Fürst von Benevent, der zurückgeblieben war, schickte ihn aber auf Napoleons ausdrücklichen Befehl sogleich nach Cassel zurück, um mit dem Churfürsten eine Uebereinkunft in Hinsicht der Neutralität abzuschließen [1]).

„Wenn der Churfürst neutral bleiben will", lautete die ihm vom Fürsten von Benevent mitgegebene Vollmacht, „so muß er sich vor Allem mehr durch Thatsachen als durch Worte erklären. Die geographische Lage von Hessen erlaubt ihm nicht, zu gleicher Zeit neutral und bewaffnet zu seyn. Der Kaiser wird Hessens Neutralität gern anerkennen, wenn es seine Truppen auf dem Friedensfuß erhält und den preußischen Truppen den Einmarsch in sein Gebiet verweigert."

Mit dieser Vollmacht ausgerüstet war der französische Abgeordnete am 4ten October in Cassel eingetroffen. Der Churfürst kam erst in der Nacht vom 5ten auf den 6ten October zurück; allein selbst in dieser kurzen Zwischenzeit hat ein wichtiges Ereigniß stattgefunden. Am 5ten hatte ein preußischer Heerhaufen die hessische Gränze überschritten und war sogar bis Cassel vorgedrungen. Der Churprinz selbst war den Truppen in der Uniform eines preußischen General-Lieutenants entgegengegangen und hatte an der Seite Blüchers seinen Einzug in Cassel gehalten.

Am kommenden Morgen marschirte das nämliche Corps auf besondern Befehl des commandirenden Feldherrn, des Herzogs von Braunschweig, der durch die Fortschritte der französischen Armee hiezu bewogen war, wieder durch Cassel, nicht um das hessische Gebiet zu verlassen, sondern um dem General Blücher in einer andern Richtung zu folgen. — Noch war, streng genommen, nichts verdorben. Noch stand es in der Macht des Churfürsten, mit dem französischen Minister den Neutralitätsvertrag, in den der Kaiser Napoleon gewilligt hatte, abzuschließen. Der König von Preußen aber stand in dem Wege.

1) Der Fürst von Benevent gab ihm einen Beamten aus dem Bureau der auswärtigen Angelegenheiten mit nach Cassel, welcher den Auftrag hatte, ihm den Vertrag sogleich nach dessen Vollziehung zu überbringen.

Er hatte nicht die nämliche Gefälligkeit — wie der Kaiser. Was auch die beiden Fürsten mit einander mögen gesprochen haben, — kaum war der Churfürst heimgekehrt, als von Stunde zu Stunde preußische Couriere ankamen und ihn zu einer entscheidenden Antwort, entweder „dafür" oder „dagegen" drängten. Man wußte recht gut, daß man ihm ohne Gefahr die Doppelantwort freistellen konnte.

Um Zeit zu gewinnen, hatte der Churfürst seinen ersten Minister, den Freiherrn von Waitz, an Se. Maj. den König von Preußen jedoch mit der Weisung abgesendet [1]), sich vorläufig noch einer jeden bestimmten Aeußerung zu enthalten. Der Churfürst aber hielt die Wage nicht aufrecht, denn während Frankreich von ihm verlangte, daß er seine Armee auf Friedensfuß setzen sollte, machte er Zurüstungen zum Kriege, hob Truppen aus und sammelte überhaupt Streitkräfte, von denen man annehmen konnte, daß er sie in keinem Falle zu Gunsten Frankreichs anzuwenden entschlossen sey. Selbst an dem Tage der Jenaer Schlacht, am 14ten October, getraute er sich noch nicht, die Neutralität mit Bestimmtheit auszusprechen, wenn der König von Preußen es nicht billigte. Er schien sogar zu glauben, daß Frankreich ihm über seine einstweilige Unthätigkeit Rechenschaft schuldig sey, indem — wie er sagte — es nur an ihm gelegen habe, mit 20,000 Mann auf Frankfurt loszumarschiren.

Da wir gerade jetzt von einem Fürsten sprechen, der sehr bald seiner Staaten beraubt seyn wird, haben wir die Umstände, welche diesem Ereignisse vorangegangen sind, etwas ausführlicher erwähnen zu müssen geglaubt. Es scheint uns, als wenn die Lage des Churfürsten von Hessen durch die so eben erwähnten Thatsachen hinlänglich beleuchtet wäre, das heißt, es ist offenbar, daß seine Truppen, hätte Preußen eine Schlacht gewonnen, sich sogleich an die siegreiche Armee würden angeschlossen haben. Nach der Schlacht von Jena aber, durch die Nachricht von dem Verluste derselben gleichsam wie vom Blitze zerschmettert, that er, was er früher hätte thun sollen und um was ihn der französische Minister unaufhörlich gebeten hatte, — er legte die Waffen nieder. Seine

1) Am 7ten October.

Truppen zogen sich in ihr Standlager zurück, — allein es war zu spät.

Mit Ausnahme der englischen Schriftsteller [1]), welche behaupten, dieser Fürst stelle sich nur neutral, in der Hoffnung, Unterstützungsgelder zu Verletzung der Neutralität zu erhalten, betrachten ihn die meisten andern Geschichtsschreiber als ein Opfer des Schicksals, welches fast alle Staaten des zweiten und dritten Ranges, welche, zwischen zwei großen Mächten eingeschlossen, ihre Neutralität aufrecht erhalten wollen, zu erdulden pflegen. Diese Lage, in der ein Schwacher mehr zu bedauern als zu tadeln ist, war zwar nicht ganz dieselbe des Churfürsten. Sein Benehmen war nicht ganz unparteiisch, denn als eine der beiden sich gegenüberstehenden Mächte ihn als neutral anerkannte, wenn er anders seine Truppen auf Friedensfuß setzte, als sie ihm auch um diesen Preis seine Besitzungen und sein Daseyn gewährleistete, hat er diese Zusicherung ausgeschlagen, die Armee auf dem Kriegsfuße zu unterhalten fortgefahren und sich die Freiheit vorbehalten, im Falle der kleinsten Niederlage sich gegen dieselbe zu erklären. Die Gerechtigkeit verlangt daher, daß man diese Betrachtungen bei der Beurtheilung von Napoleons Handlung gegen dies Churfürstenthum nicht außer dem Gesichte verliere.

Von Seiten Frankreichs wie von Preußen war man zu einem Kampfe auf Leben und Tod gerüstet. Nach dem neuen Systeme des Berliner Hofes herrschte noch stets der schönste Friede in den Worten, währenddem man in Thaten sich gegenseitig als kriegführende Mächte befeindete. Der Kaiser Napoleon hat sehr gut Alles verstanden, was man ihm auch nicht zu erklären für gut fand. Am 25sten September von Paris abgereiset, war er am 28sten in Mainz, am 2ten October in Würzburg und am 6ten in Bamberg eingetroffen. Bis dahin konnte er zu seinen Franzosen und zu ganz Europa sagen, daß er nicht wisse, was Preußen wolle, oder, um der Wahrheit buchstäblich treu zu bleiben, daß Preußen ihm nicht zu erkennen gegeben habe, was es wolle. Erst

1) Da heißt es unter andern: „In expectation of a subsidy from England, affected neutrality."

am 7ten October erhielt er in Bamberg die Willenserklärung dieser Macht durch zwei von dem General von Knobelsdorf an den Fürsten von Benevent gerichtete Schreiben, wovon das eine ein eigenhändiger Brief des Königs vom 25sten September, das andere aber eine Note des preußischen Gesandten vom 1sten October war.

Der Kaiser hat gesagt [1]), der Brief des Königs von Preußen sey eine schlechte Flugschrift, ganz in der Art und Weise, wie sie die von England besoldeten Schriftsteller zu liefern pflegen. Ohne ihm auf das Wort glauben zu wollen, müssen wir doch anerkennen, daß ein Brief von zwanzig Seiten schwerlich jemals ein gutes Versöhnungsmittel seyn könne, und wenn man aus der sogleich darauf überreichten Note und dem bald nachher bekanntgemachten Manifeste auf den Styl des Königs schließen kann, so wird man sich den Eindruck leicht erklären können, den er auf den Geist des Kaisers hervorgebracht haben mag.

Die Note, welche der General von Knobelsdorf unterzeichnete, hatte diesen Gesandten vielleicht mehr verwundet, als Napoleon selbst. Dieser Friedensminister, bis jetzt das aufrichtige Organ von lauter Freundschaftsversicherungen, welches keine lange Unterhandlung zu führen hatte, ist auf einmal beauftragt, ein Ultimatum zu überreichen und plötzlich zu erklären, daß der König von Sr. Majestät dem Kaiser verlange:

1) „Daß die französischen Truppen, welche kein gegründeter Anspruch nach Teutschland rufe, unverzüglich und ohne Ausnahme über den Rhein zurückgehen und zwar ihren Marsch schon an dem Tage antreten sollten, an welchem der König sich die Antwort des Kaisers verspreche. Die Rückbewegung möchte ohne Aufenthalt vor sich gehen, indem diese allein als Sicherheitspfand betrachtet werden könne, zu dem der König sich zu bekennen, geneigt fühle."

2) „Daß von Seiten Frankreichs der Bildung des nordische Bundes, welcher ohne Ausnahme alle in der Grund-

1) In seinem ersten Armeeberichte.

acte des Rheinbundes nicht genannte Staaten umfassen werde, nicht das geringste Hinderniß, welchen Namen es auch haben möge, entgegengesetzt werde."

3) „Daß man ohne Verzug zu einer Unterhandlung schreite, um alle noch in Zweifel schwebenden Interessen auf eine dauerhafte Weise auseinander zu setzen, und daß in Hinsicht Preußens die Trennung Wesels von dem französischen Reiche und die Wiederbesetzung der drei Abteien durch preußische Truppen als einleitende Schritte betrachtet werden sollten."

Niemals sind ähnliche Forderungen gemacht worden, ohne daß zuvor Einleitungen getroffen worden wären, wobei selbst, im Falle man deren Ueberflüssigkeit eingesehen, die Wichtigkeit des Gegenstandes irgend eine, wenn auch nur in Formen bestehende, Annäherung erheischt haben würde.

Hier ist Alles auffallend, ungewöhnlich und unbegreiflich. Tags zuvor den Worten nach noch der tiefste Friede, und nicht über einen einzigen Gegenstand eine Unterredung, — Tags darauf ein gebieterisches Ultimatum, wie deren England früherhin Neapel und Toscana zugestellt hat.

Die für Preußen günstig gestimmten Geschichtsschreiber stellen den Grundsatz auf, daß Friedrich Wilhelm bei dem Entwurfe dieser Forderungen den Wunsch nicht gehabt habe, Napoleon zur Annahme derselben zu bewegen; denn wenn sich Letzterer hinter den Rhein zurückgezogen hätte, würde sich der König genöthigt gesehen haben, sein Heer in die Winterlager zurückzusenden und sich auf diese Weise kaum mehr mit dem nöthigen Nachdruck haben stellen können, wenn Napoleon einen Monat später die Unbill hätte rächen wollen, deren scheinbarer Beleidigung er für einen Augenblick ausgesetzt gewesen war. Sonderbares Bekenntniß! In was für einer Lage mag sich eine Macht befinden, welche, indem sie ihre Forderungen bis zum höchsten Grade steigert, gleichsam verurtheilt ist, im Herzen zu wünschen, daß man dieselben nicht annehmen möchte! Fassen wir die Forderungen des Berliner Hofes etwas näher in's Auge.

Letzterer verlangt vor Allem, daß Napoleon seine Truppen unverzüglich auf das linke Rheinufer zurückziehen soll,

„weil kein gegründeter Vorwand noch sonst ein Recht ihre Anwesenheit auf teutschem Gebiete gestatte."

Die Verletzung des Presburger Vertrags war die Ursache, warum die französischen Truppen in Teutschland zurückblieben. Der mit Rußland unterzeichnete Friede, worin die Rückgabe der Werke von Cattaro versprochen war, hat zwar dies Hinderniß gehoben, und die französischen Truppen haben, um sich auf das linke Rheinufer zu beschränken, nur noch die Genehmigung dieses Vertrags abgewartet. In der Zuversicht auf diese baldige Vollziehung hat Napoleon den Befehl widerrufen, welcher dreißigtausend östreichische Kriegsgefangene in Schwaben zurückbehalten hatte. Ist nicht schon diese Auslieferung von dreißigtausend Mann an Oestreich der schönste Beweis redlicher Gesinnung? Damals erhielt er unversehens die Nachricht: erstens, daß Rußland den durch seinen Bevollmächtigten abgeschlossenen Vertrag zu genehmigen verweigere, und daß Preußen seine Armee marschfertig gemacht habe. Sollte er, durch den Presburger Frieden ermächtigt, bis zur gänzlichen Vollziehung desselben Braunau zu behalten und sich in Teutschland behaupten zu dürfen, auf diese unbestreitbaren Rechte Verzicht leisten, und auf die bloße Drohung der preußischen Armee hin seine Heere nach Frankreich zurückführen?

In Preußens zweiter Forderung ist eine Mischung von Ungeschick und Abgeschmacktheit nicht zu verkennen. Der französischen Regierung deshalb den Krieg zu erklären, weil man nicht nach Wunsche einen nordischen Bund zu Stande bringt, der alle in dem Rheinbunde nicht enthaltenen Staaten in sich begriffe, was übrigens England, Oestreich und Rußland eben so wenig als Frankreich leiden wollten; ist ein Uebermaaß von Ehrgeiz, der an das Lächerliche gränzt. Kein einziger der Staaten, welche Preußen in seinen Bund ziehen wollte, giebt freiwillig seine Zustimmung; es will die Erlaubniß haben, Gewalt anwenden zu dürfen, um sie unter seine Botmäßigkeit zu bringen; wie dies durch den Einfall seiner Truppen in Sachsen mit diesem Churfürstenthum bereits der Fall war.

Die dritte Forderung war um nichts mehr begründet als die beiden ersten.

Preußen will, daß sich ohne Verschub eine Unterhandlung eröffne, welche alle Interessen, die aber noch streitig sind, feststellte. Frankreich antwortet, daß zwischen den beiden Ländern kein Interesse mehr streitig sey. Es finde eine einzige unerörterte Frage statt, welche die Stifter Essen, Elten und Werden betreffe. Die französischen Truppen sind von dem Gebiete dieser Stifter entfernt worden, und wenn diese Frage, die an und für sich ohne Wichtigkeit ist, unerörtert blieb, so trägt der preußische Hof allein die Schuld, weil er sie nicht wieder in Erwähnung gebracht hat. Er wünscht überdies, daß Wesel [1]), gleichsam als vorläufige Grundlage der zu eröffnenden Unterhandlung, von Frankreich getrennt werde.

Den Bruch eines Vertrags unter Androhung eines Krieges verlangen, hieße zu viel; einen solchen Anspruch aber ohne hinlängliche Beweggründe aufstellen, hieße zu wenig fordern.

Preußens Ingrimm hat, wie wir zu glauben Veranlassung haben, seinen Ursprung in der von Frankreich gegebenen Zustimmung zu der Rückgabe Hannovers, als einer Grundlage des Seefriedens. Warum aber grade diesen Punct mit Stillschweigen übergehen? — Wenn Preußen sagte, es wolle, da die französische Regierung für die Rückgabe dieses Churfürstenthums gestimmt, im Gegensatze nun seine Entschädigung ausmitteln und festsetzen, so wäre dies eine billige Forderung gewesen; allein Preußen vermeidet dies sorgfältig, weil es trotz dem, daß es sich in seinem Kampfe gegen Frankreich auf England stützt, im Falle es siegreich aus demselben hervorginge, keineswegs Hannover dem Könige von Großbritannien zurückzugeben Willens ist.

Die Note des preußischen Ministers schloß mit der dringenden Bitte an den Kaiser, seine Antwort bis zum 8ten

1) Die Einverleibung Wesels mit dem französischen Reiche war noch nicht ausgesprochen. Diese Festung ist, als ein wichtiges Bollwerk, nur als ein militairischer Abtheilungspunct erklärt worden.

October in das Hauptquartier des Königs gelangen zu lassen. „Marschall,“ sagte der Kaiser zum Fürsten von Neufchatel, „es ist uns ein Ehren-Stelldichein auf den 8ten October angesagt worden; nie hat wohl ein Franzose nach einer solchen Einladung auf sich warten lassen; da man aber sagt, daß eine Königin Zeuge des Kampfes seyn wolle, so laßt uns höflich seyn, und ohne zu schlafen, unausgesetzten Marsches nach Sachsen ziehen.“ An diesen Worten wäre noch nichts zu tadeln gewesen; man hätte es damit sollen bewenden seyn lassen.

„Der Kaiser,“ fährt der Tagesbericht [1]) fort, „hatte Recht, sich so auszudrücken, denn die Königin von Preußen befindet sich, als Amazone gekleidet, die Uniform ihres Dragoner-Regiments tragend, bei der Armee und schreibt täglich unzählige Briefe, um die Gemüther von allen Seiten aufzuregen. Man glaubt Armida zu erblicken, wie sie in ihrer Verirrung den Feuerbrand in ihren eigenen Palast schleudert. Neben ihr sieht man den Prinzen Ludwig von Preußen, einen jungen Fürstensohn voll Muth und Tapferkeit, der in dem Wechselschicksale des Krieges sich einen großen Namen begründen will. Dem Beispiele dieser vornehmen Personen folgend, schreit der ganze Hof: „Krieg, Krieg!“ Wenn der Krieg mit all seinen Gräueln aber einmal losgebrochen ist, wird Jedermann sich von dem Verdachte zu reinigen suchen, den Blitzstrahl auf die friedlichen Gefilde des nördlichen Teutschlands herabgezogen zu haben.“

Diese Worte klangen zwar hart, allein sie enthielten furchtbare Wahrheiten. Es war nur zu begründet, daß die Königin ihrem Gemahle auf jedem Schritte folgte, in der Furcht, es möchte irgend ein Ereigniß seinen Entschluß wankend machen. Sie glaubte hiebei ohne Zweifel einem heldenmüthigen Gefühle zu folgen; sie glaubte sich zur Beschützerin der politischen und kriegerischen Ehre ihres Gemahls berufen. Wie rein aber auch die Meinung immer seyn möge, es bleibt darum nichts desto weniger ein Unglück, wenn die Gattin eines Königs sich zum Schiedsrichter über Streitfragen auf-

1) Erster Tagesbericht vom 8ten October.

wirft, welche nur durch blutige Schlachten erörtert werden können und oft den Sturz eines Staates und das Unglück von Millionen Unterthanen nach sich ziehen.

Ein Schreiben des Kaisers Napoleon, aus Bamberg vom 7ten October datirt, welcher dem französischen Senate den Briefwechsel seines Ministeriums mit dem Herrn von Knobelsdorf, und das von Letzterem überreichte Ultimatum kund that, eröffnete zugleich, daß er im Begriff sey, gegen die preußischen Heere aufzubrechen. Eine Stelle darin lautete: „Unser Herz — wir können es nicht bergen — fühlt sich auf das Innigste betrübt, daß der Dämon des Bösen, der ohne Unterlaß unsere Plane für die Ruhe Europa's und das Glück der Mitwelt vereitelt, auf's Neue das Uebergewicht gewonnen, alle Cabinette durch jedes ihm zu Gebote stehende Mittel der Verführung aufgewiegelt, die standhaft widerstehenden Höfe über ihr eigentliches Wohl verblendet und mitten in die Gährung der Parteien geschleudert hat, in deren Strudel sie keinen andern Führer mehr als ihre Leidenschaft erkennen."

Außer dieser Mittheilung an den Senat wurde in Frankreich nichts bekannt gemacht. Von Preußens Seite war dies aber anders. Schon am 9ten October erschien von Erfurt aus eine weitläuftige Auseinandersetzung der Beschwerden dieser Macht gegen die französische Regierung, eine mühevolle, kindisch-lächerliche Ausgeburt eines blinden Hasses, welcher Frankreich nur anzuklagen scheint, um über sich selbst den Stab zu brechen; um die lange Reihe vorgeblicher Verbrechen, deren sich diese Regierung im Laufe von 10 bis 12 Jahren hätte sollen zu Schulden kommen lassen, und die unermüdete Ausdauer seiner Mitschuld [1]) in ein um so deutlicheres Licht zu stellen. Die Vorwürfe sind aber nicht nur gegen die französische Regierung als politische Macht gerichtet; die bittersten trafen die Person des Kaisers selbst und bezeichnen vor Allem den Tod des Herzogs von Enghien,

1) Englische Zeitschriften jener Epoche haben die Klagen, welche damals Preußen erhoben, mit denen einer entehrten Frau verglichen, welche ihrem Verführer alle für ihn gehabten Schwächen vorwirft.

gewesen ist), — so finden wir dennoch, daß auf den 30 oder 40 Seiten voll Anklagen gegen Frankreich der wahre Beschwerdepunct, der Preußen zu den Waffen rief, nicht mehr als sieben oder acht Zeilen einnimmt.

Ueber diese Beschwerde, über diese Hauptursache des Krieges stimmen alle Schriftsteller, die auf Preußens Seite standen, Saalfeld, Schoell, Lucchesini und Lombard, völlig überein. Hannover tröstete für Alles, oder galt vielmehr als Heilmittel für jede Beschwerde [1]). Auch haben sich die englischen Schriftsteller, welche helle Blicke in das Verhältniß thaten, nach ihrem eigenen Geständnisse nicht wenig gefreut, daß Preußen, nachdem es seine Ehre verkauft hatte, wenigstens um den Preis betrogen worden sey.

Diese unglückliche Stellung, welche dem Berliner Hofe nicht gestattet, seine wahren Beweggründe einzugestehen, drückt allen seinen Handlungen den Stempel der Falschheit auf. Dieser trügerische Charakter, der schon das Ultimatum und die oben erwähnte Bekanntmachung auszeichnet, findet sich selbst in dem Aufrufe an die preußische Armee wieder. Man hat zwar nicht ermangelt, zwischen diesem und dem von dem Kaiser Napoleon an die französischen Heere eine Parallele zu ziehen, welche zum Zwecke hatte, Letzteren zu erniedrigen. Mir scheint, das beste Mittel, beide Actenstücke zu beurtheilen, wäre, wenn man die Frage aufstellte, welches von beiden am meisten geeignet gewesen sey, den Muth der Soldaten zu entflammen.

Der Kaiser fügte, nachdem er seinen Soldaten das Versprechen glänzender Triumphfeste, welche sie nach ihrer Rückkehr in Frankreich erwarteten, gegeben hatte, folgende Worte hinzu: „Wir haben das Kriegsgeschrei von Berlin aus vernommen. Schon seit mehr als zwei Monaten hat man uns mit jedem Tage mehr zum Kampfe herausgefordert. Dieselbe Parteienwuth, derselbe Schwindelgeist, welcher vor 14 Jahren, die Unruhen im Innern unseres Landes benutzend, Preussens Krieger in die schönen Gefilde der Champagne rief,

1) Eigene Worte des Herrn Lombard.

herrscht jetzt wieder in dem Rathe. Sie wollen, daß wir schon beim Anblick ihrer Heere eiligst Teutschland räumen sollen! Die Unsinnigen! Mögen sie denn erfahren, daß es tausendmal leichter wäre, die große Hauptstadt zu zerstören, als aus dem Lorbeerkranze des großen Volkes und seiner Verbündeten nur ein Blatt zu rauben. Soldaten! ist einer unter Euch, der auf einem andern Wege als dem der Ehre nach Frankreich heimkehren will? Wir können und müssen nur unter Triumphbogen nach Hause ziehen. Doch die Preußen sind schon bei unsern Vorposten angelangt. Auf! ihnen entgegen! Sie sollen lernen, daß, wenn es auch leicht ist, im Freundschaftsbunde mit der großen Nation Land und Macht zu vergrößern, deren Feindschaft, die man nur mit Hintansetzung aller Vernunft und Klugheit so herausfordern kann, furchtbarer ist, als alle Stürme des Oceans!" —

Der preußische Aufruf lautete: „All' Euer und Eurer nächsten Verbündeten Bemühen, um den Frieden zu erhalten, ist umsonst gewesen. Der Krieg ist daher, wenn wir uns nicht anders der Tyrannei eines unversöhnlichen Feindes hingeben und den Norden von ganz Teutschland dem Einfalle seiner verwüstenden Heere bloßstellen wollen, in diesem Augenblicke unvermeidlich. Der König hat ihn beschlossen, denn die Ehre unseres Volkes und die Sicherheit des Staates sind in Gefahr. Es ist dem Blicke unseres Fürsten nicht entgangen, daß die Armee seit langer Zeit Krieg gewünscht hat. Er ist überzeugt, daß jeder seiner Krieger sich beeifern wird, die unbefleckte Ehre der Nation und den Ruhm, welchen der Geist Friedrichs II. auf seine Preußen niederstrahlt, wie ein Heiligthum zu vertheidigen, und daß dieses Gefühl allein genügt, in der ganzen Armee den altangestammten Muth zu erwecken, der allein die unausweichlichen Beschwerden des Krieges standhaft zu ertragen vermag. Doch noch ein höherer Zweck leuchtet uns zum Kampfe voran."

„Wir haben es mit einem Feinde zu thun, welcher rings um uns die zahlreichsten Heere geschlagen, die mächtigsten Staaten gedemüthigt, die ehrwürdigsten Verfassungen vernichtet und mehreren Nationen ihre Unabhängigkeit entrissen, ja sogar ihren Namen aus der Geschichte getilgt hat."

„Ein gleiches Schicksal stand auch der preußischen Armee bevor. Zahlreiche Heerschaaren, die von Tag zu Tag zu größerer Zahl anwuchsen, bedrohten unsere Gränzen. An Euch war die Reihe gekommen, sich vor dem fremden Herrscher zu beugen, und schon träumte sein Stolz und seine Habsucht von nichts als von Beute und der Theilung des Nordens von Teutschland. Wer von uns kann den Gedanken ertragen, die Beute des Fremdlings zu werden? Während dem wir aber die Waffen ergreifen, um für unser eigenes Wohl, für unsern Heerd und für unser Vaterland zu kämpfen, uns vor dem schimpflichsten Joche, das eine Nation bedrohen kann, zu bewahren, sind wir zugleich die Retter aller unserer teutschen Brüder und die Befreier aller Mitbürger teutscher Zunge."

„Die Blicke aller Völker sind auf uns, als die letzte Stütze der Freiheit, der Ruhe und der gesetzlichen Ordnung in Europa, gerichtet."

Nach diesen angeführten Phrasen soll man zwar die beiden Herrscher nicht nach dem Maaßstabe beurtheilen, wie man Redner gewöhnlich zu beurtheilen pflegt. Es sey mir vergönnt, über diesen gegenseitigen Aufruf nur eine Bemerkung zu machen. Der Kaiser stellt in dem seinigen nur eine und zwar richtige Idee auf, wodurch er seine Soldaten überzeugt, — dies ist die unverschämte Forderung, Teutschland ungesäumt zu räumen. Die falsche Stellung Preußens aber legt diesem Staate die Verpflichtung auf, zu Worten seine Zuflucht nehmen zu müssen, deren Unwahrheit dem Heere selbst bekannt ist. Die preußische Armee weiß nur zu gut, daß sie und nicht Frankreich den Krieg gewollt hat; sie weiß sehr wohl, daß es Napoleon nicht eingefallen war, wie behauptet wird, den Norden von Teutschland zu überfallen; sie weiß eben so gut, daß die Zerstörung der preußischen Armee seine Absicht nicht war. Der Aufruf, dem selbst von der Armee anerkannte Falschheiten zum Grunde liegen, kann daher sehr glänzend seyn, allein es fehlt ihm das Gewicht der Wahrheit, die in der Seele dessen, an den er gerichtet ist, wiederhallt, und die allein jene schlagende Kraft der Beredsamkeit ausmacht.

Obwohl der Brief des Königs von Preußen, dessen 20

Seiten — wenn man nicht mehr sagen will — zum wenigsten viele Vorwürfe enthielten, nicht geeignet war, eine Annäherung herbeizuführen, was zwar auch nicht in dem Sinne des Verfassers gelegen haben mag, glaubte der Kaiser dennoch nach Verlauf einiger Tage der Aufregung, Sr. Majestät dem Könige eine Antwort schuldig zu seyn. Eugen von Montesquiou, einer seiner Ordonnanz-Officiere, war beauftragt, dieses Schreiben dem Könige zu überbringen. Selbst wenn dieser Brief noch an dem nämlichen Tage in die Hände des Königs gelangt wäre, wie es Napoleon dachte, ist es kaum wahrscheinlich, daß er an dem einmal gefaßten Entschlusse etwas geändert haben würde; doch es war noch ungewiß, allein auch dieser Schein von Hoffnung wurde durch eine übel angebrachte Strenge der Form zerstört. Herr von Montesquiou wurde von den preußischen Truppen als Gefangener angehalten, weil er versäumt hatte, sich als Parlamentair durch einen Trompeter anmelden zu lassen. Man brachte ihn in das Hauptquartier des Fürsten von Hohenlohe. Dort sah er sich genöthigt, die Ankunft des Prinzen abzuwarten, welcher erst am 13ten Abends um 10 Uhr ankam. Der Fürst selbst, als hätte er nicht gewußt, wie wichtig die schnelle Bestellung von Briefen zwischen zwei Herrschern sey, behielt den Herrn von Montesquiou die ganze Nacht bei sich. Den andern Morgen, als er ihn, von einem Jäger, der mit seinem Berichte an den König versehen war, begleitet, weiter ziehen ließ, hörte er die ersten Kanonenschüsse einer Schlacht, deren baldigen Beginn er nicht geahnet hatte. Der König erhielt daher den Brief, welcher schon am 13ten hätte in seinen Händen seyn können, erst am 14ten, nachdem die Schlacht schon ihren Anfang genommen hatte.

Eine vorgefaßte Meinung aber ließ den König Friedrich Wilhelm in dieser Antwort des Kaisers nichts als „eine beleidigende Herausforderung [1]) unter dem Schleier friedliebender Worte" erblicken. Hier einige Stellen daraus.

Zuvörderst beginnt der Kaiser mit der Versicherung, daß er ihm, dem Könige, den Inhalt des Briefes vom 25sten

1) Siehe Saalfeld, Theil I. Seite 595.

September nicht beimesse, indem dieser sowohl dem Charakter dieses Fürsten, als der Ehre beider zuwider laufe: „Ew. Majestät, fuhr er fort, haben mir auf den 8ten ein Stelldichein angesagt. Nach ächter Rittersitte habe ich mich eingefunden; — ich stehe mitten in Sachsen. Sie können mir glauben, ich führe Streitkräfte, die nicht lange unentschieden lassen können. Warum aber so viel Blut vergießen? — was ist der Zweck davon? — Hätten Ew. Majestät durch Ihr Schreiben Mögliches von mir gefordert, ich würde, es zu gewähren, niemals Anstand genommen haben. Sie haben aber gefordert, was meiner Ehre zuwider war, und mußten daher zum Voraus meiner Antwort gewiß seyn. Der Krieg ist also zwischen uns ausgebrochen, das Band, welches uns vereinigte, auf immer zerrissen. Warum aber unsere Unterthanen mit ihrem Leben dies bezahlen lassen? Ich mache mir nichts aus dem Siege, der mit einer Anzahl meiner Kinder errungen ist. Diese Sprache würde lächerlich klingen, wenn ich meine militairische Laufbahn anfinge und den Zufall der Schlachten fürchten müßte. Ew. Majestät werden besiegt werden, die Ruhe Ihrer Lebenstage untergraben und Ihre Unterthanen ohne die geringste Ursache hinopfern. Heute ist noch nichts verloren, und Sie können mit Ehre und Ihres Ranges würdig mit mir unterhandeln. Ehe noch ein Monat verflossen ist, wird die Lage der Dinge verändert seyn. — Ich habe nichts von Ew. Majestät zu gewinnen, ich will nichts von Ihnen, habe nie etwas gewollt. Der jetzige Krieg ist ein unpolitischer Krieg."

Der Kaiser fühlt aber sehr wohl, daß das Selbstvertrauen, mit welchem er von dem Ausgange des Krieges spricht, die Ehre des Königs verletzen muß. Er sucht das Bittere dieser Sprache durch die Erwähnung seiner, dem preußischen Heere weit überlegenen Streitkräfte zu versüßen.

„Ganz Europa weiß, daß Frankreich um ein Drittheil mehr bevölkert ist, als Preußen, und daß es eben so tapfere und eben so krieggewohnte Einwohner zählt, als die Staaten Ew. Majestät. Wenn Dieselben in mir den Verbündeten nicht mehr erkennen, so werden Sie doch einen Mann finden, der nur die von der Politik seiner Völker nothwendig erheischten Kriege zu führen Willens ist, und der noch weniger in einem Kampfe mit Herrschern Blut verspritzen will, welche weder in Hinsicht auf Gewerbfleiß noch auf den Handel, noch auf die Staatskunst mit ihm im geringsten Widerspruche stehen. — Ich bitte Ew. Majestät, in diesem Schreiben nur den Wunsch zu erkennen, daß ich vor Allem Menschenblut schonen und einer Nation, welche ihrer geographischen Lage nach niemals der Feind meines Volkes seyn sollte, die bittere Reue, jener augenblicklichen Aufregung, welche die Gemüther eben so schnell erhitzt als beruhigt, allzu williges Gehör gegeben zu haben, ersparen möchte."

Wir stellen es dem Urtheile der Leser anheim, ob dies auf eine beleidigende Weise den König von Preußen herausfordern hieß, wenn man ihm die Ungleichheit des Kampfes zwischen einer Volkszahl von 9 bis 10 Millionen Menschen und dem Koloß des französischen Reiches vorstellte, und wenn man ihm die Thorheit eines Krieges zwischen zwei Nationen schilderte, bei denen weder irgend ein Interesse, noch eine neidische Nebenbuhlerschaft die Feindschaft hervorrief. Allerdings schien die Natur der gemachten Forderung, so wie der neusten Briefe und Manifeste des Königs von Preußen nicht leicht eine Veränderung in seinem Benehmen zuzulassen, allein ohne die unerklärliche Verspätigung im Hauptquartiere des Fürsten von Hohenlohe, hätte dieser Brief schon am 12ten in den Händen des Königs seyn können.

Allein am 13ten, nach den zwei unglücklichen Schlachten von Schleiz und vorzüglich von Saalfeld, war in der preußischen Armee schon „Verwirrung, Mangel, Entmuthigung und ein banges Vorgefühl des hereinbrechenden Unterganges vorherrschend gewesen" [1]).

Warum sollte aber unter solchen Umständen die Stimme des Kaisers der Franzosen nicht gehört werden? Sie bot einen Ausweg dar, indem sie Preußen zurief: man könne aufhören Bundesgenosse zu seyn, ohne sich zu schlagen und das Blut der Völker zu vergießen. Dies einzige Wort hätte bei-

1) Siehe Saalfelds Geschichte Napoleons, Th. I. S. 597.

den Ländern eine andere Gestalt gegeben. Hannover, welches nach dem Ausdrucke des Herrn Lombard für jeden Verlust tröstete, und ein Heilmittel für Alles war, hätte in Preußens Händen allein durch den Bruch Frankreichs mit England eine feste Haltung in dem Augenblicke gewinnen können, als die aufgelöste Verbindung Napoleon jeden Vorwand genommen haben würde, in Zukunft dieses Churfürstenthum je wieder als Entschädigungsmittel in Anschlag zu bringen.

Es scheint daraus hervorzugehen, daß, wenn Preußen, statt dem Grundsatze langen Stillschweigens zu folgen, in Hinsicht Frankreichs den gewöhnlichen Weg der Unterhandlung eingeschlagen hätte, und wenn sich beide Herrscher das, was sie sich einander am Vorabende einer großen Schlacht eröffneten, schon einen Monat früher gesagt hätten, vielleicht eine vollständige Harmonie zwischen beiden Mächten wiederhergestellt, oder zum mindesten das Handgemenge vermieden worden wäre. Diese Vermuthung beruht um so mehr auf Gründen der Wahrscheinlichkeit, als nach Herrn Lombards Aeußerungen selbst der König von Preußen nie aufgehört hat, der Hoffnung auf eine glückliche Beendigung der Crisis, wobei weder seine Monarchie noch seine Armee auf das Spiel gesetzt wäre, in seinem Herzen Nahrung zu geben.

Preußen ist mit Frankreich in die Schranken getreten; — hier steht es aber allein. England wohnt dem Kampfe nur in der Person Lord Morpeth's bei, der übrigens so klug ist, sich in einer gewissen Entfernung zu halten. Rußlands Heere sind noch weit entfernt. Oestreich hat so eben seine Parteilosigkeit angekündigt. Spanien erläßt am 14ten October eine unkluge Bekanntmachung, welche es aber schon Tags darauf widerruft. Ein geschlossenes Feld umfaßt also die beiden Kämpfer. In welchem Lande, außer in Preußen und in dessen Hauptstadt Berlin, hat man je an dem Ausgange dieses Krieges zweifeln können?

Vier und sechszigstes Capitel.

Kriegsereignisse.

Erster Plan des Feldzugs unter Leitung des Herzogs von Braunschweig. — Irrthum des Herzogs von Braunschweig, den man den Berichten des Marchese von Lucchesini zuschreibt. — Zweiter Plan des Feldzugs. — Dritter Plan, nach den Bewegungen des Kaisers Napoleon entworfen und angenommen. — Marsch der französischen Armee. — Treffen bei Schleiz. — Treffen bei Saalfeld. — Der Tod des Prinzen Louis bringt in dem preußischen Heere große Entmuthigung hervor. — Vorbereitungen beider Armeen. — Stellung der gegenseitigen Heermassen. — Napoleon befiehlt, die Nächte hindurch zu arbeiten. — Des Kaisers Anrede an die Soldaten. — Schlacht bei Jena. — Schlacht bei Auerstädt. — Bernadotte, durch den Ruhm seines Nebenbuhlers wegen einer schlechten Handlung bestraft. — Verlust beider Armeen. —

Beide Armeen stehen sich einander gegenüber. Bald werden blutige Spuren ihre Schritte bezeichnen; — aber welch ein Unterschied der Veranlassung des Kampfes! was für verschiedene Rathschlüsse haben sie auf die Wahlstatt geführt! — Auf der einen Seite unaufhörlicher Wechsel der Plane, deren Verschiedenheit blos die Wahl des schlechtesten zum Zwecke gehabt zu haben schien; — auf der andern Festigkeit des Entschlusses, rasches Eingreifen, welches die Geheimnisse des Feindes zu errathen scheint.

Nach dem ersten Plane, den man in Berlin gebildet hatte, sollte die preußische Armee sich in drei Theile spalten, wovon der eine rechts auf Frankfurt zu, der mittlere gen Würzburg und der dritte nach Bamberg hin marschiren sollte. Diesem Systeme zufolge hätte der linke Flügel unter dem Befehle des Fürsten von Hohenlohe, an welchen sich die vom Churfürsten von Sachsen in's Feld gestellten achtzehntausend Mann anschlossen, über Freiberg, Zwickau und Hof in die Nähe der Quellen der Saale, des Mains, des Egerflüßchens sich hinziehen müssen.

Der König, mit dem Mitteltreffen, wäre in die Gegend von Fulda vorgedrungen. General Rüchel war bestimmt, mit dem rechten Flügel die beiden andern Heer-Abtheilungen zu decken.

Dieser kühne Angriffsplan gränzte vielleicht an Verwegenheit. Wäre er aber mit Kraft und Schnelligkeit ausgeführt und dadurch Napoleon, so weit dies anders möglich war, überrascht worden, so hätte er wenigstens theilweise einen glücklichen Erfolg hervorbringen und das Heer mit Ruhm krönen können.

Man hat behauptet, eine falsche Meinung habe den Herzog von Braunschweig irre geleitet; er habe aus den Actenstücken des Ministeriums, und hauptsächlich aus dem Briefwechsel des Marchese von Lucchesini geschlossen, daß Letzterer die Ueberzeugung habe, Napoleon werde sich, — aus Furcht, als Angreifer zu erscheinen — blos vertheidigend verhalten und das fränkische Gebiet nicht überschreiten. Um sich von dem Verdachte, irgend eine Veranlassung zu diesem Irrthume gegeben zu haben, zu reinigen, hat der Marchese von Lucchesini eröffnet, daß sein Hof von dem Gespräche, welches der Kaiser am 7ten September mit ihm gepflogen habe, unterrichtet gewesen sey; daß er in eigener Person kurz nach seiner Rückkehr aus Frankreich (am 22sten desselben Monats) den Herzog von Braunschweig davon unterrichtet habe, — mithin der Irrthum des Herzogs lediglich als ein sonderbares Ergebniß seiner geistigen Stimmung zu betrachten sey.

Was auch immer für Umstände und Ereignisse auf das Zaudern des Oberbefehlshabers der preußischen Armee in dem Augenblicke, als der erstgefaßte Plan in's Werk gesetzt werden sollte, Einfluß haben mochten, — er erkannte und erklärte zugleich, daß derselbe wegen der zeitweiligen Bewegungen der französischen Armee nicht mehr verwirklicht werden könne. Ein zweiter Plan wurde daher in den letzten Tagen des Septembers entworfen.

Weniger ausgedehnt als der erstere, obwohl immer noch angreifend, hatte er zum Zwecke, den Krieg an den Main zu spielen, die Grundlinie aller Operationen der französischen Armee abzuschneiden, und bei alle dem das Gebiet, auf dem man die Kräfte prüfen wollte, immer enger und enger zusammenzudrängen.

Das Centrum, von dem Könige selbst befehligt, und die beiden Heerabtheilungen der Generale Hohenlohe und Rüchel sollten, in eine furchtbare Streitmasse vereinigt, durch den Thüringer Wald nach dem Main vordringen, und nur hie und da kleine Beobachtungscorps — z. B. auf dem rechten Flügel Blücher nach Hessen hin, auf dem linken Tauenzien in das Baireuthische — aussenden.

Der zweite, noch mangelhaftere Plan, als der erstere, hatte den Nachtheil, daß er die Straßen von Dresden, Leipzig und Naumburg unbedeckt ließ, und somit dem Feinde die hauptsächlichsten Vorrathshäuser der Armee preisgab. Ja man vernachlässigte übrigens sogar vortheilhafte Stellungen, um in den thüringischen Wäldern Unordnung, Schwierigkeiten und Gefahren aufzusuchen. Das Heer setzte sich unbesorgt gegen dieses Land in Bewegung, voll der sichern Ueberzeugung, daß die französische Armee an nichts Anderes denke, als sich im fränkischen Gebiete zu verschanzen. Diese vorgefaßte Meinung wurde noch dadurch bestärkt, daß die aus Frankreich neu ankommenden Truppen über Frankfurt und Aschaffenburg nach Würzburg marschirten.

Am 5ten und 6ten October wurde von den preußischen Heerführern noch einmal Kriegsrath gehalten, allein ein nur um desto größeres Schwanken der Meinung war sichtbar; — kein Ergebniß! — Neue Ungewißheit des Entschlusses — Hemmung jeder kriegerischen Bewegung! In Folge dieser Verschiedenheit der Meinungen in der Berathung hat sich Blücher mit seinem zum rechten Flügel der Armee gehörenden Corps, nachdem er am 5ten October auf der Straße nach Frankfurt bis über Cassel vorgedrungen war, am 6ten durch die letztere Stadt wieder nach Eisenach zurückgezogen.

Die vorgefaßte Meinung des Herzogs von Braunschweig verschwand noch nicht. Am neunten befahl er dem Herzoge von Weimar, welcher eine Abtheilung leichter Reiterei anführte, den thüringer Wald zu durchstreifen und an dem darauf folgenden Tage die Feindseligkeiten zu beginnen. Erst an diesem Tage, dem zehnten, fiel es dem preußischen Generale wie huppen von den Augen und Napoleons Vorhaben wurde n klar. Jetzt mußte er auf den Angriffsplan vom thürin- : Wald her Verzicht leisten und auf neue Stellungen den- t. Jetzt erließ er den Befehl, daß die Hauptarmee sich in furt zusammenziehen, der Rüchelsche Heerhaufen bei Go- ı und der des Fürsten von Hohenlohe bei Hochdorf seine tellung nehmen sollte. Die Nachhut unter dem Befehle des ırsten Eugen von Würtemberg mußte bei Halle zurückblei- n. Die Erwähnung dieser Märsche und Gegenmärsche des erzogs von Braunschweig, welche viel Zeit in Anspruch ge- ommen haben, die man vielleicht besser hätte anwenden kön- n, war um so nothwendiger, als die Wahl des Schlacht- :des daraus hervorgeht, wo wir bald die beiden Heere ihre genseitigen Kräfte messen sehen werden.

Die auf diese Weise von den Preußen angewendete Zeit eß der wachsame Gegner nicht unbenutzt vorüberstreichen. ls Napoleon am 6ten in Bamberg angekommen war, traf seine ganze Armee fast auf einem Puncte beisammen. Er rließ diese Stadt am 8ten um 3 Uhr des Morgens und :gab sich nach Kronach.

Der rechte Flügel, aus Soult's und Ney's Heerhaufen ıd einer Abtheilung Baiern bestehend, marschirte geraden- egs nach Hof zu.

Das Mitteltreffen, welches die Armeecorps Davousts nd des Prinzen von Ponte Corvo, nebst der Reiter- lachhut unter Mürat und der kaiserlichen Leibwacht um- ıßte, nahm seine Richtung über Saalburg nach Schleiz nd Gera.

Der linke Flügel, von den Corps der Marschälle Lannes nd Augereau gebildet, drang über Coburg und Gräfenthal ach Saalfeld vor.

Am 9ten hielt Soult schon seinen Einzug in Hof, wo hm zahlreiche Vorräthe in die Hände fielen, welche der Feind ı der Eile nicht mehr hatte retten können.

Mürat, am 8ten an den Ufern der Saale, dem Städt- hen Saalburg gegenüber angelangt, hatte den Feind aus einer Stellung am rechten Flußufer vertrieben.

Der Prinz von Ponte Corvo griff am 9ten die kleine,

von dem General Tauenzien mit 6000 Preußen und 3000 Sachsen besetzte Stadt Schleiz an, von wo aus er seinen Rückzug nach Auma beschleunigte. Die Stadt und die Brücke wurden genommen. Nach einem tapfern Widerstande ließ der General Tauenzien einige hundert Gefangene, 4 bis 500 Todte und mehrere Kanonen zurück. Die Reiterbrigade des Generals La Salle verfolgte diese geschlagene Abtheilung auf der Geraer Straße, und bemächtigte sich da eines Parks von fünfhundert Wagen, unter denen sich auch der volle Bedarf zum Schlagen einer Brücke befand.

Der linke Flügel war in seinen Bewegungen und seinen Unternehmungen nicht minder glücklich. Der Marschall Lannes stieß am 10ten bei Saalfeld auf die Vorhut der sächsisch-preußischen Armeeabtheilung des Fürsten Hohenlohe, welche der Prinz Louis Ferdinand von Preußen anführte. Dieser Prinz, der noch nicht wußte, daß Tauenzien Tags zuvor aus seiner Stellung bei Schleiz vertrieben worden war, glaubte Saalfeld, wo sich bedeutende Magazine befanden, standhaft vertheidigen zu müssen. Ein lebhaftes Geschützfeuer, welches von beiden Seiten entbrannt war, dauerte mehrere Stunden. Endlich brachte die erste Abtheilung von Süchet's Brigade die preußische Infanterie zum Weichen, schleuderte Unordnung in ihre Reihen, drängte einen Theil derselben in einen nahe gelegenen Sumpf, und nöthigte die Uebrigen zu der eiligsten Flucht in einen Wald. Im gleichen Augenblicke sind die sächsischen und preußischen Schwadronen, an deren Spitze der Prinz Louis heldenmüthig kämpfte, von den französischen Husaren über den Haufen geworfen worden.

Der Fürst selbst, von vielen Tapfern eifrig verfolgt, wurde besonders von einem Regiments-Quartiermeister (Choindé) hart bedrängt, der ihm zurief: „Ergeben Sie sich, Obrister, oder Sie sind verloren!" Des Prinzen Antwort war ein Säbelhieb. Der wackere Husar fängt ihn auf, führt aber noch einen sicherern Streich gegen den Prinzen und streckt ihn todt zu seinen Füßen nieder. So fiel einer der ersten Urheber des Krieges auch als das erste Opfer desselben. Die übermäßige Hitze des jungen Mannes trägt die Schuld. Die Vernunft des aufgeklärten Mannes hat deren

Folgen zu spät eingesehen. Er wollte zwar einen baldigen und thatkräftigen Krieg; allein seitdem er Unsicherheit und Wankelmuth in allen Planen erblickte, hatte ihn eine bange Ahnung für die Zukunft erfaßt. Er wußte wohl, daß seine Pflicht nicht erheischte, den Ruhm eines guten Soldaten in einem Vorposten-Gefechte zu suchen, allein die Hand des Schicksals ruhte schon auf seinem Haupte, und er zog es vor, kämpfend zu sterben, denn als Gefangener Zeuge des Unglücks zu seyn, bei welchem ein großer Theil des Vorwurfs auf seinen Schultern lastete.

Der Marschall Lannes ließ dem erlauchten Krieger mit allem Pompe, der seinem Range und seiner Tapferkeit gebührte, die letzte Ehre erweisen. Sein Leichnam wurde zu Saalfeld in der Gruft der Fürsten von Coburg beigesetzt. Der Kronfeldherr der französischen Armee schrieb unter dem 12ten October an den preußischen Generalstab, der Kaiser habe ihn ermächtigt, den entseelten Körper des Prinzen auszuliefern, wenn es dem Könige Friedrich Wilhelm gefallen sollte, ihn in der Gruft seiner Ahnherren beizusetzen.

Die Preußen haben in diesem Treffen 1000 bis 1200 Gefangene, 7 bis 800 Todte und 33 Kanonen verloren. Der Verlust dieses Tages war aber ungleich wichtiger durch den moralischen Eindruck, den des Prinzen Tod verursachte. Das unglückliche Schicksal des Fürsten spiegelte selbst dem Kühnsten im Heere in dunkeln Scheine all die Gefahren vor, welche ein mit so ungemäßigtem Selbstvertrauen herbeigeführter Krieg nach sich ziehen könnte. Die Entmuthigung hatte den höchsten Grad erreicht. Wenn man am Siege verzweifelt, ist die Niederlage nicht mehr fern [1]). Bei dieser Gelegenheit hätte, ohne das unerklärliche Zaudern des Fürsten von Hohenlohe, der König Napoleons Brief, von dem wir weiter oben gesprochen, erhalten müssen. Warum hätte er, — wir sehen uns zu dieser Wiederholung genöthigt — die

1) Grande inquietezza e scoraggiamento. Ond' è che la disperazione della vittoria raffreddò nell' esercito prussiano la confidenza delle proprie forze e l'impazienza di misurarle a quelle de' Francesi.

Marchese von Lucchesini.

ihm dadurch angebotene Rettung nicht ergreifen sollen? Diese letzten Ereignisse nöthigten die preußische Armee, von neuem ihre Plane zu ändern.

Der Fürst von Hohenlohe, ohne mehr Glück in der Schlacht zu haben, als der Herzog von Braunschweig, hatte mehr als einmal zu besseren Anordnungen gerathen, die man aber nicht zu befolgen für gut fand, und auch jetzt vorgeschlagen, die ganze Armee bei Eckartsberga zusammenzuziehen, um entweder eine Hauptschlacht zu wagen, oder sich in Masse an das Elbufer zu begeben. Der Oberbefehlshaber theilte diese Ansicht nicht. Er befahl im Gegentheile, die Heeresabtheilung des Königs sollte sich in der Nähe von Weimar, und jene des Fürsten von Hohenlohe bei Jena aufstellen.

Während dieser Bewegung der Preußen besetzte die französische Armee verschiedene, einem jeden Corps derselben von dem Kaiser besonders angewiesene Puncte. Der Prinz von Ponte Corvo war nach Zeitz gezogen, der Großherzog von Berg bis Pegau vorgedrungen, von wo er den General La Salle nach Leipzig schickte; der Marschall Davoust marschirte gegen Naumburg; der Kaiser nahm sein Hauptquartier in Gera; zunächst um ihn herum befanden sich die Abtheilungen des Marschall Soult und des Marschall Ney; Lannes nahm seine Stellung bei Roda und Jena, und Augereau lagerte zwischen Kahla und Orlamünda. Hinter Schleiz befand sich Hieronymus Bonaparte mit den Baiern und andern Truppen des Rheinbundes.

Durch diese verschiedenen Märsche ward die preußische Armee fast gänzlich eingeschlossen; sie lehnten sich an den Rhein, die Franzosen aber an die Elbe.

Die preußische Armee nahm eine Strecke Landes von ungefähr 6 Meilen ein. Das französische Heer dagegen, oder wenigstens die zum Schlagen bereit gehaltenen Truppen desselben waren auf einem ungleich engeren Raume zusammengedrängt. Die Ausdehnung der preußischen Kampflinie war Veranlassung, daß statt Einer Schlacht deren zwei in einer Stunde und an verschiedenen Puncten geliefert wurden. Bei Jena hatte der Kaiser die von dem Fürsten von Hohenlohe befehligten sächsisch-preußischen Schaaren vor sich, welche das Armeecorps des Generals Rüchel, der eben so wie Hohenlohe unter dem, wenn auch nicht wirklichen, doch namentlichen Befehle des Feldmarschalls Möllendorf stand, schützen sollten. Von Naumburg und Auerstädt her kämpft der Marschall Davoust gegen die Truppen des Königs und des Herzogs von Braunschweig. Die ganze Streitmacht der Preußen belief sich auf zweihundert vier und zwanzig Bataillone Fußvolk und hundert und vier und neunzig Schwadronen Reiter, zusammen mehr als 100,000 Mann Infanterie und 20,000 Mann Cavallerie. Napoleon, der über mehr Menschen zu gebieten hatte, zählte diesesmal weniger Soldaten.

Der Fürst von Hohenlohe, dessen Hauptquartier zu Cappellendorf war, sah mit Recht voraus, daß die französische Armee vor Allem die Straße von Weimar frei zu machen suchen werde. Er nahm daher seine Stellung vor derselben in einer zu Ausbreitung seines Fußvolkes und der Reiterei günstigen Ebene, mit dem Vorsatze, die französischen Heerschaaren, sobald sie es versuchen sollten, diesen Punct zu durchbrechen, gänzlich zu vernichten.

In der That konnte man dies nur auf der Hochebene von Jena bewerkstelligen, indem die Felder beim Landgrafenberg kaum vier Bataillonen eine freie Bewegung gestatteten. Diese Hochebene schien vernachlässigt zu seyn, und dies zwar mit Vorsatz, welches aber in Betreff eines jeden anderen Feindes eine richtigere Berechnung gewesen wäre, als gerade bei einem Manne, der seit mehreren Jahren die Natur zu überwinden gewohnt war.

Am 13ten October besetzte die Vorhut des Marschalls Lannes den Landgrafenberg. Der Kaiser befand sich auch an diesem Orte, mit einem einzigen Blicke hatte er das Feld übersehen, und alle Schwierigkeiten und Vortheile auf einmal erkannt. In der Nacht bahnten die Zimmerleute und einige tausend Soldaten dem Siege des kommenden Morgens den Weg. Hier wurden Straßen ausgebessert und erweitert, dort neue eröffnet. Durch einen Felsen wurde eine Gasse ausgehöhlt und Artillerie und Munitionswagen zogen da vorüber, wo die Preußen nur unzugängliche Engpässe gesehen hatten. Was sie als ein unüberwindliches Hinderniß betrachteten, wurde für Napoleon ein Mittel zum Siege. Das Corps des Marschalls Lannes fand auf der Hochebene Platz, Süchets Abtheilung auf dem rechten Abhang, und der Heerhaufen des Generals Gazan auf der Böschung zur Linken. Auf dem Gipfel des kleinen Berges, welcher, ohnerachtet seiner geringen Breite, in einen langen Rücken sich ausdehnte, nahm die kaiserliche Garde, unter dem Befehle des Marschalls Lefebvre, seine Stellung.

Diese Position des Landgrafenbergs wurde von der linken Seite durch die Schlachthaufen des Marschalls Augereau gedeckt. Die Marschälle Soult und Ney hatten den Befehl, die ganze Nacht hindurch zu marschiren, um in der Schlachtordnung den rechten Flügel einzunehmen. Gleichzeitig sollte der Großherzog von Berg mit seiner aus der Reiterei bestehenden Nachhut bei Jena anlangen. Blos zwei Heeresabtheilungen, die des Marschalls Davoust und des Fürsten von Ponte Corvo, hatten eine andere Bestimmung erhalten.

Am 14ten früh Morgens um 4 Uhr ließ der Kaiser den Marschall Lannes zu sich in sein Zelt rufen, und befahl ihm, die Dörfer Cospoda und Closewitz anzugreifen. Hierauf ritt er durch die Schlachtreihen hindurch und richtete endlich, vor der Fronte seiner Regimenter haltend, folgende, lebhaft auf den Geist der Soldaten wirkende Worte an dieselben: „Die preußische Armee ist unterbrochen, wie es vor einem Jahre die des Generals Mack bei Ulm war. Das Corps, welches sich abschneiden oder sprengen ließe, hätte seine Ehre verwirkt. Streckt dieser so viel besprochenen schönen Reiterei nur tapfer eure Bajonette aus wohlgeschlossenen Vierecken entgegen!" — Vorwärts! zum Angriff! war die Antwort der Soldaten. Ein dichter Nebel deckte beide Armeen; man schritt gleichsam tappend vorwärts.

Die Schützen an der Spitze unserer Colonnen waren dicht an dem Feinde, ehe dieser es noch bemerkt hatte. Gegen 9 Uhr des Morgens, als der Nebel wie ein Vorhang niedersank, erkannten beide Armeen zugleich, daß nur noch die Entfernung eines Kanonenschusses sie von einander trennte.

Der Marschall Soult hatte nur noch die Abtheilung des Generals Saint-Hilaire und seine leichte Reiterei bei sich. Der Marschall Ney wär Anfangs, um desto schneller an dem Kampfe Antheil nehmen zu können, blos mit seinen Grenadieren und leichten Truppen, ungefähr 3000 Mann, herbeigeeilt. Der Kaiser hätte es vorgezogen, ein allgemeines Treffen noch um ein Paar Stunden hinauszuschieben; allein die Streitlust der Soldaten gestattete diesen Verzug nicht. Marschall Lannes hatte mit seiner Abtheilung sehr bald die Dörfer Cospoda und Closewitz genommen, und war in staffelförmiger Haltung vorwärts gedrungen um das Dorf Holstädt zu behaupten, wo einige unserer Bataillone im Feuer standen. Soult nahm einen Wald, den er auf der rechten Seite von Closewitz angegriffen hatte, schnitt eine Colonne unter dem Befehle des Generals Holzendorf von der feindlichen Armee ab, und eilte mit aller ihm zu Gebote stehenden Mannschaft weiter vor.

Als durch die glücklichen Erfolge des Mitteltreffens und des rechten Flügels genug des Raumes zur Ausbreitung der Corps von Soult und Ney, welche noch nicht zugegen waren, erobert worden war, ließ der Kaiser die Nachhut vorrücken. Wenn der Angriff stürmisch genannt werden kann, so war der Widerstand nicht minder stark und hartnäckig. „Man schlug sich auf der einen so wie auf der andern Seite, als wäre man im Zweikampfe begriffen,“ lauteten die Worte des Tagesberichtes.

Die Division Dujardin, von der Heerschaar des Marschalls Augereau, drang über die Landstraße von Weimar vor und warf die Preußen aus dem Dorfe Auerstädt. In dem nämlichen Augenblicke kam das zur Unterstützung des Fürsten von Hohenlohe abgeschickte Corps des Generals Rüchel an, wovon ein Theil bei'm Beginn des Treffens sich noch in der Nähe von Gotha und Eisenach befunden hatte. — Kaum war diese Schaar auf dem Schlachtfelde angelangt, als sie auch schon an der linken Flanke von dem Marschall Soult auf der rechten von zwei Brigaden des Augereau'schen Corps und von der Fronte durch eine Abtheilung des Marschalls Lannes angegriffen ward.

In der Zwischenzeit stürzte sich der Großherzog von Berg, mit der Nachhut der Reiterei von Isserstädt vordringend, auf den Feind und vernichtete nach kurzem Widerstande Alles, was sich ihm entgegenstemmte. In weniger als einer Stunde war das Rüchel'sche Corps völlig aufgelöset, ja sogar fast ganz verschwunden und der General selbst schwer verwundet. Der Fürst von Hohenlohe, welchem die Ankunft dieses Corps von gar keinem Nutzen seyn konnte, sah sich zum Rückzuge genöthigt. In den ersten Stunden wurde dieser noch in der größten Ordnung bewerkstelligt. Doch wurde er bald unordentlich und die Schaaren des Feindes ganz aufgelöset, als der Großherzog von Berg, siegreicher Ueberwinder des ersten Hindernisses, den Dragonern und Cürassieren der Nachhut die Zügel schießen lassen konnte. Die preußische Reiterei, die auf ihren alten Ruhm mit so viel Recht stolz seyn konnte, ward durch diesen unwiderstehlichen Angriff zurückgeworfen. — Umsonst bildete das Fußvolk seine Vierecke. Fünf Bataillone wurden in ihrem Mittelpuncte durchbrochen und gefangen genommen oder in Stücken gehauen. Zahlreiches Feldgeschütz und nahe an zwanzigtausend Gefangene fielen in die Hände der Sieger.

Die Franzosen verfolgten den Feind bis nach Weimar, in welcher Stadt sie zugleich einen feierlichen Einzug hielten. Der größte Haufe der Armee blieb als Feldwacht auf dem Schlachtfelde. Des Kaisers erste Sorge nach dem Siege war, die Wahlstatt zu durchstreifen, wo so viele der Männer lagen, welche seinen Ruhm erhöhen halfen, den Verwundeten Worte des Trostes zuzurufen und für schnellen Verband, Wartung und hülfreiche Pflege zu sorgen. In sein Zelt zurückgekehrt, ließ er Befehle an die verschiedenen Armee-Corps ergehen und traf somit alle Anstalten für den kommenden Tag.

Außer der kaiserlichen Garde hatte Napoleon stets eine bedeutende Anzahl anderer Truppen für außerordentliche Fälle im Rückhalte. Diesmal hatte er nicht nöthig, zu ihnen seine Zuflucht zu nehmen. Mit großem Bedauern blieben diese

Tapfern unthätig bei dem Kampfe. Eifersüchtig schwiegen die alten Soldaten, bis endlich ein lautes „Vorwärts!" aus allen Reihen ertönte, wobei der Kaiser ihre Kampflust nur mit Mühe unterdrücken konnte.

Der Vortheil, den man so eben errungen hatte, war, unerachtet seiner Unermeßlichkeit, nur die Hälfte von dem Glücke dieses Tages. Während Napoleon in eigener Person auf den Feldern von Jena Triumphe feierte, erfocht unfern davon auf andern Fluren die Klugheit seiner Rathschlüsse, verbunden mit der Geschicklichkeit seiner vorzüglichsten Führer, nicht minder glänzende Siege.

Nachdem der Herzog von Braunschweig am 12ten October vernommen hatte, daß ein französisches Corps gegen Naumburg zöge, sah er endlich die Nothwendigkeit ein, diesen wichtigen Punct, wo die Hauptmagazine der Armee sich befanden, zu retten. Er faßte daher den Entschluß, am 13ten mit der Armee des Königs ebenfalls dahin aufzubrechen. Diese Bewegungen wurden in der That ausgeführt; der König verlegte sein Hauptquartier nach Auerstädt und die Heerführer nahmen mit ihren Abtheilungen die ihnen angewiesene Stellung ein. Allein auch dieser Marsch ging mit jener Sorglosigkeit vor sich, die keine Gefahr ahnet und die der Umsicht entbehrt. Am Abende des nämlichen Tages machte die Vorhut des Generals Schmettau, welcher eine jener Abtheilungen befehligte, in einer Entfernung von weniger als zwei Meilen vor den Engpässen bei Kösen Halt, wo es ein Leichtes gewesen wäre, den Franzosen zuvorzukommen. Der Marschall Davoust, der den Auftrag erhalten hatte, sich dieser Pässe zu bemächtigen und sie zu vertheidigen, wenn der Feind nach Naumburg vordränge, ließ sie sogleich durch zwei Bataillone besetzen. Die unermüdete Thätigkeit dieses Marschalls und die Nachlässigkeit des preußischen Generals hatten einen großen Einfluß auf das Schicksal des kommenden Tages.

Man erkennt in den menschlichen Angelegenheiten und hauptsächlich im Kriege vielleicht nicht genug die hohe Wichtigkeit eines wohlbewahrten Geheimnisses. Niemand außer Napoleon und seinen vertrautesten Freunden wußte, daß der 14te October einer entscheidenden Schlacht gewidmet sey. Weder

der Feldmarschall von Möllendorf, Befehlshaber der beiden Armeeabtheilungen des Fürsten von Hohenlohe und des Generals Rüchel, — noch der Fürst von Hohenlohe selbst, welcher Napoleon zunächst stand, ahneten an diesem Tage eine Schlacht. Noch weit weniger aber dachten der König von Preußen und der Herzog von Braunschweig in ihrem Hauptquartiere bei Auerstädt daran. Ja sogar der Marschall Davoust selbst war weit davon entfernt, zu ahnen, daß er vom Schicksal auserkohren sey, in dem Treffen die Hauptrolle zu spielen. Endlich Napoleon, der am meisten wußte, war in gewisser Hinsicht in Unwissenheit befangen, denn er glaubte am folgenden Morgen mit der ganzen vereinigten preußischen Armee seine Kräfte zu messen, indem er keine Ahnung davon hatte, daß ein anderes französisches Corps ganz allein dem Angriffe von funfzigtausend Preußen widerstanden habe, und daß einer seiner Marschälle ihm die Ehre des Sieges hätte streitig machen können, wenn diesem nicht das Verdienst zukäme, die Mittel zum Siege ausgedacht und den Triumph vorbereitet zu haben.

In der Nacht vom 13ten zum 14ten hatte Napoleon aus seinem Zelte, auf der Hochebene von Jena, dem Marschalle Davoust die letzten Befehle zugesendet, welche dieser um drei Uhr des Morgens empfing. In der Ueberzeugung, daß er die ganze preußische Armee auf den Feldern bei Jena vor sich habe, hatte er dem Marschalle aufgetragen, nach Apolda aufzubrechen, um dieser Armee in den Rücken zu fallen, wobei er ihm jedoch die Wahl des Weges überließ, wenn er nur noch zur rechten Zeit in's Treffen käme. Der Befehl lautete ferner: „Befindet sich der Prinz von Ponte Corvo bei Ihnen, so können Sie gemeinschaftlich aufbrechen, der Kaiser aber hofft, daß dies in der Richtung geschehe, welche er ihm zu Dornburg bezeichnet hat."

Der Prinz von Ponte Corvo war so eben in Naumburg angekommen und seine Truppen brachten die Nacht in Feldhütten hinter der Stadt zu. Der Marschall Davoust aber hatte Tags zuvor die Gegend in Augenschein genommen und schlug daher, weil er glaubte, daß er den Feind in großer Anzahl bei der Mündung der Engpässe von Kösen finden werde, dem Fürsten von Ponte Corvo vor, mit seinem Heere denselben Weg einzuschlagen und alsdann den Oberbefehl über beide Corps zu übernehmen. Letzterer folgte der Einladung nicht und versäumte durch diese Weigerung eine Gelegenheit zum Siegen und zur Erwerbung des Ruhmes, die sich ihm während seines Lebens schwerlich zum zweitenmale anbieten dürfte. Davoust ist allein, er wird der Wichtigkeit des Momentes zu genügen wissen. Seine drei, von den Generalen Friant, Morand und Gudin befehligten Divisionen, welche zusammen kaum 26 bis 27,000 Mann, darunter 1009 Mann Reiterei, bildeten, schlagen eine zweimal stärkere Armee, die der Herzog von Braunschweig, der König und seine Brüder anführen und die in ihren Reihen mehr als 12,000 Mann der besten preußischen Reiterei umfaßt. Um sechs Uhr des Morgens hatte sich die Abtheilung des Generals Gudin schon außerhalb der Kösener Engpässe aufgestellt; die beiden übrigen Heerhaufen waren eben bemüht, sich ihr anzuschließen. Ein dichter Nebel wie bei Jena erlaubte den Truppen unbemerkt vorzurücken. Erst bei dem Dorfe Hassenhausen erkannten sich die beiden Parteien. Ein unerwartetes Geschützfeuer, welches der General plötzlich auf die Spitze einer feindlichen Colonne von ungefähr 2000 Mann richten ließ, sprengte dieselbe dergestalt auseinander, daß sie in größter Unordnung zu den ihr folgenden Truppen zurückwich.

Das 25ste Regiment nahm dem Feinde sechs Kanonen weg und besetzte das Dorf Hassenhausen. Doch kaum hatte es darin eine feste Stellung genommen, als es von dem preußischen General von Schmettau mit weit überlegener Kraft angegriffen wurde. Plötzlich verschwand der Nebel und enthüllte den Augen der Franzosen eine Reiterabtheilung, welche den Heerhaufen des Generals Gudin zurückgeworfen und zwischen den Ortschaften Spillberg und Pauscherau glückliche Bewegungen gemacht hatte. Dieser aus ungefähr fünf und zwanzig Schwadronen bestehende Heerhaufen war von dem General Blücher befehligt, den der König von dem Rüchel'schen Heere zurückgerufen und an die Spitze seiner von ihm selbst geführten Vorhut gestellt hatte. Dieser General setzte dem französischen Fußvolke mit großer Lebhaftigkeit und Thatkraft zu;

dieses aber bildete augenblicklich dichte, fast undurchdringliche Vierecke und empfing in dieser Stellung den Feind, ohne daß auch nur ein einziges Bataillon auseinander gesprengt worden wäre. Der Feind verliert sogar bedeutendere Mannschaft und erleidet eine völlige Niederlage, nachdem einige französische Schwadronen von der Seite von Pauscherau her die preußische Reiterei unversehens überfallen, sie zurückwerfen und sie in der größten Unordnung zur schleunigsten Flucht zwingen. Blücher selbst, dem ein Pferd unter dem Leibe erschossen worden war, konnte sich kaum noch mit Hülfe eines Trompeter-Pferdes retten und wurde, beinahe eine Stunde weit vom Schlachtfelde entfernt, von den Fliehenden mit fortgerissen.

Während die Abtheilung des Generals Gudin für sich allein die Angriffe der drei Reiterschaaren, Schmettau, Wartensleben und Prinz von Oranien, aushielt, hatte die Division des Generals Friant, ihm von der rechten Seite zu Hülfe eilend, den Feind von einer Waldhöhe vertrieben, das Dorf Spillberg mit Sturm genommen und auf diese Weise den linken Flügel der preußischen Armee gesprengt.

Ein gleiches Unternehmen, wie das, welches die Preußen auf dem rechten Flügel der Franzosen vergeblich in's Werk zu setzen suchten, nämlich letztern von den Engpässen von Kösen abzuschneiden, wurde von den Generalen Schmettau und Wartensleben mit ihren Leuten auf dem linken Flügel versucht. Dieser von dem Herzoge von Braunschweig in Person geleitete Angriff wurde von der heroischen Thatkraft des unermüdeten Generals Gudin zurückgeschlagen. Die beiden preußischen Reiterabtheilungen wurden sogar mit einem Male ihrer Anführer und selbst des Oberbefehlshabers beraubt. Der Herzog von Braunschweig und der General von Schmettau wurden verwundet und Wartensleben durch einen Sturz vom Pferde außer Thätigkeit gesetzt. Nichts desto weniger sah sich, dieser herrlichen Vertheidigung ungeachtet, Gudin's tapfere Schaar zum Weichen genöthigt, als plötzlich der General Morand mit seinen Leuten herbeieilte, das Dorf Hassenhausen wiederum nahm, die feindliche Schlachtlinie, welche sich diesem Dorfe gegenüber aufgestellt hatte, bedrohte und der fei-

22*

nigen wiederum die Oberhand verschaffte; allein auch seiner harrte eine eben so unerwartete als strenge Waffenprobe.

Morand sieht sich plötzlich von zahlreichen Reiterhaufen umgeben, an deren Spitze sich der Prinz Wilhelm, Bruder des Königs, befand, welcher auf dem linken Flügel der Franzosen das versuchte, was dem General Blücher auf dem rechten mißlungen war. Der Angriff war noch heftiger, aber darum nicht erfolgreicher. Diese schöne Reiterei zerschellte ihre Kraft an der felsenähnlichen Standhaftigkeit der französischen Vierecke. Vom groben Geschütze auseinander gesprengt, von dem anhaltenden Kleingewehrfeuer von allen Seiten angegriffen, sammelte sie sich doch immer wieder und kam mit erneuter Kraft in den Kampf zurück, bis endlich nach ungeheuerem Verluste der Prinz Wilhelm selbst verwundet niederstürzte und durch dies Ereigniß die größte Unordnung entstand; man wich zurück und überließ Andern die Theilnahme an dem Streite.

Von diesem gefährlichen Reiterangriffe befreit, wendet sich jetzt der General Morand gegen das preußische Fußvolk, das kurz vorher durch die Ankunft eines frischen Hülfscorps und eines neuen Oberbefehlshabers, des Feldmarschalls Kalkreuth, unterstützt worden war. In diesem erneuten Streite bemächtigte sich der General Morand der Emsener Mühle, General Gudin nahm Tauschwitz, einen der wichtigsten Posten, während der General Friant, welcher den linken Flügel des Feindes geworfen hatte, das von dem Prinzen Heinrich von Preußen vertheidigte Dorf Poppel mit dem Bajonette erstürmte. Bei diesem Angriffe, der anfänglich mit großer Kraft zurückgedrängt wurde, fiel der wackere Brigade-General von Billy, der einzige Officier höheren Grades, welchen Frankreich in den zwei Schlachten bei Jena und Auerstädt verloren hat.

Man sollte glauben, die preußischen Generale, in ihren Flügeln geschwächt und auseinander getrieben und im Mitteltreffen zurückgedrängt, hätten an den Rückzug von nun an denken müssen. Der König urtheilte anders. Dieser Fürst, der das Schlachtfeld nicht einen Augenblick verlassen hatte, wollte sich — und koste es, was es wolle — nach Naumburg einen Weg bahnen; er stellte daher die beiden Reserve-Abtheilungen von Arnim und Kunheim, welche den Feind glücklich bei Auerstädt umgangen hatten, hinter einen kleinen Bach, der von Poppel nach Rehausen fließt, um durch diese neue Stellung seine zerstreuten Truppen zu sammeln und mit ihnen vereinigt eine Bewegung vorzunehmen, der die Franzosen nur mit Mühe widerstehen könnten. Nach so vielen einzelnen Angriffen und Gefechten sollte hier eine neue Schlacht vorbereitet werden; allein in dem nämlichen Augenblicke, als der Marschall Kalkreuth aufbricht, um sich mit diesen Truppen zu vereinigen, stürzen die Franzosen, durch die wachsende Macht des Feindes zu neuem Muthe entflammt, auf die schwankenden Heerhaufen der Preußen, welche in ihrer unordentlichen Flucht die Nachhut und Alles, was ihnen in den Weg tritt, mit sich fortreißen. Ein großer Theil des schweren Geschützes wird Beute der Franzosen, und jene sehen sich genöthiget, eine Stellung nach der andern aufzugeben und sich bis Eckartsberga zurückzuziehen, wo sie endlich einen unangreifbaren Posten gefunden zu haben glaubten. Doch sie täuschten sich. Die Franzosen würden den Sieg nur als zur Hälfte ihr Eigenthum angesehen haben, wenn sie den geschlagenen Feind auch nur einen Augenblick zu Athem kommen lassen.

Während die Generale Friant und Morand auf die beiden äußersten Flügel der preußischen Schlachtreihe losgingen, drang der Marschall Davoust an der Spitze der Abtheilung Gudin's gegen die Hochebene von Eckartsberga vor. Dem General Petit gelang es, an der Spitze von 400 ausgewählten Männern, ohne einen Flintenschuß zu thun, ungeachtet des mörderischen Gewehrfeuers der Preußen, mit dem General Grandeau-Dabancourt vereinigt, den Feind aus seinem Posten zu vertreiben und eine Batterie von 22 Kanonen zu erstürmen, die er sofort umwendet und gegen die fliehenden Preußen kehrt. Auf dem rechten und linken Flügel herrschte ein gleiches Schicksal. Die geringe Ordnung, welche die preußische Armee noch zu erhalten suchte, verschwand endlich ganz, als sie auf dem Wege nach Weimar nichts als französische Zelte und Wachthütten und darin die Weisung erblickte, daß diese Straße künftig für sie geschlossen sey. Jedes Regiment, jedes einzelne Bataillon sucht sich einen Ausweg zur Flucht. Der König selbst entkam nur mit Mühe an der Spitze eines Regimentes und umgeben von einer Schaar Grenadiere, der augenscheinlichsten Gefahr. Erst spät in der Nacht langte er nach mancherlei Umwegen zu Sömmerda an. Die Reiterei des Generals Vialannes, welche, ihrer geringen Anzahl ungeachtet, während der ganzen Schlacht Wunder der Tapferkeit gethan hatte, verfolgte die Flüchtigen bis drei Stunden vor Eckartsberga. Schon war die fünfte Stunde des Abends hereingebrochen, als der Kanonendonner langsam verhallte. Der Tag war lang, der Kampf anhaltend und die Franzosen des Sieges müde.

Es hatte in der Macht des Fürsten von Ponte Corvo gestanden, den Beschwerden ein Ende zu machen und den Vortheil des Sieges noch zu vergrößern. Mehrere Officiere waren nämlich von dem Marschalle Davoust auf Kundschaft ausgeschickt worden, um sich zu überzeugen, ob die eine oder die andere Abtheilung des ersten Corps nicht bis nach Camburg vorgerückt sey. Der General Dupont war in der That schon frühzeitig da angelangt. Die Hülfe dieser Abtheilung allein hätte schon gegen Mittag das Schicksal der Schlacht entscheiden und den Erfolg um ein Bedeutendes verherrlichen können. Der Prinz von Ponte Corvo, der sich leider öfters von einem wenig ehrenvollen Gefühle von Eifersucht hatte leiten lassen, führte, weder auf die Gefahren, in denen Marschall Davoust sich befand, noch auf seine eigenen Pflichten achtend, den eitlen Vorwand zur Entschuldigung an, er habe sich streng an die Befehle des Kaisers halten müssen. Für diese niedrige, eines französischen Bürgers so unwürdige Handlung [1]) ist er schon dadurch bestraft worden, daß seinem Nebenbuhler und nicht ihm die reichste Ernte des Ruhmes an diesem Tage zufiel. Das ganze Verdienst, welches ihm in Hinsicht der Schlachten von Auerstädt und Jena zufällt, besteht darin, daß er einige in ihrem Marsche verirrte preußische Bataillone anhielt, welche, des Weges und der seitwärts gelieferten Treffen un-

1) In der ersten Aufwallung des Zornes sprach der Kaiser von der Todesstrafe, die der Prinz von Ponte Corvo verdient habe, und wollte ihn erschießen lassen. So gerecht diese Handlung auch gewesen wäre, so hätte Napoleon doch, ohne es zu wollen, eine Dynastie getödtet. —

kundig, gleichsam aus Zufall mitten unter seine Heerabtheilung gerathen waren.

Durch diese etwas umständliche Schilderung der Schlacht von Auerstädt habe ich der Gerechtigkeit und Wahrheit eine Schuld abzahlen wollen. Der Marschall Davoust hatte sich in der Schlacht so ausgezeichnet und so manchen Vortheil errungen, daß der Kaiser Anfangs kaum daran glauben wollte. Nur einige Zeilen seiner Tagesberichte waren der Schlacht von Auerstädt gewidmet. Allein sie sagten nichts desto weniger: „Der Marschall Davoust habe Wunder der Tapferkeit verrichtet, und habe eine große Stärke und Festigkeit des Charakters — die erste Tugend eines guten Kriegers — gezeigt.“ Der Kaiser lobte ebenfalls das schöne Benehmen der Generale Friant, Morand, Gudin und ihrer unerschrockenen Soldaten. Allein das Lob war viel zu schwach für die Größe des geleisteten Dienstes. Es ist jetzt mehr als zu gewiß, daß ihm damals die Berichte des Marschalls Davoust übertrieben erschienen sind. Das dadurch begangene Unrecht kann zwar für den ersten Tag entschuldigt werden, allein kaum verzeihlich ist es, daß jene Bekanntmachung in den folgenden Armeebefehlen nicht mit aller Anerkennung des Geschehenen berichtiget worden ist. Entbrannt von dem ehrgeizigen Wunsche, jeden fremden Ruhm durch den seinigen überstrahlt zu sehen, und gewohnt, sich selbst als die Sonne aller Großthaten zu betrachten, hatte Napoleon nicht Selbstverläugnung genug, das zurückzugeben, was er sich einmal angeeignet hatte, und somit den Marschall Davoust in den rechtmäßigen Besitz seiner Lorbeeren wieder einzusetzen. Und dennoch gehört Undank nicht zu seinen Fehlern. Auch bei dieser Gelegenheit sehen wir, wenn wir von dem Tagesbefehle wegblicken, seine Hand zur großmüthigen Erkenntlichkeit geöffnet.

Es war unvermeidlich, daß der Marschall Davoust nach einem so schwer errungenen Triumphe einen bedeutenden Verlust an Mannschaft erleiden mußte, zumal da die Streitkräfte des Feindes die seinigen weit übertroffen hatten. Dieser Verlust wird auf 7—8000 Mann angegeben. Bei der von dem Kaiser selbst angeführten Heeresabtheilung sind nicht mehr als 3—4000 Krieger außer Thätigkeit gesetzt worden. Den Verlust der Preußen geben selbst teutsche Schriftsteller auf 50,00 Mann Verwundete, Gefangene und Todte an.

Ohne uns in eine für die besiegte Armee beleidigend Vergleichung einzulassen, noch weniger aber um ihren Ruh schmälern zu wollen, erlauben wir uns, auf den augenschein lichen Unterschied aufmerksam zu machen, der zwischen eine kriegsgewohnten und mit jedem Tage neuen Schlachten entge genziehenden Armee, und einem allem Kriege entfremdete Heere stattfindet. So waren bei Jena fünf Vierecke de preußischen Fußvolkes durch die französische Reiterei zersprengt worden.

Denselben Triumph trugen Frankreichs Krieger bei Auer städt davon, und der gesammten preußischen Reiterei gelan es nicht, auch nur ein einziges Viereck derselben zu durchbre chen. Von nun an konnte Napoleon mit Recht sagen: „S wie unser Fußvolk unerreichbar ist, so kommt auch unsere Reiterei keine andere gleich!"

Da der entscheidende Wurf in dieser Kriegs-Epoche ge than und gelungen ist, so werde ich, die nähere Beschreibung vermeidend, künftighin nur die Ergebnisse desselben mit leich ten Zügen darzustellen versuchen.

Bibliothek

der wichtigsten neuern

Geschichtswerke des Auslandes,

in Uebersetzungen

von

einer Gesellschaft teutscher Gelehrten;

unter Redaction

von

Karl Heinrich Ludwig Pölitz,

Königl. Sächs. Hofrathe, Ritter des K. S. Civil-Verdienstordens und ordentlichem Lehrer der Staatswissenschaften an der Universität zu Leipzig.

Eilfter Theil:

Bignon's

Geschichte von Frankreich.

Sechster Band.

Leipzig, 1831.
Hartleben's Verlags-Expedition.

Bignon's

Geschichte von Frankreich,

vom

achtzehnten Brûmaire (November 1799)

bis

zum Frieden von Tilsit (Julius 1807).

Uebersetzt

durch

Heinrich Hase,

Königl. Sächs. Hofrath und Aufseher der Königl. Antiken-Sammlung und des Münz-Cabinets zu Dresden.

Sechster Band.

Leipzig, 1831.

Hartleben's Verlags-Expedition.

Inhalt.

Fünf und sechszigstes Capitel.

Staatsverhandlungen und Krieg.

Sechs und sechszigstes Capitel.

Auswärtige und inländische Angelegenheiten.

Sieben und sechszigstes Capitel.
Auswärtige Verhältnisse.

Acht und sechszigstes Capitel.
Verhältnisse zum Auslande.

Siebenzigstes Capitel.

Innere und äußere Angelegenheiten.

Ein und siebenzigstes Capitel.

Kriegsereignisse.

Zwei und siebenzigstes Capitel.

Friedens- und Bündnißabschlüsse.

Drei und siebenzigstes Capitel.

Prüfung der Verträge von Tilsit.

Vier und siebenzigstes Capitel.

Innere und auswärtige Staatsverhältnisse.

Fünf und sechszigstes Capitel.

Staatsverhandlungen und Krieg.

Antrag eines Waffenstillstandes durch den König von Preußen. — Napoleon schlägt ihn ab. — Aufruf Napoleons an das sächsische Volk. — Entlassung der sächsischen Gefangenen. — Unbedachtsamkeit der preußischen Regierung. — Erfurt ergiebt sich. — Verfolgung der Preußen durch die Franzosen. — Niederlage des preußischen Nachhülfsheeres bei Halle. — Dem Marschall Davoust wird die Ehre zu Theil, zuerst in Berlin einzurücken. — Napoleon bei Friedrich des Großen Grabe in Potsdam. — Spandau ergiebt sich. — Napoleons Einzug in Berlin. — Verhaftung und Befreiung des Fürsten von Hatzfeld. — Napoleons Rücksichten gegen die königliche Familie. — Mehr als strenge Worte Napoleons über den preußischen Hof. — Beweise der Anerkennung für das Davoust'sche Corps. — Aufruf des Kaisers an sein Heer. — Kriegsunternehmen. — Der Fürst Hohenlohe ergiebt sich in Prenzlau. — Prinz August Ferdinand wird zum Gefangenen gemacht. — Stettin ergiebt sich. — Verfolgung des Blücherschen Corps durch den Fürsten von Ponte Corvo. — Blüchers Angriff auf Lübeck. — Blücher ergiebt sich in Ratkau. — Die Vesten Hameln und Nienburg ergeben sich. — Czenstochau wird genommen. — Einzug des französischen Heeres in Polen. — Thätigkeit in Napoleons politischem Leben. — Strenge des Kaisers gegen den Herzog von Braunschweig. — Frankreichs Beschwerden über den Churfürsten von Hessen. — Versuch einer Unterhandlung mit diesem Fürsten. — Besitznahme der Staaten des Fürsten von Oranien-Fulda. — Besitznahme von Mecklenburg-Schwerin. — Wohlwollendes Verfahren des Kaisers gegen den Churfürsten von Sachsen. — Wie verschieden das Volk über den Churfürsten von Sachsen und den Churfürsten von Hessen urtheilt. — Friedensvertrag mit Sachsen. — Merkwürdiger Artikel in diesem Vertrage. — Beitritt mehrerer Fürsten zum Rheinbunde. — Unterhandlung mit Preußen. — Bedingungen, die der Kaiser anträgt. — Lucchesini's unkluge Verweigerung, diese Bedingungen anzunehmen. — Erkaltung des Kaisers gegen einen Friedensabschluß. — Unpassende Bemerkung des Marchese Lucchesini. — Napoleons Gründe gegen einen theilweisen Frieden mit

Fünf und sechzigstes Capitel. (1806.)

Preußen. — Abschluß eines Waffenstillstandes. — Bedingungen desselben. — Der König verweigert seine Genehmigung. — Anordnung einer französischen Verwaltung für die eroberten Länder. — Die preußischen Behörden leisten Napoleon den Eid. — Außerordentliche Kriegssteuern. — Napoleon ahmt frühere Beispiele nach, z. B. eine östreichische, 1793 in Condé niedergesetzte Junta. — Napoleons Worte an den türkischen Minister in Berlin.

Als der König von Preußen vom Schlachtfelde von Auerstädt floh, rechnete er wenigstens auf einen Sieg seiner beiden andern Heere. Noch unterwegs erreichte ihn die Nachricht von ihrer gemeinschaftlichen Niederlage. Dieses Unglück müßte jede Vorstellung überstiegen haben, wenn man im Voraus die möglichen Folgen sich hätte sagen können. Wie unberechenbar groß mußte es dort seyn, wo seine Möglichkeit nicht zugegeben worden war! Wenige Stunden vor dieser grausamen Entwickelung träumte die Königin in Weimar noch von fabelhaften Dingen, und nur mit Mühe hatte man sie zur Abreise bewogen. In Sömmerda las der König Napoleons Brief, den er beim Anfang der Schlacht erhalten, noch einmal. Er antwortete eiligst und schlug einen Waffenstillstand vor. Diese Antwort ward an den Kaiser durch Hrn. von Dönhof, einen der Adjutanten des Königs, überbracht. Sollte der Kaiser diesen Antrag wohl annehmen? Ohne uns bei dem Theile der Frage aufzuhalten, der den Soldaten angeht und keinem Zweifel erliegt, konnte er es auch als Staatsmann nicht. Wäre Preußen durch ihn vor seinem Falle geschützt worden, so möchte es ein eben so schlechter Verbündeter für Frankreich gewesen seyn, als es vor dieser Demüthigung war. Uebrigens schritt hinter Preußen Rußland her; und in Rußland bekämpfte Napoleon England. Eine Eroberung wär' ihm doch immer entgangen, die er verdammt ist, überall zu verfolgen, die Eroberung des Friedens zur See. Forderte er ihn selbst in Uebereinstimmung mit Rußland, er würde ihn nicht erhalten. Wie konnte er bei Jena stehen bleiben? Der Antrag des Königs von Preußen wurde nicht angenommen.

Der Kaiser verband stets mit den Erfolgen des Krieges die Erfolge der Staatskunst. Unter den Gefangenen von Jena befanden sich sechstausend sächsische Soldaten und zwei- bis dreihundert Officiere. Stets hatte er mit der größten Hochschätzung von dem weisen Fürsten gesprochen, der Sachsen regierte, und außerdem gern daran erinnert, daß seit zweihundert Jahren dieses Land unter Frankreichs Schutze gestanden habe. Wenige Tage vorher hatte er an das sächsische Volk einen Aufruf ergehen lassen, worin er verkündigte, er komme, sie der Schande zu entziehen, eine preußische Provinz zu werden. „Morgen", hieß es darin, „würden die Preußen die Lausitz [1]) fordern, übermorgen die Elbufer. Doch, was sag' ich? Haben sie nicht Alles in Allem gefordert, indem sie euern Fürsten zwangen, eine Oberhoheit anzuerkennen, die auf der Stelle sich fühlbar machte und euch aus dem Range der Nationen ausstreichen sollte?"

Die Handlungen des Kaisers waren mit seinen Worten einstimmig. Er schickte sächsische Officiere und Soldaten unter der einzigen Bedingung zu ihrem Fürsten zurück, nicht wieder gegen französische Heere zu dienen. Seine Großmuth war nicht verschwendet. Der Churfürst erhielt gleich Anfangs die Begünstigung, neutral bleiben zu dürfen, und trat bald darauf mit einem Feinde in ein Bündniß, der für ihn ein Befreier gewesen war.

In gewöhnlichen Kriegen war bis jetzt eine verlorene Schlacht nur ein erster Unfall gewesen, der nicht hinderte, dem Feinde den Boden noch streitig zu machen, die festen Plätze ungerechnet, welche der Sieger belagern mußte. In Preußen war die ganze Monarchie auf einen Würfel gesetzt worden. Es bewährte sich so sehr, daß dieses nur ein Krieg der Leidenschaft, ein durch Frauen angeregter Krieg war, daß die Männer die Vorkehrungen der gewöhnlichsten Klugheit dabei vergessen hatten. Es gab keine Maaßregel, um im Falle einer Niederlage das Heer wieder zu vereinigen; das Aushülfsheer war in Halle, statt in der Nähe zu seyn, um diese Sammlung zu begünstigen. Und in Halle ward es in einem einzelnen Gefechte geschlagen. Keine Sicherungsmaaßregel für die

1) Der unglückliche Wiener Congreß von 1815 hat dargethan, daß Napoleon Preußen richtig beurtheilte.

festen Plätze war getroffen, man hatte nicht einmal daran gedacht, Leute hinzusetzen, die Lust gehabt hätten, sich darin zu vertheidigen. Deshalb diese Reihe von Unterwerfungen, sowohl von Kriegsplätzen als von Armeeabtheilungen im freien Felde. Noch kommende Jahrhunderte werden diese Reihe nicht begreifen können.

Schon der Tag nach der Schlacht beleuchtete die erste dieser Unterwerfungen. Seit dem 15ten Mittags hatte der Großherzog von Berg Erfurt eingeschlossen. Dieser reichlich mit Lebensmitteln und Kriegsbedarf versehene Platz, der außerdem einen großen Geschützpark enthielt, möchte schwerlich eine lange Vertheidigung durch die Ueberfüllung und Verwirrung, welche die Flüchtlinge mit sich brachten, bestanden haben. Aber er leistete auch gar keinen Widerstand. An demselben Tage Abends 11 Uhr war die Uebergabe unterzeichnet. Die Besatzung streckte die Waffen und blieb kriegsgefangen, die Officiere wurden auf Ehrenwort heimgeschickt. Unter den vierzehn- bis funfzehntausend Mann, die darin waren, gab es sechstausend Verwundete. Unter den Gefangenen war Feldmarschall Möllendorf, durch Wunden dort zurückgehalten, der Prinz von Oranien, General-Lieutenant Grawert und zwei General-Majore.

An demselben 15ten nahmen die flüchtigen Corps, von den Franzosen gedrängt, als ein Rettungsmittel den vom Könige bei'm Kaiser verlangten Waffenstillstand in Anspruch: „Was verlangen Sie von uns?“ sagte Marschall Kalkreuth zum Marschall Soult, den er hatte bitten lassen, sich auf den Außenwachen einzufinden. „Alle unsere Generale sind gefallen oder verwundet; Ihre Erfolge groß genug. Der König hat vom Kaiser eine Waffenruhe verlangt, er muß sie nothwendig zugestehen.“ — „Der Kaiser“, antwortete der französische General, „wird keinen solchen Fehler mehr begehen. Nach der Schlacht von Austerlitz gestand er dem russischen Heere einen Waffenstillstand zu, und heute ist dieses selbe Heer gegen uns unterwegs.“ So schied man. Soult griff das Corps des Marschalls Kalkreuth bei Greußen an, vertrieb es aus dieser Stadt, erreichte es auf's Neue in Nordhausen, wo er es wieder vertrieb, indem er ihm Kanonen und ein Paar hundert Mann abnahm. Der Rest dieses Corps entkam nur dadurch, daß er sich in die Berge des Harzes warf.

Weniger redlich als der Marschall Kalkreuth hatte General Blücher, der auf seiner Flucht mit fünf bis sechs Pferden in Weißensee eine französische Dragonerbrigade angetroffen hatte, dem französischen General Klein ohne Bedenken versichert, daß ein sechswöchentlicher Waffenstillstand abgeschlossen sey, und hatte es durch sein Ehrenwort bekräftigt. Der französische General gestattete ihm daher freien Durchzug. An das Ehrenwort des Feindes zu glauben, kann ein Fehler seyn, aber wie sehr zu beklagen ist der, für den ein falscher Eid ein Mittel des Heils wird! In den Revolutionsfeldzügen haben östreichische Generale oftmals zu dieser sonderbaren Kriegslist ihre Zuflucht genommen; französische Generale niemals.

Wann es geschlagen ist; ist ein Heer sonst nicht vernichtet. Man konnte voraussehen, daß das preußische Heer sich unter Magdeburg sammeln würde, denn diesen Platz hatte der König als allgemeinen Vereinigungspunct angewiesen. Aber diese Sammlung hatte nicht statt. Nur die Gegenwart des Souveräns hätte sie bewirken können. Dieser Fürst folgte aber anderm Rathe. Er überließ dem Fürsten Hohenlohe den Oberbefehl über die Truppen, welche bei Jena gefochten hatten, erklärte, daß er gesonnen sey, Potsdam und Berlin zu decken und sich, wenn dies nicht gelänge, hinter die Oder zurückzuziehen, um seinen letzten Aushülfstruppen entgegenzugehen. Dieser Entschluß mußte die Auflösung des Heeres nur vollenden.

Der Kaiser hatte mehreren Heeresabtheilungen zwei Tage Ruhe gegönnt, ungeachtet seines Wunsches, dem Feinde keine Zeit zur Erholung zu lassen. Drei Abtheilungen, die des Marschall Soult, die des Prinzen von Ponte Corvo und die Reiterei des Großherzogs von Berg, hatten die Preußen unaufhörlich auf den nach Magdeburg führenden Straßen gedrängt. Am 19ten traf Marschall Soult beinahe gleichzeitig mit der feindlichen Nachhut vor diesem Platze ein.

Dem Prinzen von Ponte Corvo dauerte es zu lange, den Antheil am Ruhme sich zuzueignen, der ihm dadurch entgangen war, daß er an den Schlachten von Auerstädt und Jena nicht Theil genommen. Er traf am 16ten October in Querfurt ein und brach um 2 Uhr des Morgens von dort auf, um gegen Halle zu gehen, wo sich die preußische Aushülfe unter dem Befehle des Prinzen Eugen von Würtemberg befand. Dieser Platz, zum Theil von der Saale und an einigen Stellen durch Sümpfe und Teiche gedeckt, wurde an mehrern Stellen zu gleicher Zeit angegriffen, mit einer Heftigkeit, die über alle Hindernisse siegte. Die Divisionen der Generale Düpont und Drouet wetteiferten besonders in Kühnheit und Unerschrockenheit. Das ganze preußische Regiment Treskow wurde vom General Drouet zu Gefangenen gemacht. In den Händen der Franzosen blieben fünftausend Gefangene, fünf und dreißig Kanonen und bedeutende Lebensmittelvorräthe.

Nach zweitägiger Rast, die seinem Armeecorps so noth that, hatte sich Marschall Davouſt nach Leipzig gewandt, wo er den 18ten eintraf. Ein Befehl des Kaisers, der aussprach, daß diese Stadt, als eine Hauptniederlage der englischen Waaren auf dem Festlande, eine gefährliche Feindin Frankreichs sey, ordnete die Wegnahme aller dieser Waaren an. Am nächsten Tage ging der Marschall nach Wittenberg vorwärts, und da er zeitig genug dort eingetroffen war (am 20sten), um sich der Brücke zu bemächtigen, wo der Feind eben Feuer angelegt hatte, so begab er sich mit seinen drei Divisionen auf das rechte Elbufer.

Zwei Tage später folgte der Marschall Lannes, dem Augereau in einem halben Tagemarsche nachging, setzte bei Coswig über die Elbe, so wie der Prinz von Ponte Corvo bei Barby [1]).

Von diesem Augenblicke an marschirten die drei Corps der Marschälle Davoust, Lannes und Augereau, des Großherzogs von Berg und die kaiserlichen Garden, unter dem Be-

1) Der Prinz von Ponte Corvo hatte Befehl gehabt, den 21sten darüber zu gehen. Wegen dieser Verzögerung um einen Tag machte ihm der Kaiser, ungeachtet seines Erfolges bei Halle, seine Unthätigkeit in den Schlachten von Jena und Auerstädt zum Vorwurfe.

fehle der Marschälle Lefèvre und Bessieres, auf den zwei nach dieser Hauptstadt führenden Straßen gegen Berlin los.

Ein Tagesbefehl machte bekannt, daß der Kaiser, um dem dritten Corps (dem Corps des Marschalls Davoust) seine Zufriedenheit durch die für Franzosen erfreulichste Belohnung zu beweisen, befohlen habe, daß dieses Corps am 25sten October als das erste in Berlin einziehen solle.

Zehn Tage nach der einzigen bis jetzt gelieferten Schlacht sah Berlin die französische Heerabtheilung, welche das Hauptheer unter des Königs und des Herzogs von Braunschweig Anführung geschlagen hatte, in seine Mauern einrücken. Der Letztere lag im Sterben; der Erstere war jenseits der Oder.

Napoleons Reisetagebuch sah so aus: Von Weimar, wo er drei Tage geblieben war, hatte er sein Hauptquartier den 18ten nach Naumburg verlegt; den 19ten nach Halle, den 21sten nach Dessau [1]), den 23sten nach Wittenberg, aus dem er den Hauptversorgungspunct für sein Heer machte, und den 25sten nach Potsdam, wo er fast gleichzeitig mit dem Marschall Lannes eintraf.

Ein so thätiges Leben, wie der Kaiser führte, mußte zu sonderbaren Erinnerungen Anlaß geben. Er selbst war der Erste, wie man weiß, der sie auffaßte. So ermangelte er nicht, darauf aufmerksam zu machen [2]), daß an demselben Tage des vorigen Jahres der Kaiser Alexander in Potsdam eingetroffen war, der Preußen auf falsche Wege geleitet, und endlich, aber unter ganz andern Vorzeichen, das Haupt der französischen Regierung an Friedrichs II. Grab geführt hatte.

1) Der regierende Herzog von Anhalt-Dessau verbarg, bei aller Achtung vor dem Sieger von Jena, auch nach dem neuen Unglück des preußischen Hauses die alte Freundschaft nicht, die ihn mit diesem Hause verband. Sein Sohn, den er dem Kaiser an die Gränze seines kleinen Landes entgegenschickte, trug, weil er im preußischen Heere gedient hatte, preußische Uniform; er selbst den schwarzen Adlerorden, als er den Kaiser empfing. „Napoleon", sagt Marchese Lucchesini, „hatte durch Schmeichelei und Glück noch nicht die Anerkennung braver Handlungen verloren, und war weit davon entfernt, durch des Fürsten von Dessau edle Haltung verletzt zu werden." Im Gegentheile schätzte er ihn nur um so höher.

2) Siebenzehnter Armeebericht.

Alles war in den Schlössern von Potsdam und Sanssouci auf demselben Fuße, als ob der König von Preußen dort erwartet würde. Der Mann, der eben die Säule von Roßbach umgeworfen hatte, war mehr als jeder Andere im Stande, den würdig zu schätzen, der sie errichtet hatte. Dem Kaiser war es die erste Pflicht, die Gruft zu besuchen, wo in einem schmucklosen Sarge von Cedernholz Friedrichs Asche ruht. Bei'm Anblicke der edelsten Beute, die er noch erworben, — dem Degen des Königs, seinem schwarzen Adlerordensbande, den Fahnen seiner Garde während des siebenjährigen Krieges, und seiner Feldbinde — hatte er wenigstens den glücklichen Gedanken, ihnen die einzige Bestimmung zuzuweisen, die ihre Wegnahme entschuldigen konnte. „Ich schenke sie", sagte er, „dem Invalidenhause zu Paris. Die alten Krieger aus dem hannöverschen Feldzuge werden mit heiliger Achtung Alles entgegennehmen, was an einen der ersten Feldherren, deren die Geschichte gedenkt, erinnert.

Am 25sten October, in dem Augenblicke, wo Marschall Davoust in Berlin einzog, schloß Marschall Lannes die Veste Spandau ein und forderte den Befehlshaber auf, sich zu ergeben. Da die erste Weigerung einige Drohungen eines Angriffs herbeigeführt hatte, ergab sich der Befehlshaber auf die zweite Aufforderung. Die Besatzung von zwölfhundert Mann wurde kriegsgefangen. Die Officiere durften nach Hause zurückkehren und ihre Sachen mitnehmen [1]).

1) Gleich nach der Schlacht von Jena zum Kaiser gerufen, traf ich in Potsdam gerade in dem Augenblicke ein, wo er die Uebergabe von Spandau erfuhr. Er befahl mir augenblicklich, mich dahin zu begeben, weil sich, wie man behauptete, dort Gefangene wegen politischer Meinungen befänden. Man nannte namentlich den Obristlieutenant von Bülow, der wegen eines Buchs über den Feldzug von 1805 gefangen säße. Ich besuchte die Gefängnisse und ließ mir die Verhafteten vorstellen. Ich frug die Gefangenen selbst. Wegen Staatsverbrechen war keiner darunter. Aber dieser Auftrag machte mich zum Zeugen eines Auftrittes, der die gewissenlosen Capitulationen der preußischen Festungsbefehlshaber erklärt. Major von Beneckendorf (Benkendorf?), der die Festung, ohne sich nur einen Tag lang zu vertheidigen, übergeben hatte, stritt sich mit einem französischen Officier lebhaft um Hühner und Gänse eines Hühnerhofes, von denen er behauptete, sie wären unter den Gegenständen begriffen, welche die Uebergabsurkunde mitzunehmen erlaube.

Von Potsdam ging der Kaiser, am 26sten, zur Besichtigung Spandau's und begab sich Abends nach Charlottenburg. Am 27sten hielt er seinen feierlichen Einzug in Berlin, empfing am Thore die Huldigungen des Stadtrathes und stieg im alten Schlosse ab, in dieser Beziehung weniger großmüthig gegen den König von Preußen, als er gegen den Kaiser von Oestreich gewesen war, dessen Hauptstadt zu bewohnen er vermieden hatte. Das Schloß von Charlottenburg hätte ihm dieselben Vortheile wie das von Schönbrunn geboten.

Die ersten Worte Napoleons zu Berlin waren eben so wenig Aeußerungen des Wohlwollens, wie in Oestreich. Als er an der Spitze der Abgesandten aus den Einwohnern den Fürsten Hatzfeld erblickte, der seit der Flucht des Königes die Geschäfte eines Civilbefehlshabers von Berlin verrichtete, sagte er zu ihm: „Ich brauche Ihre Dienste nicht, gehen Sie auf Ihre Güter." Die französischen Vorposten hatten einen geheimen Briefwechsel dieses Fürsten mit den preußischen Heeren aufgefangen. Doch darauf beschränkte sich des Kaisers Zorn nicht. In seiner Erbitterung gegen die Kriegspartei mochte er glauben, daß ein Beispiel der Strenge seiner Staatsweisheit zuträglich seyn würde. Der Fürst von Hatzfeld ward verhaftet, um einem Kriegsgerichte übergeben zu werden. Auf diese Nachricht eilt die Fürstin Hatzfeld in Verzweiflung zum Kaiser, um Gnade für ihren Gemahl zu erflehen. Die Thränen, das Flehen einer an sich interessanten jungen Frau, die obendrein bis zu einem sehr vorgerückten Grade schwanger war, fanden ihn nicht unempfindlich: „Sie kennen", sagte er zu ihr, „die Handschrift Ihres Mannes", und dabei übergab er ihr den Brief; „werfen Sie ihn in's Feuer, so ist nichts mehr übrig, was ihn anklagt." Durch dieses Verfahren gab er der unglücklichen Fürstin das Leben wieder und erwarb sich an Fürst Hatzfeld und seiner Familie Dankbare [1]), die stets sich gleich geblieben sind.

1) Um das Verdienst dieser Handlung der Gnade dem Kaiser zu nehmen, haben einige Zeitschriftsteller behaupten wollen, die aufgefangenen Briefe des Fürsten Hatzfeld wären früher geschrieben gewesen, als er Civilbefehlshaber geworden. Diese Erklärung reicht jedoch nicht aus.

An dem Tage nach seinem Einzuge stattete der Kaiser einen Besuch bei der Wittwe des berühmten Prinzen Heinrich und dem alten Prinzen Ferdinand, dem letzten Bruder Friedrichs II., dem Vater des bei Saalfeld gebliebenen Prinzen Louis Ferdinand, ab. Er empfahl die zartesten Aufmerksamkeiten für die Prinzessin Auguste, Schwester des Königs, Erbprinzessin von Hessen-Cassel, die nach ihren neuerlichen Wochen im Schlosse zu Berlin geblieben war, und ließ Monatsgelder für den Unterhalt des Hauses dieser Fürstin anweisen. Durch diese Beweise von Aufmerksamkeit gegen Personen, die er als dem Kriege fremd ansah, schien er absichtlich die Heftigkeit seiner Ausfälle gegen die Königin und die Partei, deren Frankreich feindliche Leidenschaften sie unterstützt hatte, decken zu wollen. Wie arg nun auch das Unrecht seyn mochte, die Rache war grausam.

In der ersten Versammlung, wo der Kaiser das diplomatische Corps und die ersten Personen des Landes empfing, machte er einen Unterschied zwischen den friedlichen Bürgern Berlins und der Schloßpartei, die sie beherrscht hatte, er erinnerte an die Beleidigungen gegen den König selbst, in der Person seiner Minister, die sich Garde-Officiere erlaubt hatten, und sagte dabei das mit Recht heut' mißbilligte Wort: „Diesen Hofadel will ich so klein machen, daß er sein Brod betteln muß.“ In derselben Audienz wandte er sich an den Grafen Neale: „Wohlan, mein Herr, Ihre Weiber haben den Krieg gewollt; das ist dabei herausgekommen.“ Man hatte einen Brief seiner Tochter an die Marquisin Lucchesini aufgefangen, worin sie sagte: „Napoleon will den Krieg nicht; deshalb muß man ihn anfangen.“ [1])

Schon seit mehrern Tagen hatte der Fürst sein Amt angetreten. Uebrigens sah ich während der Besetzung Preußens und dann in einem andern Lande den Fürsten Hatzfeld, den ich bei meinem ersten Aufenthalte in Berlin fortwährend gekannt hatte, und ich kann die Redlichkeit seiner tiefsten Erkenntlichkeit gegen den Kaiser bezeugen.

1) Dieser Zug war unter tausend andern in des Kaisers Gedächtnisse geblieben, weil Hr. v. Neale, der während des Consulats in Paris war, mit seiner Tochter von Madame Buonaparte mit ausgezeichnetem Wohlwollen war aufgenommen worden. Dieses Fräulein war übrigens

Die Reiterei hat mit dem Fußvolk und dem Geschützdienste gewetteifert. Ich weiß nicht, welcher Waffe ich den Vorzug zugestehen soll; ihr seyd Alle gute Soldaten. Das sind die Erfolge unserer Arbeiten.

„Eine der ersten Kriegsmächte Europa's, die uns noch vor Kurzem eine schmähliche Unterwerfung vorzuschlagen wagte, ist vernichtet. Die Wälder und Engpässe Frankens, der Saale und Elbe, die unsere Väter in sieben Jahren nicht überschritten hätten, wir sind in sieben Tagen hinübergekommen, und in dieser Zwischenzeit haben wir vier Gefechte und eine große Schlacht geliefert. Wir haben sechszigtausend Gefangene gemacht, fünf und funfzig Fahnen genommen, unter ihnen die Fahnen der Leibwache des preußischen Königs, sechshundert Kanonen, drei Festungen, mehr als zwanzig Generale. Und doch beklagt sich mehr als die Hälfte von euch, daß sie keine Flinte losgeschossen hat .... Soldaten, die Russen rühmen sich, uns entgegenzukommen; wir wollen ihnen den halben Weg ersparen; in Preußens Mitte sollen sie Austerlitz wiederfinden .... Wir wollen nicht mehr die Spielzeuge eines heimtückischen Friedens seyn, und nicht früher wollen wir die Waffen niederlegen, als bis wir England, den ewigen Feind unseres Volkes, genöthigt haben, auf eine Störung der Ruhe des Festlandes und auf die Tyrannei über die Meere zu verzichten."

Von Berlin aus hatte der Kaiser Befehle an seine verschiedenen Heerabtheilungen gesandt, um ihre ferneren Märsche zu ordnen. Weil Marschall Soult zu sehr gelegener Zeit diesen Befehlen zuvorgekommen war, gab er ihm unbedingte Vollmacht. Das Corps dieses Marschalls und das Ney'sche hatten die Beunruhigung Magdeburgs übernommen, als man am 24sten October vernahm, daß der Herzog von Weimar, der in falscher Richtung entsandt war, an der Spitze von achtzehntausend Mann zurückkam, den einzigen Truppen, die noch nicht gefochten hatten, und über die Elbe zu gehen suchte. Auf Marschall Ney's Erklärung, daß sein Corps mehr als hinreichend sey zur Belagerung Magdeburgs, war Soult nach Tangermünde gegangen; doch hatte er nur einen Theil der feindlichen Nachhut erreichen können. Nachdem er die Truppen unter seinem Befehle auf das rechte Elbufer gefül ließ der Herzog von Weimar die Truppen unter dem des Generals von Winning und ging mit des Kaiser leon Einwilligung nach seinem Herzogthume zurück. Winning vereinigte sich wenige Tage nachher mit Blücher. Soult, der Prinz von Ponte Corvo und b herzog von Berg setzten auf verschiedenen Straßen de schen Truppen, so viel deren noch zwischen Elbe u waren, nach.

Eine preußische Heersäule von der Abtheilung sten von Hohenlohe, unter dem Befehle des General melpfennig, wurde am 26sten October durch Gener bei Zehdenik angegriffen, verlor dreihundert Mann Schlachtfelde und ließ siebenhundert Gefangene mit ih den zurück. Die Mehrzahl dieser Gefangenen gehö Regimente der Königin.

Auf diese Nachricht hatte der Fürst Hohenlohe, gen, seine Richtung zu ändern, seinen verschiedenen Befehl gegeben, sich bei Prenzlau zu vereinigen, von er Stettin zu erreichen hoffte. Er war vom Großhe Berg errathen worden, der sich nach demselben Punct

General Milhaud, vom Großherzoge nach B abgesandt, fand eine feindliche Reitereiabtheilung in d Wiegendorf. Er ließ sie auf der Stelle angreifen un sie nach einem See. Fünfhundert Mann ergaben si waren Gensd'armen von der Garde, von einem Cor Officiere den Krieg am lautesten gefordert hatten. sie auf dem Schloßplatze in Berlin sah, war das d meine Volk, das sich ihres Uebermuthes erinnerte, ihrer Noth nicht eben nachsichtig [1]).

1) Das Volk, das von seiner eingebildeten Höhe ge hielt sich in seinem Schmerze an Jedermann, den es anklag Schmähliche Gerüchte beschuldigten die ersten Staatsbeamten. ganz besonders, das Heer war der Gegenstand der Verwünsc Die Officiere waren Feiglinge gewesen ... Die Verzweiflu ungerecht und grausam.

Denkschriften des Hrn. Lombard, Geh. Cabin des Königs.

Nach Allem, was vorgefallen war, blieb doch die vom Fürsten Hohenlohe am 27sten October unterzeichnete Unterwerfung noch immer ein merkwürdiges Ereigniß. Kräftig durch die leichte Reiterei des Generals Lasalle angegriffen, welche die Dragoner der Generale Bourmont und Grouchy unterstützten, wurde das Corps des Fürsten Hohenlohe in die Vorstädte von Prenzlau geworfen und von da auf der Stelle in die Stadt gedrängt. Schon schlugen die Franzosen dort die Thore ein, weil sie nicht erwarten konnten, einzudringen. Der Fürst ergab sich auf Bedingungen: er zog vor dem Sieger vorbei mit sechszehntausend Mann Fußvolk, sechs Regimentern Reiterei, fünf und vierzig Fahnen und sechszig Stück angespannter Geschütze. Die Truppen, die beim Kampfe unter dem Befehle des Großherzogs von Berg gegenwärtig waren, waren geringer an Zahl, als die sich ergebenden, aber das Vertrauen, welches der Sieg giebt, war mit den französischen Fahnen. Unter den preußischen Fahnen war nur Entmuthigung, Laßheit und Schwäche. Der Nachfolger des Herzogs von Braunschweig in dem Oberbefehle hatte außerdem das Unglück, seine Unfälle zu überleben. Mehrere Generale und ein Fürst von Mecklenburg Schwerin waren Gefangene. Die Soldaten sollten nach Frankreich geschafft werden. Nur die Leibwachen kehrten nach Potsdam, aber ohne Waffen, zurück.

Ein Prinz des preußischen Hauses, der Prinz August Ferdinand, war vom Zufalle verdammt, dem Kaiser Napoleon in seinem Stammschlosse [1]) aufwarten zu müssen. Er war mit den Waffen in der Hand glorreich gefangen genommen worden.

Bei diesem Gedränge unerhörter Ereignisse gab es immer noch Tage, die ihre Erleuchtung verdoppeln zu wollen schienen. Der 29ste October sah eine Uebergabe von Truppen und zugleich eine Uebergabe von einer Festung. Auf dem lin-

1) Bei allem Nationalstolze trat ich doch nie ohne Bewegung in das Schloß zu Berlin ein, wo ich drei Jahre lang den Glanz mit der Güte vereint bei der ganzen königlichen Familie angetroffen hatte; aber nichts rührte mich lebhafter, als daß Prinz August dort dem Kaiser sich vorstellen mußte.

ken Flügel des Großherzogs von Berg zwang der General Milhaud, der die Vorhut dieses Flügels befehligte, eine Säule von sechstausend Mann, unter dem Befehle des Brigadiers von Hagel, sich zu ergeben. Diese sechstausend Mann bestanden aus den Trümmern von vier Regimentern Fußvolk, sechs Reiterregimentern, Kanonieren und Fuhrknechten. Zur Rechten des Großherzogs forderte der General Lasalle die Festung Stettin zur Uebergabe auf, und dieser wohlbefestigte Platz, mit reichlichen Schanzpfählen und einer Besatzung von sechstausend Mann schöner Truppen, sechshundert Kanonen und beträchtlichen Magazinen, ergab sich auf den Zuruf des Befehlshabers einer Reitervorwache.

Am 31sten ergab sich der Befehlshaber von Cüstrin, einer Festung, welche die Oder deckt und die Sümpfe umgeben, mit Werken im guten Stande, viertausend Mann Besatzung und neunzig Kanonen auf den Wällen, auf eine bloße Aufforderung an General Gudin, der zum Corps des Marschalls Davoust gehörte. Man hätte behaupten können, der Befehlshaber hätte sich Niemand wollen zuvorkommen lassen. Er schickte dem französischen Generale ein Boot zu, damit er nur von dem Platze Besitz nehme. Die Einnahme einer Festung kostete nicht einmal einen Pistolenschuß.

Ein einziges Corps Preußen war bis jetzt den Verfolgungen der Franzosen entgangen, das Corps des Generals Blücher. Dieses Corps bestand aus der Reiterei, die dieser General bei sich gehabt hatte, aus der Heerabtheilung des Herzogs von Weimar und einer andern kleinen Abtheilung des Herzogs von Braunschweig-Oels, die sich unter seinem Befehle vereinigt hatten. Der Marschall Soult, der Fürst von Ponte Corvo und der Großherzog von Berg waren in verschiedenen Richtungen ihm nachgesetzt. Ihre Bewegungen waren so gut zusammen berechnet, daß die Vorhut dieser verschiedenen Corps beinahe gleichzeitig auf den Feind stieß. Der Fürst von Ponte Corvo hatte allein einen Marsch voraus. Er griff Blüchers Nachhut am 4ten November auf mehreren Puncten an, und erfuhr namentlich zu Crewitz einen kräftigen Widerstand, dabei wich der preußische General stets dem Treffen aus, obgleich ihm noch eine bedeutende Macht von Fußvolk, eine zahlreiche Reiterei und hundert Geschütze zu Gebote standen. Als der Fürst von Ponte Corvo bemerkte, daß er einem allgemeinen Angriffe aus dem Wege ging, schlug er ihm vor, sich zu ergeben und meldete ihm, daß, umgeben von drei Armee-Corps, wie er schon sey, er ohnehin in wenigen Tagen keine Ausflucht mehr habe. „Ich ergebe mich niemals“, war Blüchers Antwort; und er schien Lust zu haben, sich in der Stellung von Gadebusch, die er inne hatte, behaupten zu wollen. Doch den Tag darauf, den 5ten, gab er sie auf, um sich nach dem, zehn Stunden nur entfernten Lübeck zurückzuziehen. Die drei französischen Marschälle folgten ihm dorthin auf der Stelle; der Marschall Soult und der Großherzog von Berg gingen über Ratzeburg, der Fürst von Ponte Corvo über Schönberg. Unterwegs wurden mehrere preußische Bataillone abgeschnitten und zu Gefangenen gemacht. Ein Zug von funfzehnhundert Schweden, die über die Trave setzen wollten, fiel mit seinem Geschütze und seinem Gepäcke in die Hände des ersten Corps. Das milde Verfahren des Fürsten von Ponte Corvo gegen diese Gefangenen war wie ein Saame in den Herzen der Schweden. Aus ihm sollte eine Krone aufsprießen. Wir leben in einem sonderbaren Jahrhunderte, wo Gustav Wasa's Dalekarlier einen Bearnschen Soldaten zum Könige verlangen, und wo so eigenthümliche Zufälligkeiten auf ihre Vorliebe einwirken!

Zum Unglücke von Lübeck hatte diese Stadt noch einige Trümmer alter Befestigungen, die Blücher zu seiner Vertheidigung benutzen wollte. Die Vertheidigung war dreist, aber unnütz. Des Fürsten von Ponte Corvo und des Marschalls Soult Heerhaufen waren zu gleicher Zeit eingetroffen, der erstere am Traverthore, der andere am Mühlenthore. Von beiden Seiten wurden die Thore eingeschlagen, die Basteien erstiegen und der Feind zurückgedrängt. Vergeblich schlug er sich in den Straßen, auf den Plätzen; überall ward er vernichtet und in der Mitte der Stadt stießen die beiden französischen Heerhaufen zusammen. Der Großherzog von Berg stürzt sich, sobald er durch das Gedränge hindurch kann, den Flüchtigen nach und endet den Tag, indem er das Geschütz und die Mannschaft, die er erreichen kann, aufliest. Am

preußischen Heeres bei dem Anrücken zweier französischen Armee-Corps, von denen das eine, unter dem Befehle des Königs von Holland, von Wesel, das andere, unter Marschall Mortiers Befehl, aus Hessen kam, geflüchtet hatten. Die Festung Hameln, worin sich nicht weniger als neuntausend Mann befanden, ergab sich am 20sten November, die Festung Nienburg, die dreitausend Mann Besatzung hatte, am 25sten.

Schlesien zeigt gleichmäßig solche Capitulationen eine nach der andern. Die stärksten Festungen und die am besten versorgten sind gerade nicht die letzten, um sich zu ergeben. Schon am 19ten November hatte eine französische Abtheilung, zu der einige neu ausgehobene Polen gestoßen waren, die Festung Czenstochau in einem Tage genommen.

Während drei französische Heerabtheilungen hinreichen, die der ersten Schlacht entkommenen Trümmer zu Gefangenen zu machen oder zu vernichten, und ein zahlreiches Corps von Truppen des Rheinbundes, unter dem Befehle des Prinzen Hieronymus, Schlesien besetzt und seine festen Plätze belagert, rücken die Heerabtheilungen der Marschälle Davoust, Lannes und Augereau schon in Polen ein, wohin der Rest des Heeres auf dem Fuß ihnen nachfolgt. Französische Truppen haben das Churfürstenthum Hessen in Besitz genommen, wie das Herzogthum Braunschweig, die Staaten des Fürsten von Oranien-Fulda, Mecklenburg und die hanseatischen Städte [1].

Napoleons staatsbürgerliches Leben war nicht weniger thatenreich als sein kriegerisches. Den Lauf seiner Erfolge im Auge, entschied er über das Schicksal der drei genannten Fürsten, des Herzog von Braunschweig, des Churfürsten von Hessen und des Fürsten von Oranien. Er unterhandelte

1) In Bezug auf die Hansestädte macht der Marquis Lucchesini eine lange Note und bringt lange Citate bei, die beweisen sollen, daß Napoleon die freien Regierungsverfassungen nicht liebte; als ob der Kaiser bei einer Besetzung Hamburgs, Bremens und Lübecks einen andern Zweck hätte haben können, als die Vernichtung des englischen Handels auf dem Festlande! Da handelte sich's eben um bürgerliche und politische Freiheit! Unter ähnlicher Voraussetzung hätte der Kaiser eben so Constantinopel besetzen lassen! Die Sucht, überall anzuklagen, führt zuweilen, selbst bei sonst geistreichen Leuten, zu lächerlichen Behauptungen.

die vielleicht jemals besiegt werden können, die man aber nur auf dem Wege der Ehre und des Ruhmes antreffen wird. Viel Blut ist in wenigen Tagen vergossen worden; grosses Unglück lastet auf der preußischen Monarchie. Wie viel Vorwürfe treffen den Mann, der ihm vorbeugen konnte, wenn er, wie Nestor, im Rathe die Stimme erhoben und gesagt hätte: „Unüberlegte junge Leute, schweigt; Weiber, geht zu euern Spinnrocken; und Sie, Sire, glauben Sie dem Waffengefährten des erlauchtesten Ihrer Vorfahren: wenn der Kaiser Napoleon den Krieg nicht will, so muß man doch darum ihm nicht die Wahl zwischen dem Ruhme und Entehrung lassen." (Das Richtige, was diesen Vorwürfen zum Grunde liegt, entschuldigt darum doch nicht ihre Härte. Der Kaiser scheint sich dadurch Verzeihung dafür haben sichern zu wollen, weil er Nachsicht gegen die jungen Gensd'armen-Officiere zeigt, deren Unrecht er verzeihlich findet; aber diese scheinbare Nachsicht hat nur zum Zweck, eine nicht weniger harte Bemerkung zu rechtfertigen, die ihm später entfällt.) „Was bleibt dann noch Ehrenwerthes am Alter", waren seine Worte, „wenn es mit den Mängeln, welche die Jahre herbeiführen, die Aufgeblasenheit und Unüberlegtheit der Jugend verbindet?"

Die Besitznahme Hessens durch den Marschall Mortier und der Einzug dieses Marschalls in Cassel hatten am 31sten October statt gehabt. Am Tage vorher, am 30sten, hatte der französische Geschäftsträger dem Churfürsten eine Note zugestellt, worin sich eine Auseinandersetzung der Hauptbeschwerden befand, die zu dieser Maaßregel bestimmt hatten. „Der Unterzeichnete", hieß es in dieser Note [1]), „ist beauftragt,

1) Es war ein Glück für mich, daß ich gleich nach der Schlacht bei Jena war zum Kaiser gerufen worden. Dieser Umstand ersparte mir das Leidwesen, diese schlimme Note unterzeichnen zu müssen. Sie wurde durch den Gesandtschaftssecretair unterzeichnet, den ich in Cassel zurückgelassen hatte. Bei meiner Abreise aus dieser Stadt, um mich in's kaiserliche Hauptquartier zu begeben, stellte mir der Churfürst, scheinbar ruhig für sich selbst, einen Brief zu, wodurch er den Fürsten von Anhalt-Bernburg, seinen Schwiegersohn, dem Wohlwollen des Kaisers empfahl. Die Aufnahme, die dieser Brief fand, belehrte mich, daß der Churfürst für sich selbst besorgt zu seyn Ursache hatte. Der Kaiser gab mir die Note zu lesen, die diesem Fürsten zugestellt werden sollte, indem

„daß während der Zeit, als das Schicksal der Waffen noch ungewiß war, der hessische Hof mit seinen Rüstungen fortgefahren hat, stets den Erklärungen des Kaisers zum Trotze, daß er jede Rüstung als einen Act der Feindseligkeit ansehe;

„daß es eben so unverständig als unsinnig von Seiten des Anführers des französischen Heeres seyn würde, wenn er nun, wo die preußischen Heere geschlagen und über die Oder geworfen, dieses hessische Heer sich ferner bilden ließe, das jeden Augenblick bereit seyn würde, dem französischen Heere in den Rücken zu fallen, wenn es einen Unfall erlitte."

Der Schluß der Note war, daß dem Churfürsten freistehe, zu entscheiden, ob er die Gewalt durch die Gewalt zurückzuweisen und sein Land zum Schauplatze der Greuel eines Krieges zu machen gesonnen sey.

Das Wesentliche in den dem Churfürsten gemachten Vorwürfen war wörtlich wahr. Bis zum Tage vor der Schlacht von Jena hatte es in seiner Macht gestanden, mit dem französischen Minister einen Neutralitätsbund zu schließen, aber er hätte seine Truppen auf den Friedensfuß setzen müssen, und das wollte er nicht. Erst nach der Nachricht von dieser Schlacht hatte er darein gewilligt, die Waffen niederzulegen; das heißt, er legte sie darum nieder, weil der Sieger nicht der war, zu dessen Gunsten er sich kampffertig hielt.

Als am 25sten October der Kaiser in Potsdam die Note in die Feder sagte, welche dem Churfürsten die militairische Besetzung seines Landes ankündigte, hatte er über die Absetzung dieses Fürsten noch keine endliche Entscheidung gefaßt. Zwei Bevollmächtigte des Churfürsten, der Hr. von Malsburg und der General Lepel, eilten in's französische Hauptquartier, um die Beibehaltung der Fürstenwürde von Hessen in seiner Familie zu erbitten. Als sie in Berlin eintrafen, wandten sie sich an Hrn. von Talleyrand, der sie zum Fürsten von Neufchatel schickte, weil die hessische Angelegenheit eine Kriegssache geworden war. Der Fürst von Neufchatel schickte sie zum Herrn von Talleyrand unter dem Vorgeben zurück, daß er sich in die Politik nicht mische. General Dûroc [1]) erfuhr die An-

1) Ich unterrichtete den General Dûroc von diesen Umständen und er sprach mit dem Kaiser während des Frühstücks davon. Auf der Stelle

wesenheit der Bevollmächtigten in Berlin und ihre vorgestellt zu werden, er unterrichtete den Kaiser d einen Augenblick lang nicht abgeneigt schien, sich b lassen; aber diese Anwandlung von Milde war nich stand und das Schicksal der Fürsten von Braunschw Oranien-Fulda und von Hessen-Cassel war entschie Ausspruch erfolgte durch den 27sten Armeebericht November.

Die preußischen Bevollmächtigten, die sich im schen Hauptquartiere befanden, die Herren von Lucc von Zastrow, verwandten sich zu Gunsten des Fü Oranien-Fulda, eines Schwagers des Königs. wortete ihnen, die Züchtigung sey nur zu verdien Förderer und Genossen des gegenwärtigen Krieges Störer der allgemeinen Ruhe von Europa.

In Beziehung auf Mecklenburg sollte die Bes eine vorübergehende Maaßregel seyn. Um diese S rechtfertigen, erinnerte der Kaiser daran, daß im vor dieses Land vertragsmäßig den russischen Truppen wa

---

wurde ich gerufen. Der Kaiser fragte mich über die Anträge die churfürstlichen Gesandten brachten. Ich setzte sie ihm a Der Churfürst verlangte in seine Staaten zurückzukehren, abe Plätze, Rinteln, Hanau, Marburg, sollten den Franzosen wollte zwölftausend Mann zum französischen Heere stoßen willigte in die Bezahlung einer außerordentlichen Kriegsste Anerbieten wurden nicht kurzweg von der Hand gewiesen. verweilte dabei, und der Gedanke an ein Corps von zwölfta guter Truppen, die auf der Stelle zu seiner Verfügung se zog ihn besonders an. Er richtete mehrere Fragen an mi hessischen Truppen, über einige Eigenschaften des Churfürsten Ordnungsliebe und seine Festigkeit), die ihm nicht mißfielen, der Wahrheit gemäßen Antworten schienen seine Aufmerksamk günstige Weise zu fesseln. Er sprach ein Paar Minuten la ich die Hoffnung hegen durfte, er würde auf die Vorschläg fürsten eingehen, als er auf einmal abbrach und kurzweg b dernd sagte: „Bah! ... Braunschweig, Nassau, Cassel Fürsten sind vom Grunde der Seele aus englisch; sie wer unsre Freunde seyn;“ und kaum hatte er die Worte heraus fort, um eine Heerschau zu halten. Wenige Tage darauf 27ste Armeebericht.

worden, die sich unter Graf Tolstoy's Befehl nach Schwedisch-Pommern begaben. Dieser Act der Strenge ward auf das Herzogthum Mecklenburg-Schwerin beschränkt. Als man den Kaiser fragte, ob seine Befehle sich auch auf das Herzogthum Mecklenburg-Strelitz erstreckten, gab er eine verneinende Antwort. Großmüthiger in Thaten als in Worten, streng gegen die Königin von Preußen bis zur Ungerechtigkeit, hatte er doch wenigstens die Aufmerksamkeit, die Familie dieser Fürstin [1]) zu ehren.

Man hätte glauben können, daß die Stellung des Churfürsten von Hessen, der die Waffen nicht ergriffen hatte, günstiger seyn müßte, als die des Churfürsten von Sachsen, dessen Truppen bei Jena in den preußischen Schlachtreihen standen. Im Grunde war das Benehmen des Kaisers gegen diese beiden Fürsten den Gesetzen der strengsten Billigkeit entsprechend. Obgleich fechtend, hatte der Churfürst von Sachsen nur der Gewalt nachgegeben. Der Churfürst von Hessen verschob den Kampf und wartete nur auf einen Unfall Napoleons, um sich gegen ihn zu erklären. Diese Verschiedenheit in den Gesinnungen beider Fürsten erklärt das gegen beide beobachtete Verfahren.

Noch gab es einen andern Grund, der vielleicht nicht ohne Einfluß auf des Kaisers Entschließung war. Weil er aus dem Schooße des Volks auf den Thron gestiegen war, hatte er noch eine Anerkennung der Urtheile bewahrt, welche die Völker über ihre Fürsten aussprechen, und seine Vernunft, wie sein Vortheil, geboten ihm, diese Urtheile zu ehren.

Im Churfürsten von Hessen sah die öffentliche Meinung einen habsüchtigen Fürsten, der durch den Handel mit dem Blute seiner Völker nach England reich geworden war, und durch die Steuern, die er seinen armen Unterthanen abgenommen hatte; einen Fürsten, der, statt in nützlichen Anstalten oder auch in Ausgaben des Aufwandes den Ertrag der jährlichen Gefälle seinen Unterthanen wieder zufließen zu lassen, der wuchernde Wechsler für alle Fürsten und großen

1) Die Königin war eine Tochter des Herzogs von Mecklenburg-Strelitz.

sen. Der Vertrag wurde am 11ten December unterzeichnet durch den Grafen von Bose und den Großmarschall des Palastes, den General Düroc.

Durch den 2ten Artikel trat der Churfürst dem Rheinbunde bei, und durch diesen Zutritt unterzog er sich allen Obliegenheiten und trat in den Besitz aller Rechte, die dieser Bund gab.

Artikel 3 setzte fest, daß der Churfürst den Königstitel annehmen sollte.

So groß ist Napoleons Ansehn, daß das angemaßte Recht, Könige zu machen, von seiner Seite nur die Uebung eines unbestreitbaren Vorzuges zu seyn scheint.

Die Artikel 5 und 6 setzten unbedeutende Gebietstausche fest.

Der Truppenbeitrag sollte, dem 8ten Artikel zufolge, zwanzigtausend Mann ausmachen; doch für den gegenwärtigen Feldzug war es, nach Artikel 9, auf 4200 Mann Fußvolk, 1500 Mann Reiterei und 300 Mann Artilleristen herabgesetzt.

Von allen Artikeln des Vertrages war der 5te der merkwürdigste. Als Wiege der Reformation gehörte Sachsen dem reinen Lutherthume. Seit 1624 genossen die Lutherischen dort ausschließlich politische Rechte und die freie Uebung ihres Cultus. Der Uebertritt Friedrich Augusts im Jahre 1697, in der Absicht, sich den Weg zum polnischen Throne zu bahnen, hatte in diesen gesetzlichen Bestimmungen keine Aenderung hervorgebracht. Nach den Grundsätzen des westphälischen Friedens hatte dieser Fürst den Katholiken blos bürgerliche Duldung zugestehen dürfen. So bestanden die Gesetze bis zum Jahre 1806. Damals trat, was selten genug der Fall ist, die Gewalt mit der Vernunft in's Bündniß. Durch den 5ten Artikel ward festgesetzt: daß die Uebung des katholischen Cultus durch das ganze Königreich Sachsen der Uebung des lutherischen Cultus völlig gleichgestellt seyn sollte, und daß die Unterthanen von beiden Bekenntnissen gleicher bürgerlichen und politischen Rechte ohne Vorbehalt genießen sollten, „indem Se. Maj. der Kaiser und König aus diesem Gegenstande eine besondere Bedingung mache.“ Das Herz des ehrwürdigen

Fürsten bedurfte keines Zwanges, um in eine Bedingung zu willigen, die sein scharfer Verstand selbst dann, wenn er zur herrschenden Kirchenpartei gehört hätte, würde gewünscht haben; doch weil er altehrwürdige, bis jetzt beibehaltene, Gesetze ehrte, die er zwar nicht gut hieß, und weil er besorgte, die öffentliche Meinung bei seinen Unterthanen zu verletzen, mußte man darthun, daß die den Gesetzen bevorstehende Abänderung eine Forderung des Siegers war.

So arg war die Erbitterung mancher Schriftsteller gegen Napoleon, daß man ihn darum getadelt hat, daß er in Sachsen die Freiheit der Gewissen beschützte, wie man ihn früherhin getadelt hat, daß er den willkürlichen Verbannungen durch einen Vertrag mit dem Könige von Neapel ein Ende machte.

An demselben Tage, dem 11ten December, wurde gleichmäßig zu Posen ein Vertrag abgeschlossen, wodurch alle Fürsten des Hauses Sachsen, die Herzöge von Sachsen-Weimar, Sachsen-Gotha, Sachsen-Meiningen, Sachsen-Hildburghausen und Sachsen-Coburg, in den Rheinbund aufgenommen wurden. Späterhin trat für den letztern eine Ausnahme ein. Da der Herzog von Sachsen-Coburg in den feindlichen Reihen focht, so befahl ein Decret vom 11ten Januar, daß man von seinem Lande Besitz nehme, um es im Namen des Kaisers zu verwalten.

Auf die Weigerung des Kaisers Napoleon, den vom Könige von Preußen unmittelbar nach der Schlacht von Jena angetragenen Waffenstillstand anzunehmen, hatte Se. Maj. von Preußen einen Bevollmächtigten zu ihm geschickt, der Friedensverhandlungen anknüpfen sollte. Marchese Lucchesini war am 20sten October bei den Vorposten bei Wittenberg mit einem Briefe des Königs für den Kaiser eingetroffen. Dieser Letztere zeigte sich, nach Hrn. von Lucchesini's eigner Versicherung, einer schnellen Beilegung keineswegs abgeneigt. General Duroc ward beauftragt, mit dem preußischen Bevollmächtigten zu verhandeln. Die Besprechungen sind nicht lang, wenn der eine von den beiden Theilen in der Lage ist, daß es bei ihm steht, die Bedingungen vorzuschreiben.

Kaiser Napoleon forderte: „daß Preußen auf alle Provinzen verzichte, die es bis jetzt zwischen dem Rheine und der

Elbe besessen." Er forderte „eine Kriegssteuer von hundert Millionen Franken, als Ersatz der Kosten, welche der ohne allen gerechten Grund angefangene Krieg Frankreich verursacht." Endlich verlangte er, „daß Se. Maj. von Preußen sich unter keinerlei Vorwande in die Angelegenheiten der teutschen Fürsten mische, und" (da er den Plan hatte, alle teutsche Fürsten in einem gemeinsamen Bunde zu vereinigen) „dann sollte Se. preußische Majestät sich verbindlich machen, die Titel und den Rang anzuerkennen, welche ihnen zu geben ihm genehm seyn würde." Diese Bedingungen waren ohne Zweifel hart; doch in welchem Zustande befand sich auch Preußen! Diesem Vertrage zufolge behielt der König, wenn er zum Abschlusse gekommen wäre, Magdeburg und die Altmark. Von Süd-Preußen (Preußisch-Polen) war damals noch nicht die Rede. Welcher Unterschied zwischen diesen Bedingungen und denen, welche man in Tilsit eingehen mußte!

Es giebt in der Staatskunst Augenblicke, die man festhalten muß, besonders wenn die Entschlüsse der Fürsten an den Gang eines nicht stillestehenden Krieges gebunden sind. Der preußische Bevollmächtigte hatte nach seiner Versicherung nicht den Muth [1]), so ungeheuere Bedingungen zu unterschreiben, ohne darüber den Ministern des Königs Bericht erstattet zu haben. Der Mangel an Muth war hier ein Mangel an Vorsicht. Sich der Gefahr aussetzen, keine Genehmigung zu erhalten, wäre ein Act der Aufopferung gewesen, der unter allen Umständen heilsamen Erfolg haben mußte, statt daß die Verweigerung der augenblicklichen Einwilligung in das Verlangen des Kaisers ihm das Recht zugestehen hieß, künftig Bedingungen vorzuschreiben, die für Se. preußische Majestät weit drückender seyn mußten. Diese Gefahr war nur zu sehr vorhanden.

Als am 27sten October der General von Zastrow einen Brief des Königs mit der Zustimmung zu den Bedingungen überbrachte, die seinem Gesandten in Wittenberg waren gemacht worden, hatte der Zustand der Dinge sich geändert und änderte sich in jeder Minute. Die Verhandlung ward kühl

1) Band II. S. 166.

Unter den Ursachen, die dem Frieden neue Hindernisse entgegenstellten, hielten die preußischen Bevollmächtigten für die einflußreichsten die Schritte, welche pflichtvergessene Unterthanen aus Süd-Preußen bei Napoleon gethan hatten; es sind die Polen gemeint, welche von ihm die Befreiung ihres Vaterlandes verlangt hatten. Diese Rücksicht mußte auf jeden Fall bei dem Kaiser entscheidenden Einfluß äußern. Hätte er auch den Wunsch nicht gehabt, zur Auferstehung Polens beizutragen, so hätte seine Staatsklugheit in keinem Falle einen so kostbaren Beistand sowohl gegen Rußland, als gegen Preußen abweisen können. Doch der Wunsch, zu jener Auferstehung beizutragen, war bei ihm aufrichtig und wir werden den Beweis davon sehen. Die preußischen Bevollmächtigten sahen endlich ein, wie sie es selbst aussprachen, daß der Kaiser sich mit dem Könige von Preußen in keinen endlichen Vertrag einlassen wollte, wenn der Sieg von Jena und die daraus hervorgegangenen Erfolge nicht den allgemeinen Frieden herbeiführten. Enthält ein solches Geständniß wohl einen Vorwurf für Napoleon? Konnte er einen andern Gedanken haben? Und in der That, was hätte ein theilweiser Friede mit Preußen bedeutet, ein Friede, den Rußland selbst nicht würde in Ehren gehalten haben, so lange England den friedlichen Gesinnungen Sr. preußischen Majestät nicht beigetreten wäre?

Folglich gab es keinen Anlaß, mit Preußen einen unmittelbaren Frieden zu schließen, weil seine nothwendiger Weise unsichern Abmachungen durch die Fortdauer des Kampfes mit den andern Mächten zweifelhaft geworden wären. Doch dieselben Abhaltungen bestanden nicht in Bezug auf einen Waffenstillstand, der Unterhandlungen mit den Cabinetten von Petersburg und von London anzuknüpfen möglich machte. Ein Waffenstillstand verschaffte den drei Festlandmächten verschiedenartig günstige Aussichten; dem Kaiser Napoleon den Vortheil, seine Truppen in guten Standquartieren ausruhen zu lassen und einem Winterfeldzuge aus dem Wege zu gehen; dem Kai-

ßischen Majestät, und erst als er eine abschlägliche erhal- hatte, setzte er seine Reise nach Posen fort. Diese Er- rung des Betragens der preußischen Bevollmächtigten, von en selbst gegeben, bestätigt die Richtigkeit der Vorwürfe, man dem Marchese Lucchesini machen muß, daß er am sten October die in Wittenberg angetragene Uebereinkunft ht unterschrieben hat. Sein Fehler war bei diesem ersten lasse um so größer, weil man durch dies letztere Beispiel ieht, daß er sich kein Bedenken daraus machte, eine Acte unterzeichnen, von der er voraussah, daß sie nicht geneh- gt werden würde. Der Grund der Verweigerung des Kö- gs war: „daß ein Theil der noch in seinem Besitze befind- en Provinzen schon durch die Russen besetzt sey; daß er lig von ihnen abhängig sey und folglich die Bedingungen abgeschlossenen Waffenstillstandes nicht zur Ausführung ngen könnte.“

Die falsche Schüchternheit des Ministers, der zur unge- enen Zeit blöde Bedenken getragen hatte, in die zu Wit- berg vorgeschlagenen Friedensbedingungen zu willigen, hatte König dahin gebracht, daß er jetzt nichts weiter als einen affenstillstand erlangen konnte. Die verweigerte Genehmi- ng dieses Waffenstillstandes entschied über das Schicksal von d-Preußen.

Schon in der Voraussetzung dieser Verweigerung und im andern einer längern Besetzung des preußischen Gebietes, tte der Kaiser während seines Aufenthaltes in Berlin eine nzösische Verwaltung für die eroberten Provinzen gebildet. e preußischen Behörden blieben im Dienste und behielten e Gehalte; doch gab es bei jeder einen französischen Ge- iftsträger, der den Auftrag hatte, ihre Thätigkeit zu beob- ten und die Landeseinkünfte in die Casse des General-Ein- mers der Armee fließen zu lassen. Diese Commissare und nzösischen Intendanten waren meistens aus den Staatsraths- ditoren oder den Untermusterinspectoren genommen. Nach er Lehrzeit im feindlichen Lande war es freilich für dieje- en unter diesen Auditoren, die Präfecten in Frankreich wur- , schwer, alle Gewohnheiten ihrer Lehrlingszeit abzulegen. e diese Geschäftsführer standen unter den Befehlen eines

General-Verwalters (administrateur général) der Staatsgüter und der Landesgefälle, der mit dem General-Intendanten der eroberten Länder, dem Staatsrath Darú, sich vernehmen mußte. Dieser war zugleich General-Intendant des Heeres, hatte seine Stelle bei'm Kaiser und empfing dessen unmittelbare Befehle.

Eine sehr harte Verpflichtung war den preußischen Behörden auferlegt, eine Verpflichtung, womit der Kaiser im Jahre 1805 die Oestreicher verschont hatte und mit der er sie im Jahre 1809 verschonte. In Wien hatte er, nach seiner Versicherung, besorgt, die dem rechtmäßigen Fürsten gebührende Treue irre zu machen. In Berlin forderte er einen Eid, der alle Beziehungen zwischen dem Monarchen und seinen Unterthanen aufhob. Dieser Eid machte die Herstellung des regierenden Hauses beinahe zweifelhaft [1]), denn so hießen seine Worte: „Ich schwöre, treulich die mir von Sr. Maj. dem Kaiser der Franzosen, Könige von Italien, übertragenen Amtsgeschäfte zu verrichten und mich der übertragenen Autorität nur zu bedienen, um die Aufrechthaltung der Ordnung und der öffentlichen Ruhe zu stützen; nach allen Kräften zur Ausführung aller Maaßregeln beizutragen, die zum Dienste des französischen Heeres werden angeordnet werden, und keinen Briefwechsel mit seinen Feinden zu unterhalten." Die Leistung dieses Eides [2]) hatte mit einiger Feierlichkeit in einem

1) In den ersten Tagen nach des Kaisers Einzug in Berlin, sagte er zu mir: „Es giebt hier viele Republikaner, nicht wahr?" Ich antwortete, es gäbe überspannte Köpfe, vielleicht selbst einige Jacobiner. Da antwortete er: „Nun ja, ich will's nicht leugnen, ich könnte hier von ganzem Herzen eine Republik einrichten." Als ich entschieden meine Bedenken äußerte, ob man sich bis dahin einlassen würde, unterbrach er mich: „Ach ja, aus Besorgniß, daß er zurückkehren könne . . ." und so war von der Sache nicht wieder die Rede.

2) Als kaiserlicher Beauftragter nahm ich bei dieser sonderbaren Feierlichkeit das Protocoll auf. Am Tage vorher erklärte mir einer der königlichen Minister, Baron von Reden, Vorsteher des Bergwesens, welche Abneigung er fühle, sich so von seinem Fürsten loszusagen. Ich stellte ihm vor, daß, wenn er nicht ferner an der Spitze dieses Departements bliebe, so würde die französische Verwaltung nur darauf denken, den möglichsten Ertrag daraus in die Cassen des Heeres fließen zu las-

Saale des Schlosses statt vor einem Throne, der mit dem kaiserlich französischen Wappen geschmückt war, an dessen Seite der General Clarke, Oberbefehlshaber von Berlin, stand. Die Ersten, die ihn ablegten, waren fünf königlich preußische Minister, nämlich die Herren

von Goldbeck, Großkanzler und Vorsteher des Justizdepartements;

von Reck, eigentlicher Justizminister;

von Thulemeier, Minister eines Theils der Cultusangelegenheiten;

von Massow, Minister über einen andern Theil der Cultusangelegenheiten, mit verschiedenen Aufträgen über milde und Bildungsanstalten außerdem beehrt;

von Reden, Vorsteher der Bergwerksangelegenheiten.

Die beflissene Gelehrigkeit, mit der man sich diesem Eide unterzog, bleibt mit den Truppenunterwerfungen im freien Felde und der Auslieferung der bedeutendsten Festungen eins der Ereignisse, die sich durch den Rausch der Entmuthigung erklären lassen, der aus der plötzlichen und unerwarteten Auflösung einer großen Monarchie hervorging. Wirklich konnte, in Bezug auf die Civilverwaltung, ein vaterländisches Gefühl diese Unterwerfung gebieten, weil sie die nützliche Wirkung hatte, dem Staatskörper die innere Gliederung zu bewahren. Aber dieser Gedanke gehört zu denen, die man nicht weiter zerlegen darf, aus Besorgniß, dabei einen Unterschied zwischen Staat und Regentenhaus aufzufinden.

Die Verfügung, welche den im Kriege mit Frankreich begriffenen Landen eine außerordentliche Kriegssteuer auflegte, war am 15ten October ausgestellt, am Tage nach der Schlacht

sen, ohne sich ein Gewissen daraus zu machen, wenn alle diese schönen Anlagen zu Grunde gingen; behielte er aber im Gegentheile die Oberaufsicht, so würden wir uns begnügen, die Früchte zu pflücken, ohne den Baum an der Wurzel abzuhauen. Er gab diesen Gründen nach, doch mit Thränen im Auge und sich selbst verdammend, daß er dem Könige untreu erscheine, um ihm einige Trümmer zu retten. Zuverlässig bestimmte eine ähnliche Ueberzeugung im Allgemeinen das Betragen der andern preußischen Behörden.

von Jena. Das Ganze der geforderten Summe belief sich auf 159 Millionen Franken, die auf folgende Weise vertheilt waren: Hundert Millionen auf die Staaten des Königs von Preußen diesseit der Weichsel, fünf und zwanzig Millionen auf den Churfürsten von Sachsen, zwei Millionen auf den Herzog von Sachsen-Weimar, und neun Millionen auf Hannover. Der Rest war zwischen dem Churfürstenthume Hessen, dem Herzogthume Braunschweig und einigen andern kleinen Staaten, die den Bewegungen der preußischen Monarchie gefolgt waren, vertheilt.

Eine Thatsache, die einst schwerlich Glauben finden wird, ist die, daß der General-Zahlmeister des französischen Heeres zum preußischen Feldzuge nur eine Summe von achtzigtausend Franken französischen Geldes in Golde über den Rhein [1]) mitgebracht hatte. Das Land, das der Kriegsschauplatz war, sollte von nun ab für alle seine Bedürfnisse, die Löhnung mit einbegriffen, sorgen. Bei der Räumung des preußischen Gebietes im Jahre 1808, nachdem zweimalhunderttausend Mann unsrer Truppen, die Verbündeten ungerechnet, zwei Jahre lang auf dem eroberten Boden gelebt haben, werden wir die Uebersicht der Einnahmen geben, welche der Krieg in die französischen Cassen fließen ließ.

Vielfach hat man sowohl die außerordentlichen Kriegssteuern getadelt, welche der Kaiser Napoleon den eroberten Ländern absorderte, als auch die Anordnung einer französischen Behörde, welche das regierende Haus mit einer allgemeinen Beraubung seiner Staaten bedrohte.

In Bezug auf die Kriegssteuern war Napoleon nur der Sitte gefolgt, die zu allen Zeiten in Aufnahme gewesen war, und namentlich bei Fürsten, welche die Geschichte sehr mit Vorliebe behandelt hat. Unter Ludwig XIV. zog allein der Heer-Intendant Robert eine Million sechsmalhunderttausend Gulden aus der einzigen Provinz Utrecht. Im Jahre 1746 forderte Maria Theresia achtzig Millionen von der Stadt Genua. Man weiß, welche Erpressungen sich Friedrich II. von Sach-

1) Früher haben wir gesehen, welche Geldmittel der Kaiser in Straßburg und Mainz zusammengebracht hatte.

3*

sen erlaubte, wie hart er besonders die Leipziger Kaufleute behandelte: „Man steckte sie ein", erzählt der königliche Geschichtsschreiber, „und sie bezahlten." Vielleicht bewahrt das System der Kriegssteuern, die der Sieger ausschreibt, weil es ihn zwingt, das Land vor der Plünderung seiner Truppen sicher zu stellen, vor einem größeren Uebel. Wenigstens hat es den leidigen Vorzug, daß es die Lasten auf eine für die Einwohner gleichmäßigere Weise vertheilt. Uebrigens ist das französische Volk dasjenige, dessen Erpressungen am wenigsten unheilbringend sind. Das haben selbst die Völker anerkannt, die am öftersten fremde Einfälle erfuhren. Der Teutsche plündert, knausert und schleppt seine Beute nach Hause. Die Franzosen im Gegentheile sind, wie Machiavelli sagt, hungrig nach fremdem Gute, aber um es mit dem eignen obendrein zu verschwenden .... Sie verschmausen von Herzen gern mit dem Beraubten den Ertrag einer Plünderung, deren Opfer er war [1]).

Die Anordnung einer französischen Behörde, um das einer militairischen Besetzung unterworfene Land zu verwalten, dieses durch eine Menge von Beispielen begründete Verfahren, war namentlich durch das Beispiel der verbündeten Mächte selbst in den ersten Jahren des Revolutionskrieges gerechtfertigt. Im Jahre 1793 kündigte ein Aufruf des Prinzen von Coburg vom 13ten Juli an, daß er von Condé im Namen Sr. kais. kön. Majestät Besitz nehme. Außerdem wurde in demselben Condé eine k. k. Junta [2]) eingerichtet, von Seiten des Kaisers und Königs mit der Verwaltung des eroberten Landes beauftragt. Kaum war diese Junta in Thätigkeit, als sie alle Behörden absetzte, die seit der Revolution von 1789 im Dienste waren, und sie durch einstweilige ersetzte. Kaiser Napoleon im Gegentheile behielt in Preußen alle bestehende

1) La natura de' Francesi è appetitosa di quello d'altrui, di che insieme col suo e quello altri è prodiga e però il Francese ruberia con lo alito, per mangiarselo e mandarlo male, e goderselo con colui a chi lo a rubato.

2) Die Mémoires d'un homme d'état sagen, daß dieses auf Baron Thugut's ausdrücklichen Befehl geschah.

Angestellten bei [1]); er begnügte sich, neben der Hauptbehörde jeder Provinz einen französischen Geschäftsführer anzustellen [2]).

Bei der ersten Vorstellung des diplomatischen Corps in Berlin hatte der Kaiser Napoleon zum türkischen Minister Argyropolo gesagt, daß er einen Eilboten an seinen Hof schicken möchte, „um ihm die Nachrichten über das, was vorging, zukommen zu lassen und zu melden, daß die Russen nichts gegen das türkische Reich unternehmen würden." Napoleon täuschte sich, sein Vertrauen war voreilig. Er glaubte zu sehr an die Macht seiner Erfolge und die Großmuth Rußlands. Zuverlässig hatte der flüchtige preußische Monarch Anspruch auf die Unterstützung durch Kaiser Alexanders gesammte Kräfte. Er war dazu durch sein Ehrenwort, seine Neigung, die Erinnerung an den Eid auf Friedrichs des Großen Sarge, selbst durch die Gefahr verpflichtet, die Franzosen seinen Gränzen nahe zu sehen; plötzlich lenkte jedoch ein Zwischenereigniß die Aufmerksamkeit Rußlands nach der Donau: „Der Zunder fing in Petersburg [3]), und vor Allem denkt man daran, die sich darbietende reiche Beute nicht sich entgehen zu lassen." Statt ein mächtiges Heer an die Weichsel zu schicken, werden vierzigtausend Mann unter General Michelson entsandt, sich der Moldau zu bemächtigen. Folglich, so empfindlich auch für

1) Wir setzten Niemanden ab. Ein einziger Beamter kam um seinen Abschied ein, und ich willigte darein. Die Sache hing so zusammen. Der Friede war geschlossen, aber es bestand noch eine Art von Kriegszustand. Der Freiherr von Stein, der nach Berlin gekommen war, um die Anordnung der außerordentlichen Kriegssteuer zu verhandeln, hatte eine künstliche Hungersnoth in der Hauptstadt hervorgebracht. Der Augenblick war kritisch. Man drängte sich bei den Bäckerladen, wie wir's zu einer Zeit in der Revolution gesehen haben. Ich ahnete den Grund des Uebels. Entschieden sprach ich darüber mit dem Stadt- und Polizeipräsidenten, Hrn. Büsching. Er schlug vor, abzugehen. Ich nahm ihn bei'm Worte. Man verwandte sich bei mir auf's Lebhafteste, daß ich ihn im Dienste lasse. Ich schlug es ab. In vier und zwanzig Stunden hatten wir in Berlin Mundvorräthe für drei Monate entdeckt, und den Tag darauf hörten die Zusammenrottungen auf.

2) Ein und zwanzigster Armeebericht, vom 28sten October.

3) Worte des Edinburgh Review, 1813 in einem Aufsatze angeblich von Hrn. Adair.

Kaiser Alexander persönlich die Unfälle Friedrich Wilhelms waren, so reichte doch der Zusammensturz der preußischen Monarchie nicht hin, das Petersburger Cabinet von den unabänderlichen Bahnen seiner Staatskunst abzubringen. Stets richtete dieses Cabinet gegen Constantinopel seine wesentlichsten Bestrebungen und seine ersten Gedanken. Uebrigens machte dieser Krieg, den Rußland mit der Türkei und zwar ohne vorgängige Ankündigung anfängt (ein Krieg, dessen Ursprung wir später beibringen werden), eine Ableitung, die nicht ohne Vortheil für Frankreich war.

Sechs und sechszigstes Capitel.

Auswärtige und inländische Angelegenheiten.

Verfügung einer Sperre des Festlandes. — Anlaß dazu in England, Erwiderung in Frankreich. — Text der Verfügung über die Sperre. — Sendung des Kaisers an den Senat. — Freude in Frankreich über die Niederlage der Preußen. — Antwort und Abordnung des Senats an den Kaiser. — Sorge für die Literatur. — Ausgezeichneter Empfang der Gelehrten bei Napoleon. — Aufruf an das französische Heer aus Posen. — Verfügung über ein zu Ehren des Heeres zu errichtendes Denkmal. — Vorschlag eines Börsengebäudes in Paris, das als Denkmal gelten könnte. — Polnische Frage. — Napoleons Ansichhalten in Bezug auf die Herstellung von Polen. — Falsche Deutungen von Napoleons Gesinnung. — Wichtigkeit der Hindernisse, die sich Polens Herstellung widersetzen. — Uebersicht der Verhältnisse zwischen Frankreich und Oestreich. — Uebereinkunft zwischen Frankreich und Oestreich über die Rücknahme der Buchten von Cattaro. — Vorschlag eines Bündnisses zwischen Frankreich und Oestreich. — Zweideutige Neutralität des Wiener Hofes. — Aeußerungen des Generals Andréossy gegen den Kaiser von Oestreich. — Oestreichs Klagen über die Aufrufe an die Polen. — Plan eines Austausches von Preußisch-Schlesien gegen Galizien. — Oestreichs Gleichgültigkeit gegen die ottomanische Pforte. — Kluges Benehmen des Kaisers Napoleon in Bezug auf Polen. — Errichtung einer einstweiligen Regierung in Warschau. — Schonung Napoleons gegen die Polen. — Napoleons Erklärung über die

Länder zwischen Rhein und Elbe. — Bildung von Regimentern in Westphalen. — Erniedrigung ehemaliger Größen vor der neuen Größe. — Ausgeglichene Ungerechtigkeiten. — Abkommen mit Leipzig und Hamburg. — Sorge des Kaisers für das Heer. — Theilnahme der Verbündeten an allen Vortheilen des Sieges. — Sorge für die Literatur. — Vorschriften über die dem großen Sanhedrin vorzulegenden Fragen.

Gab es eine ausgemachte Wahrheit für Napoleon und für Europa, so war es die, daß kein Friede auf dem Festlande bestehen könne, als wenn Friede zwischen Frankreich und England sey. Folglich mußte er England überall zu erreichen suchen. Nur dazu mußte er alle durch seine Waffen erlangten Vortheile verwenden, daß er England bezwinge oder sich mit ihm aussöhne. Im Anfange dieses Jahres [1]) sahen wir, daß die übermäßigen Gewaltthaten, welche englische Seeleute sich gegen die Neutralen erlaubten und die man in Europa ertrug, weil die handeltreibenden Völker zu schwach waren, sich ihnen zu entziehen, einen gesetzlichen Widerstand in der neuen Welt gefunden hatten. Maaßregeln, die man bei Napoleon geflissentlich als persönliche Verbrechen verdammt, war die amerikanische Regierung gezwungen gewesen, bei sich einzuführen, auf's Aeußerste gebracht durch die Presse, seiner Matrosen, durch die willkürlich vom Londoner Cabinet verhängten Sperren und durch die ungerechten Wegnahmen seiner Handelsschiffe. Sie war selbst weiter gegangen als Napoleon; denn sie hatte mehrere von dem britischen Cabinette gutgeheißene Thatsachen geradezu für Seeräuberei erklärt und befohlen, Engländer, die doch weiter nichts thaten, als ihrer Regierung gehorchen, mit den auf Seeräuberei gesetzten Strafen zu belegen. Zwar verhandelten in demselben Augenblicke, wo der Kaiser Napoleon in Berlin eine eben so energische Maaßregel zu nehmen im Begriffe stand, amerikanische Bevollmächtigte in London einen Vertrag, den sie endlich auch unterzeichneten; doch mußte sich's treffen, daß dieser Vertrag von ihrer Regierung nicht genehmigt wurde.

Seit dem 20sten October hatte ein Armeebericht Napoleons, der 13te, angekündigt, daß er seine neuen Erfolge

1) Im 57sten Capitel.

nur als ein Mittel mehr ansehe, die unversöhnlichen Feinde Frankreichs zu strafen. „Weil die Unterdrücker der Meere", waren die Worte des Armeeberichtes, „keine Flagge in Ehren halten, so ist es die Absicht des Kaisers, überall ihre Waaren in Beschlag zu nehmen und sie wirklich auf ihrer Insel einzusperren." Diese Absicht ging zu Berlin in Erfüllung durch die so berühmt gewordene Verfügung vom 21sten November. Die große Frage über die Festlandsperre, die in tausenden von Werken besprochen ist, wurde es, wenigstens beiläufig, auch schon in dieser Geschichte. Da es eine von allen Völkern als wahr anerkannte Thatsache ist (ausgenommen in England selbst), daß das englische Seegesetzbuch die förmlichste Verletzung des Völkerrechtes ist, so ist die Verfügung von Berlin, auch dem Völkerrechte entgegen und ganz laut als eine Verletzung desselben ausgesprochen, nichts mehr und nichts weniger als ein großer Act der Wiedervergeltung. Es sind Englands auf allen Meeren in Anwendung gebrachte Grundsätze an allen europäischen Küsten gegen England in Anwendung gebracht. Zwar ist es in der That eine Rückkehr zu barbarischen Zeiten; doch war es England, das Frankreich dazu den Weg wies, wie es ihn der amerikanischen Regierung gewiesen. Die schon gewonnenen Beweise dieser Thatsachen werden durch die Ereignisse aller folgenden Jahre bestätigt.

Noch gäbe es eine andere Frage zu beantworten, ob nämlich die Maaßregel, gerecht oder ungerecht, auch politisch war? ob sie in ihrer Ausführung die so zahlreichen Interessen verletzen, nicht mehr schädlich als nützlich seyn mußte? Diese Frage ist sicher sehr kitzlich; doch muß man auch zugestehen, daß es Ereignisse giebt, die alle Voraussicht täuschen; daß außerdem Englands Hartnäckigkeit in solchem Umfange nicht berechnet werden konnte; und noch ist keineswegs erwiesen, daß diese Hartnäckigkeit ihm selbst nicht tiefere und dauerndere Wunden schlug, als Frankreich. Nach dem Geständnisse der Engländer selbst und ihrer ausgezeichnetsten Staatsmänner, war die Festlandsperre „der am tiefsten angelegte und am boshaftesten ersonnene Anschlag [1]) zur all-

1) It is indeed the deepest and most mischievous contrivance ever yet devised for the gradual extinction of England. Edinb. Rev., 1813.

zug der in diesen Berichten auseinandergesetz

so halten wir es für unsere Pflicht, seinen

hier einzurücken:

„Napoleon, Kaiser ꝛc.

In Betracht:

1) daß England das Völkerrecht, wie e

gebildeten Völkern befolgt wird, nicht anerk

2) daß es jedes Individuum, welches z

Staate gehört, als Feind ansieht und folg

fangenen nicht allein die Bemannung der zu

rüsteten Schiffe macht, sondern auch die

Kauffahrer und der Frachtschiffe und selbst

ren und Kaufleute, welche für ihre Hand

reisen;

3) daß es das Eroberungsrecht auf S

delswaaren und auf Eigenthum von Privatle

doch nur auf das, was dem feindlichen Sta

wendbar war;

4) daß es auf nicht befestigte Städte u

auf Buchten und Flußmündungen das Recht

dehnt, das nach Vernunft und Herkommen

ten Völkern nur auf feste Plätze anwendbar i

daß es Plätze für gesperrt erklärt, vo

ein einziges Kriegsschiff hat, obgleich ein Pl

sperrt ist, wenn er so umstellt ist, daß man

scheinlicher Gefahr zu ihm kommen kann;

daß es sogar Orte für gesperrt erklärt, di

auf einem Puncte vereinigte Macht nicht zu s

wäre, wie ganze Küsten und ein gesammtes

5) daß dieser unsinnige Mißbrauch des

nen andern Zweck hat, als die Verbindung

Völkern zu hemmen und Englands Handel

auf den Trümmern des Gewerbfleißes und H

landes zu erheben;

6) daß, bei der Offenkundigkeit von Englands Zwecke, Jedermann, der auf dem Festlande mit englischen Waaren Handel treibt, seine Plane dadurch begünstigt und sich zum Mitschuldigen macht;

7) daß dieses Verfahren Englands, durchaus der ersten Zeiten der Barbarei würdig, auf Kosten aller Mächte des Festlandes England Vortheil gebracht hat;

8) daß es naturgemäß ist, den Feind mit seinen eignen Waffen zu bekriegen und ihn auf dieselbe Art, wie er selbst kämpft, zu bekämpfen, wenn er alle Begriffe von Recht und alle liberale Ansichten, den Gewinn der Bildung unter den Menschen, verkennt;

so haben wir beschlossen, auf England die Maaßregeln anzuwenden, die es durch seine Seegesetzgebung geheiligt hat.

Die Anordnungen des gegenwärtigen Decretes werden standhaft als ein Grundgesetz des Reiches so lange angesehen werden, bis England anerkannt hat, daß das Kriegsrecht zu Wasser und zu Lande gleich ist; daß es sich weder auf Privateigenthum, welcher Art es sey, noch auf die Persönlichkeit der dem Kriegshandwerk fremden Individuen beziehen könne, und daß das Sperrrecht auf die festen Plätze muß beschränkt werden, die durch hinreichende Macht wirklich eingeschlossen sind.

In Folge dessen haben wir verordnet und verordnen wie folgt:

Artikel 1. Die britischen Inseln sind für gesperrt erklärt.

Artikel 2. Aller Handel und aller Briefwechsel mit den britischen Inseln ist untersagt.

Art. 3. Jedes Individuum, das Englands Unterthan ist, welches Standes oder Verhältnisses es auch sey, wird, wenn es in einem von unsern oder unserer Verbündeten Truppen besetzten Lande angetroffen wird, zum Kriegsgefangnen gemacht.

Art. 4. Jedes Waarenlaager, jede Waare, jedes Eigenthum, welcher Art es auch sey, wird für gute Prise erklärt.

Art. 5. Der Handel mit englischen Waaren ist verboten, und jede England angehörige oder aus seinen Fabriken hervorgegangene Waare ist für gute Prise erklärt.

Art. 6. Die Hälfte des Ertrags durch Einziehung de Waaren sowohl, als des Eigenthums, die nach den vorher gehenden Artikeln für gute Prise erklärt worden sind, wir verwandt, die Kaufleute für die Verluste zu entschädigen, di sie durch Wegnahme der Handelsschiffe durch englische Kreuze erlitten haben.

Art. 7. Kein Schiff, das gerades Weges aus Englan oder den englischen Kolonien kommt, oder dort seit der Be kanntmachung des gegenwärtigen Decrets war, wird in irgen einem Hafen zugelassen.

Art. 8. Jedes Schiff, das mittelst einer falschen Angab den oben stehenden Anordnungen zuwiderhandelt, wird festge nommen und Schiff und Ladung eingezogen werden, als wäre sie englisches Eigenthum.

Art. 9. Unser Prisengericht zu Paris ist mit der letzte Entscheidung über alle Streitigkeiten beauftragt, die in unsern Reiche und in den durch das französische Heer besetzten Län dern, in Bezug auf die Ausführung des gegenwärtigen De cretes, entstehen könnten. Unser Prisengericht zu Mailand wir mit der letzten Entscheidung der angegebenen Streitigkeite beauftragt werden, die im Umfange unseres Königreiches Ita lien stattfinden könnten.

Art. 10. Mittheilung der gegenwärtigen Verfügung wir durch unsern Minister der auswärtigen Verhältnisse stattfinde an die Könige von Spanien, Neapel, Holland und Etrurie und an unsere Verbündeten, deren Unterthanen, wie die un sern, Opfer der Ungerechtigkeit und Barbarei der englische Seegesetzgebung sind."

Eine Sendung vom selben Tage, der zwei Berichte de Ministers der auswärtigen Verhältnisse beigegeben waren, macht dem Senate die Annahme dieser großen Maaßregel bekann Der Kaiser setzte außerdem den Senat von den Opfern i Kenntniß, zu denen er sich entschlossen hatte, um das Lon doner Cabinet zum Frieden zu bewegen. „Die Insel Malta" waren seine Worte, „an die sich, so zu sagen, die Ehre di ses Krieges knüpft und die sein erster Anlaß war, weil ma sie den Verträgen zum Trotze zurückbehielt, haben wir abg treten; wir hatten eingewilligt, daß mit dem Besitze von Ce lon und des Reiches von Mysore England den Besitz des Vorgebirges der guten Hoffnung verbände." Da das englische Cabinet auf diese Bereitwilligkeit von seiner Seite nur durch die Bildung eines vierten Bündnisses gegen Frankreich geantwortet hatte, so fügte er hinzu: „In dieser neuen Stellung haben wir zum unveränderlichen Grundsatz unsers Verfahrens gemacht, weder Berlin, noch Warschau, noch die durch die Gewalt der Waffen in unsere Hände gefallenen Länder zu räumen, wenn der allgemeine Friede nicht abgeschlossen ist; wenn die spanischen, holländischen und französischen Kolonien nicht zurückgegeben; wenn die Grundlagen der ottomanischen Macht nicht befestigt und die unbedingte Unabhängigkeit dieses ungeheuern Reiches, an dem unser Volk zuerst Antheil nimmt, unwiderruflich sichergestellt sind."

„Wir haben die britischen Inseln in den Bann der Sperre gethan, und wir haben Maaßregeln gegen sie angeordnet, die unserm Herzen zuwider waren. Es ist uns schwer gefallen, die Interessen der Privatleute abhängig zu machen von den Zwisten der Könige, und nach so vielen Jahren der Ausbildung zu den Grundsätzen zurückzukehren, welche die Barbarei des Kindesalters der Völker bezeichnen. Aber wir waren gezwungen, zum Heile unserer Völker und unserer Verbündeten, dem gemeinschaftlichen Feinde dieselben Waffen entgegenzusetzen, deren er sich gegen uns bediente. Diese Entschließungen, durch ein gerechtes Gefühl der Gegenseitigkeit geboten, waren weder durch Leidenschaft, noch durch Haß eingegeben. Das, was wir nach der Zerstreuung der drei Bündnisse angeboten haben, die so viel zum Ruhme unserer Völker beigetragen, wir bieten es auch heute noch an, wo unsere Waffen neue Triumphe erlangt haben." Der Kaiser endigte diese Botschaft durch die Aufforderung, daß ein Senatus-Consult in den ersten Tagen des Jahres die Dienstmannschaft von 1807, die in gewöhnlichen Verhältnissen erst im Monate September ausgehoben werden sollte, zu seiner Verfügung stellte. „In welchem schöneren Augenblicke", sagte er, „würden wir die jungen Franzosen zu den Waffen rufen können? Um sich zu ihren Fahnen zu begeben, müssen sie die Hauptstädte unserer Feinde und die Schlachtfelder, welche die Siege ihrer ältern Brüder verherrlicht haben, durchreisen."

Schon haben wir die Vorwürfe nicht geschont und auch fernerhin werden wir sie nicht sparen, die dem Senate gebühren; aber welcher berathende französische Staatskörper, welche andere Versammlung an der Stelle des Senats würde, wenn das Haupt des Staates auf den Flügeln des Sieges fünfhundert Stunden weit von seiner Hauptstadt weggetragen ist, das Vaterland nicht zu verrathen gefürchtet haben, wenn er seine Zustimmung zu der letzten Anstrengung verweigert hätte, um dieses Heer zu retten und den Frieden zu erobern? Das Uebel liegt nicht in der augenblicklichen Gewährung, es liegt von der einen Seite in dem früheren Statut, das dem gesetzgebenden Körper das Recht entzog, die Mannschaftausbebungen zu bewilligen, um dem Senate es zuzuwenden; es liegt von der andern Seite in der Nichtbeobachtung verfassungsmäßiger Gesetze, die dem Haupte des Staates die Macht hätten nehmen sollen, die Heere in Person zu befehligen, wenigstens jenseit der Gränzen. Der menschliche Irrthum, das menschliche Verbrechen, — wenn man diese Worte auf das Betragen der Senatoren anwenden darf — war die gezwungene Folge der Einrichtungen. Wenn ein Volk übrigens von dem Zauber der Bewunderung befangen, wenn es von seinem eignen Ruhme berauscht ist, giebt es dann ein Opfer, das ihm schwer fiele, um sich auf der erreichten Höhe zu erhalten? — Nicht aus blinder Leidenschaftlichkeit hatte der Kaiser in seinen Aufrufen sowohl an das Manifest des Herzogs von Braunschweig als an den Einzug der Preußen in die Champagne erinnert. Diese Anspielungen auf das Vergangene, die einige Geschichtsschreiber bitter getadelt haben, fanden in allen Gemüthern, die noch der ersten Erinnerungen an die Revolution voll waren, ihren Anklang. Die Schlacht von Jena machte vielleicht in Frankreich einen lebhaftern Eindruck, als die Schlacht von Austerlitz. So viele Male hatten wir schon in Italien, in der Schweiz, in Teutschland und in Holland die Oestreicher und die Russen, einzeln oder zusammen, geschlagen. Diese Preußen, welche ihre so oft gepriesene Taktik gefährlicher als alle unsere andere Feinde ansehen hieß, mußten noch mit einigem Aufsehen besiegt werden! Zugleich galt es, Alt-Frankreich von der Schmach reinzuwaschen, die Friedrich II. darauf gehäuft hatte, Neu-Frankreich von den noch nicht vergessenen anmaßenden Drohungen und von dem Einfall in sein Gebiet, der von unsern bürgerlichen Zwisten war begünstigt worden. Die Masse des französischen Volkes wußte es dem Kaiserthume Dank, daß es als glücklicher Rächer der Beschimpfungen auftrat, welche die alte Monarchie und die Republik erfahren. Das Senatus-Consult, wodurch dem Kaiser im Anfange des Jahres 1807 die erst neun Monate später auszuhebende Mannschaft überwiesen ward, ist daher weit weniger verdammlich an sich selbst, als erster Schritt in einem bösen Gleise, als erste Quelle des ausgedehnteren Vorwegnehmens, dem man in der Folge gar nicht den Muth haben wird, seine Zustimmung zu versagen.

Die Adresse des Senats an den Kaiser drückte zwei damals noch wahrhafte Empfindungen aus: die Bewunderung der durch das Heer und seinen Führer verrichteten Wunderthaten und den Haß gegen die englische Regierung. „Diese Regierung", sagte der Senat, „hat die Barbarei aufgerufen; mag sie die Leiden derselben erfahren! Mag eine eherne Mauer sie weit vom Festlande fern halten! — Europa, dessen Bürgerbildung sie hat rückgängig machen wollen, sey für sie ein unwirthliches Land!" Die Adresse kündigte darauf an, daß achtzigtausend Tapfere mehr auszögen, um den Ruhm ihrer ältern Brüder zu theilen. „Und doch, Sire, bringt der Senat wie das Volk, Ihrer geheiligten Person ergeben und stolz darauf, Ihnen die Empfindungen der Nation zu verkünden, die geheime Stimme zum Schweigen, welche die Gegenwart Ihrer Majestät wünscht." Dieser Wunsch des Senates war, ungeachtet der Schüchternheit des Ausdrucks, in die er sich einhüllt, doch ein Aufruf an das Nachdenken des Kaisers über die Gefahr, den Schauplatz des Krieges noch weiter hinauszuschieben. Die zwölf abgeordneten Mitglieder, die zu ihm nach Berlin geschickt wurden, hatten den Auftrag, mündlich dem ausgesprochenen Wunsche des Senates noch mehr Kraft zu geben, und sie blieben nicht hinter ihrem Auftrage zurück. Diese Art von Vorstellungen war für den Kaiser neu; auch machte sie Anfangs auf ihn keinen angenehmen Eindruck. Er erwiederte: es hänge nicht allein von ihm a beenden; er habe vergeblich Alles gethan, wa war, um den Abschluß des Friedens zu bee einiges Erstaunen bemerklich, daß man geral gewählt habe, wo die russischen Heere den S kämen, um einen Schritt zu versuchen, der ständniß zwischen dem ersten Staatskörper des Staates voraussetzen lassen könnte. Da Senates bei dieser Gelegenheit ist sicher al doch der Kaiser, der allzugut wußte, wie d dieses Staatskörpers gefaßt wurden, sah i weisen Vorstellungen nur einen halb feindse Leute, in die er kein vollständiges Vertrauen willigen Gefälligkeiten (aus Zwang oder St denen sich der Senat bis jetzt hergegeben hat leon wenig vorbereitet, seine Rathschläge über den anzuhören.

Mitten unter den so verschiedenartigen Angelegenheiten, welche den Kaiser zu Berlin seine Verfügung gegen England, seine Be Preußen und seine kriegerischen Unternehmen noch Muße genug, selbst an dem Tage, w der britischen Inseln erklärte, sich gegen den nern zu beschweren, daß man schlechte Verse sungen. „Nimmt man sich's denn in Frankr seine Worte [1]), „die Literatur herabzubringen Sie meine Unzufriedenheit und befehlen Sie, nichts gesungen werde, was eines großen würdig wäre." Kurz darauf genügte man Die Oper erhielt Gesänge, die einer Muse zukamen. „Erklären Sie", schrieb er an der Verfasser meine Zufriedenheit [2]); ich hatte b Geschenk für sein Stück Joseph zu machen dieses erstatten Sie mir Bericht; für jeden

1) Brief vom 21sten November.

2) Brief aus Warschau vom 12ten Januar.

3) Ein Trauerspiel von Baour-Lormian.

ihm eine Vergütung. Im Allgemeinen ist die beste Art mich zu loben, wenn man Dinge macht, die dem Volke, der Jugend, dem Heere heldenmäßige Empfindungen einflößen." Diese Gedanken des Kaisers sind aus seinem geheimen Briefwechsel genommen. Vernünftige Leute müssen's ihm Dank wissen, daß er den Wunsch hatte, den Volkscharakter zu veredeln, so wie es geschmackvolle Leute ihm Dank wissen müssen, daß er sich bemühte, die Literatur zu reinigen. Wenn es den Alexandern erlaubt ist, nach dem Lobe der Athener zu streben, so beweiset es bei Napoleon einen zarten Tact, wenn er keine Lobreden in alltäglichen Versen haben wollte, welche die Einbildungskraft oder die Ohren der Franzosen hätten beleidigen können.

Während die Ehre unserer Literatur den Kaiser Napoleon selbst im Schlosse der Könige von Preußen beschäftigte, zeigte er sich keineswegs gleichgültig gegen die Leute von Verdienst, welche damals in dieser Hauptstadt sich befanden. Herr von Humboldt und der Abt Denina [1]) wurden zu einzelnen Unterhaltungen zugelassen und mit großer Auszeichnung empfangen; aber der Mann, den er am meisten hervorhob und mit dem sich die Unterhaltungen immer am längsten ausspannen, war der Geschichtsschreiber der Schweiz, Johannes Müller. Späterhin berief er ihn zu den Geschäften eines Minister-Staatssecretairs des Königreichs Westphalen.

Der Geschichtsschreiber Dänemarks und Hessens, Herr Mallet aus Genf, bekam einen Jahrgehalt vom Churfürsten von Hessen und einen vom Herzoge von Braunschweig. Sobald der Kaiser davon unterrichtet wurde, befahl er, daß diese Jahrgehalte fortgingen, aus den Einkünften beider Länder.

Den Jahrestag des 2ten Decembers konnte der Kaiser nicht vergessen. Am 2ten December war seine Verfügung über die Festlandsperre dem Senate mitgetheilt worden. Am 2ten December sprach er so zu seinem Heere: „Soldaten, heute ist's ein Jahr, als ihr zur selbigen Stunde auf dem merkwürdigen Felde von Austerlitz waret. Die erschrockenen

1) Abt Denina kam nach Frankreich und ward vom Kaiser zu seinem Privatbibliothekar ernannt.

russischen Bataillone flohen in Unordnung, oder gaben, umringt, ihre Waffen an ihre Sieger. Am folgenden Tage ließen sie Worte des Friedens hören; aber sie waren trügerisch. Kaum dem Unheil eines dritten Bündnisses in Folge einer vielleicht nicht zu billigenden Großmuth entgangen, hatten sie ein viertes angesponnen; aber der Verbündete, auf dessen Kriegskunst sie ihre vorzügliche Hoffnung bauten, ist jetzt schon nicht mehr vorhanden. Seine Festen, seine Hauptstädte, seine Vorrathshäuser, seine Zeughäuser, zweihundert achtzig Fahnen, siebenhundert Feldstücke, fünf große Kriegsplätze sind in unsrer Gewalt. Die Oder, die Warthe, die polnischen Wüsten, das schlechte Wetter der Jahreszeit haben euch keinen Augenblick aufgehalten. Ihr habt Allem getrotzt, Alles überwunden; Alles floh bei eurem Näherkommen."

„Vergeblich wollten die Russen die Hauptstadt dieses alten und erlauchten Polens vertheidigen; der französische Adler schwebt über der Weichsel. Der tapfre und unglückliche Pole glaubt bei unserm Anblicke Sobieski's Legionen von ihrem merkwürdigen Feldzuge heimkehrend zu erblicken."

„Krieger, wir werden die Waffen nicht niederlegen, ehe der Friede befestigt ist und die Macht unserer Verbündeten gesichert hat; ehe unser Handel seine Freiheit und seine Kolonien wieder erlangt hat. Wir haben an der Oder und Elbe Pondichery, unsre Besitzungen in Indien, das Vorgebirge der guten Hoffnung und die spanischen Niederlassungen wieder erobert. Wer gäbe den Russen das Recht, zu hoffen, daß sie die Wage der Geschicke hielten? Wer gäbe ihnen das Recht, so wohlbegründete Plane umzustoßen? Sind sie und sind wir nicht noch die Soldaten von Austerlitz?"

Dieser glühende und stolze Aufruf schien mir der Aufbehaltung werth, weil er selbst in einigen Versprechungen, welche die Zeit nicht bestätigt hat, merkwürdig ist. Vielleicht glaubt der Kaiser selbst nicht unbedingt an seine Verkündigungen; vielleicht ist er keineswegs sicher, unsre Besitzungen in Indien an der Elbe und der Oder wieder erobert zu haben; aber die Zuversicht, mit der er es ausspricht, übt stets auf die Seele der Soldaten dieselbe Wirkung. Mitten in dieser Uebertreibung sieht man seinen Hauptgedanken vorherrschen, daß die preußische Monarchie das Lösegeld für die Kolonien Frankreichs und seiner Verbündeten seyn soll. Das heißt jedoch der englischen Regierung zu viel Ehre anthun: „In London,“ sagt Herr Lombard, „hätte man keine Negerhütte aufgeopfert, um uns Kronen zu retten.“

Mit dem Aufrufe des Kaisers war eine Verfügung von demselben Tage verbunden, deren Ausführung die spätern Ereignisse gehemmt haben, doch deren Plan schon kriegerischen Seelen schmeichelhaft seyn mußte. Diese Verfügung sprach aus, daß auf dem Magdalenenplatze zu Paris ein Denkmal mit der Inschrift errichtet werden sollte: „Der Kaiser Napoleon den Soldaten der großen Armee.“ Im Innern sollten auf Marmortafeln die Namen Aller aufgeschrieben werden, die bei den Schlachten von Ulm, von Austerlitz und Jena zugegen gewesen waren; auf Tafeln von purem Golde sollten die Namen Aller eingezeichnet werden, die auf dem Schlachtfelde geblieben. Dort sollten die Waffen, Statuen, Denkmäler aller Art niedergelegt werden, ferner die Standarten, Fahnen, welche das große Heer in diesen beiden Feldzügen genommen. Jährlich sollte eine große Feierlichkeit den Ruhm dieser merkwürdigen Tage zurückrufen. Durch die Anordnung einer vielleicht hochmüthigen, aber selbst in ihrem Hochmuthe löblichen Bescheidenheit, war verboten, daß in den Reden, Oden rc. irgend eine Erwähnung des Kaisers geschehe.

Der Kaiser beschäftigte sich mit der Verwirklichung dieses Planes. Er forderte Entwürfe über das Bauliche des Werkes ein und befahl dem Minister des Innern, die umliegenden Zimmerhöfe zu kaufen, um einen „runden Platz zu gewinnen, den man mit Gebäuden nach einem Plane einfassen könnte.“

Da eine frühere Verfügung angeordnet hatte, daß die Pariser Börse auf demselben Magdalenenplatze errichtet werden sollte, so widerrufte er diese Verfügung und er beauftragte den Minister des Innern, ihm für diese andre Bestimmung einen weiten und allein gelegenen Platz vorzuschlagen. „Meine Absicht ist,“ schrieb er [1]), „eine Börse erbauen zu lassen, wel-

1) Brief vom 7ten März 1807.

che der Größe der Hauptstadt und der Menge der Geschäfte entspreche, die einst dort verhandelt werden sollen." So entstand das prächtige Börsengebäude, das nach ihm zu Stande kam, wozu er jedoch den Grund gelegt hatte.

Die Ankunft des Kaisers Napoleon in Posen war eine wichtige Episode in dem Kriege mit Preußen und brachte eine Frage zur Sprache, die keine Macht durch ihren bloßen Willen zu beantworten im Stande war. Geschichtsschreiber und Verfasser von Denkwürdigkeiten nehmen als eine allbekannte Thatsache an, daß Napoleon die Herstellung Polens niemals redlich gewollt hat. Diese Behauptung kommt bei den Einen daher, daß sie nur eine Seite der Dinge zu sehen bekamen; bei den Andern aus dem Interesse, das sie hatten, diese oder jene Ansicht geltend zu machen. Kaum war der Kaiser in Berlin eingerückt, als Abgesandte aus Südpreußen bei ihm eintrafen, um ihn um seinen Schutz für diesen Theil Polens zu ersuchen. Schon im Feldzuge von 1805 hatten die Bewohner jener Gegend ihm den Antrag gemacht, ihre Waffen mit den seinen zu vereinigen. Der Preßburger Friede hatte die Ausführung dieses Planes gehindert. Im Jahre 1806 waren die Umstände günstiger. Seit den ersten Tagen des Novembers hatte ein vom General Dombrowski [1]) und von Wibicki, einem der redlichsten Vertheidiger der Verfassung vom 3ten Mai 1791, unterzeichneter Aufruf die Jugend des Herzogthums Posen zur Vertheidigung des Vaterlandes berufen und mehrere Bataillone hatten sich in wenigen Tagen gebildet. Die Franzosen wurden als Freunde empfangen; Napoleons Ankunft insbesondere erregte den lebhaftesten Enthusiasmus. In seinen einfachsten Worten fand man mit Vergnügen Anlaß zu Hoffnungen. Doch hütete sich der Kaiser, gegen das Land übereilte und vorzeitige Verpflichtungen einzugehen. Ein Armeebericht [2]) vom 1sten December enthielt folgende beiden Sätze: „Vaterlandsliebe und Volksgefühl ist

1) Dombrowski war bei dem italienischen Heere angestellt; aber beim Anfange des preußischen Krieges hatte Napoleons Vorsicht ihn in sein Hauptquartier berufen, um ihn im Nothfalle in Polen zu brauchen.

2) Der 36ste.

4*

nicht allein vollständig im Herzen des Volkes erhalten, sondern durch das Unglück sogar noch gestählt worden. Seine höchste Leidenschaft, sein erster Wunsch ist, wieder ein Volk zu werden. Die Reichsten kommen aus ihren Schlössern, um mit großem Geschrei die Herstellung der Nation zu verlangen und bieten ihre Kinder, ihr Vermögen, ihren Einfluß an. Dieses Schauspiel ist wahrhaft rührend. Schon haben sie überall ihre alte Kleidung wieder aufgenommen und ihre alten Gewohnheiten."

„Wird Polens Thron wieder aufgerichtet und wird dieses Volk sein Daseyn und seine Unabhängigkeit wieder erlangen? Wird es aus dem Grunde des Grabes wieder zum Leben geboren werden? Gott allein, der in seinen Händen die Fäden aller Ereignisse hält, kann über diese große politische Aufgabe entscheiden; doch gäb' es sicher kein merkwürdigeres, kein der Beachtung würdigeres Ereigniß." Die Zurückhaltung in dieser Sprache war rechtlich und gradsinnig.

Ein Pole, der aus Geschmack oder wegen seiner Stellung, die Freilassung seines Vaterlandes eher von Rußland als von Frankreich erwartete, erzählt, daß unter den Deutungen, zu denen dieser Armeebericht in Polen Anlaß gab, die Freunde der Freiheit [1]) sich fragten, „ob man die Herstellung der Republik Polen von dem Manne erwarten dürfe, der die Freiheit in seinem eigenen Vaterlande vernichtet habe?" Es scheint uns nicht eben räthlich, eine solche Verwirrung mit den Worten Freiheit und Unabhängigkeit sich zu erlauben, und aus der Nichtachtung der Freiheit, die Napoleon in Frankreich bewiesen haben soll, die nothwendige Folge abzuleiten, daß er als staatskluges Staatsoberhaupt die Unabhängigkeit des polnischen Volkes nicht hätte wünschen mögen. Diese Art von Schlußfolge ist besonders auffallend von Seiten eines Mannes, der zu andern Zeiten, und mit allem Grunde, die Hülfe des nicht allzu freisinnigen Cabinets von Constantinopel für Polen in Anspruch genommen hatte. Dieser selbe Schriftsteller versteht es, wie so viele andere, ein Ereigniß festzuhalten, um sich

1) Mémoires du Comte Oginski, erschienen im J. 1826; 1. Theil S. 339.

eine Prophezeiung darauf anzumaßen, und versichert, daß er für seinen Theil gedacht und gesagt habe, „daß Napoleon [1]), wenn es ihm selbst gelänge, Volhynien und Litthauen zu besetzen, doch nur einzelne Herzogthümer daraus machen würde, so wie er es auch mit den Preußen abgenommenen Provinzen halten würde, indem er sie zu einem Herzogthume Warschau oder Masovien, niemals zu einem Herzogthume oder Königreiche Polen ernennen würde." Diese Voraussicht von seiner Seite stützte sich, wie er versichert, auf Betrachtungen, welche den überlegtesten Leuten gekommen waren, und eine dieser Betrachtungen war: „daß Napoleon gar den Gedanken nicht haben könne, Polen mächtig und unabhängig herzustellen, wie es einst bestanden habe, denn dieses vertrüge sich nicht mit seinen Ansichten und dem bis dahin stets von ihm befolgten Systeme." Man mag sich wundern, daß ein ehemaliger diplomatischer Geschäftsträger auf der einen Seite von der Herstellung Polens wie von einer ganz einfachen Sache spricht, zu der Napoleons bloßer einfacher Wille ausgereicht hätte, und daß er dann behauptet, daß er aus den gesammten polnischen Provinzen, wenn er sie unabhängig zu machen im Stande gewesen, einzelne unzusammenhängende Gouvernements nach seiner Laune geschaffen haben würde. Daß Napoleon in seiner Nähe und zur unmittelbaren Berührung nur schwache, leicht zu beherrschende Staaten zu haben wünscht, davon begreift sich der Grund sehr leicht; doch wenn sein Interesse fordert, daß er in weiter Entfernung von seinem Reiche, auf dem Gebiete des alten Polens, einen Achtung einflößenden Stützpunct gegen Rußland und selbst gegen Oestreich bilde, ist da die Annahme nicht unsinnig, daß er, statt sich eines mächtigen Verbündeten zu versichern und einen Staat zu begründen, der ihm nach dem Maaße seiner Kräfte nützlich seyn konnte, vorgezogen haben sollte, mehrere schwache Staaten zu bilden, die ihm schon am nächsten Morgen entgingen, um von ihren nächsten Nachbarn abhängig zu werden? Die Falschheit einer solchen Voraussetzung springt jedem Vernünftigen in die Augen. Ganz augenfällig ist das eine schlechte Rechtfertigung, die der Ver-

1) Mémoires du Comte Oginski. 1. Theil S. 348.

fasser der angeführten Denkschriften ersonnen hat, um das von ihm befolgte Verfahren zu entschuldigen. Als Antwort auf solche Schlüsse kann man die Thatsachen antworten lassen.

Eine der merkwürdigsten Fahrlässigkeiten der Leute, die Napoleon die Nichtherstellung des Königreichs Polen zum Vorwurfe machen, ist das Uebersehen (gewiß nicht aus Unkenntniß, sondern aus Zerstreuung) der darauf bezüglichen Schwierigkeiten von Seiten der östreichischen Monarchie. Sie scheinen aus dem Auge verloren zu haben, daß mehrere Millionen Polen Unterthanen dieser Monarchie sind; daß der Gedanke an die Freimachung eines einzigen polnischen Dorfes hinreicht, dem Wiener Hofe Besorgnisse zu erregen; daß die Schritte Napoleons ein Angriff auf dasselbe seyn würden, wenn man glauben dürfte, daß sie sich über das Gebiet hinaus erstrecken würden, das den im Kriege begriffenen Mächten gehört; und daß es dem französischen Heere nicht eben zukommt, wenn es an der Weichsel steht, einen Feind mehr und noch dazu einen so furchtbaren Feind sich auf den Hals zu laden. Durch eine Uebersicht der Beziehungen zwischen Napoleon und Oestreich wird man selbst zu urtheilen im Stande seyn, ob die größte Umsicht nicht für ihn Pflicht ist.

Seit diese Macht, dem Hauche des Glückes nachgebend, der Frankreich so begünstigte, durch die Niederlegung der teutschen Kaiserwürde das Werk des Rheinbundes gekrönt hatte, hatten die Beziehungen beider Cabinette sehr freundschaftlich zu einander geschienen, obgleich das östreichische Cabinet bei der Nachricht der Verwerfung des Pariser Vertrages durch den Kaiser Alexander, einige Reue über einen Act der Gefälligkeit spüren mochte, der von seiner Seite und zwar gegen alle Gewohnheit sowohl übereilt, als umsonst gewesen war. Wär' es möglich gewesen, so würde man selbst die dem Glücke allzuleichthin gemachten Zugeständnisse zurückgenommen haben. Einer der Puncte, in die man eingewilligt hatte, war die Anerkennung eines der Brüder Napoleons als König von Neapel, aber wohlverstanden unter der Bedingung, daß erst ein anderer großer Hof dazu das Beispiel gab. Preußen, das schon zum Kriege gegen Frankreich entschlossen oder im Begriffe war, sich dazu zu entschließen, setzte jedoch recht geflissentlich seine scheinbare Vertraulichkeit mit ihm fort, und da es einen Minister (Herrn von Humboldt) ernannt hatte, um bei dem neuen Könige zu Neapel zu residiren, so drang die französische Regierung in Wien auf die Erfüllung eines Versprechens, das an eine eben erfüllte Bedingung geknüpft war. Nun begannen die Windungen. Man verlangte nicht allein, daß ein großer Hof diesen Schritt zuerst thue, sondern man verlangte es von einem Hofe, der in Familienverbindungen mit König Ferdinand stehe, namentlich von Spanien. Frankreich bestand nicht darauf, es mußte damals andere Interessen schonen.

Die Frage über Cattaro, für den Augenblick durch den Frieden mit Rußland abgethan, lebte wieder auf, als dieser Vertrag nicht genehmigt ward. Die Verhandlung zu Paris hatte die Versuche nicht verhindert, diese Plätze in Folge der ächten oder erlogenen Befehle wieder zu erlangen, die durch den Botschafter Rasumowski an die russischen Befehlshaber abgegangen waren; aber die östreichischen Commissare waren in der That verkannt worden und man hatte dem General Grafen Bellegarde geantwortet, daß man jedes Schiff, welches es auch sey, wenn es eine Landung versuchen wollte, in den Grund bohren würde. Damals verhandelte man auch zwischen den Cabinetten der Tuilerien und von Wien die Festsetzung der Gränzen zwischen Oestreich und dem Königreiche Italien; aber die wichtigste Angelegenheit des Augenblicks war für sie die Frage über die Buchten (Bocche di Cattaro) von Cattaro. Sie wurde der Gegenstand einer Uebereinkunft, die in den ersten Tagen des Octobers zwischen dem Grafen von Stadion und dem französischen Botschafter, Herrn von la Rochefoucauld, unterzeichnet ward. Diese Uebereinkunft sollte die zusammengesetzte Bewegung des östreichischen Generals Grafen Bellegarde, dem man Verstärkungen zuschickte, und die Bewegung der französischen Generale für die Wiedernahme der bestrittenen Puncte in Ordnung bringen.

Von beiden Seiten und besonders von Seiten des französischen Botschafters, hatte man ein Paar Worte über eine engere Annäherung beider Mächte fallen lassen. Ein Brief des Kaisers Napoleon, aus Würzburg, erklärte, daß er keine genaueren Beziehungen mit dem Berliner Hofe wünsche, weil dessen Doppelheit über alles Maaß gegangen war. Die Hinneigung Frankreichs zu Oestreich folgte sonach beinahe dem allmähligen Nachlassen seiner Bande mit Preußen, und es ließ das Wort Bündniß in Wien hören, gerade in dem Augenblicke, wo das französische und preußische Bündniß, zwar dem Namen nach bestehend, auf dem Schlachtfelde von Jena seine Endschaft finden sollte. Gab sich das östreichische Cabinet auch nicht offen den französischen Einflüsterungen hin, so wich es doch auch von der andern Seite den förmlichen Anmuthungen des preußischen und des russischen Hofes aus, und seit dem 4. October hatte es nach Petersburg, nach London und Berlin Eilboten gesandt, um dort den Entschluß des Kaisers bekannt zu machen, die stricteste Neutralität zu beobachten. Auf die Nachricht von Napoleons glänzenden Erfolgen zeigte sich das östreichische Ministerium geneigt, in Besprechungen über die Grundlagen eines Bündnisses einzugehen.

Indessen schienen die Thatsachen den Worten nicht zu entsprechen. Truppenbewegungen nach Böhmen hin machten sogar seine Neutralität mehr als verdächtig. Diese zweideutige Stellung des Wiener Hofes bestimmte den Kaiser Napoleon, einen unterrichteten und scharfblickenden Kriegsmann als Botschafter hinzusenden, der im Stande sey, die kriegerischen Anordnungen, die dieses Cabinet vornehmen möchte, bei ihrer ersten Aeußerung zu erfassen. Dieser Charakter eines Botschafter-Generals befugte außerdem zu einer Freimüthigkeit der Sprache und zu eigenthümlichen Bemerkungen, die ein nicht militärischer, diplomatischer Geschäftsträger sich nicht hätte erlauben können. Gleich in der ersten Audienz, welche der Kaiser von Oestreich ihm gewährte, wußte dieser Botschafter, der General Andreossy, von den Vorzügen seiner Stellung zu vortheilen. Nach den gebräuchlichen Versicherungen über Napoleons Wunsch, mit Sr. kaiserlichen Majestät in Frieden zu leben, fügte er, ohne seinen Gedanken in leere Umschreibungen zu verstecken, hinzu: „Der Kaiser Napoleon fürchtet weder seine öffentlichen, noch seine geheimen Feinde. Indem er die Absichten nach den Thaten beurtheilt, ist er nur allzu geübt, um sich aus diesen letztern herauszufinden; und in dieser Hinsicht,

Sire, würde er unendlich beklagen, wenn er gla
daß die bedeutenden Rüstungen, welche Ew. M
Anfange der Feindseligkeiten auf den Beinen ha
ihn bereitet und angeordnet wären, wenn das Gl
wenden sollte. Der Kaiser wünscht, wie ich wiede
mit Ew. Maj. in Frieden zu leben, doch in wahr
den, und darf er als eine Stellung des Friedens
wo er sich stets bedroht glauben muß? Ew. Maj.
den Flanken des französischen Heeres alle Ihre Krä
zu haben, die verständiger Weise zur Verfügung
waren, mit Magazinen, die außer allem Verhä
Ruhig auf allen Puncten Ihres so ungeheuern Rei
nur einer Ew. Maj. zu beschäftigen, und das ist
wo das französische Heer mit dem preußischen
ist, das freilich wie durch einen Windstoß zerstiebt
wo es nächstens sich mit den russischen Truppen
sehen wird."

„Der Kaiser fragt sich, was macht bei einer
der Dinge ein Heer, das sich für den Erhalter ei
bedrohten Neutralität ausgiebt, die, was noch
will, nicht bedroht seyn kann, die man gar nicht
hat zu verletzen, und die zu verletzen ohne alles Int
Glücklicherweise, Sire, geben der ehrenwerthe Ch
Majestät, Ihre anerkannte Rechtlichkeit, solchen
eine andere Farbe. . . ."

Wenn zwei Monarchen dahin gekommen sind
Botschafter des einen mit dem andern Monarchen
zu berührende Erklärungen eingeht, so ist es leich
sen, daß das sie vereinigende Friedensband sehr
und daß es keiner großen Anstrengung bedarf, um
reißen. Welches auch die Wünsche Napoleons in
Polen seyn mochten, so war er doch genöthigt,
Schonung in seinen Handlungen und in seinen
den Tag zu legen. General Dombrowski's Auf
nur an das preußische Polen gerichtet, und doch
östreichische Cabinet daraus Argwohn geschöpft, un
Worte, welche der französische Botschafter zu h
waren Klagen über das Gefährliche der Aufru

Ruhe der Sr. k. k. Majestät unterworfenen polnischen Provinzen.

Eine Aussicht bot sich Napoleon dar, um Polen herstellen zu können, oder wenigstens einen großen Theil Polens, indem es alle Schwierigkeiten mit Oestreich beseitigte, durch den Tausch von östreichisch Polen oder Galizien gegen preußisch Schlesien. Man durfte voraussetzen, daß Oestreich durch den Gedanken an die Wiedererlangung einer Provinz, die Jahrhunderte lang ihr angehört hatte und die der Gegenstand so langer Nachschmerzen gewesen war, wohl bestochen werden könnte, wenn dagegen neue Unterthanen abgetreten werden sollten, deren stets unzuverlässige Treue keine andere Gewähr, als die Gewalt und die Furcht hatte. So lange die Verhandlung mit Preußen um einen Waffenstillstand dauerte, hatte General Andreossy den Auftrag [1]), nur die Möglichkeit eines solchen Tausches durchblicken zu lassen. Seit diese Verhandlung abgebrochen war, wurde er befehligt [2]), ihn in aller Form anzutragen. Dem Vorschlage ward durch sehr ehrenwerthe Bedenklichkeiten, welche jedoch bei dem Wiener Hofe ziemlich neu waren, ausgewichen. Dem Grafen von Stadion zufolge erlaubte die Gewissenhaftigkeit seines Souverains nicht, einen Besitz anzunehmen, den Preußen nicht durch einen Vertrag ihm zugesichert hätte.

Frankreich mochte sich an das östreichische Cabinet über irgend einen Punct wenden, welchen es wollte, so fand es stets für seine Wünsche dieselbe Flauheit. Sobald der Kaiser Napoleon Nachricht von dem Einfalle der Russen in die Moldau und Wallachei hatte, ließ er den Wiener Hof auffordern, mit ihm gemeinsame Sache zur Aufrechthaltung der Unverletzlichkeit des ottomanischen Reiches zu machen. Der Wiener Hof wollte sich aber über keinen Punct mit Frankreich verständigen und die Unverletzlichkeit der ottomanischen Pforte wurde ihm von dem Augenblicke an gleichgültig, wo er sich zu ihrer Erhaltung mit dem Kaiser Napoleon hätte vereinigen müssen. Um es rein herauszusagen, die Rolle des östreichischen Cabi-

1) 25sten November.

2) Gegen die Mitte des Decembers.

Namen eines Vermittlers, nur Frankreich zu schaden beabsichtigt. Nur um dieses Zweckes willen schickt das östreichische Cabinet den General Vincent zum Kaiser Napoleon nach Warschau.

Durch diese Maaßregeln des Wiener Hofes war Napoleons Benehmen in Bezug auf Polen vorgeschrieben, wenn er es sich nicht zum Spiele machen wollte, den Wiener Hof in die Lage zu setzen, daß er sich mit Preußen und Rußland vereinige. Bessern Eingebungen folgend, wendete er diese Gefahr durch seine Klugheit ab. So billigte er zwar, beim Einzug der Franzosen in Warschau, daß man dort eine Verwaltungsbehörde aus Polen bilde, aber er empfahl, nur Polen, die zu der Provinz gehörten, darin aufzunehmen, um dieser Verwaltungsbehörde nicht die Gestalt einer polnischen Gesammtregierung zu geben.

Bald wird er einen Schritt weiter gehen. Er errichtet eine einstweilige Regierung in Warschau, aber ohne das polnische Volk durch Versprechen zu täuschen, die er nicht zu erfüllen im Stande seyn möchte. Der erste Artikel der Verfügung [1]) spricht daher aus, daß diese Regierung in Thätigkeit seyn soll, bis daß das Schicksal von preußisch Polen durch einen endlichen Frieden bestimmt sey. In der That kam ihm auch nur zu, so von dem Theile des Königreichs zu sprechen, der von seinen Truppen besetzt war. Die vom Kaiser erwählten Polen, um diese einstweilige Regierung zu bilden, waren große, ihrem Vaterlande mit Grunde werthe Bürger; Leute, deren Andenken Frankreich selbst mit Liebe bewahren muß. Es war der Marschall Malachowski, Gutakowski, Stanislaus Potocki, Wibicki, Dzialinski, Bilinski und Sobolewski. Allen Geschichtschreibern, die es mit der Wahrheit nicht sehr genau nehmen, und allen Polen zum Trotz, die es mit Rußland halten, kann man versichern, daß Napoleon für Polen Alles that, was die Klugheit zuließ, wenn er nicht

1) Vom 14ten Januar 1807.

leichtsinnig sein Wort, sein Heer und Frankreichs theuerste Interessen Preis geben wollte.

Doch nur mit Versprechen für die Zukunft war der Kaiser sparsam; denn zu derselben Zeit bewies er dem Reiche außerordentliches Wohlwollen und bewies es durch Thaten, die mit dieser Sprache übereinstimmten. Um dem Lande einen Theil der Lasten zu ersparen, welche den Krieg begleiten, brachte er sehr bedeutende Opfer an Geld [1]). Am meisten drückt auf mit Besatzungen belegte Länder nicht sowohl der Soldat, den man mit Hülfe von Vorrathshäusern ernährt, oder der das Brod der Hütte theilt, als die Generalstäbe und die Officiere aller Grade. Um die Verpflegung der Soldaten sicher zu stellen, ließ der Kaiser besondere Vorrathshäuser für jede einzelne Heerabtheilung errichten. Den Officieren, vom Unterlieutenant bis zum Reichsmarschall, ward ein ziemlich reichlicher Löhnungszuschuß angewiesen, um ihnen jeden Vorwand, Etwas von den Einwohnern zu fordern, zu nehmen und die strenge Bestrafung der geringsten Ausschweifungen mehr gesetzlich zu machen.

Obgleich erobertes Land, als preußische Provinz, wurde doch Südpreußen als befreundetes und verbündetes Land behandelt. Keine außerordentliche Kriegssteuer und, der Regel nach, keine Kriegslieferungen. Für die Versorgung der Vorrathshäuser des Heeres hatten die Einwohner die Befugniß, vier Fünftel der Steuern in Naturalien zu zahlen. Blos ein Fünftel ward in Geld erhoben, und es stand der einstweiligen Regierung frei, dies zur Ausrüstung und Bekleidung der polnischen Truppen zu verwenden. Um den ersten Bedürfnissen der einstweiligen Regierung zu Hülfe zu kommen, ließ der Kaiser ihr eine Million aus der Casse des Heeres vorstrecken. Was Napoleon that, beweiset, was er gern gethan haben würde. Die Pflichten einer, wie es seyn mußte, nach den Interessen von Frankreich geregelten Staatsklugheit, setzten allein seinen persönlichen Gesinnungen zu Gunsten der Polen Schranken.

Läßt der Kaiser Napoleon Südpreußens Schicksal noch unentschieden, so waren dafür seine Entschlüsse fest in Bezug

1) Verfügung vom 4ten Januar.

) Elbe besessenen Pro-
ene Abtretung hat der
Kaiser schon den Ge-
rüder in diesen Län-
hiebt er nur die Ver-
: diesem Augenblicke
einer Armee zu be-
evölkerungen dieser
ı zu verschwistern.
ıhl er, ein Regi-
ı zu bilden, und
würdige Berück-
zu Preußen zu-
eutschlands lie-
neuer Bildung.
hen Regiments
ımaringen.
ickſal dieselben
Land dieselbe
ben [2]), jedes
icht, in diese
hren, die so
für Völker
rt wurden.
s, daß die
ı und alle

s Kaisers,

nerhörte
lche die
nthoben
renden
vinzen

inden,

zu erhalten und mit ihm seine Eroberungen zu theilen. Das große über Preußen gekommene Unglück zwang mehrere Glieder souverainer Häuser, sein Wohlwollen in Anspruch zu nehmen, um ihr Privatvermögen zu behalten und selbst um von ihm die Mittel zum täglichen Leben zu erlangen, die der Sturz von Staaten, zu denen sie gehörten, ihnen entzog. Durch die Vermittelung der französischen Behörden und nach ihrer Verfügung wurden an die Wittwe des Prinzen Heinrich, an den Prinzen und die Prinzessin Ferdinand Jahrgehalte ausgezahlt, die auf mehrere Landescassen angewiesen worden waren. Ein französischer Zahlmeister streckte die Summen zur Erhaltung des Hausstandes der Prinzessin Auguste, der Schwester des Königs, vor. Eine Prinzessin von Braunschweig, die Schwester des bei Jena tödtlich verwundeten Herzogs, ward auf Befehl des Kaisers wieder in den Besitz der Einkünfte der Abtei Gandersheim gesetzt. Eine andere Schwester des Herzogs von Braunschweig, die Prinzessin Elisabeth, geschiedene Wittwe des Königs Friedrich Wilhelm II., verlangte und erhielt vom Kaiser die Auszahlung eines auf die Rentkammer von Stettin gewiesenen Jahrgehaltes. Die Churfürstin von Hessen, eine geborne Prinzessin von Dänemark, nahm gleichfalls das Ansehen der Franzosen für die Auszahlung eines Jahrgehaltes, den sie von den hessischen Cassen zu fordern hatte, in Anspruch [1]). Ein merkwürdiges Schauspiel, wie es die europäischen Kriege seit langer Zeit nicht mehr geboten hatten!

Auf die Unordnungen und auf die Verwirrungen, die großen Schlachten folgen, sah man einige Maaßregeln der Ordnung und der Gerechtigkeit eintreten. Die Herzogthümer Sachsen-Meiningen und Sachsen-Hildburghausen [2]) waren mit

1) Noch besitze ich einen Brief dieser Fürstin, in welchem sie mich ersucht, ihren Anspruch zu unterstützen.

2) Die Art, wie dieser Act der Gerechtigkeit erfolgte, verdient erzählt zu werden, weil er kennen lehrt, wie die Geschäfte im kaiserlichen Hauptquartiere ausgefertigt wurden. Napoleon war im Begriff, von Posen nach Warschau abzureisen, und nach seiner Gewohnheit brachte er seinen Schreibtisch in Ordnung, nicht nach des Cardinals Dubois Weise, sondern indem er die Papiere zusammenlegte, um sie anderwärts

funfzig Millionen geschätzt, was übertrieben seyn mochte. Für funfzehn bis sechszehn Millionen wurden sie herausgegeben.

Um das Churfürstenthum Hessen, ein armes Land, in der Last der außerordentlichen Kriegssteuer zu unterstützen, so legte sie der Kaiser den Personen vorzugsweise auf, denen der Churfürst Capitalien geliehen hatte und die noch Schuldner dieses Fürsten waren. Die Finanzkammern des Landes hatten den Auftrag, diese Capitalien, sobald man sie einfordern konnte, einzuziehen.

Die Menge von Einzelheiten, in welche der Kaiser über die Kost des Soldaten einging, über Bekleidung, über Hospitäler, kurz über die Bedürfnisse jedes Tages, würde unmöglich seyn, wieder aufzuzählen oder auch nur anzudeuten. Dem Wohle des Heeres weiht er Alles, was das Schicksal der Waffen ihm zugeführt hat. In Stettin giebt es sehr bedeutende Weinlager. Der Kaiser läßt sie an Zahlungsstatt für die außerordentlichen Kriegssteuern in Anspruch nehmen. „Man muß Alles nehmen", heißt's in seinem Briefe, „und wenn für zwanzig Millionen da wäre, doch nur nach der Vorschrift nehmen und Empfangscheine darüber ausstellen. Der Wein soll mir im Winter den Sieg schaffen."

Nicht für die körperlichen Bedürfnisse blos sucht der Kaiser zu sorgen; auch wo er ein sittliches Bedürfniß bemerkt, sucht er zu helfen. In den Anordnungen für die Hospitäler empfiehlt er dem General-Intendanten, bei dem Hospitale zu Stettin, bei dem Posenschen und einigen andern Capellane anzustellen. In Preußen ist, wie man weiß, die Gleichgültigkeit in Religionssachen auf den äußersten Grad getrieben. Der Befehl hat folglich nichts Vorbereitetes, nichts Gekünsteltes. Er meint, daß eines Geistlichen Gegenwart für den Soldaten in seinen Leiden eine Milderung, ja ein Trost seyn kann, und er will, daß auch diese Hülfe ihm nicht fehle.

Die Sorge aller Art, die der Kaiser den französischen Truppen zuwendet, erstreckt er auch auf die Rheinbundtruppen. Alle erlangten Vortheile sind ein gemeinsamer Besitz für die einen wie für die andern. Nach einer Verfügung vom 4ten Januar werden die Bekleidung, Ausrüstung und Bewaffnung der Baiern, Würtemberger und andern Verbünde-

gen Sie mir einige Mittel vor, um allen verschiedenen Zweigen der schönen Künste einen Anstoß zu geben, weil sie von jeher unser Volk berühmt gemacht haben." Mitten in seinen kriegerischen Erfolgen ist es ein glücklicher Gedanke, daß unser literarischer Ruhm unter seinen Händen nicht ausarten soll.

Ein wichtigerer Anlaß war auch in Posen der Gegenstand seines Nachdenkens. Von dort aus fertigte er dem Minister die so sehr merkwürdigen Vorschriften über die Fragen zu, welche der große in Paris zum 9ten Februar berufene Sanhedrin behandeln und beantworten sollte. Um die Arbeiten dieser Versammlung zu erleichtern, machte er die Nothwendigkeit bemerklich, mit einer Erklärung anzufangen, daß es im mosaischen Gesetze religiöse Anordnungen gäbe, die unveränderlich wären, und politische Anordnungen, die Abänderungen zuließen. Konnte man sich auch erklären, warum die Juden nicht als Brüder ansahen „götzendienerische Völker, welche einen gemeinsamen Haß allen Kindern Israels geschworen hatten"; so mußte das doch anders seyn, seit sich die Stellung geändert hatte; und diese Abänderung ist es, die sie heutzutage dahin bringen muß, alle Menschen als Brüder anzusehen, zu welcher Religion sie auch gehören, „wenn nur die Israeliten in ihrer Mitte dieselben Rechte wie sie selbst genießen." So stellte er sieben Anträge hin, zu denen er die Zustimmung des großen Sanhedrin zu haben wünschte und deren Annahme, bei Lichte besehen, das Hauptergebniß der Besprechungen dieser Versammlung ausmachen wird. Mit Unrecht behauptet man, seiner Ansicht nach, daß die Juden erst schlecht geworden, seit sie unterdrückt sind; und zur Beglaubigung dieses stets der Prüfung würdigen Gedankens, führt er die Lage der Juden in Polen an, die er niederträchtig, unreinlich und nach seinem Ausdrucke zu den niedrigsten Unredlichkeiten geneigt fand, ob sie gleich dort zu Lande mächtig, begünstigt und selbst nothwendig seyen, um die nicht vorhandene Mittelclasse in der Gesellschaft zu ersetzen. „Wird der Umgestaltungsplan einmal angenommen, so wird den Juden", fuhr er fort, „als Juden nichts als Lehrsätze bleiben, und sie werden aus dem Zustande heraustreten, wo die Religion das einzige bürgerliche Gesetz ist, was auch bei den Moslemin

't der Völker der

bestimmt, dieses
'ner andern Zeit
wagen können;
ichnetsten Män=
daran zu ver=
Italien und in
e erste Anlaß
nge französi=
„die Ober=
Pfandver=
wurde, ihr
den er im
, wo nicht
mit Ge=
d der gu=
rde ent=
em gro=
rde die
as zu=
einem
macht

Sieben und sechszigstes Capitel.

Auswärtige Verhältnisse.

Vertrauen des Königs von Preußen auf Rußland. — Verweigerung der englischen Regierung, für die russischen Anleihen Bürgschaft zu leisten. — Sonderung des russischen Heeres in zwei Abtheilungen, unter dem Befehle von Bennigsen und Burhövden. — Gefechte bei Nasielsk, Czarnowo u. s. w. — Ernstere Gefechte bei Pultusk und Golymin. — Rückzug des preußischen Hofes von Königsberg nach Memel. — Werke zur Vertheidigung der Weichsel. — Stellung des französischen Heeres. — Kühner Plan von Bennigsen. — Gefecht bei Mohrungen. — Ankunft zweier russischer Divisionen aus der Moldau. — Bewegungen des französischen Heeres. — Durch die Russen aufgefangener Brief des Kaisers an den Fürsten von Ponte Corvo. — Verschiedene Anordnungen des Kaisers vor seinem Abgange von Warschau. — Sendung an den Senat vom 29sten Januar. — Befehle an den in Dalmatien befehligenden General Marmont. — Gefechte von Passenheim, Bergfried, Deppen, Waltersdorf, Hof und Heilsberg. Gefecht von Eilau. — Schlacht von Eilau. — Rückzug der Russen nach Königsberg. — Bemerkungen über den Verlust der Franzosen. — Bewegungen der Franzosen, um Winterquartiere zu beziehen. — Gefecht von Ostrolenka. — Wegnahme der Festungen Breslau, Brieg und Schweidnitz. — Gefechte in Pommern. — Napoleons Thätigkeit für die Versorgung seines Heeres. — Schlüsse von Napoleons Feinden auf seine Hartnäckigkeit gebaut, Winterquartiere zu beziehen. — Gründe seines Verfahrens. — Verschiedener Werth eines gebildeten Menschen und eines Barbaren.

1807.

Der preußische Krieg war eigentlich noch vor den letzten Tagen von 1806 zu Ende. Der nächstfolgende ist ein Krieg mit Rußland, zu dem Preußen nur seine Nachwehen, seinen Unstern und etwa dreißig- bis vierzigtausend Mann als Mithelfende beisteuert. Rußland ist für den Berliner, wie für den Wiener Hof stets mit gewaltsamen Vorschlägen bei der Hand; und doch ist es nicht früher im Stande, zu dem selbst veranlaßten Kampfe seine Unterstützung beizubringen, als nach-

hatte eine Anleihe von sechs Millionen Pfund Sterling unter Verbürgung der englischen Regierung abzuschließen gewünscht, und er verlangte einen Vorschuß von einer Million Pfund auf diese Anleihe. Weniger unüberlegt als Pitt fingen aber seine Nachfolger im Ministerium an, sich über das Uebertriebene in seinem Systeme Gedanken zu machen. In der vom Kaiser Alexander geforderten Anleihe ganz nach der Art der östreichischen Anleihen, für welche England gut gesagt hatte, sahen sie nur die Forderung ungeheurer Hülfsgelder und auch das Parlament, äußerte sich Lord Howick [1]), würde diese Forderung, wenn sie ihm mitgetheilt würde, nicht anders ansehen. Indessen wies das britische Ministerium es nicht durchaus von der Hand, eine Anleihe auf Rußlands Rechnung gutzuheißen; doch um den Darleihern Zuversicht zu geben, schlug es dem russischen Hofe vor, die Zölle abzuschaffen, welche englische Waaren beim Eingange ins russische Reich zahlten und dieselben Abgaben, auf Rechnung der Darleiher, beim Ausgange dieser Waaren aus den englischen Häfen erheben zu lassen. Dieses Benehmen des Cabinets von Sanct James, das außerdem, in sehr entfernte Unternehmen verwickelt, sich für den Augenblick nicht eben geneigt zu einem kriegerischen Unternehmen im Norden zeigte, hätte den Eifer des Petersburgischen Cabinets sehr mäßigen können, wenn man es vorausgesehen hätte; aber schon war der Würfel gefallen und schon waren die russischen und französischen Heere in Polens Feldern handgemein geworden. Der Zusammenstoß hatte am 27sten November begonnen. An diesem Tage war der Großherzog von Berg, der am Tage vorher in Lowicz eingetroffen war, einer russischen Abtheilung in Blonie begegnet, hatte sie gezwungen, sich auf das rechte Weichselufer zurückzuziehen und war den 28sten unter den Freudenbezeugungen der Einwohner in Warschau eingezogen, die mit Wohlgefallen in den Franzosen die Hersteller ihrer Unabhängigkeit begrüßten.

Das russische Heer, das General Kamenski als Oberfeldherr befehligen sollte, war vorläufig in zwei Corps getheilt,

1) Brief an den Marquis Douglas, englischen Minister in Rußland, vom 13ten Januar 1807.

richte so abgefaßt waren, daß man für jede seiner Niederlagen noch ein Herr Gott dich loben wir! sang, stellte dieses Gefecht als einen Sieg dar, und machte dem General Burhövden sehr ungerechte Vorwürfe, daß er ihn nicht unterstützt habe, um einen Theil des französischen Heeres zu vernichten. Er behauptete [1]), mit fünf und vierzigtausend Mann den Kampf gegen sechszigtausend von den Corps der Marschälle Lannes und Davoust, durch Napoleon in Person angeführt, bestanden zu haben, während Napoleon in Wahrheit gar nicht bei diesem Gefechte zugegen war und an demselben Tage Marschall Davoust mit dem Großherzog von Berg vereint, Burhövden in Golymin angegriffen hatte.

Dieses letztere Gefecht, an dem Marschall Augereau Theil genommen hatte, war nicht weniger lebhaft und hartnäckig. In der Nacht hatte sich Burhövden in Unordnung zurückgezogen, gleichfalls nach Ostrolenka, und auf der Straße viel Gepäck und Geschütz stehen lassen. Marschall Soult war nach Makow gegangen, um den feindlichen Corps den Rückzug abzuschneiden. Doch Regen und schlechte Landstraßen schützten ihn vor einer völligen Niederlage. Das russische Heer hatte indessen schon zehn- bis zwölftausend Todte, Verwundete oder Gefangene verloren, achtzig Kanonen, viel Pulverwagen und zwölfhundert Gepäckfuhrwerke. Der Oberbefehlshaber Kamenski, durch diese unerwarteten Unfälle befangen, hatte seinen Platz verlassen, ohne für die Vereinigung des Heeres Befehle zu geben. Die schlechte Jahreszeit war allein seine Vorsehung. Auch die Franzosen sahen sich in der Nothwendigkeit, ihre Unternehmen einzustellen und die Rückkehr einer milderen Witterung abzuwarten. Napoleon ließ sie Winterquartiere nehmen. Am 3ten Januar ging er nach Warschau zurück.

andere haben nicht so viel Dreistigkeit. Sie erzählen, daß der Tag den Franzosen theuer zu stehen kam, aber sie machen ihnen den Gewinn der Schlacht nicht streitig.

1) Von Lomza aus schickte Bennigsen diesen Bericht an seinen Hof. Widerlegte der Ort nicht schon, wo er ausgestellt war, den angeblichen Sieg, den er verkündete?

Note. Dieser Bericht findet sich in der Chronik des neunzehnten Jahrhunderts von Venturini, Theil III. S. 580.

Achtzig in den verschiedenen Gefechten weggenon nonen, vor dem Palaste der Republik aufgestellt, in den Gemüthern des polnischen Volkes die Ho ihre nahe Auferstehung.

An demselben Tage, am 3ten Januar, verließ sische Hof nach einigen Augenblicken einer falschen Bennigsens lügenhafter Bericht veranlaßt hatte, der tiefsten Bestürzung nach der Einsicht in den stand der Sachen, Königsberg, um eine sichere Memel zu suchen.

Indessen hatte Kaiser Napoleon, weil er sich n Verfolgung der Russen einlassen wollte, nichts ver sich in Sicherheit gegen ihre etwaigen Bewegunge wenn ihnen beikommen sollte, nach der Weichsel und das französische Heer im Rücken zu nehmen. liche Arbeiten waren auf allen Puncten vorgenomm welche den Uebergang über diesen Fluß von Praga begünstigen konnten. Der Mittelpunct und der re des Heeres waren zwischen den Zuflüssen der L und des Bugs eingeengt; sein linker Flügel erstre nach Elbing, um die untere Weichsel zu decken, sperren und Danzig und Königsberg zu bedroh linke Flügel, bestehend aus den Corps des Fürsten Corvo und des Marschalls Ney, aus den deutsche von Baden, Hessen-Darmstadt und Nassau, un neu gebildeten polnischen Truppen, ein Ganzes vo funfzigtausend Mann ausmachend, stand unter d des Fürsten von Ponte Corvo. General Victor n Sperre von Danzig beauftragt; General Roupè Sperre von Graudenz.

War Bennigsen auch vermessen und aufschne ermangelte er doch nicht des Geschicks im Gefech sonders der Kühnheit in seinen Planen. Nachdem koczim, funfzehn Stunden unterhalb Nowgorod, Armeecorps, deren Oberbefehl er übernommen hatt faßte er den Plan, ermuthigt durch die Unbeweg französischen Heeres, die er einem Gefühle von M sich selbst zuschrieb, die Heerabtheilungen des

Ponte Corvo und des Marschalls Ney von dem Reste der Armee zu trennen, über die Weichsel zu gehen, die Festungen Graudenz, Danzig und Colberg zu entsetzen, und sich an diese Plätze lehnend, den Kriegsschauplatz nach Westpreußen zu verlegen, was Napoleon gezwungen haben würde, seine Stellungen am rechten Weichselufer aufzugeben und auf das linke Stromufer zurückzukehren. Der Plan war kühn bis zur Tollkühnheit. Als zwischen dem 15ten und 20sten Januar sich das russische Heer in Bewegung gesetzt und das Corps des General Lestocq an sich gezogen hatte, ging es zehn Stunden vor Königsberg vorwärts. Es hatte eine Vorhut des Marschalls Ney überrumpelt, die sich unkluger Weise bis Schippenbeil vorgewagt hatte, und zum Rückgehen genöthigt. Auf die erste Anzeige von diesem Marsche des Feindes mußte der Fürst von Ponte Corvo sich beeilen, seine Truppen zusammen zu ziehen, die sich von Christburg bis Braunsberg erstreckten. Am 23sten griff eine russische Heersäule eine Abtheilung von zweihundert Mann an, die er in Liebstatt aufgestellt hatte, und am 25sten stieß er selbst in Mohrungen auf ein Corps von siebzehntausend Mann, unter dem Befehle des Generals Markof, der schon mit dem Generale Pacthod handgemein war. Das Gefecht war ungemein lebhaft, besonders in dem Dorfe Pfarrers-Feldchen, wo ein Bataillon vom 9ten Regimente, das seinen Adler verloren hatte, ihn durch Wunder der Tapferkeit wieder eroberte. Die Franzosen bywachten auf dem Schlachtfelde, doch in der Nacht waren die Cosaken in das Städtchen Mohrungen eingedrungen, das man sehr zur unrechten Zeit ohne Besatzung gelassen hatte, erlaubten sich dort viele Unordnungen und plünderten das Gepäck des Hauptquartiers, bis ein Bataillon vom 8ten Regimente, das über sie herfiel, sie niedersäbelte und den sie befehligenden Obersten tödtete. Der Fürst von Ponte Corvo zog sich, nachdem er zu Mohrungen bis zum andern Tage nach Tische um zwei Uhr geblieben war, langsam auf Liebemühlen und auf Osterode zurück, mit der Absicht, sich so bis Thorn hinzuziehen, um den Feind nach der untern Weichsel zu locken; aber Bennigsen, dem schon ein Theil seines Planes mißglückt war, nämlich der, den linken Flügel des französischen Heeres abzuschneiden, wurde

bei Zeiten von der Gefahr, sich weiter einzulassen,
tet und hemmte die schon begonnene Bewegung.

Während der von dem russischen Heere gema
sche, waren zwei aus der Moldau abgesandte Div
ter dem Befehle des Generals Essen, unabhängi
Verstärkungen, die aus dem Innern des russisch
kamen, eingetroffen, um sich mit den Truppen zu
welche Bennigsen bestimmt hatte, die Franzosen
rew und am Bug im Schache zu halten. So
Ganze der Macht, mit der die Russen den neuen
zufangen gedachten, auf hundert und sechszigtausen
geschätzt werden.

Auf die erste Nachricht, die in Warschau von der
nigsen genommenen Richtung und von den Gef
er mit dem Corps des Fürsten von Ponte Corvo
eintraf, hatte der Kaiser Napoleon mit gewohnte
Maaßregeln entworfen, um die von seinem Gegn
nen Entwürfe gegen ihn selbst zu kehren. Am 27
verließen die Franzosen ihre Winterquartiere.

Das Corps des Marschalls Lannes, für den
unter dem Befehle des General Savary, während
heit des Marschalls, nahm eine Stellung in Br
Bug, um diese Linie gegen die Division des Gen
marotski, den Bennigsen in Goniadz gelassen hatt
theidigen und gegen die beiden, unter General Es
aus der Moldau eingetroffenen Divisionen, die
standen.

Mit Ausnahme dieses Corps, das durch we
demnach etwas weiter rückwärts aufgestellt war, un
des Fürsten von Ponte Corvo, das ein unvorherge
fall hinderte, in voller Uebereinstimmung mit den
handeln, waren Napoleons sämmtliche Streitkräfte
Januar auf einem Raume von zwölf bis funfzeh
vereinigt. Der Großherzog von Berg und Soult
berg, Davoust zu Myscyniec, Ney in Gilgenburg,
zu Neidenburg. Der Zweck dieser Anordnungen
linken Flügel Bennigsens auf das andere Ufer
und ihm den Rückzug abzuschneiden. Um diesen

terstützen, hatte ein Brief Napoleons dem Fürsten von Ponte Corvo den Befehl zubringen sollen, so zu manövriren, daß er den Feind an die untere Weichsel locke. Diesem Briefe, der nicht an seine Bestimmung gelangte, sondern einer Cosakenpartei in die Hände fiel, verdankte es Bennigsen [1]), daß er zur rechten Zeit anhielt und sein Heer von einem um so gefährlicheren Waagespiel rettete, „je weiter es sich schon eingelassen hatte." Dieser Zufall war in seinen Erfolgen ungeheuer. Abgesehen davon, daß Bennigsen dadurch von einem Plane unterrichtet ward, der ohne diesen Umstand erst einige Tage später ihm kund geworden wäre, konnte er sich zu einem gleicheren Kampfe, zu einem ehrenvolleren Rückzuge vorbereiten. Dafür fehlten dem Fürsten von Ponte Corvo, der drei Tagemärsche hinter dem Heere zurückstand, die Vorschriften, um seine Bewegungen darnach einzurichten, und so blieb er den wichtigen Ereignissen fremd, die sich bald darauf begaben. Wenn man beim Anfange der Schlacht von Eilau sich wundern muß, gar keine Nachricht von dem Corps dieses Marschalls zu erhalten, kann man nur voraussetzen, was sich später als wahr erwies, daß der Befehl des Kaisers ihm nicht zugekommen. Doch wird man um dieselbe Zeit erfahren, daß der General der Cuirassiere, Hautpoult, der mit ihm in Verbindung stand, ihn von dem Befehle, der ihm zugekommen war, und von der Absicht des Kaisers, eine Schlacht zu liefern, in Kenntniß gesetzt. Nach einer solchen Mittheilung und bei der Voraussetzung, daß sie wahr sey, wäre jeder Andere, als der Fürst von Ponte Corvo, nicht unbeweglich geblieben; doch gehört es zum Geschick dieses Marschalls, daß er bei allen vom Kaiser gelieferten großen Schlachten eine Rolle für sich hat. Wenigstens auffallend war sein Betragen bei Jena; es wird es nicht weniger im Jahre 1809 bei Wagram seyn. Das von ihm befehligte Corps wird sich bei Friedland auszeichnen; doch er wird nicht dort zugegen seyn. Der Zufall wollte, daß er vorher verwundet ward.

Napoleon hatte Warschau erst in der Nacht vom 29sten auf den 30sten Januar verlassen. Andere Sorgen, als die

1) Bennigsen gestand es selbst in einem seiner Aufrufe.

Volk abgefaßt. Die Gewaltthätigkeiten und die Treulosigkeit Rußlands, dessen Truppen in die türkischen Provinzen eingefallen sind, während sein Botschafter in Constantinopel noch Versicherungen über die friedlichen Absichten seines Souverains gab; die Ränke dieser Macht, um die Servier zum Aufstande zu bewegen, die Waffensendungen an die Montenegriner und bis nach Morea, die verlängerte Besetzung Corfu's und der Jonischen Inseln unter eiteln Vorwänden; alle diese Verfahren des Petersburger Cabinets sind in diesem Berichte des Ministers dargestellt, als Erinnerungen an das Betragen dieses Cabinets gegen Polen und als Ergebnisse vorbereitend, wie die waren, welche das Cabinet von Versailles hätte verhindern können, die es aber in seiner beklagenswerthen Unvorsichtigkeit nicht verhinderte. Diese Lehre aus der Vergangenheit sollte über die Zukunft Aufschluß geben. „Und wer vermöchte[1]) die Dauer der Kriege und die Zahl der Feldzüge zu berechnen, die eines Tages nothwendig seyn möchten, um das Unglück in's Gleiche zu bringen, welches aus dem Verluste des türkischen Reiches erwachsen würde?.... Erhübe sich die griechische dreifache Krone siegreich vom baltischen Meere bis zum mittelländischen, so würde man noch in unsern Tagen unsere Provinzen von Schwärmen fanatischer Barbaren angefallen sehen, und erläg' in diesem späten Kampfe das gebildete Europa, so würde unsere strafbare Gleichgültigkeit mit Recht die Klagen der Nachwelt erregen und in der Geschichte für uns ein Anlaß der Schmach seyn."

„Der Kaiser von Persien, in dem Innern seiner Staaten gepeinigt, wie es sechszig Jahre lang Polen war, wie es seit zwanzig Jahren die Türkei ist, durch die Politik des Cabinets von St. Petersburg, ist von denselben Gesinnungen wie die Pforte beseelt; er hat dieselben Entschließungen gefaßt und marschirt in Person nach dem Caucasus, um seine Gränzen zu vertheidigen." In dem Augenblicke, wo ich dies schreibe, sind es drei und zwanzig Jahre her, daß Napoleon diese Sprache führte. Haben die Ereignisse, die sich seitdem

1) Sendung an den Senat.

poleon fort: „Unsere Verhältnisse zu Persien sind der Art, daß wir wohl an den Indus vordringen könnten. Was einst fabelhaft war, hört jetzt auf, es zu seyn, wo ich häufig Briefe von den Sultanen, nicht hochtrabende und täuschende Briefe, sondern solche erhalte, die eine lebhafte Furcht vor der Macht der Russen aussprechen." Diese Verhaltbefehle schlossen mit dem Auftrage, einige erwählte Officiere nach Constantinopel zu schicken, um bei der Vertheidigung dieser Hauptstadt mit wirksam zu seyn.

Am 31sten Januar war Napoleon in Willenberg. Auf der Stelle begann die Bewegung; man setzte sich am 1sten Februar in Marsch. Die Franzosen nahmen nach und nach die von den Feinden vertheidigten Posten weg; doch nicht ohne alle ihre Kühnheit und alle Gewandtheit ihrer Anführer zu brauchen. Wenn Bennigsen einige Tage lang zurückweicht, so weicht er doch, ohne Ehre oder Heer auf's Spiel zu setzen.

Eine russische Vorwache zeigt sich dem Großherzog von Berg, der in der Richtung von Ortelsburg marschirt. Er läßt sie durch mehrere Reiterzüge angreifen und in Folge dieses Gefechtes dringt er in das kleine Städtchen Passenheim ein.

Am 3ten Februar scheint das russische Heer in Yankowo, mit seiner Rechten an der Passarge und mit der Linken an der Alle, geneigt, eine Schlacht zu liefern. Napoleon bildet auf der Stelle seine Linien, Augereau im Mittelpunct, Ney auf der Linken, Soult zur Rechten, die kaiserliche Garde im Rückhalt. Um die Schlacht entscheidend zu machen, wenn es dazu kommen sollte, erhält Soult Befehl, sich nach Guttstadt zu begeben und sich der Brücke von Bergfried zu bemächtigen, so daß er dem Feinde im Rücken hervorbrechen könne. Guttstadt ward genommen; man bemächtigte sich dort bedeutender Vorräthe. Die Stellung von Bergfried war durch zwölf Bataillone vertheidigt, die einen rühmlichen Widerstand leisteten; doch über die Brücke kam man im Sturmschritte; die zwölf durchbrochenen Bataillone zogen sich in Unordnung zurück, viele Verwundete und vier Kanonen zurücklassend. In demselben Augenblicke wurden die Russen lebhaft im Mittelpuncte und auf dem rechten Flügel gedrängt. Die Nacht,

welche die beiden Heere in der Mitte dieser Unterne|
raschte, erlaubte Bennigsen, seinen Rückzug auf L
nehmen.

Am folgenden Tage setzte sich der Großherzog
nach mehreren Reiterangriffen, in den Besitz des D
pen, wo die Masse des französischen Heeres sich ve

Ein bedeutenderes Gefecht zeichnete den 5te
aus. Marschall Ney hatte bei dem Dorfe Walte
Vorhut des Lestocqschen preußischen Corps erreicht,
darauf und brachte sie in Unordnung. Er machte z
Gefangene und nahm sechszehn Kanonen. Lestocq
ligst seine Richtung, indem er den Rest seines Corps
Hinopferung seiner Vorhut rettete. An demselben Tag
poleons Hauptquartier in Arensdorf, Bennigsens in

Neue Bewegung am 6ten, neue Kämpfe, neue
für die Franzosen. Marschall Davoust, beauftragt, n
berg zu marschiren, drang erst nach einem sehr lebh
fechte in die Stadt ein, das ihm zwölfhundert
verschaffte. Ein ernsterer Kampf fand Statt zwisc
Glaudau und Hof, eine halbe Meile diesseit Landsbe
stellte eine feindliche Macht von zwölf Bataillonen u
zig Schwadronen, mit der Rechten an ein Gehölz, mit
an eine mit Geschütz bespickte Höhe gelehnt, dem G
von Berg einen Widerstand entgegen, der nur dem
ren Cürassierangriffe des Generals Hautpoult wich.
zog sich nach Hof zurück, woraus er vertrieben war
er vergebens durch Hülfe frischer, zur Unterstützung
schickter Truppen wieder nehmen wollte. Sein Be
nicht minder als zweitausend Mann Todte und G
Beim Einbruche der Nacht standen die beiden Heer
genüber, blos durch den kleinen Steinfluß getrennt.

Da die Dunkelheit die rückgängige Bewegung
sen begünstigte, so marschirten sie nach Preußisch Ei
das der größere Theil ihres Heeres hindurchzog; do
Stadt, auf einer Hochebene, welche den Ausgang d
in der sie liegt, deckt, stellte Bennigsen ein Corps
zehntausend Mann, unter dem Befehle Bagrations
Weisung auf, dort sich zu halten. Der Großhe

Berg und Marschall Soult nahmen endlich diesen schwierigen Posten weg, doch nur Fuß für Fuß räumte der Feind den Boden; in die Stadt zurückgeworfen, fuhr er in seiner hartnäckigen Vertheidigung fort. Eine Kirche und ein Kirchhof, auf einem Hügel gelegen, bildeten für Barclay de Tolly eine Art von befestigtem Lager, wo er eine Hartnäckigkeit zeigte, welche der Lebhaftigkeit des Angriffs gleich war. Erst Abends um 10 Uhr gelang es, ihn von dort zu vertreiben. Um diese bedeutende Stellung zu behaupten, ließ der Kaiser vor Eilau eine der Divisionen vom Corps des Marschall Soult bywachen und den Rest des Heeres hinter und bei der Stadt. So verging die Nacht vor der Schlacht.

Wie stark waren beide Heere bei Eilau? In England und in Rußland behauptet man, daß das russische Heer um zwanzigtausend Mann schwächer gewesen, als das französische. In Frankreich schätzt der unparteiischste Schriftsteller, Herr Mathieu Dumas, die Stärke Napoleons nur auf 68,500 Mann, während er die Bennigsens, das preußische Corps des General Lestocq mit einbegriffen, auf achtzigtausend Mann angiebt. Nach diesen widersprechenden Schätzungen scheint es, daß man von beiden Seiten beinahe gleiche Kräfte annehmen darf und der Ruhm wird darum für beide Heere gleich groß seyn. Nicht die Franzosen sind es, welche den Russen das Verdienst streitig machen, tapfer gefochten zu haben, weil nur die bewundernswerthe Festigkeit der Russen die Ungleichheit des Talents bei den beiden Heerführern ausglich.

Der rechte Flügel des russischen Heeres war von dem General Tutschkow befehligt; der linke vom General Ostermann Tolstoy; der Mittelpunct durch den General Doctorow. Achtzigtausend Mann, woraus es bestand, waren auf einem Raume vereinigt, der scheinbar nur dreißigtausend hätte fassen sollen. Ein solches Zusammendrängen hatte seine Vortheile, aber es hatte auch die große Unbequemlichkeit, daß die geschickte Thätigkeit des französischen Geschützes in den so gedrängten Massen schreckliche Verwüstungen hervorbringen mußte. Napoleons Heer hingegen erstreckte sich über ein ziemlich ausgedehntes Gebiet, indem das Centrum durch die Corps von Soult und Augereau gebildet war, während Marschall Davoust in der

tes, so wie zwischen der Nachhut des Feindes mitten darin steht. Die Verwirrung ist ungeheuer, das Morden entsetzlich; die Generale Heudelet und Desjardins, der Marschall Augereau selbst, werden verwundet. Sobald es nur ein wenig hell wird, bemerkt Napoleon das Uebel und seinen ganzen Umfang. Nur eine ungewöhnliche Anstrengung kann die beiden so gefährlich auf's Spiel gesetzten Divisionen retten. Der Kaiser schickt dem Feinde sowohl den Großherzog von Berg mit den Reiterdivisionen der Generale Klein, Grouchy, Milhaud und d'Hautpoult entgegen, als auch den Marschall Bessieres mit den reitenden Grenadieren, den Dragonern und den Jägern der Garde. Welcher Widerstand wäre gegen eine solche Masse von Menschen und Pferden möglich gewesen? Zwei Linien des russischen Fußvolks werden durchbrochen, die dritte hält nur Stand, weil sie sich an einen Wald lehnt. Die Russen sind auseinander gesprengt, niedergesäbelt, aber sie sind nicht geflohen. Auf der Stelle haben sie sich wieder gebildet und die französische Reiterei, die ihre Reihen durchbrochen hat, muß, um auf ihren alten Fleck zu kommen, ein zweites Mal mit dem Degen in der Faust sich einen Weg bahnen.

Ein russischer Zug von vier- bis fünftausend Mann war, getentweder aus übermäßiger Kühnheit, oder auch vom Nebel täuscht, bis zum Kirchhofe von Eilau gekommen, wo er auf einmal vor einem Bataillon der Garde stillhielt und das Gewehr im Arm auf ihn losging. Von der einen Seite stürzte die beim Kaiser diensthuende Schwadron auf diesen außer Fassung gerathenen Zug los, während er durch die Jäger zu Pferde des General Bruyere im Rücken angegriffen ward. Er ward im Augenblicke zerstreut und beinahe gänzlich vernichtet.

Indessen hatte Marschall Davoust, dessen Bestimmung war, den linken Flügel des russischen Heeres zu umgehen, nicht ohne einen mörderischen Kampf seine schwierige Aufgabe gelöset. Die drei Divisionen der Generale Friand, Morand und Gudin, sich selbst gleich und wie sie sich auf den Schlachtfeldern von Auerstädt gezeigt hatten, hatten die Dörfer Serpalten und Klein-Saußgarten weggenommen. Dieses letztere war genommen, verloren und wieder genommen worden durch

und genommen, an das sich der rechte von Tutschkof befehligte Flügel lehnte. Unterstützt in Schloditten durch die leichte Reiterei des Marschalls Soult, hatte sich Ney nach dem Dorfe Schmoditten gewandt, wo er sich aufstellte. Vergebens schickte Bennigsen, um seinen rechten Flügel frei zu machen, einen Zug von Grenadieren gegen Schmoditten ab. Man ließ ihn auf Schußweite herankommen, warf ihn mit dem Bajonette zurück und brachte ihn in völlige Unordnung. Der Zufall hatte dem Marschall Ney den größten Theil des Tages verlieren lassen; er wollte wenigstens nicht, daß seine letzten Augenblicke ohne Ruhm für ihn seyen. Nach diesem Mißlingen stellte Bennigsen Abends um zehn Uhr das Feuer ein und gab Befehl zum Rückzuge. Seit acht Uhr hatte Napoleon die Bywachtfeuer auf der ganzen Linie anzünden lassen, um seinem Heere gleichsam den Sieg zu verkünden und dem Feinde zu zeigen, daß er nicht fürchte, ihm den Weg zu einem neuen Angriffe offen zu lassen. Doch der Feind dachte nur darauf, von der Finsterniß zu vortheilen, um sich in möglichst guter Ordnung zurückzuziehen. Auch Kaiser Napoleon war von seiner Seite in Zweifel, ob er nicht einen Rückzug für den folgenden Tag anordnen sollte. Noch ehe wir diesen Bericht über eine Schlacht enden, in der die Franzosen siegten, die Russen aber nicht nachgaben, gebietet uns die Gerechtigkeit, der glänzenden Tapferkeit des preußischen Corps unsere Achtung zu zollen, weil ihm, nach ihrer eigenen Versicherung, die Russen ihre Rettung verdankten [1]).

Die ersten Strahlen des folgenden Tages zeigten den Franzosen blos einige Cosaken, welche der Nachhut Kundschaft zuführen sollten. Bei seinem Marsche auf Königsberg durch Mühlhausen war das russische Heer über den Frischingbach gegangen und am Morgen in Wittenberg eingetroffen. Stets seiner aufschneiderischen Sitte treu, hatte Bennigsen in Königsberg den Lärm eines glänzenden Sieges vor sich hergehen lassen. Beim Anblick der Unordnung unter seinen Divisionen ersetzte der Schrecken jedoch diese augenblickliche Freude. Wer

1) Die Russen waren großmüthig genug, einzugestehen, daß sie ihnen ihre Rettung verdankten. Denkschriften des Hrn. Lombard.

die Mittel hatte, zu entfliehen, verließ eiligst eine Stadt, man besorgte, die Unfälle sich erneuern zu sehen, welche Unterwerfung von Lübeck vorausgegangen waren. Napol dessen Heer der Ruhe eben so sehr bedurfte, dachte nicht an, ihm nachzusetzen. Er begnügte sich, ihm den Großhe von Berg nachzuschicken, der bis einige Meilen von Kön berg vorrückte und auf seinem Wege die Leute auflas, che die Erschöpfung zurückzubleiben gezwungen hatte. Mehrzahl der Gefangenen waren auf dem Platze geblie Verwundete. Man fand nicht weniger als sechstausend. Franzosen hatten außerdem sechszehn Fahnen und vier zwanzig Geschütze genommen, eine sehr bescheidene Trop für einen so langen und so fürchterlichen Tag! Der Ausg dieser Schlacht hatte die Berechnungen beider sich gegenü stehenden Führer getäuscht: Napoleons Erwartungen, darauf gehofft hatte, das russische Heer auf das rechte des Pregels zu werfen und sich Königsbergs zu bemächtig Bennigsens Pläne, der sich geschmeichelt hatte, das fra sische Heer auf das linke Weichselufer zu treiben und die stungen Danzig, Graudenz und Colberg zu entsetzen.

Der Kaiser Napoleon verkündigte in seinen Armeebe ten, daß die Russen siebentausend Todte gehabt hätten. gab von Seiten der Franzosen neunzehnhundert Getödtete fünftausend siebenhundert Verwundete an. Wir müssen g ben, daß von französischer Seite die Anzahl der Gebliebe beträchtlicher war; doch in Bezug auf die Verwundeten h der Kaiser die wahre Zahl nicht entstellt. Er war befugt, was er verkündigte, für wahr zu halten. Die Uebersicht Verwundeten, die ins Krankenhaus gebracht worden wa zeigte einen Monat später, am 8ten März, nur viertau sechshundert. Er war dadurch betroffen. „Ich hatte auf ben- bis achttausend gerechnet," schrieb er dem General-In danten, und er verlangte deshalb eine ganz genaue Uebersic

1) Später, nach Empfang dieser Uebersicht, am 15ten März, wortete er dem General-Intendanten: „Durch die Nachweisungen Sie mir geben, ersehe ich, daß wir in der Rechnung nicht weit au ander sind. In der Schlacht von Eilau gab es 4 bis 5000 Verwu

mit einzelnen Angaben. Dieser Briefwechsel thut dar, daß er nicht so geneigt war, als man behauptet, die Thatsachen zu entstellen, wenn sie nicht zu seinem Vortheile waren. Das Schlachtfeld von Eilau war eins jener berühmten Schreckbilder, das die Einbildungskraft allein im Stande scheint zu erfassen, doch dessen bluttriefendes und eisumstarrtes Conterfei in seiner schaudererregenden Wahrheit hinzuzeichnen, nur einem großen Talente [1]) vorbehalten war.

Der Boden, über den das Geschütz gerollt war, auf dem die Reiterei gefochten hatte, war zum Theil Sümpfe und Seen, mit ein Paar Fuß hohem Schnee bedeckt, die, wäre plötzliches Thauwetter eingefallen, dieses Mal für beide Heere die Untergangsscenen von Austerlitz hätten erneuern können. Napoleon blieb neun Tage lang in der Stellung, die er am Tage der Schlacht und am Tage nachher eingenommen hatte. Am 17ten begann er seine Bewegungen, um sein Heer an der Linie der Passarge zu vereinigen. Hatte die Schlacht von Eilau die große Kriegsfrage nicht entschieden, so hatte sie für ihn den bedeutenden Vortheil, die Angriffsplane der Russen zu vereiteln und seinem Heere Ruhe in den Winterquartieren zu verschaffen, was seine Absicht seit seinem Eintreffen an der Weichsel war; Verstärkungen an sich zu ziehen und Geschützbedarf, endlich in dieser Zwischenzeit die Belagerung der verschiedenen Plätze, die er hatte sperren lassen, zu betreiben, besonders die Belagerung von Danzig, dessen Wegnahme nothwendig einen großen Einfluß auf den Erfolg des neuen Feldzuges haben mußte, den er später anfangen sollte.

Während die verschiedenen Corps in Bewegung waren, um die angewiesenen Einlagerungen (Cantonnements) zu beziehen, erhielt der Kaiser die Nachricht von einem bedeutenden Vortheil, den General Savary, Befehlshaber des 5ten Corps in Abwesenheit des Marschalls Lannes, davongetragen hatte. Die Bestimmung dieses Corps war, wie man weiß, seine Stellung am Bug zu behaupten und sich auf den Schutz von

und 1000 in den Gefechten von Mohrungen und den andern vorhergehenden Kämpfen.".

1) Herr Gros, einer unserer ausgezeichnetsten Maler.

Warschau zu beschränken. General Essen, der Befehlshaber des russischen Beobachtungscorps, war es, der angreifend zu Werke ging. Dieser General, dessen Corps etwa aus 22,000 Mann bestand, hatte sich nach Ostrolenka hin, am 16ten Februar, auf beiden Ufern der Narew in Bewegung gesetzt. Der am rechten Ufer sich hinbewegende Zug seines Corps ward durch die Division Gazan zurückgedrängt. Der am linken Ufer hinmarschirende Zug rückte in Ostrolenka ein, doch die Generale Ruffin und Campana hielten ihn in den Straßen auf, griffen ihn dreimal mit dem Bajonette an und zwangen ihn, sich auf die Sandhügel zurückzuziehen, welche die Stadt am linken Ufer decken. Dem General Savary war eine bedeutende Verstärkung zugekommen. General Oudinot, der von Warschau sich nach Willenberg mit seiner Division von acht- bis neuntausend Grenadieren begeben sollte, hatte den Befehl bekommen, zwar seinen Weg fortzusetzen, aber sich in der Nähe zu halten, um dem 5ten Corps im Nothfalle zu Hülfe kommen zu können. Unterrichtet vom Marsche der Russen auf Ostrolenka, war Oudinot auf der Stelle dorthin geeilt. Er bildete den linken Flügel des von Savary befehligten Corps; die Division Süchet machte den Mittelpunct aus, die Brigade des Generals Campana den rechten Flügel, General Ruffins Brigade die Aushülfe. So war die Ordnung, in der man dem Feinde entgegenging. Oudinots Grenadiere hatten bald den rechten Flügel der Russen über den Haufen geworfen; die ganze Linie der Franzosen folgte derselben Bewegung, erkletterte die Hügel und vertrieb den Feind von dort, der mehr als zwei Stunden weit verfolgt wurde. Auf dem Schlachtfelde blieben 1300 Todte, unter denen der Sohn des berühmten General Suwarof sich befand. Beinahe eben so viele machte man zu Gefangenen. Den Tag darauf setzte die Reiterei die Verfolgung der Russen fort; Süchet ging auf der nowgoroder Straße vorwärts; Savary vereinigte in Ostrolenka den Rest seiner Truppen und Oudinot nahm seinen Weg auf Willenberg, wo er die Cantonnements des großen Heeres von rechts her decken sollte. Eines der erfolgreichsten Ergebnisse des eben erlangten Vortheils war, daß es nun möglich wurde, eine unmittelbare Verbindung zwischen Warschau und dem kaiserlichen Hauptquartiere zu errichten. Um dieses Beobachtungscorps in den Stand zu setzen, sichrer seine Aufgabe zu erfüllen, ließ es der Kaiser durch eine baiersche Division, unter den Befehlen des Generals Wrede, verstärken.

Am 25sten Februar hätte das französische Heer die Stellungen inne, in denen es mehrere Monate lang verbleiben sollte. Sein linker Flügel lehnte sich an das frische Haff; die Linie folgte aufwärts dem Laufe der Passarge; der Mittelpunct deckte die nach Osterode auslaufenden Straßen; der rechte Flügel stand vorwärts der Passarge und der Alle. Alle Corps waren der Art vertheilt, daß jedes sich in höchstens zwei Märschen in Osterode vereinigen konnte. Uebrigens hatte der Kaiser in der Voraussetzung möglicher Abänderungen Alles geordnet. Er gedachte, das rechte Weichselufer, nach seiner brieflichen Versicherung [1]), nur als Kriegsmanöver zu besetzen. „Dort dürfe es keine Art von Aufenthalt geben, die ihn entweder in Angriffsbewegungen oder in der Räumung dieses Landes hemmen könnte, wenn dieses seine Absicht wäre." Das kaiserliche Hauptquartier, Anfangs in Osterode, ward bald darauf nach dem Schlosse Finkenstein verlegt.

Um die Zeit, wo der Kaiser sich anschickte, seine Winterquartiere zu nehmen, benachrichtigte er das Heer durch einen Aufruf davon, der die Soldaten an das erinnerte, was sie eben vollbracht hatten: „Nachdem wir sonach alle Plane des Feindes vereitelt haben", fügte er hinzu, „nähern wir uns der Weichsel und gehen in unsere Quartiere. Wem es einfallen sollte, unsere Ruhe zu stören, der wird es bereuen." Die Ruhe des Heeres ward in der That wenig gestört und niemals ungestraft. Bennigsen verfehlte nicht, auf das vom französischen Heere freigegebene Gebiet vorzurücken und erkannte sich in einem unsinnigen Aufrufe die Ehren eines Triumphs selbst zu. Er schickte Cosakenschwärme ab, um unsere Vorwachten zu necken und machte theilweise Versuche ohne allen Erfolg.

Der bedeutendste war der, den General Lestocq leitete, an der Spitze von siebentausend Preußen und fünftausend Russen, in der Absicht, Elbing zu gewinnen und sich in Verbindung

1) Am 24sten Februar.

mit Danzig zu setzen. General Dupont, zum Corps des Fürsten von Ponte Corvo gehörig, wurde beauftragt, gegen den Feind mit seiner Division und der Reiterei des Generals Lahoussaye zu gehen und ihn über die Passarge zurückzuwerfen. Das Gefecht war für General Dupont sehr ehrenvoll. Lestocq, aus den Dörfern Zagern und Hakendorf vertrieben, hatte vergeblich in Braunsberg den Kampf zu erneuern versucht. Er wurde gezwungen, diese Stadt aufzugeben, mit Zurücklassung von funfzehnhundert Gefangenen, zwei Fahnen und mehreren Geschützen. Die andern Gefechte, welche in den letzten Tagen des Februar und im Monat März Statt hatten, verdienen die Ehre der Erwähnung weniger.

In dem Zwischenraume der Ruhe des Heeres sind die glorreichsten Kriegsthaten die, welche vor Danzig Statt haben; doch ihrer Natur selbst nach, und wegen der Mannichfaltigkeit des Einzelnen, sind wir beinahe gezwungen, sie mit Schweigen zu übergehen. Die Leitung der Belagerung soll dem Marschall Lefèbre übertragen werden, der in Thorn das zehnte Corps gebildet hat, mit dem er sie unternehmen soll und das zum Theil aus den Verbündeten Frankreichs, aus Badnern, Sachsen und Polen, besteht. Schon unterstützen zwei Divisionen von Polen thätigst das Heer, von dem sie ihre Befreiung erwarten. Die an der Belagerung Theil zu nehmen bestimmte Division steht unter Dombrowski's Befehlen. Die andere, vom General Zajonczek geleitet, ist in die Linie bei der großen Armee getreten und hat in Neidenburg ihre Einlagerung. Sechs Wochen waren für die Polen hinreichend gewesen, um mehr als dreißigtausend Mann auf die Beine zu bringen.

Um die Ruhe seiner Winterquartiere zu sichern, ließ der Kaiser die Brücken von Spanden und von Elditten über die Passarge befestigen. Unabhängig von den Brückenköpfen, die er schon vor der Schlacht von Eilau in Praga, in Sierock, in Thorn und Modlin hatte errichten lassen, ordnete er noch zwei andere in Marienwerder und in Marienburg an.

Während das Heer den lästigen Feldzug von Eilau bestanden hatte, waren das Corps des Prinzen Jerome in Schlesien und Marschall Mortiers Corps in Pommern auch nicht unthätig.

Glogau hatte in Schlesien seine Thore den Franzosen am 2ten December geöffnet, Breslau am 6ten Januar, Brieg am 11ten desselben Monats, Schweidnitz am 7ten Februar. Die andern Festungen werden später noch fallen.

Marschall Mortier, der früher nach Mecklenburg eingerückt war, hatte die Mehrzahl der bedeutenderen Puncte in beiden Pommern, Anklam und Wollin in preußisch Pommern, Wolgast, Greifswalde und Grimmen in schwedisch Pommern, besetzt. Die schwedischen Truppen hatten sich nach Stralsund zurückgezogen. Mortier, dessen Corps unbeträchtlich war, beschränkte sich Anfangs auf die Sperre dieses Platzes und traf nur Vorkehrungen, ihn später zu belagern. Von seiner Seite machte der Befehlshaber des Platzes, der General Armfeld, der außer seiner Besatzung von zwölftausend Mann auch die Einwohner zu einer Aushülfstruppe gebildet hatte, von Zeit zu Zeit Ausfälle, um diese Vorkehrungen zu hindern. Alle diese Gefechte waren ohne Bedeutung. Der Krieg mit Schweden lag Napoleon nicht sehr am Herzen. Gleich nach der Schlacht von Jena hatte er sich selbst geneigt gezeigt, alle Verirrungen Gustavs zu vergessen. Man hatte der schwedischen Gesandtschaft in Hamburg Eröffnungen gemacht, und es hätte bei dem Könige gestanden, sich wieder mit Frankreich auszusöhnen. Daher machte auch der französische General, als im April General Essen auf einen Waffenstillstand antrug, keine Schwierigkeit, darein zu willigen.

Diesen einzeln fechtenden Corps folgt der Kaiser mit dem Auge, regelt ihre Bewegungen, beeilt oder hemmt ihre Thätigkeit. Doch eine der Sorgen, die ihn Tag und Nacht beschäftigen, ist die Verpflegung des Heeres. „Sie können gar nicht zu viele Mittel aufbieten", schreibt er an den General-Intendanten [1]), „um uns Lebensmittel zu verschaffen, denn darauf kommt Alles an...." „Die Fuhrleute von Thorn nach Osterode mag man zufriedenstellen und reichlich bezahlen." Er befiehlt und giebt eine Menge von Anordnun-

1) Vom 8ten März.

gen an die Hand; unaufhörlich wiederholt er, daß seine Lage von den Lebensmitteln abhängt [1]); daß er siegreich ist, wenn er sie hat, übel sich befindet, wenn's mangelt.... Indessen fordert er nicht das Unmögliche von den Ländern. So schreibt er an den General Düroc: „Man darf das Mehl nicht dem Heere durch Wagen zuschicken, die aus Breslau genommen sind; das heißt zu viel von den Leuten fordern." „Wir treten jetzt in eine Jahreszeit ein", meldet er ein anderes Mal dem General-Intendanten [2]), „wo es Fieber geben wird. Treffen Sie wirksame Maaßregeln, um sich eine große Menge von China zu verschaffen. Schonen Sie das Geld nicht, um Arzneien aufzukaufen; in den Krankenhäusern darf der Wein nicht fehlen; kaufen Sie welchen." Durch verschiedene Briefe fordert er unaufhörlich Bäcker, Krankenwärter und Wundärzte. Er verlangt, daß alle Leute von diesen Gewerben, die bei dem Heere angestellt sind, auf dem rechten Weichselufer sich befinden. Er hat Recht, dies zu verlangen, doch seine unbegränzte Ungeduld giebt Niemand Zeit, den Ausspruch seines Willens ins Werk zu setzen. Wegen der Bäcker, die zurückgeblieben waren, ruft er [3]): „fehlt's denn an Weibern? ... oder haben Sie gedacht, daß, wie in den Kriegen mit Persien, die preußischen Bäcker das Brot vergiften könnten?" Diese sehr unrecht angebrachten Ausfälle haben in einem an sich löblichen Gefühle ihre Entschuldigung. Doch mag man lieber in seinen Aeußerungen einen Anstrich von Güte und Theilnahme für eine muthvolle Aufopferung, deren Zeuge er war, wiederfinden. „Glauben Sie wohl", sagte er zum General-Intendanten, „daß die Commissäre von Erfurt und andere mehr Noth haben sollten, Angestellte oder Frauen zu finden, als der arme Herr Lombard und die Commissäre des Hauptquartiers? Herr Percy [4]) hat fortwährend Krankenwärterdienst gethan." Uebrigens mag man aus einigen Fragen,

1) Vom 12ten März.

2) Vom 17ten März.

3) Brief vom 8ten März.

4) Brief vom 20sten März. Herr Percy war Oberwundarzt des ganzen Heeres.

die der Kaiser an seinen General-Intendanten richtete, abnehmen, ob er leicht zu befriedigen war: „Ich ersehe [1]), daß Sie eine Verfügung über 100,000 Scheffel Hafer auf Marienwerder getroffen haben; aber was soll das heißen? ... Warum [2]) habe ich nicht 3,000,000 Scheffel Hafer auf dem Canal von Cüstrin nach Bromberg? Warum habe ich nicht in Bromberg 400,000 Pinten Branntwein? Endlich, warum habe ich nicht dort 100,000 Centner Mehl und 50,000 Centner Roggen?" Ich habe ohne Bedenken diese Stellen angeführt, die lebhafte Vorwürfe für Herrn Darú zu enthalten scheinen. Aber bei allem diesen Anscheine von Unzufriedenheit in seinen Aeußerungen wußte der Kaiser doch besser als irgend Jemand, mit welchem Eifer er von diesem geschickten Administrator bedient wurde; besser als irgend Jemand würdigte er eine Thätigkeit, die ein Gegenstück der seinigen war und nur darum war er so viel verlangend gegen seinen General-Intendanten, weil er von ihm Dinge zu sehen gewohnt war, die für jeden Andern unmöglich gewesen wären. Nie wurden die Befehle eines Fürsten treuer und nie rascher vollbracht. Von der Elbe und besonders von der Oder nach der Weichsel, von Stettin, von Cüstrin, von Breslau, von Warschau aus nach dem Hauptquartiere waren alle Flüsse und Canäle mit Barken bedeckt, die Landstraßen mit Fuhrwerken übersäet, welche dem französischen Heere Bedarf aller Art und Futter zuführten. Diese nie stockende, immerwährende Bewegung bot dem Auge des Reisenden das Bild [3]) des lebhaftesten Handels in den schönsten Tagen des Friedens dar. Die Zeit von Napoleons Aufenthalt in den Hauptquartieren zu Osterode und Finkenstein ist vielleicht die seines Lebens, wo er am meisten Herrschaft über sich selbst, am meisten jenen so seltenen Muth bei Leuten seines Charakters, den Muth der Versagung und der Geduld zeigte. Dieser Zustand, von einer gebieterischen Nothwendigkeit auferlegt, die ihn vier Monate lang fünfhundert Stunden weit von seiner Hauptstadt entfernt hält,

1) Brief vom 24sten April.

2) Brief vom 3ten Mai.

3) Ein Ausdruck im Annual Register.

9

machte dem französischen Volke lebhaft fühlbar, wie unpass es sey, daß sein politisches Daseyn auf dem Haupte ei kriegerischen Monarchen ruhe, und Napoleon machte er Unstätigkeit eines Zustandes der Dinge fühlbar, bei dem Schicksal des ganzen Reiches an das Schicksal eines einzi Mannes geknüpft war. Er durfte nicht einmal besiegt v den; schon wenn der Sieg zweifelhaft war, war er für eine Niederlage. Die Unentschiedenheit der Schlacht von lau hatte in Paris eine unglaubliche Bestürzung hervorgebra Der Neid rächte sich für die Mühe, ewig bewundern zu n sen. Die dem Kaiser feindliche Partei versteckte unter an lichem Schmerz die Freude, die ihr ein öffentlicher Unfall ursachte. Ein merkwürdiges Herabgehen der Fonds trat Der Kaiser täuschte sich nicht über seine Lage. Er sah daß das einzige Mittel, Frankreich zu beruhigen und die P teien zu bändigen, sey, wenn man neue Siege vorber. Das Heer, dem sein kriegerischer Genius für einen Augenl Ruhe gönnte, bildete sich auf's Neue und belebte sich d seine vorwaltende Thatkraft.

Aus der Beeilung Napoleons, Winterquartiere g nach der Schlacht von Pultusk zu beziehen, aus seiner R kehr zu diesem Entschlusse nach der Schlacht von Eilau, ha die ausländischen Geschichtschreiber um die Wette mehr weniger wahre Folgerungen abgeleitet. Statt alles Grun führte er die Ungunst der Jahreszeit und die Schwierig der Wege an. Mit diesen Gründen war man nicht zufrie Er hat folglich in keiner von beiden Schlachten gesiegt, we nicht gesucht hat, vom Siege zu vortheilen; weil er von lau aus besonders nicht an den Pregel marschirt ist, um russische Heer abzuschneiden und in Königsberg zu erdrü Unbestritten waren die beiden Schlachten von Eilau und Pultusk nicht der Art entscheidend, daß der Kaiser die Si heit gehabt hätte, mit einem Schlage das feindliche Heer nichten zu können, und seit es möglich war, daß dieser let Erfolg ihm auf derbe Weise könnte streitig gemacht wer rieth die Klugheit ab, ihn zu verfolgen. Doch riethen u hängig von dieser Betrachtung, mehrere andere nicht mi wichtige Ursachen zur Umsicht.

War es nicht unerläßlich in kriegerischer Hinsicht, daß er Herr einiger der von seinen Truppen gesperrten Plätze, und namentlich Danzigs war, ehe er sich so weit einlassen konnte? Außerdem waren Aufstände auf mehreren Puncten Teutschlands ausgebrochen; in Schlesien unter der Anführung des Prinzen von Anhalt-Pleß, der sich aus Bauern und entkommenen Gefangenen ein Corps von sieben- bis achttausend Mann gebildet hatte; in Pommern, wo gewaffnete Parteien sich zeigten, in der Umgegend von Colberg, unter dem Befehle des Lieutenants Schill, den wir einige Jahre später durch dasselbe Mittel größere Berühmtheit werden erlangen sehen; im Churfürstenthume Hessen und in Westphalen, wo Tausende von Bauern unter der Leitung einiger Officiere von der aufgelöseten hessischen Armee aufgestanden waren. Kann man in politischer Beziehung vergessen, daß Oestreichs Stellung wenigstens unsicher ist, seine Absichten wenigstens übelwollend, seine Wünsche sicher für die Feinde Frankreichs? Aber wären auch alle diese Gründe nicht ausreichend gewesen, ist denn die erste Pflicht eines Oberbefehlshabers nicht, den Preis zu berechnen, den selbst unausbleibliche Vortheile kosten? Weisheit muß aus diesem Nebeneinanderhalten die Regeln seines Verfahrens abnehmen. Nun ist eine wesentliche Betrachtung, die der Kaiser damals hätte anstellen sollen, die er unaufhörlich hätte anstellen sollen, und die selbst heutzutage die Regierungen des alten Europa's in ihren Kriegen mit Rußland nicht aus den Augen verlieren sollten, nämlich, daß ein gebildeter Mensch etwas Anderes werth ist, als ein Barbar. Kann es der Vernunft einleuchten, daß es ein gleichmäßiger Verlust sey, wenn zehntausend Franzosen und zehntausend Moskowiter darauf gehen? Der Zahl nach ist Gleichheit; aber ist diese Gleichheit auch in sittlicher Hinsicht, selbst in materieller Hinsicht dieselbe? Mit zehntausend Franzosen geht eine ungeheure Masse intellectuellen Werthes, eine sehr bedeutende Masse materiellen Werthes unter, wenn auch jeder Einzelne von diesen nur Handwerker oder Landbauer wäre. Zehntausend Russen weniger, ziehen die wohl einen großen Verlust in der Cultur Rußlands und in dem Schatze ihres Selbstherrschers nach sich? Dieser Unterschied ist so wahr, so leicht zu erfassen, daß das allgemeine

Acht und sechszigstes Capitel.

Verhältnisse zum Auslande.

Gründe des Kaisers, um den Weg der Unterhandlung zu versuchen. — Brief des Kaisers an den König von Preußen. — Friedensschluß zwischen Preußen und England. — Die englische Regierung streckt Preußen Geld vor. — Uebereinkunft zu Bartenstein zwischen Preußen und Rußland. — Gleichmäßige Grundsätze bei der Uebereinkunft von Bartenstein, mit dem Vertrage vom April 1805. — Sendung des Herrn von Vincent nach Warschau. — Rußlands Ränke in Wien. Sendung des Fürsten Gagarin nach Wien. — Erzherzog Carl widersetzt sich dem Kriege. — Uebereinkunft, der zufolge Oestreich an der Wiedernahme von Cattaro nicht Theil zu nehmen braucht. — Oestreich bietet seine Vermittlung an. — Gründe dieses Erbietens. — Rußlands Antwort. — Englands Antwort. — Preußens Antwort. — Frankreichs Antwort. — Verhandlungsunterlagen, die der Kaiser der Franzosen in Vorschlag bringt. — Ausartung der englischen und der östreichischen Politik in Bezug auf das türkische Reich. — Ankunft des Generals Sebastiani als französischen Botschafters in Constantinopel. — Absetzung der Hospodaren der Moldau und der Walachei auf Frankreichs Begehren. — Note des Generals Sebastiani. — Erklärung des russischen Ministers Italinski. — Einrücken der Russen in die Moldau. — Kriegserklärung der ottomanischen Pforte an Rußland. — Vermittelung des französischen Botschafters zu Gunsten des russischen Gesandten. — Festsetzung des französischen Generalconsuls in Jassy. — Gründe des Einfalls in die Moldau. — Verirrungen der englischen Politik gegen die Türken. — Forderungen des englischen Gesandten an den Divan. — Abreise des Botschafters Arbuthnot nach Tenedos. Ursachen der Abreise. — Kriegserklärung der Türken an England. — Die englische Flotte bringt in die Dardanellen. — Letzte Erklärung des englischen Botschafters. — Einladung des Sultans Selim an den General Sebastiani, sich zu entfernen. — General Sebastiani will nicht. — Vertheidigungsarbeiten unter Leitung des französischen Botschafters. — Lebhafte Theilnahme aller Franzosen und Eifer der Türken. — Erfolglose Verhandlungen der Engländer mit der Pforte. — Abzug der englischen Flotte. — Dankbarkeit des Sultans Selim gegen den französischen Botschafter. — Ankunft neuer französischer Officiere in Constantinopel. — Einfluß des französischen Botschafters auf die türkische Regierung. — Wahrer Grund von Englands Verfahren.

gen. Von Königsberg aus begiebt sich der General Bertrand nach Memel, der letzten Zuflucht des Königs in der preußischen Monarchie, und verrichtet dort seine Botschaft. Ein im Jahre 1810 erschienenes schwedisches Werk, das halb und halb unter Aufsicht der Regierung herauskam, hat die dem General Bertrand übergebenen Staatsbriefe bekannt gemacht. Es war eine Antwort auf einen Brief vom 17ten Februar, der dem Kaiser durch den königlichen Adjutanten, den Obersten Kleist, zugekommen war, was für den Bestand eines früheren Briefwechsels spricht, der nur während des zweiten Aufenthaltes des französischen Hauptquartieres in Warschau erneuert wurde. Diesem von Herrn Schöll [1]) beigebrachten und auch von Lucchesini erwähnten Actenstücke zufolge, äußert Napoleon dem Könige den Wunsch, den Leiden seiner Familie ein Ende zu machen und die preußische Monarchie wieder zu gestalten, deren mitteninneliegende Macht für die Ruhe von ganz Europa nothwendig sey. Er erklärt, daß er ohne Bedenken einen Minister nach Memel schicken würde, um an einer Zusammenkunft zwischen den Beauftragten von Frankreich, England, Rußland, Preußen und der Türkei Theil zu nehmen; aber er findet, daß die unvermeidlichen Verzögerungen eines Prozesses zu der jetzigen Lage von Preußen nicht passen. „Daher meine ich," sind seine Worte, „daß Ew. Maj. mir wissen lassen werden, daß Sie die einfachste und schnellste Auskunft getroffen haben, die auch dem Glücke Ihres Volkes am entsprechendsten seyn möchte." Er wiederholt, daß er eine Ausgleichung mit England und Rußland wünsche, wenn diese Mächte sie wirklich wollen, und er schließt mit den Worten: „Ich würde mich selbst verabscheuen, wenn ich Ursache an so vielem Blutvergießen wäre; aber was kann ich thun [2])?" Wir sehen nichts in diesem Briefe, was an seiner Aechtheit zweifeln ließe. Seine Sprache ist der Lage des Kaisers angemessen. Er wünschte sehnlich einen allgemeinen Frieden, aber zunächst würde er

1) Theil 8. S. 37.

2) Herr Schöll hat diesen Brief aus einem teutschen Text übersetzt, der selbst eine Uebersetzung aus dem Schwedischen war. Man muß sich daher an den Gedanken, nicht an die Worte halten.

vorgezogen haben, den König zu einem Separatfrieden zu wegen. Dieses Verfahren war von seiner Seite ganz n lich. Die Verweigerung von Seiten des Königs war es eben so sehr. Urtheilt man nach dem Erfolge, so könnte vielleicht meinen, es möchte für diesen Fürsten weit zuträgl gewesen seyn, einen Frieden für sich allein abzuschließen, wi Antrag an ihn lautete; aber er durfte auf andere Ergeb rechnen, er durfte hoffen, daß ein in Einverständniß Rußland abgeschlossener Friede, und selbst ein mit dem siegten Rußland einverstandener, weniger ungünstig für ausfallen müßte, als ein Friede, den er vom Sieger N leon allein hinnähme. Außerdem hatte er Grund, auf krä Unterstützung von Seiten der englischen Regierung zu men, mit der er am 28sten Januar einen Friedensvertrag geschlossen hatte, den eine erste Geldunterstützung begl hatte. Der von Hutchinson und dem preußischen Minister Zastrow unterzeichnete Vertrag setzte das gegenseitige Ve sen der alten Mißhelligkeiten fest, die Herstellung der f Schifffahrt und des Handels und die Verzichtleistung S preußischen Majestät auf Hannover. Es hatte dahin kom müssen, daß die preußische Macht auf Memel durchaus e beschränkt war, um Preußen zu dieser Verzichtung zu b gen. Auch bestand Herr Hutchinson darauf, daß man e Artikel [1]) in den Vertrag aufnähme, wodurch ausgespr würde, daß der Kaiser von Rußland die Gewährleistung ser Verzichtung über sich nähme, in Bezug auf alle R und Ansprüche, die Preußen an Hannover haben zu kö vermeinen möchte. Diese Vorsicht ist beleidigend, wei Englands äußerstes Mißtrauen darthut und in Bezug Preußen auszusprechen scheint, daß selbst das äußerste Un nicht ausreicht, um eine Gewähr für seine Zuverlässigke geben.

Am 29sten Julius wird Herr Canning dem Parla melden, daß Herr Hutchinson dem Könige Friedrich Wi eine Summe von hunderttausend Pfund vorgeschossen ungerechnet den Betrag von zweimalhunderttausend Pfu

1) Der 7te Artikel.

Waffen- und Geschützbedarfs-Lieferungen, die während des Laufes des Feldzuges abgingen. Erst am 27sten Juni wird zwischen beiden Mächten ein förmlicher Hülfsgelderdvertrag abgeschlossen werden, dessen Vollziehung jedoch der Tilsiter Friede hindern wird. Es wäre einen Monat nach der Aussöhnung mit dem Londoner Hofe, und außerdem bei der zuversichtlichen Hoffnung auf den kräftigen Beistand des Kaisers Alexander, für Ihre preußische Majestät sehr schwer gewesen, den durch General Bertrand überbrachten Antrag anzunehmen. Dieser Versuch einer gesonderten Unterhandlung hatte folglich keine wirkliche Folgen, doch erfüllte er immerhin die Absichten des Kaisers zum Theil, indem er die Gemüther beschäftigte und den möglichen Fall eines nahen Friedens zeigte. Der Briefwechsel zwischen den Hauptquartieren der kriegführenden Mächte war nicht völlig abgebrochen und noch ein zweiter Brief Napoleons an den König vom 29sten April, und beinahe in gleichem Sinne wie der erstere geschrieben, wird erwähnt. Aber der Augenblick war für Ausgleichungsanträge nicht günstig. Drei Tage nachher, am 26sten April, war zu Bartenstein zwischen dem General Freiherrn von Budberg, russischem Minister der auswärtigen Verhältnisse, und dem Freiherrn von Hardenberg, der wieder Minister der auswärtigen Verhältnisse des Königs von Preußen geworden war, eine Acte unterzeichnet worden, die für lange Zeit den Frieden verzögert haben müßte, wenn die beiden abschließenden Theile seine Erfüllung ernst genommen hätten; eine Acte, die merkwürdig war durch den Umfang und den Hochmuth der Entwürfe, welche zwei Mächte zu fassen wagten, deren eine beinahe vernichtet war und die andere schon große Verluste erlitten hatte. Auch darum ist sie merkwürdig, weil sie die Grundsätze der berühmten englischen Note von 1805 wieder aufstellte, und weil sie den Keim der Anordnungen enthielt, welche theilweise im Jahre 1815 zur Ausführung kamen.

Der erste, zweite und dritte Artikel dieser Uebereinkunft sind eine Art von Gemeinplatz, wo die Worte Billigkeit, Mäßigung und Uneigennützigkeit zusammengestopft sind. Sie kündigen die großmüthigen Gesinnungen der verhandelnden Theile an, deren einziger Zweck ist, der Menschheit die Wohlthat eines allgemeinen und festen Friedens zu verschaffen, die fortschreitende Vergrößerung Frankreichs zu hindern und Frankreich in seine rechten Gränzen zurückzuweisen.

Der Gegenstand des vierten Artikels ist die Herstellung Sr. Maj. des Königs von Preußen in den Besitz seiner weggenommenen Provinzen, oder die Zusicherung eines Ersatzes dafür: „Da Preußen einer Abrundung, die für den Verlust einer bessern militärischen Gränze Ersatz wäre, sowohl zur eigenen Vertheidigung, als zum Schutz für Teutschland und seine Nachbarländer bedarf, so macht sich Se. Majestät der Kaiser von Rußland verbindlich, auf's Beste sich zu verwenden, daß im Frieden sie ihm zu Theil werde."

Wir glauben einen Theil des fünften Artikels wörtlich lich anführen zu müssen, nicht allein wegen der Bestimmungen, die er ausspricht, sondern auch um derer willen, die er nur andeutet. „Eine der wesentlichsten Grundlagen von Europa's Unabhängigkeit ist die Unabhängigkeit von Teutschland. Es ist daher von der höchsten Wichtigkeit, sie bestmöglichst zu sichern und um so sorgsamer auf die Mittel zu ihrer Erreichung zu denken, da sie, seit Frankreich im Besitze des Rheins und der Angriffspuncte an diesem Flusse ist, ungemein schwierig geworden sind. Man kann die Rheinlinie nicht unter dem Einflusse, oder vielmehr unter der Oberhoheit Frankreichs lassen, noch zugeben, daß französische Truppen fernerhin Teutschland besetzen." Es liegt am Tage, daß den Worten: „die Rheinlinie unter Frankreichs Oberhoheit lassen", ein Gedanke zum Grunde liegt, den man mit Absicht undeutlich und unbestimmt gelassen hat, weil man's dem Zufall anheimstellte, ihnen wo möglich eine weitere Deutung zu geben. Man kommt nicht darüber überein, wie in der englischen Note von 1805, Frankreich Belgien und seine Rheindepartemente zu entreißen. Man überläßt das der Entscheidung des Krieges. Das Ende dieses Artikels ist darum merkwürdig, weil es den Grundsatz eines teutschen Bundes aufstellt, dessen Leitung zu gemeinsamer Abwehr den beiden überwiegenden Mächten unter Beschränkungen zukommen sollte, über die man sich vereinigen würde. Diese Anordnung ist prophetisch und wird im Jahre 1815 ihre Wirkung haben.

Um den Beitritt des Wiener Hofes entschieden zu machen, machte man sich im sechsten Artikel verbindlich, ihm mehrere Besitzungen zurückzugeben und wieder zukommen zu lassen, namentlich Tirol, die venezianischen Provinzen, das Minciothal und die Festung Mantua [1]).

Zum Tausch für die Beihülfe Englands, vermittelst Hülfsgelder und Rüstungen, versprach Artikel 7. einen Zuwachs an Kraft und Macht zu den Besitzungen Sr. britischen Majestät in Teutschland.

Nach Artikel 8. sollte man auch den König von Schweden um seinen Beitritt angehen, und man behielt sich Artikel 9. vor, sich fernerhin zu verständigen, um Dänemark zum Beitritte zu dieser Uebereinkunft zu veranlassen.

Man nahm sich vor (nach Artikel 10. und 11.) das Statthouderat wo möglich herzustellen, oder wenigstens dem Prinzen von Oranien das wieder zu geben, was er in Teutschland verloren hatte. In Bezug auf die Könige von Neapel und von Sardinien stellte man als Grundsatz auf, Alles für sie in Anspruch zu nehmen, was die Umstände zulassen würden. Auf jeden Fall wollte man aber auf die Trennung der Kronen Frankreich und Italien dringen.

Ungeachtet der Versicherungen von Mäßigung und Billigkeit, die im ersten und letzten Artikel dieser Uebereinkunft gehäuft waren, so ermangelte man doch nicht, wie wir gesehen, die Mächte, welche man zur Theilnahme bewegen wollte, durch den Reiz einer Vergrößerung in Versuchung zu führen. Außer daß Preußen für sich selbst eine Abrundung verlangte, die ihm eine bessere Gränze verschaffe, versprach man dem Könige von England eine Vermehrung seiner Festlandsmacht, und dem Kaiser Franz II. eine bedeutende Gebietserweiterung. Rußlands Theil allein war nicht ausgesprochen, doch hatte es sich eine hinreichende Hülfsquelle im Artikel 13. vorbehalten, der so lautet: „Erst nach dem Frieden wird man sich über die Verwendungen der Eroberungen verständigen, die man dem Feinde und seinen Verbündeten etwa abnahm." Da die otto-

1) Herr Schöll läßt eine Lücke in seiner Anführung. Marchese Lucchesini nennt Mantua.

Feinde entstellten Erfolge, waren doch immer zu groß, als daß sie den Neid nicht erregen und den Stolz kränken müßten. Unabhängig von der Eifersucht auf den Kriegsruhm, der selbst den großmüthigsten Seelen natürlich ist, gährte in Wien, bei zwei sehr zahlreichen und thätigen Classen, ein Gefühl des Hasses gegen Frankreich, das einen weniger rühmlichen Grund hatte. Die eine dieser Classen bestand aus dem reichsunmittelbaren Adel, einem zum Unterdrücken stets geneigten Reste jener alten Lehnsherrlichkeit, das als eine Art untergeordneter Tyrannen noch über den Verlust seiner Vorrechte wüthete, deren Vernichtung Napoleon im Jahre 1803 versuchte und mit der er 1806 zu Stande kam. Die andere Classe bestand aus alle dem, was aus Neigung oder Interesse die Absichten der Höfe von Petersburg und London unterstützte. Diese beiden Cirkel schlossen sich an den russischen Botschafter Rasumowski an, der alle Ränke erregte und unterstützte. Doch war es dieser Mann nicht, der am Platze als Hauptspielender auftrat. In minder hervorragender Stellung und ohne öffentliche Beamtung bemühte sich ein unversöhnlicher Gegner Napoleons, der, wie dieser, auf Corsika geboren, in den Unruhen dieser Insel einer andern Partei angehörte, auf dem Festlande alle die Leidenschaften zu entzünden, von denen er selbst gegen seinen Landsmann glühte. Man hätte behaupten können, es bestehe zwischen ihnen eine Art von Nebenbuhlerschaft, da der eine, von vierzig Siegeszügen umringt, über einen großen Theil von Europa herrschte, und der andere ihn aus seiner dunkeln Stellung auf seinem Throne bedrohte und mit seinen Verwünschungen selbst dort verfolgte. Es bedurfte eines Erdbebens, um die Kluft, die sie trennte, hinwegzuschaffen. Die Gestalt der Welt mußte sich ändern, damit Herr Pozzo di Borgo russischer Gesandte in Frankreich würde und ein Paar Jahre lang seinen Einfluß in demselben Schlosse der Tuilerien fühlbar mache, wo Napoleon damals nicht mehr war.

Außer dem genannten Botschafter und den geheimen Abgesandten, hatte Kaiser Alexander nach Wien, im Monate Januar, einen außerordentlichen Geschäftsführer geschickt. Der Fürst Gagarin war dorthin gekommen, um den casus foederis eines Vertrages vom Jahre 1794 in Anspruch zu nehmen,

ersten Octobertagen unterzeichnete Uebereinkunft hatte der Wiener Hof sich verbindlich gemacht, ein Corps seiner Truppen zu den französischen Truppen stoßen zu lassen, um die Buchten von Cattaro wieder zu nehmen. Nach einigen gewechselten Noten wurde der Wiener Hof von dieser Verpflichtung entbunden und konnte das vom Grafen Bellegarde befehligte Corps zurückrufen, das mit dem Corps des Generals Marmont in Dalmatien sich vereinigt hatte. Um die Besorgniß zu verbergen, die Oestreich ihm erregen konnte, hatte Napoleon, wie in vollem Vertrauen auf sein gegebenes Wort, Massena aus Italien berufen und ihm einen Befehl bei dem großen Heere übertragen.

Indessen erlaubte der Stolz dem östreichischen Cabinette nicht, unthätig inmitten der großen Bewegung zu bleiben, und wenn es auch nicht Lust hatte, sich in die Gefahren einzulassen, so hatte es doch keinen angelegentlicheren Wunsch, als eine Rolle zwischen den kriegführenden Parteien zu übernehmen, die ohne Gefahr wäre und ihm doch einige Vortheile verspräche, und es lag ihm daran, dies zu thun, ehe irgend ein großes Ereigniß ohne seine Beihülfe das Schicksal des Festlandes feststellte. Deshalb erbot sich's zur Vermittelung (am 3. April) und erklärte diese Bereitwilligkeit durch seine Gesandtschaften dem Könige von England, dem Kaiser Alexander, dem Könige von Preußen und Napoleon.

Diesem Schritte waren Mittheilungen an die Kaiser von Frankreich und von Rußland vorausgegangen. Seit dem Monate Februar hatte man dem Fürsten von Benevent in Warschau die erste Eröffnung darüber gemacht. Die Antwort des französischen Ministeriums war nicht sehr zusagend gewesen. Es sprach zwar den Wunsch eines allgemeinen Friedens aus, doch bestand es auf einer getrennten Unterhandlung. Als im Monate März das Wiener Cabinet bei Kaiser Alexander die Aeußerungen günstigerer Gesinnungen gefunden hatte, drang es auf's Neue in das französische Cabinet, sich über seine Absichten auszusprechen, und zu derselben Zeit machte es ihm die Grundsätze und die Formen bekannt, unter denen man an dem allgemeinen Frieden des Festlandes zu arbeiten wünsche.

Das Hauptsächliche dieser Anträge lief auf folgende Puncte hinaus:

1) Die Angelegenheiten Teutschlands werden der Gegenstand einer völlig neuen Anordnung seyn.

2) Der Zustand Italiens soll gleichfalls einer neuen Prüfung unterworfen werden.

3) Die türkischen Angelegenheiten werden nach dem Maaßstabe der frühern Verträge geordnet werden.

4) Polen bleibt in dem Zustande, worin es vor dem Kriege war.

5) England wird als Theilnehmer zur Verhandlung zugelassen.

Es ist leicht zu bemerken, daß seit 1807 der Wiener Hof die Politik befolgte, die er mit mehr Glück im Jahre 1813 befolgen wird. Durch den Vorschlag eines Congresses für die Unterhandlung, welche die gegenseitigen Interessen aller Mächte ordnen sollte, verbarg der Wiener Hof, bisher der That; aber nicht der Absicht oder den Wünschen nach neutral, den Nebengedanken, die Verzögerungen zu benutzen, welche die Annahme einer solchen Maaßregel herbeiführen würde, um seine Kriegsmittel zu vermehren, um nach seinem Interesse oder seinen Leidenschaften die Besprechungen des Congresses beherrschen und durch die plötzliche Vereinigung seiner Kräfte mit den Kräften der einen Partei, ein entscheidendes Gewicht in die Wagschaale werfen zu können. Diese Berechnung war leicht zu durchschauen. Napoleon that, als ob er sie nicht verstände, ob sie gleich ihn am meisten bedrohte. Er überließ Rußland die Unannehmlichkeit, diese Anträge von der Hand zu weisen; doch mußte diese Verweigerung um so mehr auffallen, weil eine Verhandlung nach solchen Grundsätzen und durch Oestreichs Rüstungen unterstützt, den Verbündeten die Mithülfe dieser letztern Macht zusichern mußte; doch diese so lebhaft nachgesuchte Mitwirkung [1]) schien für Rußland jetzt ohne Wichtigkeit zu seyn, seit es sie für einen Preis, den es

1) There was a price to be paid for this cooperation, which did not suit that speculating and ambitious cabinet. Worte aus H. Adairs Aufsatz.

nicht dafür geben will, erkaufen soll, nämlich durch die Aufrechthaltung der ottomanischen Pforte. Dürfte man den englischen Anschuldigungen glauben, so hätte das russische Cabinet in einer näheren oder ferneren Zeit die Möglichkeit vorausgesehen [1]), das von Frankreich, mit dem es jetzt im Kampfe begriffen war, zu erhalten, was jetzt Oestreich ihm verweigerte, was ihm vielleicht auch England streitig gemacht haben würde, nämlich die Erwerbung der Moldau und Walachei, die es jetzt schon besetzt hielt. Als dieser Antrag einer Vermittelung amtlich dem Petersburger Cabinet mitgetheilt wurde, erfolgte nichts als eine ausweichende Antwort [2]). Der Vertrag von Bartenstein, der damals verhandelt wurde, entsprach besser seinen Absichten, weil er bis zum Frieden die Feststellung über das Schicksal der Eroberungen hinausschob, die man Frankreich und seinen Verbündeten abnehmen würde.

Die englische Regierung antwortete von ihrer Seite [3]) auf das Erbieten einer östreichischen Vermittelung, daß sie gern an dem Friedenscongresse Theil nehmen würde, doch nur dann, wenn sie die Gewißheit der Zustimmung der andern betheiligten Mächte hätte. Für den Augenblick könne sie nichts thun, als den östreichischen Antrag den Verbündeten Sr. britischen Majestät mittheilen.

Die Macht, welcher der Zusammentritt eines Congresses für den Augenblick am wenigsten zusagte, war Preußen, weil es während seiner Dauer, oder wenigstens für einen Theil seiner Dauer die Last einer kriegerischen Besetzung zu tragen gehabt haben würde und weil die Verhandlung für Preußen von dem Zustande des Verfalles ausgegangen seyn würde, worein die Monarchie versunken war, während erneuerter Kampf ersprießliche Veränderungen seiner Lage hervorbringen konnte. Um das Wiener Cabinet zu bewegen, daß es die übernommene Vermittlerrolle aufgebe, versuchte man in der Bartensteiner

1) She had getten possession of almost the whole of Moldavia and Walachia, and was already looking forward to secure that acquisition by an understanding with France. Worte aus H. Adairs Aufsatze.

2) Den 16ten April

3) Den 25sten April.

Uebereinkunft, ihm verführerische Vortheile anzu
Folge dessen beeilte sich der König, gleich nach der
nung dieser Uebereinkunft, dem Kaiser Franz II. d
niß zu geben: „Se. k. k. östreichische Majestät",
Worte dieser Mittheilung, „wird sich leicht überzeu
edle Zweck, den Sie durch Ihre angebotene Vermi
schen den kriegführenden Mächten beabsichtigten,
besser durch Ihren Beitritt zu der erwähnten U
als durch die Verwendung Ihrer gefälligen Die
werden wird.... Wenn Ew. Maj. Ihr wahres I
rücksichtigen, so werden Sie außerdem in dem Beit
währ der Vortheile finden, die für Oestreich aus
samen Anstrengungen der Verbindung sich ergeben
Die Wichtigkeit des gegenwärtigen entscheidenden
fordert, daß die Entschließungen des Wiener Hofe
kannt seyen, und Se. Maj. der König von Preuß
auf eine entscheidende Erklärung über die Partei
che Ihre k. k. Majestät zu ergreifen für gut finde

Von Seiten Frankreichs allein wurde der
Vermittelung weder Bedingung noch Vorbehalt ent
Nur die einzige Besorgniß zeigte der Kaiser Nap
die Macht, welche ihre Erhebung und ihre Größe
auf die Zerwürfnisse des Festlandes von Europa
aus dem zu bildenden Congresse neue Anlässe der
neue Ursachen der Verlegenheit hervorrufe. Uebri
er diesen Anlaß mit Beeiferung, „um das vollst
trauen auszusprechen, das Se. Maj. der Kaiser v
ihm einflöße und den Wunsch, den er hege, die B
zu andern Zeiten ihr gegenseitiges Wohlseyn bewi
schen beiden Völkern wiederhergestellt zu sehen, in
gegenwärtigen Augenblicke besser als alles Andere
und ihr Glück zu befestigen im Stande seyen." I
liche Antrag eines Bündnisses war für den Au
Oestreich selbst veranlaßt. Als im Anfange des
liche Einflüsterungen durch den französischen Botsch
von la Rochefoucauld, stattgefunden hatten, wa
chische Cabinet ihnen aus dem Wege gegangen.
nun nicht mehr davon sprach, hätte man gewünsch

rede. „Frankreich sagt uns nichts, theilt uns nichts mit, schlägt uns nichts vor.“ Läßt man sich ernstlich auf Erklärungen ein, so zieht sich das Cabinet zurück, und so mußte es seyn. Denn im Grunde wünschte man Napoleons Untergang; mag er nur einmal unglücklich seyn und auf der Stelle wird man sich mit seinen Feinden verbinden.

Uebrigens hatte das Erbieten der östreichischen Vermittelung gar keine Wirkung, außer daß sie für Frankreich von einigem Nutzen war. Der Wiener Hof fühlte sich verletzt durch die Verwerfung seines Antrags und durch die Form dieser Verwerfung. Von der andern Seite hätten die Mächte, welche die Weigerung, sich mit ihnen zu verbinden, ärgerte, wenn jemals ein Congreß zu Stande käme, ihn lieber überall, als auf dem Gebiete und unter dem Einflusse dieses Hofes zusammenkommen sehen. In der That richteten sich bei den gegenseitigen Mittheilungen zwischen dem französischen, dem russischen und dem preußischen Hauptquartiere über die Eröffnung eines Congresses, die Blicke in Bezug auf den zu bestimmenden Ort nach Kopenhagen.

Nichts war allgemeiner als diese Mittheilungen, und kaum konnte es auch anders seyn. Kaiser Napoleon hatte darauf bestanden, daß die Türkei zugelassen würde, um gemeinsame Sache mit Frankreich bei der Verhandlung zu machen, eben so, wie man England mit Rußland zulassen würde. Nach einigem Zögern hatte man darein gewilligt, und man war übereingekommen, daß alle im Kriege begriffenen Mächte, ohne Ausnahme, ihre Bevollmächtigten nach Kopenhagen schicken sollten; doch vor Allem forderten die Verbündeten, ohne doch selbst einen Vorschlag irgend einer Art thun zu wollen, daß Napoleon bekannt mache, auf welchen Grundlagen man verhandeln könne. Nun hatte das Hinstellen bestimmter Grundlagen große Schwierigkeiten und vielleicht bestand man eben aus Rücksicht auf diese Schwierigkeiten auf dieser Forderung. Doch wie dem auch seyn möge, damit man ihm nicht vorwerfen könne, er habe durch seine Weigerung, ihr zu genügen, die Zusammenkunft des Congresses gehindert, so erklärte er, daß, seiner Ansicht nach, die Grundlage der Verhandlung Gleichheit und Gegenseitigkeit zwischen den kriegfüh-

renden Massen seyn müsse, und daß ebenmäßig
nen die Aufstellung eines gemeinsamen Systeme
gleichung Statt finden müsse. Dieser Vorschlag
natürlich. Sein Zweck war, England dahin zu
daß es alle ihm durch den Krieg zugefallenen Erwe
Rechnung bringe, und diese Forderung war billi
dieser allgemeinen Abrechnung Frankreich auch alle
in Eins zusammenwerfen mußte. Abgesehen aber
Preußen, wie wir schon bemerklich machten, nu
Anordnungen in der gegenwärtigen Lage der Ding
gehabt haben würde, war es beinahe gewiß, daß
Regierung niemals ihre Zustimmung zu der von
Antrag gebrachten Grundlage gegeben haben würde
sich diese Unterhandlung ohne Ergebniß in Rauch

War England in dieser Hinsicht zu entschuldi
es einen andern Gesichtspunct, aus dem aufgefaßt,
litik damals unsinnig erschien, und denselben Vo
man bis zu einem gewissen Puncte auch dem Wiene
chen. Das unerklärlichste Unrecht beider Mächte ist
men, das unthätige des einen, das thätige des an
das türkische Reich, und die Aufopferung ihrer lieb
essen, ihrer bleibenden und feststehenden Interessen
übergehende und augenblickliche Leidenschaften.
1807 nimmt es das englische Cabinet, damals noch
den des Herrn Fox geleitet, auf sich, — um den F
Hand zu lassen, daß sie ihre ganzen Kräfte gegen
zösische Heer im Norden richten können — für si
pontis zu kämpfen. Oestreich sieht es; Oestreich
selbst; es erkennt nicht mehr in der ottomanischen
seiner bedeutendsten Bundesgenossen gegen R
Napoleons Verbündeten sieht es in ihr und es
ohne Bedenken einen Staat vernichten lassen, de
gang es morgen als einen der größten Unfälle, die
könnten, beklagen müßte. Der Sturz des ottoman
ches war in Wien jetzt nicht mehr ein Gegenstand
niß, man ging sogar so weit, daß man dort Wür
dieses Reich sich erlaubte; man sinnt nur auf Thei
und der Hinblick auf eine nahe bevorstehende Z

scheint, statt eine Ursache des Zwistes, ein Berührungspunct mehr, ein neues Band mit dem Petersburger Cabinette werden zu sollen. Der Zufall täuschte diese unsinnigen Berechnungen, aber er bediente England und Oestreich besser, als sie bedient seyn wollten.

Seit Frankreich über die Oestreicher und Russen in Austerlitz triumphirt hatte, war das türkische Cabinet, in Bezug auf Frankreich, auf die freundschaftliche Stimmung zurückgekommen, die es stets der Macht und der Gewalt vorbehält. Der Thron der Osmanlis war damals von einem aufgeklärten Fürsten besetzt, der von den großmüthigsten Gesinnungen belebt und entschlossen war, seine Unterthanen ihren Vorurtheilen und ihrer Unwissenheit zu entreißen und Europa's Künste und Wissenschaften bei ihnen einzuführen. Es war ein Fürst von ziemlich umfassendem Geiste, aber von zu schwachem Sinne für die Rolle, nach der ihm lüstete, für die Rolle des Umgestalters eines großen Reiches. Der Glanz, den Napoleon um sich verbreitete, die Folgen und die Größe seiner Erfolge, hatten auf Selim III. Gemüth einen lebhaften Eindruck hervorgebracht. Folglich war ein wohlwollender Empfang wenigstens von diesem Fürsten, dem französischen Botschafter, dem Generale Sebastiani, vorbereitet, der außerdem durch seine persönlichen Eigenschaften nicht ermangeln konnte, allen den Einfluß bei ihm zu erlangen, den die Umstände zuließen; und die Umstände machten sich, wie man bekennen muß, der Art, wie sie dieser General für den Ruhm seiner Gesandtschaft nur wünschen konnte. Im Augenblicke seines Eintreffens war der Anschein ihm nichts weniger als günstig. Der Reis Effendi (Minister der auswärtigen Verhältnisse), ein Mann von durchdringendem Verstande und fester Entschlossenheit, war ein entschiedener Anhänger des Bundes mit England und Rußland. Die alte Diplomatie, die in Constantinopel heimisch, und an die Umwege des Serails gewöhnt, die Gesandtschaft des Generals Brüne hatte mißglücken lassen, machte sich wenig Besorgniß, als sie in seinem Nachfolger wiederum einen Kriegsmann, einen jungen, in die Augen fallenden Soldaten sah, der mit Recht stolz auf die kaum vernarbten, bei Austerlitz erhaltenen Wunden, von der Größe seines Volkes und des

Monarchen voll war, den er vorstellte, doch der eben aus sen Gründen für weniger geschickt galt, gegen lange Er rungen zu kämpfen, welche die Kenntniß der Menschen, Dinge und der Oertlichkeiten für sich hatten. Nichts war türlicher, als dieses Vertrauen. Und doch sollte es merkwü getäuscht werden.

Die Vorschriften, welche General Sebastiani bei se Abreise erhalten hatte, waren vor dem Abschlusse des am 20 Juli; durch Herrn von Oubril, zwischen Rußland und Fr reich unterzeichneten Fiedensvertrages ausgestellt. Doch wi sie auch späterer Abfassung gewesen, so hätten sie doch di ben seyn müssen, so lange nämlich der Vertrag nicht ge migt war, und er wurde es bekanntlich nicht. Die franz sche Regierung verfuhr daher auf die politisch gesetzlichste W se, indem sie ihren Einfluß in Constantinopel wieder zu ben und den Divan dem Einflusse des Petersburger Cabi tes zu entziehen suchte. Eins der ersten Mittel, um zu sem Zwecke zu gelangen, war, die Verwaltung der M dau und Walachei den Fürsten Ypsilanti und Morusi, offenkundig dem russischen Cabinette ergeben waren, zu ziehen, und ihre Wiederbesetzung durch die der Pforte tr ren und den Interessen Frankreichs weniger widerstreben Familien Suzzo und Callimachi zu erreichen.

Die beiden bestellten Hospodare hatten durch ihre ziehungen zu Rußland der hohen Pforte gerechten Anlaß Unzufriedenheit gegeben. In Bezug auf den Fürsten Y lanti gab es beurkundete Proben von seiner Untreue. Divan war daher befugt, die Abberufung von Geschäfts gern auszusprechen, über die er sich zu beschweren hatte. D zeigte sich noch eine Schwierigkeit. Nach dem Vertrage Jassy konnten die regierenden Woiwoden in den beiden F stenthümern nur mit Rußlands Zustimmung abgesetzt werd sie müßten denn in der Ausübung ihrer Würden wenigst sieben Jahre verblieben seyn. Da dieses bei beiden Für nicht der Fall war, so mußte ihre Abberufung der Gegenst einer vorgängigen Uebereinkunft zwischen beiden Mächten se Hier lag die Schwierigkeit, und die türkischen Minister wa in Verlegenheit, sie zu lösen. Obgleich General Sebasti

8 *

noch nicht seine feierliche Antrittsaudienz gehabt hatte, so verlangte er dennoch bei dem Sultan Selim eine geheime Zusammenkunft. Bei dieser geheimen Zusammenkunft wurde die Frage entschieden. Der Botschafter wußte den Sultan zu überreden, daß Rußlands Einschreiten wohl nothwendig seyn könne bei einer durch Verwaltungsfehler bedingten Absetzung, aber daß nicht davon die Rede seyn könne, wenn es gälte, die Ruhe des Reichs durch Bestrafung des Hochverrathes zu sichern. Das Geschäft ward mit einer bei dem türkischen Cabinette seltenen Raschheit angefangen und zu Ende geführt. Ein Hatti-Scherif des Kaisers vom 30sten August ersetzte die beiden regierenden Woiwoden durch die Fürsten Suzzo und Callimachi. General Sebastiani war noch keinen Monat in Constantinopel und schon hatte er diesen ersten Erfolg davongetragen, ohne daß die Minister Rußlands und Englands Zeit gehabt hätten, sich zu widersetzen.

Gegen die Mitte des Septembers benachrichtigte die russische Gesandtschaft den Divan von der Weigerung des Kaisers Alexander, den am 20sten Juli zu Paris unterzeichneten Friedensvertrag zu genehmigen. Durch diesen neuen Umstand sah sich der französische Botschafter noch mehr von jeder Schonung in Hinsicht auf Rußland entbunden, und er zog davon Vortheil. Er nahm diese Weigerung selbst als eine Gelegenheit wahr, um unter die Leute zu bringen [1]), daß die wahren Gründe, die sie veranlaßt hatten, die von Frankreich verlangten und zu Gunsten der ottomanischen Pforte durch den Friedensvertrag ausgesprochenen Gewährleistungen waren. Der Vertrag setzte wirklich die Unabhängigkeit der sieben Inseln fest, was den Russen das Mittel nahm, die Türkei von dieser Seite anzugreifen, und zugleich stellte er die Unabhängigkeit von Ragusa unter dem Schutze der hohen Pforte her. „Rußland sieht ungern", sagte General Sebastiani, „daß es die türkischen Provinzen nicht mehr mit Gewalt überfallen, wie die Krimm, oder sie gar in Friedenszeiten an sich reißen kann, wie es der hohen Pforte Georgien und den Durchgang durch die Dardanellen entrissen hat." Er verlangte

1) Note vom 16ten September, nach dem Annual Register.

im Namen des Kaisers, daß der Bosphorus jed Linien- und Transportschiffe, mit Truppen sow Kriegsbedürfnissen, geschlossen würde, indem er e diesen Durchgang den Russen offen lassen, sovie die Neutralität verletzen und den Franzosen das stehen, das türkische Gebiet zu betreten, um sie a des Dniesters anzugreifen. Jede Erneuerung, od Fortsetzung des Bundes mit England oder Rußlan ein Beitritt zum Kriege gegen Frankreich angese Er fügte hinzu, daß das französische Heer in Da nen andern Zweck habe, als die Unverletzlichkeit d Reiches aufrecht zu halten; doch daß, im Falle die sich mit Frankreichs Feinden vereinigte, der Kaiser seyn würde, diesem Heere eine Bestimmung zu der jetzigen völlig entgegen wäre. Die Forderung zösischen Botschafters ward genehmigt, und als eine russische Brigg sich zeigte, um in den Bosph laufen, wurde ihr der Durchgang untersagt.

Diese durch französischen Einfluß bewirkten verdrossen um so mehr den russischen und den eng nister, die Herren Italinski und Arbuthnot, als durch die Raschheit und das Geheimnißvolle ihre gedemüthigt wurde. Sobald sie Nachricht von de der Fürsten Ypsilanti und Morusi hatten, erklärte Minister, daß sein Herr eine so offenkundige Ve Verträge nicht ungeahndet dulden könne, und im seinem Einspruche nicht augenblicklich Genüge leist er seine Pässe, um Constantinopel zu verlassen. lungen dieses Ministers wurden auf's lebhafteste Arbuthnot unterstützt. Für den Augenblick mach Zorn des russischen Ministers wenig Eindruck. erregten die Klagen des englischen Ministers, da d letztern überreichte Note auch die bestimmte Drohun enthielt. Indessen war Herr Italinski seit drei dem englischen Schiffe Canopus am Bord und auf der Stelle zu entfernen, ohne daß dieser U Divan zum Nachgeben gebracht hätte, als ein Zwis von sehr undiplomatischer Form und für das hi besonders auffallend, die Entschlüsse des kaiserlichen Ministeriums plötzlich änderte. Herr Arbuthnot, den ein heftiges Fieber in Bujukdere zurückhielt, schickte einen seiner Gesandtschaftssecretäre ab, um eine kategorische Antwort auf seine eingereichte Note zu verlangen. Dieser junge Mann, dessen Name wohl verdient gemerkt zu werden, weil die dreiste Sonderbarkeit seines Benehmens ein Zug von tiefer Einsicht ist, Herr William Wellesley Pole, reitet ganz getrost nach Constantinopel, tritt im Reitrocke, mit der Gerte in der Hand, wie Ludwig XIV. in das Parlament von Paris, in den Staatsrath ein, fordert die Antwort nochmals, welche der Botschafter erwartet und kündigt ganz laut an, daß eine englische Flotte in wenigen Tagen durch die Dardanellen gehen wird und dem Großherrn, wenn die abgesetzten Woiwoden nicht augenblicklich wieder eingesetzt werden, vorschreiben würde, was zu thun sey. Die Festigkeit dieser Sprache, die Zuversicht dessen, der sie führt, verbreiten Schrecken unter den Räthen Sr. Hoheit. Die Frankreich wenig günstigen Räthe benutzen den Augenblick, dem Sultan die Meinung beizubringen, welche die Furcht jetzt seinen Ministern eingiebt. Doch sieht Selim, ehe er handelt, noch einmal insgeheim Sebastiani. Er macht ihm bemerklich, daß nach so einem unerwarteten Angriffe, er sich verbunden glaube, den Sturm durch Nachgiebigkeit zu beschwichtigen, die seiner Vernunft schwer fiel, und gegen die sein Stolz sich empörte; doch nähre er, ungeachtet der scheinbaren Verwilligungen, die unabänderliche Entschließung, sich mit Kaiser Napoleons Politik zu vereinigen und noch engere Bande mit ihm zu schließen, als seit Jahrhunderten schon zwischen Frankreich und der Türkei bestanden hätten. Hier wäre Einspruch nicht an der Zeit gewesen. General Sebastiani hütete sich wohl, einen Entschluß zu bestreiten, der nicht mehr zu ändern war. Er versicherte Sultan Selim, daß Kaiser Napoleon die Nothwendigkeit begreifen würde, der er nachgäbe, und daß seine redliche und großherzige Freundschaft dadurch keine Störungen leiden solle. Selim befahl, daß die Fürsten Ypsilanti und Morusi wieder eingesetzt werden sollten.

Es hätte scheinen können, als ob diese Rußland zugestandene Genugthuung jede auf Angriff deutende Bewegung

Indessen hatte General Sebastiani auf die erste Nachricht von den Schritten der Russen in der Moldau, den Befehlen des Kaisers Napoleon gemäß, Alles aufgeboten, um das türkische Cabinet zur Kriegserklärung gegen Rußland zu bewegen. Die persönliche Stimmung des Großherrn war diesem Vorhaben günstig. Er gedachte der Leiden seines Vaters, an die Verluste des Reichs durch die Krimm, und sah voraus, daß später oder früher der Krieg zwischen Russen und Türken ein Krieg auf Leben und Tod werden würde. Der französische Botschafter ließ sich's angelegen seyn, ihn zu überzeugen, daß, statt vom Zufalle abzuwarten, wenn er bestimmen würde, daß der Kampf beginnen solle, der günstigste Augenblick für die Pforte da wäre, wo die Kräfte Rußlands durch seinen Kampf mit dem Kaiser Napoleon wenigstens getheilt wären. Nach mehreren Besprechungen zwischen dem Sultan und dem General Sebastiani, dem Großvezier und dem Minister des Innern, wurde der Krieg beschlossen, ungeachtet des lebhaften Widerstandes des Ministers des Auswärtigen. Die Kriegserklärung [1]) war mit allen den religiösen Gebräuchen begleitet, die bei den Muselmännern für diese Fälle üblich sind. Da man in demselben Augenblicke erfuhr, daß General Michelson sich Benders und Choczims bemächtigt hatte, daß er Jassy und Bucharest besetzt habe, Mustapha Bairactar vor sich herjagend, der vergebliche Versuche gemacht hatte, ihn in Fokzani aufzuhalten, so erwachte der alte Haß gegen die Russen, und Herrn von Italinski's Sicherheit schien einen Augenblick lang bedroht. Um ihn der Volkswuth zu entziehen, ließ Sultan Selim, unter dem Vorwande, sich der Person des Gesandten zu bemächtigen, den russischen Palast durch eine Oda von Janitscharen bewachen; doch möchten Herrn Arbuthnots Vorstellungen nicht gehindert haben, daß der russische Minister nicht in die sieben Thürme gesteckt würde, wie der französische Geschäftsträger, Herr Ruffin, während des ägyptischen Krieges. Großmüthiger als die Minister von England und Rußland, die zur Zeit von Herrn Ruffins Haft [2]) in Constantinopel

1) Den 30sten December.

2) Die englischen und russischen Gesandtschaften hatten alle im tür-

ellt waren, vereinigte General Sebastiani
; mit Herrn Arbuthnots Bemühungen; er
a bei dem Gefühle an, das bei ihm am n
; bei dem Wunsche, die Osmanlis zum R
ten Völker zu erheben; er stellte ihm vor, da
chen könne, wenn er nicht selbst den Gebräu
ischen Völker entsage und sich den Regeln des
:, welche die europäischen Mächte beobachten.
französischen Botschafters fand Erhörung. I
a russischen Minister, sich auf einem englischen
chiffen [1]), das ihn nach Tenedos brachte, von
ch Italien ging. Diese Veränderung in dem T
rkischen Cabinets wird sich von nun an erhalten
ich kann mit Grunde die Ehre in Anspruch neh
ıächtig dazu beitrug, diese Macht auf den Weg
Gesittung hinzuweisen.

Während die Türken durch diesen ihnen
veis der Achtung vor der Würde eines öffentli
tragten einen Schritt im geselligen Leben vo
ten, thaten die Russen einen zurück. Nachdem si
zösischen Generalconsul in Jassy, Herrn Reinhart,
Oestreich gegeben hatten, ließ ihn der Fürst Dolg
eine Cosakenabtheilung aufheben und schickte ihn
land. Mustapha Bairactar, in Zeiten benachrichti
tigte sich des Herrn Chirico, des russischen Cons
charest, und führte ihn als Gefangenen ab, um
des französischen durch diese Gegenthätlichkeit siche

Was war der Grund zum übereilten Einfalle
dau gewesen, der mitten im Frieden und ohne R
die Genugthuung Statt fand, welche man Herrn
Beschwerden zugestanden hatte? Die vom Baron
berg an den russischen Minister gerichteten und au
Depeschen geben eine freie und natürliche Auskun

tischen Reiche verbreiteten Franzosen persönlich verfolgt und
mögen nachgestellt. Spencer Smith, der britische Minister
überlegt gewesen, sich des französischen Palastes zu bemächti
in sich einzurichten.

1) In den letzten Tagen des Decembers.

Sobald das Petersburger Cabinet durch die plötzliche Absetzung der beiden ihm ergebenen Woiwoden das schnelle Wachsen des französischen Einflusses in Constantinopel erkannt hatte, hatte es gemeint, daß ihm nur ein Weg noch offen stehe, nämlich, Schrecken in der Hauptstadt der Türken zu verbreiten und den Divan mit Gewalt einem Bündnisse treu zu erhalten, von dem er nur zu sehr geneigt war, sich frei zu machen. Die Truppensendung nach der Moldau war daher unbedenklich angeordnet worden. Die Nachricht, welche wenige Tage später einlief, daß das türkische Cabinet nachgab, hätte zwar eine Zurücknahme dieser Befehle, die kaum in Ausführung gesetzt wurden, herbeiführen sollen. Indessen wurde nichts geändert, und während das Heer im Marsche war, beeilte man sich im Gegentheile, von der englischen Regierung die thätigste Mithülfe zu fordern. England von seiner Seite hatte auch die Augen offen für das Schwanken der Türken, und hielt deshalb im Archipel, unter dem Befehle des Contreadmirals Thomas Louis, ein kleines Geschwader von einem Linienschiffe und drei Fregatten, um im Nothfalle seinen Botschafter zu unterstützen. Ein Schiff von diesem Geschwader, der Canopus, und eine Fregatte, der Endymion, waren allein durch die Dardanellen gegangen, und hatten sich im Hafen von Constantinopel vor Anker gelegt. Auf diesem Schiffe hatte sich, wie wir sehen, Herr von Italinski eingeschifft und die Fregatte sollte späterhin Herrn Arbuthnot zur Zuflucht dienen. Die Achtsamkeit der britischen Regierung war sehr vernünftig.

Daß sie suchte, beim Divan die Stellung, die sie inne hatte, zu behaupten und die hohe Pforte zu hindern, sich mit ihren Feinden zu verbinden, war vernünftig und pflichtgemäß; doch von da zum Umsturz des türkischen Reichs ist ein großer Schritt, und um sich Rußland gefällig zu machen, gab man sich zu Maaßregeln her, die nichts weniger bezweckten, als den Umsturz dieses Reiches vorzubereiten. Das britische Cabinet hatte weder für die Anleihen gutsagen wollen, die Kaiser Alexander in England zu machen gedachte, noch hatte es eine kriegerische Entsendung nach dem Norden schicken wollen. Um diese Weigerungen vergessen zu machen, mußte man doch

sem Kreise von Franzosen auch die Verfügung von Berlin in Bezug auf die Festlandsperre bekannt, indem er den Artikel hervorhob, welcher die Verhaftung aller großbritannischen Unterthanen, sowohl in den von französischen Truppen besetzten Ländern, als in den mit Frankreich verbündeten Staaten befahl; und er setzte blos die Bemerkung hinzu: die Pforte ist unser Verbündeter. Der Zweck dieses andeutenden Wortes war, den englischen Minister zu ängstigen und ihn vielleicht zu einem falschen Schritte zu veranlassen. Man darf glauben, daß es wirklich zu einer frischweg ergriffenen Maaßregel beitrug, die von dem Botschafter auch gleich in's Werk gesetzt ward.

Von einer andern Seite hatte Herr Arbuthnot erfahren, daß Admiral Duckworths Geschwader im Archipel eingetroffen sey. Auf der Stelle entschließt er sich, mit allen in Constantinopel befindlichen Engländern sich zu ihm zu begeben; aber die Ausführung dieses Entschlusses mußte geheim gehalten werden. Die Gegenwart des Contreadmirals Louis und der Fregatte Endymion, die an der Spitze des Serails vor Anker lag, bot ihm das Mittel dazu. Der Contreadmiral richtete nämlich an die Häupter aller englischen Häuser eine Einladung, mit dem Botschafter bei ihm auf der Fregatte zu speisen. Alle fanden sich ein, wie zu einem Feste. Um sechs Uhr des Abends begab sich Arbuthnot mit seinem ganzen Gesandtschaftspersonale hin. Um eilf Uhr werden die Ankertaue gekappt, man entfernt sich, und bald ist man bei dem Geschwader vor Tenedos angelangt. Indem er so die britischen Unterthanen von ihren Familien und von ihrem Vermögen trennt, hat Herr Arbuthnot ihre Interessen der Neigung und des Wohlstandes nicht ohne Schutz gelassen. Durch einen erst nach seiner Abreise übergebenen Brief empfiehlt er sie dem Schutze des Generals Sebastiani. Dieses rühmliche Vertrauen sollte nicht getäuscht werden. Herr Arbuthnot hatte Grund, sich ihm hinzugeben, weil in ähnlicher Lage er dessen selbst würdig gewesen wäre.

Die englischen Schriftsteller schreiben die Abreise ihres Botschafters einem andern Grunde zu. Ihnen zufolge hätte er diese Partei ergriffen, in der Ueberzeugung, daß am Bord

Herrn von Lascours [1]), die Leitung dieser Arbeiten übertragen wird, so sieht dieser sich doch bei allen seinen Bemühungen durch Fezi Effendi, der damals in den Schlössern Befehlshaber war, gehemmt. Dieser war es, durch dessen Vermittelung Herr Arbuthnot die Unterhandlung mit der Pforte wieder anzuknüpfen versuchte. Der Capitan Pascha, dessen Geschwader an der Spitze von Nacara vor Anker liegt, denkt eben so wenig daran, seine Flotte in Sicherheit zu bringen. Beide lassen sich durch einen gewandten Dragoman bethören, den Herr Arbuthnot mit ihnen zusammenzubringen verstanden hat, und sie unterhandeln, statt sich auf den Kampf vorzubreiten. In wenigen Tagen werden Beide ihr blindes Vertrauen büßen. Der eine, der Capitan Pascha, fiel in Ungnade; der Andere wird geköpft; doch heute noch in ihrer hochmüthigen Sicherheit, weisen sie jeden Rath von sich, nehmen Herrn von Lascours Vorstellungen mit Verachtung auf, und wollen noch nicht an den Plan der Engländer, die Durchfahrt zu erzwingen, glauben, als die Durchfahrt schon erzwungen wird [2]). Schon sind die englischen Schiffe an den äußersten Schlössern vorüber, ohne das Feuer der Türken beachtet zu haben. Erst in dem Augenblicke, wo sie auf der Höhe zwischen den europäischen und asiatischen Schlössern ankommen, sehen sie sich gezwungen, zwischen das Kreuzfeuer zweier Schlösser genommen, darauf zu antworten. Die Lage der Engländer hätte gefährlich seyn können, aber der Capitan Pascha, der am Lande war, hatte, gleich bei den ersten Lagen des türkischen Geschützes erschrocken, das Beispiel eines schimpflichen Rückzuges gegeben. Alle Türken verließen ihre Posten, und bei den Strandschanzen blieb nur Herr von Lascours und einige Franzosen, die über so viel Feigheit bei so viel Hochmuth erbittert waren. Das Linienschiff und die im Canale aufgestellten Fregatten, welche der Capitan Pascha hätte retten können, wurden von den Engländern genommen und verbrannt. Nur ein einziges Schiff hatte sich gut vertheidigt. Die Glut der brennenden Flotte verbreitete Schrecken im

1) Jetzt Mitglied der Deputirtenkammer.
2) Am 20sten Februar.

Der kaiserliche Bote theilt ihm also die Aufforderung der Engländer mit. Er versichert zwar die unzerstörbare Ergebenheit seines Herrn gegen Napoleon, aber er erklärt bestimmt, daß der Sultan sich zur grausamen Nothwendigkeit gezwungen sehe, für den Augenblick den beleidigenden Forderungen Englands nachzugeben, da man Constantinopel im vertheidigungsunfähigen Zustande überrascht habe und es nicht im Stande sey, der englischen Macht Widerstand zu leisten. Er beschließt seine Rede mit der Versicherung, daß das gemeine Volk den französischen Botschafter als die Ursache des Kriegs anklage und daß die Regierung kaum für sein Leben stehen könne. Persönliche Gefahren rühren General Sebastiani wenig. Er antwortet dem Gesandten des Sultans, daß er auf Befehl seines Souverains in Constantinopel sei und daß er nur auf Befehle von eben daher es verlassen werde, man müßte denn ihn mit Gewalt vertreiben. „Es handelt sich hier", setzte er hinzu, „um nichts Geringeres, als um die Ehre, die Sicherheit und Unabhängigkeit des türkischen Reichs. Die Flotte des Admirals Duckworth kann einen Theil der Stadt in Brand schießen, ein Paar Einwohnern das Leben kosten; doch ohne ein Landheer kann sie sich der Hauptstadt nicht bemächtigen, wenn ihr nicht selbst ihm die Thore öffnen und sie ihm ohne Vertheidigung übergeben wolltet. Jährlich ertragt ihr die Verluste, welche häufige Feuersbrünste hervorbringen, die schrecklichen Verluste, welche die Pest herbeiführt. Solltet ihr weniger Festigkeit zur Vertheidigung eures Glaubens und eures Vaterlandes zeigen? Kaiser Selim wird nicht durch seine unwürdige Schwäche von dem hohen Range herabsteigen wollen, wohin ihn glorreiche Ahnen gestellt haben. Eure Wälle sind unbeschützt, aber ihr habt Eisen, Geschützbedarf, Lebensmittel, Arme; thut noch Muth hinzu und ihr werdet über eure Feinde siegen. Ich bitte Sie, Ihrem erhabenen Gebieter zu sagen, daß ich mit Vertrauen eine Entschließung erwarte, die seiner und des Reiches würdig ist, das er beherrscht." Während der Großstallmeister dem Großherrn über diese Antwort Bericht erstattet, bietet der französische Botschafter alle Mittel des Einflusses beim Großvezier, beim Janitscharen-Aga, bei den Ulemas

beim Kaiser Napoleon darum angehalten, ihm einige Artillerie- und Genie-Officiere zu schicken, weil er richtig beurtheilte, daß Rußlands Vereinigung mit England über lang oder kurz den Türken ganz andre Gefahren über den Hals ziehen würde. Der Kaiser hatte ihn nicht darauf warten lassen. Ein Oberster von der Artillerie und ein Bataillonchef vom Kriegsbauwesen, jeder von einem Hauptmanne seiner Waffe begleitet, waren in Constantinopel gerade in der Zeit eingetroffen, wo ihre Hülfe am nützlichsten zu werden versprach. Diese Officiere, des General Sebastiani Adjutanten, die Gesandtschaftssecretäre, die Sprachzöglinge (jeunes de langue)[1]), ein in Constantinopel anwesender französischer Reisender, Herr von Pontécoulant, der spanische Botschafter, Herr von Almenara, alles thätige Helfer des Generals Sebastiani, leiten und beeilen die Ausführung seiner Befehle. Der französische Botschafter ist zugleich der erste Minister und der Großfeldherr (Connetabel) des Großherrn. Er steht Allem vor, bestimmt die Puncte, die sich befestigen lassen, weiset an, schreibt vor und beaufsichtigt Alles. Eine bewundernswürdige Einigkeit herrscht zwischen den Franzosen und den Türken. Es ist der Sieg der Einsicht über die physische Kraft, der Bildung über die Unwissenheit. Diese letztre hat ihren untergeordneten Platz anerkannt. Jeder Franzose, der auf einen bestimmten Punct gestellt ist, wird der Mittelpunct einer Thätigkeit, welche die Türken mit bewundernswürdigem Eifer unterstützen. Für sie haben die Franzosen aufgehört, Ungläubige zu seyn, sie sind Freunde, sind Brüder geworden. Sie sind selbst die Meister, deren Rathschläge sie anhören, deren Befehle sie erwarten. Der griechische Patriarch, ein ehrwürdiger Greis, der viel dazu beigetragen hat, sein Volk bei seiner Pflicht zu erhalten, giebt mit seiner Geistlichkeit das Beispiel der Ergebung und der Unterordnung. Eben so hält es der armenische Patriarch. Alle Abstufungen der Religion, des Volksstammes sind für den Augenblick verschwunden. Alles was Selims Un-

1) So heißen die jungen Leute, welche (auf Staatskosten) in Constantinopel erhalten werden, um die orientalischen Sprachen dort zu lernen.

der Verhandlung ferner zu folgen und nun ruht diese Sorge auf dem Admiral; dessen Anfang nicht eben glücklich war. Am 21sten Februar gestand der Admiral dem Divan eine Stunde Zeit zur Antwort zu. Er erklärte am 22sten, daß es seine Pflicht sey, nicht mehr Zeit zu verlieren, da man seine Nachsicht mißbrauche, um die Stadt zu befestigen; am 23sten verlor er auf's neue Zeit, indem er diese Erklärung wiederholte; am 24sten fragte er an, ob man ernstlich unterhandeln oder ihn hinhalten wolle, „im letztern Falle sage er der hohen Pforte voraus, daß es ihr nicht gelingen würde." Am 25sten war es schon gelungen und er fing an, es zu merken. Indessen theilte er am 26sten noch dem türkischen Minister Verhaltbefehle von unbegreiflicher Offenheit mit, die er für den Contre-Admiral Louis hatte aufsetzen lassen. „Der französische Botschafter, hieß es darin, ist auf dem Ufer gesehen worden, wie er Schanzen errichtet und der Regierung in allen ihren Vertheidigungsmaaßregeln, die er angegeben hat, beisteht." Als die englische Regierung die Befehle zugeschickt hatte, in deren Folge Herr Arbuthnot seine Forderungen gemacht, war man weit davon entfernt gewesen, es in London zu ahnen, daß der französische Botschafter zum Oberbefehlshaber der türkischen Kriegsunternehmen würde gewählt werden. Man hätte den General Sebastiani nicht auf eine feinere Weise loben können. Zuletzt wollte der Admiral schon nicht mehr darauf bestehen, daß man den Botschafter mit Aufsehen fortschicke; er begnügte sich, die Annahme eines geheimen Artikels vorzuschlagen, der seine nahe Entfernung zusichere. Doch die Zeit war längst vorüber, wo die englischen auch gemilderten Anträge noch hätten können zugelassen werden. Jetzt war die Reihe an der englischen Flotte, sich eiligst nothwendiger Weise aus der Nähe zu machen. Constantinopel war in Sicherheit. Nur der war in Gefahr, der die Dreistigkeit haben würde, es anzugreifen. Die Täuschung war verschwunden. Nur erlaubte der Stolz dem Admiral Duckworth nicht, ein Meer als ein Flüchtling zu verlassen, wo er mit der Hoffnung eines leichten Triumphes sich gezeigt hatte. Einige Tage vergingen in einem eiteln Austausch verlorner Redensarten und am 1sten März verschwand die Flotte. Der

Rückzug geschah nicht ohne Verluste. Die Schlöss
nur noch unvollständig bewaffnet, ließen den Engl
Wirkung ihres schweren Geschützes fühlen. G
von ungeheurer Schwere erreichten mehrere Schif
digten ihre Masten und tödteten bedeutend viel
Zwei Corvetten wurden in den Grund geschossen
terten an der europäischen Küste. Einige Tage l
der Rückzug auf demselben Wege, wo man beim Ko
kein Hinderniß angetroffen hatte, möchte theuer zu
kommen seyn.

Noch einige Tage lang wurden die Befestigun
fortgesetzt. Am 4ten hatte sich Sultan Selim nach d
südlich dem grünen Kiosk begeben und ließ Gen
stiani rufen, der bei der Schanze von Tophana
sagte ihm, daß er diese Stunde gewählt, weil er wi
die, wo der Botschafter gewöhnlich zu den Batte
Er machte dem Eifer, den Talenten der Franzosen
ten Lobsprüche und pries sich glücklich, in einem so
Augenblicke einen Gesandten, wie General Sebastia
nem Hofe gehabt zu haben. Natürlich antwortete
schafter auf diese schmeichelhaften Aeußerungen dur
über die Thätigkeit der Minister, den Muth, die G
türkischen Kriegsbaumeister und die bewundernswe
benheit des ganzen Volkes. Der Lobspruch war v
Seiten verdient.

Als die Gefahr schon vorüber war, wurden l
ral Sebastiani vom Kaiser Napoleon neue Helfer
Das Heer in Dalmatien hatte den Befehl erhalten
Stelle nach Constantinopel mehrere Obersten von
und Kriegsbauwesen zu entsenden. Einer von ihne
selbe General Foy, damals noch Oberster, dessen i
kunft eine andre Art von Ruhm wartet, und der
chem tapfern Dienst für sein Vaterland auf den G
dern noch glänzendere Erfolge bei der Vertheidigu
fentlichen Freiheiten in den Kämpfen der Rednerbi
gen wird. Oberst Foy hatte fünfhundert Kanonie
Diese Abtheilung war schon in Thessalien, als ein
des Botschafters ankündigte, daß man sie nach C

rückschicken könne. Die Obersten Foy, Haro und Sorbier und der Hauptmann von Tracy wurden allein nach Constantinopel berufen. Sie untersuchten die beiden Einfahrten, wodurch Stambul mit dem Mittelmeere und dem schwarzen in Verbindung steht, nahmen Zeichnungen auf und reichten Aufsätze, über die Mittel zur Sicherstellung der Vertheidigung, ein.

Nach einem so bedeutenden Dienste, als General Sebastiani der hohen Pforte erzeigt hatte, mußte natürlich der französische Einfluß in den Berathungen des Großherrn vorherrschend seyn. Admiral Duckworth war nach Tenedos zurückgekehrt, traf dort zusammen mit der russischen Flotte unter Admiral Siniawin, der einen kaiserlichen Bevollmächtigten am Bord hatte. Der russische Admiral forderte den englischen auf, mit ihm zurück den Hellespont zu durchschiffen und Beide zusammen unter den Mauern des Serails zu erscheinen; doch der Engländer weigerte sich, ein Unternehmen wieder anzufangen, dessen ganze Gefährlichkeit er hatte erwägen lernen. Das vereinte Geschwader blieb eine Zeit lang noch am Eingange der Dardanellen und suchte, aber vergeblich, ernste Unterhandlungen mit der ottomanischen Pforte wieder anzuknüpfen. Die Noten des russischen Bevollmächtigten wurden dem französischen Botschafter zugestellt, der die Antworten darauf abfaßte.

Die in England bekannt gemachten Actenstücke geben nicht zu, daß man, wie die französischen Berichte versichern, die Abtretung der Moldau und Walachei an die Russen förmlich gefordert habe; nicht einmal, daß man die Zustimmung der Pforte zur Besetzung dieser Provinzen bis zum allgemeinen Frieden verlangt habe. Hatten aber der Aufruf des Generals, der dort einfiel und die aufgefangenen Depeschen des Herrn v. Budberg, die ihre Räumung an beinahe unmögliche Bedingungen knüpften, nicht die Forderung einer endlichen Abtretung vorausahnen lassen? Und hieß endlich das Recht, das man für die Russen in Anspruch nahm, Kriegsschiffe in's Mittelmeer zu senden, nicht die ottomanische Seemacht vernichten, indem man ihr alle Schiffe nahm, nicht schon ein ziemlich derbes Vergessen der alten fundamentalen Staatsklugheit von England? Die Abtretung der beiden Für-

Neun und sechszigstes Capitel.

Politik des Auslandes.

Veränderter Geist des englischen Cabinets. — Neuer Finanzplan. — Unterschied in der politischen Ansicht der Herren Pitt und Fox. — Eigenthümlichkeit des Unternehmens nach Aegypten. — Bemerkungen über das Hingeben von Alexandria. — Wegnahme von Curaçao. — Unternehmen nach dem südlichen Amerika. — Bemerkungen über diese Unternehmen. — Parlamentsverhandlungen. — Ministerwechsel wegen einer Bill zu Gunsten der Katholiken. — Abschaffung des Negerhandels. — Verwerfung eines Gesetzes über die Freeholders. — Dank für die Schlacht von Maida. — Befehl des Ministerraths vom 7ten Januar 1807. — Unterscheidende Züge der Verwaltung von Fox und Grenville. — Zusammensetzung des neuen Ministeriums. — Verwerfung eines Antrags, das Beklagen über den Abgang der Minister auszusprechen. — Verwerfung eines Vorschlags gegen die vom Ministerium zu übernehmenden Verpflichtungen. — Neues Parlament. — Steigende Strenge des Gesetzes über die irischen Aufstände. — Hülfsgelderverträge mit Schweden und Preußen.

Seit dem Anfange des Krieges bis zum Jahre 1801 hatte alle Kunst des Herrn Pitt darin bestanden, das europäische Festland in Aufstand zu bringen und zu bezahlen, indem man keine Ausgleichung mit Frankreich anders möglich dachte, als wenn diese Macht in ihre alte Gränze zurückgewiesen würde. Besiegt durch die Nothwendigkeit, hatte er zwar einen Augenblick lang das Steuer des Staates abgegeben und Andern die Sorge überlassen, einen Versuch zu machen, ob ein Friede auf andre Bedingungen zu schließen sey, doch war bald nach dem

Kräfte würden, im gemeinsamen Interesse, auf den Küsten von Neapel verwandt werden.

Bruche des Friedens zu Amiens sowohl seine Ansicht, als er selbst in den Ministerrath zurückgekehrt. Die berühmte Note von 1805 und der Petersburger Vertrag vom 11ten April thaten dar, bis wie weit seine Anmaßungen fortwährend gingen. Doch diese großen Plane scheiterten. Die Schlacht von Austerlitz riß Herrn Pitt mit in's Grab. Zum ersten Male seit funfzehn Jahren ändert sich von nun an der Gang des Londoner Cabinets. Bis auf diesen Tag machte man kein Hehl, daß man alle Kriege, welche die Festlandmächte unternehmen würden, anrege und bezahle. Unter der neuen Verwaltung schlägt man sicherlich die Hülfe der Festlandmächte nicht aus, man billigt sogar alle Kriege, die sie mit Frankreich anfangen, doch verlangt man, daß der Reiz der Hülfsgelder sie nicht allein dazu bestimme. In diesem Sinne waren die Verhaltbefehle abgefaßt, welche Herr Fox dem Herrn Adair bei seiner Sendung nach Wien zustellte. Bei diesem Verfahren war nicht allein größere Mäßigung, sondern auch mehr richtige Berechnung. Hatte die englische Regierung nicht Preußen im Jahr 1794, Oestreich im Jahr 1797, im Jahr 1800 und 1805 sich von ihrer Sache trennen sehen, ungeachtet die Hülfsgelderverträge noch bestanden? Das neue britische Ministerium meinte daher, daß die Festlandmächte vor allen Dingen auf sich selbst und auf ihre eignen Kräfte rechnen müßten, wenn sie einen Kampf mit Frankreich anfangen wollten, ob es gleich im Uebrigen geneigt war, ihnen seine Unterstützung angedeihen zu lassen, doch stets mit nächster Berücksichtigung Englands. So entsagt im Jahr 1806, als es Preußen im Begriff sieht, sich in den Kampf einzulassen und Rußland bereit, ihm zu folgen, das englische Cabinet seinen friedlichen Planen, die es beim Beginn der Verhandlung noch wirklich haben mochte. Es sieht in diesem Kriege neue Möglichkeiten voraus, von denen es zu vortheilen gedenkt, doch ist's nicht England, das Preußen auf den Kampfplatz gedrängt hat. Monate lang hat es Preußen nicht einmal unterstützt und seine Gleichgültigkeit oder seine Unthätigkeit geben den Text zu heftigen Beschuldigungen her, die es bald anzuhören bekam. Aus demselben Grundsatze hatte es sich sogar versagt, für die durch Kaiser Alexander gewünschten Anleihen gutzusagen, und Sr. Maj. von Preußen gesteht es deshalb nur sehr mäßige Unterstützung zu, ungeachtet der Noth, in der jener Fürst sich befand. Seit 1806 war dieses Sparen, dieses Zusammenhalten der Staatsgelder ein Act der Klugheit, den das traurige Ergebniß der früheren Opfer hinreichend rechtfertigte. Obgleich der Krieg große Quellen des Reichthums eröffnet hatte, so waren doch die öffentlichen Abgaben, besonders die auf die Gegenstände des Bedarfs gelegten, zu einem Puncte gestiegen, daß sie nicht höher steigen konnten. Diese ungeheure Erhöhung der Abgaben und die verhältnißmäßige Zunahme der Staatsschuld mußten weniger gewaltthätigen Leuten als Herrn Pitt lebhafte Besorgnisse erregen, sowie bei Allen, bei denen die Hoffnung, Frankreich zu erdrücken, nicht bis zu dem Wunsche ging, es selbst um den Preis der Vernichtung ihres Vaterlandes durchzusetzen.

Eine der Hauptsorgen des Ministeriums war daher gewesen, einen Finanzplan vorzubereiten, der den Krieg fortzusetzen gestatte, und zwar so lange, als man es für nothwendig erachten würde, ohne doch neue Steuern aufzulegen. Dieser Plan, das Werk des Sir Henry Petty [1]), nahm als Grundlage an, daß zwanzig oder wenigstens vierzehn Jahre Krieg ohne Unterbrechung wohl möglich seyen. Für 1807, 1808 und 1809 ließ er jedes Jahr eine Anleihe von 12,000,000 Pfund Sterling zu; für 1810 eine Anleihe von 14,000,000 Pfund und für jedes der folgenden zehn Jahre Anleihen von 16,000,000. Die Kriegssteuern sollten ganz ausdrücklich der Abtragung dieser Anleihen bestimmt werden. Dauerte der Krieg vierzehn Jahre und darüber, so sollten die Steuern nur eine stufenweise Abnahme erleiden, und es würde vierzehn voller Friedensjahre bedurft haben, um sie völlig in Abgang zu bringen. Uebrigens hieß dies die Vorsicht zu weit treiben und dem Kriege eine allzureichliche Beute vorbereiten. Doch ergab sich aus dem Erfolge, daß sie noch nicht hinreichend war. Der Plan setzte voraus, daß sie jährlich nicht 32,000,000 Pfund Sterling übersteigen sollten, und in einigen Jahren waren sie weit über diese Schätzung hinaus. Lord Henry

1) Seitdem Marquis von Landsdowne.

beim Kaiser Napoleon darum angehalten, ihm einige Artillerie- und Genie-Officiere zu schicken, weil er richtig beurtheilte, daß Rußlands Vereinigung mit England über lang oder kurz den Türken ganz andre Gefahren über den Hals ziehen würde. Der Kaiser hatte ihn nicht darauf warten lassen. Ein Oberster von der Artillerie und ein Bataillonchef vom Kriegsbauwesen, jeder von einem Hauptmanne seiner Waffe begleitet, waren in Constantinopel gerade in der Zeit eingetroffen, wo ihre Hülfe am nützlichsten zu werden versprach. Diese Officiere, des General Sebastiani Adjutanten, die Gesandtschaftssecretäre, die Sprachzöglinge (jeunes de langue)[1]), ein in Constantinopel anwesender französischer Reisender, Herr von Pontécoulant, der spanische Botschafter, Herr von Almónara, alles thätige Helfer des Generals Sebastiani, leiten und beeilen die Ausführung seiner Befehle. Der französische Botschafter ist zugleich der erste Minister und der Großfeldherr (Connetabel) des Großherrn. Er steht Allem vor, bestimmt die Puncte, die sich befestigen lassen, weiset an, schreibt vor und beaufsichtigt Alles. Eine bewundernswürdige Einigkeit herrscht zwischen den Franzosen und den Türken. Es ist der Sieg der Einsicht über die physische Kraft, der Bildung über die Unwissenheit. Diese letztre hat ihren untergeordneten Platz anerkannt. Jeder Franzose, der auf einen bestimmten Punct gestellt ist, wird der Mittelpunct einer Thätigkeit, welche die Türken mit bewundernswürdigem Eifer unterstützen. Für sie haben die Franzosen aufgehört, Ungläubige zu seyn, sie sind Freunde, sind Brüder geworden. Sie sind selbst die Meister, deren Rathschläge sie anhören, deren Befehle sie erwarten. Der griechische Patriarch, ein ehrwürdiger Greis, der viel dazu beigetragen hat, sein Volk bei seiner Pflicht zu erhalten, giebt mit seiner Geistlichkeit das Beispiel der Ergebung und der Unterordnung. Eben so hält es der armenische Patriarch. Alle Abstufungen der Religion, des Volksstammes sind für den Augenblick verschwunden. Alles was Selims Un-

1) So heißen die jungen Leute, welche (auf Staatskosten) in Constantinopel erhalten werden, um die orientalischen Sprachen dort zu lernen.

terthan ist, zeigt gleichen Eifer, den fremden Einfall abzu ren. Selim selbst besucht die Hauptstellen [1]) und ermu die Arbeiter durch seine Gegenwart. Vertheidigungsba verschiedener Art erheben sich von allen Seiten. Str schanzen werden zugleich auf der asiatischen und der euri schen Küste errichtet; ja selbst in den Gärten des Serails den dergleichen angelegt, und auf die Prinzeninsel setzt man schütz und Truppen über. Die Schiffswerkstätten zeigen selbe Thätigkeit. Man macht die Bemannung des türki Geschwaders vollständig, man stellt alte Schiffe auf, um Hemmungslinie zu bilden, wodurch man den Eingang Hafens vertheidigen könne; man bewaffnet Kanonenschalux an der Zahl fünf und vierzig, um die Engländer besor bei Nacht zu beunruhigen. Ueberall gehen die Arbeiten wunderbarer Raschheit vorwärts. Die Wälle sind mit furchtbaren Geschützmenge bespickt. Am siebenten Tage sechshundert Feuerschlünde schußfertig und darunter sind zig Mörser. Sechszehn Röste zu glühenden Kugeln br die feindliche Flotte in Brand zu stecken. Man besch sich nicht mehr darauf, ihn von der Hauptstadt fernhalte wollen, man denkt darauf, ihm den Rückzug nach dem pontis abzuschneiden. Ein französischer Officier ist nach Dardanellen geschickt worden, mit dem Auftrage, dort Schlösser zu befestigen, um den Engländern, wenn sie nu wenig die Zeit versäumen, die Rückfahrt unheilbringend selbst unmöglich zu machen. ...

Was thun indessen der englische Botschafter und A ral Duckworth? Sie schicken und empfangen Herolde. Arbuthnot, schon seit einiger Zeit krank, sieht sich außer St

1) Als Selim bei seiner Besichtigung Herrn von Pontéc erblickt hatte, der bedeutende Bauten leitete, fragte er, wer er wäre. Dragoman antwortete, es sey ein Freund des Botschafters, ein fr scher Senator, einer der Achtzig, die Napoleon zum Kaiser gewähl ten. Der Sultan grüßte Herrn von Pontécoulant auf der Stell gnädig, und nach dem Grundsatze orientalischer Fürsten, deren Ges worin sie auch bestehen mögen, stets Ehre bringen, schickte er ihm einen Palastofficier eine Handvoll Zechinen. Man begreift, daß di chinen auf der Stelle unter die Arbeiter vertheilt wurden.

9*

der Verhandlung ferner zu folgen und nun ruht diese Sorge auf dem Admiral; dessen Anfang nicht eben glücklich war. Am 21sten Februar gestand der Admiral dem Divan eine Stunde Zeit zur Antwort zu. Er erklärte am 22sten, daß es seine Pflicht sey, nicht mehr Zeit zu verlieren, da man seine Nachsicht mißbrauche, um die Stadt zu befestigen; am 23sten verlor er auf's neue Zeit, indem er diese Erklärung wiederholte; am 24sten fragte er an, ob man ernstlich unterhandeln oder ihn hinhalten wolle, „im letztern Falle sage er der hohen Pforte voraus, daß es ihr nicht gelingen würde." Am 25sten war es schon gelungen und er fing an, es zu merken. Indessen theilte er am 26sten noch dem türkischen Minister Verhaltbefehle von unbegreiflicher Offenheit mit, die er für den Contre-Admiral Louis hatte aufsetzen lassen. „Der französische Botschafter, hieß es darin, ist auf dem Ufer gesehen worden, wie er Schanzen errichtet und der Regierung in allen ihren Vertheidigungsmaaßregeln, die er angegeben hat, beisteht." Als die englische Regierung die Befehle zugeschickt hatte, in deren Folge Herr Arbuthnot seine Forderungen gemacht, war man weit davon entfernt gewesen, es in London zu ahnen, daß der französische Botschafter zum Oberbefehlshaber der türkischen Kriegsunternehmen würde gewählt werden. Man hätte den General Sebastiani nicht auf eine feinere Weise loben können. Zuletzt wollte der Admiral schon nicht mehr darauf bestehen, daß man den Botschafter mit Aufsehen fortschicke; er begnügte sich, die Annahme eines geheimen Artikels vorzuschlagen, der seine nahe Entfernung zusichere. Doch die Zeit war längst vorüber, wo die englischen auch gemilderten Anträge noch hätten können zugelassen werden. Jetzt war die Reihe an der englischen Flotte, sich eiligst nothwendiger Weise aus der Nähe zu machen. Constantinopel war in Sicherheit. Nur der war in Gefahr, der die Dreistigkeit haben würde, es anzugreifen. Die Täuschung war verschwunden. Nur erlaubte der Stolz dem Admiral Duckworth nicht, ein Meer als ein Flüchtling zu verlassen, wo er mit der Hoffnung eines leichten Triumphes sich gezeigt hatte. Einige Tage vergingen in einem eiteln Austausch verlorner Redensarten und am 1sten März verschwand die Flotte. Der

Rückzug geschah nicht ohne Verluste. Die Schlösser, ob nur noch unvollständig bewaffnet, ließen den Engländer Wirkung ihres schweren Geschützes fühlen. Granitk von ungeheurer Schwere erreichten mehrere Schiffe, b digten ihre Masten und tödteten bedeutend viel Men Zwei Corvetten wurden in den Grund geschossen und terten an der europäischen Küste. Einige Tage länger der Rückzug auf demselben Wege, wo man beim Kommen kein Hinderniß angetroffen hatte, möchte theuer zu stehen kommen seyn.

Noch einige Tage lang wurden die Befestigungsark fortgesetzt. Am 4ten hatte sich Sultan Selim nach der Sc südlich dem grünen Kiosk begeben und ließ General S stiani rufen, der bei der Schanze von Tophana war. sagte ihm, daß er diese Stunde gewählt, weil er wisse, e die, wo der Botschafter gewöhnlich zu den Batterien Er machte dem Eifer, den Talenten der Franzosen die ten Lobsprüche und pries sich glücklich, in einem so wich Augenblicke einen Gesandten, wie General Sebastiani, a nem Hofe gehabt zu haben. Natürlich antwortete der schafter auf diese schmeichelhaften Aeußerungen durch ein über die Thätigkeit der Minister, den Muth, die Einsich türkischen Kriegsbaumeister und die bewundernswerthe benheit des ganzen Volkes. Der Lobspruch war von b Seiten verdient.

Als die Gefahr schon vorüber war, wurden dem ral Sebastiani vom Kaiser Napoleon neue Helfer zuges Das Heer in Dalmatien hatte den Befehl erhalten, au Stelle nach Constantinopel mehrere Obersten vom Ges und Kriegsbauwesen zu entsenden. Einer von ihnen wa selbe General Foy, damals noch Oberster, dessen in der kunft eine andre Art von Ruhm wartet, und der nach dem tapfern Dienst für sein Vaterland auf den Schla dern noch glänzendere Erfolge bei der Vertheidigung d fentlichen Freiheiten in den Kämpfen der Rednerbühne gen wird. Oberst Foy hatte fünfhundert Kanoniere bei Diese Abtheilung war schon in Thessalien, als eine Me des Botschafters ankündigte, daß man sie nach Ragus rückschicken könne. Die Obersten Foy, Haro und Sorbier und der Hauptmann von Tracy wurden allein nach Constantinopel berufen. Sie untersuchten die beiden Einfahrten, wodurch Stambul mit dem Mittelmeere und dem schwarzen in Verbindung steht, nahmen Zeichnungen auf und reichten Aufsätze, über die Mittel zur Sicherstellung der Vertheidigung, ein.

Nach einem so bedeutenden Dienste, als General Sebastiani der hohen Pforte erzeigt hatte, mußte natürlich der französische Einfluß in den Berathungen des Großherrn vorherrschend seyn. Admiral Duckworth war nach Tenedos zurückgekehrt, traf dort zusammen mit der russischen Flotte unter Admiral Siniawin, der einen kaiserlichen Bevollmächtigten am Bord hatte. Der russische Admiral forderte den englischen auf, mit ihm zurück den Hellespont zu durchschiffen und Beide zusammen unter den Mauern des Serails zu erscheinen; doch der Engländer weigerte sich, ein Unternehmen wieder anzufangen, dessen ganze Gefährlichkeit er hatte erwägen lernen. Das vereinte Geschwader blieb eine Zeit lang noch am Eingange der Dardanellen und suchte, aber vergeblich, ernste Unterhandlungen mit der ottomanischen Pforte wieder anzuknüpfen. Die Noten des russischen Bevollmächtigten wurden dem französischen Botschafter zugestellt, der die Antworten darauf abfaßte.

Die in England bekannt gemachten Actenstücke geben nicht zu, daß man, wie die französischen Berichte versichern, die Abtretung der Moldau und Walachei an die Russen förmlich gefordert habe; nicht einmal, daß man die Zustimmung der Pforte zur Besetzung dieser Provinzen bis zum allgemeinen Frieden verlangt habe. Hatten aber der Aufruf des Generals, der dort einfiel und die aufgefangenen Depeschen des Herrn v. Budberg, die ihre Räumung an beinahe unmögliche Bedingungen knüpften, nicht die Forderung einer endlichen Abtretung vorausahnen lassen? Und hieß endlich das Recht, das man für die Russen in Anspruch nahm, Kriegsschiffe in's Mittelmeer zu senden, nicht die ottomanische Seemacht vernichten, indem man ihr alle Schiffe nahm, nicht schon ein ziemlich derbes Vergessen der alten fundamentalen Staatsklugheit von England? Die Abtretung der beiden Für-

Irrthümer und andre noch gefährlichere Veränderungen sch
damals in Europa so wahrscheinlich, daß auf die Anmah
des französischen Botschafters beim Wiener Hofe, um
zum Einspruch zu bewegen, Graf Stadion antwortete,
Erhaltung der Unverletzlichkeit des türkischen Reichs wäre
von so hohem Werthe, daß man blos darum sich mit
land verfeinden sollte. Als Oestreich und England aus
gem Hasse gegen Frankreich aus dem Gleise ihrer w
Interesse geschleudert, sich zu Rußlands Vortheil zum
derben des türkischen Reiches verschworen, war es Fran
und namentlich Napoleons Einfluß, der es gegen ihren
len zu ihrem Heile rettete.

Obgleich die Verbrennung des türkischen Geschw
durch Admiral Duckworth bei seiner Einfahrt in die D
nellen, vor einer Kriegserklärung zwischen beiden Mächten
nig Rechtfertigung zuläßt, so gab es doch in den Augen
Admirals einen Anfang zu einem Bruche, der sich durch
Rückzug des englischen Gesandten, Herrn Arbuthnot, dar
Doch welcher Grund könnte den Einfall in Alexandria
fertigen durch eine von Messina am 6ten März ausgela
Expedition, d. h. durch ein Unternehmen, das in Lo
beschlossen und zu einer Zeit befohlen wurde, wo es un
lich war, das Ergebniß der in Constantinopel versuchten
terhandlungen vorauszusehen? Man begreift, daß die T
in ihrer Hauptstadt, wenn auch ohne alles Recht, anf
eben so viel hieß, als Rußland von dieser Seite dienen
Austausche für die Anstrengungen, die es anderwärts
Napoleon aufbietet; aber welches andre Interesse, als
lands unmittelbares, kann bei der Wegnahme von Alex
in's Spiel kommen? Möchte man nicht behaupten, daß
land, als es sich nach Rußlands Wunsche gegen Consta
pel feindlich zeigte, aus diesem Zustande der Feindseligke
gen die ottomanische Pforte nur das Recht für sich gew
wollte, Aegypten zu überfallen [1])? Hier liegt der

1) Zur Zeit seines Bruches mit England warf Rußland ih
daß es einen Einfall in Aegypten in einem Augenblicke versucht
wo man gegründete Hoffnung hatte, zu glauben, die dazu verbr

Schlüssel zu Forens und Grenville's Verwaltungssysteme, zu einem Systeme, das wir genauer beleuchten werden.

Neun und sechszigstes Capitel.

Politik des Auslandes.

Veränderter Geist des englischen Cabinets. — Neuer Finanzplan. — Unterschied in der politischen Ansicht der Herren Pitt und Fox. — Eigenthümlichkeit des Unternehmens nach Aegypten. — Bemerkungen über das Hingeben von Alexandria. — Wegnahme von Curaçao. — Unternehmen nach dem südlichen Amerika. — Bemerkungen über diese Unternehmen. — Parlamentsverhandlungen. — Ministerwechsel wegen einer Bill zu Gunsten der Katholiken. — Abschaffung des Negerhandels. — Verwerfung eines Gesetzes über die Freeholders. — Dank für die Schlacht von Maida. — Befehl des Ministerraths vom 7ten Januar 1807. — Unterscheidende Züge der Verwaltung von Fox und Grenville. — Zusammensetzung des neuen Ministeriums. — Verwerfung eines Antrags, das Beklagen über den Abgang der Minister auszusprechen. — Verwerfung eines Vorschlags gegen die vom Ministerium zu übernehmenden Verpflichtungen. — Neues Parlament. — Steigende Strenge des Gesetzes über die irischen Aufstände. — Hülfsgeldervertäge mit Schweden und Preußen.

Seit dem Anfange des Krieges bis zum Jahre 1801 hatte alle Kunst des Herrn Pitt darin bestanden, das europäische Festland in Aufstand zu bringen und zu bezahlen, indem man keine Ausgleichung mit Frankreich anders möglich dachte, als wenn diese Macht in ihre alte Gränze zurückgewiesen würde. Besiegt durch die Nothwendigkeit, hatte er zwar einen Augenblick lang das Steuer des Staates abgegeben und Andern die Sorge überlassen, einen Versuch zu machen, ob ein Friede auf andre Bedingungen zu schließen sey, doch war bald nach dem

Kräfte würden, im gemeinsamen Interesse, auf den Küsten von Neapel verwandt werden.

Bruche des Friedens zu Amiens sowohl seine Ansicht, als er selbst in den Ministerrath zurückgekehrt. Die berühmte Note von 1805 und der Petersburger Vertrag vom 11ten April thaten dar, bis wie weit seine Anmaßungen fortwährend gingen. Doch diese großen Plane scheiterten. Die Schlacht von Austerlitz riß Herrn Pitt mit in's Grab. Zum ersten Male seit funfzehn Jahren ändert sich von nun an der Gang des Londoner Cabinets. Bis auf diesen Tag machte man kein Hehl, daß man alle Kriege, welche die Festlandmächte unternehmen würden, anrege und bezahle. Unter der neuen Verwaltung schlägt man sicherlich die Hülfe der Festlandmächte nicht aus, man billigt sogar alle Kriege, die sie mit Frankreich anfangen, doch verlangt man, daß der Reiz der Hülfsgelder sie nicht allein dazu bestimme. In diesem Sinne waren die Verhaltbefehle abgefaßt, welche Herr Fox dem Herrn Adair bei seiner Sendung nach Wien zustellte. Bei diesem Verfahren war nicht allein größere Mäßigung, sondern auch mehr richtige Berechnung. Hatte die englische Regierung nicht Preußen im Jahr 1794, Oestreich im Jahr 1797, im Jahr 1800 und 1805 sich von ihrer Sache trennen sehen, ungeachtet die Hülfsgelderverträge noch bestanden? Das neue britische Ministerium meinte daher, daß die Festlandmächte vor allen Dingen auf sich selbst und auf ihre eignen Kräfte rechnen müßten, wenn sie einen Kampf mit Frankreich anfangen wollten, ob es gleich im Uebrigen geneigt war, ihnen seine Unterstützung angedeihen zu lassen, doch stets mit nächster Berücksichtigung Englands. So entsagt im Jahr 1806, als es Preußen im Begriff sieht, sich in den Kampf einzulassen und Rußland bereit, ihm zu folgen, das englische Cabinet seinen friedlichen Planen, die es beim Beginn der Verhandlung noch wirklich haben mochte. Es sieht in diesem Kriege neue Möglichkeiten voraus, von denen es zu vortheilen gedenkt, doch ist's nicht England, das Preußen auf den Kampfplatz gedrängt hat. Monate lang hat es Preußen nicht einmal unterstützt und seine Gleichgültigkeit oder seine Unthätigkeit geben den Text zu heftigen Beschuldigungen her, die es bald anzuhören bekam. Aus demselben Grundsatze hatte es sich sogar versagt, für die durch Kaiser Alexander gewünschten Anleihen gutzusagen, und Sr. Maj. von Preußen gesteht es deshalb nur sehr mäßige Unterstützung zu, ungeachtet der Noth, in der jener Fürst sich befand. Seit 1806 war dieses Sparen, dieses Zusammenhalten der Staatsgelder ein Act der Klugheit, den das traurige Ergebniß der früheren Opfer hinreichend rechtfertigte. Obgleich der Krieg große Quellen des Reichthums eröffnet hatte, so waren doch die öffentlichen Abgaben, besonders die auf die Gegenstände des Bedarfs gelegten, zu einem Puncte gestiegen, daß sie nicht höher steigen konnten. Diese ungeheure Erhöhung der Abgaben und die verhältnißmäßige Zunahme der Staatsschuld mußten weniger gewaltthätigen Leuten als Herrn Pitt lebhafte Besorgnisse erregen, sowie bei Allen, bei denen die Hoffnung, Frankreich zu erdrücken, nicht bis zu dem Wunsche ging, es selbst um den Preis der Vernichtung ihres Vaterlandes durchzusetzen.

Eine der Hauptsorgen des Ministeriums war daher gewesen, einen Finanzplan vorzubereiten, der den Krieg fortzusetzen gestatte, und zwar so lange, als man es für nothwendig erachten würde, ohne doch neue Steuern aufzulegen. Dieser Plan, das Werk des Sir Henry Petty [1]), nahm als Grundlage an, daß zwanzig oder wenigstens vierzehn Jahre Krieg ohne Unterbrechung wohl möglich seyen. Für 1807, 1808 und 1809 ließ er jedes Jahr eine Anleihe von 12,000,000 Pfund Sterling zu; für 1810 eine Anleihe von 14,000,000 Pfund und für jedes der folgenden zehn Jahre Anleihen von 16,000,000. Die Kriegssteuern sollten ganz ausdrücklich der Abtragung dieser Anleihen bestimmt werden. Dauerte der Krieg vierzehn Jahre und darüber, so sollten die Steuern nur eine stufenweise Abnahme erleiden, und es würde vierzehn voller Friedensjahre bedurft haben, um sie völlig in Abgang zu bringen. Uebrigens hieß dies die Vorsicht zu weit treiben und dem Kriege eine allzureichliche Beute vorbereiten. Doch ergab sich aus dem Erfolge, daß sie noch nicht hinreichend war. Der Plan setzte voraus, daß sie jährlich nicht 32,000,000 Pfund Sterling übersteigen sollten, und in einigen Jahren waren sie weit über diese Schätzung hinaus. Lord Henry

1) Seitdem Marquis von Landsdowne.

Frankreich in Englands Interesse fortzusetzen, in Uel stimmung mit jeder Macht, die daran Antheil zu nehm sonnen wäre, daß man aber keineswegs gesonnen sey, d sten der Rüstungen und der Kriegsunternehmen für diese zu übernehmen.

Durch diese ersten Thatsachen ist das Verfahre Fox'schen und Grenville'schen Ministeriums in Bezug a auswärtige Politik hinreichend erklärt. Im Systeme des Pitt war Schwächen und Vernichten der französischen vor Allem der Zweck des Krieges, mit dem Vorbehalt aus Frankreichs Erniedrigung aller mögliche Vortheil fü land hervorging. Bei dem Systeme, das Fox's Minis annahm, war der erste Zweck, aus dem Kriege allen chen Vortheil zu ziehen, mit dem Vorbehalte, daß ma so großen Anstrengungen machen wolle, um Frankre schwächen. Mit zwei Worten, Herr Pitt und seine ger wollten zunächst Frankreichs Unheil, dann Englands seyn. Fox und seine Freunde zunächst Englands Wo und dann Frankreichs Unglück. Das letztere System w niger barbarisch. Hätte man es folgerecht befolgt, so die Ergebnisse erwiesen haben, daß es auch das staats war. Weil die Schriftsteller der Bündnisse dieses ne stem der Verwaltung unter Fox und Grenville nicht be erlaubten sie sich so heftige Ausfälle gegen dasselbe u ben ihm Schwäche und Unfähigkeit vorgeworfen. M Lucchesini selbst spart die Ausfälle gegen dieses Mini nicht; doch ist es bei ihm schwerlich Mangel an Sch sondern sein Zorn möchte wohl daher kommen, daß zu gut eine Staatsklugheit begriff, die sich nicht mit d denschaften des Festlandes vertrug. Daher macht da

General Fraser übertragene Unternehmen gegen Aegypten [1]) die Politik der Regierung vollständig klar. Es ist das Werk reift englischer Berechnung; rein englisches Interesse hat den Gedanken dazu eingegeben und die Ausführung herbeigeführt. Der Besitz dieses Landes war, mit Grund oder Ungrund, eine der Eroberungen, die am meisten geeignet waren, dem englischen Volke zu schmeicheln. Dorthin seine Anstrengungen richtend, entsprach das Ministerium einem Wunsche des Volkes, und die Nachricht von der Wegnahme Alexandria's verursachte in der That bei der Masse des Volkes lebhafte Freude. Aber die Anhänger von Pitts Systeme hätten diesem Erfolge in der Ferne, eine Landung gegen die Franzosen im nördlichen Teutschlande vorgezogen. Daher beschäftigen sie sich auch, so bald sie die Zügel wieder in den Händen haben, was bald erfolgt, mit dem Norden von Teutschland, und treffen entweder aus Meinungsverschiedenheit über den Nutzen des Besitzes von Aegypten, oder aus wenig ehrenvoller Nebenbuhlerei und zur Schau getragenen Geringschätzung eines ihrem Vaterlande durch Andre als sie erworbenen Besitzes, gar keine Vorkehrungen, um ihn zu erhalten. Das Unternehmen war nur von fünftausend Mann ausgeführt worden; aber leicht würde man Verstärkungen von Messina und Malta dahin haben schicken können. Man that es nicht. Der englische General Fraser fühlt, wie wichtig es für ihn ist, sich Rosette's zu versichern, weil er in Alexandria an Lebensmitteln Mangel zu leiden befürchtet. Ein Corps von funfzehnhundert Mann soll sich dieses Platzes bemächtigen, aber das Unternehmen kostet dreihundert Mann und mißglückt. Ein zweiter Versuch wird mit bedeutenderen Kräften gemacht. Zweitausend fünfhundert Mann marschiren gegen Rosette, unter dem Befehle des Generals Stewart. Dieses Corps wird abgeschnitten, verliert an tausend Menschen und wird auf diese Weise zum Rückzuge genöthigt. Die Türken, ermuthigt durch diese ersten Erfolge, gehen von Cairo gegen Alexandria los. Der englische General Fraser, dem seine Regierung gar keine Unterstützung ankündigt, meint, daß sie weniger Werth

1) Im Monat März 1807.

auf die Erhaltung dieser Eroberung legt, und wartet
einmal den Angriff der Türken ab. Er schickt einen .
an sie ab und erbietet sich, Alexandria unter der einzig
dingung zu räumen, daß den englischen Gefangenen di
heit gegeben werden soll. Der Antrag wird angen
und am 23sten September geht er unter Segel.

Die Gleichgültigkeit des Ministeriums, das aus Ha
Eifersucht gegen die Verwaltung, der es nachfolgte,
kostbare Stellung sich entgehen läßt, beweiset, wie seh
in England die persönlichen Leidenschaften der Minist
wahren Interessen eines Landes entgegen sind. Selbs
ausgesetzt, daß die Nachfolger des Fox- und Grenvill
Ministeriums nicht denselben Werth auf den Besi
Aegypten legten, so hätten sie doch, statt die Truppen n
ner Niederlage fliehen zu lassen, sie wenigstens in einen
setzen sollen, daß sie sich einstweilen in Alexandria halten
ten, damit sie später von der Herausgabe Vortheil
mochten.

Gleichermaßen hatte das Fox- und Grenville'sch
nisterium aus Rücksicht auf ein rein englisches Interesse
Theil seiner Kräfte auf Eroberungen, für Englands un
bare Rechnung, in Westindien verwandt. Am 1sten S
1807 hatten sich vier von der Flotte des Admirals
abgesandte Fregatten der holländischen Niederlassung C
bemächtigt; doch hatte die Regierung besonders gegen
niens südamerikanische Besitzungen seine größten A
gungen gerichtet.

Im Jahre 1806 war Sir Home Popham, der au
Verantwortung Buenos-Ayres überfallen hatte, bei d
gierung Verzeihung fand, als es gelungen war, und vo
handelnden und gewerbtreibenden Volke Beifall zuge
erhielt, auf die Nachricht von der Wiederwegnahme der
durch die Spanier, zurückgerufen und einem Kriegs
übergeben worden. Obgleich das Unternehmen ohne al
nung war versucht worden, so meinte man doch, es hid
geben zu dürfen. Ein neues Unternehmen war gegen
la Plata versucht worden, unter dem Befehl des Si
muel Auchmuty. Sir Ch. Stirling, der in jenen

Sir Home Popham ersetzte, geleitete die Truppen. Im Januar 1807 stieg der Major-General Auchmuty an der Spitze eines Corps von sechstausend Mann Landtruppen und achthundert Seesoldaten, bei Monte Video an's Land, belagerte diesen Platz, stürmte ihn am 2ten Februar und bemeisterte sich seiner nach einem Kampfe, der ungefähr sechshundert Menschen kostete.

Im Vertrauen auf die erste Nachricht von Buenos-Ayres leichter Besitznahme, hatte die englische Regierung, die nun ein System ergriff, das ohne ihre Mitwirkung war in Anwendung gesetzt worden, ihre Wegnahme Ideen auf der Stelle noch viel weiter getrieben und ein Corps abgehen lassen, das zur Eroberung von Chili bestimmt war. Dieses Corps bestand aus viertausend zweihundert Mann, unter den Befehlen des Brigade-Generals Crawfurd. Das Geschwader, welches dasselbe führte, befehligte Admiral Murry. Sobald man in London den Verlust von Buenos-Ayres erfuhr, wurde eiligst ein Gegenbefehl nach dem Vorgebirge der guten Hoffnung entsandt, der das Unternehmen gegen Chili nach der Provinz von Rio de la Plata hinwies, wohin sich damals zur selben Zeit General Whitelocke, der Oberbefehlshaber der englischen Truppen im südlichen Amerika, begab. Dieser General führte auch ein Corps von tausend siebenhundert Mann bei sich. Mit so beträchtlichen vereinten Kräften schien die Unterwerfung von Buenos-Ayres kein schwieriges Werk zu seyn. Die Zeiten hatten sich geändert. Der Befreier dieses Platzes, der Oberst Linières, befehligte dort, und von einem geschickten Anführer geleitet, waren alle Einwohner geneigt, mit allen Kräften den fremden Einfall und die fremde Beraubung abzuwehren. Daher wurde am 5ten Juli, als General Whitelocke einen allgemeinen Angriff anordnete, er überall mit seltner Unerschrockenheit abgeschlagen und er verlor dreitausend Mann an Todten, Verwundeten und Gefangenen. Da Linières ihm angetragen, alle Gefangenen, die in seinen Händen wären, zurück zu geben, wenn er sich von Rio de la Plata zurückziehen wollte, so schätzte sich der englische General glücklich, da alle Hoffnung auf Erfolg ihm benommen war, diesen Antrag annehmen zu können. Der britische Stolz, durch einen solchen Unfall ge-

demüthigt, rächte sich an dem unglücklichen Anführer.
Kriegsgericht erklärte ihn für unfähig jeder Art von A
lung im Kriegsdienste. So hatte Sir Home Pophams
dammliche Zuchtlosigkeit Anlaß zu mehrern verderblichen U
nehmen gegeben, bei denen England zwölf- bis funfzeh
send Mann verwandt hatte, von denen nur ein kleiner
nach Europa zurückkam.

Man hat gefragt, ob die funfzehntausend für Erober
plane in Südamerika so hingeopferte Menschen und die
tausend, die nach Aegypten geschickt wurden, nicht nütz
wären im nördlichen Teutschlande zu verwenden gew
Zuverlässig ja, für die Verbündeten; ob für England, ist
andre Frage. Wir haben kein Interesse, die Geschickli
von Herrn Fox's Verwaltung zu vertheidigen, aber die W
heit gebietet, zu sagen, daß die im südlichen Amerika erl
nen Schlappen mit Unternehmen zusammenhingen, die da
begannen. Uebrigens möchten zwanzigtausend Mann
im Norden schwerlich Napoleons Triumphe aufgehalte
ben, und hätte man sie anderwärts verwandt, so hätte
Erfolge erwarten dürfen, die mit Englands unmittelbaren
teresse mehr übereinstimmten. Was das Unternehmen g
Aegypten betrifft, so läßt sich Alexandria's Verlust da
erklären, weil das nachfolgende Ministerium nicht für gut
etwas für seine Erhaltung zu thun. Die angedeutete F
wurde genau so zwischen den Anhängern der beiden Sy
verhandelt.

Bei der Eröffnung des Parlaments, am 19ten Dec
1806, hatte der König den Bruch der Unterhandlung
Frankreich angekündigt. Er hatte Preußens Unfälle be
des Königs von Schweden unerschütterliche Festigkeit g
sen und sein Vertrauen wie seine Hoffnung auf das B
niß mit Rußland ausgesprochen. In Bezug auf die
handlung mit der französischen Regierung hatte das Mi
rium sich nur wegen der allzulangen Dauer zu entschuld
doch in Beziehung auf Englands Verhältnisse zu Pre
mußte es die heftigsten Angriffe von Seiten der Anhä
des Pitt'schen Systems aushalten, unter denen sich vo
lich Herr Canning auszeichnete. Lord Grenville mochte

merhin anführen, daß selbst nach der Schlacht von Jena Lord Morpeth, der Gesandte bei Sr. Maj. dem Könige von Preußen, weder vom Könige noch von den Ministern eine genügende Antwort in Bezug auf den Gegenstand seiner Sendung erhalten konnte. Das war seinen Gegnern zufolge ein unverzeihlicher Fehler, daß man ungeachtet der verschlossenen Häfen, ungeachtet der Besetzung von Hannover und der förmlichen Besitznahme dieses Landes, doch nicht errieth, daß der Berliner Hof seiner Gesinnung nach stets ein treuer Verbündeter Englands aus dem einzigen Grunde war, weil er einen lebhaften Haß gegen Frankreich nährte.

Dieses Kriegsgeschrei schmeichelte damals am meisten den aristokratischen Leidenschaften und sie verfehlten nicht, die dargebotene Gelegenheit zu ergreifen, sich mittelst einer vielleicht unzeitigen, aber an sich sehr löblichen Acte des Ministeriums, von diesem Ministerium frei zu machen, das seine ganze Uebertreibung nicht theilte. Eine Bill war vorbereitet worden, um allen Unterthanen Sr. großbritannischen Majestät das Vorrecht zu sichern, daß sie im Heere und in der Seemacht dienen konnten, ohne den Religionseid zu leisten, indem sie einen einfachen Eid der Treue schwüren. Diese Bill hatte zum Zweck, eine zu Ungunsten der Katholiken und der Dissidenten aller Art getroffene Ausschließung aufzuheben; sie berücksichtigte folglich Classen, die zusammen nicht weniger als die Hälfte der Bevölkerung des ganzen Königreichs ausmachten. Es war eine menschliche und weise Maaßregel, die dem wahren Interesse des Fürsten und des Landes entsprechend war. Da der König dazu seine Zustimmung gegeben hatte, so machte Lord Howick dem Parlamente in der Sitzung vom 5ten März darüber seinen Antrag. Dieser Antrag ward sehr lebhaft vom Herrn Patrik bestritten, doch ließ man ihn, besonders durch geheime Ränke, durchfallen. Die anglicanische Geistlichkeit bot allen ihren Einfluß auf, um den König von einer solchen Maaßregel der Duldung und der Menschenliebe abzubringen. Man stellte ihm vor, als bringe die Bill die bestehende Landeskirche in Gefahr, als setze sie das Heil des Staates und das Heil der Religion gleichmäßig aufs Spiel. Bedenken konnte man diesem Fürsten leicht erregen; er nahm

sie nur unter gewissen Beschränkungen gegeben, von
man sich entfernt habe. Anfangs war die Rede davon
Bill abzuändern. Dann gaben sie die Minister ganz un
auf; aber zu ihrer eignen Ehre und im Interesse einer i
ren Augen geheiligten Sache, glaubten Lord Howick und
Grenville sich durch eine in das Protokoll der Ministe
sitzung eingerückte Bemerkung das Recht vorbehalten zu
sen, Sr. Maj. fernerhin vorzulegen oder zu rathen, was
ihrer Meinung zu Gunsten der Katholiken zuträglich
Das Recht war unbestreitbar; der Vorbehalt überflüssig;
ihn förmlich ausmachen zu wollen, war ein Fehler. De
nig gab nicht allein den von den Ministern verlangten
behalt nicht zu; er forderte im Gegentheile, daß sie schr
die Verbindlichkeit auf sich nähmen, die aufgegebene M
regel niemals wieder vorzubringen und ihm nichts vorzu
gen, was auf diese Angelegenheit sich bezöge. Eine
Verbindlichkeit wäre dem von ihnen geleisteten Eide selbs
gegen gewesen, dem Könige allen Rath zu geben, d
zum Nutzen seines Dienstes und zum Wohlseyn seiner
ten für zuträglich hielten. Bei der Unmöglichkeit, eine
Bedingung zu unterschreiben, gingen sie lieber ab, als d
ein verfassungsmäßiges Recht aufgegeben und auf die Erf
einer Pflicht verzichtet hätten. Der König wählte
Minister.

Während der letzten Tage dieses Ministeriums
durch die beiden Häuser des Parlaments endlich die A
fung des Sklavenhandels ausgesprochen. Diese Entsche
war damals um so ehrenvoller, weil die Stimme der
zer und der Kolonieräthe den Schrei der Gerechtigkeit
Menschlichkeit nicht hatte ersticken können, aber eine gen
Staatskunst, die ihre Wirkung, wenigstens in Beziehun
die englischen Kolonien, vernichtet oder beschränkt, wi
späterhin dieser Maaßregel bedienen, um die andern M
die außereuropäische Besitzungen haben, dadurch zu bekä

Die Verwaltung der Lords Howick und Grenvill
weniger glücklich beim Versuche einer andern Verbesserun
wesen, deren Gerechtigkeit nicht zu verkennen war. Sie

vorgeschlagen, die unter dem Namen der Freeholder bekannten Besitzthümer nach dem Tode ihrer Eigenthümer zur Tilgung ihrer Schulden für ebenso anwendbar zu erklären, wie alles andre Eigenthum. Man darf nicht vergessen, daß in England die Kriegspartei gegen Frankreich auch die Partei der ewigen unterdrückenden und quälerischen Vorrechte im Innern ist. Sogar Herr Canning, die Billigkeit des Antrags an sich immerhin anerkennend, wies ihn zurück, als habe er zum Zweck, den letzten Rest der feudalistischen Rechte, jener ehrwürdigen Ueberbleibsel des Alterthums, zu vernichten. In der Vernichtung eines empörenden Mißbrauchs sah seine etwas breite und salbungsreiche Beredtsamkeit einen Sieg des Radicalismus vorher, außerdem die Parlamentsreform und alle Leiden der französischen Staatsumwälzung.

In England giebt es jedoch Puncte, bei denen sich alle Ministerien, das Ministerium Fox, das Ministerium Pitt und wie sie sonst noch heißen mögen, stets zusammenfinden: nämlich in der das Vaterland ehrenden Sorge, dem Staate erzeigte Dienste zu belohnen, in der ununterbrochenen Aufmerksamkeit, Englands Herrschaft als Seemacht und Handelsstaat zu erweitern und zu erhalten.

Im Jahre 1806 hatte der englische General Sir John Stuart, der an Calabriens Küste mit einem Corps von sechs bis siebentausend Mann gelandet war, einen Vortheil über viertausend fünfhundert Mann davon getragen, welche General Reynier eiligst zusammengerafft hatte. In einem Gefechte dieser Art, das kein Ergebniß gehabt hatte, würde Frankreich nichts als einen jener zahlreichen Kämpfe gesehen haben, die kaum in seinen heldenmäßigen Feldzügen bemerkt worden sind. Doch in London mußte auch der unbedeutendste Erfolg, der den englischen Waffen auf dem Festlande Ehre bringen konnte, große Bedeutsamkeit haben, und eine wohlbedachte Staatskunst gab jedem Ereigniß dieser Art vielen Glanz. Auf Lord Grenville's Antrag im Hause der Lords [1]) und Herrn Windhams im Hause der Gemeinen erkannte das Parlament dem General Stuart und seinen Waffengefährten einen Dank zu.

1) Am 2ten Januar.

Bei dieser Gelegenheit gefiel sich der englische Stolz darin, an die Schlachten von Crecy, von Poitiers und von Azincourt zu erinnern. „Der Feind", sagte Herr Windham, „hat die Meinung geltend machen wollen, daß er uns eben so überlegen zu Lande sey, wie wir ihm überlegen zur See sind. Die Schlacht von Maïda hat den Zauber gelöst.... Sie ist eine Lehre für England, für Frankreich und für die Welt gewesen, über den Werth der Truppen beider Völker neben einander, und vollständig hat sie die entschiedene Ueberlegenheit der englischen Tapferkeit dargethan." Für das Ausland ist eine solche Ruhmredigkeit lächerlich; aber in England konnte sie von gutem Erfolge seyn, und so angesehen, ist eine derartige Uebertreibung in dem Munde der Regierungsorgane verständig und weise.

Durch den Cabinetsbefehl vom 6ten Mai 1806 hatte das Ministerium Fox gleichermaßen dargethan, daß es nicht weniger eifersüchtig als das vorige Ministerium darüber wache, England seine Ueberlegenheit zur See und seinen Alleinhandel zu bewahren. Das französische Decret vom 21sten November [1]) hatte daher nicht ermangelt, die Besorgniß des Ministers im höchsten Grade zu erregen. Der durch dieses Decret dem englischen Handel beigebrachte Schlag war um so schrecklicher gewesen, als er völlig unerwartet war und als damals die mit reißender Schnelligkeit im nördlichen Teutschlande vorrückenden Heere seine beinahe gleichzeitige Anwendung auf einem weiten Flächenraume möglich machten. Ungeheure Vorräthe englischer Waaren hatte man festgenommen, alle Zahlungen waren eingestellt, alle neue Sendungen unmöglich gemacht worden und folglich war der Schlag für den Credit und die Gewerbe gleich unheilbringend. Obgleich es diese große Maaßregel selbst veranlaßt hatte, so würde das englische Ministerium doch gern nicht weniger kräftige Maaßregeln ihr entgegengesetzt haben; aber seine Stellung war schwierig. Lord Grenville unterhandelte damals mit den Gesandten der Vereinigten Staaten, den Herren Monroe und Pinkney, und jede

1) Berliner Verfügung über die Sperre des europäischen Festlandes.

10 *

neue Härte, die zu denen hinzugekommen wäre, worüber sich die neutralen Staaten schon beschwerten, hätte eine Uebereinkunft zum Bruche bringen können, welche eben abgeschlossen werden sollte. Diese Verlegenheit des britischen Cabinets kommt in einer Note zum Ausbruch, welche am 31sten December den amerikanischen Gesandten zugestellt ward. In dieser Note giebt man sich das Ansehen, als könne man nicht glauben, daß die französische Regierung dem sonderbaren, eben angenommenen Systeme ernsthaft nachkommen werde, und man macht die königliche Genehmigung oder Nichtgenehmigung des eben zwischen Großbritannien und den Vereinigten Staaten abzuschließenden Vertrags von dem Verfahren dieser Regierung abhängig. Doch von der andern Seite ist das Ministerium dem Geschrei des Handelsstandes eine Genugthuung schuldig, und es muß durch irgend eine neue Maaßregel die durch die französische Verfügung angekündigte Sperre erwiedern. Dies war der Gegenstand des neuen Cabinetsbefehls vom 7ten Januar 1807, „der den neutralen Schiffen den Handel von einem Hafen zum andern verbot, die entweder beide französisch oder Alliirten Frankreichs gehörig wären, oder in denen englische Schiffe nicht zugelassen würden.“ Aus diesem Verbote ergab sich, daß jedes neutrale Schiff, das in einen durch den Cabinetsbefehl bezeichneten Hafen einlief, gezwungen war, seine Ladung dort zu verkaufen, oder sie unverkauft wieder mitzunehmen. Diese neue, der Schifffahrt der Neutralen auferlegte Hemmung war ihnen sehr nachtheilig, und doch trug sie keinen so feindlichen Charakter an sich, daß jede Ausgleichung mit den Vereinigten Staaten dadurch unmöglich geworden wäre. Dieser doppelte Gedanke hatte auf die Entschließung des Ministeriums Einfluß gehabt. In den Augen der eben antretenden Verwaltung ist Schonung freilich nur Schwäche und Alles wird auf's Aeußerste getrieben werden; aber die Heftigkeit seiner Maaßregeln wird vielleicht nicht nachtheilig für Frankreich seyn, weil es den Streitigkeiten zwischen England und den nordamerikanischen Freistaaten nur längere Dauer schafft.

Unter allen englischen Ministerien, die von 1793 bis zum Jahre 1815 auftraten, ist sonach das unter Herrn Fox und

Lord Grenville's Leitung gebildete, das nach F
Tode noch eine Zeitlang unter Lord Grenville's
Howicks Vorstande fortdauerte, das einzige, da
Unrecht, das man ihm vorwerfen kann, sich durch
unterscheidet, denen alle Völker ihren Beifall ni
können. Die vorhergehenden und alle folgenden
hatten einen Krieg auf Leben und Tod gegen Fr
schworen; alle hatten sie die Aufrechthaltung der
bräuche unterstützt, alle die Vorurtheile des Königs
selbst nur stufenweise Emancipation der Katholiken
alle die Staatsschuld unmäßig vermehrt und den
ten des Augenblicks das Schicksal der Zukunft ge
dieses so flüchtig vorübergehende Ministerium war
sätzen der Duldung belebt gewesen; nur dieses h
nen Plan zu Verbesserungen im Innern entwor
allein hatte den Verschwendungen des Schatzes ein
chen und nicht ferner die Festlandkriege bezahlen w
ses allein hat einen Augenblick lang redlich den
wünscht, und Napoleon hatte Grund, zu behaupt
Friede sicher erfolgt wäre, wenn Herr Fox noch
nate länger gelebt, wenn wenigstens Foxens G
binette fortwährend geherrscht hätte.

Das neue eben gebildete Ministerium zählt
Mitglieder Leute wie Canning, Castlereagh un
Es war Pitt'sche Münze; beinahe soviel werth, a
selbst, wenn man dieses Ministers persönliches
rechnet. Von dem Tage an war der Friede fü
unmöglich. Man ist wieder zu einem Vernichtun
rückgekehrt. England ist entschlossen, stets zu
es seinen Feind zu seinen Füßen sieht. Napoleon
dammt, immer zu siegen. Hat's freilich je mit s
ein Ende, so ist er verloren. Dann siegt Herr
litik; doch freilich, wie hoch kommt sie England

Das Parlament, obgleich unter der vorigen
berufen, erkannte bald den Einfluß des neuen M
Der Antrag im Hause der Gemeinen, „sein le
dauern über die vorgegangene Veränderung au
ward dort mit einer Mehrheit von zweihunde

vierzig Stimmen gegen hundert acht und neunzig abgewiesen.

Da das Ministerium sich wegen einer Frage aus dem Verfassungsrechte zurückgezogen hatte, so folgte von selbst, daß das neue Ministerium diesen Grundsatz seiner Ernennung zum Opfer brachte. Eine vaterländische Stimme (Herr Brand) schlug vor, zu erklären, „daß es gegen die Pflicht eines ersten Dieners der Krone sey, sich durch irgend eine förmliche oder schweigende Verpflichtung die Möglichkeit zu benehmen, dem Könige Vorschläge zu machen, welche die Natur der Umstände für das Wohl und die Sicherheit irgend eines Theils der Staaten Sr. britischen Majestät nothwendig machen kann." Die Verhandlung war lebhaft. Von der einen Seite rief man das königliche Vorrecht an; von der andern fragte man, was bei solchen Verpflichtungen aus der Verantwortlichkeit der Minister würde. Die allgemeine Meinung im Volke war über diesen Punct den neuen Ministern nicht günstig. Indessen drang der Antrag nicht durch. Er ward mit einer Mehrheit von nur sechs und zwanzig Stimmen verworfen. Das neue Ministerium begriff, daß es sich mit einer so schwachen Mehrheit nicht halten könnte, und Herr Canning nahm keinen Anstand, das Parlament mit einer nahen Auflösung zu bedrohen. Man fing damit an, es zu vertagen, und am 27sten April ward wirklich die Auflösung ausgesprochen.

Die durch die neuen Wahlen gebildete Kammer entspricht besser den Planen des Ministeriums, und das erste ihr vorgelegte Gesetz ist beider würdig. Seit man die Katholiken durch eine mäßige Verwilligung, welche sie als eine große Wohlthat würden angesehen haben, nicht an die Regierung binden wollte, mußte man sich gegen sie mit aller Vorsicht, die man gegen Feinde nimmt, rüsten. Deshalb die Erneuerung der sogenannten irischen Insurrectionsbill, mit hinzugefügten strengeren Maaßregeln, wie die Verpflichtung für jeden Einwohner, anzugeben, was für Waffen er besitze, das Verbot, Piken zu schmieden, das Recht nächtlicher Haussuchung, die Einführung von Kriegsgerichtshöfen, die einstweilige Aufhebung der bürgerlichen Gesetze für jede Grafschaft, welche der Lord Lieutenant für außer des Königs Frieden erklären würde; endlich die Anwendung aller der Maaßre der drei Sr. britischen Majestät unterworfenen welche das Eroberungsrecht kaum einem Sieger i den Lande gestattet.

Dieses Verfahren des neuen Ministeriums deutet ziemlich auf das hin, welches es in seiner außen befolgen wird. Kaum ist Herr Canning i getreten, als er dem Vermittelungsanerbieten des ses auszuweichen [1]) anfing; er beeilt sich, der in zwischen Preußen und Rußland abgeschlossenen beizutreten, und ganz im Widerspruche mit dem Ministerium befolgten Systeme, das stets Kriegs nach dem Norden, ebenso wie die Hergebung gelder, ausgeschlagen hatte, unterzeichnet er Vertr er Unterstützung an Leuten und an Geld zusagt. frühere, am 17ten Juni mit Schweden abgeschl einkunft, macht sich der König von England verl schwedische Majestät durch ein Corps von zwanzigt Fußvolk, Reiterei und Artillerie zu unterstützen Corps auf's schleunigste nach der Insel Rügen lassen, damit es, unter dem Befehle dieses Fürste linken Flügel des französischen Heeres auftrete. Uebereinkunft, vom 23sten, erneuert zwischen be die Verträge von 1805, betreffend die dem König den zahlbaren Summen, mit dem einzigen Unte Gustav Adolph statt der zwölftausend Mann, di 1805 gegen den gemeinschaftlichen Feind schick Jahre 1807 sich zu sechszehntausend verbindlich 27sten desselben Monats Juni ward zu London z Canning und dem preußischen Minister, Baron vo Uebereinkunft unterzeichnet, die für das Jahr zahlung einer Million Pfund an Se. Maj. de Preußen festsetzte. Ein geheimer Artikel enthielt Versprechen noch beträchtlicherer Hülfsgelder, der Bartensteiner Uebereinkunft zu erreichen.

1) Antwort vom 25sten März.

Siebenzigstes Capitel.

Innere und äußere Angelegenheiten.

Napoleon in seinem Winterquartiere. — Militärische Vorkehrungen. — Sendung des Kaisers an den Senat. — Bildung eines Beobachtungsheeres an der Elbe. — Berufung der spanischen Truppen nach Preußen, um einen Theil dieses Heeres auszumachen. — Schonung Napoleons gegen Schweden. — Waffenstillstand zwischen Frankreich und Schweden. — Die Botschafter der Türkei und Persiens in Napoleons Hauptquartiere. — Plan, fünf und zwanzigtausend Franzosen an die untere Donau zu schicken. — Bündnisse zu Schutz und Trutz mit der Türkei und mit Persien. — Plan, ein französisches Geschwader in's schwarze Meer zu schicken. — Napoleons Klugheit in Beziehung auf Polen. — Maaßregeln in Beziehung auf polnisch Preußen. — Sorge für die innern Angelegenheiten Frankreichs. — Unterstützung der Manufacturen. — Oberaufsicht über die Handelsinteressen. — Aufmunterung für die Wissenschaften und Künste. — Unzufriedenheit des Kaisers mit der Kritik, wie sie durch die Tageblätter geübt wird. — Meinung des Kaisers über die Mittel, die Literatur zu fördern. — Plan, die Geschichte und die Erdkunde im Großen zu lehren. — Ergebniß der Berathungen des großen Sanhedrin. — Bemerkungen des Kaisers über den Entwurf des Ruhmtempels. — Preis für die beste Abhandlung über die häutige Bräune. — Verbesserungen im Finanzfache. — Einführung der doppelten Buchhaltung in das Staatsfinanzwesen. — Uebersicht der Einnahme des Jahres. — Uebersicht der Ausgaben. — Englands Finanzen.

Während die Unternehmen der englischen Flotte vor Constantinopel fehlschlugen und eine Frankreich ungünstige Veränderung im englischen Cabinette vorging, während Oestreichs Vermittelung überall von der Hand gewiesen oder umgangen wurde und Rußland und Preußen gigantische Plane in Bartenstein schmiedeten, war der Kaiser Napoleon keineswegs unthätig in seinem Hauptquartiere. Mancherlei Sorgen nahmen dort jeden Augenblick in Anspruch. Er allein von allen Fürsten wahrscheinlich, die sich in den Kampf des Festlandes eingelassen hatten, fand noch Muße für die Arbeiten des Frie-

dens, wie für die Arbeiten des Krieges. Mit d
gen, mit Vorbereitungen und kriegerischen Vorsich
setzte er politische Berechnungen in Einklang, di
punct in Constantinopel und Teheran hatten. I
heren Umkreise arbeitete er daran, sich mit Schn
söhnen. Er traf Sicherheitsmaaßregeln gegen Sp
Osterode oder Finkenstein her wachte er, wie vo
Saint-Cloud aus, über die Bedürfnisse Frankrei
Verlegenheiten des Gewerbfleißes zu ermäßigen
die besten Verfahrungsarten, Künste und Wisse
zumuntern, stand im Briefwechsel mit allen M
führte, bis der Waffenklang wieder anfing, mit
meister einen Zahlenkrieg.

Für den Augenblick war der Krieg nur vor
haft. Während der Kaiser die Belagerung diese
den Marschall Lefèvre betreiben ließ, beschäftigte
den Geist der Truppen wieder zu erheben und
er sorgte reichlich für ihren Unterhalt, gestaltete d
machte die Regimenterstämme vollzählig, macht
wieder beritten, und bereitete zur Wiedereröffnu
pfes das furchtgebietendste Heer vor. Damals
in's Uebermaaß eine Vorsicht, die ihm in den T
fahr doch mangelte; denn damals hatte er die F
bewaffnet und mit Lebensmitteln versorgt, als
seine Gränze bedrohen könnte. Alte Bataillone,
ger von Boulogne, von Saint-Lô, von Napo
der Vendée ausmachten, mit denen sich die N
der benachbarten Departemente vereinigen konn
Frankreichs Küsten gegen jeden Versuch einer L
Heere in Italien, Neapel, Dalmatien waren hir
um keinen verführerischen Gedanken an einen l
bei dem stets unzuverlässigen Wiener Cabinette
lassen. Indessen mußte der bevorstehende Feld
in diesem Kriege seyn, und deshalb konnte Nap
aus nicht Streitkräfte genug aufbieten. Deshal
vom Senate, durch eine Botschaft aus Osterod
März, die Aushebung von achtzigtausend M
Dienstpflichtigkeit des Jahres 1808. Diese A

bestimmt, fünf Aushülfslegionen im Innern zu bilden, und er berief alle Generale, die Mitglieder des Senats geworden waren, zum Befehle dieser Aushülfstruppen. „Bei dem Anblicke dieser dreifachen Reihe von Lägern, die unser Gebiet umgeben, wie beim Anblicke der dreifachen Festungsreihe, die unsere bedeutenderen Gränzen sicher stellen, müssen unsere Feinde alle Hoffnung auf Erfolg aufgeben, den Muth verlieren und endlich in der Unmöglichkeit, uns zu schaden, zur Gerechtigkeit und Vernunft zurückkehren." Durch diese Sendungen sprach der Kaiser stets weit weniger zum Senate, als zu ganz Frankreich und zu Europa. An das französische Volk insbesondere war die Uebersicht der gewonnenen Schlachten, der überschrittenen Flüsse, der genommenen Festungen und der ungeheuren Zahl der Feldstücke, der Belagerungsgeschütze, der Gefangenen, der preußischen und russischen Fahnen gerichtet, die auf dem Wege nach Frankreich waren, um dort für den Heldenmuth seiner Kinder zu zeugen. „Preußens Sand", fügte er hinzu, „Polens Wüsten, die herbstlichen Regen, die Fröste des Winters, nichts hat ihre brennende Begier, zum Frieden durch den Sieg zu gelangen und durch Triumphe sich dem heimischen Boden wiedergegeben zu sehen, abgestumpft." An Europa, wie an Frankreich, waren die Erklärungen des Kaisers über seine friedlichen Gesinnungen gerichtet. „Unsere Politik", sagte er, „bleibt sich gleich; wir haben England den Frieden angeboten, ehe das vierte Bündniß zum Ausbruche kam; und noch heute bieten wir ihm diesen Frieden an.... Wir sind bereit, mit Rußland auf dieselben Bedingungen abzuschließen, die sein Unterhändler unterzeichnet hatte.... Wir sind bereit, den acht Millionen, welche unsere Waffen uns unterworfen haben, die Ruhe und dem Könige von Preußen seine Hauptstadt wiederzugeben." Diese Erklärungen waren nur für Preußen furchtbar, da es berufen schien, die Kosten eines unüberlegt angefangenen Krieges zu tragen. Uebrigens wird Napoleons Klugheit von Nutzen seyn, wenn sie auch nicht nothwendig war. Die achtzigtausend Mann der Dienstpflichtigen von 1808 werden am Kriege keinen Theil nehmen.

Die in London vorgegangene Aenderung des Ministeriums ließ keinen Zweifel, daß die neuen Minister, ehemalige

Genossen Herrn Pitts und Erben seiner Sinnesart, einen eiligen Versuch machen würden, durch die Vereinigung der englisch-hannöverschen Truppen mit Schweden, einen Angriff gegen den linken Flügel der Franzosen zu unternehmen. Um sich gegen diesen Angriff sicher zu stellen, trug der Kaiser Napoleon Sorge, außer dem in Pommern befindlichen Corps des Marschalls Mortier noch ein Beobachtungscorps an der Elbe zu bilden. Zu diesem Zwecke hatte er die beiden Divisionen Boudet und Molitor aus Italien herbeigezogen. Spanien sollte dieses Beobachtungsheer vollständig machen, das er auf funfzigtausend Mann bringen wollte.

Fordert der Kaiser auch viel von Frankreich, so erspart er ihm doch Alles, was er ohne Ungerechtigkeit auf seine Verbündeten wälzen kann. Spanien war ihm damals Ersatz schuldig. Er hütet sich wohl, sich diesen entgehen zu lassen.

Eine lange Abschweifung über das, was sich seit einiger Zeit in der Halbinsel begab, möchte hier nicht eben am Orte seyn, und doch würde man die Ergebnisse der Schlacht von Jena für den Kaiser Napoleon nur unvollständig kennen, wenn man nicht wüßte, daß sie Frankreich vor einem drohenden Angriffe von der Seite der Pyrenäen bewahrt hat, wie sie in Teutschland den Wiener Hof abhielt, sich gegen dasselbe zu erklären.

Späterhin werden wir die Unklugheiten des spanischen Hofes und seine Rüstungen gegen einen ungenannten Feind, den aber die geschwätzigen Aufrufe des Friedensfürsten andeuten, erwähnen. Jetzt beschränken wir uns darauf, zu bemerken, daß der Friedensfürst außer Stande ist, wenn man auch von seinem ohnmächtigen Uebelwollen überzeugt seyn kann, Frankreichs Forderungen eine Weigerung entgegenzustellen. Der Kaiser schickt preußische Kriegsgefangene nach Spanien und beruft ein Corps von vierzehntausend Spaniern nach Preußen. Dieses vom Marquis de la Romana [1]) befehligte Corps

1) Der Friedensfürst hatte dem Kaiser die Wahl des Befehlshabers dieses Corps anheimgegeben, indem er die Generale Castaños und O-Farill besonders in Vorschlag brachte. Da Napoleons Antwort sich verzögerte, so wurde der Befehl weder dem Einen, noch dem Andern gegeben, und der

machte sich im Monate März auf den Weg und traf im Mai an den Ufern der Elbe ein.

Nicht zufrieden damit, einen neuen Helfer sich verschafft zu haben, indem er Spanien auf die Schlachtfelder des Festlandes schleppte, hatte Napoleon auch gesucht, sich mit einem seiner Feinde dadurch auszugleichen, oder ihn wenigstens unschädlich zu machen. Der Krieg zwischen Frankreich und Schweden war in seinen Augen stets ein Unsinn gewesen, der nicht von langer Dauer seyn konnte. „Soll schwedisches Blut", hieß es im 62sten Armeeberichte, zum Schutze des türkischen Reichs, oder für seinen Untergang vergossen werden? Soll es fließen für das Gleichgewicht auf den Meeren, oder für ihre Unterdrückung? Was hat Schweden von Frankreich zu fürchten? Nichts. Was hat es von Rußland zu besorgen? Alles." Nach diesen Grundsätzen hatte er seit der Eröffnung des Feldzuges seinen Generalen befohlen, die Schweden als Freunde [1]) zu behandeln, mit denen Frankreich im Mißverständnisse lebe, mit denen aber die Natur der Dinge den Frieden baldigst herbeiführen müsse. „Schon bedaure ich, was geschehen ist", schrieb er an Marschall Mortier. „Es thut mir leid, daß die schöne Vorstadt von Stralsund abgebrannt ist. Kommt es uns zu, den Schweden Böses zu thun? Das ist nur eine Träumerei. Uns kommt es zu, es zu vertheidigen, und keinesweges ihm zu schaden. Thun Sie ihm so wenig Böses als möglich. Schlagen Sie dem Befehlshaber von Stralsund einen Waffenstillstand vor, eine Waffenruhe, um einen Krieg zu erleichtern und weniger schrecklich zu machen, den ich als verbrecherisch ansehe, weil er nicht staatsklug ist." Durch einen Brief vom 5ten März hatte er dem Marschall Mortier erklärt, daß die wahre Bestimmung seines Corps nicht sey, Stralsund zu nehmen, noch Schweden Schaden zuzufügen, die uns einst leid thun würden, sondern Berlin, Hamburg

Umstand ist nicht gleichgültig. Hätte das spanische Corps Castaños zum Führer gehabt, so hätte dieser General Dupont nicht in Baylen geschlagen; hätte es O-Farill befehligt, so würde das spanische Corps nicht entwichen seyn.

1) Derselbe Armeebericht.

und Stettin zu beobachten, die Odermündunge
gen und die Berennung von Colberg zu beschüt
dieser Verhaltbefehle hatte Marschall Mortier
hin einen großen Theil seiner Kräfte versetzt u
sund nur die sehr schwache Division des Gener
gelassen.

Der General Essen, Befehlshaber von S
damals eine ziemlich beträchtliche Verstärkung
machte einen Ausfall aus seinem Platze, um d
General anzugreifen, vertrieb ihn nach und n
ren Stellungen, wo er sich vertheidigen wollt
ihn, sich bis nach preußisch Pommern zurückzu
erste Nachricht, welche dem Marschall Mortier b
berg zukam, begab sich derselbe auf der Stell
ließ die nächsten Regimenter dem General Gran
mall zu Hülfe eilen, so daß er durch ihre V
Ganzes von beinahe zwölftausend Mann zu
Er griff die Schweden bei Belling an und schl
sie von einem Posten nach dem andern bis A
Franzosen mit ihnen zugleich einrückten, und n
die Peene zurückzugehen. Im letzten Gefecht
ward General Armfeld verwundet. Dieses n
stürmischster Gegner. Da durch die Eile der E
die Kräftigkeit der Angriffe des Marschalls M
des schwedischen Generals (nämlich Berlin frei
im Rücken des französischen Heeres die Hau
nien abzuschneiden) gescheitert war, so erinn
General Essen der versöhnlichen Stimmung,
der französische Marschall gezeigt hatte, und li
sammenkunft antragen. Gustav Adolph hatte
dazu befugt, in Folge seines neuerlichen Grolle
lische Regierung, die unter Lord Howicks
Ministerium sich geweigert hatte, im Norden
men zu wagen, und Hülfsgelder, wie es Schw
land gewünscht hatten, vorzustrecken. Die
kamen in Schlatkow zusammen. Sie kamen
April, über einen Waffenstillstand überein, des
gungen folgende waren: die Inseln Usedom u

den den französischen Truppen übergeben. Die Peene und die Trebel machten die Scheidungslinie zwischen den beiden Heeren. Weder unmittelbare noch mittelbare Hülfe sollte von den Schweden den Städten Colberg und Danzig, eben so wenig als einer der mit Frankreich und seinen Verbündeten im Kriege begriffenen Mächte zugestanden werden. Keine Landung von Truppen der mit Frankreich kriegführenden Mächte sollte in Stralsund stattfinden können, eben so wenig als in Schwedisch-Pommern und auf der Insel Rügen. Diese Bedingungen waren so günstig, als Frankreich sie nur wünschen konnte, aber die Frist von blos zehn Tagen, um den Waffenstillstand zu kündigen, machte diese Vortheile zur Täuschung, besonders in einem Augenblicke, wo in Folge des Ministerwechsels, der in London stattgefunden hatte, man die nahe Absendung eines englisch-hannöverschen Corps besorgen mußte, um mit den Schweden gemeinschaftlich zu wirken. Napoleon forderte, daß die zehntägige Frist in einen Monat verwandelt würde. Um diese Forderung zu unterstützen, befahl er dem Marschall Brüne, der das Beobachtungsheer zwischen der Elbe und Oder befehligte, einige Truppen zum Marschall Mortier zu senden. General Essen willigte in die vorgeschlagene Abänderung und der verlangte nachträgliche Artikel ward am 29sten April unterzeichnet. Seitdem konnte man mehrere Regimenter des Marschalls Mortier nach Marienwerder und Danzig hinweisen, und der Marschall begab sich selbst nach Colberg, um dessen Sperre zu verstärken.

In dem Augenblicke, wo es dem Kaiser Napoleon gelang, Schweden zu lähmen und Spanier in Länder zu versetzen, die seit Carls V. Zeiten keine gesehen hatten, sicherte ihm seine Staatskunst noch weiter abgelegene Bündnisse mit den Höfen von Teheran und Constantinopel. In den ersten Tagen des März hatte Warschau, Frankreichs zweite Hauptstadt, in ihren Mauern einen Botschafter der hohen Pforte und einen persischen Botschafter, beide an den Kaiser der Franzosen geschickt, empfangen. Diese beiden Botschafter sahen ihn nicht im Glanze seines Hofes, aber selbst für Orientalen

1) Am 8ten April.

ist das Zelt eines kriegerischen Monarchen, fünfhu
den von seiner Hauptstadt, mehr auf die Ein
wirksam, als es die Herrlichkeit und der Glanz s
vermöchten. Für die Politik im Allgemeinen ist
nicht gleichgültig, daß der türkische und persisch
in Napoleons Lager zusammentreffen. Er allein
Stande, die Macht in ihrem Laufe aufzuhalten,
wachsendes Umsichgreifen unaufhörlich die Gränzen
großen Reiche beengte und sie ins Innere Asien
Ein Schutz- und Trutzbündniß wurde mit dem p
schafter abgeschlossen, der, weil er zu seinem Ge
kehren mußte, am 7ten Mai seine Abschiedsaudie
hatte. Man kam überein, daß Feth Ali Schah e
Gesandtschaft in Paris haben sollte, und ein franz
schafter, der General Gardanne, reiste nach Tehe
neuen Bande zwischen den beiden Kaisern zu befe
sen General begleiteten einige geschickte Officiere,
Persern über die nützliche Verwendung ihrer Kräft
verschaffen sollten. Es bleibt bemerkenswerth, d
ruhmvolles Vorrecht, Frankreich stets und überall
bündeten nützliche Kenntnisse, die Wissenschaft
wie die Künste des Friedens zuführt. Neue A
über welche man mit dem türkischen Botschaft
kommen, befestigten die Einigkeit zwischen der
Regierung und der hohen Pforte. Gern hätte
Gesandte eine Bedingung durchgebracht, die a
daß die beiden Staaten nur im gegenseitigen Ei
Frieden machen würden. Doch sagte es dem Ka
sich eine derartige Hemmung aufzuerlegen, und
der diesen Antrag ab, versicherte aber, daß er
Werth darauf legen würde, die Interessen seines
zu schonen. Als der türkische Gesandte ihm vorg
sagte er, daß die rechte Hand nicht unzertrennl
linken Hand sey, als Kaiser Selim und er. Ue
gleich diese neuen Bande Napoleons mit den bei
keine unmittelbare Gefahr für die Cabinette von
und London besorgen ließen, so konnte doch die S
Teheran und Constantinopel mit Frankreich, die

zu Finkenstein ihre Weihe erhielt, nicht ermangeln, einen gewissen Eindruck hervorzubringen, selbst einigen Einfluß auf die Rathschläge von England und Rußland zu üben.

Seit dem Ende des Januar hatte Kaiser Napoleon, der, wie erwähnt, in einem Briefe an den in Dalmatien befehligenden General Marmont die Absicht ausgesprochen hatte, unter gewissen Voraussetzungen fünf und zwanzigtausend Mann aus Italien zu entsenden, um mit den Türken an der untern Donau wirksam zu seyn, gleichzeitig seinen Botschafter in Constantinopel, dem General Sebastiani, beauftragt, für dieses Corps vom Großherrn den freien Durchzug durch Bosnien, Macedonien und Bulgarien zu verlangen. Die Verhandlung war kitzlich. Die ersten Eröffnungen darüber wurden mit einiger Verlegenheit aufgenommen, die das Mißtrauen schlecht verbarg. Da aber der französische Antrag die Hoffnung zeigte, Bessarabien wieder zu erobern, vielleicht die Krimm, so kam man über die Schwierigkeiten hinweg. Die Pforte gab ihre Zustimmung. Schon ertheilte man Befehle, um die Rastörter zu bestimmen, für die Lebensmittel zu sorgen, als ein unerwartetes Ereigniß die Anordnungen des türkischen Cabinets abänderte. Die Städte Parga, Prevesa und Butrinto, seit alter Zeit zu Venedig gehörig, waren während General Brüne's Ministerstelle wieder vom Kaiser Napoleon in Anspruch genommen worden. Wichtigere Interessen hatten seitdem die Wiederforderung ruhen zu lassen gerathen. Auf einmal erfährt man zu Constantinopel, daß der französische Befehlshaber der sieben Inseln, der General Cäsar Berthier, den Pascha von Janina aufgefordert hat, ihm diese Plätze auszuliefern, mit der Drohung, im Falle der Weigerung Gewalt zu brauchen, um sich ihrer zu bemächtigen. Dieses war eine Folge älterer schlecht verstandener, oder sehr zur Unzeit wieder aufgeregter Befehle. Der Befehlshaber wurde abberufen, aber der Schade war geschehen. Das Zusammentreffen dieser Aufforderung mit der nahe bevorstehenden Einführung eines Corps französischer Truppen auf türkisches Gebiet, erregte bei der hohen Pforte Besorgnisse, und sie forderte, daß die verabredete Truppenbewegung ausgesetzt bleibe. Uebrigens möchte die Zeit gemangelt haben, wenn der Plan auch dieses

Hinderniß nicht erfahren hätte, beachtet man die Raschheit der Siege Napoleons in Polen und in Preußen, um ihn zur Ausführung zu bringen.

Nicht allein eine Zusammenwirkung seiner Landmacht mit der Macht der Türken beschäftigt den Kaiser Napoleon; er hat auch den Gedanken gefaßt, fünf bis sechs französische Schiffe zum türkischen Geschwader stoßen zu lassen, um Einfälle in's schwarze Meer zu machen. Dieser Gedanke ist in einem langen Briefe an seinen Seeminister auseinandergesetzt, in welchem er alle Schiffe und Fregatten nach der Reihe durchgeht, welche er im Meere, in den Hafenbecken und auf den Werften hat, und Alles, was in Holland, Spanien und in Frankreich zu seiner Verfügung ist. Er wünschte, daß neun und zwanzig Schiffe, die nächstens im Stande sind, die See zu halten, in dem angefangenen Kriege nicht ohne Nutzen wären. Er giebt Winke, fordert zu Rathschlägen auf. Es fehlt ihm nur ein Mann, der den Seekrieg verstände, wie er den Landkrieg versteht, und der durch wohlberechnete Unternehmen das Bündniß der Türken, und selbst Persiens, zu seinen Erfolgen beitragen lasse.

Auch dieses letztere Bündniß mit Persien ist für ihn keineswegs eine bloße Angriffsdrohung. Sein stets regsamer Geist hofft wohl noch größere Vortheile davon zu ziehen. In einem Briefe, in welchem er dem Seeminister meldet, daß der persische Kaiser von ihm viertausend Mann Fußvolk, zehntausend Flinten und ein halbes Hundert Stücke Geschütz verlangt, setzt er hinzu: „Wann könnten sie abgehen, und wo könnten sie landen? Sie würden einen Stützpunct geben, würden achtzigtausend Reitern, die er hat, Lebendigkeit beibringen, und die Russen zu einem bedeutenden Absteher zwingen." Dann benachrichtigt er den Minister, daß er den General Gardanne als Botschafter nach Teheran sendet, und mit ihm mehrere Officiere vom Geschütz und vom Kriegsbauwesen. „Ein Genieofficier", fährt er fort, „der die Häfen besichtigte, würde bei dieser Gesandtschaft von großem Nutzen seyn." Der Minister wird in Folge dessen beauftragt, ihm eine Note über einen Zug nach Persien vorzulegen.

Ein näherer Verbündeter bot sich dem Kaiser dar, nämlich das zu seinem Schlachtfelde gewordene Land, Polen. Aber konnte er dieses Bündniß in seiner ganzen Ausdehnung annehmen, ohne sich selbst, ohne die Polen allzu gefährlichen Wechselfällen auszusetzen? Ganz Polen zu den Waffen zu rufen, hieß, Oestreich die Befugniß geben, sich auf der Stelle gegen ihn zu erklären. Hätte er selbst die ganze Masse der polnischen Provinzen unter die Waffen gerufen, die den beiden mit ihm im Kriege begriffenen Mächten gehörten, so möchte er unendlich die Schwierigkeiten beim Frieden vermehrt, den Kampf unabsehbar gemacht haben, vorausgesetzt, daß er dann die im Aufstande begriffenen Provinzen, zum Preis seiner Aussöhnung mit dem Feinde, nicht hätte hinopfern wollen. Obgleich er vermied, eine Verbindlichkeit einzugehen, was sich aus allen seinen Schritten ergiebt, so war es doch sein Wille, wenn auch nicht Polen wieder herzustellen, was damals ein unausführbares Unternehmen war, wenigstens einem Theile dieses alten Freistaates ein Daseyn wieder zu geben. Da endigte sich für ihn die Wahrscheinlichkeit des Gelingens, und sein Verfahren richtete sich nach dieser Voraussetzung.

Unabhängig von den Corps polnischer Truppen, welche durch seine früheren Verfügungen waren organisirt worden, nahm er am 22sten März ein Regiment leichter Reiter, das der Fürst Johann Sulkowski ausgehoben hatte, in seinen Sold. Am 6ten April ordnete er die Bildung einer polnisch-italienischen Legion, und am selben Tage die Bildung eines Regiments leichter Reiter an, das zu seiner Garde mit gehören sollte. Am 16ten Mai befugte er die einstweilige Regierung, über sechs Millionen Francs der preußischen Schuld [1]), und über achtzehn Millionen in königlichen Domänen zu verfügen; aber zu gleicher Zeit ließ er sich angelegen seyn, den Aufschwung niederzuhalten, den die einstweilige Regierung nehmen wollte, die, nach einem sehr natürlichen Gefühle, die Wiederzusammensetzung des alten Vaterlandes beabsichtigte. Durch einen Brief vom 27sten Mai beauftragte er den kai-

1) Preußen hatte, um den ihm zugefallenen Theil des polnischen Gebietes in Werth zu setzen, beträchtliche Summen darauf verwandt.

serlichen Commissar in Warschau, dieser Regierung anzudeuten, daß sie sich innerhalb der Gränzen halten möchte, welche seine Einsetzungsverfügung festgestellt habe. Diese Vorsicht, aus der man ihm ein Verbrechen gemacht hat, ist im Gegentheil ein Zug, der das höchste Lob verdient. Eine Ausdehnung der Entwürfe, die man doch endlich hätte aufgeben müssen, wäre für die unglücklichen Polen eine Grausamkeit gewesen. In dem Landestheile dagegen, den er bei der Gestaltung, so zu sagen, unter seinen Schutz genommen hatte, mußte er billig das Vertrauen der Einwohner zu befestigen suchen, und dies war der Zweck der erwähnten Maaßregeln, so wie der beiden am 4ten Juni, am Tage vor dem Wiederanfange der Feindseligkeiten, gegebenen Decrete. Durch das erste dieser Decrete setzte er den Fürsten Poniatowski wieder in den Besitz einer Starostei ein, aus welcher ihn die preußische Regierung vertrieben hatte. Durch das zweite schrieb er der einstweiligen Regierung vor, den Betrag von zwanzig Millionen Franken in Staatsgütern inne zu behalten, damit sie den Kriegern als Belohnung zugetheilt werden können, die am meisten Dienste in diesem Kriege geleistet hatten.

Unter diesen Anordnungen über das Ganze und Einzelne, unter diesen Vorbereitungen zum Kriege, wirklichen und scheinbaren Verhandlungen, welche die Unbeweglichkeit des französischen Hauptquartieres belebten, entging nichts, was das innere Wohlseyn Frankreichs berührte, der Achtsamkeit des Kaisers. Die Cabinetsbefehle der englischen Regierung, um den Handel der Neutralen zu hemmen, waren für ihn nur ein Grund mehr, diesen Handel zu seinem Vortheile zu wenden. Wenn auch einige der damals ergriffenen Maaßregeln von eben denen getadelt wurden, deren Vortheil er zu dienen beabsichtigte, so geschah doch jeder solche Schritt nie ohne die ernstlichste Erwägung. Er meint zum Beispiel, daß es vortheilhaft seyn könne, zu verlangen, „daß neutrale Schiffe, die in die Häfen des Reichs einlaufen, mit Kolonialwaaren oder andern Gegenständen des Auslandes beladen, gehalten seyen, den Gegenwerth in Erzeugnissen des französischen Bodens oder seines Gewerbfleißes auszuführen." Obgleich ihm dieser Gedanke im ersten Augenblicke gefiel, so verlangt er doch, daß

11 *

er der Gegenstand vorgängiger Erörterungen sey, und er beauftragt [1]) den Minister des Innern, ihn der Prüfung des Staatsraths vorzulegen.

Eben so ruft er die Prüfung des Staatsrathes über die beste Weise, dem leidenden [2]) Fabrikstande und Manufacturwesen zu Hülfe zu kommen, auf. Ist es passend, den Fabrikanten Vorschüsse ohne Zinsen zu machen, gleich am Werth der Hälfte der Waaren, welche sie würden als Unterpfand hinterlegen müssen? Er kommt auf diese Frage in mehreren seiner Briefe zurück. In der Besorgniß, daß es im Staatsrathe zu lange daure, schreibt er dem Minister des Innern: „Gehen [3]) Sie entgegen.... zum Beispiel ich nehme an, daß Oberkampf [4]) Waaren geschafft hat, die er nicht verkaufen kann, und daß seine Werkstühle auf dem Puncte ständen, feiern zu müssen, so würden Sie ihm 150,000 Francs auf 300,000 Francs in Waaren vorstrecken." Bei dieser Gelegenheit macht der Kaiser Bemerkungen voll tiefer Einsicht. Er meint, nicht den Bedürftigen zu Hülfe zu kommen, doch den Manufacturen, welche aus Mangel an Absatz in dem Falle wären, ihre Arbeit einzustellen. „Meine Absicht ist nicht, den oder jenen Großhändler am Bankerotte zu hindern, dazu würden die Geldmittel des Staates nicht ausreichen; aber die und jene Manufactur vor dem Stillstande zu bewahren.... Die Berechnungen, die Sie mir einreichen werden, müssen sich auf die Formel zurückführen lassen: Ich habe so viel der Fabrik vorgeschossen, die so viel Arbeiter unterhält, weil sie nahe daran war, stille zu stehen." Er bestimmte Anfangs zu diesem Zwecke sechs Millionen, doch nahm er sich vor, noch viel weiter zu gehen. „Ich billige sehr", schreibt er dem Minister [5]), „was Sie den Herren N.N. gegeben haben. Gerade

1) Osterode, den 7ten März.

2) Von demselben Tage.

3) Brief vom 27sten März.

4) Herr Oberkampf hat nach der Versicherung seines Sohnes keine derartige Unterstützung erhalten, doch ist es nicht minder ehrenvoll für ihn, der Erste gewesen zu seyn, an den Napoleon dachte, wenn er den guten und wahren Gewerbfleiß zu unterstützen beabsichtigte.

5) Finkenstein, den 27sten Mai.

dazu habe ich die Maaßregel ersonnen. Mein Z
die Stelle des Verkaufs zu treten.... Wäre di
gel nur einstweilig, und wollte ich nur sechs Mil
für immer verwenden, so würde ich Ihnen beisti
nicht die Gefahr scheuen, ein Paar hunderttausen
verlieren; aber da diese erste Maaßregel ein Ver
dem ich ein dauerhaftes und ewiges Gebäude au
das ich mit vierzig bis funfzig Millionen auszust
ke, so daß der Mangel an Absatz für die Fabrikan
fühlbar und schmerzlich sey, so begreifen Sie wol
Maaßregel nur in so weit gut ist, als ich nicht
liere." Der Gedanke war wahr. Ein großes Un
mittel, wie er es im Sinne hatte, durfte durchaus
lust als Grundsatz zulassen. Damit es Sicherheit
im Gegentheil, statt daß dabei verloren würde, et
kommen. Die Regierung war damals Alles in
mischte sich in Alles. Es war ganz natürlich, da
sich zum unmittelbaren Geldvorstrecker aufwarf,
auf Anweisung, auf Handel und Gewerbfleiß;
gemeinen und in gewöhnlichen Zeiten wäre es
werth, daß ein solcher Gedanke durch einen Ver
bar wäre, der das Privatinteresse zur Grundlage
halb haben große Geldbesitzer seitdem den Plan zu
eine entworfen, der durch einen unglücklichen Zu
Regierung Hindernisse gefunden hat [1]).

Außer den Manufacturisten, die Werkstätten,
bloße Buden haben, giebt es in mehreren groß
und besonders in Paris, Künstler und Arbeiter,
auf ihrem Zimmer, sich durch irgend eine Thätigk
terhalt verdienen, und daher chamberlans gene
Auch diese Classe vergißt der Kaiser nicht, und
eine eigene Summe, um sie in den Stand zu
Arbeit weiter zu betreiben.

Eins der ersten Aushülfsmittel für den Ge
natürlicher Weise und muß stets die Ausstattung
seyn. Die Manufacturen in Lyon erhielten bed

1) Unter dem Ministerium des Herrn von Corbiere.

stellungen. Die Fabriken in Glaswaaren, die Schlosserarbeiten und andere erhielten die beste Aufmunterung, nämlich Bestellungen auf Arbeit und Forderung besserer Erzeugnisse. Durch die Wirthschaftlichkeit, welche den Aufwand einer kaiserlichen Erscheinung regelt, ohne ihn deshalb zu vermindern, ist die Privatcasse der Civilliste reich genug, um schon Vorausgenommenes unter die Leute bringen zu können. Der Kaiser befugt den Minister, sich mit den Baumeistern und Aufsehern seiner Paläste in Einverständniß zu setzen, um Ankäufe, nicht allein für die gegenwärtigen Bedürfnisse, sondern auch für den Bedarf des kommenden Jahres zu machen.

Zu diesen Verfügungen im Innern versäumt der Kaiser nicht, eine eben so schätzbare Hülfsquelle hinzuzufügen, nämlich die Vervielfachung der Märkte nach außen. In Spanien bestehen noch alte Verbote. Er beauftragt den Minister des Innern [1]), auf der Stelle an den französischen Botschafter in Madrid zu schreiben, daß er die Aufhebung derer betreibe, welche dort auf den Seidenwaaren von Lyon, von Tours und Turin liegen. Er empfiehlt auch, den Tüchern von Carcassonne, der bretagneschen Leinwand und den französischen kurzen Waaren einen gleichen Zugang zu verschaffen. Entsprechende Vorschriften werden gleichzeitig durch den Minister der auswärtigen Verhältnisse an den Botschafter gerichtet.

Ein Wechsel in der Politik hatte im Oriente Statt. Auf der Stelle sieht der Kaiser darin einen neuen Weg für den Absatz der Erzeugnisse unserer Fabriken. Da seit den Ereignissen von Constantinopel die englischen Waaren im türkischen Reiche verboten waren, so fordert [2]) er den Handelsstand auf, die unsern dorthin zu schicken, und namentlich die sogenannten chaalons, Tücher, nach denen von der Türkei schon Anfragen eintreffen. Die Absendung könne über Triest und andere neutrale Straßen erfolgen.

Sicher kann man in allen diesen Sorgen Napoleons die Regsamkeit seines Privatinteresse erkennen und die Vorsicht eines neuen Fürsten, welcher die Unzufriedenheit eines Volkes

1) Brief vom 7ten März.
2) Brief an den Minister aus Finkenstein vom 14ten April.

fürchten muß, das durch die Zeit noch nicht mit den
salen seiner Familie verwachsen ist; aber der Charakt
Dauer, den er den beabsichtigten Verbesserungen aufzul
wünscht, zeigt auf der andern Seite einen Mann, be
allein von der Besorgniß des Augenblicks und den Bed
sen des Tages sich beherrschen läßt.

Zahlreiche Beförderungen haben die Tapfern beloh
sich im Laufe des Feldzuges ausgezeichnet hatten. Do
denen, die auf dem Schlachtfelde geblieben waren, ist
Andenken schuldig. Während er der neugebauten Brüc
Kriegsschule gegenüber, den Namen Jenabrücke giebt, v
er, daß neue Straßen die Namen des Generale und der
sten erhalten, die in dieser Schlacht geblieben.

Der Kaiser dachte häufig an's Belohnen. Er l
selten und noch seltener streng; aber durch eine thätige A
sucht er dem Betruge zuvorzukommen und ihn abzun
In einer der großen Städte des Reichs war die Verw
der Accise im Verdachte der Verschleuderung, und de
wohn verschonte selbst den Präfecten nicht. Der Kai
fiehlt dem Minister[1]), aus der Mitte der Municipalität
Stadt sich vertrauliche Nachrichten zu verschaffen, da sei
sicht nicht war, wie er sagt, die von den Bürgern be
Abgaben „der Habgier des ersten Besten zu überlassen."

Selbst dann, wenn er Grund hatte, eine Klage ge
nen Beamten zu erheben, d. h. Klagen, welche die Eh
verletzt ließen, so kommt nichts der Sorge gleich, mit
eine bloße Vertauschung des Amtes oder eine Versetz
mildern verstand. Dieses Verfahren war seiner ganz
gierung eigen. Hier führ' ich es an, weil ich in dem
wechsel aus Osterode und Finkenstein die Beweise v
gen habe.

Aus diesen Hauptquartieren, wo so mannichfache
stände verhandelt worden, gingen auch nützliche Bemer
und kostbare Ermunterungen für die Wissenschaften, d
ratur und die Künste aus.

1) Brief vom 24sten Mai.

Von Osterode aus befiehlt er, d'Alembert's [1]) Statue in dem Sitzungssaale des Instituts aufzustellen. Er wünscht, daß diese Huldigung gegen den Mathematiker, der im vorigen Jahrhundert am meisten zur Förderung dieser Wissenschaft beigetragen, für die erste Classe ein Beweis seiner Achtung und der Anerkennung sey, welche er seinen Arbeiten schenkt.

Wie er in Finkenstein erfährt, daß der von ihm gestiftete Preis über Galvanismus verdient worden ist, befiehlt er auf der Stelle dem Minister [2]), die versprochene Summe dem Sieger zuzustellen, unbeschadet der künftigen Regulirung der Zahlungsweise.

Durch einen Brief vom 12ten December 1806 hatte der Kaiser den Minister des Innern aufgefordert, „ihm Mittel vorzuschlagen, wie man allen Zweigen der Literatur, die Frankreich verherrlicht haben, einen Anstoß geben könne." In der vom Minister ihm vorgelegten Arbeit fand er Vorschläge wieder, die ganz mit denen zusammentrafen, welche durch das Aachener Decret vom 24sten Fructidor des Jahres XII (11ten September 1804), für die Gründung mehrerer großen Preise waren gutgeheißen worden, und in dieser Hinsicht ließ er das Institut daran erinnern, daß der Augenblick zur Vertheilung mehrerer dieser Preise nicht solle verzögert werden. Außerdem nahm er, mit mehreren sehr weisen Abänderungen, einige vom Minister vorgeschlagene neue Mittel an. In dem Vorschlage war die Ausgabe, eine Uebersicht der ausgezeichneten Werke zu entwerfen, einer Commission zugetheilt, was der Regierung mehr Einfluß darauf gestattete; der Kaiser verlangte, daß die Fassung dieser Uebersicht gänzlich dem Institute überlassen bleibe.

Eins der vom Minister angegebenen Mittel war die Schaffung einer Art von Port Royal. Ehe er sich darüber aussprach, verlangte der Kaiser, daß man ihm dieses auseinandersetze. Die Entwickelung, die der Minister gab, genügte ihm nicht.

Interessant ist es, ihn in den Schwierigkeiten einer Frage befangen zu sehen, die seine Lage nicht zu lösen gestattet.

1) Brief vom 17ten März.

2) Brief vom 7ten Mai.

Die Frage betrifft die Freiheit der Presse selbst, in ihre
ßen Anwendung auf die Literatur. Der Mißbrauch der
heit verletzt ihn, und auf der andern Seite erkennt
Mängel der gefesselten Presse an. Seiner Meinung
wäre ein wirksames Mittel der Aufmunterung, „wenn
gutes Tageblatt gäbe, dessen Beurtheilungen aufgeklärt,
gesinnt, unparteiisch und frei von jener beleidigenden B
wären, welche die Verhandlungen der bestehenden Tage
bezeichnet, und die so sehr den wahren Sitten des
zuwider ist." Der Geist der Verunglimpfung, der den
verfolgt, hat mehr als einmal wiederholt, daß er die l
sche Heftigkeit der Tageblätter begünstigt habe, um d
müther von der Prüfung der politischen Fragen abzun
Man ersieht daraus, ob der Vorwurf begründet ist.
jetzigen Tageblätter", fährt er fort, „beurtheilen nicht
Absicht, die Mittelmäßigkeit abzuhalten, die Unerfahren
leiten, das keimende Talent zu ermuthigen. Alles, v
herausbringen, wurde geschrieben, um zu entmuthigen
vernichten." Sein Urtheil war damals wahr. Er wol
Uebel unterdrücken, und er hatte Recht; doch gewohnt
Alles von der Regierung ausging, nahm er eine falsche
tung. „Vielleicht müßte der Minister des Innern einsc
um dem abzuhelfen." Doch kaum hatte er den Gedan
dieses unpassende Einschreiten ausgesprochen, als sein T
ihm hinzuzusetzen gebietet: „Man kann sich nicht verhei
daß man so eine Klippe vermeidet, aber am entgegeng
Ufer eine zweite antrifft. Es könnte sich treffen, da
dann nichts zu beurtheilen wagen würde, daß man
nicht minder großen Mißbrauch des Lobhudelns verfall
de, und daß die Verfasser der schlechtesten Werke, mi
man überschwemmt ist, wenn sie sich in periodischen B
gelobt sähen, die man doch einmal lesen muß, sich
einbildeten, sie hätten Werke des Genies erschaffen, u
so leichte Triumphe ihre Nachahmer vermehrten." We
poleon hier, wo er es redlich meint, so viel Mühe h
Freiheit der Presse in Bezug auf die Literatur zu ve
wie hätte er sie in Bezug auf Politik begreifen sollen?
gens schloß er den Brief durch die vernünftigsten Fo

gen, welche seine Ansicht im Allgemeinen zuließ. Er verlangte, daß der Minister beurtheilende Artikel für die Tageblätter bearbeiten lasse, wo Lob und Tadel den Leuten von wahrem Talente nach gerechtem Maaßstabe vertheilt wären, und daß die gelegentlich einem Schriftsteller zugestandenen Gnadenbezeugungen gleichsam eine Bestätigung seiner Artikel wären. „Es gehört zur Ungunst des gegenwärtigen Augenblicks", fährt er fort, „daß man keine Meinung zu Gunsten der mit einigem Erfolge thätigen Leute sich schafft. Hier könnte der Einfluß des Ministers nützlich eingreifen. Ein junger Mann, der eine des Beifalls werthe Ode gedichtet hat und vom Minister ausgezeichnet wird, bleibt nicht im Dunkeln. Das Publicum fixirt[1]) ihn, und ihm kommt es dann zu, das Weitere zu thun."

Als die vom Kaiser verlangten Berichte über die den Wissenschaften zuzugestehenden Ermunterungen ihm in Finkenstein zugekommen waren, entsprachen sie nicht seiner Erwartung. Vielleicht lag die Schuld nicht am Minister, denn eine schlecht gefaßte Frage machte die Lösung schwierig. Hier ist es leichter, das ausfindig zu machen, was man vermeiden, als das, was man thun muß. Unter den dem Kaiser vorgeschlagenen Mitteln hatte der Minister auch die Anstellung zweier Reichsgeschichtsschreiber und die Krönung von laureaten Poeten oder Cäsarischen aufgeführt. „Die Anstellung von zwei Geschichtsschreibern", antwortete er, „ließ sich begreifen[2]), weil dadurch, daß man sie zu Geschichtsschreibern macht, man ihnen die Verbindlichkeit auferlegt, die Wahrheit zu sagen, und ihnen nun das Recht zugesteht, Gutes oder Böses zu sagen. Aber sollte man Dichtern das Recht zugestehen, sich über den Hof aufzuhalten, bei dem sie angestellt sind, oder wäre ihre Pflicht, blos zu loben? In beiden Fällen sieht man in der Verwendung ihrer Talente keinen Nutzen. Die Dichtkunst ist ein Kind der Gesellschaft; die Gesellschaft allein, wenn

1) Das undeutsche Wort fixirt ist mit Absicht in der Uebersetzung beibehalten. Napoleon hatte le fixe gesagt, gegen die Regeln des Sprachgebrauchs. Herr Bignon sieht in dem Fehler gegen die Grammatik einen Beweis für die Aechtheit des benutzten Briefes.

Der Uebers.

2) Brief aus Finkenstein vom 19ten April.

sie sich mittelst der öffentlichen Ruhe und des G
nem umgestaltet, kann, wie es denn schon
gen anfängt, die Dichter zum guten Geschm
Lieblichkeit und Blüthe der Anmuth zurückführe
Wissenschaften und Künste verschönern." Dem
waren für die Dichter die einzige vernünftige A
Stellen im Institute, weil sie dem Dichter eine
Staate geben. „Hat Corneille jemals große G
gehabt? Hat die Gunst, deren sich Racine erfre
werke ihm eingegeben?" Doch ungeachtet dies
gen hat er nichts dagegen, wenn man für die A
chenhafte Auszeichnungen ausfindig zu machen
empfiehlt er, sorgfältig das Lächerliche zu vern
Kunst des Fürsten, wie die Kunst des Minister
in, den guten Werken Glanz zu verschaffen." I
legenheit kommt er auf einen Gedanken zurück,
früher ausgesprochen hat; nämlich eine Art litera
penstuhl zu bilden, um eine begründete und un
urtheilung der verdienstvolleren Schriften, die
Zeit erscheinen, zu geben. Diese Art von Gerich
er der zweiten Abtheilung des Instituts auf. „
der beurtheilte Verfasser Anfangs etwas empfind
bald wieder fühlen, daß eben die Wahl seine
Lobspruch ist.... Ein gutes Unternehmen des
chelieu war die Beurtheilung des Cid." Wenn
dige Theilnahme des Instituts, in der Art wi
verlangt, an dem Urtheile über die Hervorbring
niger Bedeutendheit nicht ohne Unbequemlich
kann, so kann man nicht läugnen, daß seinem
Talente stets verdrüßliche Proben zu ersparen
gebührende Belohnung zu sichern, ein ehrenwe
Grunde liegt.

Der dem Kaiser vorgelegte Plan über die
Schulen für gewisse einzelne Lehrgegenstände bie
falls Gelegenheit, sich über diesen interessanten
sehr ausgesponnene Betrachtungen einzulassen,
zen treffend sind. Man findet darin geistreich
Unterschiede über das hingestellt, was der Gege

lich das zu seinem Schlachtfelde gewordene Land, Polen. Aber konnte er dieses Bündniß in seiner ganzen Ausdehnung annehmen, ohne sich selbst, ohne die Polen allzu gefährlichern Wechselfällen auszusetzen? Ganz Polen zu den Waffen zu rufen, hieß, Oestreich die Befugniß geben, sich auf der Stelle gegen ihn zu erklären. Hätte er selbst die ganze Masse der polnischen Provinzen unter die Waffen gerufen, die den beiden mit ihm im Kriege begriffenen Mächten gehörten, so möchte er unendlich die Schwierigkeiten beim Frieden vermehrt, den Kampf unabsehbar gemacht haben, vorausgesetzt, daß er dann die im Aufstande begriffenen Provinzen, zum Preis seiner Aussöhnung mit dem Feinde, nicht hätte hinopfern wollen. Obgleich er vermied, eine Verbindlichkeit einzugehen, was sich aus allen seinen Schritten ergiebt, so war es doch sein Wille, wenn auch nicht Pplen wieder herzustellen, was damals ein unausführbares Unternehmen war, wenigstens einem Theile dieses alten Freistaates ein Daseyn wieder zu geben. Da andigte sich für ihn die Wahrscheinlichkeit des Gelingens, und sein Verfahren richtete sich nach dieser Voraussetzung.

Unabhängig von den Corps polnischer Truppen, welche durch seine früheren Verfügungen waren organisirt worden, nahm er am 22sten März ein Regiment leichter Reiter, das der Fürst Johann Sulkowski ausgehoben hatte, in seinen Sold. Am 6ten April ordnete er die Bildung einer polnisch-italienischen Legion, und am selben Tage die Bildung eines Regiments leichter Reiter an, das zu seiner Garde mit gehören sollte. Am 16ten Mai befugte er die einstweilige Regierung, über sechs Millionen Franks der preußischen Schuld [1]), und über achtzehn Millionen in königlichen Domänen zu verfügen; aber zu gleicher Zeit ließ er sich angelegen seyn, den Aufschwung niederzuhalten, den die einstweilige Regierung nehmen wollte, die, nach einem sehr natürlichen Gefühle, die Wiederzusammensetzung des alten Vaterlandes beabsichtigte. Durch einen Brief vom 27sten Mai beauftragte er den kai-

1) Preußen hatte, um den ihm zugefallenen Theil des polnischen Gebietes in Werth zu setzen, beträchtliche Summen darauf verwandt.

serlichen Commissar in Warschau, dieser Regierung anzudeuten, daß sie sich innerhalb der Gränzen halten möchte, welche seine Einsetzungsverfügung festgestellt habe. Diese Vorsicht, aus der man ihm ein Verbrechen gemacht hat, ist im Gegentheil ein Zug, der das höchste Lob verdient. Eine Ausdehnung der Entwürfe, die man doch endlich hätte aufgeben müssen, wäre für die unglücklichen Polen eine Grausamkeit gewesen. In dem Landestheile dagegen, den er bei der Gestaltung, so zu sagen, unter seinen Schutz genommen hatte, mußte er billig das Vertrauen der Einwohner zu befestigen suchen, und dies war der Zweck der erwähnten Maaßregeln, so wie der beiden am 4ten Juni, am Tage vor dem Wiederanfange der Feindseligkeiten, gegebenen Decrete. Durch das erste dieser Decrete setzte er den Fürsten Poniatowski wieder in den Besitz einer Starostei ein, aus welcher ihn die preußische Regierung vertrieben hatte. Durch das zweite schrieb er der einstweiligen Regierung vor, den Betrag von zwanzig Millionen Franken in Staatsgütern inne zu behalten, damit sie den Kriegern als Belohnung zugetheilt werden könnten, die am meisten Dienste in diesem Kriege geleistet hatten.

Unter diesen Anordnungen über das Ganze und Einzelne, unter diesen Vorbereitungen zum Kriege, wirklichen und scheinbaren Verhandlungen, welche die Unbeweglichkeit des französischen Hauptquartieres belebten, entging nichts, was das innere Wohlseyn Frankreichs berührte, der Achtsamkeit des Kaisers. Die Cabinetsbefehle der englischen Regierung, um den Handel der Neutralen zu hemmen, waren für ihn nur ein Grund mehr, diesen Handel zu seinem Vortheile zu wenden. Wenn auch einige der damals ergriffenen Maaßregeln von eben denen getadelt wurden, deren Vortheil er zu dienen beabsichtigte, so geschah doch jeder solche Schritt nie ohne die ernstlichste Erwägung. Er meint zum Beispiel, daß es vortheilhaft seyn könne, zu verlangen, „daß neutrale Schiffe, die in die Häfen des Reichs einlaufen, mit Kolonialwaaren oder andern Gegenständen des Auslandes beladen, gehalten seyen, den Gegenwerth in Erzeugnissen des französischen Bodens oder seines Gewerbfleißes auszuführen." Obgleich ihm dieser Gedanke im ersten Augenblicke gefiel, so verlangt er doch, daß

11 *

er der Gegenstand vorgängiger Erörterungen sey, und er beauftragt [1]) den Minister des Innern, ihn der Prüfung des Staatsraths vorzulegen.

Eben so ruft er die Prüfung des Staatsrathes über die beste Weise, dem leidenden [2]) Fabrikstande und Manufacturwesen zu Hülfe zu kommen, auf. Ist es passend, den Fabrikanten Vorschüsse ohne Zinsen zu machen, gleich am Werth der Hälfte der Waaren, welche sie würden als Unterpfand hinterlegen müssen? Er kommt auf diese Frage in mehreren seiner Briefe zurück. In der Besorgniß, daß es im Staatsrathe zu lange daure, schreibt er dem Minister des Innern: „Gehen [3]) Sie entgegen.... zum Beispiel ich nehme an, daß Oberkampf [4]) Waaren geschafft hat, die er nicht verkaufen kann, und daß seine Werkstühle auf dem Puncte ständen, feiern zu müssen, so würden Sie ihm 150,000 Francs auf 300,000 Francs in Waaren vorstrecken.“ Bei dieser Gelegenheit macht der Kaiser Bemerkungen voll tiefer Einsicht. Er meint, nicht den Bedürftigen zu Hülfe zu kommen, doch den Manufacturen, welche aus Mangel an Absatz in dem Falle wären, ihre Arbeit einzustellen. „Meine Absicht ist nicht, den oder jenen Großhändler am Bankerotte zu hindern, dazu würden die Geldmittel des Staates nicht ausreichen; aber die und jene Manufactur vor dem Stillstande zu bewahren.... Die Berechnungen, die Sie mir einreichen werden, müssen sich auf die Formel zurückführen lassen: Ich habe so viel der Fabrik vorgeschossen, die so viel Arbeiter unterhält, weil sie nahe daran war, stille zu stehen.“ Er bestimmte Anfangs zu diesem Zwecke sechs Millionen, doch nahm er sich vor, noch viel weiter zu gehen. „Ich billige sehr“, schreibt er dem Minister [5]), „was Sie den Herren N.N. gegeben haben. Gerade

1) Osterode, den 7ten März.

2) Von demselben Tage.

3) Brief vom 27sten März.

4) Herr Oberkampf hat nach der Versicherung seines Sohnes keine derartige Unterstützung erhalten, doch ist es nicht minder ehrenvoll für ihn, der Erste gewesen zu seyn, an den Napoleon dachte, wenn er den guten und wahren Gewerbfleiß zu unterstützen beabsichtigte.

5) Finkenstein, den 27sten Mai.

dazu habe ich die Maaßregel ersonnen. Mein Zweck ist die Stelle des Verkaufs zu treten.... Wäre diese M gel nur einstweilig, und wollte ich nur sechs Millionen für immer verwenden, so würde ich Ihnen beistimmen, nicht die Gefahr scheuen, ein Paar hunderttausend Tha verlieren; aber da diese erste Maaßregel ein Versuch ist dem ich ein dauerhaftes und ewiges Gebäude aufführen das ich mit vierzig bis funfzig Millionen auszusteuern g ke, so daß der Mangel an Absatz für die Fabrikanten w fühlbar und schmerzlich sey, so begreifen Sie wohl, daß Maaßregel nur in so weit gut ist, als ich nichts dabei liere." Der Gedanke war wahr. Ein großes Unterstütz mittel, wie er es im Sinne hatte, durfte durchaus keinen lust als Grundsatz zulassen. Damit es Sicherheit gebe, im Gegentheil, statt daß dabei verloren würde, etwas he kommen. Die Regierung war damals Alles in Allem, mischte sich in Alles. Es war ganz natürlich, daß der I sich zum unmittelbaren Geldverstrecker aufwarf, zum L auf Anweisung, auf Handel und Gewerbfleiß; aber im gemeinen und in gewöhnlichen Zeiten wäre es wünsch werth, daß ein solcher Gedanke durch einen Verein aus bar wäre, der das Privatinteresse zur Grundlage hätte. halb haben große Geldbesitzer seitdem den Plan zu einem eine entworfen, der durch einen unglücklichen Zufall b Regierung Hindernisse gefunden hat [1]).

Außer den Manufacturisten, die Werkstätten, Läden, bloße Buden haben, giebt es in mehreren großen St und besonders in Paris, Künstler und Arbeiter, die ei auf ihrem Zimmer, sich durch irgend eine Thätigkeit ihre terhalt verdienen, und daher chamberlans genannt w Auch diese Classe vergißt der Kaiser nicht, und er bef eine eigene Summe, um sie in den Stand zu setzen, Arbeit weiter zu betreiben.

Eins der ersten Aushülfmittel für den Gewerbfle natürlicher Weise und muß stets die Ausstattung der Ei seyn. Die Manufacturen in Lyon erhielten bedeutend

1) Unter dem Ministerium des Herrn von Corbiere.

stellungen. Die Fabriken in Glaswaaren, die Schlosserarbeiten und andere erhielten die beste Aufmunterung, nämlich Bestellungen auf Arbeit und Forderung besserer Erzeugnisse. Durch die Wirthschaftlichkeit, welche den Aufwand einer kaiserlichen Erscheinung regelt, ohne ihn deshalb zu vermindern, ist die Privatcasse der Civilliste reich genug, um schon Vorausgenommenes unter die Leute bringen zu können. Der Kaiser befugt den Minister, sich mit den Baumeistern und Aufsehern seiner Paläste in Einverständniß zu setzen, um Ankäufe, nicht allein für die gegenwärtigen Bedürfnisse, sondern auch für den Bedarf des kommenden Jahres zu machen.

Zu diesen Verfügungen im Innern versäumt der Kaiser nicht, eine eben so schätzbare Hülfsquelle hinzuzufügen, nämlich die Vervielfachung der Märkte nach außen. In Spanien bestehen noch alte Verbote. Er beauftragt den Minister des Innern [1]), auf der Stelle an den französischen Botschafter in Madrid zu schreiben, daß er die Aufhebung derer betreibe, welche dort auf den Seidenwaaren von Lyon, von Tours und Turin liegen. Er empfiehlt auch, den Tüchern von Carcassonne, der bretagneschen Leinwand und den französischen kurzen Waaren einen gleichen Zugang zu verschaffen. Entsprechende Vorschriften werden gleichzeitig durch den Minister der auswärtigen Verhältnisse an den Botschafter gerichtet.

Ein Wechsel in der Politik hatte im Oriente Statt. Auf der Stelle sieht der Kaiser darin einen neuen Weg für den Absatz der Erzeugnisse unserer Fabriken. Da seit den Ereignissen von Constantinopel die englischen Waaren im türkischen Reiche verboten waren, so fordert [2]) er den Handelsstand auf, die unsern dorthin zu schicken, und namentlich die sogenannten chaalons, Tücher, nach denen von der Türkei schon Anfragen eintreffen. Die Absendung könne über Triest und andere neutrale Straßen erfolgen.

Sicher kann man in allen diesen Sorgen Napoleons die Regsamkeit seines Privatinteresse erkennen und die Vorsicht eines neuen Fürsten, welcher die Unzufriedenheit eines Volkes

1) Brief vom 7ten März.
2) Brief an den Minister aus Finkenstein vom 14ten April.

fürchten muß, das durch die Zeit noch nicht mit den Schicksalen seiner Familie verwachsen ist; aber den Charakter der Dauer, den er den beabsichtigten Verbesserungen aufzudrücken wünscht, zeigt auf der andern Seite einen Mann, der nicht allein von der Besorgniß des Augenblicks und den Bedürfnissen des Tages sich beherrschen läßt.

Zahlreiche Beförderungen haben die Tapfern belohnt, die sich im Laufe des Feldzuges ausgezeichnet hatten. Doch auch denen, die auf dem Schlachtfelde geblieben waren, ist er ein Andenken schuldig. Während er der neugebauten Brücke, der Kriegsschule gegenüber, den Namen Jenabrücke giebt, verlangt er, daß neue Straßen die Namen des Generale und der Obersten erhalten, die in dieser Schlacht geblieben.

Der Kaiser dachte häufig an's Belohnen. Er bestraft selten und noch seltener streng; aber durch eine thätige Aufsicht sucht er dem Betruge zuvorzukommen und ihn abzuwehren. In einer der großen Städte des Reichs war die Verwaltung der Accise im Verdachte der Verschleuderung, und der Argwohn verschonte selbst den Präfecten nicht. Der Kaiser befiehlt dem Minister[1]), aus der Mitte der Municipalität dieser Stadt sich vertrauliche Nachrichten zu verschaffen, da seine Absicht nicht war, wie er sagt, die von den Bürgern bezahlten Abgaben „der Habgier des ersten Besten zu überlassen."

Selbst dann, wenn er Grund hatte, eine Klage gegen einen Beamten zu erheben, d. h. Klagen, welche die Ehre unverletzt ließen, so kommt nichts der Sorge gleich, mit der er eine bloße Vertauschung des Amtes oder eine Versetzung zu mildern verstand. Dieses Verfahren war seiner ganzen Regierung eigen. Hier führ' ich es an, weil ich in dem Briefwechsel aus Osterode und Finkenstein die Beweise vor Augen habe.

Aus diesen Hauptquartieren, wo so mannichfache Gegenstände verhandelt worden, gingen auch nützliche Bemerkungen und kostbare Ermunterungen für die Wissenschaften, die Literatur und die Künste aus.

1) Brief vom 24sten Mai.

Von Osterode aus befiehlt er, d'Alembert's [1]) Statue in dem Sitzungssaale des Instituts aufzustellen. Er wünscht, daß diese Huldigung gegen den Mathematiker, der im vorigen Jahrhundert am meisten zur Förderung dieser Wissenschaft beigetragen, für die erste Classe ein Beweis seiner Achtung und der Anerkennung sey, welche er seinen Arbeiten schenkt.

Wie er in Finkenstein erfährt, daß der von ihm gestiftete Preis über Galvanismus verdient worden ist, befiehlt er auf der Stelle dem Minister [2]), die versprochene Summe dem Sieger zuzustellen, unbeschadet der künftigen Regulirung der Zahlungsweise.

Durch einen Brief vom 12ten December 1806 hatte der Kaiser den Minister des Innern aufgefordert, „ihm Mittel vorzuschlagen, wie man allen Zweigen der Literatur, die Frankreich verherrlicht haben, einen Anstoß geben könne." In der vom Minister ihm vorgelegten Arbeit fand er Vorschläge wieder, die ganz mit denen zusammentrafen, welche durch das Aachener Decret vom 24sten Fructidor des Jahres XII (11ten September 1804), für die Gründung mehrerer großen Preise waren gutgeheißen worden, und in dieser Hinsicht ließ er das Institut daran erinnern, daß der Augenblick zur Vertheilung mehrerer dieser Preise nicht solle verzögert werden. Außerdem nahm er, mit mehreren sehr weisen Abänderungen, einige vom Minister vorgeschlagene neue Mittel an. In dem Vorschlage war die Aufgabe, eine Uebersicht der ausgezeichneten Werke zu entwerfen, einer Commission zugetheilt, was der Regierung mehr Einfluß darauf gestattete; der Kaiser verlangte, daß die Fassung dieser Uebersicht gänzlich dem Institute überlassen bleibe.

Eins der vom Minister angegebenen Mittel war die Schaffung einer Art von Port Royal. Ehe er sich darüber aussprach, verlangte der Kaiser, daß man ihm dieses auseinandersetze. Die Entwickelung, die der Minister gab, genügte ihm nicht.

Interessant ist es, ihn in den Schwierigkeiten einer Frage befangen zu sehen, die seine Lage nicht zu lösen gestattet.

1) Brief vom 17ten März.

2) Brief vom 7ten Mai.

Die Frage betrifft die Freiheit der Presse selbst,
ßen Anwendung auf die Literatur. Der Mißbr
heit verletzt ihn, und auf der andern Seite
Mängel der gefesselten Presse an. Seiner
wäre ein wirksames Mittel der Aufmunterung,
gutes Tageblatt gäbe, dessen Beurtheilungen au
gesinnt, unparteiisch und frei von jener beleidig
wären, welche die Verhandlungen der bestehend
bezeichnet, und die so sehr den wahren Sitte
zuwider ist." Der Geist der Verunglimpfung,
verfolgt, hat mehr als einmal wiederholt, daß
sche Heftigkeit der Tageblätter begünstigt habe,
müther von der Prüfung der politischen Frage
Man ersieht daraus, ob der Vorwurf begrün
jetzigen Tageblätter", fährt er fort, „beurtheil
Absicht, die Mittelmäßigkeit abzuhalten, die Un
leiten, das keimende Talent zu ermuthigen.
herausbringen, wurde geschrieben, um zu entmu
vernichten." Sein Urtheil war damals wahr.
Uebel unterdrücken, und er hatte Recht; doch
Alles von der Regierung ausging, nahm er ei
tung. „Vielleicht müßte der Minister des Inn
um dem abzuhelfen." Doch kaum hatte er de
dieses unpassende Einschreiten ausgesprochen, al
ihm hinzuzusetzen gebietet: „Man kann sich nich
daß man so eine Klippe vermeidet, aber am e
Ufer eine zweite antrifft. Es könnte sich treff
dann nichts zu beurtheilen wagen würde, da
nicht minder großen Mißbrauch des Lobhudelne
de, und daß die Verfasser der schlechtesten We
man überschwemmt ist, wenn sie sich in period
gelobt sähen, die man doch einmal lesen mu
einbildeten, sie hätten Werke des Genies ersch
so leichte Triumphe ihre Nachahmer vermehrten
poleon hier, wo er es redlich meint, so viel
Freiheit der Presse in Bezug auf die Literatu
wie hätte er sie in Bezug auf Politik begreifen
gens schloß er den Brief durch die vernünfti

gen, welche seine Ansicht im Allgemeinen zuließ. Er verlangte, daß der Minister beurtheilende Artikel für die Tageblätter bearbeiten lasse, wo Lob und Tadel den Leuten von wahrem Talente nach gerechtem Maaßstabe vertheilt wären, und daß die gelegentlich einem Schriftsteller zugestandenen Gnadenbezeugungen gleichsam eine Bestätigung seiner Artikel wären. „Es gehört zur Ungunst des gegenwärtigen Augenblicks", fährt er fort, „daß man keine Meinung zu Gunsten der mit einigem Erfolge thätigen Leute sich schafft. Hier könnte der Einfluß des Ministers nützlich eingreifen. Ein junger Mann, der eine des Beifalls werthe Ode gedichtet hat und vom Minister ausgezeichnet wird, bleibt nicht im Dunkeln. Das Publicum fixirt[1]) ihn, und ihm kommt es dann zu, das Weitere zu thun."

Als die vom Kaiser verlangten Berichte über die den Wissenschaften zuzugestehenden Ermunterungen ihm in Finkenstein zugekommen waren, entsprachen sie nicht seiner Erwartung. Vielleicht lag die Schuld nicht am Minister, denn eine schlecht gefaßte Frage machte die Lösung schwierig. Hier ist es leichter, das ausfindig zu machen, was man vermeiden, als das, was man thun muß. Unter den dem Kaiser vorgeschlagenen Mitteln hatte der Minister auch die Anstellung zweier Reichsgeschichtsschreiber und die Krönung von laureaten Poeten oder Cäsarischen aufgeführt. „Die Anstellung von zwei Geschichtsschreibern", antwortete er, „ließ sich begreifen[2]), weil dadurch, daß man sie zu Geschichtsschreibern macht, man ihnen die Verbindlichkeit auferlegt, die Wahrheit zu sagen, und ihnen nun das Recht zugesteht, Gutes oder Böses zu sagen. Aber sollte man Dichtern das Recht zugestehen, sich über den Hof aufzuhalten, bei dem sie angestellt sind, oder wäre ihre Pflicht, blos zu loben? In beiden Fällen sieht man in der Verwendung ihrer Talente keinen Nutzen. Die Dichtkunst ist ein Kind der Gesellschaft; die Gesellschaft allein, wenn

1) Das undeutsche Wort fixirt ist mit Absicht in der Uebersetzung beibehalten. Napoleon hatte le fixe gesagt, gegen die Regeln des Sprachgebrauchs. Herr Bignon sieht in dem Fehler gegen die Grammatik einen Beweis für die Aechtheit des benutzten Briefes.

Der Uebers.

2) Brief aus Finkenstein vom 19ten April.

sie sich mittelst der öffentlichen Ruhe und des Glückes im Innern umgestaltet, kann, wie es denn schon sich zu zeigen anfängt, die Dichter zum guten Geschmacke, zu jener Lieblichkeit und Blüthe der Anmuth zurückführen, welche die Wissenschaften und Künste verschönern." Dem Kaiser zufolge waren für die Dichter die einzige vernünftige Aufmunterung, Stellen im Institute, weil sie dem Dichter eine Stellung im Staate geben. „Hat Corneille jemals große Gunst bei Höfe gehabt? Hat die Gunst, deren sich Racine erfreute, Meisterwerke ihm eingegeben?" Doch ungeachtet dieser Bemerkungen hat er nichts dagegen, wenn man für die Dichter schmeichelhafte Auszeichnungen ausfindig zu machen weiß. Nun empfiehlt er, sorgfältig das Lächerliche zu vermeiden. „Die Kunst des Fürsten, wie die Kunst des Ministers besteht darin, den guten Werken Glanz zu verschaffen." Bei dieser Gelegenheit kommt er auf einen Gedanken zurück, den er schon früher ausgesprochen hat; nämlich eine Art literarischen Schöppenstuhl zu bilden, um eine begründete und unparteiische Beurtheilung der verdienstvolleren Schriften, die von Zeit zu Zeit erscheinen, zu geben. Diese Art von Gerichtsbarkeit trägt er der zweiten Abtheilung des Instituts auf. „Vielleicht wird der beurtheilte Verfasser Anfangs etwas empfindlich seyn, doch bald wieder fühlen, daß eben die Wahl seines Werkes sein Lobspruch ist.... Ein gutes Unternehmen des Cardinals Richelieu war die Beurtheilung des Cid." Wenn die nothwendige Theilnahme des Instituts, in der Art wie Napoleon sie verlangt, an dem Urtheile über die Hervorbringungen von einiger Bedeutendheit nicht ohne Unbequemlichkeit stattfinden kann, so kann man nicht läugnen, daß seinem Bemühen, dem Talente stets verdrüßliche Proben zu ersparen und ihm die gebührende Belohnung zu sichern, ein ehrenwerther Satz zum Grunde liegt.

Der dem Kaiser vorgelegte Plan über die Bildung von Schulen für gewisse einzelne Lehrgegenstände bietet ihm gleichfalls Gelegenheit, sich über diesen interessanten Gegenstand in sehr ausgesponnene Betrachtungen einzulassen, die im Ganzen treffend sind. Man findet darin geistreiche und sinnvolle Unterschiede über das hingestellt, was der Gegenstand einer zu errichtenden Specialschule seyn kann oder nicht seyn kann. Unter den Disciplinen, für die er diese Lehrweise zuläßt, bezeichnet er vorzüglich die Erdkunde und die Geschichte. Nach einigen Urtheilen, von denen manche von der augenfälligsten Wahrheit sind, fügt er hinzu: „Man könnte sich folglich mit der Einrichtung ¹) einer Art von Universität für die Literatur beschäftigen, weil man unter diesem Worte nicht allein die schönen Wissenschaften, sondern auch die Geschichte und nothwendiger Weise die Erdkunde begreift, da man an die eine nicht denken kann, ohne auch an die andere zu denken. Diese Universität könnte das Collegium von Frankreich seyn, weil es schon da ist, doch müßte sie aus etwa dreißig Lehrstühlen bestehen, die so wohl unter einander zusammenhingen, daß sie eine Art von lebender Belehrungs- und Unterrichtsbehörde darstellten, wo Jeder, der irgend ein Jahrhundert kennen lernen wollte, nachfragen könnte, welche Werke er lesen oder nicht lesen solle, wie die Einzelschriften, die Chroniken hießen, die er anzugehen habe, wo Jedermann, der eine Gegend durchreisen wollte, auf Thatsachen beruhende Belehrung finden könnte, über die Richtung, die er seiner Reise zu geben habe, über die Regierungsverfassung, welche er in dem oder jenem Erdtheile, dem Gegenstande seiner Untersuchung, antreffen würde.

„Eine Thatsache ist es, daß einem großen Staate etwas fehlt, wo ein junger Mann, der sich mit Forschungen abgiebt, kein Mittel hat, über das, was er studiren will, gute Nachweisungen und Belehrung zu erhalten, wo er gezwungen ist, herumzutappen und Monate, sogar Jahre zu verlieren, um durch unnütze Lesereien sich die wahre Nahrung für sein Fach auszusuchen.

„Eine Thatsache ist's, daß einem großen Reiche etwas fehlt, wo man, um bestimmte Angaben über die Lage, Regierungsform, den gegenwärtigen Zustand irgend eines Theils der Erde zu erhalten, seine Zuflucht entweder zum Archive der auswärtigen Verhältnisse nehmen muß, das auch nicht Alles enthält, wie viel Schätze dort auch vergraben liegen mögen, oder zur

¹) Zweiter Brief vom 19ten April.

Kanzlei des Seeministeriums, das sehr oft nicht weiß, man Alles bei ihr suchen kann."

„Se. Majestät wünscht solche Anstalten. Seit lan sie der Gegenstand seines Nachdenkens, weil Sie bei häufigen Arbeiten selbst oft das Bedürfniß derselben haben." Keiner unter uns, die dem nur zu bald abtre gegenwärtigen Geschlechte angehören, mag, wie der Kais poleon im Laufe seines Lebens, den Mangel von Ar vermißt haben, welche über eine Menge von Dinge Unterricht leichter, schneller und vollständiger zu mach Stande gewesen wären. Im Interesse der Geschlechte uns ersetzen sollen, wünschen wir, daß die Regierung d fassungsmäßigen Frankreich, nicht gestört, wie das kai durch sich stets folgende und entfernte Kriege, daran den Plan zu ihren Gunsten zur Ausführung zu bringer Napoleon in einem preußischen Dorfe und in der Zwis von zwei Schlachten sein Nachdenken schenkte.

Am 9ten März dieses Jahres hatte der große San bestehend aus ein und siebenzig israelitischen Lehrern u tabeln, das Ergebniß seiner Berathungen bekannt g Es war eine feierliche Abschwörung der Lehrsätze, wel hierher das jüdische Volk feindlich dem menschlichen Ges gegenüber gestellt hatten. Dieses Werk, das nur du Uebergewicht eines Fürsten möglich war, der über einen Theil des Festlandes gebot, wird in der Folge mehr W keit haben, als es bis jetzt für das jüdische Volk geha weil die in Frankreich aufgestellten Grundsätze allmä andern Ländern ihre Anwendung erhalten werden, i Maaße, als die christlichen Völker selbst zu dem Vol ihrer staatsbürgerlichen Rechte gelangen werden, die ihn mehrere Regierungen verweigern. Das Talent der vom Kaiser Beauftragten, um die Organe seines Will dem Sanhedrin zu seyn, der Herren Molé und Po hatte nicht wenig dazu beigetragen, dieses wichtige Er zu erlangen. Er versäumte nicht, ihnen seine Zufrie versichern zu lassen [1]).

Die Preisbewerbung, welche in Folge der Posene

1) Brief vom 30sten März.

fügung über den auf dem Magdalenenplatze zu errichtenden Tempel eröffnet worden war, hatte vier Plane veranlaßt, welche die Classe der schönen Künste der Auszeichnung werth erachtete. Alle haben Ansprüche auf eine Belohnung, welche ein Zeugniß der Gutheißung für ihre Verfertiger wären. Der Verfertiger des bevorzugten Planes soll außerdem mit der Ausführung des Denkmals beauftragt werden. Die Wahl unter den vier Vorschlägen zu treffen, erklärt sich der Kaiser nicht im Stande zu seyn, und er hält sich an die Classe der schönen Künste, in Allem, was mit dem guten Geschmacke und den schönen Verhältnissen zusammenhängt. Das sind die Aeußerungen, welche der Kaiser beim ersten Ueberblicke der Berichte und der ihm vorgelegten Plane that [1]), doch liest er die Berichte, studirt er die Plane, und ungeachtet seiner Hochachtung vor der Classe der schönen Künste, erlaubt er sich, mit ihr verschiedener Meinung zu seyn. „Nachdem ich", sagt er, „aufmerksam die verschiedenen Plane des dem großen Heere gewidmeten Denkmals geprüft habe, war ich keinen Augenblick im Zweifel.... Der Plan, der den Preis erlangt hat, entspricht meinem Zwecke nicht; er war der erste, den ich bei Seite legte.... Der Vorschlag des Herrn Vignon genügt allein meinen Absichten. Ich hatte einen Tempel verlangt und keine Kirche. Was könnte man im Kirchenstyle bauen, das im Stande wäre, mit Saint-Genevieve in die Schranken zu treten, selbst mit Notre-Dame, und besonders mit Sanct Peter in Rom?" Indem er so sich von der Meinung der Classe der schönen Künste entfernt, fürchtet er indessen, sie zu verletzen. Daher versäumt er nicht, ihr bemerklich zu machen, „daß er aus dem von ihr verfaßten Berichte die Gründe geschöpft hat, die ihn entschieden." Die Gedanken des Kaisers über dieses Denkmal sind nicht ohne Interesse, ob sie gleich nicht zur Ausführung gekommen sind. Alles in dem Tempel sollte im strengen Style seyn; stets, zu jeder Stunde sollte er zu den Festlichkeiten im Stande seyn; statt eines kaiserlichen Thrones ein marmorner curulischer Sessel; für die eingeladenen Personen Marmorbänke; für die Musik ein marmornes Amphitheater. Kein Geräthe weiter als Kissen und Teppiche; im

1) Brief vom 18ten April.

Für den Kaiser Napoleon war die Ordnung in den Finanzen eine seiner ersten Pflichten, so wie er sie in die erste Reihe der Bedürfnisse rechnete. Daher unterbrach auch die dringendste Nothwendigkeit selbst in seinem Zelte seinen fast täglichen Briefwechsel mit dem Schatzminister nicht. Sobald er eine Maaßregel fand, welche Zahlungen betraf, so benachrichtigte er auf der Stelle den Minister davon. „Ich lasse den Sold für die große Armee für den October, November und December 1806, Januar und Februar 1807 auszahlen [1]," schrieb er ihm. „Wir werden dann sehen, wie unsere Rechnung mit dem Schatze steht. Vorläufig thut uns das sehr wohl.... [2])" Wenn der Krieg in Teutschland auch den französischen Finanzen einige Hülfe brachte, so legte er ihnen auf der andern Seite auch ungewöhnliche Lasten auf. In der Ungewißheit, worin sich Napoleon über die endlichen Entschließungen des Wiener Hofes befand, mußte er in Italien beträchtlichere Streitkräfte halten, als ein sicherer Friedenszustand erfordert hätte. Da die Hülfssumme von dreißig Millionen, welche das Königreich Italien hergab, nicht ausreichte zum Unterhalte des Heeres, das über das Königreich verbreitet war, so schickte er Geld aus Frankreich hin; aber um nicht Oestreichs Mißtrauen rege zu machen, da er selbst auf nichts, als auf die Vertheidigung dachte, so empfahl [3]) er seinem Minister, alles Aufsehn zu vermeiden, das stets Absendungen von Geld in Stücken begleitet. Das war eine Vorsicht aus politischem Standpuncte. In den Angelegenheiten des Innern bewährte er nicht weniger Klugheit.

Als er, wie wir erwähnten, die Schuldentilgungscasse beauftragte, den leidenden Fabriken Vorschüsse zu machen, war sein erster Gedanke, sich gegen den Betrug zu vertheidi-

1) Brief aus Osterode vom 24sten März.

2) Die Zahlung geschah mit in Preußen erhobenem Gelde. Die Löhnung für hundertfunfzigtausend Mann betrug monatlich drei Millionen dreimalhunderttausend Franken, als Mitteltaxe zwei und zwanzig Franken auf den Kopf gerechnet, vom Marschall bis zum Trommelschläger. Wir führen diesen Umstand an, da er ein Vergleichungspunct für kommende Zeiten seyn kann.

3) Brief aus Finkenstein vom 7ten April.

Worte von Seiten eines solchen Mannes waren allein schon eine ehrenvolle Belohnung. Ohne die Unterstützung, welche der Kaiser seinem Minister angedeihen ließ, würde dieser vergeblich die wesentlichsten Verbesserungen versucht haben. Mit Hülfe der Kräftigkeit, welche das Staatshaupt seinen ersten Beamten einflößte, wurden die Einladungen des Ministeriums Befehle.

Die bedeutendste Neuerung, die im Schatzamte statt hatte, war die Einführung des Rechnungswesens nach doppelter Buchhaltung. Mächtige Vorurtheile widersetzten sich der Annahme dieser Methode, die man geflissentlich mit Verachtung eine kaufmännische nannte. Colbert, Turgot und Necker in ihrem bürgerlichen Enthusiasmus für den Kaufmannsstand hatten, wie man versichert, auch die ministeriellen Rechnungen diesen Formeln zu unterwerfen versucht, doch waren sie genöthigt gewesen, dieses „die Würde des Staats und die Sicherheit der öffentlichen Gelder gefährdende" Verfahren aufzugeben. Doch war diese Sicherheit der öffentlichen Gelder gerade das Ergebniß, zu dem man nur durch dieses neue Verfahren gelangen konnte. Der Minister fühlte es und verlor den Muth nicht. Er begnügte sich, den Weg der Bemerkungen einzuschlagen, die das Beispiel der Dienstcasse unterstützte. Wo er Anstoß fand, gab es Unordnung. Erst im folgenden Jahre wurde das neue System durch ein kaiserliches Decret [1]) gut geheißen. Die Gründung dieses Systems ist eine ungeheure Wohlthat gewesen, deren segensreiche Wirkungen noch heute bestehen und besonders unter den mannichfaltigen Regierungsformen fühlbar gewesen sind, durch die wir hindurchgegangen. Ohne diese heilsame Vorkehrung möchten die Finanzen des Staates in unglaubliche Verwirrung gerathen seyn.

Durch den bewundernswürdigen Ordnungsgeist, der in allen Zweigen des öffentlichen Dienstes eingetreten war, konnte

1) Vom 8ten Januar 1808.

Im Jahr 1829 hat ein Pascha von Aegypten dasselbe System im Rechnungssache bei seinen Finanzen eingeführt. So geht jetzt die Welt vorwärts und so schreitet die Regierungskunst voran.

der Kaiser den an's Wunderbare grenzenden Anstrengungen die Stirn bieten, welche der Krieg von ihm forderte. Obgleich die aus dem Kriege selbst hervorgehenden Hülfsmittel nicht unbedeutend waren, so hat man sie doch stets auf eine eigne Weise übertrieben und der Kaiser suchte gar nicht diese übertriebenen Angaben zu widerlegen, weil sie ihm in gewisser Beziehung günstig waren. Wenn auch die in Teutschland fechtenden Truppen vom Siege ernährt und unterhalten wurden, so mußte doch jedes über den Rhein gehende Corps in Frankreich durch neue Aushebungen ersetzt werden, die man aus dem Ertrage der Steuern nähren und kleiden mußte. Ich weiß nicht, ob man in irgend einem andern Lande zu irgend einer Zeit einen Staat anführen kann, der so ungeheure und so schreckliche Kriege bestanden hat, ohne daß die gewöhnliche Steuer irgend eine Vermehrung erfahren.

Die Einnahmen des Jahres bestanden aus Folgendem:

Unmittelbare Steuern	311,841,000	Fr.
Einregistrirungen, Staatsgüter und Waldungen	172,227,000	=
Zölle	92,578,000	=
Droits réunis, mittelbare Abgaben . . .	76,002,000	=
Lotterien	7,024,000	=
Posten	12,234,000	=
Salz und Taback (jenseit der Alpen) . .	7,436,000	=
Salzwerke in den östlichen Departementen .	4,858,000	=
Münze	241,000	=
Pulver und Salpeter	1,000,000	=
Zu erhebender Rest vom J. XIII und den früheren Jahren	5,143,000	=
Mancherlei und zufällige Einnahmen . .	15,931,000	=
Einnahmen vom Auslande	33,120,000	=
Einzelne Geldmittel 2c.	38,215,000	=
Im Ganzen	777,850,000	Fr.

Diese Einnahmen wurden zum öffentlichen Dienste in folgendem Verhältnisse verwandt:

12*

Oeffentliche Schuld und Jahrgehalte . .	105,959,000	Fr.
Civilliste mit Inbegriff der Familie. . .	28,000,000	=
Ministerium der Rechtspflege	22,042,000	=
= des Auswärtigen	10,379,000	=
= des Innern	54,902,000	=
= der Finanzen	25,624,000	=
= des öffentlichen Schatzes . .	8,571,000	=
= des Krieges	195,895,000	=
= der Kriegsverwaltung . . .	147,654,000	=
= der Seemacht	117,307,000	=
= des Cultus	12,342,000	=
= der allgemeinen Polizei . .	7[illegible]8,000	=
Einzelne Geldsummen für Kosten der örtlichen Verwaltung, Straßen, Brücken und Kunststraßen	38,215,000	=
Umsatzkosten	10,262,000	=
Im Ganzen	777,850,000	Fr.

Im vorhergehenden Capitel sahen wir das englische Ministerium, das unter Lord Grenville und Howick versuchte, der jährlichen Steigerung der Schatzausgaben eine Gränze zu setzen, indem man besonders sich enthielt, die Festlandmächte in Sold zu nehmen. Dieses Sparsystem, das mit einem Systeme der Politik zusammenhing, das jeder Annäherung zwischen England und Frankreich nicht die Thür verschloß, wurde im April 1807 durch die Erneuerung des Ministeriums umgeworfen. Als das neue Ministerium, wo Pitts Geist in Perceval, Canning und Castlereagh wieder auflebte, mit Schweden und Preußen Hülfsgelderverträge abgeschlossen hatte und Expeditionen nach dem Norden unternahm, von denen wir später zu sprechen haben werden, erhoben sich die Ausgaben wieder so hoch wie in den vorigen Jahren. Dieser Aufwand ward gedeckt durch die öffentlichen Einkünfte und durch Anleihen.

Einkünfte:	58,902,291 Pf. Sterl.	1,472,557,275	Fr.
Anleihen .	12,000,000 = =	300,000,000	=
Im Ganzen	70,902,291 Pf. Sterl.	1,772,557,275	Fr.

Das Jahr 1807 kostete sonach der englischen Regierung eine Milliarde mehr, als es Frankreich kostete.

Ein und siebenzigstes Capitel.

Kriegsereignisse.

Belagerung von Danzig. — Danzig ergiebt sich. — Auffallende Thaten mehrer Officiere und Soldaten. — Verfügung, welche dem Marschall Lefèvre den Titel eines Herzogs von Danzig verleiht. — Die Festungen Neisse, Cosel und Glatz in Schlesien ergeben sich. — Eröffnung eines neuen Feldzugs durch den General Bennigsen. — Gefechte bei Spanden und Lomitten. — Gefecht bei Guttstadt. — Getäuschter Plan der Russen. — Bennigsens Rückzug auf Heilsberg. — Schlacht von Heilsberg. — Schlacht von Friedland. — Einzug der Franzosen in Königsberg. — Rückzug der Russen hinter den Niemen. — Waffenruhe zwischen den Franzosen und Russen. — Einzelner Waffenstillstand zwischen den Franzosen und Preußen. — Napoleons Aufruf an sein Heer.

Eine der Ursachen, die unabhängig von der Unpaßlichkeit der Jahreszeit den Kaiser bestimmt hatten, die Gefechte einzustellen, war die Nothwendigkeit, Herr der Festungen Danzig und Colberg zu seyn, ehe er weiter vorwärts ging. Nur zur Hälfte erreichte er diesen Zweck; nur die eine dieser beiden Festungen ergab sich, und das war Danzig. Um die Belagerung dieses Platzes anfangen zu können, hatte man das Geschütz, den Geschützbedarf und alles das Zeug zusammenbringen müssen, das eine Belagerung erfordert. Man nahm es von Stettin, Glogau, Breslau und Warschau. Die Zeughäuser der genommenen Festungen boten die Mittel dar, um die zu nehmen, welche Widerstand leisten wollten. Das 10te Corps, neuerdings durch Marschall Lefèvre zu Thorn gebildet, bestand meistens aus fremden Truppen, aus Polen, Badenern und Sachsen. Sie wetteiferten mit den französischen Truppen an Tapferkeit und Hingebung. Die Polen besonders, obgleich erst gestern gebildet, nahmen es mit den ältesten Truppen im Eifer und der Unerschrockenheit auf. Vom tapfern General Dombrowski angeführt, der seit lange schon einen ehrenvollen Platz in unsern Heeren einnahm, traten sie mit um so größerm Glanze auf, als sie, seit gestern frei, heute schon gegen ihre neulichen Herren fochten. Nachdem man am 22sten Februar ein Corps Preußen von funfzehnhundert Mann auf Dirschau zurückgedrängt hatte, erstürmten sie die Stadt und nahmen, nicht ohne lebhaften Widerstand zu finden, einen Kirchhof und eine Kirche weg, wo die Preußen sich in der Hoffnung, Unterstützung zu erhalten, verschanzt hatten. In der That war ein Zug von zweitausend Mann aus Danzig mit ein Paar Stücken Geschütz ausgerückt, um sie zu unterstützen, aber er sah sich in Dirschau durch den französischen General Menard abgeschnitten, den General Dombrowski in dieser Richtung an der Spitze badischer Truppen abgeschickt hatte, um die Stadt links zu umgehen und die Straße nach Danzig zu decken. Die in Dirschau eingeschlossenen Preußen, die nicht im Kampfe umkamen, versuchten sich auf die Nogatinsel zu retten; doch eine große Menge von ihnen ertrank in der Weichsel. Die aus Danzig ausgerückte Heersäule kehrte zwar dorthin zurück, ließ aber achthundert Mann Todte und Verwundete auf dem Platze. Von diesem Tage an verzichtete der General Manstein, der in Danzig bis zum Eintreffen des Feldmarschalls Kalkreuth befehligte, auf den Plan, die Zugänge der Festung zu vertheidigen und das belagernde Corps rückte vor, um seine Stellung einzunehmen. Am 12ten März wurde die Festung enger eingeschlossen; am 18ten war sie rings umstellt. Die Belagerungsarbeiten wurden erst seit dem 1sten April mit großer Thätigkeit betrieben. Ohne in's Einzelne dieser Arbeiten einzugehen, wollen wir blos durch die Angabe der Schwierigkeiten die Geschicklichkeit und den Muth bemerklich machen, die darüber siegten.

Die Stadt Danzig, seit langer Zeit der Gegenstand von Preußens Lüsternheit, war endlich in den Besitz dieser Macht durch die letzte Theilung von Polen im Jahre 1795 gefallen. Sie ist schon durch ihre Lage bewundernswürdig vertheidigt und seit der Schlacht von Jena hatte die Kunst Alles herge-

Memel in Bartenstein eingetroffen war. Soll man, um Danzig zu befreien, das französische Heer zu einer Schlacht zwingen? Doch erschrickt man vor dem Gedanken an eine Schlacht ohne Erfolg; man bleibt bei dem Plane stehen, zu Danzigs Hülfe zur See ein Corps von zehn- bis zwölftausend Russen unter dem Befehle des jüngern Generals Kamenski abzuschicken. Dieser General, dessen Landung durch die Feste Weichselmünde beschützt seyn wird, soll sich bis zur Festung einen Weg bahnen, während drei- bis viertausend Preußen unter den Befehlen des Obersten Bülow eine ähnliche Bewegung nach der Nehrung unternehmen werden. Diese Corps mit der Besatzung vereinigt, müßten die Aufhebung der Belagerung bewirken. Doch beide Unternehmen mißglückten.

Am 11ten Mai hatte General Kamenski seine Landung bei Weichselmünde bewerkstelligt und sich im Lager von Neufahrwasser aufgestellt. Erst am 15ten versuchte er die französische Linie zu durchbrechen, und General Schramm, der die beiden ersten Angriffe ausgehalten hatte, hätte dem letzten erlegen ohne das Eintreffen einer Verstärkung, die Napoleon in billiger Vorsicht dem Marschall Lefèvre zuschickte. Diese Verstärkung war die Grenadierdivision des Generals Oudinot, die unter Marschall Lannes Befehle gestellt war, der, von seiner Krankheit hergestellt, im kaiserlichen Hauptquartiere angelangt war. Als Marschall Lannes und General Oudinot auf einmal auf dem Platze mit einem Theile der Grenadierdivision erschienen, änderte sich augenblicklich das Ansehen des Kampfes. Die Russen ließen das Schlachtfeld mit ihren Todten bedeckt und zogen sich mit einem Verluste von dreitausend Mann unter das Geschütz von Weichselmünde zurück.

General Bülow, der den preußischen Zug befehligte, war nicht glücklicher. Nachdem er auf der Nehrung gelandet, war er bis nach Fürstenwerder vorgerückt, als er aufgehalten, zurückgedrängt und acht bis zehn Stunden weit durch die Generale Beaumont und Albert verfolgt, gezwungen wurde, die Insel mit einem Verluste von elfhundert Mann an Gebliebenen, Verwundeten und Gefangenen zu verlassen. Um diese Zeit, am 21sten Mai, traf auch Marschall Mortier vor Danzig ein, dort, wo er wegging, durch Marschall Brüne ersetzt.

Für den Kaiser Napoleon war die Ordnung in den Finanzen eine seiner ersten Pflichten, so wie er sie in die erste Reihe der Bedürfnisse rechnete. Daher unterbrach auch die dringendste Nothwendigkeit selbst in seinem Zelte seinen fast täglichen Briefwechsel mit dem Schatzminister nicht. Sobald er eine Maaßregel fand, welche Zahlungen betraf, so benachrichtigte er auf der Stelle den Minister davon. „Ich lasse dem Sold für die große Armee für den October, November und December 1806, Januar und Februar 1807 auszahlen [1])," schrieb er ihm. „Wir werden dann sehen, wie unsere Rechnung mit dem Schatze steht. Vorläufig thut uns das sehr wohl.... [2])" Wenn der Krieg in Teutschland auch den französischen Finanzen einige Hülfe brachte, so legte er ihnen auf der andern Seite auch ungewöhnliche Lasten auf. In der Ungewißheit, worin sich Napoleon über die endlichen Entschließungen des Wiener Hofes befand, mußte er in Italien beträchtlichere Streitkräfte halten, als ein sicherer Friedenszustand erfordert hätte. Da die Hülfssumme von dreißig Millionen, welche das Königreich Italien hergab, nicht ausreichte zum Unterhalte des Heeres, das über das Königreich verbreitet war, so schickte er Geld aus Frankreich hin; aber um nicht Oestreichs Mißtrauen rege zu machen, da er selbst auf nichts, als auf die Vertheidigung dachte, so empfahl [3]) er seinem Minister, alles Aufsehn zu vermeiden, das stets Absendungen von Geld in Stücken begleitet. Das war eine Vorsicht aus politischem Standpuncte. In den Angelegenheiten des Innern bewährte er nicht weniger Klugheit.

Als er, wie wir erwähnten, die Schuldentilgungscasse beauftragte, den leidenden Fabriken Vorschüsse zu machen, war sein erster Gedanke, sich gegen den Betrug zu vertheidi-

1) Brief aus Osterode vom 24sten März.

2) Die Zahlung geschah mit in Preußen erhobenem Gelde. Die Löhnung für hundertfunfzigtausend Mann betrug monatlich drei Millionen dreimalhunderttausend Franken, als Mitteltaxe zwei und zwanzig Franken auf den Kopf gerechnet, vom Marschall bis zum Trommelschläger. Wir führen diesen Umstand an, da er ein Vergleichungspunct für kommende Zeiten seyn kann.

3) Brief aus Finkenstein vom 7ten April.

gen. „Herr Beranger [1]) muß [2]) Maaßregeln treffen", er dem Schatzminister, „um die Gauner zu hindern, d von meinen Anordnungen vortheilen." Diese Vorsicht sehr vernünftig. Da der Kaiser im Allgemeinen Vert und Mißtrauen gegen Alles in der Welt hatte, so äußer das mit einer Offenheit, welche dem Mißtrauen alles digende nahm. So setzte er, als er von Herrn Mollien zelne Angaben über einen durch diesen Minister abgeschlos Vertrag verlangte, hinzu: „Ich mißbillige nicht, was gethan haben, aber da ich amtlich und aus innerster U zeugung zustimme, so wünschte ich einige Erklärungen, mich belehrten, ob das Unternehmen gut ist." Die E rung wurde ihm gegeben und die innerlich gefühlte Zu mung bestätigte auf der Stelle die amtliche.

Um die Minister stets auf der Hut gegen sich und ihre Mitarbeiter zu erhalten, geschah es von Zeit zu daß er ihre Rechnungen durchging, und da er sehr ge war, sie unrichtig zu finden, so ließ er sich manchmal F zu Schulden kommen, die man für absichtlich zu nehmen geneigt seyn können. Wirklich bequemten sich die von vorgenommenen Zahlen stets zu Gunsten seiner Mei Nie täuschte er sich, als in dem Sinne, der ihm am m zusagte. Diese Irrthümer hatten ihren Zweck. Begr oder nicht führten die von ihm in den Rechnungen ange menen Varianten die Minister stets auf eine ausführl Nachweisung der Wahrheit. Ungeachtet dieser systemat Verdrehungen war er doch weit davon entfernt, die D zu verkennen, die man ihm erzeigte, und er versäumte nicht, seine Dankbarkeit dafür auszusprechen. „Die gut tung, die Sie dem Schatze haben angedeihen lassen," schri dem Minister, der diesem vorstand [3]), „und die Unabhängi in die Sie ihn von den Bankinhabern versetzt haben, is wahre Wohlthat, und wird einst die Quelle des Wohlst für unsre Manufacturen und unsern Handel seyn." E

1) Brief aus Osterode vom 28sten März.

2) Herr Beranger war Director der Schuldentilgungscasse.

3) Brief aus Osterode vom 24sten März.

Worte von Seiten eines solchen Mannes waren allein schon eine ehrenvolle Belohnung. Ohne die Unterstützung, welche der Kaiser seinem Minister angedeihen ließ, würde dieser vergeblich die wesentlichsten Verbesserungen versucht haben. Mit Hülfe der Kräftigkeit, welche das Staatshaupt seinen ersten Beamten einflößte, wurden die Einladungen des Ministeriums Befehle.

Die bedeutendste Neuerung, die im Schatzamte statt hatte, war die Einführung des Rechnungswesens nach doppelter Buchhaltung. Mächtige Vorurtheile widersetzten sich der Annahme dieser Methode, die man geflissentlich mit Verachtung eine kaufmännische nannte. Colbert, Turgot und Necker in ihrem bürgerlichen Enthusiasmus für den Kaufmannsstand hatten, wie man versichert, auch die ministeriellen Rechnungen diesen Formeln zu unterwerfen versucht, doch waren sie genöthigt gewesen, dieses „die Würde des Staats und die Sicherheit der öffentlichen Gelder gefährdende" Verfahren aufzugeben. Doch war diese Sicherheit der öffentlichen Gelder gerade das Ergebniß, zu dem man nur durch dieses neue Verfahren gelangen konnte. Der Minister fühlte es und verlor den Muth nicht. Er begnügte sich, den Weg der Bemerkungen einzuschlagen, die das Beispiel der Dienstcasse unterstützte. Wo er Anstoß fand, gab es Unordnung. Erst im folgenden Jahre wurde das neue System durch ein kaiserliches Decret [1]) gut geheißen. Die Gründung dieses Systems ist eine ungeheure Wohlthat gewesen, deren segensreiche Wirkungen noch heute bestehen und besonders unter den mannichfaltigen Regierungsformen fühlbar gewesen sind, durch die wir hindurchgegangen. Ohne diese heilsame Vorkehrung möchten die Finanzen des Staates in unglaubliche Verwirrung gerathen seyn.

Durch den bewundernswürdigen Ordnungsgeist, der in allen Zweigen des öffentlichen Dienstes eingetreten war, konnte

1) Vom 8ten Januar 1808.

Im Jahr 1829 hat ein Pascha von Aegypten dasselbe System im Rechnungsfache bei seinen Finanzen eingeführt. So geht jetzt die Welt vorwärts und so schreitet die Regierungskunst voran.

der Kaiser den an's Wunderbare grenzenden Anst Stim bieten, welche der Krieg von ihm forderte. D dem Kriege selbst hervorgehenden Hülfsmittel nich waren, so hat man sie doch stets auf eine eign trieben und der Kaiser suchte gar nicht diese über gaben zu widerlegen, weil sie ihm in gewisser B stig waren. Wenn auch die in Deutschland fech pen vom Siege ernährt und unterhalten wurd doch jedes über den Rhein gehende Corps in Fr neue Aushebungen ersetzt werden, die man aus der Steuern nähren und kleiden mußte. Ich w man in irgend einem andern Lande zu irgend ei Staat anführen kann, der so ungeheure und Kriege bestanden hat, ohne daß die gewöhnliche eine Vermehrung erfahren.

Die Einnahmen des Jahres bestanden dem:

Unmittelbare Steuern	311
Einregistrirungen, Staatsgüter und Waldungen	17[illegible]
Zölle	9[illegible]
Droits réunis, mittelbare Abgaben . . .	76
Lotterien	7
Posten	1[illegible]
Salz und Taback (jenseit der Alpen) . .	7
Salzwerke in den östlichen Departementen .	4
Münze	
Pulver und Salpeter	1
Zu erhebender Rest vom J. XIII und den früheren Jahren	[illegible]
Mancherlei und zufällige Einnahmen . .	1[illegible]
Einnahmen vom Auslande	3[illegible]
Einzelne Geldmittel ꝛc.	38
Im Ganzen	77[illegible]

Diese Einnahmen wurden zum öffentlich folgendem Verhältnisse verwandt:

1[illegible]

Oeffentliche Schuld und Jahrgehalte	. .	105,959,000	Fr.
Civilliste mit Inbegriff der Familie	. . .	28,000,000	=
Ministerium der Rechtspflege	. . . . .	22,042,000	=
= des Auswärtigen	. . . . .	10,379,000	=
= des Innern	. . . .	54,902,000	=
= der Finanzen	. . . . . .	25,624,000	=
= des öffentlichen Schatzes	. .	8,571,000	=
= des Krieges	. . . .	195,895,000	=
= der Kriegsverwaltung	. . . .	147,654,000	=
= der Seemacht	. . . . . .	117,307,000	=
= des Cultus	. . . .	12,342,000	=
= der allgemeinen Polizei	. .	708,000	=
Einzelne Geldsummen für Kosten der örtlichen Verwaltung, Straßen, Brücken und Kunststraßen	. . . .	38,215,000	=
Umsatzkosten	. . . .	10,252,000	=
	Im Ganzen	777,850,000	Fr.

Im vorhergehenden Capitel sahen wir das englische Ministerium, das unter Lord Grenville und Howick versuchte, der jährlichen Steigerung der Schatzausgaben eine Gränze zu setzen, indem man besonders sich enthielt, die Festlandmächte in Sold zu nehmen. Dieses Sparsystem, das mit einem Systeme der Politik zusammenhing, das jeder Annäherung zwischen England und Frankreich nicht die Thür verschloß, wurde im April 1807 durch die Erneuerung des Ministeriums umgeworfen. Als das neue Ministerium, wo Pitts Geist in Perceval, Canning und Castlereagh wieder auflebte, mit Schweden und Preußen Hülfsgelderverträge abgeschlossen hatte und Expeditionen nach dem Norden unternahm, von denen wir später zu sprechen haben werden, erhoben sich die Ausgaben wieder so hoch wie in den vorigen Jahren. Dieser Aufwand ward gedeckt durch die öffentlichen Einkünfte und durch Anleihen.

Einkünfte:	58,902,291	Pf. Sterl.	1,472,557,275	Fr.
Anleihen .	12,000,000	= =	300,000,000	=
Im Ganzen	70,902,291	Pf. Sterl.	1,772,557,275	Fr.

Das Jahr 1807 kostete sonach der englischen
eine Milliarde mehr, als es Frankreich kostete.

Ein und siebenzigstes Capi

Kriegsereignisse.

Belagerung von Danzig. — Danzig ergiebt sich. — Au
ten mehrer Officiere und Soldaten. — Verfügung
Marschall Lefèvre den Titel eines Herzogs von Danzi
Die Festungen Neisse, Cosel und Glatz in Schlesien er
Eröffnung eines neuen Feldzugs durch den General
Gefechte bei Spanden und Lomitten. — Gefecht bei
Getäuschter Plan der Russen. — Bennigsens Rückz
berg. — Schlacht von Heilsberg. — Schlacht von
Einzug der Franzosen in Königsberg. — Rückzug d
ter den Niemen. — Waffenruhe zwischen den Franzosen
Einzelner Waffenstillstand zwischen den Franzosen un
Napoleons Aufruf an sein Heer.

Eine der Ursachen, die unabhängig von der
der Jahreszeit den Kaiser bestimmt hatten, die
zustellen, war die Nothwendigkeit, Herr der Festu
und Colberg zu seyn, ehe er weiter vorwärts gin
Hälfte erreichte er diesen Zweck; nur die eine
Festungen ergab sich, und das war Danzig. Um
rung dieses Platzes anfangen zu können, hatte
schütz, den Geschützbedarf und alles das Zeug zusa
müssen, das eine Belagerung erfordert. Man
Stettin, Glogau, Breslau und Warschau. Di
der genommenen Festungen boten die Mittel dar
nehmen, welche Widerstand leisten wollten. Da
neuerdings durch Marschall Lefèvre zu Thorn geb
meistens aus fremden Truppen, aus Polen,
Sachsen. Sie wetteiferten mit den französischen
Tapferkeit und Hingebung. Die Polen beson

erst gestern gebildet, nahmen es mit den ältesten Truppen im Eifer und der Unerschrockenheit auf. Vom tapfern General Dombrowski angeführt, der seit lange schon einen ehrenvollen Platz in unsern Heeren einnahm, traten sie mit um so größerm Glanze auf, als sie, seit gestern frei, heute schon gegen ihre neulichen Herren fochten. Nachdem man am 22sten Februar ein Corps Preußen von funfzehnhundert Mann auf Dirschau zurückgedrängt hatte, erstürmten sie die Stadt und nahmen, nicht ohne lebhaften Widerstand zu finden, einen Kirchhof und eine Kirche weg, wo die Preußen sich in der Hoffnung, Unterstützung zu erhalten, verschanzt hatten. In der That war ein Zug von zweitausend Mann aus Danzig mit ein Paar Stücken Geschütz ausgerückt, um sie zu unterstützen, aber er sah sich in Dirschau durch den französischen General Menard abgeschnitten, den General Dombrowski in dieser Richtung an der Spitze badischer Truppen abgeschickt hatte, um die Stadt links zu umgehen und die Straße nach Danzig zu decken. Die in Dirschau eingeschlossenen Preußen, die nicht im Kampfe umkamen, versuchten sich auf die Nogatinsel zu retten; doch eine große Menge von ihnen ertrank in der Weichsel. Die aus Danzig ausgerückte Heersäule kehrte zwar dorthin zurück, ließ aber achthundert Mann Todte und Verwundete auf dem Platze. Von diesem Tage an verzichtete der General Manstein, der in Danzig bis zum Eintreffen des Feldmarschalls Kalkreuth befehligte, auf den Plan, die Zugänge der Festung zu vertheidigen und das belagernde Corps rückte vor, um seine Stellung einzunehmen. Am 12ten März wurde die Festung enger eingeschlossen; am 18ten war sie rings umstellt. Die Belagerungsarbeiten wurden erst seit dem 1sten April mit großer Thätigkeit betrieben. Ohne in's Einzelne dieser Arbeiten einzugehen, wollen wir blos durch die Angabe der Schwierigkeiten die Geschicklichkeit und den Muth bemerklich machen, die darüber siegten.

Die Stadt Danzig, seit langer Zeit der Gegenstand von Preußens Lüsternheit, war endlich in den Besitz dieser Macht durch die letzte Theilung von Polen im Jahre 1795 gefallen. Sie ist schon durch ihre Lage bewundernswürdig vertheidigt und seit der Schlacht von Jena hatte die Kunst Alles herge-

Memel in Bartenstein eingetroffen war. Soll man, um Danzig zu befreien, das französische Heer zu einer Schlacht zwingen? Doch erschrickt man vor dem Gedanken an eine Schlacht ohne Erfolg; man bleibt bei dem Plane stehen, zu Danzigs Hülfe zur See ein Corps von zehn- bis zwölftausend Russen unter dem Befehle des jüngern Generals Kamenski abzuschicken. Dieser General, dessen Landung durch die Feste Weichselmünde beschützt seyn wird, soll sich bis zur Festung einen Weg bahnen, während drei- bis viertausend Preußen unter den Befehlen des Obersten Bülow eine ähnliche Bewegung nach der Nehrung unternehmen werden. Diese Corps mit der Besatzung vereinigt, müßten die Aufhebung der Belagerung bewirken. Doch beide Unternehmen mißglückten.

Am 11ten Mai hatte General Kamenski seine Landung bei Weichselmünde bewerkstelligt und sich im Lager von Neufahrwasser aufgestellt. Erst am 15ten versuchte er die französische Linie zu durchbrechen, und General Schramm, der die beiden ersten Angriffe ausgehalten hatte, hätte dem letzten erlegen ohne das Eintreffen einer Verstärkung, die Napoleon in billiger Vorsicht dem Marschall Lefèvre zuschickte. Diese Verstärkung war die Grenadierdivision des Generals Oudinot, die unter Marschall Lannes Befehle gestellt war, der, von seiner Krankheit hergestellt, im kaiserlichen Hauptquartiere angelangt war. Als Marschall Lannes und General Oudinot auf einmal auf dem Platze mit einem Theile der Grenadierdivision erschienen, änderte sich augenblicklich das Ansehen des Kampfes. Die Russen ließen das Schlachtfeld mit ihren Todten bedeckt und zogen sich mit einem Verluste von dreitausend Mann unter das Geschütz von Weichselmünde zurück.

General Bülow, der den preußischen Zug befehligte, war nicht glücklicher. Nachdem er auf der Nehrung gelandet, war er bis nach Fürstenwerder vorgerückt, als er aufgehalten, zurückgedrängt und acht bis zehn Stunden weit durch die Generale Beaumont und Albert verfolgt, gezwungen wurde, die Insel mit einem Verluste von elfhundert Mann an Gebliebenen, Verwundeten und Gefangenen zu verlassen. Um diese Zeit, am 21sten Mai, traf auch Marschall Mortier vor Danzig ein, dort, wo er wegging, durch Marschall Brune ersetzt.

griff gegen eine preussische Feldschanze misslingen sieht, die spanische Reiter unzugänglich machen, ungeheissen Sturmmarsch und stürzt sich mit den Worten auf die Feldschanze: „Mir nach, Sachsen!" Seine Cameraden stürzen ihm nach, die spanischen Reiter werden niedergeworfen, die Feldschanze genommen und man behauptet sie, ungeachtet der verdoppelten Anstrengung der Preussen, sie wieder zu nehmen. Bei dem nächtlichen Unternehmen, das die Holminsel in die Hände der Franzosen lieferte, erneuerte ein gemeiner Soldat den Zug der Hingebung des Ritters d'Assas. Von der Hitze fortgerissen war dieser Soldat, mit Namen Fortunas, in eine feindliche Abtheilung gerathen, die ihn zum Gefangenen gemacht hatte. Einen Augenblick darauf wird diese Abtheilung selbst durch die Compagnie, zu der Fortunas gehört, übertrumpelt. „Schiesst nicht", schreien die russischen Officiere, indem sie ihre Degenspitzen dem Fortunas auf die Brust setzen, „schiesst nicht, wir sind Franzosen." — „Schiesst immer, mein Herr Hauptmann, es sind Russen!" und er stürzt hin, mit dem Rufe der Vaterlandsliebe und der Ehre.

Zwanzig andre Beispiele einer nicht weniger merkwürdigen Unerschrockenheit fordern vergeblich eine Erwähnung im Fluge. Wir können alle Truppen im Bausch und Bogen nicht besser loben, als durch die Versicherung, daß sie der Anführer würdig waren, die sie befehligten: Lefèvre's, Lannes, Oudinots und namentlich auch des Generals Schramm, der sich in den zahlreichen Gefechten, an denen er Theil genommen, durch ein glänzendes Benehmen ausgezeichnet. Die Kriegsbauofficiere hatten mächtig zum Erfolge beigetragen. Es reicht hin, den General Chasseloup-Laubat, und den Anführer seines Generalstabes, den General Kirchner, zu nennen, den im Jahre 1813 eine feindliche Kugel Frankreich zu früh entreißen wird. Bis zum 19ten April hatte der Letztere die Arbeiten allein geleitet. General Chasseloup, ohnehin so reich an Berühmtheit, kann, ohne an seinem Ruhme einzubüßen, ihm das Hauptverdienst der Unternehmen bei dieser Belagerung abtreten.

Die Bedeutenheit des Dienstes, den Marschall Lefèvre geleistet hatte, forderte einen glänzenden Beweis der kaiser-

send Mann würde wieder zu Napoleons Verfügung gestellt haben. Kaum war das Ergebniß dieser Belagerung ihm bekannt geworden, so wählte er diesen Moment, um aus seiner Unbeweglichkeit herauszugehen. Dieser General hat sich bei jener Gelegenheit den Vorwurf zugezogen, zu langsam oder zu schnell verfahren zu seyn. Weniger langsam, würde er nicht alle vereinten Kräfte der Franzosen zu bekämpfen gehabt haben; weniger schnell, hätte er alle Anstrengungen machen müssen, um einen entscheidenden Kampf zu verschieben, bis, in Folge der mit England und Schweden abgeschlossenen Uebereinkunft, eine Landung von Schweden, Engländern und Hannoveranern in Pommern, eine bedeutende Ableitung bewirkt und den französischen Feldherrn genöthigt hätte, einen Theil seiner an der Passarge zusammengedrängten Truppen dorthin zu schicken.

Obgleich das russische Heer durch Truppen aus dem Innern und durch das Eintreffen der kaiserlichen Garden verstärkt war, die Großfürst Constantin [1]) befehligte, so konnte Bennigsen doch nicht mehr als hundertzwanzig- bis hundertdreißigtausend Mann in die Linie stellen. Das französische Heer hatte beträchtliche Verstärkungen erhalten. Eine Masse von mehr als hundertsechszigtausend Mann fand sich unter Napoleons Händen vereinigt. Doch kam man ihm zuvor. Am 5ten Juni befahl er, daß die verschiedenen Heerabtheilungen sich fertig hielten, am 10ten eine Bewegung vorzuneh-

1) Bei der Erzählung von Kaiser Pauls Tode, dem schrecklichen Ergebniß eines dem Großfürsten Alexander vorgelegten Plans, der blos auf die Entsagung seines Vaters zum Wohle des Reichs berechnet war, führten wir im I. Theile S. 276. der teutsch. Uebers. an: „daß Großfürst Constantin erst am Abend und beinahe in der Stunde erst, wo dieses Ereigniß sich begab, in's Geheimniß gezogen ward." Nach den beglaubigtsten seitdem erhaltenen Nachrichten ist erwiesen, daß Großfürst Constantin bis zu dem Vorfalle selbst in der unbedingtesten Unwissenheit über Alles, was vorging, war, und daß in der grauenvollen Nacht er schon eingeschlafen war und nur durch die Nachricht von dem schrecklichen Hergange geweckt wurde. Durch die Sorgfalt, die wir aufbieten, einen übrigens nicht einmal wesentlich wichtigen Umstand zu berichtigen, mag man ersehen, wie viel uns daran gelegen ist, nicht allein stets nahe bei der Wahrheit, sondern mitten in der Wahrheit zu seyn.

jeden Angriff der russischen Reiterei abweisend und stets von seinem Geschütze unterstützt. Als er an der Passarge angekommen war, machte er den Uebergang über diesen Fluß in der größten Ordnung möglich. Die Russen machten unglaubliche Anstrengungen, um Deppen zu nehmen, das sechsmal mit dem Bajonette gestürmt und wieder verloren wurde. Die Franzosen blieben endlich Meister. Der Kampf an diesem Tage war sehr mörderisch gewesen. Der Feind hatte zweitausend Todte und dreitausend Verwundete. Der Verlust der Franzosen war viel geringer. Sie überließen dem Feinde nur ein Häuflein von dreihundert Mann, das durch einen weit zahlreichern Kosakenschwarm aufgehoben wurde, und außerdem wurden mehr als zweihundert Mann dieses Häufleins am 9ten Juni wiedergefunden, als Marschall Ney, nunmehr wieder vorrückend, den aufgegebenen Kampfplatz wieder besetzte. In diesen so ungleichen Kämpfen hatte der Marschall weder eine Kanone noch eine Fahne eingebüßt. Mehrere Generale waren indessen verwundet. General Roguet, von einem Kartätschenschusse getroffen und vom Pferde gerissen, war in die Hände der Russen gefallen. Dem Haupte des französischen Generalstabes, General Dutaillis, wurde die rechte Hand in dem Augenblicke weggerissen, wo er damit eine Stelle bezeichnete, um eine Stückschanze aufzuwerfen. Durch einen Befehl vom selben Tage, dem 6ten, deutete der Kaiser Napoleon, den gewandten Bewegungen des Marschalls Ney seinen vollen Beifall zollend, zwei neue Stellungen an, die er einnehmen sollte, wenn der Feind stark genug wäre, ihn ferner zurückzudrängen. Die Vorsicht war überflüssig.

Seit dem 6ten Juni war das Angriffssystem, auf das Bennigsen den Erfolg des Feldzugs gebaut hatte, vollständig vernichtet. Das russische Heer stand sich an der Passarge, doch ohne den Uebergang über diesen Fluß auf irgend einem Puncte haben erzwingen zu können, noch ohne dem Corps des Marschalls Ney was anzuhaben, das ein schöner Rückzug und ein heldenmüthiger Widerstand in Sicherheit gebracht hatten. Unsicherheit war an die Stelle der Zuversicht getreten. Bennigsen verließ sein Heer und kehrte nach Guttstadt zurück, um mit dem Kaiser Alexander zu berathschlagen; aber

platzes, den sie eben mit vielen Anstrengungen genommen, wieder aufgeben, und neue Anstrengungen waren nothwendig, ihn wieder zu erobern. In der Hitze des Kampfes hätte die Division Saint-Hilaire, welche bis zu den Schanzpfählen vorging, die den Feind deckten, sehr übel wegkommen können, hätte der Kaiser zu ihrer Unterstützung nicht seinen Adjutanten, den General Savary, mit zwei Regimentern Füsilieren der Garde abgeschickt. Als die Division Saint-Hilaire wieder mit den beiden andern Regimentern in die Linie eingerückt war, schien der Kampf, da ohnehin der Tag sich neigte, geendigt; doch Marschall Lannes, der eben eintraf, warf die Division Verdier noch gegen die feindlichen Feldschanzen in der Hoffnung, sie durch diese unerwartete Bewegung zu nehmen. Der Angriff kam theuer zu stehen. Die Feldschanzen wurden nicht genommen und der Ausgang so vieler Anstrengungen war, daß die Franzosen am Fuße der feindlichen Verschanzungen standen. Da in Folge dieser Kämpfe vom 10ten die beiden Heere nicht allein gegen einander über, sondern sogar Hand bei Hand standen, schien die Kriegsfrage sich auf diesem Kampfplatze lösen zu müssen, wo der Vortheil der Stellung fortwährend zu Gunsten der Russen war. Kaiser Napoleon war am 11ten damit beschäftigt, seine Divisionen zu vertheilen und er erwartete den 12ten früh, in der Absicht, diesesmal selbst der angreifende Theil zu seyn, den Augenblick, wo die Russen aus ihren Verschanzungen hervorgehen würden; aber an diesem Tage hatte Bennigsen entweder nicht genug Vertrauen zu sich selbst, um sich zum Kampfe zu stellen, oder nicht Vertrauen genug in seine Verschanzungen, um sich dort gegen die Heftigkeit der Franzosen sicher zu glauben. In der Nacht vom 12ten zum 13ten ließ er sein Heer auf das rechte Ufer der Alle ziehen, indem er Alles, was links am Flusse lag, seine Vorrathshäuser, seine Verwundeten und seine Befestigungen, das Werk viermonatlicher Arbeit, die er zu vertheidigen verzweifelte, dem Feinde preisgab. Die Franzosen erstaunten am 12ten beim Anblicke eines todtenstillen Lagers, einer verlassenen Stadt. Einige Reiterabtheilungen setzen auf der Stelle den Russen auf der Straße von Bartenstein nach, während die Marschälle Ney, Soult, Davoust, Lannes und

Mortier in verschiedenen Richtungen aufbrechen, ihnen den Rückzug nach Königsberg abzuschneiden. In der Absicht, dem russischen Heere den Stützpunct dieses wichtigen Platzes zu nehmen und seine Kräfte zu theilen, war das erste Armeecorps, das in Abwesenheit des Fürsten von Ponte Corvo General Victor befehligte, das preußische Corps des Generals Lestocq an der untern Passarge aufzuhalten, befehligt gewesen. Seit dem Treffen vom 10ten war dem Marschall Davoust vorgeschrieben, sich am rechten Flügel des Feindes hinzuziehen, um zum gleichen Zwecke beizutragen. Von dem Augenblicke ab, wo Heilsberg von den Russen war aufgegeben worden, nahm der Großherzog von Berg auch die Richtung nach Königsberg mit einem Theile seiner Reiterei; aber zugleich erhielt das erste Corps, das an der untern Passarge nicht mehr nöthig war, den Befehl, sich mit dem Kaiser zu vereinigen.

Am 13ten war das kaiserliche Hauptquartier in preußisch Eilau, Marschall Soult ging links weg bei dieser Stadt nach Kreuzburg mit dem Befehle, den Marschall Davoust zu unterstützen; Marschall Lannes rechts vorbei nach Domnau; die Marschälle Ney und Mortier gerade aus nach Lampasch. Als er Heilsberg verließ, war Bennigsens Plan gewesen, sich über Bartenstein nach Wehlau, Schippenbeil und Friedland zu begeben, um am untern Pregel eine feste Stellung einzunehmen, die mit der rechten sich an Königsberg lehnte. Da er aber bemerkte, daß die Franzosen ihm dort zuvorkämen, blieb er plötzlich stehen, in der Hoffnung, die verschiedenen französischen Armeecorps einzeln zu überraschen und zu schlagen. Der Gedanke war vernünftig, aber die französischen Corps waren nicht so fern eins vom andern, daß sie sich nicht gegenseitig hätten Hülfe leisten können. Wenigstens hätte man nichts verabsäumen sollen, um die ersten zu vernichten, die ihm entgegenkämen; aber das geschah nicht.

Am 13ten früh um 3 Uhr des Morgens brach das russische Heer über die Brücke von Friedland vor. Das Corps des Marschalls Lannes stand ihm Anfangs allein gegenüber. Bald freilich traf das Mortiersche ein. Ney's und Victors Corps konnten erst viel später erscheinen. Die Aufgabe der erstern beiden war, den Zusammenstoß des Feindes auszuhalten und doch zugleich so zu manövriren, daß man ihm die Straße nach Königsberg abschnitt. Diese Aufgabe wurde bewundernswürdig gelöst. Bei den ersten Kanonenschüssen, die fielen, hatte der Kaiser gesagt: „Heute ist ein glücklicher Tag; heut ist der Jahrestag von Marengo.“ Um ein Uhr nach Mittag traf er auf dem Kampfplatze ein; Ney und Victor folgten ihm ein Paar Stunden später. Um fünf Uhr des Abends waren die verschiedenen Corps auf den ihnen angewiesenen Puncten; rechts Marschall Ney; im Mittelpuncte Lannes; links Marschall Mortier; als Rückhalt General Victor und die Garde.

Der linke Flügel war unterstützt durch die Reiterei des Generals Grouchy; der Mittelpunct durch Lahoussaye's Reiterei; der rechte Flügel durch General Latour-Maubourg.

Auch das feindliche Heer war von seiner Seite entwickelt, indem es seinen linken Flügel an Friedland lehnte und seinen rechten mehr als anderthalb Stunden weit ausdehnte. Der Kaiser hatte die Stellung überschaut und beschlossen, die Stadt Friedland zu nehmen. Erst dann giebt er den entscheidenden Befehl zur Schlacht, und der Befehl, wie er ihn gefaßt hat, schreibt dem Siege fast den Weg vor. „Man soll immer nach rechts hin vorrücken und dem Marschall Ney überlassen, die Bewegung anzufangen; und von dem Augenblicke an, wo der rechte Flügel auf den Feind stürzen wird, sollen alle Kanonen längs der Linie ihr Feuer in einer den Angriff des rechten Flügels zu beschützen geeigneten Richtung verdoppeln.“ Um fünf ein halb Uhr setzt sich das Corps des Marschalls Ney auf ein durch drei Salven einer Batterie von zwanzig Kanonen gegebenes Zeichen in Bewegung; die Division Marchand rückt aus dem Holze von Sortlach vor und marschirt Gewehr im Arm auf den Kirchthurm von Friedland vor; sie wird unterstützt durch die zweite Division desselben Corps, die General Bisson befehligt. Sobald der Feind diese Bewegung bemerkt, gehen mehrere Reiterregimenter, denen eine Wolke von Cosaken voranschwärmt, vorwärts, um diese beiden Divisionen abzuschneiden; aber in demselben Augenblicke fliegen die Dragoner des Generals Latour-Maubourg ihnen entgegen, hauen ein und werfen sie über die Alle. Marschall

Degen in der Faust durchschlagen wollte; aber da sie einen Theil von Ney's und Victors Truppen schon vorfand, so wurde sie beinahe völlig vernichtet. Die andern, von dem Städtchen abgeschnitten, dessen Brücke man eben verbrannt hatte, wurden gegen den Fluß gekeilt. Durch die Corps der Marschälle Lannes und Mortier zugleich gedrängt, hatten sie keine andre Rettung, als ihr Heil in der Alle zu suchen, indem sie sich entweder auf gut Glück hineinwarfen und dem Zufalle überließen, oder Furthe aufsuchten, mit deren Hülfe eine kleine Anzahl Regimenter entkam, nicht ohne viel Menschen und viel Geschütz hinter sich zu lassen. Die Russen hatten nicht weniger als zehntausend Todte und funfzehntausend Verwundete. Die Mehrzahl der letztern blieb in den Händen der Franzosen. Das französische Heer zählte ungefähr viertausend Verwundete und funfzehnhundert Todte. Es nahm mehrere Fahnen, achtzig Kanonen, viel Pulverwagen und noch beträchtliche Vorräthe, obgleich nur die nachgeblieben waren, welche der Feind nicht Zeit gehabt hatte, in Brand zu stecken und zu vernichten. Das Ergebniß war eben so entscheidend als schnell. Die damaligen Schlachten dauerten wenige Stunden; die Feldzüge einige Tage. Zehn Tage nach Wiedereröffnung des Kampfes war das Schicksal des Krieges unwiederbringlich entschieden. Das russische Heer war außer Stand, wieder in Reih und Glied wenigstens für einige Zeit zu erscheinen und neue Schlachten zu liefern. Der Grund des Verlustes dieser letztern fällt wenigstens unter den gegenwärtigen Umständen auf General Bennigsens Rechnung, der die erste Hälfte des Tages, wo er nur Lannes und Mortier vor sich hatte, mit unentschiedenen und erfolglosen Bewegungungen hinbrachte, während er mit mehr Kraft den linken Flügel des französischen Heeres ziemlich weit hätte zurückdrängen können, um sich für jeden Fall einen freien Rückzug längs der Alle auf Wehlau zu sichern. Die Wunder des Widerstandes und einer großherzigen Verleugnung, die lieber umkommen als sich ergeben wollte, bewiesen, was solche Soldaten, durch geschicktere Führer geleitet, Alles zu leisten im Stande gewesen wären. Zum Siegen hatte Napoleon, Dank seinen geschickten Manövern, nicht einmal aller Kräfte bedurft, die er zusammengebracht hatte. Die kaiserliche Gar Divisionen vom ersten Corps [1]) hatten am Kan nen Theil gehabt.

Am Tage nach der Schlacht verfolgte die Reiterei die Russen in der Richtung von Weh über den Pregel gingen, sorgfältig die Brücken hi brennend. Von da setzten sie ihren Rückzug üb men fort.

Während der Kaiser bei Friedland siegte, nach Königsberg entsandten Corps seine Plane au mit gleichem Glücke. Der preußische General Lest russische Corps von Kamenski unter seinem Befeh sich an der Spitze von fünf und zwanzig tausen fand, hatte Anfangs die Zugänge des Platzes wollen, aber bald war er genöthigt gewesen, sich Mauern zu begeben. Ein Zug Russen von Mann gerieth mitten in das Corps Marschalls ward gefangen genommen. Das Corps dieses M ein Theil des Davoust'schen belästigten Königsber Pregel. Der Großherzog von Berg, mit gewohnt hätte lieber einen Sturmangriff gewagt. Soult legter, weigerte sich, ohne Noth eine Menge Tapfr wohl überzeugt, daß Friedland Königsbergs Sch den müßte. Seine Vorsicht wurde bald gerech 15ten Juni war, auf die Nachricht von den Er 14ten, Kamenski aufgebrochen, um sich mit Ben einigen und Lestocq setzte sich in Bewegung, i Die Franzosen zogen am 16ten in Königsberg e mit Ordnung und ohne Gewaltthätigkeiten ein; ten dort ein Bataillon, das sich verspätet hatte, Krankenhäusern zehn- bis zwölftausend Mann, Russen, ungeheure Vorräthe an Lebensmitteln darf, besonders hundertsechszigtausend Flinten, ausgeschifft waren. Mehr als zweihundert me und schwedische Schiffe wurden im Hafen festg

1) Die Corps der Marschälle Ney, Lannes und jedes nur zwei Divisionen. Das erste Corps allein ha

Der Großherzog von Berg, auf die Verfolgung des preußischen Corps einzig bedacht, neckte und schlug seine Nachhut. Davoust, der bei Tapiau über den Pregel gegangen war, machte zweitausend fünfhundert Gefangene. Die bei Friedland siegreichen Armee-Corps hatten auch nach dem Siege nicht ausgeruht. Sie waren am 15ten nach Wehlau marschirt, indem das Corps des Marschalls Victor die Spitze der Heersäule bildete; am 16ten waren sie über den Pregel auf den bei Wehlau und Lauditten geschlagenen Brücken gegangen. Das Hauptquartier des Kaisers war in Schirrau (am 17ten), indem es vor und hinter diesem Dorfe die Corps von Lannes, Mortier, Davoust und die kaiserliche Garde hatte. Am 18ten sah man die Russen zum letzten Male diesseit des Niemen, über den sie nach einigen Kanonenschüssen zogen, welche General Victor gegen sie abfeuerte. An den Ufern dieses Flusses endete der Krieg.

Der König von Preußen hatte kein Reich mehr. Memel mit seinem Weichbilde, die Feste Silberberg in Schlesien, die Festung Graudenz an der Weichsel, Colberg an der Ostsee, dies war Alles, was ihm von diesem langgestreckten und unregelmäßigen Striche unzusammenhängender Provinzen nachblieb, welche die preußische Monarchie ausgemacht hatten. Das französische Heer stand an der Gränze von Rußland. Für Teutschland war Alexander in den Kampf gezogen und er hatte kein Heer mehr, als der Krieg sein Reich berührte. Die Täuschung ist verschwunden. Die beiden Monarchen haben die Nothwendigkeit erkannt, nun des Siegers Großmuth auf die Probe zu stellen. Am selben Tage, den 18ten, macht ein Brief des Fürsten Bagration, begleitet von dem, welchen er selbst vom General Bennigsen erhalten hat, dem Major-General des französischen Heeres bekannt, daß die beiden Monarchen wünschten, dem Blutvergießen ein Ziel zu setzen. Nie, zu keiner Zeit, hatte Kaiser Napoleon über seine Feinde eine so unbedingte Ueberlegenheit erlangt; nie hatte er, dermaßen erschöpften Gegnern gegenüber, ein so schönes, ein so zahlreiches, so ruhmbegieriges, so fähiges Heer gehabt, Eroberungen zu unternehmen, welche den überschwenglichsten Ehrgeiz hätten in Versuchung führen können. Er nahm die Anträge ei-

Ende machte."

„Franzosen, Ihr seyd Eurer und meiner würdig gewesen. Ihr werdet nach Frankreich mit allen Euern Lorbeern heimkehren, nachdem Ihr einen Frieden erlangt habt, der in sich das Pfand seiner Dauer trägt. Es ist Zeit, daß unser Vaterland in Ruhe lebe, sicher vor Englands boshaftem Einflusse. Meine Wohlthaten werden Euch meine Dankbarkeit beweisen und den ganzen Umfang der Liebe, die ich für Euch hege."

In diesem Aufrufe, obgleich er nur aus Gedanken und Thatsachen besteht, müßte ein einziges Wort gestrichen werden: „Ihr seyd Eurer würdig gewesen und meiner". Aber wem auf Erden möchte jemals Stolz erlaubt seyn, wenn er es dem Kaiser Napoleon in Tilsit nicht ist?

Zwei und siebenzigstes Capitel.

Frieden's - und Bündnißabschlüsse.

Unmittelbare Verhandlung zwischen den beiden Kaisern. — Gründe der beiden Kaiser, eine Besprechung zu wünschen. — Zusammenkunft auf dem Niemen. — Freundliche Näherung beider Heere. — Vertrautheit zwischen beiden Kaisern. — Ungünstige Stellung des Königs von Preußen. — Die Königin von Preußen in Tilsit. — Getrennte Friedensabschlüsse mit Rußland und Preußen. — Wesentliches des Friedenvertrages mit Rußland. — Wesentliches des Friedensvertrages mit Preußen. — Bündniß zwischen Rußland und Frankreich. — Abmachungen bei diesem Bündniß in Beziehung auf England. — Andere geheime Abmachungen in Tilsit. — Zusammenstellung der im Jahre 1807 von Rußland unterzeichneten Bedingungen mit den im Jahre 1806 nicht genehmigten.

Es war Napoleon's Verhängniß, den Friedensverhandlungen wie der Kriegführung neue Weisen und neue Formen zu geben. Austerlitz hatte den Kaiser von Oestreich zu seinem Feldlager geführt. Friedland brachte ihn mit Kaiser Alexander in

nen sollten, mußte ihn, am Ausgange eines Krieges, mit einem Glanze bestrahlen, den ihm seine Generale nicht gegeben hatten. Jung, ehrgeizig, geblendet von dem Ruhme seines Siegers, doch in sich mehr noch fühlend als die Begünstigung einer ererbten Größe, und stolz darauf, mit einem großen Manne in vertraute Beziehungen zu kommen, endlich hinreichend sicher seiner eignen Kräfte, um kein Messen mit ihm unter politischen Gesichtspuncten zu besorgen, sah er voraus, daß es zwischen ihnen zu einer Theilung kommen würde, und bei seiner Stellung war eine Theilung eine wahre Eroberung.

Mitten im Riemen war durch die Sorge des französischen Generals La Riboissière ein breites Floß festgemacht worden, auf dem sich ein Zelt erhob, bestimmt zur Aufnahme der beiden Kaiser, und zur Seite ein andres Floß, auch mit einem Zelte, für ihr Gefolge. Auf jeder Seite des Flusses sind die Kähne in Bereitschaft. Am 25sten Juni steigen beide Monarchen in's Boot; Napoleon gefolgt vom Großherzog von Berg, vom Fürsten von Neufchatel, vom Marschall Bessieres, vom General Düroc und vom Großstallmeister Caulincourt; Alexander begleitet vom Großfürsten Constantin, vom General Bennigsen, vom General Uwarof, vom Fürsten Labanow und vom Grafen Lieven. Die beiden Kähne verlassen das Land in demselben Augenblicke; doch Napoleons Barke, von Seesoldaten seiner Garde gerudert, fliegt mit größerer Schnelligkeit. Er springt auf's Floß und tritt Alexander entgegen. Beide umarmen sich im Angesichte ihrer Heere, welche die Ufer des Riemen umgeben und deren Zurufungen wetteifernd dieses Vorzeichen des Friedens begrüßen. Alexander, Napoleon anredend, hat mit einem einzigen Worte seine lebhafteste Leidenschaft und sein mächtigstes Interesse für sich eingenommen: „Ich hasse die Engländer", sagte er zu ihm, „eben so sehr, wie Sie sie hassen; ich werde in Allem, was Sie gegen sie unternehmen werden, überall mit Ihnen gemeine Sache machen." — „In diesem Falle", antwortete Napoleon, „kann Alles sich machen und der Friede ist geschlossen." Diese Lösung war vorausgesehen. Alles von Napoleons Seite geht darauf aus, diese gleiche Stimmung Rußlands gegen die englische Regierung zur Thätigkeit zu bringen. Bei die-

Mannichfaltigkeit. Selbst an der Seite seiner Leibwache bewunderte Napoleon die russische. Einem im Ganzen wohlunterrichteten Kriegsschriftsteller [1]) zufolge, hätte Napoleon beim Anblicke einer Abgemessenheit und einer schnurgeraden Haltung, die Andere an die Steifheit von Drathpuppen hätte erinnern können, sein Bedauern nicht zurückgehalten, daß die Franzosen mit ihrem zündenden Enthusiasmus nicht einige der Eigenschaften des russischen Soldaten verbänden. „Die französischen Soldaten", sagte er, „lieben ihr Vaterland zu sehr, um Macedoniern nachzuahmen [2])." Napoleon, der dieses Jahr es sich versagte, nach Rußland einzudringen, war weiser als der macedonische Eroberer, da er sich nach Indien hineinwagte. Zu seinem Unglücke wird der Beherrscher Frankreichs nicht immer dieselbe Mäßigung haben.

Obgleich Kaiser Alexanders Geist nicht von dem Umfange wie Napoleons war, so war er doch auch bei weitem kein gewöhnlicher König. Liebenswürdige und glänzende Eigenschaften waren bei ihm durch eine wohlgeleitete Erziehung entwickelt. Beide gewannen, wenn auch keine wahre Freundschaft, doch eine Art von Zuneigung zu einander; eine ziemlich seltene Sache bei so hohen Glücksumständen und einer solchen Verschiedenheit der Stellung. Napoleon fand etwas Anziehendes darin, das erbliche Haupt eines wetteifernden Kaiserstaates als Bruder zu behandeln; Alexander, von seiner Seite, empfand einigen Stolz, sich in seinen Privatgesprächen auf gleicher Stufe mit einem Manne zu sehen, dessen Ruhm seine Augen geblendet hatte. Einer und der Andere in diesen Wettkämpfen des Wohlwollens und zuweilen der Heiterkeit, verabsäumte weder die Sorgen der Staatsklugheit noch die Interessen seines Reiches. In ihren geheimen Besprechungen

1) Herrn Jomini.

2) Die Sache ist sehr wahrscheinlich. Die Erinnerungen an Philipps Sohn mochten sich Napoleons Geist jederzeit aufdrängen, doch in Finkenstein hatte er sich ganz besonders mit Alexander beschäftigt. Er hatte selbst durch einen Brief vom 2ten Mai beim Minister des Innern angefragt, ob es nicht auf der kaiserlichen Bibliothek irgend eine Geschichte Alexanders in persischer Sprache gebe, die von den bekannten Erzählungen abweiche.

ren Charakteren bestand zu wenig Gleichheit. Kaum in glücklicheren Zeiten hätten sie zu einander passen mögen. Die Unfälle des Königs und die Befangenheit, das geheime Mißbehagen, die vom Unglücke unzertrennlich sind, waren keineswegs geeignet, die Mißklänge zu heben, die jedes Band zwischen ihnen auflöseten. Die Denkwürdigkeiten von St. Helena erzählen, daß der König mehr als einmal auf die Verletzung der Neutralität von Anspach zurückgekommen wäre, als auf das Ereigniß, welches alle Mißverständnisse zwischen Preußen und Frankreich erzeugt hätte. Wer den Berliner Hof näher gekannt hat, dem ist der Umstand glaubhaft. Aus dieser Zeit stammten wirklich die Hauptverirrungen dieses Hofes. Der König suchte wahrscheinlich in dieser Anführung nur eine Entschuldigung der seitdem ergriffenen Partei, und doch verletzte diese Entschuldigung wahrscheinlich Napoleon; besonders wegen des Ungeschicks, gerade diesen Umstand zu erwähnen, da er sein Benehmen durch andere triftigere und besser gewählte Gründe hätte unterstützen können. Ein Lieblingsspiel des französischen Kaisers war, die Auseinandersetzung seiner Unzufriedenheit mit Preußen bis auf's äußerste zu treiben, so daß er das Böse, was er ihm nicht thun wollte, als eine Wohlthat geltend machte, und daß er das, was er ihm doch thun mußte, als durch ein Uebermaaß der Billigkeit ermäßigt darstellte, welche blos der Vermittelung des Kaisers Alexander zuzuschreiben sey. Dieser fühlte sich hingerissen durch den Reiz einer originellen und stachelvollen Unterhaltung, wo die Politik unter dem Schein einer vertraulichen Mittheilung in großen Massen behandelt wurde, und wie ohne sein Mitwissen sonderbar erkaltet bei dem Unglücke eines Königs [1]), der jetzt ihm nichts mehr als ein Freund, von minderer Bedeutung als Monarch und als Mensch, zu seyn schien.

Auch die Königin erschien in Tilsit [2]). Sie kam zu spät hin. Die Anstrengung, die dieser Schritt kostete, mußte für diese Fürstin, aus mehr als einem Grunde, groß seyn. Ihr Gewissen konnte ihr nicht verheimlichen, daß dieser unpolitische und unzeitige Krieg, wodurch das künstliche Gebäude der preußischen Größe zusammengebrochen war, zum großen Theile ihr Werk war. Außerdem war es ihr peinlich, als Bittende vor dem Manne zu erscheinen, der sie so bis auf's Blut beleidigt hatte; obgleich auf der andern Seite ein wahres Gefühl ihr bemerklich machte, daß eben das Unrecht, welches sich Napoleon gegen sie erlaubt hatte, ihr einen Vortheil einräumte. Ihr Vertrauen in Bezug auf den letztern Umstand ward aber nicht gerechtfertigt. Dem Siege im Schoße vergiebt man sich nur zu leicht die Unarten, zu denen man sich vor dem Kampfe gegen die jetzt Besiegten hat verleiten lassen. Man darf annehmen, daß Napoleon einige Reue über sein früheres Benehmen empfand, aber er glaubte sich nicht verpflichtet, durch Zugestehungen von Länderstrecken die ungezogene Sprache seiner Armeeberichte wieder gut machen zu müssen. Er war nicht der Mann, der die Reue so weit getrieben hätte, Magdeburg herzugeben, um eine angebotene Rose annehmlich zu machen [3]). Die gewandteste Schmeichelei, die zartesten Bitten scheiterten an einem Kopfe, der nur allgemeinen Berechnungen und tastbaren Gütern offen war. „Der Ruhm des großen Friedrich", sagte die Königin, „die Erinnerung an ihn, seine Erbschaft hatten allzusehr das Herz

1) Der König schrieb am 16ten Juli an den König von Schweden: „Gleich nach dem Waffenstillstande schloß mein Verbündeter für sich allein Frieden."

2) Am 6ten Juli.

3) Die Anekdote ist bekannt. Napoleon bot der Königin eine Rose; doch, ehe sie sie nahm, sagte diese: „Wenigstens mit Magdeburg." Die Antwort war schwierig für Jemand, der nicht gedacht, ein solches Geschenk zu machen. Napoleons Antwort war linkisch, sogar plump, weil er der Königin fühlen ließ, daß er anbot, sie nur anzunehmen hätte.

der Preußen gebläht und hatten uns einen Held
lassen, dessen glückliche Freundschaft wir hätten
len...." Der Held, wenig gerührt von diesen sü
war nur darauf bedacht, sich jede Formel der
versagen, worin man eine Art von Verbindlichkei
können, und doch gelang ihm das nicht. Ein Rest
eine Nachwehe seiner vormaligen Ungerechtigkeit, li
Anklang tragischer [1]) Feierlichkeit in den Manierer
Gefallsucht der Königin wahrnehmen. Die Ben
nicht ohne Grund seyn, wenn auch daraus nicht
Tadel hervorgeht. Auch der aufrichtigste Sch
ganz frei von einer gewissen Uebertreibung un
land besonders hat man zuweilen ohne Splitte
merken können, daß die geistreichsten und anziehe
etwas mehr Natur im Ausdrucke ihrer wahrsten
gen vermissen lassen. Wirklich waren Kaiser N
die Königin von Preußen in Tilsit zwei Perso
beobachtet wußten [2]): die Eine suchte durch die rec
führungsmittel ihres Witzes, ihrer Schönheit u
muth die Großmuth eines triumphirenden Feinde
eines unglücklichen Staates anzuregen; der Andere,
Hut, war blos darauf bedacht, sich vor jedes
henlassen in Acht zu nehmen, fest entschlossen,
seine gründlichen Vortheile nicht einem eiteln R
lichkeit und Galanterie aufzuopfern. Die Köni
ihrer Tugenden willen, um der Aufrichtigkeit ih
willen über alle die Uebel, zu denen ihre Unbes
getragen hatte, wohl verdient, einen minder uner
ger zu finden.

1) Napoleon sagte, daß die Königin ihn empfin
Duchenois in Chimene, **Gerechtigkeit** mit Geschrei
über ihren Stuhl gelehnt; mit einem Worte, ganz n
Es war ein völliges Trauerspiel.

2) „Die Königin bot ihren ganzen Witz auf, sie
ihre Anmuth, und sie war sehr angenehm; alle ihre Rei
reizend. Ich mußte sehr auf mich Acht geben, daß ich m
sprechen einließ' und kein Wort sagte, das Zweifel zu
würdigkeiten von Las Cases.

Der Großherzog von Berg, auf die Verfolgung des preußischen Corps einzig bedacht, neckte und schlug seine Nachhut. Davoust, der bei Tapiau über den Pregel gegangen war, machte zweitausend fünfhundert Gefangene. Die bei Friedland siegreichen Armee-Corps hatten auch nach dem Siege nicht ausgeruht. Sie waren am 15ten nach Wehlau marschirt, indem das Corps des Marschalls Victor die Spitze der Heersäule bildete; am 16ten waren sie über den Pregel auf den bei Wehlau und Lauditten geschlagenen Brücken gegangen. Das Hauptquartier des Kaisers war in Schirrau (am 17ten), indem es vor und hinter diesem Dorfe die Corps von Lannes, Mortier, Davoust und die kaiserliche Garde hatte. Am 18ten sah man die Russen zum letzten Male diesseit des Niemen, über den sie nach einigen Kanonenschüssen zogen, welche General Victor gegen sie abfeuerte. An den Ufern dieses Flusses endete der Krieg.

Der König von Preußen hatte kein Reich mehr. Memel mit seinem Weichbilde, die Feste Silberberg in Schlesien, die Festung Graudenz an der Weichsel, Colberg an der Ostsee, dies war Alles, was ihm von diesem langgestreckten und unregelmäßigen Striche unzusammenhängender Provinzen nachblieb, welche die preußische Monarchie ausgemacht hatten. Das französische Heer stand an der Gränze von Rußland. Für Teutschland war Alexander in den Kampf gezogen und er hatte kein Heer mehr, als der Krieg sein Reich berührte. Die Täuschung ist verschwunden. Die beiden Monarchen haben die Nothwendigkeit erkannt, nun des Siegers Großmuth auf die Probe zu stellen. Am selben Tage, den 18ten, macht ein Brief des Fürsten Bagration, begleitet von dem, welchen er selbst vom General Bennigsen erhalten hat, dem Major-General des französischen Heeres bekannt, daß die beiden Monarchen wünschten, dem Blutvergießen ein Ziel zu setzen. Nie, zu keiner Zeit, hatte Kaiser Napoleon über seine Feinde eine so unbedingte Ueberlegenheit erlangt; nie hatte er, dermaßen erschöpften Gegnern gegenüber, ein so schönes, ein so zahlreiches, so ruhmbegieriges, so fähiges Heer gehabt, Eroberungen zu unternehmen, welche den überschwenglichsten Ehrgeiz hätten in Versuchung führen können. Er nahm die Anträge eines Waffenstillstandes an und eine Waffenruhe wa 21sten Juni mit Rußland, am 25sten mit Preußen zeichnet. Der Thalweg des Riemen bildete die Sch zwischen beiden Heeren.

Die Unterzeichnung der beiden Waffenstillstände, einzeln, ist hier nichts weniger als gleichgültig. „Man den Grund nicht", sagt Herr Schoell, „warum die A deten ihre Interessen in einem so wichtigen Augenblicke ten." Diese Trennung stand keineswegs mehr in der der Verbündeten. Im Voraus verkündigt sie die Ungl der Gunst, die bei der Verhandlung Preußens und Ru wartet. Napoleon hat die Sache Beider getrennt und Alexander hat gegen diese Trennung keine Einwendi erheben für gut gefunden, da sie leicht hätte ohne Erfo können.

Am 22sten Juni hatte der Kaiser der Franzose seinem Hauptquartiere zu Tilsit an sein Heer folgend ruf erlassen:

„Soldaten!

„Am 5ten Juni sind wir in unsern Einlagerungen d russische Heer angegriffen worden; der Feind hatte s täuscht über die Gründe unsrer Unthätigkeit. Zu spät erfahren, daß unsere Ruhe die Ruhe des Löwen wa bereuet er, es vergessen zu haben."

„In den Treffen von Guttstadt, Heilsberg, an de denkwürdigen Tage von Friedland, kurz in den zehn des Feldzugs haben wir hundert zwanzig Kanonen, sieb nen erobert; getödtet, verwundet oder zu Gefangenen sechszigtausend Russen, dem feindlichen Heere alle sei räthe abgenommen, seine Krankenhäuser, seine Eil-L die Stadt Königsberg, dreihundert Schiffe, die in dies sen mit allen Arten von Kriegsbedarf beladen sich hundert sechszigtausend Flinten, die England schickte, Feinde zu bewaffnen."

„Von den Ufern der Weichsel sind wir mit de heit des Adlers zu den Ufern des Niemen gekomm Austerlitz feiertet Ihr den Jahrestag der Krönung; die habt Ihr auf eine würdige Weise den Jahrestag der

Ende machte."

„Franzosen, Ihr seyd Eurer und meiner würdig gewesen. Ihr werdet nach Frankreich mit allen Euern Lorbeern heimkehren, nachdem Ihr einen Frieden erlangt habt, der in sich das Pfand seiner Dauer trägt. Es ist Zeit, daß unser Vaterland in Ruhe lebe, sicher vor Englands boshaftem Einflusse. Meine Wohlthaten werden Euch meine Dankbarkeit beweisen und den ganzen Umfang der Liebe, die ich für Euch hege."

In diesem Aufrufe, obgleich er nur aus Gedanken und Thatsachen besteht, müßte ein einziges Wort gestrichen werden: „Ihr seyd Eurer würdig gewesen und meiner". Aber wem auf Erden möchte jemals Stolz erlaubt seyn, wenn er es dem Kaiser Napoleon in Tilsit nicht ist?

Zwei und siebenzigstes Capitel.

Frieden's- und Bündnißabschlüsse.

Unmittelbare Verhandlung zwischen den beiden Kaisern. — Gründe der beiden Kaiser, eine Besprechung zu wünschen. — Zusammenkunft auf dem Niemen. — Freundliche Näherung beider Heere. — Vertrautheit zwischen beiden Kaisern. — Ungünstige Stellung des Königs von Preußen. — Die Königin von Preußen in Tilsit. — Getrennte Friedensabschlüsse mit Rußland und Preußen. — Wesentliches des Friedenvertrages mit Rußland. — Wesentliches des Friedensvertrages mit Preußen. — Bündniß zwischen Rußland und Frankreich. — Abmachungen bei diesem Bündniß in Beziehung auf England. — Andere geheime Abmachungen in Tilsit. — Zusammenstellung der im Jahre 1807 von Rußland unterzeichneten Bedingungen mit den im Jahre 1806 nicht genehmigten.

Es war Napoleon's Verhängniß, den Friedensverhandlungen wie der Kriegführung neue Weisen und neue Formen zu geben. Austerlitz hatte den Kaiser von Oestreich zu seinem Feldlager geführt. Friedland brachte ihn mit Kaiser Alexander in

Berührung. Ein gekrönter Soldat, hat er das Herk der Monarchen vernichtet; er hat die Könige aus ihre sten vertrieben, damit sie ihm auf den Schlachtfeldern genkämen. Nachdem er sie zum Kampfe aufgerufe lehrt er sie selbst unterhandeln. Nicht mehr sind es, siebzehnten Jahrhunderte, zwei erste Minister allein, besprechen, um die Streitigkeiten zwischen Frankrei Spanien zu schlichten; es sind die Häupter der beid gedehntesten Reiche in Europa, die an Rußlands Grän sammenkommen, um die Interessen der Festlandmächte zu und die Interessen der der See Anwohnenden zu verh Weniger Förmlichkeiten gingen ihrer Zusammenkunft als man damals nothwendig fand, um auf der Fasa Don Ludwig de Haro und den Cardinal Mazarin [1]) menzubringen.

Durch wen wurde der Antrag zu einer Zusamm gemacht? Willigte Napoleon mit mehr oder weniger legentlichkeit ein? Von der einen Seite begab sich F banow zum Kaiser der Franzosen; von der andern bra General Düroc in das russische Hauptquartier die Bes des Waffenstillstandes, kam wieder zu Napoleon un darauf zu Alexander zurück. Von welcher Seite gi der Antrag aus? Wir wissen's nicht und es kommt a nig darauf an. Beide mußten die Zusammenkunft w Als Monarch, als Beauftragter der Gesammtinteres Frankreich durfte Napoleon, ohne eben übermäßig seyn, an das Uebergewicht seines Genius über Alexand nins glauben. Als Mensch und Begründer einer 2 konnte es ihm wohl zukommen, durch ein großes Bei Thatsache hinzustellen, daß es keinen Souverain in d gäbe, der behaupten dürfte, mehr als seines Gleichen Alexander, der zweimal von ihm besiegt ward, mußt Platz an Napoleons Seite noch immer ehrenvoll find Zusammentreffen, wo sie die Schicksale so vieler Staa

1) Um der Zusammenkunft dieser beiden Minister willen, 1659, brachte man mehr als einen Monat hin, die schwierige F den Vorsitz zu beseitigen und die Förmlichkeiten in Ordnung z

nen sollten, mußte ihn, am Ausgange eines Krieges, mit einem Glanze bestrahlen, den ihm seine Generale nicht gegeben hatten. Jung, ehrgeizig, geblendet von dem Ruhme seines Siegers, doch in sich mehr noch fühlend als die Begünstigung einer ererbten Größe, und stolz darauf, mit einem großen Manne in vertraute Beziehungen zu kommen, endlich hinreichend sicher seiner eignen Kräfte, um kein Messen mit ihm unter politischen Gesichtspuncten zu besorgen, sah er voraus, daß es zwischen ihnen zu einer Theilung kommen würde, und bei seiner Stellung war eine Theilung eine wahre Eroberung.

Mitten im Niemen war durch die Sorge des französischen Generals La Riboissière ein breites Floß festgemacht worden, auf dem sich ein Zelt erhob, bestimmt zur Aufnahme der beiden Kaiser, und zur Seite ein andres Floß, auch mit einem Zelte, für ihr Gefolge. Auf jeder Seite des Flusses sind die Kähne in Bereitschaft. Am 25sten Juni steigen beide Monarchen in's Boot; Napoleon gefolgt vom Großherzog von Berg, vom Fürsten von Neufchatel, vom Marschall Bessieres, vom General Dúroc und vom Großstallmeister Caulincourt; Alexander begleitet vom Großfürsten Constantin, vom General Bennigsen, vom General Uwarof, vom Fürsten Labanow und vom Grafen Lieven. Die beiden Kähne verlassen das Land in demselben Augenblicke; doch Napoleons Barke, von Seesoldaten seiner Garde gerudert, fliegt mit größerer Schnelligkeit. Er springt auf's Floß und tritt Alexander entgegen. Beide umarmen sich im Angesichte ihrer Heere, welche die Ufer des Niemen umgeben und deren Zurufungen wetteifernd dieses Vorzeichen des Friedens begrüßen. Alexander, Napoleon anredend, hat mit einem einzigen Worte seine lebhafteste Leidenschaft und sein mächtigstes Interesse für sich eingenommen: „Ich hasse die Engländer", sagte er zu ihm, „eben so sehr, wie Sie sie hassen; ich werde in Allem, was Sie gegen sie unternehmen werden, überall mit Ihnen gemeine Sache machen." — „In diesem Falle", antwortete Napoleon, „kann Alles sich machen und der Friede ist geschlossen." Diese Lösung war vorausgesehen. Alles von Napoleons Seite geht darauf aus, diese gleiche Stimmung Rußlands gegen die englische Regierung zur Thätigkeit zu bringen. Bei die-

Mannichfaltigkeit. Selbst an der Seite seiner Leibwache bewunderte Napoleon die russische. Einem im Ganzen wohlunterrichteten Kriegsschriftsteller [1]) zufolge, hätte Napoleon beim Anblicke einer Abgemessenheit und einer schnurgeraden Haltung, die Andere an die Steifheit von Drathpuppen hätte erinnern können, sein Bedauern nicht zurückgehalten, daß die Franzosen mit ihrem zündenden Enthusiasmus nicht einige der Eigenschaften des russischen Soldaten verbänden. „Die französischen Soldaten", sagte er, „lieben ihr Vaterland zu sehr, um Macedoniern nachzuahmen [2])." Napoleon, der dieses Jahr es sich versagte, nach Rußland einzudringen, war weiser als der macedonische Eroberer, da er sich nach Indien hineinwagte. Zu seinem Unglücke wird der Beherrscher Frankreichs nicht immer dieselbe Mäßigung haben.

Obgleich Kaiser Alexanders Geist nicht von dem Umfange wie Napoleons war, so war er doch auch bei weitem kein gewöhnlicher König. Liebenswürdige und glänzende Eigenschaften waren bei ihm durch eine wohlgeleitete Erziehung entwickelt. Beide gewannen, wenn auch keine wahre Freundschaft, doch eine Art von Zuneigung zu einander; eine ziemlich seltene Sache bei so hohen Glücksumständen und einer solchen Verschiedenheit der Stellung. Napoleon fand etwas Anziehendes darin, das erbliche Haupt eines wetteifernden Kaiserstaates als Bruder zu behandeln; Alexander, von seiner Seite, empfand einigen Stolz, sich in seinen Privatgesprächen auf gleicher Stufe mit einem Manne zu sehen, dessen Ruhm seine Augen geblendet hatte. Einer und der Andere in diesen Wettkämpfen des Wohlwollens und zuweilen der Heiterkeit, verabsäumte weder die Sorgen der Staatsklugheit noch die Interessen seines Reiches. In ihren geheimen Besprechungen

1) Herrn Jomini.

2) Die Sache ist sehr wahrscheinlich. Die Erinnerungen an Philipps Sohn mochten sich Napoleons Geist jederzeit aufdrängen, doch in Finkenstein hatte er sich ganz besonders mit Alexander beschäftigt. Er hatte selbst durch einen Brief vom 2ten Mai beim Minister des Innern angefragt, ob es nicht auf der kaiserlichen Bibliothek irgend eine Geschichte Alexanders in persischer Sprache gebe, die von den bekannten Erzählungen abweiche.

stellten sie die Hauptgrundlagen der Verhandlung fest, die ihre Bevollmächtigten dann weiter ausführten.

Die Täuschung traf hier nur den König von Preußen, der bei Alexandern alles das verlor, was Napoleon gewann. Der König von Preußen war erst am 28sten Juni angekommen, das ihm in Tilsit bereitete Haus zu beziehen. Aber die Gegenwart dieses in so vielen Beziehungen achtungswerthen Fürsten trug weder dazu bei, Napoleons Forderungen zu vermindern, noch seine üble Laune zu entwaffnen. Zwischen ihren Charakteren bestand zu wenig Gleichheit. Kaum in glücklicheren Zeiten hätten sie zu einander passen mögen. Die Unfälle des Königs und die Befangenheit, das geheime Mißbehagen, die vom Unglücke unzertrennlich sind, waren keineswegs geeignet, die Mißklänge zu heben, die jedes Band zwischen ihnen auflöseten. Die Denkwürdigkeiten von St. Helena erzählen, daß der König mehr als einmal auf die Verletzung der Neutralität von Anspach zurückgekommen wäre, als auf das Ereigniß, welches alle Mißverständnisse zwischen Preußen und Frankreich erzeugt hätte. Wer den Berliner Hof näher gekannt hat, dem ist der Umstand glaubhaft. Aus dieser Zeit stammten wirklich die Hauptverirrungen dieses Hofes. Der König suchte wahrscheinlich in dieser Anführung nur eine Entschuldigung der seitdem ergriffenen Partei, und doch verletzte diese Entschuldigung wahrscheinlich Napoleon; besonders wegen des Ungeschicks, gerade diesen Umstand zu erwähnen, da er sein Benehmen durch andere triftigere und besser gewählte Gründe hätte unterstützen können. Ein Lieblingsspiel des französischen Kaisers war, die Auseinandersetzung seiner Unzufriedenheit mit Preußen bis auf's äußerste zu treiben, so daß er das Böse, was er ihm nicht thun wollte, als eine Wohlthat geltend machte, und daß er das, was er ihm doch thun müßte, als durch ein Uebermaaß der Billigkeit ermäßigt darstellte, welche blos der Vermittelung des Kaisers Alexander zuzuschreiben sey. Dieser fühlte sich hingerissen durch den Reiz einer originellen und stachelvollen Unterhaltung, wo die Politik unter dem Schein einer vertraulichen Mittheilung in großen Massen behandelt wurde, und wie ohne sein Mitwissen sonderbar erkaltet bei dem Unglücke eines Königs [1]), der jetzt ihm nichts mehr als ein Freund, von minderer Bedeutung als Monarch und als Mensch, zu seyn schien.

Auch die Königin erschien in Tilsit [2]). Sie kam zu spät hin. Die Anstrengung, die dieser Schritt kostete, mußte für diese Fürstin, aus mehr als einem Grunde, groß seyn. Ihr Gewissen konnte ihr nicht verheimlichen, daß dieser unpolitische und unzeitige Krieg, wodurch das künstliche Gebäude der preußischen Größe zusammengebrochen war, zum großen Theile ihr Werk war. Außerdem war es ihr peinlich, als Bittende vor dem Manne zu erscheinen, der sie so bis auf's Blut beleidigt hatte; obgleich auf der andern Seite ein wahres Gefühl ihr bemerklich machte, daß eben das Unrecht, welches sich Napoleon gegen sie erlaubt hatte, ihr einen Vortheil einräumte. Ihr Vertrauen in Bezug auf den letztern Umstand ward aber nicht gerechtfertigt. Dem Siege im Schoße vergiebt man sich nur zu leicht die Unarten, zu denen man sich vor dem Kampfe gegen die jetzt Besiegten hat verleiten lassen. Man darf annehmen, daß Napoleon einige Reue über sein früheres Benehmen empfand, aber er glaubte sich nicht verpflichtet, durch Zugestehungen von Länderstrecken die ungezogene Sprache seiner Armeeberichte wieder gut machen zu müssen. Er war nicht der Mann, der die Reue so weit getrieben hätte, Magdeburg herzugeben, um eine angebotene Rose annehmlich zu machen [3]). Die gewandteste Schmeichelei, die zartesten Bitten scheiterten an einem Kopfe, der nur allgemeinen Berechnungen und tastbaren Gütern offen war. „Der Ruhm des großen Friedrich", sagte die Königin, „die Erinnerung an ihn, seine Erbschaft hatten allzusehr das Herz

1) Der König schrieb am 16ten Juli an den König von Schweden: „Gleich nach dem Waffenstillstande schloß mein Verbündeter für sich allein Frieden."

2) Am 6ten Juli.

3) Die Anekdote ist bekannt. Napoleon bot der Königin eine Rose; doch, ehe sie sie nahm, sagte diese: „Wenigstens mit Magdeburg." Die Antwort war schwierig für Jemand, der nicht gedachte, ein solches Geschenk zu machen. Napoleons Antwort war linkisch, sogar plump, weil er der Königin fühlen ließ, daß er anbot, sie nur anzunehmen hätte.

der Preußen gebläht und hatten uns einen Held lassen, dessen glückliche Freundschaft wir hätten len...“ Der Held, wenig gerührt von diesen sü war nur darauf bedacht, sich jede Formel der versagen, worin man eine Art von Verbindlichkei können, und doch gelang ihm das nicht. Ein Rest eine Nachwehe seiner vormaligen Ungerechtigkeit, li Anklang tragischer [1]) Feierlichkeit in den Manierer Gefallsucht der Königin wahrnehmen. Die Bem nicht ohne Grund seyn, wenn auch daraus nicht Tadel hervorgeht. Auch der aufrichtigste Sch ganz frei von einer gewissen Uebertreibung und land besonders hat man zuweilen ohne Splitte merken können, daß die geistreichsten und anziehen etwas mehr Natur im Ausdrucke ihrer wahrsten gen vermissen lassen. Wirklich waren Kaiser N die Königin von Preußen in Tilsit zwei Person beobachtet wußten [2]): die Eine suchte durch die rech führungsmittel ihres Witzes, ihrer Schönheit u muth die Großmuth eines triumphirenden Feinde eines unglücklichen Staates anzuregen; der Andere, Hut, war blos darauf bedacht, sich vor jedes henlassen in Acht zu nehmen, fest entschlossen, seine gründlichen Vortheile nicht einem eiteln R lichkeit und Galanterie aufzuopfern. Die Königi ihrer Tugenden willen, um der Aufrichtigkeit ihr willen über alle die Uebel, zu denen ihre Unbesc getragen hatte, wohl verdient, einen minder unerl ger zu finden.

1) Napoleon sagte, daß die Königin ihn empfin Duchenois in Chimene, Gerechtigkeit mit Geschrei über ihren Stuhl gelehnt; mit einem Worte, ganz n Es war ein völliges Trauerspiel.

2) „Die Königin bot ihren ganzen Witz auf, sie ihre Anmuth, und sie war sehr angenehm; alle ihre Rei reizend. Ich mußte sehr auf mich Acht geben, daß ich m sprechen einließ' und kein Wort sagte, das Zweifel zu würdigkeiten von Las Cases.

Vielleicht wäre die Gegenwart der Königin, wenn sie gleich im Anfange der Zusammenkunft in Tilsit erschienen wäre, von günstigen Folgen für den preußischen Staat gewesen, weil damals Napoleon hätte glauben mögen, daß er um diesen Preis Alexanders Einwilligung erkaufen müsse. Aber von dem Augenblicke an, wo er sich durch einige Unterhandlungen mit dem Kaiser von Rußland von dem Eingehen dieses Fürsten in seine Ansichten überzeugt hatte, ganz unabhängig von dem Schicksale, das Friedrich Wilhelm vorbehalten seyn mochte, ward die Ankunft der Königin lästig und befangen, ohne den geringsten Nutzen zu stiften. Es scheint sogar, als ob ihre Theilnahme an den Verhandlungen nur den Interessen, welche sie vertheidigen wollte, entgegengesetzte Entschließungen beeilte. Denn da die Königin wirklich mit großer Kunst in der Unterhaltung noch nicht entschiedene Puncte zur Sprache brachte, welche sie auf eine für sich günstige Weise entschieden wünschte, so setzte sie den Kaiser Napoleon in die doppelte Verlegenheit, entweder eine Strenge zu zeigen, deren Ausdruck einer flehenden Königin gegenüber stets peinlich ist, oder wenn er durch weniger entschiedene Worte den Fragen auswich, der Königin einen Vorwand zu geben, daß sie ein halbes Wort oder gar ein Schweigen für ein Zugeständniß nehme. Deshalb entstanden am nächsten Tage Zänkereien über angebliche Versprechen von gestern, Zänkereien, wobei Kaiser Alexander mehr als einmal zum Schiedsrichter aufgerufen wurde. Müde dieser Streitigkeiten, beauftragte Napoleon seinen Ministern, über die angestrittenen Puncte eisern zu halten und den Abschluß zu beeilen. Eine längere Verhandlung wäre für des Königs von Preußen Majestät vielleicht weniger ungünstig ausgefallen.

Mit dem Frieden verhielt sich's wie mit dem Waffenstillstande. Der Vertrag zwischen Frankreich und Rußland ward am 7ten Juli unterzeichnet; der Vertrag mit Preußen erst am 9ten. Der Unterschied, den man zwischen beiden Verträgen macht und die Verschiedenheit ihrer Unterzeichnungstage, scheinen zum Zweck zu haben, dadurch bemerklich zu machen, daß Preußen nicht unterhandelt, daß man in seinem Namen unterhandelt hat und daß es nur die Bedingungen annimmt, die

man für dasselbe festgesetzt hat. Diese Herabw
Hauses Brandenburg ist selbst förmlich durch de
des Vertrags zwischen Rußland und Frankreic
„Der Kaiser Napoleon", heißt es hier wörtlich, ,
vor dem Kaiser von ganz Rußland und weil
weis von dem aufrichtigen Wunsche geben will,
durch die Bande eines unzerstörbaren Vertrauen
unauflöslichen Achtung zu vereinigen, willigt ein
stät dem Könige von Preußen, Verbündeten S
Kaisers aller Reußen, alle nachverzeichnete ero
Städte und Gebiete wieder herauszugeben." Folg
für Preußen, aus Rücksicht vor ihm selbst oder se
geschehen. In Gemäßheit eines falschen Grundsa
nach das Recht des Besitzes durch die bloße T
Eroberung abgelöst würde, verfügt Napoleon
wie über ein Niemand gehörendes Land, auf
gegründete Ansprüche habe. Nicht dem besiegten
dem dem Verbündeten Rußlands, als Preis für
zwischen Frankreich und Rußland, giebt der Friet
Hälfte seiner Staaten zurück. Wenn von Seiten N
Verfahren gegen den König hart ist, so erklärt e
stens durch eine noch nicht beseitigte Erbitterung
konnte Alexander ein Protectorat annehmen, das
digenden Ausdrücken für seinen Verbündeten und F
sprochen ist? Wie darf man wenigstens zugeben
einer Staatsschrift festgesetzt wird, die bestimmt
lich zu werden. Der Unterdrücker ist sehr zu
aber sein Mitschuldiger! Das Urtheil des Kaise
land war damals noch sehr wenig ausgebildet,
Fürst glauben konnte, daß ein in solcher Weise
solchen Formen Preußen zugestandener Schutz f
beschützet, ehrenvoll seyn könne.

Ich glaubte mich von der Aufzählung aller Lä
und Schlösser, welche an den König zurückfiele
sprechen zu dürfen. Dieses war nämlich Alles,
rechten Elbufer besaß, mit Ausnahme von Süd
einem kleinen Striche von Ostpreußen, nämli
nahme der Besitzungen, welche von Polen abge

waren [1]). Eine neue Bestimmung ward diesen Länderń durch Artikel 5. gegeben. Alle Provinzen, die am 1sten Januar 1772 einen Theil von Polen ausmachten und die seitdem zu verschiedenen Zeiten in Preußens Botmäßigkeit übergegangen waren, sollten vom Könige von Sachsen unter dem Titel eines Herzogthums Warschau besessen werden.

Von diesen polnischen, nachmals preußisch gewordenen Provinzen, die unter einer eignen Regierung vereinigt werden sollten, war eine einzige nach Artikel 9. hinweggekommen, um mit dem russischen Reiche vereinigt zu werden. Es war die Provinz Bialystok, eine Erwerbung, die bedeutender war als Berichtigung der Gränze, als wegen ihrer Bevölkerung, die kaum auf zweihunderttausend Seelen sich belief. Auch der Kaiser von Rußland trat ein Stück Land ab, aber ein noch weit unbedeutenderes. Er verzichtete nach Artikel 16. zu Gunsten Hollands, auf die Herrschaft Jever in Ostfriesland. War es der russische Bevollmächtigte, der aus eignem Antriebe die Provinz Bialystok forderte und einem Staatsinteresse die Bedenklichkeiten von Kaiser Alexanders persönlicher Zartheit aufopferte? Oder war es der französische Bevollmächtigte, der einen jener so selten verworfnen Anträge machte und den Kaiser von Rußland dadurch mit Frankreich in gleiches Verhältniß der Plünderung setzte, und zwar einer auf seiner Seite noch hassenswertheren Plünderung, weil sie einen Verbündeten traf? Beide Cabinette können, aus sehr verschiedenen Beweggründen denselben Wunsch gehabt haben. Da der Punct der Ehre, man mochte es ansehen wie man wollte, in Bezug auf Rußland einmal nicht völlig unverletzt bleiben sollte, so mochte sein Cabinet sich wahrscheinlich sagen, daß Ungerechtigkeiten sich vergessen lassen, die Schmach vorübergeht und der Besitz bleibt.

Artikel 6. stellte die Stadt Danzig in ihrer ehemaligen Unabhängigkeit wieder her; es sollte, für einige Zeit wenigstens, ein französischer Vorposten an der Ostsee daraus werden.

1) Die Verfügungen der Artikel 4, 5 rc. bis zum 13. Artikel einschließlich galten für Zugeständnisse Frankreichs an Rußland. Die Artikel 14, 15 rc. bis zum 25. Artikel machten die Zugeständnisse Rußlands an Frankreich aus.

Artikel 7. setzte den Gebrauch einer Militairstraße durch die preußischen Staaten zur Verbindung des Königs von Sachsen mit dem Herzogthume Warschau fest, und durch den 8. Artikel war dem Könige von Preußen, dem Könige von Sachsen und der Stadt Danzig untersagt, die Schifffahrt der Weichsel durch Zölle rc. zu hindern.

Die Herzoge von Oldenburg und von Mecklenburg wurden durch Artikel 12. in den vollen und friedlichen Besitz ihrer Staaten wieder eingesetzt, doch sollten die Häfen dieser Herzogthümer bis zum endlichen Frieden zwischen Frankreich und England mit französischen Besatzungen belegt bleiben. Uebrigens sprach Kaiser Napoleon den Wunsch aus, unvorzüglich den Frieden mit dem Londoner Hofe zu verhandeln, und er nahm für diesen Zweck (Artikel 13.) die Vermittelung des Kaisers Alexander an, vorausgesetzt, daß diese Vermittelung auch von der englischen Regierung einen Monat nach dem Austausch der Genehmigungen des gegenwärtigen Vertrags, würde angenommen werden.

Durch Artikel 15, 16, 17 und 18. wurde der Friedensvertrag für alle Verbündete Frankreichs als gemeinschaftlich geltend erklärt. Der Kaiser von Rußland erkannte die drei Brüder, Napoleons Joseph, Ludwig und Hieronymus, als Könige von Neapel, Holland und Westphalen an; er erkannte den Rheinbund, den gegenwärtigen Besitzstand seiner Mitglieder, die ihnen ertheilten Titel an und versprach gleichmäßig diejenigen Souveraine anzuerkennen, wenn sie ihm durch den Kaiser der Franzosen würden angekündigt werden, welche später zur Theilnahme daran veranlaßt werden möchten.

Artikel 19. setzte fest, daß das Königreich Westphalen aus den vom Könige von Preußen am linken Elbufer abgetretenen Provinzen und aus andern vom Kaiser Napoleon besessenen Staaten sollte zusammengesetzt werden.

Die Verfügung, welche durch Napoleon über diese Länder getroffen werden würde, sollte nach Artikel 20. durch Kaiser Alexander anerkannt werden.

Die Artikel 21, 22, 23 und 24. in Bezug auf den Krieg zwischen Russen und Türken setzen das Aufhören der Feindseligkeiten zwischen beiden Reichen fest; die russischen

14*

Truppen sollen die Moldau und Walachei räumen, doch sollen diese Provinzen nicht früher von den türkischen Truppen besetzt werden dürfen, als nach dem Abschlusse des endlichen Friedens zwischen den Cabinetten von Petersburg und Constantinopel. Zu diesem Zwecke nimmt der Kaiser von Rußland die Vermittelung Frankreichs an und die gegenseitigen Bevollmächtigten sollen ungesäumt ernannt werden, um ihre Unterhandlungen zu eröffnen.

Endlich gewährleisten sich die beiden Kaiser von Frankreich und Rußland gegenseitig (Artikel 25.) ihren ungeschmälerten Besitzstand und den Besitzstand aller in diesem Friedensvertrage inbegriffenen Mächte; man giebt sich, nach Art. 26., die Gefangenen in Masse ohne Austausch zurück; die Handelsbeziehungen zwischen dem französischen Kaiserthume, dem Königreiche Italien, den Königreichen Neapel und Holland und den Rheinbundsstaaten von der einen und dem Kaiserthume Rußland von der andern Seite, werden nach Artikel 27. auf denselben Fuß, wie vor dem Kriege hergestellt. Das Ceremoniell zwischen den Höfen von Petersburg und Paris wird nach Artikel 28. dem Grundsatze einer vollkommenen Gleichheit und Gegenseitigkeit unterworfen.

Obgleich eine jede Anordnung des Vertrags, deren Inhalt wir eben angaben, die Andeutung der Beweggründe in sich selbst trägt, die sie eingaben, so wollen wir doch später die Veranlassungen untersuchen, welche das Unerwartete und auf den ersten Blick Außerordentliche in ihnen rechtfertigen oder wenigstens erklären. Auch wollen wir nicht versäumen, zu untersuchen, worin wohl die geheimen Verfügungen bestanden haben mögen, welche den offenkundigen Vertrag begleiten mochten.

In dem Friedensabschlusse vom 9ten Juli, zwischen Frankreich und Preußen, sind alle für Preußen lästigen Bedingungen, welchen der Kaiser Alexander seine Zustimmung gab, natürlich und beinahe mit denselben Worten wiederholt. Auch der König von Preußen erkennt die Könige von Neapel, Holland und Westphalen, so wie die Mitglieder des Rheinbundes mit den ihnen ertheilten Titeln an. Doch darauf beschränken sich nicht die Preußen auferlegten Verpflichtungen. Artikel 27.

hebt jede Handelsverbindung zwischen England u
sischen Staaten bis zum endlichen Frieden zwis
und Frankreich auf.

Ein abgesonderter und geheimer Artikel se
die Verbindlichkeit für Preußen fest, gemeinsam
Frankreich gegen England zu machen, wenn a
cember England nicht eingewilligt hätte, Friede
seitige ehrenvolle und den wahren Grundsätzen d
entsprechende Grundsätze abzuschließen.

Artikel 28. verschiebt auf eine Uebereinkunf
säumt abgeschlossen werden soll, die Feststellung d
die Uebergabe der Sr. Maj. dem Könige von P
zugebenden Festungen statt haben soll. Diese
wurde am 12ten Juli durch den Marschall Bert
Feldmarschall Kalkreuth unterzeichnet, mußte ab
res Uebel als der Friedensvertrag selbst werden;
sie einige Puncte desselben erklärte; machte sie
Dinge durch neue Einschaltungen drückender.

Nach dieser letztern Anordnung sollte ganz
zur Elbe am 1sten Oct. geräumt seyn, mit Ausna
wo einstweilen eine Besatzung von sechstausend F
ben sollte; aber diese Räumung war an die E
sehr schwierigen oder beinahe unausführbaren B
knüpft. Nach dem 4ten Artikel sollte sie sta
Falle die auf das Land geworfenen Kriegssteue
wären". Dafür sollten sie gelten, wenn dem C
danten des französischen Heeres Sicherheit, die
reichend und sicher anerkannt haben würde, u
worden. Nun zeigte sich bald ein erster Streit
Frankreich und Preußen, über den man sich nich
konnte, nämlich die Festsetzung des Betrags de
scher Seite noch schuldigen Kriegssteuern. Dies
führte die Verlängerung der Kriegsbesatzung he
lich die Unterzeichnung neuer Uebereinkommen,
stungen Stettin, Küstrin und Glogau fast au
Zeit in den Händen der Franzosen lassen. E
Preußen ein Krieg der Leidenschaft, nicht der B
Krieg, der vom Hofe und nicht vom Cabinette

frischweg angefangen wurde, ehe man noch mit England Frieden geschlossen hatte, ehe man noch über den Augenblick des Angriffes von Rußland im Klaren war, dessen Hülfe man jedoch sich versichert glauben durfte; ein Krieg, wo der Leichtsinn der Frauen und die Eingebildetheit der jungen Officiere selbst Staatsleute und die alten Gefährten Friedrichs fortgerissen und dahin gebracht hatte, ihre hochmüthigen Träume zu theilen. Nie hatte seit der französischen Revolution der Sieg, obgleich oftmals drückend, am Tage des Friedensabschlusses der besiegten Macht so ungeheure Opfer auferlegt. Durch den Tilsiter Frieden verlor Preußen vier Millionen zweimalhundert sechs und dreißigtausend Seelen[1]), fast die halbe Bevölkerung der Monarchie.

1) Die von Preußen, östlich der Elbe, abgetretenen Länder waren:

der Kottbuser Kreis mit	33,500
der Theil von Westpreußen mit dem Netzedistrict	262,286
Südpreußen	1,282,189
Neu Ostpreußen	904,518
Zusammen östlich der Elbe	2,482,493 Seelen.

Verluste westlich der Elbe:

Von der Altmark, Brandenburg und der Priegnitz	112,060
Herzogthum Magdeburg und was dazu gehörig .	250,039
Fürstenthum Halberstadt	148,232
Fürstenthum Hildesheim	130,069
Fürstenthümer Eichsfeld und Erfurt	164,690
„ Minden und Ravensberg	159,776
„ Paderborn, Münster, Lingen und Tecklenburg	268,542
Grafschaft Mark, Abteien Essen, Elten und Werden	162,101
Fürstenthum Ostfriesland	119,803
Fürstenthum Baireuth	238,560
Mit obiger Summe zusammen	4,236,805 Seelen.

Die vom Könige von Preußen behaltenen Länder gaben eine Bevölkerung von 6,043,504 Einwohnern.

Es sey hierbei bemerkt, daß die von Herrn Bignon gegebenen Zahlen nicht mit der in Bredow's Chronik gegebenen Liste (IV. Band S. 274) ganz übereinstimmen, so wie auch, sonderbar genug, die Zahlen der Artikel des Tilsiter Vertrags, bei Bredow IV. S. 259 ff., immer um Eins mit Herrn Bignon abweichen.

In den ersten Worten, die der Kaiser Alexa
poleon gesagt hatte, lag nicht allein ein Friedens
dern auch ein Bündniß, und dieses Bündniß [1])
That an demselben Tage, wie der Friede unterz
Bündniß war zu Schutz und zu Trutz. Ganz besc
es seine Anwendung gegen zwei große Mächte,
reich und die Türkei, finden, doch sollte diese
nur dann eintreten, wenn vorläufig die nothwend
geschehen wären, um die eine oder die andere
Abschlusse eines Friedens zu bewegen. Rußlan
Vermittelung bei England, Frankreich die seine be

In jedem europäischen Kriege, welchen
Frankreich anzufangen oder zu bestehen in den
sollten die Verbündeten gemeinsame Sache sowo
als zu Lande machen, oder auch entweder zur
Lande allein.

Sie behielten sich vor, im eintretenden Fal
fung auf das Bündniß, Ort und Weise ihrer re
tigkeit genauer zu bestimmen, doch kamen sie
überein, im Nothfalle alle ihre Kräfte zu verwe

Wenn England Rußlands Vermittlung nich
oder im Falle der Annahme, am 1sten Novembe
Abschluß des Friedens durch die Anerkennung d
gewilligt hätte, daß die Flaggen aller
See einer gleichen und vollkommene
gigkeit genießen müssen, und wenn es n
reich und seinen Verbündeten seit 1805 abge
oberungen herausgäbe, so sollte Rußland im
vembers der englischen Regierung anzeigen,
Weigerung, den Frieden auf die erwähnten Be
zuschließen, Se. Maj. der Kaiser Alexander g
Sache mit Frankreich machen würde. Er ver

1) Nimmt man einige Verfügungen dieses Vert
Daseyn nothwendiger Weise durch die öffentlichen Sch
Folge seyn mußten, verrathen wurden, so war das U
sen Tag ein Geheimniß und blos zwischen den Cabi
und Petersburg verschlossen geblieben.

2) Artikel 4.

1sten December eine entscheidende Antwort, oder der russische Botschafter zu London würde Befehl erhalten, erforderlichen Falls England zu verlassen.

Im Falle auf die russische Bekanntmachung keine genügende Antwort vom britischen Cabinette erfolgte, sollten Rußland und Frankreich die drei Höfe [1]) von Kopenhagen, Stockholm und Lissabon auffordern, ihre Häfen den Engländern zu schließen und ihre Gesandten von London abzurufen, sowie England den Krieg zu erklären.

Die Verbündeten erlaubten sich nicht, eine ähnliche Aufforderung an den Wiener Hof festzusetzen, aber sie bestanden darauf, kräftigst bei diesem Hofe darauf zu dringen, daß er ihre Grundsätze annehme und mit ihren Maßregeln gemeinsame Sache mache, um ihren Sieg zu sichern.

Trat England den angebotenen Bedingungen bei [2]), so sollte ihm Hannover als Ersatz für die französischen, holländischen und spanischen Kolonien wiedergegeben werden.

Prüft man die Bedingungen, unter welchen die Verbündeten den Frieden mit England abzuschließen bereit sind, so begreift man die bevorstehende Weigerung von Seiten dieser Macht kaum. Zwei Grundlinien sind gezogen: die Unabhängigkeit der Meere und die Herausgabe von Englands Eroberungen seit 1805. Zuverlässig ist die Unabhängigkeit der Meere dem britischen Cabinette sehr zuwider; doch mußte Frankreich einen Grundsatz geltend zu machen suchen, an den seine und aller Bevölker Lebensthätigkeit geknüpft war, der außerdem durch den nordischen Bund vom J. 1800 aufs neue bestätigt, dann vom Kaiser Alexander zwar für den Augenblick in den Bewegungen bei seiner Thronbesteigung aufgegeben, doch bald darauf von diesem Fürsten wieder aufgenommen und in den geheimen Artikeln des Vertrags vom October 1801 zwischen ihm und Frankreich festgestellt worden war. Uebrigens lag es auch darin wahrscheinlich nicht, daß England den Vorschlägen der Verbündeten beizutreten abgeneigt war. Die Anerkennung eines Grundsatzes in einem Vertrage

1) Artikel 5.

2) Artikel 7.

Folglich bildet die auf Bedingungen festellte Verbindlichkeit Frankreichs gegen die Türken das Gegenstück zu Rußlands Verbindlichkeit gegen England. Was jedoch England betrifft, so handelt sich's nur darum, es zu Wiederherausgaben zu zwingen; bei den Türken handelt sich's darum, ihnen Provinzen zu entreißen, deren legitime[1]) Besitzer sie seit vier Jahrhunderten sind. Die sie betreffende Festsetzung ist, wenn auch nur in einem einzigen Artikel ausgesprochen, doch eine der kühnsten, die jemals in einem Vertrage zwischen zwei Mächten Platz gefunden haben, und doch ist die Masse der Kräfte, über welche diese beiden Mächte gebieten, so groß, daß die Ausführung dessen, was sie als möglichen Fall hinsetzen, von ihnen abhängen würde. Diese Zustimmung, wenn auch nur für den erforderlichen Fall gegeben, war doch eine bedeutende Abweichung von der altfranzösischen Staatsklugheit. Nur die Nachricht von den Ereignissen in Constantinopel hatte den Kaiser Napoleon dazu bestimmen können. Der Kaiser hatte Neigung und eine Art Achtung vor dem Sultan Selim gewonnen; er nahm lebhaften Antheil an seinem Wohlergehen und an seinen Versuchen, sein Volk der europäischen Bildung näher zu bringen. Leider war Sultan Selims Charakter für ein solches Unternehmen nicht gediegen genug. Man weiß, daß der Großherr, um die Auflösung der nie ruhigen Janitscharen vorzubereiten, unter dem Namen Nisam Gedid mehrere regelmäßige Regimenter nach der Sitte der christlichen Völker gebildet hatte. Die Unzufriedenheit der Janitscharen erlaubte ihm aber nicht, sein Werk weiter zu treiben. Zu diesen gehörten beinahe alle türkischen Einwohner und diese Truppe theilte den Geist des Aufstandes den Ulemas mit, d. h. den Vorstehern der Geistlichkeit und der Civilbehörden. Der Bund war bald geschlossen, da diese ebenso über die Verminderung ihres Einflusses unter der gegenwärtigen Regierung erbittert waren. Die Verschwörung gewann bald eine feste Gestaltung. Der französische Botschafter wußte darum und gab dem Sultan Selim davon Nachricht. Das einzige Rettungsmittel für diesen Fürsten wäre gewesen, sich zum Heere zu begeben, und

1) ? ? D. Uebers.

sich mit den Truppen zu umgeben, in die er ein begründetes Vertrauen setzen konnte. Vergeblich rieth General Sebastiani dazu und suchte ihn zu bewegen, daß er diese entscheidende Maaßregel ergriff. Selim ermangelte jenes Muthes, ohne den nichts Großes vollbracht wird. Er ergab sich ohne Widerstand in das ihm durch einen Aufstand, der nur durch seine Schwäche stark war, bereitete Schicksal. Ein Haufen Meuterer legte ihm die Frage vor: „Verdient ein Padischa, der durch sein Betragen und seine Gesetze die durch den Koran geheiligten Satzungen verletzt, auf dem Throne zu bleiben?" Der Mufti antwortete: Nein! und ein Häuptling der Aufrührer rief den Sultan Mustapha als gesetzlichen Kaiser der Osmanlis aus. Selim wurde in's Innere des Serails[1]) eingesperrt. Fast alle seine Minister wurden ermordet, seine Anhänger in die Flucht gejagt. Der Botschafter selbst war nicht ganz sicher. Man konnte wenigstens besorgen, daß der neue Sultan das Bündniß mit Napoleon bräche, um sich mit seinen Feinden zu verbinden. So lauteten wenigstens die Napoleon zugekommenen Berichte, als er den Frieden mit Alexander noch verhandelte. Der Sturz eines ergebenen und nützlichen Verbündeten flößte ihm lebhaften Unwillen gegen die Türken ein, und man spürt diesen Eindruck im Vertrage von Tilsit.

Hat *L.* neben dem 8ten Artikel des Bundesvertrags, dessen Worte wir beigebracht haben, auch noch andere geheime Artikel gegeben, wie man versichert hat, die sogar die Theile des türkischen Gebietes bestimmten, welche jeder der theilenden Mächte zufallen sollten? Gab es förmliche, mit den diplomatischen Herkömmlichkeiten ausgestattete Artikel? Nein; aber daß es ein bedingtes Uebereinkommen in Bezug darauf zwischen den beiden Kaisern gegeben habe, erliegt keinem Zweifel. Mehr als einmal werden wir davon den Beleg finden, besonders in Kaiser Alexanders Aeußerungen. Wir werden

1) In der kurzen Zeit, die seinem Tode vorausging, hatte Selim zum Gefährten der Gefangenschaft den Sultan Mahmud, dessen Tröstungen seine Leiden milderten. Er brachte, als er an seiner Stelle auf den Thron gestiegen war, das Unternehmen zur Ausführung, das Selim vergeblich versuchte.

späterhin vernehmen, wie er die Erinnerungen von Tilsit auffrischt und versichert, daß Kaiser Napoleon selbst seinen Antheil, Rußlands und Oestreichs Antheil bezeichnete: „Etwas muß Oestreich haben, mehr um seine Eigenliebe als um seinen Ehrgeiz zufrieden zu stellen". Mit diesen Worten wird vom Kaiser Alexander die Sache wiedererzählt. Eben so werden wir in Napoleons Papieren die Andeutung einer vorgehabten Einigung antreffen, aber keine Spur einer zu Stande gekommenen. So z. B., um bestimmen zu können, was für ihn oder für Rußland der Besitz der Gebiete werth seyn könnte, die bei der Theilung ihm vielleicht zufallen möchten, beauftragt er den General Marmont, den Befehlshaber in Dalmatien: „ihm durch zuverlässige Officiere wissen zu lassen [1]), geschichtlich und in administrativer Hinsicht, was er wohl von Bosnien, Macedonien, Thracien, Albanien u. s. w. sich aneignen sollte? Wie stark die türkische Bevölkerung? Wie viel Griechen? Welche Hülfsmittel diese Länder an Bekleidung, Lebensmitteln, Geld darbieten würden, kurz, welche Einkünfte man auf der Stelle im Augenblicke der Besitznahme daraus ziehen könnte; denn die Verbesserungen sind ohne Grundlage." Außer dieser ersten allgemein-statistischen Arbeit, verlangt der Kaiser einen militairischen Aufsatz und er stellt die Fragen auf, die darin berücksichtigt seyn sollen: „Wenn zwei Heere zu gleicher Zeit in Bosnien eindrängen, das eine über Cattaro und Dalmatien, das andere über Corfu, wie stark müßte jede Waffe seyn, um auf einen sichern Erfolg rechnen zu können? Welche Art von Waffen würde die meisten Vortheile versprechen? Wie würde man Geschütz hinbringen? Wie würde man Mannschaften ausheben? Welches wäre die günstigste Zeit für das Unternehmen?"

In seinem Briefwechsel mit dem Botschafter in Constantinopel sprach sich Kaiser Napoleon noch deutlicher aus. Das möchte der Hauptinhalt der Angaben seyn, welche aus den Mittheilungen seines Gesandten hervorgingen. Da es unmöglich wäre, einer großen europäischen Macht den Besitz des

1) Brief vom 8ten Juli, folglich vom Tage nach der Unterzeichnung des Friedens und des Bündnisses.

sche Botschafter bei Sultan Mustapha einen Theil des Einflusses wiedererlangt, dessen er sich bei Selim erfreut hatte. Der neue Fürst, noch nicht eben fest, hatte das Bedürfniß erkannt, sich, wenn auch nicht die Gunst doch die Neutralität Frankreichs zu erhalten; in der Besorgniß, ihm zu mißfallen, hatte er daher die Versuche zu Gunsten Englands und Rußlands von der Hand gewiesen. Das Bündniß mit Frankreich ward in Ehren gehalten. Die persönliche Ansicht des Generals Sebastiani war dafür, daß man dieses Bündniß aufrecht erhalten und das türkische Reich unverletzt lassen müsse. Sein Aufsatz war jedem Gedanken an Theilung entgegen.

Gab es auch keine geheime, von den französischen und russischen Bevollmächtigten oder von den beiden Kaisern selbst unterzeichneten Artikel, die eine mögliche Theilung der Türkei zum Zwecke hatten, so gab es doch neben dem Friedens- und Bündnißvertrage in Tilsit unterzeichnete einzelne und geheime Artikel von der höchsten Wichtigkeit, die fast alle aber Zugeständnisse Rußlands zu Frankreichs Gunsten betrafen.

Der 1ste dieser Artikel setzte die Uebergabe des unter dem Namen von Cattaro bekannten Landstrichs an französische Truppen fest.

Nach dem 2ten sollten die sieben Inseln als vollständiges Eigenthum mit allen Hoheitsrechten vom Kaiser Napoleon besessen werden, der (nach Art. 3.) einwilligte, keine Untersuchung gegen Unterthanen der hohen Pforte anzufangen, die im Verdachte standen, an den Feindseligkeiten gegen ihn Theil genommen zu haben.

Durch den Artikel 14 des Friedensvertrags hatte Kaiser Alexander Joseph Napoleon als König von Neapel anerkannt. Durch den 4ten geheimen Artikel machte er sich verbindlich, diesen Fürsten als König von Sicilien anzuerkennen. Diese Anerkennung sollte stattfinden, sobald Ferdinand IV. einen Ersatz, etwa die balearischen Inseln oder die Insel Candia, oder irgend was Anderes von gleichem Werthe würde erhalten haben.

Die Wahl zwischen den Balearen oder Candia knüpft sich augenscheinlich an die Voraussetzung einer einst möglichen Theilung der europäischen Türkei.

Der 5te dieser geheimen Artikel setzte jährliche und lebenslängliche Gehalte fest, welche mehrere ihrer Staaten entsetzte souveraine Fürsten, so wie ihre Gemahlinnen, z. B. die Häupter der Häuser Hessen-Cassel, Braunschweig-Wolfenbüttel und Nassau-Oranien, beziehen sollten.

So giebt Kaiser Alexander in Tilsit nicht allein die allgemeinen Verfügungen des offenkundigen Vertrags und der geheimen Uebereinkunft zu, die am 20sten Juli 1806 zu Paris durch Herrn von Oubril waren unterzeichnet worden (ein Vertrag und eine Uebereinkunft, welche er damals zu genehmigen verweigerte), sondern er geht noch außerdem auf neue Bedingungen ein, die Frankreich damals nicht gewagt haben würde, in Vorschlag zu bringen. Im Jahre 1806 hatte dieser Fürst oder wenigstens ein wohlberathener Minister, einen Friedensvertrag in seinem Namen abgeschlossen. England wäre gezwungen gewesen, seinem Beispiele zu folgen, und Europa hätte bei einem allgemeinen Frieden ausruhen können. Im Jahre 1807 unterzeichnet er ein Bündniß und bald ist er im Kriege mit der englischen Regierung. Im Jahre 1806 erkannten die beiden Kaiser die Sieben-Inselnrepublik an, doch durfte Rußland viertausend Mann dort lassen, was in der That diese Republik in seine Vormundschaft gab. Im Jahre 1807 werden die Sieben Inseln ein französisches Departement. Im Jahre 1806 hatten sich die Franzosen verbindlich gemacht, ganz Teutschland innerhalb dreier Monate zu räumen. Im Jahre 1807 bleibt ein französisches Heer für eine beinahe ungemessene Zeit in dem neuen in Polen gebildeten Staate und in den preußischen Oderfestungen. Eilf Monate sind kaum verflossen, und das sind die Opfer, mit denen der russische Kaiser seine verhängnißvolle Verweigerung der Genehmigung abbüßt. Füge man hinzu die Vernichtung seiner schönsten Heere und den Ruin des preußischen Staates; denn es ist eine unbestreitbare Thatsache, daß der preußische Hof, wie arg auch seine Verblendung seyn mochte, doch nie den Krieg ohne die Gewißheit der russischen Unterstützung angefangen hätte. Zum Austausch für so viele Verluste, was hat nun Kaiser Alexander erreicht? Eine Möglichkeit, die aber gleich, wie sie angenommen wird, in sich selbst zerfällt, und doch, aller Weisheit menschlicher Berechnung zum Trotze, muß dieser Tilsiter Friede durch neue Ereignisse und die unglaubliche Lenkung der Zustände der Zukunft, muß dieses Machwerk, wo Alles zu Napoleons Gunsten berechnet ist, für Kaiser Alexander zuletzt noch nützliche Ergebnisse haben! Aber die Gerechtigkeit will nicht nach unvorhergesehenen Wirkungen gewürdigt seyn. Nach dem dermaligen Zustande der politischen Welt wollen wir sie prüfen.

Drei und siebenzigstes Capitel.

Prüfung der Verträge von Tilsit.

Herrschender Gedanke in den Tilsiter Verträgen. — Vorwürfe, die man Napoleon bei Veranlassung der Tilsiter Verträge gemacht hat. — Vorwurf über die Nichtherstellung Polens. — Vorwurf über die Vernachlässigung der Sache der Türkei. — Vorwurf über die Schwächung Schwedens. — Vorwurf darüber, daß er für Preußen zu viel oder zu wenig gethan. — Napoleons Worte an die preußischen Abgeordneten. — Verhandlungen über die preußischer Seits zu zahlenden Kriegssteuern. — Kaiser Alexanders Verwendung zu Preußens Gunsten. — Vortheile, die Frankreich vom Tilsiter Frieden zog. — Mannichfaltigkeit der Beweggründe, welche Kaiser Alexanders Verfahren bestimmten. — Rechtfertigung des englischen Ministeriums über sein Verfahren gegen Rußland. — Verfügungen der beiden Kaiser im Augenblicke ihrer Trennung. — Hat Napoleon versäumt, sich auf die Völker zu stützen? — Verfassungsurkunde des Herzogthums Warschau. — Verfassung des Königreichs Westphalen.

Da Kaiser Napoleon für den gilt, der als Gebieter die Bedingungen der Tilsiter Verträge vorschrieb, so richten sich auch an ihn alle Arten von Vorwürfen über die Gründe, welche zu den damals angenommenen Bedingungen veranlaßten und über die Erfolge, die ihre Anwendung begleiteten. Wir wollen die Beweggründe seines Verfahrens auseinandersetzen; man mag selbst urtheilen, bis wie weit sie es rechtfertigen.

Es ist eine unbestreitbare Thatsache, daß der
England zum Frieden zu zwingen, für Napoleon d
und einzige Hebel seiner Handlungen war. Der Pu
welchem zur Zeit ihres Abbrechens die Verhandlung
J. 1806 zwischen den Cabinetten von Paris und Lon
diehen waren, ließ ihn an die Möglichkeit eines Fried
See glauben. In Bezug auf die Großbritannien u
bar berührenden Fragen, hatte er die Zugeständnisse
einem Grade getrieben, daß nach dem Eingeständniss
letzten Unterhändlers, des Lords Lauderdale, England f
Rechnung zufrieden gestellt war. Nur um Rußland
derungen geltend zu machen, hatte es die Auseinand
gen noch fortgesetzt, und nur weil dieses ihm nicht
hatte es die Verhandlungen abgebrochen. Der Vorm
jetzt gehoben; Rußland hat Frieden mit Frankreich.
sollten die Streitigkeiten zwischen England und Frankre
unversöhnbar seyn?

Obgleich Kaiser Napoleon über Rußland den Vort
Waffen davongetragen, so hat doch auch dieser Vorthe
Gränzen. Bis jetzt ist das russische Gebiet unberührt
lich hat Frankreich nicht das Recht, Rußland etwas vorz
ben, selbst den Frieden nicht. So lange Napoleon n
Erobernder die Staaten des Kaisers Alexander betritt
dieser selbst den Frieden verweigern und im Kriegsz
verharren, wie nach der Schlacht von Austerlitz. Aber
längerter, wenn auch unthätiger Kriegszustand, oder se
Abschluß eines Vertrags, der kein anderes Ergebniß hä
den Kämpfen ein Ende zu machen, würde nur sehr m
ßig dem Kaiser Napoleon genügen. Das ist ihm nicht
einen Feind weniger zu haben; daran liegt ihm, eine
bündeten mehr zu gewinnen. Rußland hat den Kamp
ihn aufgegeben; es muß auch für ihn kämpfen; es mu
land bekämpfen, wenn auch nicht durch Heere, doch
Maaßregeln, welche ihm den Zugang zum Festlande v
ßen. Wesentlich ist es daher, daß man auf Alexanders
auf seinen Willen einwirke. Vielleicht brächte es eine
verstandene Politik für diesen Prinzen mit sich, neu
bleiben. Napoleon will ihn aber thätig sehen und

winn einer solchen Hülfe gehört nicht zu den Dingen, die ohne einige Opfer erlangt werden. Sind die Opfer, zu denen Napoleon sich hergiebt, außer Verhältniß zu der Wichtigkeit des Zwecks, den er sich vorsetzt? Auf diesen Punct läuft die ganze Frage über den Tilsiter Vertrag hinaus. Sie kann nur durch die Prüfung der verschiedenen gegen den Kaiser in Bezug auf diesen Vertrag vorgebrachten Anklagen beantwortet werden.

Man beschuldigt ihn, daß er sich die Gelegenheit entgehen ließ, Polen herzustellen, daß er seine Sache von der Sache der Türkei getrennt, daß er erst Schweden verfolgt, dann geopfert. Eben so beschuldigt man sein Benehmen gegen das regierende Haus in Preußen, das er entweder, wie man sagt, hätte entthronen oder nicht in einer Lage lassen müssen, wo es nothwendig und für lange Zeit ein geheimer Feind Frankreichs seyn mußte.

Von allen diesen wahren oder falschen Vorwürfen ist der allgemeinverbreitetste, obgleich der am wenigsten begründete, der, daß er sich habe die Gelegenheit entgehen lassen, Polen herzustellen. Die angebliche Anschuldigung ist von mehrern Verfassern von Denkwürdigkeiten, von mehrern Geschichtsschreibern und selbst von Leuten vorgebracht, welche die Geschichte dieser Zeit in dem entgegengesetztesten Sinne geschrieben haben. „Wenn Napoleon", sagt Montgaillard, den ich vorzugsweise anführe, weil er der absprechendste ist, „eine wahrhaft große Politik gehabt hätte.... so mußte er von den Zeitumständen vortheilen, um von Rußland die Herstellung der dieser Macht im Jahre 1795 zugefallenen polnischen Gebiete zu fordern, mit Oestreich diese zu verhandeln". Zu dieser Bemerkung sind geschichtliche Berufungen gefügt, in denen Holland und Portugal, Richelieu, Mazarin und Heinrich IV. vorkommen. Nichts ist unstatthafter, als die Anwendung dieser Beispiele auf Polens Schicksale; doch können sich unaufmerksame Leser wohl von solchen Schönrednereien bestechen lassen. Sollte man nicht meinen, daß die Zurückforderung von Rußland und die Unterhandlung mit Oestreich über die Herausgabe der ihnen in der Theilung zugefallenen polnischen Provinzen das einfachste und leichteste Geschäft von der Welt sey! Oft hat Europa in Feuer und Flammen um einer Stadt willen, um ein paar Dörfer willen gestanden, und man bildet sich ein, Rußland, dessen Gebiet unberührt ist, Oestreich, das über die ganze Masse seiner Kräfte verfügen kann, würden gutwillig und umsonst ein paar Millionen Menschen abtreten, die mit ihren Reichen vereint sind! Die Abtretung müßte nothwendig umsonst seyn; denn man hat nichts, was man an deren Stelle geben könnte. Aber man wendet ein, in diesem Falle hätte Napoleon es sich versagen und kein Königreich Westphalen stiften sollen. Soll er denn etwa mit dem Königreiche Westphalen, mit den preußischen Provinzen am linken Elbufer Rußland und Oestreich entschädigen? Oder sollte er etwa den König von Preußen auf das linke Elbufer verweisen und zum Ersatz für die abgetretenen polnischen Provinzen Rußland in Königsberg und Oestreich in Berlin einsetzen? Diese albernen Vorschläge sind übrigens die unvermeidliche Auskunft, zu der man seine Zuflucht nehmen muß, wenn man irgend eine Möglichkeit ausfindig machen will, ein Werk zu Stande zu bringen, das als blos von Napoleons Willen abhängig dargestellt wird. Doch wenn von der einen Seite Rußland sich weigert, und seine Weigerung erliegt wohl keinem Zweifel [1]), so muß

1) Sobald in Polnisch-Preußen sich Truppenabtheilungen unter Dombrowski's, des Fürsten Poniatowski und Zajonczeck's Befehlen gebildet hatten, waren nahe an zwölftausend Mann aus den russisch-polnischen Provinzen, aus Litthauen, Wolhynien, Podolien und der Ukraine zu ihren Fahnen geeilt. Weder Entfernung, noch Schwierigkeiten des Fortkommens, noch Besorgniß vor den Verfolgern hatten ihren großmüthigen Eifer gehemmt. Um diese Bewegung zu neutralisiren, hatte Kaiser Alexander den Gedanken, einen Aufruf zu einer Art von Pospolite Ruszenie (Aufstand in Masse) der Litthauer ergehen zu lassen, denen man einen Polen zum obersten Befehlshaber geben wollte. General Kniaziewicz war damals in Wolhynien und man nahm an, daß er in Folge einer Privatmißhelligkeit den französischen Dienst verlassen habe; er wurde daher in das Hauptquartier des Kaisers nach Taurogen gerufen. Der Kaiser Alexander theilte ihm nach mehrern sehr wohlwollenden Aeußerungen und schmeichelhaften Versprechen für die Zukunft der Polen, den Plan mit, eine litthauische Armee auszuheben und ihm den Oberbefehl davon anzuvertrauen. Des Generals Kniaziewicz Antwort konnte jedoch nicht zweifelhaft seyn. Er gab dem Kaiser zu verstehen, daß un-

15 *

man es wohl durch die Waffen dazu zwingen? Folglich müßte Napoleon, der jetzt am Riemen eingetroffen ist, einen neuen Krieg anfangen, zu einem neuen Zweck, für ein dem bisherigen Kampfe zwischen Rußland, Preußen und Frankreich völlig fremdes Ergebniß? Von der andern Seite muß er auch Oestreichs Neutralität, die er nur mit Mühe aufrecht erhält, Gewalt anthun und diese Macht zwingen, selbst sich in den Kampf einzulassen. Die zahllosen Schriftsteller, welche eine unausführbare Hypothese als möglich dargestellt haben, scheinen vergessen oder nicht gewußt zu haben, daß der scheinbar neutrale Wiener Hof stets seine Rüstungen fortgesetzt hat, daß er für die Fälle eines Krieges vorbereitet ist, daß der bloße Verdacht von mittelbaren Versuchen auf die Treue der unterworfenen polnischen Provinzen mehr als einmal schon seine Einsprüche und Klagen veranlaßt hat; daß endlich die Gesandten von Rußland, England und Preußen, in Wien durch eine Frankreich feindliche Oligarchie unterstützt, ungeduldig auf einen Vorwand harren, um den östreichischen Hof zur entschiedenen Erklärung gegen Napoleon zu bestimmen. Das wären die neuen Proben gewesen, die er zu bestehen gehabt hätte, wenn er in Tilsit, vom unüberlegten Wunsche getrieben, Polen herzustellen, alle Vortheile seiner Lage hingeworfen hätte, ohne einen glorreichen Frieden zu schließen und sich auf's neue in einen Kampf eingelassen hätte, dessen Verwickelungen und Ausgang nicht vorauszusagen waren. Wie viel begründete Vorwürfe möchten in diesem Falle nicht dieselben Leute ihm gemacht haben, die wegen seiner entgegengesetzten Entschließung ihm so ungerechte machen!

Und ist's denn außerdem nicht schon ein sehr ausgedehn-

möglich Se. Kais. Maj. von ihm eine so ungünstige Meinung hegen könne, zu glauben, daß er Landsleute zum Kampfe gegen Landsleute zu führen im Stande sey. Er fügte hinzu, daß er nie einen Heeresbefehl annehmen könne, als für eine Sache, die Polens Unabhängigkeit beabsichtige. Der Kaiser war gerecht gegen des Generals Gesinnungen und vielleicht war nach den Unfällen von Heilsberg und Friedland seine nicht ungegründete Besorgniß vor der Stimmung der seiner Herrschaft unterworfenen polnischen Provinzen eine der Ursachen, die ihn zum Frieden bewogen.

ter Gebrauch seines augenblicklichen Einflusses
Rußlands Gränze einen neuen Staat gründet,
lionen hundertausend Einwohner hat, der von
schaffen und beschützt, für Frankreich ein vorgesc
zu gleicher Zeit gegen Rußland und gegen Oes
die Wahl des Fürsten, den er diesem neuen Sta
Königs von Sachsen, eines Nachkommen von
scher Regenten und der selbst durch den Wunsch
früherer Zeit zum Throne war berufen, worden
dige Drohung, um den Petersburger und W
Achtung zu erhalten? Darf man einem russisch
ler, Hrn. von Buturlin, glauben, „so konnte
Sinn dieser Anordnungen nicht verkennen, abe
liche Lage Europa's gebot ihm, den Krieg um i
vermeiden." Napoleon hatte sonach schon seh
Polen gethan durch die Gründung eines S
Hauptstadt Warschau war. Darum, daß eine
neue Staat ein Anlaß zu Frankreichs Verfall we
er doch nichts weniger mit Ueberlegung als ei
ches Werkzeug zu großen Vortheilen begründet,
Jahre lang wird er diesen Zweck erfüllen, inden
zösischen Heerabtheilungen, welche fortwährend
die preußischen Festungen Stettin, Küstrin und
halten, zum Stützpuncte dienet.

Abgesehen davon, daß das östreichische Cal
einmal in seiner Besorgniß für die polnischen P
Unzufriedenheit über den bloßen Gedanken ei
von Preußisch-Polen bemerklich gemacht hatte,
Cabinet auch auf die erste Nachricht von der
Friedland einen seiner Generale, den Hrn. vo
nach dem Hauptquartiere des Kaisers Napoleon
mit dem zeigbaren Auftrage, der vom Wiener
tenen Vermittlung weiteren Erfolg zu geben
That, um von Seiten beider Kaiser jeder Anc
zukommen, die dem gegenwärtigen Bestande d
Monarchie Eintrag thun könnte. General St
im französischen Hauptquartiere mit der Ausz
nommen wurde, die einem Gesandten des öst

sers zukommt, wurde zwar nicht in die Verhandlungen zwischen Napoleon und Alexander eingeweiht, doch war seine Gegenwart nichts desto weniger ein vorausgenommener Einspruch, im Falle man eine wichtige Verfügung hätte treffen wollen, über welche sich Oestreich hätte beschweren können. Von allen Klagen über Napoleon ist sonach die ungerechteste die in Bezug auf Polen. Verhält sich's aber ebenso mit den Klagen wegen Schweden und der Türkei?

In Bezug auf die Türkei giebt des Kaisers Verfahren zunächst minder gültige Entschuldigungen an die Hand, und doch findet man, wenn man sein Unrecht nach den Thatsachen beurtheilt, daß es nur vorübergehend und erzwungen war. Als in seinen Mittheilungen an das russische und preußische Hauptquartier, er die Zulassung der Türkei mit Frankreich zu dem in Kopenhagen beabsichtigten Congresse gefordert hatte, so geschah dieses in der Voraussetzung, daß England dort gleichmäßig mit Rußland würde zugelassen werden. Durch seinen neuen Bund mit dem türkischen Cabinet hatte er zwar sich nicht verbindlich machen wollen, den Frieden nur in Uebereinstimmung mit diesem Cabinette abzuschließen; er hätte folglich allein unterhandeln können, aber seine Pflicht war, über die Interessen seines Verbündeten zu wachen. Ist er nun dieser Pflicht in Tilsit nachgekommen oder nicht? Zweifelsohne giebt es viele Wahrscheinlichkeit, daß, wenn er damals über den Niemen gegangen, Napoleon, auf die Gefahr hin, einen neuen Krieg auf russischem Grund und Boden anfangen zu müssen, wohl hätte Alexander zwingen können, einen Frieden mit den Türken zu schließen, der beide Staaten in die Lage zurückversetzt hätte, worin sie vor der Eröffnung der Feindseligkeiten sich befanden. Aber war man auch der Ausdauer des Divans beim französischen Systeme so sicher, daß man den Kaiser zu einem so gewagten Unternehmen hätte veranlassen mögen? Darf man zweifeln, daß Selim, ohne General Sebastiani's kräftiges Verfahren, sich und sein ganzes Reich nicht Rußland und England auf Gnade und Ungnade ergeben haben würde? Uebrigens war dieser Fürst, ein persönlicher Freund der Franzosen, nicht mehr am Leben. Wer weiß, welchen Weg der ihm gegebene Nachfolger einschlagen

wird? Soll Napoleon gewissen Vortheilen au
gung eines Hofes entsagen, der vielleicht mor
mehr mit ihm im Bunde ist? Indessen hat er
den Türken die Möglichkeit zu einer paßlichen
offen zu halten. Durch den 22sten, 23sten un
seines offenkundigen Vertrags mit Alexander
setzt, daß die Russen die Moldau und Walach
len. Nur die Wiederbesitznahme dieser Provir
Türken ist bis auf den Abschluß des Frieden
tersburg und Constantinopel ausgesetzt, und
die Vermittelung zum Abschlusse dieses endl
Diese halbe Clausel findet sich auch in seinem
Eine einstweilige Uebereinkunft soll unterzeichn
die Fristen festzusetzen, welche die Truppen beid
chen werden, „um die Länder zu verlassen, aus
rücken sollen." Wenn in dieser Hinsicht er
schen Cabinette kein Hinderniß findet, so erhä
Anordnung des 8ten Artikels des Bundesabschl
wendung und es zerfallen sonach die auf den
Fall zu Tilsit gebauten Theilungspläne der
die den Gegenstand ihrer halb philanthropische
schen Unterhaltung ausgemacht hatten, in Nich

Um sich der Gesinnungen der Türken zu
Kaiser Napoleon am 9ten Juli von Tilsit den
leminot mit einem russischen Officiere abreisen
kündigung der auf die Türkei bezüglichen Fri
Vertrages sowohl dem russischen General Mi
Pascha oder dem Groß-Vezier zukommen zu
türkische Heer befehligte. Von dort soll sich
nach Constantinopel begeben, wo der General
auf bestehen würde, daß die Pforte bestimmt
sie den sie betreffenden Bedingungen im Fried
träte, oder nicht. Im Falle der Einwilligu
Guilleminot Befehl, zu General Michelson zu
beim Abschlusse des Waffenstillstandes den V
und bei allen einstweiligen Anordnungen, di
des Friedensvertrages zwischen der Pforte u
treffen wären. Es ist ihm anempfohlen, ni

gen zu lassen, daß der Kaiser gesonnen ist, „Rußland sowohl in den Sachen als in den Formen möglichst zu schonen.“ Da der Groß-Bezier und der General Michelson sich zur Ausführung der in Tilsit angenommenen Artikel bereitwillig gezeigt hatten, so wird ein Waffenstillstand zwischen ihnen (am 24sten August) zu Slobosie in Gegenwart des Generals Guilleminot unterzeichnet. Nach dem 3ten Artikel dieses Waffenstillstandes sollen die russischen und türkischen Truppen gleichmäßig in einer Frist von fünf und dreißig Tagen die Moldau und Walachei verlassen.

Da die französische Vermittelung diesen ersten Erfolg erlangt hatte, so dachte Kaiser Napoleon nur ferner darauf, den Waffenstillstand vom 24sten August zur Ausführung zu bringen und den Abschluß eines Friedens zwischen Rußland und der Türkei zu begünstigen. Da erhob sich zwischen den beiden Kaisern eine Art von Streit, dessen späterhin von uns genauer auseinander zu setzende Einzelnheiten die Genauigkeit unserer Berichte über das Wesen ihrer Einigungen und ihre Tilsiter Plane bestätigen werden.

Wenn eines Tages die Türken, von England verlockt oder aus andern Gründen, Frieden mit Rußland schließen werden, zu einer Zeit, wo das Aufhören des Krieges an der untern Donau für Frankreich ein Unglück ist, dann wird man behaupten, daß die Türkei durch diese plötzliche Entschließung Napoleon nur habe dafür strafen wollen, daß er im Jahre 1807 ihre Sache aufgegeben habe. Doch das ist ein Irrthum. Hätte Napoleon auch mehr noch in Tilsit für die Pforte gethan, so befugt doch nichts zu dem Glauben, daß er besser gegen den Unbestand und die Verkäuflichkeit des türkischen Ministeriums geschützt gewesen wäre. Folglich kommt Alles darauf an, daß man bestimmt wisse, was im Jahre 1807 für Frankreich das Zuträglichste war: entweder den Türken vollständige Genugthuung zu verschaffen, oder Rußland zum Antheil an dem Festlandsysteme zu bewegen. Damals konnte die Wahl nicht zweifelhaft seyn. Das erklärt Napoleons Verfahren. Man könnte freilich wünschen, daß er, wenn auch immerhin sich der Unterstützung des Petersburger Cabinets für das wichtigste seiner Unternehmen versichernd, sich die mindeste Gefäl-

ligkeit gegen dieses Cabinet versagt hätte, die
nopel hätte mißfallen können. Aber war er d
Stande? Fern davon, sich zu beklagen, daß
Alexander zu wenig gefordert habe, mag man
dern, daß er so viel von ihm erlangt habe.

Was den Vorwurf gegen den Kaiser Na
zur Schwächung Schwedens beigetragen zu ha
Thatsache dieser Schwächung unbestritten eine
zwischen den Höfen von Petersburg und Paris
Bundes. Doch war es nicht Schweden, wel
eigentlich damit züchtigen wollte; sondern es
näckigen Verbündeten Englands. Stets di
tung der Unabhängigkeit Schwedens wünschen
poleon doch nichts mit einem Fürsten anfangen
nerlei Näherung einging; der in einem Auge
von der Schlacht von Friedland, vom abgeschl
stillstande zwischen Frankreich und Rußland,
Eröffnung der Tilsiter Verhandlungen Kunde
klugheit begeht, den Waffenstillstand von Sc
kündigen, und allein ein siegreiches Heer h
dessen zehnter Theil zu seinem Verderben a
Eintreffen eines englisch-hannöverschen Cor
Cathcarts Befehlen, die Vereinigung von fün
send Preußen unter General Blüchers Befehlen
Fürsten zu der Meinung, daß es ihm allein
Europa's Schicksal zu wenden.

Uebrigens gefällt sich zu Zeiten die laun
tin darin, nach einiger Zeit das wirklich zu mac
lang der Traum eines Wahnsinnigen schien
Adolph ist davon ein glänzendes Beispiel. D
durch seine Mißgriffe seine Unterthanen zwang,
zu stoßen, blieb in ganz Europa allein dabei,
der Bourbonen als den Hauptgegenstand jedes
Frankreich anzusehen. Indem er in einem Bri
nig von Preußen, vom 2ten Juni, seinen Wi
zur Herstellung der allgemeinen Ordnung beizu
hinzu: „Um diesen wichtigen Zweck zu erreic
glaube ich, für die legitime Sache des Hause

entscheiden und nie die Grundsätze und die Rechte aus den Augen lassen, auf denen das Daseyn aller gesetzlichen Regierungen und ihrer Unterthanen begründet ist." Während ganz Europa ein gestürztes Fürstenhaus vergißt, zeigt es von Seelengröße, wenn man mit so muthvollem Eigensinn gegen diese allgemeine Vernachlässigung ankämpft. Nur das ist zu bedauern, daß dieser Heroismus der Ausdauer bei einem Charakter hervorbricht, der in allen andern Beziehungen sich als unbeständig und launenhaft darthut.

Der König von Preußen hat, so unglücklich er auch selbst ist, nicht versäumt, in Tilsit einige Versuche zu Gustavs IV. Gunsten zu machen. Er wünscht, zu verhindern, daß die am 3ten Juli vom Könige von Schweden erfolgte Kündigung des Waffenstillstandes keine Wiederaufnahme der Feindseligkeiten herbeiführe, und er ladet Napoleon ein, seine Generale zu beauftragen, daß sie nochmals die Unterhandlungen mit Schweden wieder anknüpfen: „Napoleon", schrieb er am 16ten Juli an Gustav, „schien meinen Vorschlag anzuhören, und hat mich aufgefordert, mich zu verwenden, daß die Feindseligkeiten zwischen Ew. Maj. und ihm aufhören; was er als für beide Theile gleichmäßig wünschenswerth ansieht, da Schweden nach seiner Lage nie ein Feind Frankreichs seyn kann." Diese Stimmung des Kaisers war aufrichtig, ungeachtet des persönlichen Grolls, den er gegen den König von Schweden empfinden mochte. Dieser Letztere hatte bei einer Zusammenkunft mit Marschall Brüne am 4ten Juni, dem Marschall General Monks Rolle vorgeschlagen. Der Antrag, mag er nun von einem Grundsatze ausgegangen seyn, von welchem er wollte, bewies damals eine völlige Unkenntniß der Zeiten, der Menschen und der Dinge. Er zog dem Könige von Seiten des Marschalls Brüne den öffentlichen Vorwurf zu [1]), „den Charakter der königlichen Majestät verletzt zu haben, indem er sich unmittelbar mit Bestechungsversuchen befaßte, die stets den damit Beauftragten eben so sehr entehren, als den, der sie aufträgt." Napoleon machte einen Unterschied zwischen Schweden und seinem Könige und schrieb daher an Marschall

1) Tagesbefehl vom 10ten Juni.

Brüne[1]): „Sie müssen von diesem Monarchen wie von einem Menschen sprechen, der mehr über ein Narrenhaus zu herrschen verdiente, als über das brave schwedische Volk." In Bezug auf Schweden selbst zeigt der Kaiser, wenigstens damals, durchaus keine feindliche Stimmung, und wenn er Pommern zu besetzen und Stralsund zu belagern befiehlt, „so geschieht es, um dadurch eine Provinz zu gewinnen, die als Ausgleichung zu gebrauchen wäre, wenn es endlich zum Abschlusse eines Friedens mit England kommen sollte." Noch ist zu bemerken, daß Gustav, bei einem Umstande, wo Alles ihm heilsame Zögerung vorschreibt (als nämlich der französische Marschall einen mit dem General von Essen abgeschlossenen Zusatzartikel in Anspruch nimmt, dem zufolge die Feindseligkeiten erst einen Monat nach der Kündigung des Waffenstillstandes anfangen sollen), gleichsam gedrängt, seinem Unglücke entgegen zu eilen, die Ausführung dieses Artikels verweigert, und obgleich der Oberbefehlshaber seiner Truppen ihn zugestanden hat, doch den Kampf nach einer Frist von zehn Tagen schon wieder erneuern will. Diese traurige Freude wird ihm gewährt. Am 13ten Juli geht das französische Heer auf vier Stellen über die Peene; am 14ten nimmt es eine Stellung vor Stralsund ein; am 15ten vollendet es die Sperre dieser Festung. Gleichzeitig zieht sich General Blücher mit den preußischen Truppen, in Folge des Tilsiter Friedens, zurück und die englischen Truppen, nicht eben danach sich reißend, einen unglücklichen Verbündeten zu vertheidigen, überlassen ihn seinem bösen Schicksale, indem sie sich einer würdigern Bestimmung der gegenwärtigen Staatskunst ihrer Regierung aufsparen. Am 20sten August öffnet Stralsund seine Thore. Am 7ten September läßt Gustav, auf der Insel Rügen bedrängt und mit einem Aufstande der Einwohner bedroht, eine Capitulation über die Auslieferung dieser Insel an die Franzosen unterzeichnen. Zu den berühmten Beutestücken, die durch den Sieg schon in Paris vereinigt sind, kommt das Scepter und der Befehlshaberstab des ersten Siegers von Lützen, Gustav Adolphs, hinzu. Ist bis dahin, i

1) Brief vom 2ten Juli.

dem Streite zwischen Schweden und Frankreich, das Unrecht wohl auf der Seite des Kaisers?

Was Preußen betrifft, so bin ich weit entfernt, Napoleons strenges Verfahren zu entschuldigen. Es zu erklären, ist weniger schwierig. Gewöhnlich verlischt politischer Haß in den Schlachten. Hier aber lebt der Haß auch nach dem Kriege fort. Der Friede ist nur scheinbar. Das Wort steht im Friedensvertrage; aber die Sache war weder in Preußen noch in Frankreich in den Gemüthern. Die beste Erklärung für diese traurige Ausnahme ist wohl die, daß es ein Krieg gegen die Natur war. Daß Napoleon als solchen ihn ansah und nur wider Willen ihn führte; daß er einen Verbündeten in Preußen zu besitzen gewünscht hätte und nun gezwungen, diese Macht zu stürzen, sich einigermaßen zu einer Selbstverstümmelung genöthigt sah. Dazu kommt noch, daß dieser Krieg, von Seiten des Berliner Hofs, kein Krieg der Politik gegen die französische Macht gewesen war, sondern ein Krieg der persönlichen Leidenschaft gegen den Kaiser. Der Mensch war angegriffen; der Mensch wurde noch verflucht und der Mensch war es auch, der sich rächte. Der Hof von Memel verzeiht eben so wenig Napoleon seine Niederlage, als dieser ihm die Nothwendigkeit verzeiht, Krieg haben führen zu müssen. Der Hof ist auch nicht besiegt; er ist nicht einmal verändert. Diejenigen, welche das Vertrauen des Königs und der Königin am meisten genießen, sind gerade die, welche einen Krieg auf Leben und Tod gegen Napoleon verlangten. Er weiß das und sein Groll ist daher noch gleich heftig. Vier Tage nach der Unterzeichnung des Friedens haben seine Armeeberichte noch dieselbe Bitterkeit [1]), wie am Anfange des Feldzuges. Seine Zornblitze fallen auf General Rüchel, der bei Jena verwundet, gepflegt und von den Siegern freigelassen, sich seitdem gegen französische Kriegsgefangene auf eine gehässige Weise betragen hat. Doch in Rücheln zielt er auf den Hof selbst, weil er im Betragen dieses Generals den Geist erblickt, der den ganzen Hof belebt.

1) Armeebericht vom 18ten Juli.

Bei seiner Rückreise durch Sachsen empfing Napoleon zu Dresden zwei preußische Deputationen, die eine von der Stadt Berlin selbst, die andere vom Ausschusse der märkisch-brandenburgischen Stände. Beiderlei Abgeordnete [1]) kamen mit zerrissenen Herzen und verzweifelt von ihrer Sendung heim. Persönlich hatten sie eine wohlwollende Aufnahme gefunden, aber in Bezug auf den König hat Napoleon ihnen eine Stimmung verrathen, welche sie eben so sehr als eine verlorene Schlacht bekümmerte: „Ich weiß nicht", sagte Napoleon, „was Euer König für ein Mann ist. Ich hätte ihn entthront, wenn der Kaiser von Rußland noch drei Tage anstand, Frieden zu schließen.... Ich hätte Euch eine Verfassung gegeben und wer weiß, ob Ihr minder glücklich gewesen wäret?.... Mehr als zehnmal habe ich ihm den Frieden angeboten. Noch diesen Winter wollte ich ihn in seine Hauptstadt zurückführen, aber er zog vor, Adjutant des Kaisers von Rußland zu seyn und sich in die Arme der Kosaken zu werfen.... Ich habe den Krieg nicht gewollt; ich habe am Rheine genug.... Mir gehört Ihr nicht mehr an; Ihr waret mein Volk durch das Recht der Eroberung, doch Ihr habt aufgehört, es zu seyn.... Mir kommt es zu, Euerm Könige die Mittel zu nehmen, daß er in sechs Monaten nicht auf's neue Krieg mit mir anfängt.... denn ich zweifle gar nicht, daß er damit aufhören wird, neue Mißgriffe zu thun. Euer König war übel berathen; niemals hatte er ein entschiedenes System. Als ich ihn für meinen Freund hielt, half er mir nicht; ich mag ihn lieber zum Feinde haben. Dann ist's eine andere Sache und ich weiß dann, was ich zu thun habe." Man begreift, wie sehr treue, diesem unglücklichen Fürsten redlich ergebene Unterthanen durch eine solche Sprache mußten betrübt werden. Den näheren Gegenstand ihres Gesuchs, die von Preußen zu zahlenden Kriegssteuern, hatte Napoleon durch

1) Beim Weggehen aus dem Sprachzimmer des Kaisers schrieben sie Alles, was vorgegangen, in einem Berichte nieder. Man ließ blos einige für den König zu harte Worte aus, weil man ohne Zweifel vorhatte, diesem einen Bericht zu erstatten. Aber man sammelte sie in einem gesonderten Auszuge. Ich habe Abschriften von beiden Actenstücken unter den Händen.

die Erklärung beseitigt, daß er nichts von einer Provinz allein fordere, und daß dieses ein Gegenstand sey, der unmittelbar zwischen ihm und dem Könige verhandelt werden müsse.

Preußens Unglück war, daß der Betrag der Kriegssteuer nicht durch den Friedensvertrag selbst war festgesetzt worden. Man hatte sich darauf beschränkt, übereinzukommen, daß diese Festsetzung durch gegenseitig zu ernennende Commissare geschehen sollte, man sieht aber voraus, daß bei einem solchen Verfahren die Verhandlung ungleich ist. Der Kaiser nimmt sowohl den Betrag der außerordentlichen auf das Land geworfenen Kriegssteuern in Anspruch, als auch den Betrag der gewöhnlichen Steuern, die er durch die zu Berlin errichtete französische Verwaltung vollständigst zu erheben gedacht hatte. Preußen verlangt, daß die im Lande genommenen Lieferungen bei der außerordentlichen Kriegssteuer in Abzug gebracht würden; aber der Kaiser weiset diesen Antrag weit von sich. Man ging folglich von zwei so weit aus einander liegenden Puncten aus, daß es nicht leicht möglich ist, sich zu verständigen. Die preußischen Commissarien, Baron von Stein und Regierungsrath Sack, als ob sie den Werth der Zeit nicht kennten, machen sich's zum Vergnügen, mühsam ganze Stöße von Rechnungen zusammenzubringen, die man nicht liest, um den Satz zu erweisen, daß die preußische Schuld, sowohl an gewöhnlichen Steuern als an außerordentlichen Kriegssteuern, nur noch neunzehn Millionen Franken beträgt. Das war kein guter Einfall, den Abstrich bis zu diesem Grade zu treiben. Napoleon wird darüber böse und ohne sich in einen Zwist unendlicher Ziffern einzulassen, setzt er seine Forderung auf hundert funfzig Millionen fest [1]). Einige Zeit vorher hatte er sogar geschrieben [2]): „Kann man diese Summe auf zweihundert Millionen steigern, desto besser [3]).“ Um diese hun-

1) Brief vom 29sten Juli.

2) Brief vom 22sten Juli.

3) In der Geschichte dieser Zeit, von einem Preußen geschrieben, möchten wahrscheinlich der General-Intendant für das Heer und die eroberten Länder, Herr Darü, und ich selbst, der ihm als General-Verwalter der Staatsgüter und Finanzen Preußens zur Seite stand, als unbarmherzige Beamte geschildert seyn, deren barbarischer Eifer, um

dert funfzig Millionen herauszubringen, verlangt er funfzehn Millionen vor der Räumung des Landes, neunzig in Wechseln und für die übrigen fünf und vierzig Millionen wollte er Staatsgüter annehmen. Jeder seiner Briefe aus der damaligen Zeit enthält für Preußen verletzliche Bemerkungen. „Mich däucht, man macht in Memel schlechten Spaß", schreibt er am 26sten September [1]....." „Der König von Preußen braucht kein Heer, er ist mit keinem Menschen im Kriege".... Indessen muß man sich nicht täuschen. Nicht bloße Habgier nach Gelde giebt ihm diese übertriebenen Forderungen ein. Er hat einen wichtigern Zweck im Auge. Durch die Unmöglichkeit, ihnen zu genügen, ist Napoleon auch befugt, Pfänder zu fordern, die er behalten will, bis Preußen völlig seine Schulden abgetragen. Eine peinliche Bedingung, welche der König doch endlich wird unterschreiben müssen.

Mitten unter diesen Verhandlungen hörte, wie man leicht begreift, der König von Preußen nicht auf, den Kaiser von Rußland mit seinen Klagen zu ermüden und seine Vermittelung bei der französischen Regierung in Anspruch nehmen. Ale-

dem Kaiser zu gefallen, die ärgsten Erpressungen über Preußen verhängt habe. Aber die Anklage wäre falsch. Bei aller Ergebenheit im Dienste des Kaisers, legte Herr Darü ihm nur vernünftige und gemäßigte Vorschläge vor. „Ich kann", schrieb ihm Napoleon, „die Schätzung der Jahreseinkünfte zu drei und dreißig Millionen nicht annehmen." Und doch war diese Schätzung für den Landestheil, für den er sie angab, genau. Ohne auf alle Unterlagen Rücksichten zu nehmen, schloß der Kaiser, eine Berechnung nach seiner Weise machend: „Alle diese Berechnungen bestimmen mich zu dem Gedanken, daß der König von Preußen mir noch hundert und funfzig Millionen schuldet," und er befahl, diese beizutreiben. Das war eine Maaßregel der höhern Staatskunst, ein Cabinetsbefehl. Was konnte der General-Intendant thun? Eine angenehme Erinnerung an Berlin, wo ich in besseren Tagen mit vielem Wohlwollen war aufgenommen worden, bestimmte mich, persönlich eine Erleichterung der Landeslasten lebhaft zu wünschen. Oft habe ich gegen ihr Uebermaaß Vorstellungen gethan, doch hatte ich auch Pflichten zu erfüllen. Nichts war offener, als mein Verfahren gegen die preußischen Behörden. Ich stellte ihnen die Forderungen des Kaisers zu und suchte mit ihnen selbst die Mittel auf, ihnen zu genügen, indem ich bemüht war, dem Lande möglichst wenig Böses zuzufügen.

1) Brief an Herrn Darü.

xander ist nicht unempfindlich gegen die Leiden seines Verbündeten; doch mit neuen Planen beschäftigt, thut er zu Gunsten seines königlichen Freundes nur mit schüchterner und schwacher Stimme Einspruch: „Gewiß denkt man nicht daran, etwas in alle dem abzuändern, was der Kaiser (Napoleon) Preußen aufzuerlegen für gut finden wird," aber der Kaiser Alexander entsinnt sich, „daß es auf seine Vorstellung geschah, daß er den Fortbestand dieses unglücklichen Landes genehmigte.... Er gesteht sich nur ungern zu, daß der Kaiser doch wohl nicht gegen Preußen blos Vorsichtsmaaßregeln trifft, indem er fortwährend die preußischen Festungen besetzt hält"…. Wenn die russische Regierung in dem Augenblicke, wo sie sich gegen England erklärt, auf diese Weise Preußen dem Kaiser Napoleon auf Gnade und Ungnade hingiebt, ist dieser dann wohl so verdammlich, wenn er dem Petersburger Cabinet auf der türkischen Seite einige Zugeständnisse einräumt?

Bei der Auseinandersetzung des Tilsiter Friedens rechnen alle Geschichtsschreiber und selbst die erbittersten gegen den Kaiser, ihm die Mäßigung zur Ehre an, daß er dem Könige von Preußen die Hälfte seiner Staaten zurückgab. Nur einige sehen darin eine beziehungsweise Mäßigung. Ich bin weniger nachsichtig und wie ich glaube gerechter als Alle. Hier ist weder von beziehungweiser Mäßigung noch von unbedingter die Rede. Weil man über einen Feind gesiegt, mit den Waffen in der Hand Herr seines Landes geworden, hat man noch immer keinen rechtmäßigen Besitz erworben, und wenn man von neun Millionen Einwohnern einem Monarchen beinahe die Hälfte nimmt, so darf man sich weder für gemäßigt ausgeben noch dafür gelten. Dann hat man das Eroberungsrecht so weit getrieben, als es in neuern Zeiten getrieben werden darf.

Der gültigste Vorwurf, den man gegen den Kaiser erhoben hat, ist der, daß er in Bezug auf Preußen entweder zu viel oder zu wenig gethan hat. Er mußte den König absetzen, hat man gesagt, oder sich einen zuverlässigen Verbündeten aus ihm machen. Jede dieser Verfahrungsweisen bot mehr Schwierigkeiten dar, als man zu glauben scheint. Zunächst kann Kaiser Alexander wohl die Verminderung der preußischen

in Jahrhunderten, wo die Staatskunst ohne Bedenken den bequemen Grundsatz befolgte, eine ganze gestürzte Familie um der Sicherheit des Gewaltinhabers willen umbringen zu lassen. Auf einem beschnittenen Throne, am rechten Ufer der Elbe war Friedrich Wilhelm für Europa eine weit weniger wichtige Person, als wenn er landflüchtig, um seine ganze Monarchie gebracht, herumgeirrt wäre. Dadurch, daß er ihm die Hälfte seiner Staaten ließ, sicherte Napoleon den freien Besitz des Uebrigen dem neuen Fürsten, den er darin einzusetzen für gut fand. Die vorgebliche Mäßigung des Kaisers war sonach nur eine wohlverstandene Strenge.

Aber stand es in seiner Macht, sich so großmüthig zu zeigen, daß er den Dank, die Liebe des preußischen Volkes und seiner Regierung erwerben konnte? Ein solcher Versuch der Großmuth wäre ein gewagtes Unternehmen gewesen, und schon darum vielleicht unverständig, weil der Erfolg zweifelhaft war. Abgesehen davon, daß Frankreich eine reichliche Entschädigung für seinen Aufwand und seine Opfer brauchte, ist es sehr wahrscheinlich, daß der preußische Hof, in seine Staaten bis an den Rhein wiederhergestellt, doch eine gedemüthigte Macht, voller Groll und insgeheim undankbar geblieben wäre; eine Macht, auf der die Wohlthat ihrer Erhaltung selbst wie eine Last gelegen hätte. Uebrigens darf man nicht vergessen, daß der Kaiser in seinen Feinden auf dem festen Lande stets England bekämpft, und durch die Aufstellung von französischen Besatzungen in Danzig sowohl, als in den preußischen Oderfestungen, sichert er die strengste Befolgung der Festlandsperre bis an die Gränze von Rußland. Die Sache von jeder Seite angesehen, konnte Napoleon glauben, daß es zuverlässiger sey, einen neuen Staat auf Preußens Kosten zu gründen, der othwendig von ihm abhängig bleiben mußte, als ein Vertauen auf einen Hof zu setzen, das nochmals getäuscht weren konnte, da der preußische Hof von dem Augenblicke ab, vo er sich durch Frankreichs Freundschaft vergrößerte, nämich von 1800 bis 1803, nie ein nützlicher Verbündeter seyn vollte.

Außerdem hätte man, um sich Preußen sicher zu gewinnen, auch ihm die polnischen Provinzen wiedergeben müssen, deren Truppen eben so tapfer in unseren Heeren gefochten hatten! Der Kaiser hatte Polen nichts versprochen; aber er hatte die Hälfte des Theils von diesem alten Reiche angenommen, der Preußen zugefallen war; er hatte ihm eine einstweilige Regierung gegeben. Als Sieger war er ihm Unabhängigkeit schuldig; sich selbst war er die Erhaltung eines Helfers schuldig, der nicht anders als ihm treu seyn konnte denn er wäre ihm stets durch die Bande der Hoffnung verpflichtet gewesen. Der Abbé von Montgaillard ist vielleicht der einzige Mensch in der Welt, der sagen konnte, daß das Ergebniß des Krieges hätte seyn müssen, Preußen zu vergrößern, die Liebe seiner Regierung durch lauter Großmuth zu erobern; als ob Frankreich, wenn es seine Macht wieder erhoben hätte, nachdem es sie niedergestürzt, wenn es neue Waffen in seine Hände gegeben, hätte sicher seyn können, daß es sie nicht gegen Frankreich selbst kehre. Diese sonderbaren Behauptungen scheinen nur zum Zwecke zu haben, eine Vergleichung zwischen der Lage des Königs von Preußen und der Lage des Porus einzuleiten: wäre aber Napoleon einem solchen Beispiele gefolgt, würde man nicht, und mit vielem Grunde, ihm vorgeworfen haben, daß er gegen die Vorschriften einer vernünftigen Staatsklugheit fehle, um einen falschen Heroismus zur Schau zu tragen und den macedonischen Kriegshelden zu parodiren?

In Allem, was in Tilsit festgesetzt worden ist, liegt was Gigantisches, sagt man, was Colossales, aber nichts Vollständiges, nichts Fertiges. Man hat recht. Nichts kann auf dem Festlande vollständig und fertig seyn, wenn man nicht den allgemeinen Frieden erlangt. Frankreich, wie England, ist in dem Gleise, ohne Maaß um sich zu greifen. Jede dieser beiden

Mächte muß wachsen, bis die eine von beiden r
ist ein Unglück der Zeit, das ist nicht eine Stell
Wahl. Napoleon fühlt an seinem Theile das
er erkennt die Gefahr, doch liegt es nicht in
sich ihr zu entziehen. Weniger als irgend Jen
sich über die mit einer so ungeheuern Ausdehr
nen Gefahren. Aber er ist Herr des Festlandes
den Seefrieden nicht hoffen. Vielleicht liegt
rung gegen Preußen der Gedanke zu Grunde,
die Feldzüge von Austerlitz noch von Jena un
machen gebraucht hätte, wenn diese Macht i
1800 bis 1805 sich hätte mit ihm vereiniger
daß längst schon die in den einzelnen Kriege
versplitterte Kraft ausgereicht hätte, England z
zwingen.

Die mannigfachen Fragen, die ich eben du
würden immer den Vortheil haben, man mag
sicht derselben billigen oder nicht, alle die Ur
Augen zu bringen, die in Tilsit auf Napoleon ein
konnten und die verschiedenartigen Interessen v
er unter sich abzuwägen hatte. Um zur Errei
ßen Gedankens zu gelangen, der alle andern
verschlang, nämlich zum Frieden zur See, so
Wenigste, daß er zum Tausch für die Unterstützu
tigen Reiches, der Einbildungskraft des Kaiser
Türkei für unbestimmte Träumereien preisga
nicht der einzige Gewinn, den er davon ha
Anerkennung Josephs als König von Neapel,
ser Alexander das Schutzrecht ab, das sein Vat
bis dahin so eifersüchtig in Italien geübt ha
Anerkennung des Rheinbundes gab er ganz T
Ausnahme von Oestreich, der französischen
Das in Tilsit errichtete Gebäude ermangelte
auch nur ein theilweises und für die Zeit e
nicht der Festigkeit, weil es ungeachtet des östr
im Jahre 1809 und des nie endenden Krieg
sich beinahe sechs Jahre erhält und erst durch
1812 zusammengestürzt wird.

Was nun Napoleons System betrifft, das Festland gegen England aufzuregen, um dieses zum Frieden zu zwingen, so kann man wohl fragen: durfte der Erfolg als gewiß oder wenigstens nur als wahrscheinlich angesehen werden? Die späteren Hergänge befugen zu einer bejahenden Antwort; aber wäre auch Napoleons System schlecht, falsch, unausführbar gewesen, stand es denn in seiner Macht, ein anderes zu haben? Wenn man zum Kriege verdammt ist, muß man wohl die Bündnisse vervielfältigen, verallgemeinern, bis man, wo möglich, seinen Feind der ganzen Welt allein gegenüber lassen kann.

Was waren die Gründe, welche den Kaiser Alexander zu einer so vollständigen Annäherung an Napoleon bestimmt hatten? Gemeinhin hat man nur einen einzigen, seine Unzufriedenheit mit dem Londoner Hofe, anerkennen wollen, von dem er in diesem Kriege nur eine dürftige Unterstützung von achtzigtausend Pfund erhalten hatte. Auf die Umstimmung dieses Fürsten hatten aber auch Gründe einer andern Art Einfluß, und der edelste von allen war eine edle Reue über das Opfer, welches er im Anfange seiner Regierung der Nothwendigkeit dargebracht hatte, indem er die so kräftig von seiner Großmutter und von seinem Vater vertheidigten Grundsätze der Neutralität zur See aufgab. Hatte er, als er sich der englischen Regierung anschloß, die Augen über die gegen Frankreich, damals ihren gemeinsamen Feind, ergriffenen Maaßregeln zudrücken können, so fühlte sich seine Vernunft und seine Rechtlichkeit indessen stets durch die von England gegen neutrale Völker verübten Gewaltthätigkeiten verletzt, unter welchen die russische Flagge selber oftmals zu leiden hatte. Es erliegt keinem Zweifel, daß Napoleon und Alexander diesen Streitpunct zu wiederholten Malen in ihren Gesprächen verhandelten, und daß Alexander, mit dem Landdespotismus ausgesöhnt, dessen Theilnehmer er geworden war, eine ehrenvolle Aufgabe in dem Schutze sah, den man handeltreibenden Völkern gegen die Unbilligkeit der britischen Ansprüche und die Barbarei der aufgebotenen Mittel, um sie durchzusetzen, angedeihen lassen müsse.

Eine Menge Schriftsteller haben Englands Politik in

Bezug auf den unbedeutenden Beistand, der Rußland sem Kriege geleistet ward, angegriffen, weil es, statt nach dem Norden zu schicken, statt Rußland und reiche Hülfsgelder zuzugestehen, sein Geld und seine in Unternehmen, die der Sache der Verbündeten fre ren, in Aegypten, in Buenos-Ayres und Monte Vid schwendete. So hatte sich Napoleon ausgesprochen brachte es seine Politik mit sich; mit Absicht verwirrte verwirrten alle Geschichtsschreiber, wie er selbst, was ni ter einander geworfen werden sollte. Diesesmal verei meine Stimme nicht mit diesem Concerte von Anklag lands. Alexander konnte Grund haben, ohne daß gerade Unrecht hatte. Von Seiten des russischen Ka die Klage begründet. Er verlangte Hülfsgelder, oder englische Regierung für seine Anleihen gut sage. Das sterium des Herrn Fox, das die Lords Howick und fortsetzten, war aber nicht gewillt, wie die früheren rien, der Schatzmeister der Festlandbündnisse zu seyn, u weigert daher Hülfsgelder und Anleihen, oder gesteht ter Bedingungen zu, die man ausschlägt. Hat man diese Weigerungen zu tadeln? Ja, nach den Grundsä Pittschen oder Canning-Castlereaghschen Ministeriums heißt, nach den Lehrsätzen eines Vertilgungskrieges gegen reich; nein, nach den Grundsätzen einer menschlichen Klugheit, die durch den Krieg zum Frieden kommen wi Unternehmen in Süd-Amerika gehören nicht Herrn Fo nisterium an. Man weiß, wie sie anfingen [1]); aber einmal sich darauf eingelassen, konnte man sie nicht freisprechen, sie weiter zu führen. Das Unternehmen Alexandria ist freilich das unmittelbare Werk des Grenvil Howick'schen Ministeriums, denn es ist ganz in ihre steme, d. h. es hatte zum alleinigen Zweck ein eige Interesse von England, statt daß es der falschen Po früheren englischen Ministerien gemäßer gewesen wäre,

1) Lord Popham hatte Buenos-Ayres ohne vorgängig gung angegriffen und brachte später nichts zu seiner Rechtfertig als daß er einen Plan des Herrn Pitt ausgeführt habe.

reich zu vernichten, ohne sich darum zu kümmern, ob das nicht hieß, nach Petersburg oder Wien das Uebermaaß der Macht verlegen, das man in Paris nicht ertragen wollte. Sobald Lord Grenville und Lord Howick gefallen sind, kam man augenblicklich auf Herrn Pitts Gleise zurück; man schloß Hülfsverträge mit Schweden und Preußen und eine Truppenmacht ging unter Lord Cathcarts Befehle nach der Insel Rügen ab. Doch die neue Verwaltung kehrte auch zur Unrechtlichkeit der neuen Politik zurück. Kaum sieht man den König von Schweden allein auf dem Schlachtfelde, so giebt man ihn unwürdiger Weise preis und die englisch-hannöverschen Truppen schiffen sich auf den Schiffen, welche sie gebracht haben, ein, ohne einen Schuß gethan zu haben. Das Howick-Grenville'sche Ministerium hätte nichts geschickt, aber auch nichts versprochen. Herr Canning schickt Truppen; aber da sie zu weiter nichts dienen können, als einen unglücklichen Verbündeten zu schützen, ruft er sie wieder ab, und bald werden wir sehen, zu welchem Zwecke. Die Gerechtigkeit verlangt genaue Belehrungen. Wir haben sie um so weniger versäumen dürfen, als in der ganzen Dauer des Krieges von 1793 bis 1814 dieses das einzige Mal ist, wo man zu Ehren eines englischen Ministeriums eine ehrenvolle Ausnahme machen muß; schon um des einzigen Umstandes willen, daß Frankreichs Verderben nicht wie für alle andere Ministerien sein ausschließlicher Zweck und der Friede mit ihm folglich nicht unmöglich war.

Ist es andem, wie einige Verfasser von Denkwürdigkeiten [1]) behaupten, daß seit der Tilsiter Zusammenkunft Napoleon sich des Kaisers von Rußland bis zu dem Grade versichert habe, daß dieser einen Wechsel der Königsfamilie in Spanien geschehen lassen wollte? Späterhin werden wir zu untersuchen haben, ob einige Tage vor den Ereignissen in Bayonne es über diesen Punct eine feste Entschließung gab. Wie hätte folglich dieser Plan im Jahre 1807 schon vorhanden seyn können? Wie hätte besonders der Kaiser die vertrauliche Mittheilung eines Planes voraus wagen dürfen, dessen Ausführung noch so mancherlei Zufälligkeiten untergeordnet

1) Namentlich der Herzog von Rovigo.

bezahlen lassen[1])?

Nach zwanzig Tagen des Zusammenseyns trennten sich die beiden Kaiser mit allen Zeichen gegenseitiger Anhänglichkeit. Waren sie in diesen Aeußerungen redlich, wie in den eingegangenen Verpflichtungen? In ihren persönlichen Beziehungen war das gegenseitige Wohlwollen, wie Alles zu glauben berechtigt, wahrhaft. Napoleon hatte bei Alexander mehr Einsicht und gründliches, wahres Verdienst angetroffen, als er vielleicht voraussetzen mochte; und Alexander von seiner Seite hatte, ohne deshalb aufzuhören, Napoleons Ueberlegenheit anzuerkennen, in dem geschichtlichen Manne, den er bewunderte, eine wahrhafte Einfachheit und ein bezauberndes sich Hingeben lieben gelernt, die ihm alle in seinen nähern Umgang zugelassenen Personen gewannen. In Bezug auf ihre politischen Verbindlichkeiten ist die eine Thatsache wenigstens ausgemacht, daß Beide fest entschlossen waren, ferner Alles zu vermeiden, was zu einem Kriege führen konnte. Alexander dadurch, daß er Napoleon, soviel er vermöchte, gegen England unterstütze; Napoleon dadurch, daß er sich zu lebhafte Aufforderungen wegen der Räumung der Moldau und Walachei untersagte.

Am 13ten Juli verließ der Kaiser der Franzosen Tilsit, besuchte Königsberg, ging durch Posen und traf am 20sten in Dresden ein. Da nach dem 3ten Artikel des Friedensabschlusses das Herzogthum Warschau durch ein verfassungsmäßiges Statut regiert werden sollte, welches die Vorrechte und Freiheiten der Völker sicherstellend, mit der innern Ruhe der benachbarten Staaten sich vertrug, so hatte eine Commission erlauchter Polen[2]) um den König von Sachsen sich ver-

1) Nach dem spanischen Canonicus Escoiquiz hätte Napoleon ihm in Bayonne versichert, daß seine Plane auf Spanien vom Kaiser Alexander in Tilsit wären gutgeheißen worden. Diese Behauptung beweiset nicht, daß eine solche Uebereinkunft bestand, sondern daß Napoleon es paßte, daß diese Meinung in Spanien verbreitet sey.

2) Stanislaus Malachowski, Vorsitzender; Gutakowski; Stanislaus Potocki; Dzialynski; Wibicki; Bialinski; Sobolewski; Luszczewski, Secretär.

einigt. In Uebereinstimmung mit diesem Fürsten hatte sie einen Verfassungsentwurf ausgearbeitet. Als dem Stifter dieses neuen Staates kam es Napoleon auch zu, sein erster Gesetzgeber zu seyn. Am 22sten Juli genehmigte er den ihm von der Commission vorgelegten Entwurf.

Ein Schriftsteller [1]), der den Kaiser handelnd aufführt und ihm einen zwar stets anziehenden, aber doch vier Bände starken Monolog in den Mund legt, stellt die Frage hin, ob Napoleon nicht sich hätte auf die Völker stützen sollen, statt seine Kraft in der Uebereinstimmung mit den fremden Regierungen zu suchen. Bei dieser Gelegenheit läßt er ihn die Gründe auseinandersetzen, die ihn hinderten, Preußen eine demokratische Verfassung zu geben.

Eine früher von mir erzählte [2]) Thatsache rechtfertigt bis zu einem gewissen Grade die darüber erhobene Verhandlung. Wenige Tage nach seinem Einzuge in Berlin, sagte der Kaiser zu mir: „Hier giebt's Jacobiner, nicht wahr? Es könnte mir Spaß machen, hier eine Republik zu schaffen." Auf eine bloße Bemerkung von meiner Seite ging der Einfall wie ein Blitz vorüber, und wahrscheinlich kam er ihm nie wieder in den Sinn. Von dem Augenblicke an, wo der König wieder im Besitze der Hälfte seiner Staaten war, hatte der Kaiser keinen Grund, sich in die innere Verwaltung des dem Könige nachgebliebenen Landes zu mischen. Dieses Recht stand ihm nur in Bezug auf die vom preußischen Staate losgerissenen Theile zu, wie das Herzogthum Warschau und das Königreich Westphalen. Sehen wir zu, wie er dieses Recht in Bezug auf die beiden neuen Staaten ausübte, und ob es wahr ist, wie ein ungerechtes Vorurtheil ihn bezüchtigt, daß er, nicht damit zufrieden, in Frankreich eine wahre Dictatur zu üben, auch außerhalb der Begünstiger der unbedingten Gewalt gewesen. Im Herzogthume Warschau wird die herzogliche Krone für erblich in der Person des Königs von Sachsen und seiner Nachkommen erklärt. Der König übt in ihrem ganzen Umfange, die Gerechtsame der ausübenden Macht und

1) General Jomini.

2) Im fünf und sechszigsten Capitel S. 38.

hat das Antragsrecht zu den Gesetzen; er läßt nen Vicekönig oder einen Vorsitzenden im Mir treten. Eben so wie in Frankreich giebt es rath," einen der thätigsten Theile der Regier Staatsrath faßt die Gesetzentwürfe über Finanzn die andern, welche dem allgemeinen Reichst werden sollen, ab.

Der Reichstag besteht aus zwei Kammern, ren- und der Landbotenkammer. Der Senat bes zehn Mitgliedern, sechs Bischöfen, sechs Woiwo Kastellanen. Die Landbotenkammer aus sech Vorlandtage oder Adelsversammlungen ernannt und aus vierzig Abgeordneten der Städte. ernennen Commissionen, um die ihnen vorgeleg prüfen. Die Verhandlung wird von Seiten durch Staatsräthe geführt und für jede Kam Mitglieder ihrer Ausschüsse[1]). Diese Verfassung aristokratisch, weil der Adel, der beinah allein in auch in der Landbotenkammer die Mehrzahl a dieses Mißverhältniß ist in einem Lande vernün einige Städte einen schwachen Theil der Bevö ben, die man mit dem vergleichen könnte, wa der dritte Stand heißt, und wo die Bevölkeru Landes, wenn sie auch die Verfassungsurkunde an einem Tage gleich die Gewohnheiten und der Sklaverei verlieren kann. Aber schon dur 5ten Artikel der Verfassung, der die Abschaf unterthänigkeit, die Gleichheit der Rechte aus Personen unter den Schutz der Gerichtsbehörde einem Lande, das an Rußland, Oestreich und ein großer Schritt im Interesse der Humanität gerechnet, daß der 5te Artikel des Tilsiter Frie sicht gebot, so sind diese mancherlei Vorzüge, die Einführung des französischen Civilgesetzbuch lichkeit des Verfahrens in bürgerlichen und p

1) Es ist dieselbe Form, die Napoleon in Fr Heimkehr von Dresden einführte.

die Einführung der Friedensrichter und besonders einen allgemeinen Reichstag, wo man die Steuern verwilligt und die Gesetze verhandelt, endlich eine Rednerbühne mitten in der schweigsamen Atmosphäre der benachbarten Regierungen rechnen muß, Alles, was der bestehende Zustand und die wahren Bedürfnisse des Volkes zulassen.

Prüfen wir die dem Königreiche Westphalen gegebene Verfassung, in einem Reiche, das aus verschiedener Herren Unterthanen zusammengestickt ist, und vorher allen Mißbräuchen des Lehnswesens erlag, so müssen wir als eine ungeheure Wohlthat eine Verfassung anerkennen, welche die Gleichheit aller Unterthanen vor dem Gesetze heiligt; die alle Bevorrechtungen der Zünfte, die alle persönliche Bevorrechtungen, alle Leibeigenschaft, sie mag einen Namen haben, welchen sie wolle, unterdrückt, welche der Adel in seinen verschiedenen Abstufungen beibehält; aber, „ohne daß er ausschließliches Recht zu irgend einem Amte, einer Anstellung oder Würde, noch Befreiung von irgend einer öffentlichen Last gebe." Ist es nicht ein bedeutender Dienst für diese Länder, wenn man ihnen das französische Münzsystem, das französische Maaß- und Gewichtsystem, das französische Civilgesetzbuch, Oeffentlichkeit der Gerichte und in Criminalsachen Geschwornengerichte giebt? Die zur Verwilligung der Steuern und Abstimmung über die Gesetze berufenen Landstände sollen aus 100 Mitgliedern bestehen, welche die Departements-Collegien ernennen. Von ihnen sind siebenzig aus den Grundbesitzern, funfzehn aus dem Handelsstande und funfzehn aus der Classe der Gelehrten oder anderer um den Staat wohl Verdienten genommen. Diese letztere Unterscheidung zu Gunsten der Wissenschaften und Künste, oder andern dem Staate erzeugten glänzenden Dienste (eine Verfügung, die im Jahre 1802 mit Glück bei der italienischen Republik in Anwendung gekommen), war besonders wohlverstanden in einem Lande, wo die Universitäten eine zu ehrenvolle Rolle spielen, als daß sie in den berathenden Versammlungen könnten übergangen werden.

In diesen dem Herzogthume Warschau und dem Königreiche Westphalen gegebenen Verfassungen hat man feindliche Berechnungen sehen wollen, die bei dem Scheine einiger Frei-

heit für die Völker dem Ministerium doch in de
freie Hand ließen, Alles an sich zu reißen. Freilich
hier wie allerwärts die Gewalthaber nicht ermangel
sich zu greifen; aber die Abschaffung der Sklaverei i
zogthume Warschau und der Frohnpflichtigkeit in Wes
die Gleichheit vor dem Gesetze, die Unterdrückung al
vorzugungen, die Zulässigkeit Aller zu allen Aemter
Oeffentlichkeit der Gerichte, alle diese ersten Bedürfn
Menschen sind kostbarer, nie vergänglicher Saame. N
er ganz absterben, wenn einmal selbst durch mangel
Ausführung gebrachte Grundgesetze erst in's Leben
Man kann ihn eine Zeit lang ersticken; das beweiset di
aber er lebt in den Tiefen der Gemüther fort, tre
Keime, drängt sich an's Tageslicht, und der Fürsten
wird einst darin bestehen, nicht gewaltsam seine una
liche Entwickelung zu hindern. Die Cabinette der u
ten Monarchen, gerechter hierin gegen Napoleon, ha
nicht darüber getäuscht und nicht ohne wohlbedachte
gung der Vergangenheit und der Zukunft sah das öst
Cabinet, darin ein ausreichender Richter, in ihm ei
präsentanten der Revolution.

Vier und siebenzigstes Capite

Innere und auswärtige Staatsverhäl

Abänderung in der französischen Verfassung. — Aufhebung
nats. — Neue Gestaltung des gesetzgebenden Körpers. —
stigungen des kaiserlichen Ansehens durch die Zeitumstände
poleons Rede an den gesetzgebenden Körper. — Auseina
der Lage des Reichs. — Rußlands Rückkehr zu den G
der Neutralität zur See. — Rußland bietet der engl
gierung seine Vermittelung an. — Antwort, die er
Feldzug Englands gegen Dänemark, seit dem Juli vort
Der König von Schweden wird von England aufgegeben.
lands höhnende Unterhandlung mit Dänemark. — La

englischen Heeres. — Aufruf des Königs von Dänemark. — Kopenhagen wird beschossen und ergiebt sich. — Barbarische Freude in England. — Englands Kriegserklärung. — Vergebliche Versuche Englands, mit Dänemark zu unterhandeln. — Dänemarks Maaßregeln gegen die Engländer. — Gewaltthätigkeiten der Engländer gegen amerikanische Schiffe. — Angriff einer amerikanischen Fregatte durch die Engländer. — Erklärung der amerikanischen Regierung. — Streben des Kaisers Napoleon und des Kaisers Alexander. — Sendung des Generals Savary nach Petersburg. — Widerstreben des russischen Adels gegen das französische System. — Schwierige Stellung des Kaisers Alexander. — Kaisers Alexander Aeußerungen gegen den französischen Beauftragten. — Verhandlungen zwischen Rußland und England über die Ereignisse von Kopenhagen. — Rußlands Erklärung, die den völligen Bruch mit England herbeiführt. — Rußlands Zögerung, die türkischen Provinzen zu räumen. — Vollständige Einigkeit der beiden Kaiser über die andern Puncte. — Vertrauliche Mittheilungen Alexanders in Bezug auf die Bourbonen. — Abreise Sr. Maj. Ludwig XVIII. von Mitau nach England. — Entschluß des englischen Ministeriums, Ludwig XVIII. Schottland zum Aufenthalte anzuweisen. — Ludwig XVIII. verweigert, nach Schottland zu gehen. — Beweggründe des englischen Ministeriums, welche die gefaßte Entschließung bekräftigen. — Se. Maj. Ludwig XVIII. findet eine Freistätte in Essex. — Gipfelpunct von Napoleons Größe. — Ueberblick der Ereignisse seit dem 18ten Brümaire. — Strenge Urtheile der Franzosen über ihre eigne Regierung und Nachsicht gegen fremde Regierungen. — Unmöglichkeit, daß Frankreich eine beschränkte Macht sey, wenn England, Rußland und Oestreich nicht es auch sind. — Englands Wuth, Frankreich in seine alten Gränzen zurückzuweisen. — Keim zu Napoleons Fall in den zu Tilsit eingegangenen Verpflichtungen.

Der Kaiser Napoleon hatte eben zwei fremden Ländern Verfassungen gegeben, die in Bezug auf die Länder, denen er sie bestimmt, wesentlich freisinnig waren. Wie kam's nur, daß er, gleichsam als eine beklagenswerthe Ausgleichung, zwar geknechteten Völkern die Wege der Freiheit eröffnet, aber Frankreichs Freiheit eine Beschränkung mehr dafür auferlegt, und die politische, ohnehin schon so beengte Thätigkeit seiner Bürger noch mehr zusammenschnürt? Gleich in der ersten Rede, die er seit seiner Rückkehr an den gesetzgebenden Körper [1])

1) Am 16ten August.

richtet, kündigt er die Absicht an, „die Staatsformen einfachen und zu vervollkommnen." Die Vereinfachu steht darin, daß er das Tribunat aufhebt; die Vervol nung darin, daß er auf den gesetzgebenden Körper l läufige Besprechung der Gesetze überträgt, mit der vo: einzelnen Abtheilungen des Tribunats beauftragt waren

Drei Körperschaften hatten bis jetzt an der Anf der Gesetze Antheil genommen. Vorbereitet durch den rath, geprüft und durch Stimmenabgabe angenomm dem Tribunat, wurden die Gesetzentwürfe vor den gese den Körper gebracht; einen stummen Richter, der de spruch thun mußte, wenn er die Redner des Staa für die Gesetzvorschläge, die Redner des Tribunats i: Für und Wider ihrer Annahme gehört hatte. Zum Er aufgehobenen Tribunats werden drei Ausschüsse [1]) ir gebenden Körper gebildet, der erste für bürgerliche u liche Gesetzgebung; der zweite für die Verwaltung nern; der dritte für die Finanzen. Durch ein Senat sult von 1802 war das Tribunat von hundert Mi auf funfzig herabgesetzt und in Abtheilungen getheilt Durch ein andres von 1804 war ihm ein Theil sei rechte genommen und dem Senate wieder zugestellt: Nachdem man ihm nach und nach Alles genommen, w Stärke ausmachte, faßt man jetzt seine Schwäche u Unbedeutendheit auf, um seine vollständige Auflösung herbeizuführen. So verschwindet aus der französisch fassung der letzte demokratische Rest, der dort noch fand. Die Logik der höchsten Behörde war sehr fe Im 87sten Artikel des Senatus=Consultes vom Jah stand: „daß die Abtheilungen des Tribunats nur noch Ausschüssen des gesetzgebenden Körpers vorhanden Im Jahre 1807 bemerkt man, „daß es ein Fall oh spiel [2]) und der Natur der Dinge selbst entgegen f Ausschüsse eines Staatskörpers aus Mitgliedern eines Staatskörpers zusammengesetzt seyen." Man hat seh

1) Senatus=Consult vom 19ten August.

2) Rede des Sprechers für die Regierung, vom 18ten C

Nur: hätte man die Bemerkung drei Jahre früher machen müssen. Damals war der Augenblick noch nicht gekommen. Jetzt wünscht man dem gesetzgebenden Körper Glück, daß er nicht auf das bloße Stimmengeben über die Gesetze beschränkt sey, sondern zu seiner Abfassung mit beitrage.

Wäre bei der gänzlichen Abschaffung des Tribunats der offenkundige Zweck des Kaisers nicht gewesen, die Regierung von jedem Hemmniß selbst nur in vorkommendem Falle zu befreien, so wäre die vorgenommene Aenderung an sich selbst vielleicht nicht so sehr der Mißbilligung und des Tadels werth. Bis zu einem gewissen Grade darf man zweifeln, ob diese Abänderung die Folge einer früher gefaßten Entschließung oder die zufällige Wirkung einer fremdartigen Ursache war. Wir sahen so eben, daß er in Dresden eine Verfassung für das Herzogthum Warschau billigte oder richtiger vorschrieb. Die neue Gestaltung, welche er dem französischen gesetzgebenden Körper giebt, ist durchaus dieselbe, welche er der Landbotenkammer des in Polen neugebildeten Staates gegeben hat. Bei diesem neuen Staate, den unbedingte Monarchien umgeben, mußte Kaiser Napoleon nach den zu Tilsit eingegangenen Verpflichtungen jede Anordnung vermeiden, welche den benachbarten Mächten die mindeste Besorgniß erregen konnte. Er errichtet zwar in Warschau eine Rednerbühne, aber um der Heftigkeit der Verhandlung dort im Voraus zu begegnen, gestand er nur den Mitgliedern der Ausschüsse für Gesetzgebung, Verwaltung und Finanzen das Wort zu. In Warschau mochte diese Vorsicht sehr vernünftig seyn; sie konnte selbst pflichtmäßig seyn; aber war sie auch in Paris nothwendig? Mochte nun die neue Beschränkung der politischen Rechte der Franzosen einem früheren Entschlusse Napoleons angehören, für den er in Dresden ein Vorurtheil gefaßt hatte, oder mochte die in Dresden dem Herzogthume Warschau gegebene Gestaltung ihm den ersten Gedanken eingegeben haben, dem gesetzgebenden Körper von Frankreich dieselbe Form anzupassen, wahr bleibt es unter der einen wie der andern Voraussetzung, daß die Erfolge des Kriegs ihn dahin gebracht hatten, daß er diese Abänderungen vornahm, ohne auch nur einen Schatten von Widerstand zu finden. Das ist die schlimme

Tribunats selbst sind Thatsachen, die jetzt uns so wichtig scheinen und im Jahre 1807 kaum bemerkt wurden. Napoleon, der die Möglichkeit einer vollkommenen Abwägung der verschiedenen Zweige der gesetzgebenden Macht, in der Art, wie man sie jetzt in Frankreich zu befestigen sucht, nicht ahnete, schien zu glauben und glaubte vielleicht redlich, daß er dem Lande einen Dienst erzeige, wenn er das Ministerium stark mache; wenn er die Ausbrüche der Rednerbühne unterdrücke, aber gewissenhaft in der Achtung vor der Gleichheit der Rechte durch tägliche Anwendung den Grundsatz der Zulässigkeit Aller zu allen kriegerischen und bürgerlichen Stellen, in's Leben einführte; wenn er zwar Standesunterschiede und erbliche Titel schuf, aber auch sie als eine neue Heiligung des Grundsatzes der Gleichheit hinstellte, indem er sie Allen erreichbar machte. Von dem Augenblicke an, wo die Verfassung des Jahres VIII nicht mehr in sich hinreichende Stärke hatte, um die erste Ausschreitung der consularen Macht aufzuhalten, konnte es besonders bei einem fortwährenden Kriegszustande mit einem Krieger und einem glücklichen Krieger als Staatshaupt, nicht ausbleiben, daß der erste Consul oder Kaiser nicht endlich alle Vorrechte der unbeschränktesten Macht in seiner Hand vereinigte. Doch giebt es eine Erklärung, welche das französische Volk, bis zu einem gewissen Grade, wegen seiner Nachgiebigkeit gegen den Monarchen rechtfertigt. Im Innern verband beide die vollständigste Eintracht. Das Volk sah die Regierung nur mit nützlichen Arbeiten beschäftigt, mit bedeutenden Verbesserungen, mit Planen, welche alle Quellen des Reichthums und der Wohlfahrt zu vermehren strebten. Da die Gesetze im Allgemeinen dem öffentlichen Geiste entsprechend waren, so vergaß man leichter, daß sie nicht durch eine wirkliche unmittelbar erwählte Volksvertretung waren durchgesprochen worden; und vielleicht ist die Behauptung wahr, daß der Staatsrath, der sie entwarf, Frankreich eine Vereinigung aufgeklärter und gewandter Männer zeigte, wie kein anderes Land jemals eine ähnliche hätte aufweisen mögen. Diese Männer gehörten allen Theilen von Frankreich an, wo ihre Talente würden versteckt geblieben seyn, wenn die Revolution sie nicht hervorgezogen hätte; und da bei Napoleon jeder Mann von

„Ich wünsche den Frieden zur See. Nie wird Unwille auf meine Entschließungen Einfluß haben; ich war dessen auch gegen ein Volk nicht fähig, das ein Spielzeug und Opfer der Parteien, die es zerfleischen, und über die Lage seiner eigenen Angelegenheiten, so wie über die seiner Nachbarn, getäuscht ist."

„Franzosen, Euer Benehmen in dieser letzten Zeit, wo Euer Kaiser über fünfhundert Stunden von Euch entfernt war, hat meine Achtung vermehrt und die Meinung, die ich von Euerm Charakter hatte, erhöht. Ich habe mich stolz gefühlt, der Erste unter Euch zu seyn"....

„Ihr seyd ein gutes und großes Volk."

„Die Berechnungen meiner Minister der Finanzen und des Schatzes werden Euch den blühenden Zustand unserer Finanzen kennen lehren. Meine Völker werden eine bedeutende Erleichterung an der Grundsteuer erfahren."

„Mein Minister des Innern wird Euch mit den Arbeiten bekannt machen, die angefangen oder zu Ende gebracht wurden; doch weit bedeutender ist das, was zu thun nachbleibt, denn ich wünsche, daß in allen Theilen meines Reiches und selbst im kleinsten Dorfe, der Wohlstand der Bürger und der Werth der Grundstücke durch das System allgemeiner Verbesserungen, das ich beabsichtige, vermehrt werde."

Versprechungen fallen Fürsten nicht schwer, besonders in Tagen des Glückes. Wird Napoleon halten, was er verheißt! Alles bezeugt, daß er den Willen und die Kraft hat. Bei der Uebersicht, die sein Minister vorlegte und er angehört hat, kann man kaum begreifen, wie die Aufzählung Alles dessen, was im Civilfache geschehen, aus dem schrecklichen Kriegsjahre herstammt, dessen merkwürdige Ereignisse wir beibrachten. In dieser ministeriellen Darlegung sind alle Zweige des öffentlichen Dienstes durchgegangen. Ueberall sucht der Kaiser das Gute ergiebiger, das Ueble weniger drückend zu machen. Ueberall stellt er her, vervollkommnet er oder schafft er neu. Alle in diesem Berichte besprochenen Puncte aufzählen zu wollen, würde ein langes Werk geben. Nur die Hauptsachen werde ich andeuten:

„Die segensreiche Vorstandschaft der Hospitäler, der

barmherzigen, Elend zu mildern bestimmten Brüder, die angestellten Versuche, die Bettelei abzuschaffen, ersten Gegenstände der thätigsten Ermunterungen gewe

„Dreizehntausend [1]) vierhundert Wegstunden L sind erhalten und hergestellt..... Die beiden größ Jahrhunderten zu Stande gebrachten Werke, die Stra den Cenis und den Simplon, Kunstdenkmäler, der denkmäler würdig, welche die Kunst überwunden h nach sechs Jahren vollendet. Unter den Straßen eine Classe geht die Straße von Spanien nach Italien vorw Die Apenninen werden der Sitz von Arbeiten, die mit dem Mittelmeere verbinden sollen und die Ver Liguriens mit Frankreich vervollständigen..... Ströme oder Hauptflüsse sahen ihre Schifffahrt verbes durch Schleusen verlängert, ihre Leinenwege hergestell Lauf durch Dämme geregelt.... Vier Brücken kam rend des letzten Feldzuges zu Stande. Zehn andere voller Arbeit.... Zehn Canäle [2]), fast alle unter di gierung angefangen, sind in Arbeit und rücken vor... die Seehäfen zeigen neue Schöpfungen.... Antwerp nichts war, wird jetzt ein Mittelpunct für eine K macht.... Zum ersten Male sieht dieser Theil der Schiffe von 74 und 80 Kanonen vorüberschwimmen zehn sind auf dem Werfte, mehrere sind vom Stapel und in Vließingen eingetroffen.... In diesem letzter hat man die Schleuse erweitert, Becken gebaut und det sich im Stande, eine Flotte aufzunehmen.... I kirchen, in Calais sind die Hafendämme neugebaut. Cherbourg zwei Leuchtthürme errichtet.... In Roche Marseille ist man mit gleich bedeutenden Werken beschä Da der Bestand unserer Baumwollenfabriken gesicher

1) Frankreich in seiner jetzigen Beschränkung hat nur a Wegstunden Landstraße zu erhalten.

2) Im Jahre 1814 hat ein verdienstvoller Schriftstelle „Bei der Rückkehr des Friedens hätte man besorgen können, Frankreich mit Verschönerungen und Canälen bedeckt werden Prüft man, was noch in diesem Zweige zu thun ist, wird solche Anklage nicht zum Lobspruch?

17*

ist man beschäftigt gewesen, Orte ausfindig zu machen, wo der Anbau der Baumwolle eingeführt werden könnte.... Die Verbesserung der Wolle war der Gegenstand unausgesetzter Sorgfalt.... Die Verbesserung der Stutereien ist sehr vorgerückt.... Die Thierarzneischulen versorgen mit unterrichteten Leuten die Heere und das flache Land.... Ihr Lehrkreis hat eine neue Erweiterung erhalten. Neben ihnen entstehen praktische Landbauschulen. Ein Gesetzbuch wird für den Handel vorbereitet.... Das Gesetz über die Sachverständigen hat heilsame Folgen gehabt.... Die Kunst- und Gewerkschule in Compiegne ist nach Chalons versetzt worden; die Schule von Beaupréau wird augenblicklich errichtet werden und später die in St. Maximin.... Die Bergbauschule in Pezei erlangt den vollständigsten Erfolg. Eine andere Schule derselben Art wird in Geislautern, an der Saar, vorbereitet.... Zöglinge der Kunstschule werden in Paris auf Kosten der Regierung in der Bereitung physikalischer Instrumente unterrichtet, die so vollendet als die englischen sind.... Italien bietet dem französischen Handel beträchtlichere Märkte.... In den Häfen der Levante ist Nachfrage nach französischen Waaren.... Der gegenwärtige Krieg ist nur ein Krieg für die Unabhängigkeit des Handels.... Jede seiner Eroberungen schloß den Engländern einen Marktplatz und war eine künftige Eroberung für den französischen Handel.... Vor zwanzig Monaten waren unsere Spinnereien mit völligem Stillstande bedroht; ihre Klage wurde gehört vom Haupte des Staats und das Decret vom 22sten Februar gab ihnen wieder Hoffnung.... Nur bei Völkern gedeihen die Fabriken, wo zu ihren Gunsten eine Art öffentlichen Sinnes sich gebildet hat. Nur zu lange waren unsere alten Staatseinrichtungen ihm entgegen; die gegenwärtige Verfassung hat nichts versäumt, um diesen Geist hervorzurufen und zu entwickeln".... Bei dieser Gelegenheit stattet der Minister Bericht über die Ausstellung der Landeserzeugnisse ab, die während der Abwesenheit des Kaisers stattfand und über die bemerklichen Fortschritte in den einzelnen Thätigkeiten. „Der Kaiser", fährt er fort, „hat gewünscht, daß seine zur ersten Hauptstadt der Welt gewordene Hauptstadt durch ihren Anblick einer so

seit Jahrhunderten nicht gesehen hatten, hat feierlichst erklärt, daß Moses Gesetz, statt seinen Bekennern zu erlauben, Einwohner eines Staats zu werden, ohne seine Interessen zu den ihrigen zu machen, ohne seine Behörden anzuerkennen und seine Gesetze zu befolgen, ihnen im Gegentheile sowohl die Gesinnungen, welche an das Vaterland der Wahl knüpfen, als den Gehorsam gegen alle seine Einrichtungen und sogar die Pflicht vorschreibt, zu seinem Schutze die Waffen zu ergreifen.... Die Hülfsmittel des Staates sind über seine Bedürfnisse angewachsen; die Cassen sind voll; die Zahlungen geschehen im voraus bestimmten Augenblicke; die Anweisungen auf den öffentlichen Schatz sind die sichersten Wechselbriefe geworden."

Nachdem er die politischen Ergebnisse des letzten Krieges dargestellt hat, und Frankreich jenseit der Alpen und der Pyrenäen, von den Mündungen der Elbe bis zu den Quellen des Inn, vom Nordmeer bis zum Busen von Tarent von einer ungeheueren Kette befreundeter Völker umgeben gezeigt hat, faßt der Minister in einigen Zügen den Hauptinhalt des eben abgelegten Berichtes zusammen: „Mehrere Zweige der Verwaltung vervollkommnet; die Finanzen im blühendsten Zustande; Frankreich allein unter allen europäischen Staaten ohne Papiergeld, sein Handel mitten in einer unvermeidlichen Stockung noch seine Hoffnungen aufrechthaltend und Keime eines künftigen Flors sich bereitend; unsere Kolonieen in einem Zustande erhalten, der einst dem Mutterlande Reichthümer verspricht; Frankreichs Waffen durch eine Reihe unerhörter Erfolge bis an die Gränzen Europa's getragen; sein Einfluß sich erstreckend bis jenseit des Bosphorus und bis in die Mitte des asiatischen Festlandes; die höchste Ordnung, die tiefste Ruhe in seinem Innern, während sein Fürst zehn Monate lang sechshundert Wegstunden weit entfernt war; Europa erstaunt, unsere Feinde beschämt; England allein mit der Last des Krieges und dem Hasse der Völker belastet; das sind die Werke eines Jahres und die Hoffnungen für's kommende."

Man kann nicht leugnen, daß mit Grund in diesem vom Minister des Innern abgestatteten Berichte die Feierlichkeit und der Pomp der Sprache zu tadeln ist; aber diese Ausschmückungen abgerechnet, bleiben die Thatsachen nach, liegen die Thatsachen vor den Augen Europa's und dann ist der Enthusiasmus verzeihlich. Müßte in jedem andern Lande als in Frankreich unter Napoleons Herrschaft, diese Uebersicht des in einem Jahre Geschehenen nicht die Aufzählung der Ereignisse einer ganzen Regierung scheinen?

Eine Menge Einzelnheiten in der innern Verwaltung nehmen hier unsere Aufmerksamkeit in Anspruch, doch verschieben wir sie auf eine spätere Besprechung, um nicht allzu lange die durch die in Tilsit eingegangenen Verpflichtungen, herbeigeführten Folgen allzulange aus den Augen zu verlieren.

Von dem Tage ab, wo die Kaiser sich getrennt hatten, war jeder von ihnen auf den Vortheil bedacht gewesen, den er aus des andern Versprechen ziehen könnte; Napoleon, um Rußland zur Erklärung gegen England zu bringen, Alexander, um Napoleons Zugeben für seine Plane gegen die Türkei zu erhalten. In den Augen des französischen Kaisers war eins der großen Ergebnisse von Tilsit, daß er Rußland zu den Grundsätzen der Neutralität zur See vom Jahre 1780 zurückgebracht und daß er als Grundlage des Bündnisses zwischen beiden Reichen und als Friedensbedingung mit der britischen Regierung die Verpflichtung hingestellt hat, den Satz anzuerkennen, daß die Flaggen aller Mächte eine gleichmäßige und vollständige Unabhängigkeit auf den Meeren genießen müssen." Von allen Abmachungen zwischen den beiden Kaisern, welche der König von Preußen [1]) auch angenommen hat, ist diese die ehrenwertheste, weil keine so gerecht und so rechtlich ist. Man darf hinzusetzen, daß sie zugleich die natürlichste und so zu sagen unvermeidlichste war. Wenn auch bei seiner Thronbesteigung Kaiser Alexander, von englischen Ränken umstrickt, Grundsätze aufgegeben hatte, deren Bekenntniß den Ruhm seiner Großmutter ausmacht und deren

1) Wenn eine Menge Schriftsteller, scheinbar die wohlunterrichtetsten, die Kriegserklärung Rußlands und Preußens an England als eine Wirkung der neuen Anmaßlichkeiten Napoleons und in Bezug auf Preußen, als eine Vermehrung der auferlegten Lasten darstellen, so ist das ein Irrthum. In Tilsit war man über die Annahme dieses Systems unter den drei Fürsten übereingekommen.

Nur: hätte man die Bemerkung drei Jahre früher machen müssen. Damals war der Augenblick noch nicht gekommen. Jetzt wünscht man dem gesetzgebenden Körper Glück, daß er nicht auf das bloße Stimmengeben über die Gesetze beschränkt sey, sondern zu seiner Abfassung mit beitrage.

Wäre bei der gänzlichen Abschaffung des Tribunats der offenkundige Zweck des Kaisers nicht gewesen, die Regierung von jedem Hemmniß selbst nur in vorkommendem Falle zu befreien, so wäre die vorgenommene Aenderung an sich selbst vielleicht nicht so sehr der Mißbilligung und des Tadels werth. Bis zu einem gewissen Grade darf man zweifeln, ob diese Abänderung die Folge einer früher gefaßten Entschließung oder die zufällige Wirkung einer fremdartigen Ursache war. Wir sahen so eben, daß er in Dresden eine Verfassung für das Herzogthum Warschau billigte oder richtiger vorschrieb. Die neue Gestaltung, welche er dem französischen gesetzgebenden Körper giebt, ist durchaus dieselbe, welche er der Landbotenkammer des in Polen neugebildeten Staates gegeben hat. Bei diesem neuen Staate, den unbedingte Monarchien umgeben, mußte Kaiser Napoleon nach den zu Tilsit eingegangenen Verpflichtungen jede Anordnung vermeiden, welche den benachbarten Mächten die mindeste Besorgniß erregen konnte. Er errichtet zwar in Warschau eine Rednerbühne, aber um der Heftigkeit der Verhandlung dort im Voraus zu begegnen, gestand er nur den Mitgliedern der Ausschüsse für Gesetzgebung, Verwaltung und Finanzen das Wort zu. In Warschau mochte diese Vorsicht sehr vernünftig seyn; sie konnte selbst pflichtmäßig seyn; aber war sie auch in Paris nothwendig? Mochte nun die neue Beschränkung der politischen Rechte der Franzosen einem früheren Entschlusse Napoleons angehören, für den er in Dresden ein Vorurtheil gefaßt hatte, oder mochte die in Dresden dem Herzogthume Warschau gegebene Gestaltung ihm den ersten Gedanken eingegeben haben, dem gesetzgebenden Körper von Frankreich dieselbe Form anzupassen, wahr bleibt es unter der einen wie der andern Voraussetzung, daß die Erfolge des Kriegs ihn dahin gebracht hatten, daß er diese Abänderungen vornahm, ohne auch nur einen Schatten von Widerstand zu finden. Das ist die schlimme

Folge für Völker, wie wir schon früher bemerkt haben, wenn das Staatsoberhaupt zugleich unbedingter Befehlshaber der Heere ist. Ohne entscheiden zu wollen, ob es nicht passender wäre, daß ein König oder Kaiser niemals seine Heere selbst befehligte, scheint es uns im Interesse der Völker nothwendig, daß der Monarch wenigstens sie nie jenseit den Gränzen seines Staates befehlige. Ficht er jenseit der Gränzen, um zu erobern, so hat man stets Grund, zu fürchten, daß er die über fremde Mächte davongetragenen Triumphe daheim bei den eignen Unterthanen mißbrauche. Soldaten gewöhnen sich an blinden Gehorsam gegen den Feldherrn, unter dem sie zu siegen gewohnt sind, und dieser Feldherr geräth leicht in Versuchung, im Lande selbst militairische Gewalt an die Stelle der gesetzlichen Gewalt zu setzen. Auch die Völker selbst, im Stolze auf den Rang, zu welchem sie sich erhoben sahen, geben sich leichter einem Fürsten unbedingt hin, der durch seine Macht sie blendet und mit seinem Ruhm sie bedecket.

In der That war seit mehrern Jahren der Einspruch des Tribunats gegen den kaiserlichen Willen völlig unbedeutend, doch war sein Daseyn allein schon eine Schranke für die Regierung. Eine verneinende Abstimmung des Tribunats konnte zu Zeiten von großem Gewichte beim gesetzgebenden Körper seyn und seine Entschließung herbeiführen. Folglich lag in seiner unbedingten Aufhebung ein wesentlicher Nachtheil für die Freiheit der Franzosen. Doch war dieses nicht der einzige leidige Erfolg des Senatus-Consults vom 19ten August. Ein Artikel, der ganz verstohlen sich dort eingeschlichen hatte und der ungeprüft und unbesprochen, wie als hätte man ihn nicht bemerkt, durchgeht, setzt das nothwendige Alter, um im gesetzgebenden Körper eintreten zu können, auf das vollendete vierzigste Jahr fest. Bis dahin war für diesen Staatskörper das Alter auf dreißig Jahre festgesetzt gewesen; zum Tribunate brauchte man nur fünf und zwanzig. Soweit den Zeitpunct hinauszurücken, wo ein Bürger zur Abfassung der Gesetze zugelassen werden könnte, war eine unnöthige Vorsicht. Bei einer inneren Einrichtung, wie die bestehende war, konnte die Hitze der Jugend selbst kaum zu fürchten seyn. Diese Neuerung in dem Alter der Wählbarkeit und die Aufhebung des

Tribunats selbst sind Thatsachen, die jetzt uns so wichtig scheinen und im Jahre 1807 kaum bemerkt wurden. Napoleon, der die Möglichkeit einer vollkommenen Abwägung der verschiedenen Zweige der gesetzgebenden Macht, in der Art, wie man sie jetzt in Frankreich zu befestigen sucht, nicht ahnete, schien zu glauben und glaubte vielleicht redlich, daß er dem Lande einen Dienst erzeige, wenn er das Ministerium stark mache; wenn er die Ausbrüche der Rednerbühne unterdrücke, aber gewissenhaft in der Achtung vor der Gleichheit der Rechte durch tägliche Anwendung den Grundsatz der Zulässigkeit Aller zu allen kriegerischen und bürgerlichen Stellen, in's Leben einführte; wenn er zwar Standesunterschiede und erbliche Titel schuf, aber auch sie als eine neue Heiligung des Grundsatzes der Gleichheit hinstellte, indem er sie Allen erreichbar machte. Von dem Augenblicke an, wo die Verfassung des Jahres VIII nicht mehr in sich hinreichende Stärke hatte, um die erste Ausschreitung der consularen Macht aufzuhalten, konnte es besonders bei einem fortwährenden Kriegszustande mit einem Krieger und einem glücklichen Krieger als Staatshaupt, nicht ausbleiben, daß der erste Consul oder Kaiser nicht endlich alle Vorrechte der unbeschränktesten Macht in seiner Hand vereinigte. Doch giebt es eine Erklärung, welche das französische Volk, bis zu einem gewissen Grade, wegen seiner Nachgiebigkeit gegen den Monarchen rechtfertigt. Im Innern verband beide die vollständigste Eintracht. Das Volk sah die Regierung nur mit nützlichen Arbeiten beschäftigt, mit bedeutenden Verbesserungen, mit Planen, welche alle Quellen des Reichthums und der Wohlfahrt zu vermehren strebten. Da die Gesetze im Allgemeinen dem öffentlichen Geiste entsprechend waren, so vergaß man leichter, daß sie nicht durch eine wirkliche unmittelbar erwählte Volksvertretung waren durchgesprochen worden; und vielleicht ist die Behauptung wahr, daß der Staatsrath, der sie entwarf, Frankreich eine Vereinigung aufgeklärter und gewandter Männer zeigte, wie kein anderes Land jemals eine ähnliche hätte aufweisen mögen. Diese Männer gehörten allen Theilen von Frankreich an, wo ihre Talente würden versteckt geblieben seyn, wenn die Revolution sie nicht hervorgezogen hätte; und da bei Napoleon jeder Mann von wahrem Verdienste Anspruch auf Auszeichnung hatte, merkte Frankreich weniger, wenn es in dem Rathe d sten die Elemente seiner mannichfachen demokratischen versammlungen wiederfand, beim Hinblicke auf dieselbe daß es nicht mehr durch dieselben Lehrsätze staatsbür Freiheit regiert ward.

Darf man sich wundern, daß Napoleon bei seine kehr von Tilsit, umgeben von den Siegeszeichen vo und von Friedland, mit einem Friedensvertrage in der der ihm die meisten Eroberungen des Krieges siche Frankreich nur die Stimme des Lobes und der Bewu hörte? Man hat einige der Reden, die an ihn gericht den, als Muster unerhörter Schmeichelei gesammelt. M recht gehabt, diese Verirrungen zu tadeln, die zu je verwerflich und besonders damals ganz an der unrechten waren. Für ganz gewöhnliche Fürsten muß die Schn ihre lügenhaften Uebertreibungen aufheben. Napoleon sie nicht, als er am 16ten August zum gesetzgebenden sagte: „Seit Ihrer letzten Sitzung haben neue Krie neue Friedensschlüsse die Gestalt des politischen geändert."

„Daß das Haus Brandenburg, welches zuerst sich unsere Unabhängigkeit verschwor, noch an der Regier verdankt es der offenen Freundschaft, welche mir des mächtiger Kaiser eingeflößt hat."

„Ein französischer Prinz wird an der Elbe r Er wird das Interesse seiner neuen Unterthanen mi ersten und heiligsten Pflichten zu vereinigen wissen."

„Das Haus Sachsen hat nach fünfzig Jahren lorene Unabhängigkeit wiedererlangt."

„Die Völker des Herzogthums Warschau und di Danzig haben Vaterland und Rechte wiedererlangt"...

„Frankreich ist mit den teutschen Völkerschaften d Gesetze des Rheinbundes vereinigt; mit den Spaniern ländern, Schweizern und Italienern durch die Gesetze Bundessystemes. Unsere neuen Verhältnisse mit R sind gekittet durch die gegenseitige Achtung dieser beid ßen Völker"....

„Ich wünsche den Frieden zur See. Nie wird Unwille auf meine Entschließungen Einfluß haben; ich war dessen auch gegen ein Volk nicht fähig, das ein Spielzeug und Opfer der Parteien, die es zerfleischen, und über die Lage seiner eigenen Angelegenheiten, so wie über die seiner Nachbarn, getäuscht ist."

„Franzosen, Euer Benehmen in dieser letzten Zeit, wo Euer Kaiser über fünfhundert Stunden von Euch entfernt war, hat meine Achtung vermehrt und die Meinung, die ich von Euerm Charakter hatte, erhöht. Ich habe mich stolz gefühlt, der Erste unter Euch zu seyn"....

„Ihr seyd ein gutes und großes Volk."

„Die Berechnungen meiner Minister der Finanzen und des Schatzes werden Euch den blühenden Zustand unserer Finanzen kennen lehren. Meine Völker werden eine bedeutende Erleichterung an der Grundsteuer erfahren."

„Mein Minister des Innern wird Euch mit den Arbeiten bekannt machen, die angefangen oder zu Ende gebracht wurden; doch weit bedeutender ist das, was zu thun nachbleibt, denn ich wünsche, daß in allen Theilen meines Reiches und selbst im kleinsten Dorfe, der Wohlstand der Bürger und der Werth der Grundstücke durch das System allgemeiner Verbesserungen, das ich beabsichtige, vermehrt werde."

Versprechungen fallen Fürsten nicht schwer, besonders in Tagen des Glückes. Wird Napoleon halten, was er verheißt? Alles bezeugt, daß er den Willen und die Kraft hat. Bei der Uebersicht, die sein Minister vorlegte und er angehört hat, kann man kaum begreifen, wie die Aufzählung Alles dessen, was im Civilfache geschehen, aus dem schrecklichen Kriegsjahre herstammt, dessen merkwürdige Ereignisse wir beibrachten. In dieser ministeriellen Darlegung sind alle Zweige des öffentlichen Dienstes durchgegangen. Ueberall sucht der Kaiser das Gute ergiebiger, das Ueble weniger drückend zu machen. Ueberall stellt er her, vervollkommnet er oder schafft er neu. Alle in diesem Berichte besprochenen Puncte aufzählen zu wollen, würde ein langes Werk geben. Nur die Hauptsachen werde ich andeuten:

„Die segensreiche Vorstandschaft der Hospitäler, der

barmherzigen, Elend zu mildern bestimmten Brüderschaften, die angestellten Versuche, die Bettelei abzuschaffen, sind die ersten Gegenstände der thätigsten Ermunterungen gewesen"....

„Dreizehntausend [1]) vierhundert Wegstunden Landstraße sind erhalten und hergestellt..... Die beiden größten seit Jahrhunderten zu Stande gebrachten Werke, die Straßen über den Cenis und den Simplon, Kunstdenkmäler, der Naturdenkmäler würdig, welche die Kunst überwunden hat, sind nach sechs Jahren vollendet. Unter den Straßen einer andern Classe geht die Straße von Spanien nach Italien vorwärts..... Die Apenninen werden der Sitz von Arbeiten, die Piemont mit dem Mittelmeere verbinden sollen und die Vereinigung Liguriens mit Frankreich vervollständigen..... Achtzehn Ströme oder Hauptflüsse sahen ihre Schifffahrt verbessert oder durch Schleusen verlängert, ihre Leinenwege hergestellt, ihren Lauf durch Dämme geregelt.... Vier Brücken kamen während des letzten Feldzuges zu Stande. Zehn andere sind in voller Arbeit.... Zehn Canäle [2]), fast alle unter dieser Regierung angefangen, sind in Arbeit und rücken vor..... Auch die Seehäfen zeigen neue Schöpfungen.... Antwerpen, das nichts war, wird jetzt ein Mittelpunct für eine Kriegsseemacht.... Zum ersten Male sieht dieser Theil der Schelde Schiffe von 74 und 80 Kanonen vorüberschwimmen. Vierzehn sind auf dem Werfte, mehrere sind vom Stapel gelassen und in Vließingen eingetroffen.... In diesem letztern Hafen hat man die Schleuse erweitert, Becken gebaut und er befindet sich im Stande, eine Flotte aufzunehmen.... In Dünkirchen, in Calais sind die Hafendämme neugebaut.... In Cherbourg zwei Leuchtthürme errichtet.... In Rochefort und Marseille ist man mit gleich bedeutenden Werken beschäftigt.... Da der Bestand unserer Baumwollenfabriken gesichert ist, so

1) Frankreich in seiner jetzigen Beschränkung hat nur achttausend Wegstunden Landstraße zu erhalten.

2) Im Jahre 1814 hat ein verdienstvoller Schriftsteller gesagt: „Bei der Rückkehr des Friedens hätte man besorgen können, daß ganz Frankreich mit Verschönerungen und Canälen bedeckt werden würde." Prüft man, was noch in diesem Zweige zu thun ist, wird dann eine solche Anklage nicht zum Lobspruch?

17 *

ist man beschäftigt gewesen, Orte aussindig zu machen, wo der Anbau der Baumwolle eingeführt werden könnte.... Die Verbesserung der Wolle war der Gegenstand unausgesetzter Sorgfalt.... Die Verbesserung der Stutereien ist sehr vorgerückt.... Die Thierarzneischulen versorgen mit unterrichteten Leuten die Heere und das flache Land.... Ihr Lehrkreis hat eine neue Erweiterung erhalten. Neben ihnen entstehen praktische Landbauschulen. Ein Gesetzbuch wird für den Handel vorbereitet.... Das Gesetz über die Sachverständigen hat heilsame Folgen gehabt.... Die Kunst- und Gewerkschule in Compiegne ist nach Chalons versetzt worden; die Schule von Beaupréau wird augenblicklich errichtet werden und später die in St. Maximin.... Die Bergbauschule in Pezei erlangt den vollständigsten Erfolg. Eine andere Schule derselben Art wird in Geislautern, an der Saar, vorbereitet.... Zöglinge der Kunstschule werden in Paris auf Kosten der Regierung in der Bereitung physikalischer Instrumente unterrichtet, die so vollendet als die englischen sind.... Italien bietet dem französischen Handel beträchtlichere Märkte.... In den Häfen der Levante ist Nachfrage nach französischen Waaren.... Der gegenwärtige Krieg ist nur ein Krieg für die Unabhängigkeit des Handels.... Jede seiner Eroberungen schloß den Engländern einen Marktplatz und war eine künftige Eroberung für den französischen Handel.... Vor zwanzig Monaten waren unsere Spinnereien mit völligem Stillstande bedroht; ihre Klage wurde gehört vom Haupte des Staats und das Decret vom 22sten Februar gab ihnen wieder Hoffnung.... Nur bei Völkern gedeihen die Fabriken, wo zu ihren Gunsten eine Art öffentlichen Sinnes sich gebildet hat. Nur zu lange waren unsere alten Staatseinrichtungen ihm entgegen; die gegenwärtige Verfassung hat nichts versäumt, um diesen Geist hervorzurufen und zu entwickeln".... Bei dieser Gelegenheit stattet der Minister Bericht über die Ausstellung der Landeserzeugnisse ab, die während der Abwesenheit des Kaisers stattfand und über die bemerklichen Fortschritte in den einzelnen Thätigkeiten. „Der Kaiser", fährt er fort, „hat gewünscht, daß seine zur ersten Hauptstadt der Welt gewordene Hauptstadt durch ihren Anblick einer so glorreichen Bestimmung entspreche. An einem den E von Paris ist eine Brücke vollendet, die Brücke von A an dem andern die Jenabrücke angefangen.... De geht vorwärts und zeigt eins nach dem andern, d hunderte Franz I., Heinrichs IV., Ludwigs XIV. a Napoleons Stimme in's Leben gerufen.... Unzählba nen strömen ihr Wasser bei Tag und bei Nacht in a tel der Hauptstadt und zeigen dem Aermsten im V Sorge, die für seine Bedürfnisse sein Kaiser trägt... Siegesbogen sind errichtet und begründet; der eine Palaste, den der Genius des Sieges bewohnt; der a dem schönsten Zugange zur schönsten Stadt der Desaix's Grab ist auf dem Gipfel der Alpen errich nicht weniger erstaunt sind, zum ersten Male ein De sehen, das unter dem Meißel unserer Künstler he als sie über den beispiellosen Uebergang eines Heere ren, das sein zahlreiches Geschütz mit seinen Händen zog. Die französische Schule ist fast nur beschäftigt, mor und auf der Leinwand die hauptsächlichen Ereig ser glorreichen Regierung wieder darzustellen.... D schule zu Lyon ist in diesem Jahre entstanden.... teressen des Unterrichts sind ein fortwährender Ged Kaisers.... Die zwölf Rechtsschulen sind einger Freischulen für ausübende Heilkunde sind in den Amiens, Besançon, Brügge, Brüssel, Gent, Clermont Angers, Grenoble und Poitiers errichtet.... Die S auf dem Panthéon ist hergestellt; die Turiner de kunde wiedergegeben.... Der Kaiser wünscht, daß nen Wissenschaften unter seiner Regierung den zu al ßen, Nützlichen und dem Volke Rühmlichen gegebene theilen möchten, und daß die Literatur, im Bunde schmackvollen mit dem Sittlichen, das sicherste Elen Erfolge finden möge.... Die Geistlichkeit zeigt me jeder andern Zeit reine Sitten, duldsame Frömmigk Uneigennützigkeit und eine ausdauernde Beharrlichk ren Pflichten.... Die verschiedenen Bekenntnisse leben Einigkeit, die des allen gemeinsamen Geistes würd Ein großer Sanhedrin, eine Versammlung, wie die seit Jahrhunderten nicht gesehen hatten, hat feierlichst erklärt, daß Moses Gesetz, statt seinen Bekennern zu erlauben, Einwohner eines Staats zu werden, ohne seine Interessen zu den ihrigen zu machen, ohne seine Behörden anzuerkennen und seine Gesetze zu befolgen, ihnen im Gegentheile sowohl die Gesinnungen, welche an das Vaterland der Wahl knüpfen, als den Gehorsam gegen alle seine Einrichtungen und sogar die Pflicht vorschreibt, zu seinem Schutze die Waffen zu ergreifen.... Die Hülfsmittel des Staates sind über seine Bedürfnisse angewachsen; die Cassen sind voll; die Zahlungen geschehen im voraus bestimmten Augenblicke; die Anweisungen auf den öffentlichen Schatz sind die sichersten Wechselbriefe geworden."

Nachdem er die politischen Ergebnisse des letzten Krieges dargestellt hat, und Frankreich jenseit der Alpen und der Pyrenäen, von den Mündungen der Elbe bis zu den Quellen des Inn, vom Nordmeer bis zum Busen von Tarent von einer ungeheueren Kette befreundeter Völker umgeben gezeigt hat, faßt der Minister in einigen Zügen den Hauptinhalt des eben abgelegten Berichtes zusammen: „Mehrere Zweige der Verwaltung vervollkommnet; die Finanzen im blühendsten Zustande; Frankreich allein unter allen europäischen Staaten ohne Papiergeld, sein Handel mitten in einer unvermeidlichen Stockung noch seine Hoffnungen aufrechthaltend und Keime eines künftigen Flors sich bereitend; unsere Kolonieen in einem Zustande erhalten, der einst dem Mutterlande Reichthümer verspricht; Frankreichs Waffen durch eine Reihe unerhörter Erfolge bis an die Gränzen Europa's getragen; sein Einfluß sich erstreckend bis jenseit des Bosphorus und bis in die Mitte des asiatischen Festlandes; die höchste Ordnung, die tiefste Ruhe in seinem Innern, während sein Fürst zehn Monate lang sechshundert Wegstunden weit entfernt war; Europa erstaunt, unsere Feinde beschämt; England allein mit der Last des Krieges und dem Hasse der Völker belastet; das sind die Werke eines Jahres und die Hoffnungen für's kommende."

Man kann nicht leugnen, daß mit Grund in diesem vom Minister des Innern abgestatteten Berichte die Feierlichkeit und der Pomp der Sprache zu tadeln ist; aber diese Ausschmückungen abgerechnet, bleiben die Thatsachen nach, liegen

schieben wir sie auf eine spätere Besprechung, lange die durch die in Tilsit eingegangenen herbeigeführten Folgen allzulange aus den lieren.

Von dem Tage ab, wo die Kaiser sich war jeder von ihnen auf den Vortheil bedacht er aus des andern Versprechen ziehen könnte: Rußland zur Erklärung gegen England zu der, um Napoleons Zugeben für seine Plane zu erhalten. In den Augen des französisch eins der großen Ergebnisse von Tilsit, daß er Grundsätzen der Neutralität zur See vom rückgebracht und daß er als Grundlage zwischen beiden Reichen und als Friedensbe britischen Regierung die Verpflichtung hin Satz anzuerkennen, daß die Flaggen all gleichmäßige und vollständige Unabhängigkeit genießen müssen." Von allen Abmachungen den Kaisern, welchen der König von Preuß nommen hat, ist diese die ehrenwertheste, wei und so rechtlich ist. Man darf hinzusetzen die natürlichste und so zu sagen unvermeidli auch bei seiner Thronbesteigung Kaiser Ale lischen Ränken umstrickt, Grundsätze aufgeg Bekenntniß den Ruhm seiner Großmutter a

1) Wenn eine Menge Schriftsteller, scheinb tetsten, die Kriegserklärung Rußlands und Preuß eine Wirkung der neuen Anmaßlichkeiten Napoleo Preußen, als eine Vermehrung der auferlegten La das ein Irrthum. In Tilsit war man über die sterns unter den drei Fürsten übereingekommen.

muthige Vertheidigung seinem Vater das Leben kostete, so hatte sich doch der junge Monarch bald darauf beeilt, im seinem geheimen Vertrage mit Frankreich vom October 1801 zu ihnen zurückzukehren. Die Näherung zwischen Frankreich und Rußland im Jahre 1807 mußte folglich diesen für beide Staaten gleich werthvollen Grundsätzen eine neue Anerkennung verschaffen, jenen Grundsätzen, die alle handeltreibende Völker, mit Ausnahme Englands, das allein sie verwirft und verbannt, wetteifernd in Anspruch nehmen. Von Seiten der letztern Macht sollte der Krieg noch barbarischer geführt werden als jemals, und dieses aus Haß der Rechte der Neutralen. Aufs neue erklärt England, daß die Rechte der Neutralen mit seinem Daseyn unverträglich sind, denn nach den Aeußerungen seiner Staatsleute besteht sein Daseyn durch die ausschließliche Herrschaft über das Weltmeer, durch die Herrschaft der unbeschränktesten Willkühr, durch die Vernichtung und den Tod jeder Flagge, die nicht die ihrige ist.

Gemäß dem 4ten Artikel des Bundesvertrages hatte das Petersburger Cabinet sich beeilt, dem Londoner Hofe den Abschluß der Verträge zu melden, welche den Frieden auf dem Festlande herbeigeführt hatten, und seine Vermittelung angeboten, um auch zwischen ihm und Frankreich den Frieden wieder herbeizuführen. Zugleich hatte man zu wissen thun lassen, daß diese Vermittelung schon von der französischen Regierung angenommen worden sey. Die Antwort des britischen Ministeriums verrieth wenig Geneigtheit zu billiger Ausgleichung. „Se. Maj.," sagte Herr Canning, „erwartet mit der lebhaftesten Theilnahme die Mittheilung des in Tilsit abgeschlossenen Vertrages und die Auseinandersetzung der Grundsätze der Billigkeit [1]), nach denen, wie Se. kais. Maj. das Vertrauen hegt, Frankreich Frieden mit England abzuschließen wünscht. Sie gefällt sich in dem Gedanken, daß der Tilsiter Friede und die Grundsätze, auf welche Frankreich zu unterhandeln geneigt ist, der Art seyen, daß sie Sr. britischen Majestät gerechte Hoff-

1) The statement of those equitable and honourable principles upon which his I. M. expresses his belief that France is desirous of concluding a peace with great Britain. Worte in Cannings Note an Herrn von Alopeus vom 5ten August.

nahme der russischen Vermittelung von den fernern
lungen seiner Macht sonach abhängig zu machen schien,
schon angefangen und war es eben mit den Vorkehru
einer der schreiendsten Gewaltthätigkeiten fertig, durc
dieser letztere Krieg sich ausgezeichnet hat. In den A
nes Cabinets, das aus Leuten aus der Pitt'schen Sc
stand, war, nächst der französischen Regierung, ihr
haßteste in Europa diejenige, welche stets mit der
Kraft die Rechte der Neutralen vertheidigt hatte, näm
nemark. Auf die bloße Nachricht von der Tilsiter Zu
kunft, sah das englische Ministerium die Möglichk
neuen Vereinigung der nordischen Mächte, um die
von 1780 und 1800 wieder in's Leben zu rufen,
Von da an hatte es nur einen Zweck im Auge, näml
sein Joch die Macht beugen, oder den Todesstoß b
bringen, deren großmüthige Thatkraft England am
densten fürchtet.

Die schon in Stand gesetzte Flotte bestand aus
zwanzig Kriegsschiffen, neun Fregatten, zwei und
kleineren Schiffen und fünfhundert Transportschiffe
zum Feldzuge bestimmte Corps soll aus fünf und dr
send Mann bestehen. Man zieht, um sie mit diese
zu vereinigen, die englisch-hannöverschen, zur Verfü
Königs von Schweden gestellten, Legionen aus
zurück; denn daran ist wenig gelegen, ob dieser
liege. Nicht um einen König zu vertheidigen, der kein
mehr leisten kann, denkt England seine Truppen zu
den; es braucht sie gegen einen König, der zwar nich
fender Theil ist, von dem man jedoch fürchtet, daß er,

1) More specific. Worte derselben Note.

mit anderen Mächten, Englands Despotismus zur See sich sich widersetze. Die Flotte ward unter Admiral Gambiers Befehle gestellt, das Landheer unter Cathcarts, desselben Generals, den man eben aus Pommern abrief, als man dieses Land Frankreichs Willkühr preis gab.

Seit dem 4ten August war Admiral Gambier mit den Landungstruppen am Eingange des Sunds, vor dem Schlosse Kronenborg. Eine Abtheilung seiner Flotte, unter den Befehlen des Commodore Keats, hatte sich nach dem großen Belt gewandt, um alle Verbindung zwischen den Inseln und den dänischen Herzogthümern abzuschneiden. Damals eröffnete die englische Regierung eine jener höhnischen Unterhandlungen, die an die Straßenräubersitte erinnern. Mit allen ihren Waffen gegen die waffenlose und unvertheidigte Schwäche fing man eine Unterhandlung aus dem Hinterhalte an, wobei England der dänischen Regierung weder eine Thatsache noch eine feindliche Absicht zum Vorwurfe machen konnte, sondern wo der einzige Vorwurf die Besorgniß einer nähern oder entfernten Zustimmung zu Frankreichs Planen war. Dänemarks Verbrechen ist ein etwaiger Gedanke Napoleons. Als diese Ausrüstung im Monat Juli aus England auslief, wär es geistig und körperlich unmöglich [1]), daß das Londoner Cabinet Kunde von dem haben konnte, was zwischen den beiden Kaisern war abgemacht worden, um so mehr folglich unmöglich, daß man damals schon gegründete Beschwerden über Dänemark hätte haben können, das zu jener Zeit noch keine Mittheilung von den beiden Kaisern erhalten hatte; doch wird man sagen, Vorsicht ist erlaubt; sie ist im guten Kriege zulässig, und ein sehr wahrscheinlicher Verdacht ist so viel werth, als eine Gewißheit. Unbestritten. Ich gebe eine solche Schlußfolge zu; ich heiße den Verdacht und Napoleons Vorsicht im Jahre 1805 gut. Auch bei England will ich ihn im Jahre 1807 nicht tadeln.

1) Dies erklärte Lord Sidmouth förmlichst, indem er den auffallenden Zeitverstoß hervorhob, der eine im Julius abgesandte Kriegsunternehmung eingezogenen Nachrichten zuschrieb, welche man vor dem 8ten August nicht hätte haben können. Er fand es unwürdig, daß man eine solche Behauptung Sr. Maj. hätte in den Mund legen dürfen. (Into the sacred mouth of his majesty.)

Aber was that der Kaiser Napoleon im Jahre 1
voraussah, daß er bald von Oestreich würde a
den, ließ er sich mit ihm in Auseinandersetzung
es über seine Absichten, antwortete auf seine R
Rüstungen und schickte sich an, ihm einen redl
bereiten. Und doch kam man ihm zuvor. L
noch heute gegen Portugal, von dem er weiß,
Land ergeben ist, und das er von dieser M
möchte? Er spricht, er spricht von weitem; e
gen, fordert ernstlich auf, wenn man das li
Alles von Paris aus nach Lissabon. Die po
gierung ist benachrichtigt, und kommt es zum
Niemand überrascht seyn; Portugal wird voll
haben, seine Bewaffnung vorzubereiten. Do
welche ein Cabinet bestimmt, vorauszusetzen, d
ner Staat sich feindlich erklären könnte, gie
Recht, unversehens über diesen Staat herzufal
Eigenthums zu bemächtigen, seine Hauptst
Frieden zu verbrennen, zu einer Zeit, wo m
dem Gedanken an Krieg entfernt ist, wo man
pflichtungen eingegangen, aus denen ihm ei
machen wäre? Giebt das besonders ein Re
abscheulichen Kriege, wo man den Kampf d
des verhaßtesten Doppelfalles einleitet: „Entw
Eure Flotte aus, oder wir stecken Kopenha
Das waren die Worte des englischen Bevoll
son, der zum Kronprinzen gesandt war.
träger war am 1sten August aus London abg
6ten in Kiel eingetroffen und hatte auf der E
bung ausgerichtet. Am folgenden Tage erfuh
von Bernstorf, daß der Kronprinz nach Kope
gen sey; er machte sich daher gleich auf de
dort zu finden; doch bei seinem Eintreffen
eben seine Hauptstadt verlassen. Nachdem er
zu spät kommenden Befehle gegeben und die
nigs in Sicherheit gebracht hatte, war er
rückgekehrt, wo sich das dänische Heer befa
hagen war nichts zur Vertheidigung vorberei

zen Insel gab es kein einziges Bataillon; in keiner Stadt war das Geschütz auf den Wällen aufgepflanzt, so wenig war man des Angriffs von dieser Seite gewärtig. In den teutschen Besitzungen des Königs befand sich sein ganzes Heer; dorthin hatte sich die Aufmerksamkeit des Ministeriums gerichtet; dort schien man auf eine kräftige Abwehr gefaßt, wenn man einen ungerechten Angriff abzuwenden gehabt hätte. Frankreich hätte in dieser Vereinigung des dänischen Heeres auf dem Festlande eine Drohung für den vorkommenden Fall sehen können, wenn das Glück seinen Feinden etwa günstiger gewesen wäre.

Da Herr Jackson sich in Kopenhagen an den Grafen Joachim Bernstorf, Bruder des Cabinetsministers, gewandt hatte, der in dessen Abwesenheit mit dem Ministerium der auswärtigen Verhältnisse beauftragt war und ihm erklärte, er könne seine Anträge nur entgegennehmen und nach Kiel weiter befördern, so hatte die beleidigende Verhandlung keinen Fortgang. Der englische Bevollmächtigte begab sich auf die Flotte, und diese begann einen Krieg, der vorausgegangenen Unterhandlung würdig. Am 16ten August erfolgte die Landung der englischen Flotte beim Dorfe Webeck. Bald war die Stadt zu Lande umstellt und von der Seeseite durch die Flotte gesperrt. Ein Aufruf ward durch Admiral Gambier an die Dänen gerichtet, und einer durch den Befehlshaber der Landmacht, Lord Cathcart. Aus einem groben Versehen, welches für die leidenschaftliche Uebereilung des britischen Ministeriums zeugt, hatte man gegen die Dänen nicht einmal die Aufmerksamkeit gehabt, in ihrer Landessprache zu ihnen zu reden. Der Aufruf, den man in Englands Namen bekannt machte, war in teutscher Sprache. Auch von seiner Seite forderte der Kronprinz die Dänen auf, wenigstens die Ehre zu retten: „Zwischen Gefahr und Schande innenstehend, hatte die dänische Regierung keine Wahl. Der Krieg ist ausgebrochen. Dänemark verheimlicht sich die Unfälle nicht, mit denen dieser Krieg es bedroht. Auf die heimtückischste Weise überrascht, in einer einzeln liegenden und aller Vertheidigungsmittel beraubten Provinz angegriffen, zum ungleichsten Kampfe gezwungen, muß es auf die empfindlichsten Nachtheile gefaßt seyn. Doch seine

erste Pflicht ist, seine Ehre und die Achtung der euro[päischen]
Mächte, die es sich durch ein vorwurfsfreies Verfahren [erwor-]
ben zu haben glaubt, unverletzt zu bewahren. Es glau[bt, daß]
mehr Ruhm im Widerstande dessen liegt, der der Gew[alt unter-]
liegt, als im leichten Siege desjenigen, der sie mißbr[aucht."]
Die Stimme des Kronprinzen ward nicht überhört; di[e Land-]
leute eilten zu den Waffen; in wenigen Tagen stellt[en sich]
zehntausend Mann Landwehr, um die Stadtbesatzung [zu ver-]
stärken, doch wurden diese Landwehren durch die hann[överische]
Legion aufgehalten und zerstreut. Nach einigen verg[eblichen]
Aufforderungen fingen die Engländer die Beschießung [am 2ten]
September an; sie setzten sie drei Tage lang mit fluc[hwürdi-]
ger Thätigkeit fort und die Wirkung war fürchterlich. [Das]
Feuer machte reißende Fortschritte. Ein großer Th[eil der]
Stadt ward in Asche gelegt. Die Zerstörung weite[r gehen]
zu lassen, hätte doch eine traurige Auflösung nicht ge[hindert.]
Am 7ten September willigte General Peymann ein, [zu capi-]
tuliren. Die Grundlage der von den Engländern gef[orderten]
Unterwerfung war die Auslieferung der ganzen dänische[n Flotte.]
Ein Befehl des Kronprinzen war ausgefertigt word[en, um]
diesem Unglücke zuvorzukommen. „Verbrennet lieber die [Flotte,"]
hatte der Prinz geschrieben, „aber übergebt sie nicht;" [dieser]
Befehl hatte nicht nach Kopenhagen gelangen können. [Hätte]
General Peymann ihn nicht ahnen sollen? Achtzehn [Linien-]
schiffe, funfzehn Fregatten, sechs Briggs und sechs un[d zwan-]
zig Kanonenschaluppen fielen in die Hände der Engländ[er. Die]
Uebergabe der Stadt wurde von ihnen mit einer Ba[rbarei in]
Vollziehung gesetzt, welche dem Charakter des ganze[n Unter-]
nehmens entsprechend war. Um die Wuth später zu [entschul-]
digen, mit der sie zerstört hatten, was sie nicht fo[rtführen]
konnten, behaupteten sie, die zum Flottedienst im Z[eughause]
von Kopenhagen vorgefundenen Gegenstände hätten [der fran-]
zösischen Regierung angehört.

Ein Schrei des Unwillens erscholl durch ganz [Europa,]
und zur Ehre der Menschheit wandte sich dieses Mal [die Un-]
gerechtigkeit einer schändlichen Staatskunst gegen f[ie selbst.]
Zwar grüßte das gemeine Volk in England (und we[r weiß,]
darum handelt, bei jedem anderen Volke auch die letz

mente einer Macht zur See zu vernichten, reicht dort das gemeine Volk bis in die höchsten Classen hinauf) durch jauchzenden Zuruf das Einlaufen der dänischen Schiffe in die britischen Häfen, wie es beim Anblicke der spanischen Fregatten gejauchzt hatte, die ebenso mit vielem Blute waren mitten im Frieden weggenommen worden; doch in England selbst erheben sich indessen großmüthige Stimmführer, die gegen die Verirrungen ihrer Gewalthaber Einspruch thun [1]). Wir müssen hier der Zeit vorgreifen und erzählen, wie dieses Unternehmen vertheidigt wird. Alle Grundsätze der Sittenlehre und des Staatsrechts tritt man mit Füßen. Herr Canning verkündigt laut, worin die vergangenen, die gegenwärtigen und die besorglichen Verbrechen der dänischen Regierung bestehen. Die Anstrengungen, welche diese Regierung schon zu Gunsten der Rechte der Neutralen einmal gewagt hat, ist sie im Stande zu wiederholen. Ein solches Verbrechen findet keine Vergebung. Nachsicht in einem solchen Falle wäre Englands Verderben. Uebrigens stellt allen Angriffen Herr Canning einen nach seiner Ansicht unabweisbaren Grund entgegen: er stellt als Thatsache hin, daß das Unternehmen nach Kopenhagen „die Mittel des Feindes vermindert [2]) und Englands Sicherheit vermehrt hat." Die Behauptung ist aber falsch, abgerechnet, daß sie gottlos ist; doch wird sie als entscheidend und siegreich von einem Parlamente hingenommen, das dem Willen der Minister unbedingt hingegeben war. Als er diesen Gedanken unter mancherlei Gestalten vorgebracht und ihn gehörig in den Wellen einer wortreichen Beredsamkeit zerlassen hatte, berief Herr Canning, wie Scipio [3]), das englische Volk auf's Capitol, um dort den Göttern zu danken.

1) In der vom Herzog von Norfolk am 8ten Februar eröffneten Verhandlung fragte Lord Sidmouth, ob die dänischen Schiffe in gutem Stande gehalten würden, um einst zurückgegeben werden zu können. Die Motion des Herzogs von Norfolk und der Antrag des Lord Sidmouth wurden mit 105 gegen 51 Stimmen verworfen. Folglich Großmuth und Rechtlichkeit in der Sprache der Opposition und Verachtung aller Rechte in dem Verfahren der Mehrheit.

2) By the expedition to Copenhague the means of the enemy had been reduced and the security of the country augmented.

3) Herr Canning, der recht gut den ganzen Umfang des Continen-

Angriffe auf Dänemark keine Kriegserklärung bekan
hatte, doch sich verpflichtet, am Schlusse des Septe
Art von Rechtfertigung [1]) zu versuchen. Es hatte ei
anderſetzung seiner Gründe erscheinen lassen, die so
gefaßt war, daß sie, statt sein Benehmen zu ent
nur entschiedener alle seine Härte hervorhob. „D
der Dinge," sagte es, „machten heutzutage Maaß
Selbsterhaltung nothwendig." Dieser Beweis
stärkste, den Herr Canning hervorzubringen im St
beweiset blos, daß England selbst anerkennt, daß nu
gende Nothwendigkeit der Selbsterhaltung m
waltthätigkeiten bis zu einem gewissen Grade zu en
im Stande sey. Aber war diese Entschuldigung
Nothwendigkeit bei England wirklich begründet?
Erhaltung Englands von der dänischen Flotte
Darf es sich um der Besorgniß willen, die es zu
vorzugeben beliebt, berechtigt glauben, die Flotten je
die es durch Gewalt oder Ueberraschung zu erreichen i
ist, zu vernichten oder unbrauchbar zu machen od
Häfen zu schleppen? Vergeblich versuchte Herr J
der Ueberzeugung, daß der schändliche Erfolg in K
dem Kronprinzen Besorgniß wegen der weiter zu trei
oberung erregen könnte, die Unterhandlungen wie
knüpfen. Der Kronprinz, von der Ankunft dieses B
tigten bei Nyeborg unterrichtet, befahl, sein Ausland
hindern. Die Absendung eines andern englischen
trägers, des Herrn Merry, hatte eben so wenig Erf
auch Herr Canning sagen mochte, das Unternehmen
penhagen hatte für England nicht einmal die trauri

talsystems übersah, versicherte, Kaiser Napoleon werde in s
chen, den europäischen Handel von England unabhängig
indem er jedes Land zwingen wollte, alle Erzeugnisse her
scheitern. Herr Canning war ein falscher Prophet. Im
wird sich das europäische Festland von selbst die Mehrzahl
nisse verschaffen, die ehemals ihm der englische Gewerbfle
Daher und für so lange Zeit Englands Elend!

1) Vom 25sten September.

fertigung, ihm genützt zu haben. Zwar fand es in dem Kriege gegen Dänemark noch einen Vorwand zu einer andern Plünderung: die dänischen Kolonien S. Croix und S. Thomas wurden seine Beute; aber in Europa waren die Ergebnisse nicht zu seinem Vortheile. England, sagte man, hatte nur sein Recht zur See aufrecht erhalten wollen, und man weiß, was es unter dem Worte „Recht zur See" versteht. Auf's neue hatte es die Dauer dieses angeblichen Rechtes, an das es in unbegreiflicher Verblendung seinen Bestand knüpfte, wieder zur Sprache gebracht. Es hatte Dänemark in den Grundsätzen der Neutralität zur See vom Jahre 1780, die Napoleon und Alexander auf's neue ausgesprochen hatten, bekräftigt; es hatte Dänemark zu den Maaßregeln der höchsten Strenge befugt, die hier als Gegenthätlichkeiten gerecht wurden, nämlich zur Verhaftung aller Engländer, zur Beschlaglegung auf alle einzelnen, Engländern zustehenden Summen; zur Wegnahme alles englischen Eigenthums, zur Todesstrafe gegen allen Briefwechsel mit England. Ein unüberlegter Helfer für Napoleon, hatte es Dänemark in seine Arme geworfen und das System der Festlandsperre somit gesetzlich gemacht und geheiligt. Natürlich hatte sein Zweck seyn müssen, seinen Feinden die Möglichkeit zu nehmen, ihm die Ostsee zu schließen, aber gerade im Gegentheile hatte man die Schließung dieses Meers für seine Schiffe nun zuwege gebracht. Seine Eroberung Seelands war und konnte der Natur der Sache nach nur eine Eroberung für ein paar Tage seyn. Die Mittel, die ausgereicht hätten, Kopenhagen niederzuschießen, reichten nicht aus, den Besitz dieser Insel zu sichern. Die Flotte sowohl als die englischen Truppen mußten nothwendig sich entfernen, ehe der Kronprinz, unterstützt von der Jahreszeit, ihnen die gerechte Züchtigung bereiten konnte.

England verrieth Gustav IV. zum ersten Male, als es die zu seiner Vertheidigung bestimmten englisch-hannöverschen Truppen abrief, um sie gegen Dänemark zu verwenden; noch einmal giebt es ihn preis, indem es Dänemark in die Nothwendigkeit versetzt, sich gemeinschaftlich mit Frankreich und Rußland gegen Schweden zu erklären. Dieses war eine der Grundlagen des Bündnisses, das am 30sten October zu Fon-

Nicht in Europa allein verschaffen Englands G tigkeiten Frankreich Bundesgenossen oder wenigstens Seit mehreren Jahren verursachte England dem nor nischen Handel beträchtlichen Schaden, sowohl durch genen Uebeklegenheiten, als durch die Nothwehr [1]) sers Napaleon. Durch seine Cabinetsbefehle, w Decret von Berlin herbeigeführt hatten, maßte sich lische Regierung das Recht der Presse auf Schiffen einigten Staaten an. Die Anmaßung war unvernün den Fuß auf Schiffe eines fremden Staates setzen, geblich dort Läuflinge festzunehmen, eben so viel ist, fremdes Gebiet verletzen, um dort Verhaftungen vorz Das ist eine der Verschiedenheiten, die England zwis Völkerrechte zu Lande und dem Völkerrechte zur See zu erhalten sich angelegen seyn läßt, indem es kein trägt, zur See das selbst zu thun, was es zu Lande recht erklärt. Wie arg übrigens die Albernheit diese schiedes seyn mag, erkennt man diesen Grundsatz ei See an, so muß er wenigstens für alle Seestaaten genseitig gültig seyn. Aber so versteht ihn Engla Es verlangt ihn ausschließlich für sich [2]). Mehrere

1) Im Mai des Jahres 1806, sagt ein amerikanischer ler, Brackenbridge, brachte England sein System der ang -Sperre in Anwendung. Der Zweck dieser Maaßregel, die uns, damals die einzigen Neutralen, gerichtet war, bestand allen Handel mit Frankreich und den davon abhängenden L verbieten. Das Berliner Decret, das in Folge dessen d stand der französischen Regierung am 6ten N gab, wurde unserm Minister in London mitgetheilt.... Fra hauptete, daß wir uns geduldiger durch seine Nebenbuhleri ihm bestehlen ließen, und England erklärte laut, daß ihm allein zustände, uns zu plündern....“ Sonach gestehen die neutrale ein, daß England den Anfang mit den Erpressungen machte, man sich beschwert.

2) Statt zu erlauben, daß Schiffe der Vereinigten Sta ihre Läuflinge auf englischen Schiffen nehmen dürften, verwei land selbst die Auslieferung dieser Läuflinge, wenn sie auf d

von amerikanischen durch Engländer gepreßten Schiffen bis in die Flüsse und in den Bereich der Vereinigten Staaten, der abscheuliche Angriff auf ein amerikanisches Schiff am Eingange des Hafens von New-York und die Ermordung des Capitains dieses Schiffes hatten die allgemeine Erbitterung rege gemacht. Kriegsgeschrei gegen England erscholl von allen Seiten. Indessen war die Umsicht der amerikanischen Regierung und ihre vielleicht sehr vernünftige Besorgniß vor einem ersten Kriege mit England so groß, daß sie sich durch eine täuschende Genugthuung befriedigt anstellte[1]). Doch endlich ward ihre Geduld durch einen neuen Anfall besiegt und dieses Mal war es nicht blos auf einem Handelsschiffe, sondern auf einem Regierungsschiffe, auf der Fregatte Chesapeake, wo England das greuliche Recht[2]), das es sich beimißt und das es nur für sich anerkennen will, in Ausübung bringen wollte. „Eine Fregatte der Vereinigten Staaten", erzählt Präsident Jefferson, die zu einem Dienste in der Ferne abgegangen war und im Vertrauen auf die Verträge schiffte, ist überrascht und von einem überlegenen englischen Schiffe angegriffen worden, das zu der Flotte gehörte, die in diesem Augenblicke an unsern Küsten auf der Rhede lag und diesen Angriff beschützte. Unsere Fregatte ist bei der Vertheidigung dienstunfähig geworden und ein großer Theil unserer Matrosen ward verwundet oder ist geblieben.... Dieser Angriff hat nicht allein ohne Veranlassung stattgefunden, sondern mit der eingestandenen Absicht, diesem Kriegsschiffe durch offenbare Gewalt einen Theil seiner Besatzung zu entziehen.

lichste Art von der Welt zurückgefordert werden. Zehn amerikanische Matrosen hatten sich von der Fregatte Constitution, die in Gibraltar lag, davon gemacht und waren an Bord eines englischen Schiffes gegangen. Der Capitain der Fregatte ersucht den englischen Capitain, sie ihm zurückzuschicken. Dieser antwortet, daß er dieses nicht thun würde, ob es gleich Amerikaner seyen; sie wären in englischen Dienst getreten und die englische Flagge werde sie zu schützen wissen. Vortrefflich; aber die amerikanische Flagge müßte das auch vermögen.

1) Der Mörder des amerikanischen Capitains ward vor Gericht gestellt, doch nicht schuldig erklärt und bald darauf durch einen höhern Rang belohnt.

2) Am 22sten Juni 1807.

so, daß Kaiser Alexander dadurch nicht verletzt werden konnte. Napoleon setzt dem fortdauernden Aufenthalt der Russen in den Fürstenthümern kein unbedingtes Hinderniß entgegen; aber ein bedingtes Hinderniß. Er wäre geneigt, seine Zustimmung zu geben, unter dem Vorbehalte, daß ihm ein gleicher Vortheil eingeräumt würde. Schon durch diese Andeutungen ersieht man, welches die Streitpuncte seyn möchten, die nächstens die Cabinette von Paris und Petersburg beschäftigen werden. Rußland wird auf der Räumung von Schlesien bestehen, Frankreich auf der Räumung der türkischen Provinzen. Doch nehmen noch dringendere Interessen die Aufmerksamkeit der beiden Monarchen in Anspruch. Das erste von allen ist die Ausführung des 4ten Artikels des Bündnißvertrages, die der englischen Regierung zu erstattenden Anzeigen und im Falle diese Anzeigen unnütz wären, die Abberufung der russischen Gesandtschaft, der auf der Stelle der förmliche Bruch zwischen beiden Mächten folgen sollte. Dieser Punct ist der wesentlichere von denen, welche der Beachtung des Generals Savary anempfohlen sind.

Der wohlwollendste Empfang erwartete diesen General, doch nur bei Kaiser Alexander allein, oder beinahe allein. Wenn dieser Fürst aus Ueberzeugung oder Berechnung, aus Ueberredung oder hingerissen, das französische System aufrichtig ergriffen hat, so folgt seine Umgebung nur ungern oder mit Widerstreben dieser Regung. Der Geist der Coalitionen ist noch der herrschende Geist in den Gesellschaften zu Petersburg. Einige der vertrauten Diener des Kaisers, namentlich Herr von Nowosilzof, hatten seit Tilsit, um Alexander von dem Bündnisse mit Frankreich abzubringen, ihm die unvermeidliche Unzufriedenheit des Hofes und des ganzen Adels vorgestellt. Man hatte ihm selbst als Ausgang an dieser neuen Straße das Schicksal seines Vaters durchblicken lassen. Diese Besorgnisse waren keineswegs erträumt. Die englische Partei gab sich gar nicht die Mühe, ihre Mißbilligung über das Verfahren des Kaisers zu verheimlichen. In einigen Gesellschaftszimmern trieb man die Freiheit der Rede bis zur Unschicklichkeit. Es war offener Aufstand gegen den Willen des Kaisers. Schrecken erregende Vorzeichen hätten für das Leben des Mon-

Vortheilen, die aus dem Bunde mit Frankreich für ihn hervorgehen, ein Mittel zu finden, um die Russen zu seinem Systeme zu gewöhnen, und dieses Bündniß wird in der That für Rußland nicht ohne Gewinn seyn. „Die französischen und russischen Heere", sagte der Kaiser eines Tages zu Herrn Lesseps, „haben sich gegenseitig schätzen gelernt. Ich habe sehr kostbare Momente mit dem Kaiser verlebt. Nie werde ich die guten Winke vergessen, die er mir gegeben hat. Endlich haben wir uns kennen gelernt, wir sind Freunde geworden und werden stets es bleiben. Man sagt, eine englische Flotte sey in die Ostsee eingelaufen. Glaubt man mich zu schrecken? Das soll ihnen nicht gelingen." Wirklich war das eine Maaßregel, ganz gemacht, die volle Aufmerksamkeit Rußlands auf sich zu ziehen, wenn man eine englische Flotte nach dem Sunde schickte, ehe das mindeste Mißverständniß zwischen den nordischen Mächten und England durch irgend ein Anzeichen war angedeutet worden.

Das russische Ministerium beeilte sich, Lord Lewison Gower aufzufordern, es mit den Gründen bekannt zu machen, welche die englische Regierung zu so ungewöhnlichem Verfahren gegen Dänemark hätten veranlassen können. Die Antwort des Botschafters bestand aus denselben Gründen, welche die früher erwähnte Kriegserklärung aufführt. Englands Daseyn war bedroht. Da die dänische Flotte zur Ausführung des von Frankreich entworfenen Landungsplanes dienen konnte, hatte Ihre britische Majestät die zur Sicherheit Ihres Reiches unerläßlichen Mittel ergreifen müssen. Bald darauf erfuhr man zu Petersburg sowohl die Aufforderung an Dänemark, als die muthvollen Entschließungen des Kronprinzen und den Brand von Kopenhagen. Dieses Ereigniß erregte, wie überall, ein natürliches Gefühl des Unwillens; aber nur beim Kaiser Alexander und bei dem neuen Minister der auswärtigen Verhältnisse, den er sich gegeben hatte, dem Grafen Romanzow, war dieses Gefühl lebhaft und dauernd. Eine Note dieses Ministers an den britischen Botschafter machte diesem den schmerzlichen Eindruck bekannt, den Se. kais. Maj. bei der Nachricht von dem Unglücke empfunden habe, welches einen Fürsten betroffen, mit dem er durch Bande des Blutes

Nach dem Anfalle auf Dänemark hat das englische Cabinet keine Scheu, den Kaiser Alexander zu einer Vermittelung einzuladen, „um den Kronprinzen zu einer minder leidenschaftlichen Würdigung[1]) der wahren Interessen seines Vaterlandes" zu veranlassen. Auf eine solche Zumuthung gab Rußland die einzige seiner Würde zukommende Antwort[2]). Es brach alle Mittheilungen gegen England ab und zerriß alle Bande, die vorher zwischen beiden Mächten bestanden hatten. Da dieser Bruch eins der großen Ereignisse aus dem Anfange dieses Jahrhunderts ist und dazu beigetragen hat, Frankreichs Herrschaft über das Festland während fünf Jahren zu begünstigen, so halten wir uns für verpflichtet, die Hauptstellen aus der russischen Erklärungsschrift hier anzuführen:

„Zweimal hat der Kaiser für eine Sache die Waffen ergriffen, wo der nächste Vortheil England zu Gute kam; vergeblich hat er geheischt, daß es eine seinem eignen Interesse entsprechende Mitwirkung dabei an den Tag lege. Er forderte keineswegs, daß es seine Truppen zu den *seinigen* stoßen lasse; er verlangte, daß es einen Seitenangriff mache. Er mochte sich wundern, daß es in seiner eignen Sache selbst gar nicht handelnd auftrat; sondern eine kalte Zuschauerin des blutigen Kriegsschauspiels, das nach seinem Wunsche entbrannt war, schickte es seine Truppen zu einem Angriffe auf Buenos-Ayres. Ein Theil seines Heeres, der zu einem Seitenangriffe auf Italien bestimmt schien, verließ zuletzt Sicilien, wo er versammelt war; man hätte glauben mögen, um auf den Küsten von Neapel wieder zu erscheinen. Man erfuhr, daß er mit einem Versuche, sich Aegyptens zu bemächtigen, beschäftigt war."

„Doch empfindlicher noch betrübte es Se. kais. Majestät, daß gegen die Zusage, gegen das ausdrücklich gegebene und bestimmte Wort der Verträge Sie sehen mußte, wie England zur See den Handel Ihrer Unterthanen belästigte." Und dies

1) To a more dispassionate consideration of the real interests of his country.

2) Note des Herrn von Romanzow vom 27sten October (9ten November).

in welchem Augenblicke? In dem Augenblicke, wo der Russen in den glorreichen Kämpfen floß, welche al kräfte Sr. Maj. des Kaisers der Franzosen, mit land im Kriege war und noch ;ſt, aufhielten und hen brachten."

Darauf erinnert das russische Cabinet an die England angebotene Vermittelung, um den allgemei den herbeizuführen, an die ausweichenden Antworten lischen Regierung, an die unerhörte Gewaltthat, nur eben gegen eine ruhige, gemäßigte, durch lange erschütterliche Staatsklugheit ausgezeichnete Macht er die durch ihre sittliche Würde im Range der St obenan steht, blos um die ungerechteste und gehässig derung ausüben zu können.

Kaiser Alexander äußert sich mit Unwillen, daß nachdem es ihn selbst in den Interessen seiner Völk seinen Verpflichtungen gegen die nordischen Höfe gek weil es ein geschlossenes Meer, dessen Ruhe unter d der Uferstaaten gestellt ist, verletzte, die Unziemlichke treiben konnte, ihm den Antrag zu machen, daß er d redner eines Raubanfalles werden sollte, den er und daß er das unterworfene, niedergetretene Dän britischen Macht wieder zuführen solle. Er bringt Gesinnungen des Kronprinzen seine Huldigung, de scheu die Entwürdigung von sich weiset, zu der ihn veranlassen möchte.

„Gerührt von dem Vertrauen, das dieser Fü setzt und in Betracht seiner eignen Beschwerden ge britannien, nach vielfacher Erwägung seiner Verp zu den nordischen Mächten, jener schon durch di Catharina und des hochseligen Kaisers Paul, Maj glorreichen Gedächtnisses, eingegangenen Verpflichtu sich der Kaiser entschlossen, sie in Vollziehung zu se

„Se. kais. Maj. bricht alle Verbindungen mi ab; Sie ruft Ihre Gesandtschaft ab und wünscht el Ihrem Hofe keine englische Gesandtschaft zu haben. an wird nicht die geringste Verbindung zwischen bei ten stattfinden."

„Der Kaiser erklärt, daß er für alle Zeiten jede früherhin zwischen Großbritannien und Rußland abgeschlossenen Acte, und namentlich die Uebereinkunft vom 5. (17.) Juni des Jahres 1801 vernichtet."

„Er bekennt sich aufs neue laut zu den Grundsätzen der bewaffneten Neutralität, diesem Denkmale der Weisheit Catharinens, und macht sich verbindlich, nie wieder von diesem Systeme abzuweichen."

„Er fordert von England vollständige Genugthuung für alle seine Unterthanen in Bezug auf alle ihre gerechte Forderungen wegen Schiffe und Waaren, die gegen den ausdrücklichen Inhalt der unter seiner eignen Regierung abgeschlossenen Verträge weggenommen oder angehalten worden."

„Der Kaiser betheuert, daß keine Verbindung zwischen Rußland und England wiederhergestellt werden solle, bevor Dänemark von England befriedigt worden."

„Der Kaiser erwartet sonach, daß Se. brit. Majestät, statt Ihren Ministern zu gestatten, wie eben noch der Fall gewesen, aufs neue die Keime des Krieges zu verbreiten, indem sie nur der eignen Empfindlichkeit das Ohr leiht, sich zu einem Abschlusse des Friedens mit Sr. Maj. dem Kaiser der Franzosen geneigt zeigen werde, was die unschätzbare Wohlthat des Friedens, so zu sagen, auf der ganzen Erde verbreiten würde."

„Wenn der Kaiser wegen aller vorhergehenden Puncte und namentlich in Bezug auf den Frieden zwischen Frankreich und England, ohne welchen kein Theil von Europa sich eine wahrhafte Ruhe versprechen darf, Genugthuung erhalten hat, wird J. kais. Maj. mit Vergnügen die alten Freundschaftsbande mit Großbritannien wieder anknüpfen, die Sie, selbst in dem Zustande gerechter Unzufriedenheit, wie Sie sich befinden mußte, vielleicht zu lange beibehalten hat."

Diese Erklärung scheint mir bedeutend, nicht allein als Rechtfertigung des russischen Verfahrens, sondern als eine gemeinsame Erklärung der Vorwürfe, welche alle Festlandmächte England zu machen das Recht hatten.

Von Seiten des Kaisers Alexander waren alle in Tilsit übernommenen Verpflichtungen gewissenhaft erfüllt; er hatte sie sogar übertroffen. Dieser Fürst hatte mehr gethan, als er versprochen; denn um einen Monat früher hat er sich gegen die englische Regierung erklärt. Für dieses offene Anschließen an Frankreichs Plane in dieser Beziehung, verspricht er sich einige Gefälligkeit von ihm in Bezug auf die türkischen Provinzen. Als General Savary die Räumung dieser Provinzen hatte fordern müssen, suchte der Kaiser, ohne eine abschlägliche Antwort auszusprechen, wenigstens Zeit zu gewinnen; er führt an, daß die Uebereinkunft vom 24sten August zwei für Rußland beleidigende Artikel enthalte; er verlangt durchaus eine Abänderung. Rußlands Ehre, die Ehre eines Verbündeten wie Alexander, konnte dem Kaiser Napoleon nicht gleichgültig seyn. Dieser widersetzt sich daher keiner Abänderung, welche die kitzlichste Empfindlichkeit zu beruhigen im Stande war, doch war dieser etwas verspätete Zartsinn augenscheinlich nur ein Vorwand, um jeden endlichen Beschluß über diese Angelegenheit weiter hinaus zu schieben. Endlich spricht sich Alexander weitläufiger aus, erinnert an Tilsit, an die Plane und Unterhaltungen, wo er einen andern Ausgang voraussetzen durfte. Mehr als einmal hatte Napoleon gesagt: „daß es ihm nicht auf die Räumung der Fürstenthümer ankäme; man möchte sie immerhin in die Länge ziehen". Alexander macht bemerklich, daß die Räumung der türkischen Provinzen durch seine Truppen großes Geschrei bei seinen Unterthanen veranlassen würde, die von den Zeitverhältnissen litten, und besonders bei denen, welche seine Verbindung mit Frankreich nicht gut hießen. Die Stellung dieses Fürsten zu seinem Volke ist freilich sehr zu berücksichtigen. Napoleon beurtheilt ihn richtig. Als Staatsmann und Privatmann macht er sich auf einige Ermäßigungen gefaßt, doch hütet er sich wohl, der Pforte etwas zu vergeben. Das letzte Wort, das Hauptwort bei den Tilsiter Zusammenkünften, war gewesen, daß nur im Einverständnisse zwischen beiden Kaisern eine Maaßregel gegen diese Macht ergriffen werden sollte, und daß in keinem Falle Einer ohne den Andern handeln möchte. Dieses letztere Wort ist eine Ausflucht; man entgeht der Schwierigkeit durch's Hinausschieben.

In Bezug auf die andern Puncte ist man völlig einverstanden. Kaum ist ein Bündniß zwischen Frankreich und Dänemark abgeschlossen, so wird es Rußland mitgetheilt. Nur gegen England ist es einzig gerichtet. „Nur mit Rußland wünscht Napoleon ein ewiges Bündniß gegen jeden etwaigen Feind.“ In Beziehung auf Schweden, dem die Vorschläge zugesandt werden sollen, um es zu veranlassen, gemeinsame Sache mit Rußland und Frankreich zu machen, stellt der Kaiser Napoleon Alles dem Kaiser Alexander anheim; er wird Alles genehmigen, Alles vollziehen. Alexander gesteht Napoleon die nämliche Freiheit in Rücksicht auf Portugal zu.

Kaiser Alexander ist nicht allein ein treuer Verbündeter, er ist auch ein aufrichtiger Freund. „Ich wünschte nicht,“ sagte er eines Tages zu Herrn Lesseps, „daß der Kaiser mir vorwerfen könnte, ihm etwas verheimlicht zu haben und daß man selbst einen unbedeutenden Umstand benutzen könnte, um ihn in Bezug auf mich kälter zu machen.... Am letzten Mai schrieb der König von Schweden an mich, um mich zu veranlassen, daß ich den Grafen von Lille nach Stockholm zu gehen bestimmen möchte. Ich begnügte mich, dem Grafen diesen Brief nach Mitau zu schicken, ohne einen weitern Rath beizufügen. Ich hatte das bei Seite gelegt und dachte nicht mehr daran, als ich gestern von meinem Gouverneur in Mitau einen Courier erhielt, der mir die Nachricht brachte, daß der Graf von Lille sich zur Einschiffung nach Schweden anschicke. Ich antwortete auf der Stelle, daß er nicht mein Gefangener sey, daß ich ihm das Gastrecht angeboten und es folglich bei ihm stehe, wenn dieses ihm lästig fiele, anderwärts es zu suchen. Dem zufolge, glaube ich, wird er abreisen; doch würde mir es sehr leid thun, wenn der Kaiser glauben könnte, daß ich einigen Antheil daran hätte....“ Der Kaiser Alexander erzählte außerdem Herrn Lesseps, daß der Graf von Lille mehrmals ihn angegangen habe, ihn anzuerkennen, doch daß er dieses stets verweigert habe, „überzeugt, daß diese Prätendenten nie den Thron wieder besteigen würden“ [1]). So urtheilen Menschen. So ist in jenem Augenblicke die Herstel-

1) Der Kaiser Alexander äußerte dasselbe gegen Gen. Savary. Mémoires, Th. III. S. 157.

lung der Bourbonen ein Traum in den Augen d
in den Augen von ganz Europa, denn selbst in
der englischen Regierung ist es ein Wahnbild.

Nach dem Frieden von Tilsit, als ein unvorh
Bündniß Alexander und Napoleon vereinigte, hatte
Ludwig XVIII. nicht für schicklich erachtet, läng
Staaten eines Fürsten zu bleiben, welcher der Verbi
Mannes geworden war, den er als den Räuber sei
ansah. Er schiffte sich mit dem Herzoge von Angou
Schweden ein und begab sich nach Gothenburg, we
zog von Berry ihn erwartete. Eine Fregatte, die
zu seiner Verfügung gestellt worden, um ihn nach
überzuführen. England ist begreiflich für ihn eine
Zuflucht, ein verbündetes Gebiet, wo seine anerr
kannten Rechte noch aufrecht stehen. So glaubt e
er glauben, und doch irrt er sich. England selbst w
erkennung der französischen Macht nicht unzugängig
Die Nothwendigkeit, Napoleon für den kommende
schonen, hat sich bis in dieses Land fühlbar gemacht
Krieg auf Leben und Tod schwor und zu besorg
daß es seinen Eid nicht halten könne. Um zu verm
der Friede nicht völlig unmöglich werde, fürchtet d
Cabinet, d. h. das aus Castlereagh und Canning
Cabinet, daß das Haus Bourbon ein Hinderni
dem Kaiser und ihm werden könne. Auf die Na
der Absicht Sr. Maj. Ludwigs XVIII. hat man
daß dieser Fürst nach Schottland ziehen möge und
tete daher das Schloß Holy-Rood zu seiner Auf
In den Häfen ist der Befehl gegeben, daß die Fre
bei Leith anlege. Dort soll der Graf von Lille
steigen. Dort sind Commissäre hingeschickt, um
Edinburg zu begleiten.

In dem Augenblicke, wo die schwedische Fregat
sten von England berührte, wurden die Befehle d
Ludwig XVIII. zugestellt. Doch lebhaft fühlte d
wie nachtheilig diese Art von Verweisung nach
seiner Stellung werden könnte. Wohlunterrichtet
was ihm frommt, und fest im Unglück, verweigert

angewiesenen Orte ans Land zu steigen. Wenn er nach England kommt, so geschieht es nicht als Flüchtling, der eine Freistätte sucht; er hat eine in Rußland. „Seine Reise ist durchaus politisch; nur seine Interessen als König von Frankreich hat er im Auge; eher wird er nach Rußland zurückkehren, als daß er nach Schottland ginge, oder daß er eine andere Behandlung sich gefallen ließe, als die einem Fürsten zukommt, der Großbritanniens Hülfe in Anspruch nimmt." Nichts kann rühmlicher seyn, als dieses Verfahren des Königs. So getragenes Unglück ist ein glorreiches Zeugniß, das die Rückkehr besserer Zeiten versichert. Europa's und Englands gegenwärtige Lage erlauben den Ministern nicht, in die Forderungen Ludwigs XVIII. zu willigen. Das Interesse des Landes, ihr eigenes Interesse legen ihnen andere Verpflichtungen auf. „Wenn das Haupt der bourbonischen Familie", sagen sie, „darein willigt, unter uns auf eine seiner gegenwärtigen Lage angemessene Weise zu leben, so soll er eine passende und sichere Freistätte finden; doch allzusehr kennen wir die Nothwendigkeit, zum Kriege, in den wir verwickelt sind, die *einstimmige* Unterstützung des englischen Volkes zu haben, als daß wir die Volksgunst auf's Spiel setzen dürften, die bis auf den heutigen Tag dem Kriege zu Theil ward. Doch möchte dies sie auf's Spiel setzen heißen, wenn man unüberlegter Weise eine Partei ergriffe, die ihm einen neuen Charakter gäbe und das Volk entmuthigen könnte. Bieten Frankreichs und des Festlands Lage wol heutzutage mehr Aussichten zur Herstellung der Bourbons dar, als irgend zu einer andern Zeit in diesem Revolutionskriege, dessen Last wir, seit einer so langen Reihe von Jahren, schon tragen? Hat England Grund, auf mehr Unterstützung von Seiten Europa's zu rechnen, als bisher? Im Gegentheil sanctionirt die beinahe gänzliche Unterwerfung des Festlandes einigermaßen den gegenwärtigen Zustand der Dinge in Frankreich. Zuverlässig wäre der Augenblick, eine vorsichtige und bedachte Politik aufzuheben, jetzt nicht gerade glücklich gewählt."

„Würden wir Ludwig XVIII. anerkennen, so würden wir den Feinden der Regierung eine schöne Gelegenheit verschaffen, sie der Einschleichung fremdartiger Interessen bei ei-

nem Kriege zu beschuldigen, der doch seinem gan
nach ein rein britischer ist." Diese Sprache mußte
einen Fürsten peinlich seyn, der edlere Hoffnungen
gewohnt war; doch war die Ansicht des britische
riums durch seine Stellung geboten. Die Frage
Land, wo Se. Maj. Ludwig XVIII. sich niederlass
wurde durch eine Art von Vergleich geschlichtet. D
nig dabei blieb, daß er nicht nach Schottland geh
so erlaubte man ihm, in Yarmouth zu landen. Au
ladung des Herzogs von Buckingham begab er sich
alten Schlosse Goßfield-Hall in der Grafschaft Esse
Jahre später ließ er sich in dem bescheidenen Hartw
Dort schufen ein heller Verstand, eine großmüthi
nung, die in Gedanken den Ruhm jenes Frankre
seine Familie nicht mehr regiert, zu dem seinen
allumfassendes und durchgreifendes Urtheil, welches
maaße von Napoleons Glück, eine Entstehung
oder weniger unausbleiblichen Unfälle voraussah, w
dem verbannten Herrschergeschlechte Aussichten auf
stellung eröffneten, eine milde Lebensweisheit, Sin
stige Beschäftigung und der Umgang einer in der
Unglücks gebildeten Nichte, deren muthvolle Tuge
bescheidenen Hof schmückte, schufen alle diese kostbar
welche das Schicksal ihm nicht hatte entreißen kö
Ludwig XVIII., einen jener auf Hoffnung gebaute
zustände, die, ungeachtet des gegenwärtigen Mißgesch
ohne Genuß und nicht ohne Reiz sind. Von hier
er abreisen, um im Jahre 1814 wieder auf den Th
Väter zu steigen. Aber als im Jahre 1807 das
bourbonischen Geschlechts der englischen Regierung
besondere Begünstigung die Erlaubniß abtrotzen m
Alt-Englands Boden leben zu dürfen, statt nach
ziehen zu müssen, wer hätte damals, außer dem K
Schweden, diesem unüberlegten Fürsten, den selbst
Absetzung erwartet, an Napoleons so nah bevorstehen
an die Herstellung der Bourbonen[1]) in so nahe

1) Selbst die ausdauerndste Ergebenheit hatte die Hoff

glauben gewagt? Es ist dieses eine Art von Rechtfertigung für die bei manchen Völkern aufgenommene Meinung, daß die Gabe der Voraussagung ein Vorrecht des Wahnsinnes ist [1]).

Der Augenblick des Bruches zwischen Rußland und England — der Augenblick, wo das ganze Festland mit Frankreich im Bunde gegen den einzigen Feind ist, den er noch nicht besiegt hat, wo Frankreich noch frei von den Verlegenheiten ist, in die es sich später durch den Krieg mit Spanien verwickelte, — dieser Augenblick ist, meiner Ansicht nach, der schönste in Napoleons Regierung. Wie ein Reisender, der auf dem äußersten Punct seiner Wallfahrt angekommen ist, gern einen Blick rückwärts wirft, um auf einmal das Gebiet zu überblicken, das er durcheilt hat, so ist es mir heute ein Bedürfniß, einen Blick rückwärts auf unsern Ausgangspunct zu werfen, und mit einigen Worten alle Zwischenereignisse zusammenzufassen, aus denen der jetzige Coloß von Frankreichs Größe hervorging.

Am 18ten Brumaire konnte ein Staatsstreich Frankreich allein der Gesetzlosigkeit entreißen. General Bonaparte durfte ihn wagen; Frankreich durfte ihn deshalb freisprechen. Gestern noch war überall Verwirrung, Mittellosigkeit, Elend und Schrecken. Am Tage darauf ist Alles voll Hoffnung und bald

ren. Die Allmacht des Glückes hatte selbst die Liebe zum Königthume in der Vendée besiegt. Frau von Bonchamp, deren Name an alle Leiden der Bürgerkriege und an den Muth einer in solchen Kriegen doppelt seltenen Großmuth gegen die Besiegten erinnert, war dem Kaiser Napoleon in den Tuilerien vorgestellt worden, der ihr einen Jahrgehalt von sechstausend Franken verwilligt hatte. Durfte sich dieses Haupt eines neuen Geschlechtes auf dem Throne fest glauben, da er sich stark genug fühlte, Treue gegen das alte Fürstengeschlecht zu ehren und zu belohnen?

1) Sehr richtig ist Ludwigs XVIII. Urtheil über den König Gustav IV. Adolph. Nachdem er versichert, daß ihm die Absetzung dieses Fürsten leid thue, äußerte er, daß sie ihn nicht überrasche, und fuhr dann in dem vertrauten Briefe fort: „Glauben Sie ja nicht, daß ich ihn des Wahnsinns beschuldigen möchte; aber der ist noch nicht rasend, der seine Vernunft nicht benutzt. Unberührt und erhaben in allen seinen Grundsätzen über Ehre und Tugend, ist er leider von Seiten der Ideen nicht so gut bedacht gewesen.... Niemals, das sag' ich voraus, wird er wieder auf seinen Thron steigen.“

hat die Hoffnung ihre nachweisbaren Gründe. setze sind abgeschafft, Verbannte des Fructid die Auswanderungsliste geschlossen, die Freih nisse ins Leben getreten, das alte und das versöhnt durch die Ehrenfeste, die man der republikanischen Feldherren und dem Andenk Türenne's zugleich feiert.

Zum ersten Consul ernannt, gestaltet Ge die bürgerliche und die Kriegsverwaltung neu in den Graus der Finanzen, begründet eine Schuldentilgungscasse. Wie Heinrich IV. ver ckeln des Bürgerkrieges, zwingt die verschieder Einigkeit und nöthigt alle Notabilitäten des Talents und der Rechtschaffenheit, die bis j schen, selbst feindlichen Fahnen gefolgt waren, Feldzeichen zu dienen.

Frankreichs Stellung zu Europa hat s merksamkeit gefesselt. Er bietet England un Frieden an, sichert Preußen die Neutralität Zuneigung der Neutralen wieder durch die A den französischen Häfen angeordneten Schiffs tert das Joch der von Frankreich abhängigen niens, der Schweiz und Hollands. Sein Einfluß auf die Wahl eines Papstes.

Der von ihm angetragene Friede war ve es blieb ihm nichts übrig, als ihn zu erobern reau hundertzwanzigtausend Mann und behä zigtausend. Er hatte Europa eine Aushülf digt; Europa will an dieses Heer nicht glau Weg eröffnet sich für sie durch die Alpen. B die Alpen. Er ist in Mailand, als der Obe östreichischen Heeres noch die Provence bedrol Marengo und zwölf Festungen fallen durch ein in seine Hände. Ein östreichischer Bevollmäc net die Friedensvorbedingungen, welche sein gen verweigert. Man muß aufs neue sich s entspricht dem Zuruf von Marengo, der dur Hohenlinden. Die von Frankreich geforderte

Verhandlung werden zugegeben. Eine dieser Unterlagen ändert die Gestalt von Teutschland. Die Etsch wird Gränze der cisalpinischen Republik. Frankreichs bei Campo Formio gezogene Gränze wird durch den Frieden von Lüneville erweitert und gerader gezogen.

Indessen hat der erste Consul, einige Monate früher, mit den Vereinigten Staaten von Amerika einen Vertrag abgeschlossen, durch den er die Grundsätze der Neutralität zur See vom Jahre 1780 wieder ins Leben ruft. In demselben Augenblicke sichert ihm ein glückliches Zusammentreffen einen mächtigen Helfer zur Vertheidigung dieser Grundsätze. Paul I., der des Bündnisses mit England überdrüssig ist, nimmt sie wie der erste Consul in Anspruch und er fordert Preußen, Schweden und Dänemark auf, ihnen gleichfalls Anerkennung zu verschaffen. Paul ist in mehr als einem Sinne der Aufregung fähig. Der erste Consul besticht seinen ritterlichen Sinn durch ein edles Verfahren, durch die freiwillige Rücksendung der in Frankreich befindlichen russischen Gefangenen. Paul ist leicht durchaus gewonnen; diese beiden energischen Charaktere verstehen sich; Preußen, das sie lenken will, ist bald zwischen ihnen bedrängt und gezwungen, ihnen zu gehorchen; ein Conföderationsvertrag wird zwischen den vier nordischen Mächten unterzeichnet; eine allgemeine Haft wird auf die englischen Schiffe gelegt, ein allgemeiner Beschlag auf das englische Eigenthum; Hannover wird besetzt; die Elbe, die Ems und Weser, alle dänischen, schwedischen und preußischen Häfen werden den englischen Schiffen verschlossen; auch das Einlaufen in die Ostsee wäre ihnen gleichmäßig verboten worden, aber durch Schwedens Nachlässigkeit dringt eine englische Flotte durch den Sund und beschießt Kopenhagen. Paul I. stirbt. Die Ermordung dieses Fürsten löst den nordischen Bund auf.

Dieser mächtigen Stütze beraubt, setzt der erste Consul seinen Kampf gegen England allein fort. Gegen Kaiser Alexander der Schonung entbunden, die er sich Paul gegenüber auferlegte, erklärt er Piemont zu einem französischen Kriegsbezirke. Um sich Mittel der Ausgleichung mit England zu verschaffen, läßt er Portugal durch Spanien angreifen, verweigert einem ungenügenden in Badajoz unterzeichneten Ver-

trage die Genehmigung und genehmigt erst e
teren in Madrid unterzeichneten Vertrag, der d
Guyana eine Gebietserweiterung zugesteht.

Der Plan einer Landung in England i
Drohung, doch schon die Drohung erregt B
lands innere Lage ist peinlich. Zwischen Herr
ersten Consul möchte der Friede schwierig seyn;
seine Entlassung ein; eine Unterhandlung wi
Friedensvorbedingungen werden unterzeichnet;
Eroberungen behält England nichts als Ceyl
und Trinidad in Amerika. Der Zustand des
förmlichst oder nebenbei gutgeheißen. Zu de
terzeichnet der erste Consul den Frieden mit
nige Tage darauf den Frieden mit Rußland
keine Macht mehr, welche die französische R
erkannt hätte; aber der vom ersten Consul unt
mit Rußland ist beinahe ein Bündniß. Du
Uebereinkunft verbinden sich die beiden Staats
meinschaftlich eine Art von Dictatur über d
zuüben; sie versprechen sich, gemeinschaftlich
heiten Teutschlands zu regeln und die Ang
liens, und was für Frankreich das Wichtige
rechtes Gleichgewicht in den verschi
theilen herzustellen und die Freihe
zu sichern."

In dem Zwischenraume zwischen der U
Friedensvorschläge mit England und der U
endlichen Vertrages, ist Frankreich nicht stehen
innere Lage hat sich verbessert, seine politisch
tert. Eine Consulta der cisalpinischen Repu
zusammengekommen war, hat den ersten Cons
sidenten erklärt und ihre Republik zu einer
Preußen giebt dieser Abänderung Beifall,
bei; Oestreich mißbilligt nur schweigend. E
sie zwei Monate später durch die Unterzeichn
von Amiens.

Diesem Vertrage zufolge gehört die I
an England noch an Frankreich, sondern es

einstimmung mit den großen Mächten, Maaßregeln getroffen werden, um die Unabhängigkeit dieser Insel zu sichern, welche England in einer bestimmten Frist zu räumen sich anheischig macht.

Nach zehnjährigem Kriege ruht Europa aus in einem allgemeinen Frieden. Die Herstellung des Friedens im Innern von Frankreich ist dem Aufhören des äußern Krieges vorausgegangen. Der erste Consul ist den Mordplanen der Demagogen und der Chouans entgangen; er hat den Dolch des Brutus zerbrochen; unberührt ist er bei dem Auffliegen der Höllenmaschine durchgekommen. Gute Gesetze, großmüthige Handlungen, löbliche Einrichtungen vollenden die sittliche Herstellung des Landes. Ein Concordat mit dem heiligen Stuhle entspricht den religiösen Gesinnungen der Franzosen und beruhigt zu gleicher Zeit die Gemüther durch die Gewährleistung über den Besitz der geistlichen Güter. Eine Amnestie schafft die noch immer bestehenden blutigen Gesetze gegen die Ausgewanderten ab und eröffnet ihnen wieder die Pforten der Heimat. Die Ehrenlegion verspricht jeder Art von edlem Ehrgeiz eine rühmliche Belohnung. Die Ungewißheit, die Unsicherheit einer ersten Staatswürde für einige Jahre soll nicht mehr bestehen. Bonaparte wird zum Consul auf Lebenszeit ernannt.

Noch bleibt eine Anordnung des Lüneviller Friedens in Vollziehung zu setzen, die Säcularisation der geistlichen Güter in Teutschland, zur Entschädigung der aus ihren Erbstaaten am linken Rheinufer vertriebenen Fürsten. Oestreich möchte diese Säcularisation hinausschieben und besonders sie dem französischen Einflusse entziehen. Doch vergeblich. Der erste Consul leitet sie allein und bringt sie in der That allein, dem Namen nach mit Rußland gemeinschaftlich, zu Stande. Der erste Consul vermindert bis auf dreißig oder vierzig die zwölfhundert Potentaten, die sich in Teutschland theilten; er macht einige Staaten des zweiten Ranges stärker, die, weil sie Frankreich ihre Vergrößerung verdanken, es auch brauchen werden, um sie zu behaupten; endlich erhält er von Preußen und sogar von Oestreich selbst die Gewährleistung der in Italien getroffenen französischen Anordnungen. Ein anderes großes

Werk war ihm allein vorbehalten; die
Schweiz ist in den Augen der Menschheit e
sten Ansprüche an den Ruhm.

Mitten in so großen Begünstigungen h
sul zwei große Verluste erlitten. Er hat
ren und der Feldzug gegen St. Doming
Ohne Klebers Ermordung wäre Aegypten
St. Domingo ohne das gelbe Fieber. Um
große Kolonialmacht zu verschaffen, hatte der
im Jahre 1800 von Spanien die Herausgab
halten. Dafür hat er für den Infanten vor
nigreich Toskana gegründet. Der neue Kö
beim ersten Consul, der ihn eingesetzt, zu
Fürst aus dem Hause Bourbon ist in Pa
merkt es nicht.

England hat aus Müdigkeit Frieden g
ein Versuch, der nicht gelungen war. Die I
bejer und die Interessen der Aristokratie verla
Kriege. Um den Frieden zu brechen, hat das
nen bestimmten Anlaß. Da es aber einer se
Malta oder Krieg. Krieg, antwortet der
mit diesem Worte spricht er seinen Untergan
hat ihm zwar noch zehn Jahre voll Siege
am Schlusse dieses Zeitraums öffnet er den
versinken soll. Vergeblich hat der Kaiser Al
mittelung angeboten und noch nach dem Wieder
seligkeiten fährt er hierin fort. Aber Kaise
meint es redlich; seine Beauftragten unter
In Paris, London, Wien gehören die ru
dem englischen Systeme an. Alle sind dem
nisse zwischen dem ersten Consul und ihr
schen. Vorwände fehlen ihnen nicht. In
daß der Krieg wieder anfange, bedroht der
land mit der Wegnahme Hannovers und d
aller Stellungen, die er vor dem Fried
Neapel inne hatte. Andere als die Engl
diesen Maaßregeln. Hannover wegnehmen,
unruhigen, Preußens Schifffahrt und die Sc

teutschen Staaten hemmen; Besatzungen nach Neapel werfen, heißt Kaiser Alexanders Schutzrecht über dieses Königreich verletzen. Preußen fügt sich. Rußland verdoppelt seine Klagen im Bezug auf Neapel und auf Hannover.

Frankreich hat Louisiana wieder erlangt; doch jetzt ist's nicht mächtig genug, es zu behaupten. Nur eine Macht kann dieses Besitzthum als Waffe gegen England gebrauchen: die Staaten von Nordamerika. Der erste Consul tritt es daher an die Amerikaner ab. Die Grundlage dieser Abtretung ist die Aufrechthaltung der Grundsätze der Neutralität zur See. Das europäische Festland, mit Ausschluß der völlig von Frankreich abhängigen Staaten, erklärt sich für neutral. Der erste Consul willigt in die Neutralität von Spanien und Portugal gegen Hülfsgelder; England giebt diese Neutralität zu, wobei es auch seine Rechnung findet.

Bei der Erneuerung des Krieges bemerkt England, daß der Zustand des Festlandes ihm gegenwärtig keine Gelegenheit zu einem neuen Bunde sichert. Es muß zu andern Waffen schreiten. Es führt einen doppelten Krieg, *einen gegen* Frankreich und den andern gegen den Mann, der Frankreich regiert. Seine auswärtigen Geschäftsträger sprechen dies mit mehr oder weniger Unverschämtheit aus. Da russische und östreichische Heere ihm fehlen, nimmt es zu Verschwörungen seine Zuflucht, zu Meutereien, oder nennen wir's beim rechten Namen, zu Mordanfällen. Von allen Seiten spinnen die englischen Geschäftsträger in Teutschland Verrath gegen das Leben des ersten Consuls. Bis unter den Palast des Consuls reichen die Pulvergänge. Georges und Pichegru sind in Paris. Moreau hat sich in unwürdige Berührungen mit ihnen eingelassen. Moreau wird verhaftet. Der politische Himmel trübt sich. Oestreich rüstet. In diesem Augenblicke meldet man dem ersten Consul, daß der General Dümouriez mit dem Herzoge von Enghien in Ettenheim ist. Auf der Stelle geht der Befehl ab, den Herzog von Enghien und General Dümouriez in Ettenheim aufzuheben. Doch der Letztere hat England nicht verlassen. Nur des Herzogs von Enghien wird man habhaft; er wird nach Vincennes geführt und dort erschossen. Der erste Consul beschmutzt durch einen Gerichtsmord vier Jahre

einer fleckenlosen Regierung. Derselbe Tag
unedelste und seine beste Handlung; den A
von Enghien und die Annahme des bürgerl

Die Ränke der englischen Gesandten
Consul kommen durch ächten Briefwechsel zu
Consul nimmt die Gewissenhaftigkeit der in F
bigten fremden Gesandten in Anspruch. Die
ten finden allgemeine Mißbilligung. Sie e
den Höfen, wo sie beglaubigt waren und fl
thäter bei Nacht. Sie als zu weit gega
war nicht möglich. Die englische Regierun
theidigen zu müssen. Sie wagt, zu behaupte
keinen Tadel verdienen, vorausgesetzt, daß
der Staaten, bei denen sie angestellt sind,
Als Antwort auf dieses dreiste Geständniß erk
sche Regierung, daß sie keine englischen Di
ropa mehr anerkennt.

Statt den ersten Consul im Jahre 180
bringen, haben die englischen Umtriebe ihn zum
Consulate gebracht. Statt ihm 1804 das L
haben sie ihn zur Kaiserwürde erhoben. De
haben den ersten Consul herausgefordert, ein E
lichkeit zu begründen. Sie erwarteten einen
Kaiser zeigt sich ihnen. Beide erkennen au
erblichen Monarchen an; doch macht Oestreich
sertitels eine Bedingung. Es fordert Gleich
vereinen Häuser. Das Haus Bonaparte
Hause Oestreich die Gleichheit. Die Bour
nicht zugestanden. Das Haupt des östreichi
als teutscher Kaiser nur ein Wahlkaiser und
erblicher zu werden. Man verständigt sich.
kennen sich gegenseitig an, und Napoleon ve
terstützung, um die Anerkennung der östrei
Kaiserwürde zu erleichtern.

Se. Maj. Ludwig XVIII. thut gege
seines Thrones Einspruch. Seine Schrift w
gesandt. Fast alle lassen sie unbeantwortet.
Franzosen fordert mehr. Er nimmt es üb

Schrift gegen die Legitimität der kaiserlichen Regierung, die man eben nur als erblich in seiner Familie anerkannt hat, entgegengenommen. Der Einspruch des Königs macht ihm so wenig Sorge, daß er ihn im Moniteur abdrucken läßt.

Wenn auch die Höfe von Berlin und Wien den Kaiser als Haupt der französischen Regierung begrüßten, wenn auch der König von Spanien und die andern Fürsten des bourbonischen Hauses die beeiltesten waren, ihm ihre Glückwünsche anzubieten, so hatte doch eine Stimme, die Stimme von Rußland, diesen Zuruf Europa's gestört. Der freundschaftliche und vertrauliche Briefwechsel, der seit mehreren Jahren zwischen dem ersten Consul und dem Kaiser Alexander bestand, war allmählig erkaltet. Indessen führt Rußland beim Reichstage zu Regensburg Klage über die Verletzung des Badischen Gebiets durch die Aufhebung des Herzogs von Enghien; es beginnen in Paris sehr lebhafte Besprechungen. Der erste Consul antwortet darauf mit einer schneidenden Anspielung auf den Mord Kaiser Pauls. Die Erbitterung ist da. Die zwischen den Cabinetten streitigen Puncte lassen nicht mehr sich ausgleichen. Die gegenseitigen Gesandtschaften werden abgerufen. Es ist noch kein Krieg; aber es ist auch nicht mehr Friede.

Die Anerkennung der Kaiserwürde in der Person Napoleons durch alle Mächte, mit Ausnahme Rußlands und Englands, genügt ihm noch nicht. Auch eine kirchliche Weihe soll in den Augen des Volkes und der Fremden dem neuen Throne Würde geben. Welcher Priester wäre dieser Dienstleistung würdig, außer das Haupt der Kirche? Napoleon wird durch den heiligen Vater gesalbt, doch sich selbst setzt er die Krone auf. Weit entfernt, sich vor dem römischen Hofe in dem Augenblicke zu erniedrigen, wo er von ihm eine so entschiedene Gunst fordert, hebt er auf der einen Seite die Jesuiten auf und verkündet auf der andern die Unverletzlichkeit des Gebietes der italienischen Republik, und benimmt somit dem heiligen Stuhle jede Hoffnung, seine geistlichen Gefälligkeiten durch einen weltlichen Zuwachs an Macht erwiedert zu sehen.

Als England aussprach, daß kein Völkerrecht, das es anerkenne, bestehe, erklärte Frankreich, daß es keine englischen Ge-

sandtschaften anerkenne. Das Verfahren b
ist ihren Lehrsätzen entsprechend. Ein Mon
anschläge, ihn zu bezeichnen. Obgleich mit
drid in Frieden, greift England vier span
verbrennt eine davon, bringt dreihundert
ben und schleppt den Rest seiner Beute in
ser Napoleon läßt am rechten Elbufer eine
ten, Sir Rumboldt, festnehmen, der bei de
glaubigt war. Beide Handlungen sind
läßt die Gewaltthat Englands keine Abhülfe
ßens Vermittelung wird Sir Rumboldt in
kehrt nach London zurück. Wer giebt den
der britischen Hinterlist das Leben wieder?

Zwei neue Kämpfer sind auf den Kam
Schweden, unter Englands Fahnen; Span
nen von Frankreich.

Seit der Mitte des Jahres 1804 w
abholde Partei in Rußland die stärkere gew
den der Bündnisse zwischen den Cabinetten
und London ziemlich offen, zwischen diesen
Cabinette ganz im Geheim wieder angesponn
land und England sind mit ihren Planen u
stens im Klaren. In Wien ist man's für
und eine später zu bestimmende Zeit.

Rußland schickt mit einigem Aufsehen
Geschäftsträger nach London, Wien und B
Umfang der Plane, die man zu seinem B
zu kennen, muß Napoleon auf Alles gefaß
feindseligste Haß auszudenken vermag und
ter der Wahrheit zurückbleiben. Im Jahre 18
lage, über die man zwischen Rußland und
kommt und zu der man der östreichischen
zu seyn glaubt: „Frankreich in seine a
wie sie vor der Revolution waren,
sen." Wohlan, wir fragen jeden rechtlich
men wir an, an Napoleons Stelle wäre d
Wunder Ludwig XVIII. oder Karl X. auf
Ahnen zurückgekehrt. Ohne mit Sicherheit

reich ersonnenen Plan zu kennen, hätten sie davon eine Ahnung? Was würden wohl Ludwig XVIII. und Karl X. thun? Frankreich ist ihnen zugefallen, wie es aus den letzten Kriegen hervorgegangen ist und aus den Friedensschlüssen, die diesen Kriegen ein Ende machten. Man wollte ihnen entreißen, was Frankreich zu erobern gezwungen ward, was ihm die Friedensschlüsse gewährleisten; sie werden es zu behaupten wissen. Man möchte sie namentlich aus ganz Italien vertreiben; sie werden sich daher dort festsetzen. Durch ihre Feinde selbst von jeder Art von Schonung freigesprochen, werden sie selbst in Italien sich ausdehnen, um besser sich dort zu vertheidigen. Kein französischer Bourbon hätte anders denken dürfen, hätte anders gedacht. Was sie gethan hätten, thut auch Napoleon.

Die höchste Würde durch Wahl ist durch eine erbliche höchste Gewalt ersetzt. Auch die italienische Republik verwandelt sich in ein Königreich., Vor einigen Jahren hätten alle europäische Cabinette den Mann gesegnet, der eine Republik abgeschafft hätte. Jetzt fürchtet man die Republiken *nicht mehr*. Man fürchtet die Gewalt, welche die Erblichkeit Frankreich verleiht.

Genua und Lucca sind Anhängsel von Frankreich; doch bringen sie zuweilen Ungelegenheiten, welchen ihre Einverleibung zu Frankreich begegnen würde. Genua verlangt, mit dem Kaiserthume vereinigt zu werden, und diese Vereinigung erfolgt. Auf der Stelle erhebt sich ein Schrei der Mißbilligung in Wien, London und Petersburg. Man muß den Usurpator strafen, der einen unabhängigen Staat vernichtet. Um die verkannte Gerechtigkeit zu rächen, eilen England, Rußland und Oestreich aufs neue gleichzeitig auf's Schlachtfeld. So versichern wenigstens die russischen und östreichischen Kriegserklärungen. Doch die Angabe der Kriegserklärungen ist falsch. Erst im Juni fand die Vereinigung Genua's statt, und schon seit dem Januar, wie wir sahen, ist man einig, Frankreich in seine alten Gränzen zu weisen. Am 11ten April ist der Plan zum Zusammenwirken für diesen Zweck unterzeichnet, folglich zwei Monate noch vor der Vereinigung von Genua.

Napoleon sieht den Sturm heranrücken und doch giebt er die Hoffnung nicht auf, vorher noch den Krieg mit einem

einzigen Schlage, ihn in London zu enden. D
Flotten und Geschwader, aus Toulon und B
laufen, haben absichtlich Englands Seekräfte
zerstreut. Der Canal ist frei. Der Kaiser i
mit mehr als hunderttausend Mann, die auf
sen und Landen geübt sind. Alles ist fertig;
das Wagstück ist möglich, ist leicht; es hängt
zigen Manne ab. Wäre Villeneuve seinen B
nachgekommen, so konnte er am Anfange des
die ihn erwarteten französischen und spanis
verstärkt, vor Boulogne mit mehr als funfzig Li
Villeneuve war der ihm anvertrauten Rolle
Er läßt sich in Cadix einsperren.

Die Verkehrungen zum neuen Bunde
geworden. Die Truppen rücken vor. Der K
klärungen. Die ihm gegebenen verrathen, da
angefangen. Er reist ab, er setzt über den
ein Heer bei Ulm gefangen, schlägt bei
Kaiser, schickt Alexander nach Rußland heim,
in Presburg den Frieden. Das Festland E
worfen, doch die Herrschaft der Meere ist
durch die Schlacht von Trafalgar gesichert.

Eine andere Macht ist unter Napoleon
treten, doch war sie nicht zeitig genug
zukämpfen, nämlich Preußen. Seit sechs Ja
ßen und Frankreich in vertrauten Verhältn
will seit sechs Jahren den Frieden des F
Bund mit Preußen gründen. Seit 1803 ist
Bündnisses Hannover dem Berliner Hofe a
Hof wünschte Hannover anzunehmen, aber
vermeiden. Doch allmählig wird er dreister.
Jahre 1804 das Bündniß auf die Grundla
des bestehenden Zustandes in Italien ausges
er im Jahre 1803 darauf ein [1]), als der b
außer dem vorjährigen auch Genua, das

1) Durch mündliche Versicherungen; als es z
Vertrags kam, wollte er zurücktreten.

vereinigt ist, und Lucca, jetzt ein erbliches Herzogthum, umfaßt.

Vor dem Kriege von 1805 hat sich Napoleon gegen Baiern verbindlich gemacht, kein Gebiet jenseit des Rheins in Anspruch zu nehmen. Weiter geht er noch mit Preußen; er erbietet sich, gegen Preußen die Verpflichtung einzugehen, durch Einverleibung keines Staates weder das französische Kaiserthum noch das Königreich Italien zu vergrößern. Treu seinem Versprechen gegen Baiern nimmt er kein Gebiet in Teutschland in Anspruch. Erhält das Königreich Italien durch den Preßburger Frieden, einen Zuwachs, so geschieht dies, weil Preußen, nachdem es am 15ten August selbst zu einem Bündnisse aufgefordert, zwanzig Tage später, es wieder verweigert hat. Statt eines Bündnisses will es jetzt nur einen Neutralitätsvertrag. Napoleon willigt ein. Dann will es auch den Neutralitätsvertrag nicht mehr; er läßt sich auch das gefallen.

Indessen ist der Durchgang Bernadotte's durch das Anspachische erfolgt. Preußen ist aufgebracht. Kaiser Alexander eilt nach Berlin, Erzherzog Anton folgt ihm wenige Tage später, Preußen tritt dem Bündnisse bei; doch kann es vor dem 15ten December nichts thun und vorher will es dem Kaiser Napoleon Anträge machen. Indessen hat dieser die Schlacht von Austerlitz gewonnen. Preußen steht dem Sieger allein gegenüber.

Alles, was Napoleon gestern von Preußen forderte, verlangt er auch noch heute. Noch bietet er Hannover und ein Bündniß an; nur spricht er dieses Mal entschiedener: entweder Bündniß oder Krieg. Das Bündniß wird am 15ten December durch Graf Haugwitz zu Wien unterzeichnet. In Berlin zerzupft man die Wiener Uebereinkunft. Man stellt das Bündniß auf Bedingungen, die es vernichten; man nimmt Hannover unterpfandweise. Man schickt Graf Haugwitz nach Paris, um den vorgeschlagenen Abänderungen die Genehmigung zu verschaffen. Preußen hat den Vertrag so nicht haben wollen, wie er in Wien in Antrag kam; daher erklärt Frankreich, daß dieser Vertrag nicht mehr vorhanden ist. Es schreibt einen neuen vor. Es fordert außer der Besitznahme

von Hannover einen augenblicklichen Bruch
Derselbe Hof, der den ersten Vertrag verw
zweiten an. Welche Politik!

Der Preßburger Friede hat Europa's An
Mehrere teutsche Staaten sind durch französisc
ßer geworden und haben sich selbstständig
Königreich Italien ist gewachsen. Die Bou
Neapel, haben sich nach Sicilien gerettet; ein
leons herrscht in Neapel und einer in Hollan

In Teutschland und in Italien wurde
Vertrag redlich zwischen Oestreich und Fran
gesetzt. Plötzlich findet diese Ausführung ein
Ein östreichischer Befehlshaber liefert Cattaro
statt es den Franzosen zu übergeben. Braunau
geräumt werden. Die französischen Truppe
ren Aufenthalt in Teutschland.

Der Tod, der im Jahre 1801 Frankreich
Verbündeten in Paul I. geraubt hatte, befr
1806 von einem furchtbaren Feinde, Herrn
Fox ist ihm gefolgt. Der Friede wird nicht
Unterhandlung beginnt unter günstigen Vorzei
aber; denn die Engländer verlangen, daß
schaftlich mit unterhandle; Frankreich verlan
diesen beiden Mächten einzeln zu unterhandel

Eröffnungen haben zwischen Frankreich
gen Cattaro statt. Friedensworte erklingen
Bevollmächtigter begiebt sich nach Paris.
geht reißend vorwärts.

Am 20sten Juli ist Alles im Reinen;
um so günstigerer Umstand, als wenige Tag
lands Aussehen sich geändert hat und diese
russischen Bevollmächtigten nicht abhielt,
des Friedens vorzuschreiten.

Die Veränderung, die Teutschland erfuh
des Rheinbundes, dessen Beschützer Napol
die Bundesacte haben die Fürsten, die zu
ihre Bande mit dem teutschen Reiche zerriss

lösung des Reiches vollendet.

Die Rheinbundsacte war Preußen mit der Erklärung zugestellt worden, daß Frankreich in die Bildung eines ähnlichen Bundes für das nördliche Teutschland unter seinem Schutze einwillige. Der Friede mit England verlangt sonach blos noch seinen Abschluß. Man darf ihn hoffen. Nach langem Widerstreben liefert endlich Lord Yarmouth seine Vollmachten aus. Frankreichs Stellung scheint bewundernswerth. Diese schönen Tage dauern nicht lange.

Die englische Regierung mißbilligt das Verfahren ihres Bevollmächtigten. England wirft Rußland seinen Abfall vor und fordert es auf, den eben in seinem Namen mit Frankreich abgeschlossenen Friedensvertrag zu verwerfen. Es verräth an Preußen Napoleons Einwilligung, Hannover wieder herauszugeben.

Alles ändert sich in Petersburg und in Berlin. In Preußen umlagert man den König mit lügenhaften Berichten; man zeigt ihm Frankreich, das über Westphalen herfällt; Baiern, das über Baireuth herfällt; die französischen Gesandtschaften, welche jedem Staate, der sich mit Napoleon zu verbinden Lust hätte, ein Stückchen von Preußen zutheilen; Frankreich und Rußland, die sich vereinigen, um Preußen klein zu machen und ein Königreich Polen zu gründen, das Großfürst Constantin als König erhalten würde. Am 10ten August ist das preußische Heer auf den Kriegsfuß gestellt.

In Petersburg erlangt die englische Partei die Oberhand. Der Minister der auswärtigen Verhältnisse, Fürst Adam Czartoriski, räumt seinen Platz dem Freiherrn von Budberg ein; der Kaiser Alexander verweigert dem Vertrage vom 26sten Julius die Genehmigung und macht neue Ansprüche.

Indessen fährt Preußen fort, ungeachtet der Beweglichmachung des Heeres seinen nordischen Bund in's Leben zu rufen. Napoleon, der das befreundete Preußen begünstigt hätte, macht dem zum Kampfe gegen ihn selbst gerüsteten Preußen Schwierigkeiten. Man wird bitter; der Bruch ist unvermeidlich.

England sieht dies; aber nicht mehr leitet Herr Fox seine

Geschäfte. Von einer unheilbaren Krankheit betroffen, stirbt dieser Staatsmann bald. I mehr an den Frieden. Nur Krieg verlangt sucht jeden Vorwand dazu zu entfernen. Was wünscht, gesteht er zu. Es giebt zu, daß Allem, was es selbst angeht, aber auch Al wünscht, verlangt es. Auch den Forderun Macht giebt der Kaiser Manches nach; er noch mehr zu verwilligen, jedoch Preußen ist soll beginnen. England bricht die Unterha Bevollmächtigter reist ab, und die Franzosen eben nur aufgefordert hatte, Teutschland z dieser Macht entgegen

Zwei Schlachten an einem Tage, bei J sehen das preußische Heer fallen und mit Monarchie. Festungen, Citadellen, im Feld abtheilungen, Alles ergiebt sich. Die in Pre ten Capitulationen der Oestreicher vom J durch die Capitulationen der Preußen im übertroffen.

Napoleon ist in Berlin. Er bezeichn Aufenthalt durch die furchtbarste Maaßregel, land ergriffen wurde, durch die Abschließun Zu einem Waffenstillstande sowohl, als z waren die Verhandlungen mit Preußen oh Das französische Heer dringt in Polen ein; schau, schlägt die Russen bei Pultusk und Herr des Schlachtfeldes in der Schlacht von seine Winterquartiere.

Ganz Polen möchte zu den Waffen Napoleon es hätte aufrufen wollen. Napo nen unbesonnenen Eifer zu ermuthigen, der geholfen hätte, nur eine Verdoppelung Rußland oder Oestreich unterworfenen Pr beiführen mögen. Abgeordnete aus diesen ihm ihre Ergebenheit und ihre Arme an. er warnt sie vor den Gefahren, denen si deren Folgen er nicht mit Sicherheit von ih

In Bezug auf die von Preußen abhängigen polnischen Provinzen ist sein Entschluß abweichend. Diesen giebt er eine neue Gestalt; ihre Mithülfe nimmt er an, weil er die Absicht hat, sie frei zu machen und die Möglichkeit davon in der Hand zu haben glaubt [1]).

In den letzten Monaten des Jahres 1806 hat ein russisches Heer die Fürstenthümer Moldau und Walachei genommen. Der Krieg ist den Russen von der Pforte erklärt.

Die Engländer haben die Russen unterstützt. Der Divan erklärt im Anfange des Jahres 1807 den Engländern den Krieg. Eine britische Flotte bedroht Constantinopel; sie wird gezwungen, die Dardanellen wieder zu verlassen. England macht eine Landung in Aegypten, woraus es bald darauf vertrieben wird. Napoleon hat unter seinem Zelte Bündnisse mit den türkischen den persischen Botschaftern abgeschlossen.

Danzig hat erlegen; der Feldzug beginnt auf's neue. Heilsberg und Friedland werden für das russische Heer, was Jena und Auerstädt für das preußische gewesen. Friedensworte werden vernommen und der Friede ist *in dem Augenblicke* geschlossen, wo die beiden Kaiser sich mitten auf dem Niemen umarmen; nicht den Frieden allein hat ihre Zusammenkunft erzeugt, auch ein Bündniß.

Nicht zufrieden, Rußlands Vermittelung zu verwerfen, beschießt England Kopenhagen und entführt die dänische Flotte. Rußland erklärt alle Verhältnisse zwischen sich und England für abgebrochen. Durch Rußlands Vereinigung mit Frankreich und durch den Einfluß dieser Vereinigung sieht sich England aus allen Häfen des Festlandes ausgeschlossen. Hier ist, meiner Ansicht nach, Napoleons Macht auf ihrem Gipfel-

1) Die Polen selbst, über die Hindernisse belehrt, die sich der gänzlichen Herstellung ihrer alten Lage widersetzen, wußten Napoleon für das schon Dank, was er gern gethan hätte, wenn sie auch beklagten, daß er das nicht that, was sie gewünscht hätten. Auch blieben sie ihm unverbrüchlich bis zum letzten Tage ergeben. Darin wesentlich von diesen wetterwendischen Völkern verschieden, welche dem gestürzten Riesenbilde Hohn sprachen, fallen die Polen, wie der Geschichtsschreiber der polnischen Legionen in Italien, Herr Leonard Chodzko, sagt, in gedrängten Reihen um die Fahne herum, die sie zu vertheidigen geschworen.

Schrift gegen die Legitimität der kaiserlichen Regierung, die man eben nur als erblich in seiner Familie anerkannt hat, entgegengenommen. Der Einspruch des Königs macht ihm so wenig Sorge, daß er ihn im Moniteur abdrucken läßt.

Wenn auch die Höfe von Berlin und Wien den Kaiser als Haupt der französischen Regierung begrüßten, wenn auch der König von Spanien und die andern Fürsten des bourbonischen Hauses die beeiltesten waren, ihm ihre Glückwünsche anzubieten, so hatte doch eine Stimme, die Stimme von Rußland, diesen Zuruf Europa's gestört. Der freundschaftliche und vertrauliche Briefwechsel, der seit mehreren Jahren zwischen dem ersten Consul und dem Kaiser Alexander bestand, war allmählig erkaltet. Indessen führt Rußland beim Reichstage zu Regensburg Klage über die Verletzung des Badischen Gebiets durch die Aufhebung des Herzogs von Enghien; es beginnen in Paris sehr lebhafte Besprechungen. Der erste Consul antwortet darauf mit einer schneidenden Anspielung auf den Mord Kaiser Pauls. Die Erbitterung ist da. Die zwischen den Cabinetten streitigen Puncte lassen nicht mehr sich ausgleichen. Die gegenseitigen Gesandtschaften werden abgerufen. Es ist noch kein Krieg; aber es ist auch nicht mehr Friede.

Die Anerkennung der Kaiserwürde in der Person Napoleons durch alle Mächte, mit Ausnahme Rußlands und Englands, genügt ihm noch nicht. Auch eine kirchliche Weihe soll in den Augen des Volkes und der Fremden dem neuen Throne Würde geben. Welcher Priester wäre dieser Dienstleistung würdig, außer das Haupt der Kirche? Napoleon wird durch den heiligen Vater gesalbt, doch sich selbst setzt er die Krone auf. Weit entfernt, sich vor dem römischen Hofe in dem Augenblicke zu erniedrigen, wo er von ihm eine so entschiedene Gunst fordert, hebt er auf der einen Seite die Jesuiten auf und verkündet auf der andern die Unverletzlichkeit des Gebietes der italienischen Republik, und benimmt somit dem heiligen Stuhle jede Hoffnung, seine geistlichen Gefälligkeiten durch einen weltlichen Zuwachs an Macht erwiedert zu sehen.

Als England aussprach, daß kein Völkerrecht, das es anerkenne, bestehe, erklärte Frankreich, daß es keine englischen Ge-

reich ersonnenen Plan zu kennen, hätten sie davon eine Ahnung? Was würden wohl Ludwig XVIII. und Karl X. thun? Frankreich ist ihnen zugefallen, wie es aus den letzten Kriegen hervorgegangen ist und aus den Friedensschlüssen, die diesen Kriegen ein Ende machten. Man wollte ihnen entreißen, was Frankreich zu erobern gezwungen ward, was ihm die Friedensschlüsse gewährleisten; sie werden es zu behaupten wissen. Man möchte sie namentlich aus ganz Italien vertreiben; sie werden sich daher dort festsetzen. Durch ihre Feinde selbst von jeder Art von Schonung freigesprochen, werden sie selbst in Italien sich ausdehnen, um besser sich dort zu vertheidigen. Kein französischer Bourbon hätte anders denken dürfen, hätte anders gedacht. Was sie gethan hätten, thut auch Napoleon.

Die höchste Würde durch Wahl ist durch eine erbliche höchste Gewalt ersetzt. Auch die italienische Republik verwandelt sich in ein Königreich., Vor einigen Jahren hätten alle europäische Cabinette den Mann gesegnet, der eine Republik abgeschafft hätte. Jetzt fürchtet man die Republiken nicht mehr. Man fürchtet die Gewalt, welche die Erblichkeit Frankreich verleiht.

Genua und Lucca sind Anhängsel von Frankreich; doch bringen sie zuweilen Ungelegenheiten, welchen ihre Einverleibung zu Frankreich begegnen würde. Genua verlangt, mit dem Kaiserthume vereinigt zu werden, und diese Vereinigung erfolgt. Auf der Stelle erhebt sich ein Schrei der Mißbilligung in Wien, London und Petersburg. Man muß den Usurpator strafen, der einen unabhängigen Staat vernichtet. Um die verkannte Gerechtigkeit zu rächen, eilen England, Rußland und Oestreich aufs neue gleichzeitig auf's Schlachtfeld. So versichern wenigstens die russischen und östreichischen Kriegserklärungen. Doch die Angabe der Kriegserklärungen ist falsch. Erst im Juni fand die Vereinigung Genua's statt, und schon seit dem Januar, wie wir sahen, ist man einig, Frankreich in seine alten Gränzen zu weisen. Am 11ten April ist der Plan zum Zusammenwirken für diesen Zweck unterzeichnet, folglich zwei Monate noch vor der Vereinigung von Genua.

Napoleon sieht den Sturm heranrücken und doch giebt er die Hoffnung nicht auf, vorher noch den Krieg mit einem

vereinigt ist, und Lucca, jetzt ein erbliches Herzogthum, umfaßt.

Vor dem Kriege von 1805 hat sich Napoleon gegen Baiern verbindlich gemacht, kein Gebiet jenseit des Rheins in Anspruch zu nehmen. Weiter geht er noch mit Preußen; er erbietet sich, gegen Preußen die Verpflichtung einzugehen, durch Einverleibung keines Staates weder das französische Kaiserthum noch das Königreich Italien zu vergrößern. Treu seinem Versprechen gegen Baiern nimmt er kein Gebiet in Teutschland in Anspruch. Erhält das Königreich Italien durch den Preßburger Frieden, einen Zuwachs, so geschieht dies, weil Preußen, nachdem es am 15ten August selbst zu einem Bündnisse aufgefordert, zwanzig Tage später, es wieder verweigert hat. Statt eines Bündnisses will es jetzt nur einen Neutralitätsvertrag. Napoleon willigt ein. Dann will es auch den Neutralitätsvertrag nicht mehr; er läßt sich auch das gefallen.

Indessen ist der Durchgang Bernadotte's durch das Anspachische erfolgt. Preußen ist aufgebracht. Kaiser Alexander eilt nach Berlin, Erzherzog Anton folgt ihm wenige Tage später, Preußen tritt dem Bündnisse bei; doch kann es vor dem 15ten December nichts thun und vorher will es dem Kaiser Napoleon Anträge machen. Indessen hat dieser die Schlacht von Austerlitz gewonnen. Preußen steht dem Sieger allein gegenüber.

Alles, was Napoleon gestern von Preußen forderte, verlangt er auch noch heute. Noch bietet er Hannover und ein Bündniß an; nur spricht er dieses Mal entschiedener: entweder Bündniß oder Krieg. Das Bündniß wird am 15ten December durch Graf Haugwitz zu Wien unterzeichnet. In Berlin zerzupft man die Wiener Uebereinkunft. Man stellt das Bündniß auf Bedingungen, die es vernichten; man nimmt Hannover unterpfandweise. Man schickt Graf Haugwitz nach Paris, um den vorgeschlagenen Abänderungen die Genehmigung zu verschaffen. Preußen hat den Vertrag so nicht haben wollen, wie er in Wien in Antrag kam; daher erklärt Frankreich, daß dieser Vertrag nicht mehr vorhanden ist. Es schreibt einen neuen vor. Es fordert außer der Besitznahme

von Hannover einen augenblicklichen Bruc
Derselbe Hof, der den ersten Vertrag verw
zweiten an. Welche Politik!

Der Preßburger Friede hat Europa's A
Mehrere teutsche Staaten sind durch französi
ßer geworden und haben sich selbstständig
Königreich Italien ist gewachsen. Die Bou
Neapel, haben sich nach Sicilien gerettet; ei
leons herrscht in Neapel und einer in Hollan

In Teutschland und in Italien wurde
Vertrag redlich zwischen Oestreich und Fran
gesetzt. Plötzlich findet diese Ausführung ei
Ein östreichischer Befehlshaber liefert Cattaro
statt es den Franzosen zu übergeben. Braunau
geräumt werden. Die französischen Trupp
ren Aufenthalt in Teutschland.

Der Tod, der im Jahre 1801 Frankreich
Verbündeten in Paul I. geraubt hatte, bef
1806 von einem furchtbaren Feinde, Herrn
Fox ist ihm gefolgt. Der Friede wird nicht
Unterhandlung beginnt unter günstigen Vorz
aber; denn die Engländer verlangen, daß
schaftlich mit unterhandle; Frankreich verlan
diesen beiden Mächten einzeln zu unterhande

Eröffnungen haben zwischen Frankreich
gen Cattaro statt. Friedensworte erklinge
Bevollmächtigter begiebt sich nach Paris.
geht reißend vorwärts.

Am 20sten Juli ist Alles im Reinen;
um so günstigerer Umstand, als wenige Ta
lands Aussehen sich geändert hat und diese
russischen Bevollmächtigten nicht abhielt,
des Friedens vorzuschreiten.

Die Veränderung, die Teutschland erfu
des Rheinbundes, dessen Beschützer Napo
die Bundesacte haben die Fürsten, die zu
ihre Bande mit dem teutschen Reiche zerriss

er den Titel eines teutschen Kaisers niederlegte, hat die Auflösung des Reiches vollendet.

Die Rheinbundsacte war Preußen mit der Erklärung zugestellt worden, daß Frankreich in die Bildung eines ähnlichen Bundes für das nördliche Teutschland unter seinem Schutze einwillige. Der Friede mit England verlangt sonach blos noch seinen Abschluß. Man darf ihn hoffen. Nach langem Widerstreben liefert endlich Lord Yarmouth seine Vollmachten aus. Frankreichs Stellung scheint bewundernswerth. Diese schönen Tage dauern nicht lange.

Die englische Regierung mißbilligt das Verfahren ihres Bevollmächtigten. England wirft Rußland seinen Abfall vor und fordert es auf, den eben in seinem Namen mit Frankreich abgeschlossenen Friedensvertrag zu verwerfen. Es verräth an Preußen Napoleons Einwilligung, Hannover wieder herauszugeben.

Alles ändert sich in Petersburg und in Berlin. In Preußen umlagert man den König mit lügenhaften Berichten; man zeigt ihm Frankreich, das über Westphalen herfällt; Baiern, das über Baireuth herfällt; die französischen Gesandtschaften, welche jedem Staate, der sich mit Napoleon zu verbinden Lust hätte, ein Stückchen von Preußen zutheilen; Frankreich und Rußland, die sich vereinigen, um Preußen klein zu machen und ein Königreich Polen zu gründen, das Großfürst Constantin als König erhalten würde. Am 10ten August ist das preußische Heer auf den Kriegsfuß gestellt.

In Petersburg erlangt die englische Partei die Oberhand. Der Minister der auswärtigen Verhältnisse, Fürst Adam Czartoriski, räumt seinen Platz dem Freiherrn von Budberg ein; der Kaiser Alexander verweigert dem Vertrage vom 26sten Julius die Genehmigung und macht neue Ansprüche.

Indessen fährt Preußen fort, ungeachtet der Beweglichmachung des Heeres seinen nordischen Bund in's Leben zu rufen. Napoleon, der das befreundete Preußen begünstigt hätte, macht dem zum Kampfe gegen ihn selbst gerüsteten Preußen Schwierigkeiten. Man wird bitter; der Bruch ist unvermeidlich.

England sieht dies; aber nicht mehr leitet Herr Fox seine

In Bezug auf die von Preußen abhängigen polnischen Provinzen ist sein Entschluß abweichend. Diesen giebt er eine neue Gestalt; ihre Mithülfe nimmt er an, weil er die Absicht hat, sie frei zu machen und die Möglichkeit davon in der Hand zu haben glaubt [1]).

In den letzten Monaten des Jahres 1806 hat ein russisches Heer die Fürstenthümer Moldau und Walachei genommen. Der Krieg ist den Russen von der Pforte erklärt.

Die Engländer haben die Russen unterstützt. Der Divan erklärt im Anfange des Jahres 1807 den Engländern den Krieg. Eine britische Flotte bedroht Constantinopel; sie wird gezwungen, die Dardanellen wieder zu verlassen. England macht eine Landung in Aegypten, woraus es bald darauf vertrieben wird. Napoleon hat unter seinem Zelte Bündnisse mit den türkischen den persischen Botschaftern abgeschlossen.

Danzig hat erlegen; der Feldzug beginnt auf's neue. Heilsberg und Friedland werden für das russische Heer, was Jena und Auerstädt für das preußische gewesen. Friedensworte werden vernommen und der Friede ist in dem Augenblicke geschlossen, wo die beiden Kaiser sich mitten auf dem Niemen umarmen; nicht den Frieden allein hat ihre Zusammenkunft erzeugt, auch ein Bündniß.

Nicht zufrieden, Rußlands Vermittelung zu verwerfen, beschießt England Kopenhagen und entführt die dänische Flotte. Rußland erklärt alle Verhältnisse zwischen sich und England für abgebrochen. Durch Rußlands Vereinigung mit Frankreich und durch den Einfluß dieser Vereinigung sieht sich England aus allen Häfen des Festlandes ausgeschlossen. Hier ist, meiner Ansicht nach, Napoleons Macht auf ihrem Gipfel.

1) Die Polen selbst, über die Hindernisse belehrt, die sich der gänzlichen Herstellung ihrer alten Lage widersetzen, wußten Napoleon für das schon Dank, was er gern gethan hätte, wenn sie auch beklagten, daß er das nicht that, was sie gewünscht hätten. Auch blieben sie ihm unverbrüchlich bis zum letzten Tage ergeben. Darin wesentlich von diesen wetterwendischen Völkern verschieden, welche dem gestürzten Riesenbilde Hohn sprachen, fallen die Polen, wie der Geschichtsschreiber der polnischen Legionen in Italien, Herr Leonard Chodzko, sagt, in gedrängten Reihen um die Fahne herum, die sie zu vertheidigen geschworen.

puncte. Seine Besitzungen erweitern sich zwar nc
seine wahre Kraft erhält keinen Zuwachs.

Eben so ist es mit seinem Ansehen in Frankre blendet von seinem Glanz nach außen, von der B seiner Werke im Innern, giebt sich Frankreich unbedi Macht hin, die es nicht mehr in Schranken hält unl selbst keine Schranken zu setzen weiß. Alles ist ihm fer ergeben, aus Interesse oder Nothwendigkeit. D sungsmäßigen Hemmungen, deren Aufrechthaltung für Wohlthat gewesen wäre, haben seinem Herrschersinne : müssen; jetzt hat sein Wille kein Hinderniß mehr zu

Schon hat sein Geschlecht eine hohe Stelle in päischen Jahrbüchern eingenommen. Drei seiner Br Könige; seine Schwäger Großherzöge oder Fürsten haben seine Familie mit den Häusern Baiern, B Würtemberg verbunden. Wenn eine andere noch gl Verbindung erst später stattfindet, so war sie seit T möglich.

Was wird indessen aus dem Erben der alte von Frankreich? England selbst wagt nicht, ihn anz

Nie hat ein Monarch oder Bürger, ein neuer ein erblicher Souverain weder in der alten noch ne einen so ungeheuern Einfluß als Napoleon geübt, u ders einen Einfluß, der, wie der seinige, das Ergeb Thaten als Staatsmann und als Krieger gewesen w welchen Stoffen war die Welt zusammengesetzt, die sich unterwarf, wenn man sie mit denen vergleicht das gegenwärtige Europa gebildet ist? Was waren schen Reiche und ihre Widerstandsmittel im Ver Staaten wie Preußen, Rußland und Oestreich? betrifft, der nur einen Krieg um Roms willen f dessen Hauptruhm ward, in Bürgerkriegen zu siegen günstiger war nicht im Vergleiche mit ihm Napoleo sal, dessen sämmtliche Siege über auswärtige Fei getragen wurden? Bedurfte in näheren Jahrhund der Große und Carl V. so viel Geist, um Europa schen? Hoch gehalten schon im Jahre 1807, erheb

poleon als der glänzendste jener belebten Leuchtthürme, welche die Vorsehung von Zeit zu Zeit auf dem Weltmeere der Menschengeschlechter hervortauchen läßt, um zu zeigen, welcher Wunder die vollständigste Entwickelung des menschlichen Verstandes fähig ist, wenn er bei seiner Thätigkeit vom Glücke unterstützt wird. Führen diese Naturwunder der Größe und Macht den Völkern wohl Glück zu? Glück? Nein. Aber sie geben der bürgerlichen Gesellschaft Anstöße, die niemals ohne nützliche Ergebnisse für die Menschheit sind. Bis jetzt haben Napoleons Anstrengungen, selbst mitten im Kriege dem französischen Volke Quellen des Reichthums und des häuslichen Wohlseyns zu eröffnen, die öffentliche Meinung nachsichtig gegen ihn gestimmt. Nicht allein im Laufe seiner Feldzüge beschäftigt sich sein belebender Gedanke, ungeachtet seiner Entfernung von Frankreich, mit allen Puncten des Innern, sondern der Handel, der Gewerbfleiß eilen seinen Heeren nach und sammeln einen Theil seiner Eroberungen. Zu Gunsten des von ihm beabsichtigten Guten, verzeiht man ihm lange das gestiftete Böse. Im Augenblicke des Friedens *von Tilsit* ist das schon gestiftete Böse vergessen, als wäre es unerlaßlich gewesen, um zu dem erreichten Puncte zu gelangen, und keine Hoffnung ist so hoch, welche die Zukunft nicht gestattete.

Bis jetzt war die Rolle eines Geschichtsschreibers im Allgemeinen angenehm, glücklich und glänzend; jedes Jahr wird von nun ab diese Aufgabe peinlicher. Jedenfalls müssen wir hier eine Bemerkung machen, die vielleicht am Anfange unserer Arbeit besser ihre Stelle gefunden hätte. Sie betrifft eine rühmliche Neigung des französischen Charakters, vor der wir den Leser zu warnen wünschen, wenn er in seinem Urtheile nicht fehlgreifen soll. Den Franzosen, als Volke, kann man die Selbstsucht nicht vorwerfen. Nie gab ein Volk so wohlfeil sich selbst, der Selbstliebe der Fremden gegenüber, preis, als das französische Volk. Es ist dies unter uns ein großmüthiges, uneigennütziges, selbst heldensinniges, wenn man will, aber sehr unpolitisches Herkommen, (denn man mißbraucht es zu unserm Nachtheile), Alles den fremden Mächten zu verzeihen, den unbedingtesten Aufschwung ihrem Ehrgeize zu gestatten, die strafbarsten Anmaßungen als gesetzmäßig anzu-

sehen, während wir bei uns, bei unserer S
wir bei andern billigen, verdammen.

Seit langer Zeit ist das Gleichgewi
nichtet. Die Mächte ersten Ranges ha
Gedanken, als Gedanken an Vergrößerung
mentlich gegen die französische Revolution
traten, haben sie sich in der That bewaffn

Hat Oestreich daraus in Valenciennes
Geheimniß gemacht? Späterhin verheiml
sein Hauptzweck im Kriege der Besitz von

Toulon, Quiberon rufen es laut g
daß die Vernichtung unserer Seemacht E
der Gedanke ist. Führt es wohl um des
gewichts willen Krieg oder versucht es we
oberungen auf den Antillen, in Indien,
Südamerika?

Jeden Tag breitet sich Rußland au
und Persiens aus.

Die Umgriffe, die Plünderungen, d
nette hingeben, betrachtet unsere natürlic
ganz begreiflichen Wirkungen einer gerecht
denen Staatskunst. Gegen uns selbst sp
Strenge auf.

Wenn unsere Regierung, die kein fr
hat, als bei der Erbwahl eines feindlichen
eignen Grund und Boden, als Preis der
Siege, den zehnten Theil dessen behält,
obert haben; wenn sie für's erste Bündn
daß sie Belgien sich zutheilt und das
das zweite dadurch, daß sie Piemont b
indem es Neapel und Venedig in sein
nimmt; für das vierte, indem es die
klein macht, so ist sie es, die man der U
da sie doch vor dem Kriege von 1805,
Frieden des Festlandes zu sichern, Preu
trug und ihm den Vorschlag machte, als
zustellen, daß im Falle des Krieges ke

französischen Kaiserthume, noch dem Königreiche Italien einverleibt werden solle.

Kann Frankreich, wenn England, Rußland und Oestreich in das Ungemessene einer fortwährenden Erweiterung sich eingelassen haben und es durch sie auf das Schlachtfeld gefordert worden ist, eine Macht in engen Gränzen bleiben? Steht es in seiner Macht, eine feste Gränze zu haben, wenn die anderen keine haben; wenn am Tage nach dem Frieden man ihm auf's neue die Gränze streitig macht, welche gestern noch die Verträge ihm sicherten? England, Oestreich, Rußland und Frankreich sind sonach Mächte, die gleichmäßig keine Schranken anerkennen, Mächte, die gleichmäßig andere an sich reißen. Beim Ende jedes Krieges bezeichnet man nur den Punct, von wo der nächste Krieg ausbrechen soll, und jede stellt diesen Punct so fern als möglich auf den feindlichen Boden.

Nicht Frankreich, nicht Napoleon hat dazu das Beispiel gegeben. Der Ertrag unserer ersten Feldzüge hatte uns nur im europäischen Staatensysteme den Antheil von Uebergewicht wiedergegeben, den wir durch die Theilung von Polen verloren hatten. Statt uns diesen Ersatz zu lassen, hat England niemals der französischen Erwerbung von Belgien eine entscheidende und endliche Bekräftigung zugestanden. Als Rom und Hamburg französische Städte waren, mußte Napoleon für Belgien sich mit England schlagen. Sagen wir es offen heraus, indem wir die Blicke künftigen Zeiten zuwenden: Der Mann, der seinen Feinden zufolge, eine Plage der Welt war, Napoleon hat ja erlegen. Was haben nun die Erben seiner Oberhoheit, diese Freunde des menschlichen Geschlechts, diese Rächer der Völkerrechte und der Unabhängigkeit der Staaten gethan? Ohne Zweifel ist die Welt durch sie frei geworden? Sie haben sie getheilt [1]).

Hier schließt der Theil meines Werkes, dessen Bekanntmachung ich versprochen hatte; doch, ohne der Zukunft vorzugreifen, muß ich eine Thatsache bemerklich machen: daß näm-

1) Schon hat die That erwiesen, in wie fern diese Theilung eine letzte war.

Oestreich, seinen zu Zeiten aussetzenden Feind; für Preußen, das er eben geschlagen hat; für Schweden, das er eben noch schlägt. In den Augen der alten Diplomaten ist er hinreichend gerechtfertigt, vielleicht zu sehr gerechtfertigt, denn die Zeit, die aller menschlichen Berechnungen Eitelkeit an den Tag bringt, zeigt jetzt uns schon die Politik, auf welche man so großen Werth legte, unter einem andern Gesichtspuncte. Heute, nur nach zwanzig Jahren Zwischenraum, könnte Rußlands Ausdehnung nach Constantinopel hin, selbst die Besetzung Constantinopels durch die Russen, so wie seit Tilsit Alexander zu wiederholten Malen Napoleon darum anging, ein Unglück für England und Oestreich seyn, doch wäre darum noch nicht erwiesen, daß es deshalb auch für das übrige Europa und namentlich für Frankreich eins wäre. Und doch hat Kaiser Napoleon an dieses Vorurtheil seiner Zeit sein Schicksal, ohne es zu ahnen, geknüpft. Von einer früher hingestellten Meinung, die an sich mehr oder weniger wahr seyn mag und deren Zweckmäßigkeit seitdem zweifelhaft geworden ist, macht er durch allzuhartnäckige Aufrechthaltung das *Schicksal seines* eignen Reiches abhängig. Einst wird man seinen Fall zwanzig verschiedenen, theils sittlichen, theils materiellen Ursachen, wie dem Kriege in Spanien und der Unterdrückung der freisinnigen Ideen in Frankreich zuschreiben. Ohne den Antheil genauer untersuchen zu wollen, den jede von diesen Ursachen auf den Umsturz der kaiserlichen Regierung mag ausgeübt haben, so giebt es doch eine erste Ursache, die nach gemeinsamem Geständniß die anderen zur Reife gebracht oder verstärkt hat, nämlich den Krieg mit Rußland. Nun hat der Krieg mit Rußland seinen Hauptgrund, was man freilich nicht überall weiß, in dem Streitpuncte über die Türkei. Aus ihm ging die Mißhelligkeit hervor, die allmählig steigend zwischen dem Pariser und Petersburger Cabinet bemerklich war, und in dem Bruche, den diese Mißhelligkeit herbeiführte, liegt der entscheidende Grund von Napoleons Fall. Folglich muß man *trotz* aller Fehler in andern Beziehungen, trotz aller seiner Irrthümer und Mißgriffe, den Anlaß seines Falles auf richtige Ansichten oder auf solche zurückführen, die dafür gelten. Zwei Hauptgedanken haben, wie zu Tage liegt, seine Politik beherrscht, der eine von dem Tage ab, wo er zu der Regierung gelangte, der andere besonders seit 1807. Im Kampfe für den Sieg des erstern, für die Unterdrückung des englischen Despotismus zur See, war er der Vertheidiger der Rechte aller Völker, der Kämpe für das menschliche Geschlecht. Bei seinem Festhalten an dem zweiten, dem Schutze der Türkei, opferte er sich für die Aufrechthaltung eines Systems auf, das damals als entschieden wichtig für Europa galt. Demnach wird er erliegen, weil er den Engländern nicht die Freiheit der Meere, er wird erliegen, weil er Rußland weder das Daseyn, noch selbst die Ganzheit des türkischen Reiches aufopfern wollte.

Zeitfracht Medien GmbH
Ferdinand-Jühlke-Straße 7
99095 Erfurt, Deutschland
produktsicherheit@kolibri360.de